W0070207

Zwei Romane in einem Band:

Ein Mann für jede Tonart

Pauline ist eine Musikstudentin von Mitte Zwanzig, die, kaum daß sie der streng moralischen Erziehung ihrer Tante Lilli entronnen ist, beginnt, das Leben in vollen Zügen zu genießen. Sie verdingt sich als Sängerin bei Konzerten westdeutscher Kleinstadtkultur und wird alsbald von zwei hartnäckigen Verehrern umschwärmt. Sie läßt sich, emanzipiert und lebensfroh, wie sie ist, sowohl mit dem verheirateten Arzt als auch mit dem einflußreichen Kritiker ein. Als sie schwanger wird und durch allzumenschliches Versagen eine Welturaufführung platzen läßt, bricht die Illusion vom fröhlich-freien Künstlerinnendasein jäh zusammen. Doch wie jede gute Geschichte nimmt auch diese eine überraschende Wendung …

Mit Sinn für komische Situationen und witzige Dialoge schrieb Hera Lind einen frechen, amüsanten Roman.

Frau zu sein bedarf es wenig

Pauline hat Wut. Sie hat doch nicht zehn Jahre lang ihren Kehlkopf strapaziert und sich sämtliche Partien, die für ihre Stimmbänder in Frage kommen, in den Schädel gehämmert, um jetzt einem gediegenen Gatten die Blümchentapeten wohnlicher zu gestalten, als warmherziger Vordergrund! Sie fühlt sich zur Sängerin berufen und zur Karrierefrau. Auch ein uneheliches Kind kann sie nicht davon abhalten, weiterhin hemmungslos ihrem ungezügelten Selbstverwirklichungsdrang zu frönen. So macht sie sich mitsamt Klötzchen am Busen auf den dornenreichen Weg einer alleinerziehenden Diva. Dabei trifft sie auf Simon, den exzentrischen Opernsänger, der ihr durch nichts im Wege steht. Und auf so manche Kinderfrau …

Mit Witz und Ironie, aber auch mit einem guten Schuß Romantik schrieb Hera Lind die Fortsetzung zu ihrem Bestseller ›Ein Mann für jede Tonart‹.

Hera Lind, geboren 1957, ist hauptberuflich Sängerin und lebt in Köln. Ihr Bestseller ›Ein Mann für jede Tonart‹ wurde verfilmt. Ebenso erfolgreich ist ihr dritter Roman ›Das Superweib‹ (Fischer Taschenbuch, Band 12227).

Hera Lind

O wie so trügerisch …

Zwei Romane

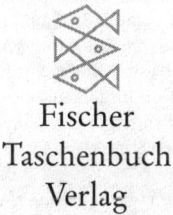

Fischer
Taschenbuch
Verlag

Limitierte Sonderausgabe
Veröffentlicht im Fischer Taschenbuch Verlag GmbH,
Frankfurt am Main, Mai 1995

Für diese Zusammenstellung:
© 1995 Fischer Taschenbuch Verlag GmbH, Frankfurt am Main
›Ein Mann für jede Tonart‹:
© 1989 Fischer Taschenbuch Verlag GmbH, Frankfurt am Main
›Frau zu sein bedarf es wenig‹:
© 1992 Fischer Taschenbuch Verlag GmbH, Frankfurt am Main
Umschlaggestaltung: Thomas & Thomas Design, Heidesheim
unter Verwendung eines Fotos von
Bavaria Bildagentur
Druck und Bindung: Clausen & Bosse, Leck
Printed in Germany
ISBN 3-596-12907-9

Gedruckt auf chlor- und säurefreiem Papier

Ein Mann
für jede Tonart

Roman

Nebenan trällerte ein Sopran.

Recht hübsch soweit. Richtig mit Talent.

Die Stimme klang ausgeschlafen, geradezu jungfräulich und auch ein bißchen selbstverliebt.

»Duaa duaa duaa«, drang es durch die Hoteltapete. (»Die Klarinett, die Klarinett, macht dua dua dua gar so nett.«)

Ich gähnte, reckte mich unfein und schwang mich aus dem quadratisch-praktisch-guten Bett. Blick auf den Radiowekker: halb elf.

Immerhin, sechs Stunden Tiefschlaf waren mir vergönnt gewesen. Bis die Sopranine nebenan zu zwitschern begann. Andere Menschen werden vielleicht durch Vogelgezwitscher geweckt. Ich nicht. Jedenfalls nicht, wenn ich auf Dienstreisen bin. Dann müssen mir immer irgendwelche streberhaften Kollegen den ersten Morgengruß durch die Wand schicken. Man singt sich eben anständig ein, wenn man auf Dienstreise ist.

Vorbildliche Kollegin, die von rechts nebenan. Die hatte bestimmt nicht bis halb fünf gesumpft.

Kind, du wirst nie eine Dame. Warum mußtest du denn wieder die Nacht zum Tage machen. Guck mal in den Spiegel. Wie du wieder aussiehst! Ringe unter den Augen, Flecken im Gesicht. (Sind das etwa Knutschflecken?) Und die HAARE! Kind, du mußt dringend zum Friseur.

Draußen summte ein Staubsauger. Zwei ausländische Zimmermädchen debattierten laut auf dem Flur. Ich hängte das Schild »Bitte nicht stören« raus.

Schade, daß es kein Schild »Bitte nicht röhren« gibt. Das hätte ich der Tante von rechts nebenan unter der Tür durchgeschoben.

Das Frühstücksbuffet war natürlich längst abgeräumt. Ich grabbelte mir einen Topf Magerquark aus der Plastiktüte unten im Schrank und frühstückte, auf dem Bettrand hockend.

Dann kramte ich meine kleine Freundin, die Stimmgabel, aus der Handtasche und verzog mich zum Einsingen ins Badezimmer. Schließlich war in drei Stunden die Verständigungsprobe mit dem großen Meister.

Die Stimmgabel sagt mir immer, was ein »a« ist, auch wenn ich verrotzt und heiser bin. Diesmal war das »a« entsetzlich hoch. Los, Kind. Selber schuld, kein Mitleid, jetzt wird geübt.

»Mim mim mim«, brummte ich, aber mein Kopf brummte lauter. »Summ, mim man«, versuchte ich es erneut.

Das Badezimmer warf erbarmungslos das Echo an die Kacheln. Kratz, rotz, schepper.

Erste Töne sind immer schrecklich, kosten Überwindung, klingen schüchtern, als gehörten sie nicht zu mir. Besonders in Hotelbadezimmern, wenn rechts und links Kollegen lauschen. Und Zimmermädchen beim Ausschalten des Staubsaugers überrascht den Staubwedel sinken lassen.

Frau Jammersängerin.

Tonleiter rauf, Tonleiter runter. Schrecklich. Steckte völlig im Hals.

Wo waren noch gleich diese Aspirin-Brausedinger? In der Plastiktüte unten im Schrank. Ich löste mir eins im Zahnputzglas auf.

Der Sopran nebenan jubelte mindestens bis zum »b«.

Au, mein Kopf!

Ich sank auf den Badewannenrand. Warum, Alte? Warum bist du nicht so bieder wie die Rabiata nebenan? Warum gehst du nicht um halb elf ins Bett und nimmst deine Noten mit und sonst niemanden?!

Gestern war es also halb fünf, bis ich im Bett war, allein, meine ich. Kind, MUSSTE das denn wieder sein?

Mein innerer Schweinehund war wieder mal ausgerissen und hatte sich unerlaubterweise die halbe Nacht rumgetrieben. Einfach die Leine durchgebissen hatte das Vieh.

Ich stand wieder auf und fragte die Stimmgabel nach ihrer Meinung. Das »a« schepperte erbarmungslos an mein Katerhirn. Los, Kind. Nicht hängenlassen.

Tonleiter rauf, Tonleiter runter. In schiß-Moll.

Es klopfte. Der Ton blieb mir im Halse stecken. Bitte nicht

für meine verkaterte trübe Psyche. Mein Schweinehund
schoß aus seinem Verschlag, fletschte die Zähne und geifert
mit giftigen Spucketröpfchen: »Jetzt aber raus!«

Ich knallte die Tür zu und stellte mir vor, wie der Rittersmann das dunkle Holz anstarrte und das heftig wackelnde
Schild »Bitte nicht stören«.

2

Ein Brummen und Summen ging durch den Probensaal, man
redete, lachte, begrüßte sich, scherzte, manch einer stimmte
auch angelegentlich sein Instrument oder gab eine Passage aus
dem Notenblatt zum besten. Jürgen saß versunken auf seinem Stuhl und liebkoste sein Oboenmundstück. Emsig, mit
feuchten Lippen und Preßgrübchen im Gesicht. Das Mundstück gab gequälte Laute von sich, die Oboe selbst lag teilnahmslos herum. Ich könnte mal hingehen und sagen, ich
höre dir so gern beim Mundstückeinweichen zu, dachte ich
erbost. Ich mag deine Oboe auch ohne Mundstück. Oder so
was. Vielleicht würde er merken, wie blöd er vorhin war.
Aber der gekränkte Ritter würdigte mich keines Blickes.

Warum auch. Wer sich zum Chor umdreht oder lacht,
kriegt den Buckel vollgemacht.

Als der Maestro kam, klopfte man gönnerhaft Beifall aufs
Pult. Ein angesehener Meister des Taktstocks. Man kennt
ihn. Wenn auch nur vom Plattencover oder aus dem Radio.

Der Meister zupfte sich seine strähnigen, fettigen dünnen
Haare in den Hinterkopf, wo er sie mit einer Spange befestigte. Dann schüttelte er dem ersten Geiger kräftig die Hand.
Dienstfertiges Aufspringen. Heftiges Schütteln seinerseits.
Was sie sich an Herzlichkeiten sagten, konnte ich nicht verstehen.

Mit überraschend dünnem Stimmchen verkündete der
Maestro: »Takt zwanzig, Damänchärän, bittä Ruhä, wir sind
doch nicht im Kindergartän.«

Da hatte er nicht unrecht. Wir rissen uns zusammen.
Dienst ist Dienst.

Im Saal lungerten einige Leute herum. Irgendwelche Gön-

stören! Wer wagt es, Rittersmann oder Knapp? Wahrscheinlich war es einer von beiden. Von den beiden gestern. Oboe und Tenorhorn. (Überhaupt. Wie kann man nur Tenorhorn...?) Kollegen aus dem Orchester. Wehe, wenn sie losgelassen. Sie werden alle zum Rittersmann, und das nicht zu knapp.

»Ja bitte?« fragte ich im Originalton Tante Lilli. Freundlich, aber bestimmt nannte sie das, doch es war noch eine gute Prise Pfeffer und Essig dabei.

»Jürgen is hier!«

Welcher Jürgen? Ach so, die Oboe. Also doch.

Ich ging zur Tür; mir fiel nichts ein. Jürgen. Ein blasses Dienstreisenkapitel. Ausgesprochen nett soweit. Und ausgesprochen verheiratet. Erster Oboist.

»Hallo, Jürgen. Was treibt dich vor meine Zimmertür?«

»Ich hörte dich singen, und da dachte ich, du bist schon wach.«

»Nein. Ich singe immer im Tiefschlaf. Was war es denn? Die Königin der Nacht?«

Jürgen öffnete den Mund, sagte aber nichts. Mir fiel wieder diese Narbe an der Oberlippe auf, die hatte er vom ewigen Pressen in das Mundstück seines Instrumentes.

Ich war zu hart gewesen. Der Rittersmann war extra herbeigeeilt, über Stock und Stein, will sagen, über Trepp und Flur, und jetzt mag das Burgfräulein ihr gülden Haar nicht runterlassen.

»Entschuldige, Jürgen«, lenkte ich wohlerzogen ein. (Kind, sei immer höflich, nett und bescheiden, das öffnet dir alle Türen!) Eigentlich wollte ich die Tür eher zuknallen. Aber das ging nicht. Der Schweinehund lag noch in seiner Hütte und knabberte an den Vorderpfoten. Er war noch nicht richtig wach nach der Toberei heute nacht.

»Ich mag deine Stimme, darf ich dir ein bißchen beim Üben zuhören?« Jürgen hatte schon einen Fuß über meine Schwelle gesetzt.

»Nein. Ich bin noch nicht eingesungen.« Das mußte er doch begreifen. Das Pferd wenden und wieder wegreiten.

»Ich mag aber deine Stimme, auch wenn du NICHT eingesungen bist«, beharrte Jürgen, und das war entschieden zuviel

9

»Ehrlich gesagt, lege ich auf solche lächerlichen Kleinigkeiten keinen Wert.«

Es entspann sich eine Diskussion über dieses unerquickliche Thema. Es war doch fein, wieder nüchtern zu sein und streitlustige Rechthabereien von sich geben zu können.

»Bringen Sie mich eigentlich zum Hotel? Das müssen Sie nicht. Ich kann auch gut alleine gehen.«

Er blieb stehen. Sah mich enttäuscht an.

»Sind Sie wirklich so eine verunglückte Scheinemanze?«

Lalinde hatte recht. Ich benahm mich unmöglich.

»Entschuldigung. Ich rede mich manchmal in Rage. Ich würde mich sogar freuen, wenn Sie noch bis zum Hotel…«

»Kleine Schwätzerin.«

Er hakte mich unter, und wir schoben weiter. Arm in Arm. Hoffentlich begegneten wir keinem Kollegen. Wie peinlich. Ich mit dem Kritiker.

Er roch angenehm. Sehr unaufdringlich und angenehm. Vor dem Hotel hielt er meine Hand etwas länger als nötig.

»Gute Nacht, Löwenfrau. Es war schön mit Ihnen.«

»Ich bin Skorpion. Wieso Löwenfrau?«

»Für mich sind Sie eine Löwenfrau.«

»Aha. Ja da kann man nichts machen. Dann werd ich jetzt wohl noch ein, zwei Schakale zerreißen und dann in meine Höhle gehen.«

Er drehte sich um, tat zwei Schritte, blieb stehen. Diese Bewegung, diese Geste der Unentschlossenheit sollte ich bei ihm noch oft erleben. Noch allzuoft.

»Ich bin sehr glücklich.«

Damit verschwand er im Nebel.

3

Am nächsten Morgen ein Anruf im Hotel: Ich solle meinen Agenten zurückrufen. Einspringer fürs Wochenende. Händel in K.

Ich freute mich. Terminlich paßte das hervorragend. Unsere Arbeit in Frankfurt würde Freitag abend beendet sein.

Die nächsten Tage verbrachte ich einigermaßen konzentriert mit Üben und der Probenarbeit.

Am Freitag war das große Chorkonzert in der Alten Konzerthalle. Der Saal war brechend voll, vermutlich ausverkauft. Wir waren gut und bekamen viel Beifall.

Ich suchte Lalinde im Saal. Er hatte sich seit jenem Dienstag nicht mehr gemeldet. Da saß er, zusammengesunken, die Hand am Mund, seine typische konzentrierte Zuhör-Haltung.

Ich lächelte ihn an. Er veränderte seine Mimik nicht. Kind, laß das. Na ja, er war ja dienstlich hier, genauso wie ich.

Beim Beifall stand er bereits auf, knöpfte sich das Jackett zu und verließ eiligen Schrittes den Saal. Er mußte vermutlich noch am selben Abend die Kritik verfassen und bei seiner Zeitung einreichen.

Als er durch eine der bereits geöffneten hinteren Türen verschwand, tat es mir fast leid.

Ich nahm den Spätzug nach K., um am nächsten Tag rechtzeitig bei der Generalprobe für mein Solo-Konzert zu sein. Zuerst war ich allein im Abteil. Ich genoß es, versuchte, es mir gemütlich zu machen, legte die Beine hoch und vertiefte mich in meine Noten.

»Guten Abend, hier noch frei?«

Ein Mann, aha. Mitte Dreißig vielleicht. Sah nett aus.

»Wie man unschwer erkennen kann.«

Er kam rein, wuchtete seine lederne, wichtig aussehende Aktentasche ins Gepäcknetz, setzte sich. Stand wieder auf, drehte an der Heizung, blätterte im Zugbegleiter, einem zerfledderten Heftchen mit mehr oder weniger wichtigen Informationen der Bundesbahn. Setzte sich mit Schwung.

Meine Noten wackelten. Ich versuchte, mich zu konzentrieren. Schwere Phrase, ausgesprochen lange, schwere Phrase.

Der Neuling räusperte sich.

Ich schloß die Augen. Dreiviertel-Takt, langsames Tempo.

»Sind das Noten?«

»Nein, das ist der Fahrplan auf südnepalesisch.« Ich mußte

kichern. Leider. Ich muß oft über meine eigenen Witze lachen.

»Schlagfertig sind Sie jedenfalls.«

»Ein Profi bleibt aber ernst.« Ich ärgerte mich.

Was jetzt? Händel oder Small talk?

»Fahren Sie weit?«

Also Small talk.

»K. Und Sie?«

»Auch. Das ist ja ein netter Zufall.«

Ich lächelte. Ausgesprochen netter Zufall. Armer Georg Friedrich. Die Händel-Noten lagen auf meinem Schoß. Ziemlich unstudierte Händel-Noten.

»Machen Sie das beruflich?«

»Sie meinen, Noten lesen? Ja. Beruflich. Und Sie?« Ich bestrafe Neugier immer mit noch mehr Neugier. Das ist ein guter Trick. Er funktioniert immer. Man zwingt den Fragenden, selbst auszupacken.

»Raten Sie mal.«

Ach Gott, *die* Masche. Rate mal mit Rosenthal. Sie haben dreißig Sekunden Zeit, auf los geht's los.

Ich betrachtete ihn reserviert. Sehr teurer Pullover, Marke »K.s einzig wahrer Herrenausstatter«, sehr adrett sitzende Bügelfaltenbeinkleider, geputzte Schuhe. (Kind, der Mann ist gediegen.) Vollbart, aber gepflegt. Und ein Haarschnitt, dynamisch und schick. Er war kein Schönling, dieser Mann. Kein gestylter Schickimicki. Aber gepflegt. Nicht zu lässig. Ob sein Pyjama Bügelfalten hatte? Einen Ehering trug er jedenfalls nicht. Also wenn Bügelfalten, dann verpaßte ihm die seine Haushälterin oder schlimmstenfalls seine Mutter.

Ich sagte: »Erweisen Sie der Menschheit einen Dienst?«

Daran, daß er nicht lachte, sondern ernsthaft und spontan antwortete: »Ja«, erkannte ich, daß er entweder keinen Humor hatte oder noch nie Robert Lembke gesehen hatte.

»Arbeiten Sie im geschlossenen Raum?«

»Ja.«

»Mitunter auch im Freien?«

»Selten.«

»Ein klares Nein, fünf Mark ins Schwein.«

Jetzt lachte er.

Aha. Also doch schon mal Robert Lembke gesehen.

»Stellen Sie etwas aus?«

»Nicht direkt.«

»Sagen Sie lieber Jein. Jein bringt noch zwei fünfzig ein.«

Er sah mich entgeistert an. »Sie haben wohl viel Zeit zum Fernsehen?«

Solche Fragen sind peinlich.

»Also, machen wir es kurz, Sie sind Anwalt. In Sachen Scheidung und Ehe- und Familienrecht.«

»Sehe ich so aus?«

Das ist wieder typisch. Erst raten lassen und dann beleidigt sein.

»Oder Dozent für Biochemie. Oder Marketing-Mensch.«

»Mit der Biochemie sind Sie schon nahe dran.«

»Zoodirektor.« Kind, bleib höflich.

Er spürte, daß ich keine Lust mehr hatte.

»Nein. Ich bin Mediziner.« Bescheidener Unterton.

Was erwartete er jetzt? Weitere Fragen? Womöglich nach Dienstgradstellung, Fachrichtung, Gehalt? Gynäkologe oder Zahnarzt? Und dann einige Fragen zum Thema, Beispiel: »Wo sitzen eigentlich die Lymphdrüsen?«

Ich sagte: »Aha.« Sonst nichts. Das war er wahrscheinlich nicht gewöhnt.

»Und Sie?«

Aha. Doch kein selbstverliebter Süchtling.

»Ich singe.«

Jetzt war es an ihm, verständnislos zu gucken. Klar, daß jetzt Fragen kommen mußten wie: »Richtig so? Schlager oder Oper? Und was machen Sie tagsüber?« Aber er sah nur auf den vergessenen Händel und sagte: »Oratorium?«

Ich strahlte ihn an. Daß er so ein schweres Wort wußte! Und hundertprozentig richtig anwendete! Plötzlich war er mir ausgesprochen sympathisch.

Wir redeten während der ganzen Fahrt bis K. über alles mögliche. Die Noten rutschten auf den Nebensitz. Ich erzählte ihm von den Probenarbeiten in Frankfurt, verriet ihm auch, daß ich am nächsten Tag ein Solo-Konzert in K. haben würde. Nicht ganz ohne Stolz.

Er selbst hatte vor zwei Jahren eine Praxis aufgemacht.

Psychoanalyse oder so ähnlich. Damit hatte ich zum Glück noch nie zu tun.

»Sie können ja mal in der Praxis vorbeikommen.«

»Kein Bedarf. Ich bin unverschämt gesund. Aber Sie können ja mal im Konzert vorbeikommen!«

»Kein Bedarf. Ich bin unverschämt unmusikalisch.«

Wir liefen in K. ein. Verabschiedeten uns flüchtig – anscheinend wurde er erwartet.

Ich stieg aus, drehte mich nicht mehr um. Nahm mir ein Taxi und fuhr nach Hause.

Nichts Besonderes auf dem Anrufbeantworter. Keine besondere Post. Nichts Erwähnenswertes im Kühlschrank.

Ich nahm ein heißes Bad und ging ins Bett. Dachte etwas an Lalinde, dachte etwas an den Seelen-Doc aus dem Intercity. Und schlief ziemlich bald ein.

Der Dirigent von St. Hildebold war ein älterer robuster Herr, der den Taktstock mit solcher Vehemenz schwang, daß man Angst hatte, er ruderte sich einem Herzinfarkt entgegen. Der Chor bestand aus jeder Menge rüstiger Omas, die mich alle mehr oder weniger an meine Tante Elsbeth erinnerten. Rotwangig und frisch vom Friseur.

War ja auch ein großes Ereignis, Händel in St. Hildebold. Dafür hatten die monatelang geprobt. Wahrscheinlich war in letzter Zeit über nichts anderes mehr in der Gemeinde gesprochen worden.

Ich bewunderte die Omas, wie sie fast zwei Stunden lang in Reih und Glied standen, ohne zu schwanken. Selbst während der langen Arien der Solisten rührten sie sich nicht und hörten andachtsvoll zu.

Sie alle hatten weiße Blusen an mit mehr oder weniger vielen Rüschen und lange schwarze Röcke. Sie schienen alle dieselbe Schneiderin zu haben.

Die Herren – es waren unverhältnismäßig wenige – trugen dunkle Anzüge und weiße Fliegen. Sie bölkten diensteifrig und laut durcheinander. So eine Händel-Fuge ist nicht ohne. Im Tenor standen noch einige Damen zur Verstärkung. Eigentlich hätten sie auch dunkle Anzüge mit weißer Fliege tragen sollen. Wegen der Optik.

Während ich auf meine Arien wartete, betrachtete ich den Chor ausgiebig. Es gibt immer ein oder mehrere Gesichter, die innerhalb des Gesamtbildes besonders auffallen, sei es durch angenehme oder unangenehme Eigenschaften oder einfach nur komische. Die Dame außen rechts zum Beispiel bewegte ihren Mund ganz unnatürlich und übertrieben. Als würde sie vor Taubstummen singen. Eine andere verschwand völlig hinter ihren Noten. Man konnte das Gesicht dahinter nur erahnen. Eine jüngere Frau in der ersten Reihe tappte heftig mit dem Fuß im Takt auf den marmornen Altarraumboden. Sie hielt sich wahrscheinlich für besonders musikalisch.

Der Dirigent ruderte. Längst lief ihm der Schweiß über das Gesicht, und ein Tropfen blieb an seinem Kinn hängen, bevor er bei einer heftigen Auftaktbewegung auf das nicht mehr ganz frischgestärkte Hemd fiel.

Das Vorspiel zu meiner Arie. Ich unterdrückte leichtes Herzklopfen, atmete mit System. Blick aus den Noten, Kind. Freundlich schauen. Die Leute wollen auch was fürs Auge.

Plötzlich entdeckte ich Lalinde. Dritte Reihe außen links, zusammengesunkene Haltung, Hand am Mund. Konzentriertes Zuhören.

Das soeben unterdrückte Herzklopfen verstärkte sich wieder. Was machte der denn in diesem Vorstadtkonzert? Der konnte doch unmöglich über solch eine provinzielle Angelegenheit eine Kritik schreiben wollen.

Fast verärgert sang ich meine Koloraturen, in Gedanken nicht ganz ausschließlich bei Georg Friedrich Händel.

Der große alte Meister mochte es mir verzeihen. Ich hasse Überraschungen im Konzert. Meine Fans sollen sich gefälligst vorher anmelden.

Aber vielleicht war er gar nicht meinetwegen gekommen? Die Sopranistin war recht bekannt, dazu ausgesprochen hübsch. Jung und hübsch und musikalisch und frisch geschieden. Solche Gedanken hegte ich während meiner nicht ganz astrein abgelieferten Koloraturen. Wann hätte ich sie auch üben sollen, wenn nicht im Hotelbadezimmer in Frankfurt. Im Intercity ließ man mich ja nicht.

Ich setzte mich wieder.

Lalinde zeigte keine Regung. Er wechselte nur die Hand. Mein Herzklopfen ließ nach. Der Chor jubelte zu neuen Schärfen auf. Ende des ersten Teils.

Stimmpause. Allgemeines Räuspern, Nachstimmen der Instrumente. Der Dirigent und wir Solisten schritten hinaus. Das unterstrich unsere Wichtigkeit, würde uns schätzungsweise beim erneuten Eintreten einen weiteren Beifall einbringen. Außerdem mußte ich mal. Und der Dirigent brauchte ein frisches Hemd.

Um ihn beim Umziehen allein zu lassen, verlustierten wir uns einige Minuten im Pfarrgarten. Gingen auf und ab, summten etwas, sprachen nicht viel. Sprechen schadet der Singstimme. Jedenfalls bildeten wir uns das ein. Waren wohl alle etwas aufgeregt.

Am Gartenzaun stand Lalinde. Während ich noch überlegte, ob ich ihn begrüßen sollte und welcher Herzlichkeitsgrad mir dafür angemessen erschien, eilte die Sopranistin auf ihn zu, schüttelte ihm herzlich die Hand. Aha. Ihretwegen also. Auch gut. Wahrscheinlich lud er sie nun für heute abend auf ein Glas Wein ein.

Die Kollegin sprach auf ihn ein, gestikulierte, lachte. Lalinde stand, das Gesicht von mir abgewandt, halb schräg am Gartenzaun und hörte ihr zu, die Hand am Mund. Dann sagte er etwas, leise, knapp. Sie lachte, drehte sich um und winkte mir zu, ich solle mal herkommen.

Unwillig ging ich hinüber. Wäre nicht der Gartenzaun gewesen, hätte ich erwartet, daß er zu mir käme, wenn er mich zu sprechen wünschte. Ich fühlte mich durch und durch als Kammersängerin und nicht geneigt, so ohne weiteres einem x-beliebigen Kritiker in der Konzertpause mein Ohr zu leihen.

»Hallo, Löwenfrau«, sagte er und lächelte andeutungsweise.

Die Kollegin stutzte, murmelte etwas von »noch ein bißchen einsingen« und entfernte sich.

»Sie sollten Ihre Wortneuschöpfungen nicht veröffentlichen«, sagte ich ärgerlich. »Was machen Sie überhaupt hier?«

»Ich wollte Sie hören!«

»Scherz beiseite. Schreiben Sie etwa eine Kritik über dieses *Oma*torium?«

»Ich bin rein privat hier.«

»Also die Sopranistin?« Im gleichen Moment hätte ich mir die Zunge abbeißen können.

Man rief nach mir. Ich drehte mich um. »Geht's weiter?«

Die Pfarrhaustür stand offen, eine ältere Frau im weißen Kittel verhandelte mit dem Baß. Er rief mich.

»Telefon für dich!«

»Für mich?« fragte ich dumm zurück und schaute fragend auf Lalinde.

»Covent Garden!« spöttelte der.

Ich ließ ihn stehen, ging in das Pfarrhaus. Das mußte eine Verwechslung sein.

In einem vor Biederkeit schon wieder progressiven Wohnzimmer mit Brokatkissen auf den Sofas und liebevoll bestickten Deckchen überall fand ich das Telefon.

»Ja bitte?« Es roch stark nach Rotkohl.

»Spreche ich mit der Sängerin?« fragte eine Männerstimme, und ich wußte, daß ich sie kennen mußte.

»Es gibt hier mehrere«, antwortete ich unsicher und hoffte inständig, es sei ein hilfloser Dirigent, dem eine Solistin ausgefallen war. Ein schöner, fetter Einspringer vielleicht? Herzklopfen.

»Ich meine die Dame, die gestern abend von Frankfurt nach K. gefahren ist.«

Der Gediegene. Aus dem Intercity. Immer noch Herzklopfen.

»Ich bin mitten im Konzert!«

»Weiß ich, es ist aber gerade Pause. Ich habe vor zwanzig Minuten schon mal angerufen, aber die Haushälterin des Pfarrers sagte, Sie seien gerade unabkömmlich.« Er kicherte.

»Ja, in der Kirche ist leider kein Telefon«, sagte ich und schaute auf die Uhr. Es müßte doch längst weitergehen!

»Wie lange sind Sie noch beschäftigt?« fragte der Gediegene.

»Den ganzen Abend. Nach dem Konzert ist Empfang beim Chorvorstand. Ich muß jetzt wieder rein!«

Aufzulegen getraute ich mich nicht. Aber dreist war er ja, der Gediegene. Ausgesprochen dreist.

»Woher wußten Sie, daß ich hier bin?«

»Ich habe im Verkehrsamt der Stadt angerufen, wo heute um 17 Uhr ein Händel-Konzert stattfindet. Sie heißen also Elisabeth Peters? Sehr erfreut.«

»Freuen Sie sich nicht zu früh. Ich bin eingesprungen. Stehe auf keinem Plakat. Und jetzt muß ich wieder rein. Auf Wiedersehen!« Ganz plötzlich legte ich auf.

Meine Hand zitterte leicht, ich blieb noch einen Moment im Reich der Brokatdeckchen stehen. Er würde doch nicht sofort wieder anrufen?

Das biedere Telefon auf dem weißbestickten Deckchen blieb still. Ich eilte hinaus in den Garten. Die Solisten waren schon weg, Lalinde natürlich auch.

Mit hochgerafftem Kleid rannte ich zur Sakristei. Man wartete auf mich.

»Los, Auftritt, meine Damen und Herren!« Der frischbehemdete Dirigent hatte neuen Schwung. Er machte eine rudernde Bewegung mit dem Arm, als wollte er eine Ziegenherde an sich vorbeitreiben.

Beim Reingehen – das Publikum klatschte tatsächlich – drehte sich die Sopranistin halb zu mir um.

»Kennst du Lalinde privat?«

»Kaum«, hauchte ich in ihre steifduftende Hochfrisur.

»Er läßt dich nämlich herzlich grüßen«, murmelte sie beim Verbeugen.

Ich konnte nicht antworten. War direkt dran, in einem Duett mit dem Tenor. Versuchte, mich zu konzentrieren. Händel und nochmals Händel. Wir hatten schließlich kaum proben können.

Als wir wieder saßen und der Chor eine schwierige Fuge verhackstückte, lugte ich verstohlen ins Publikum. Lalinde saß auf seinem Platz. Er hatte nicht die Hand am Mund, saß zurückgelehnt, fast entspannt. Ein ungewohnter Anblick. Bildete ich mir das ein, oder lächelte er mich an? Ich schaute schnell in meine Noten. Kind, man grinst nicht ins Publikum.

Lalinde. Der Gediegene. Händel. Ach so, ja natürlich, der und kein anderer.

Was mochte den Gediegenen veranlaßt haben, die unschuldige Haushälterin aufzuschrecken? Was er nun gediegen oder dreist? Oder beides? Ich hing meinen Gedanken nach, betrachtete Chorgesichter. Eifriges lautes Singen mit geschwollenen Halsadern. Erste Ermüdungsanzeichen, was die Haltung anbetraf. Die Rhythmische tappte noch immer im Takt auf den Marmorboden. Die für Taubstumme Singende dürfte sich inzwischen fast den Kiefer ausgerenkt haben.

Letzter Auftritt, eine langsame Arie. Ich stand auf, drehte mich zum Publikum, sah aus dem Augenwinkel Lalinde (die Hand war wieder am Mundwinkel gelandet) und begann zu singen. Nach etwa zweiundzwanzig Takten ging die hintere Kirchentür auf. Langsam, zögernd. Da hatte sich jemand in der Uhrzeit vertan. Der Jemand schob sich, um Lautlosigkeit bemüht, in die Kirche.

Ich mußte meine ganze Zwerchfelltechnik zu Hilfe nehmen, um nicht ins Wackeln zu geraten.

Es war der Gediegene.

4

Empfänge nach Konzerten sind immer angenehm. Man bekommt nette Worte zu hören, eventuell sogar Beifall, wenn man in einer Rede löblich erwähnt wird (»Und ganz besonders danken wir unseren hervorragenden Solisten...«), und man bekommt, und das ist das Beste, ein Glas in die Hand. Mit dem steht man, fühlt die herrliche Entspannung im Körper, die sich trotzdem nicht in Schlappheit umwandelt, sondern in fröhliche Energie, um zu reden, zu lachen, Leute zu beobachten, Leute kennenzulernen, neue Verbindungen zu knüpfen (sehr wichtig!) und mit den Kollegen über deren mehr oder weniger neiderregende Karriere zu plaudern.

Diesmal war es anders. Meine soeben beschriebene »fröhliche Energie« wollte sich nicht einstellen. Eher eine leicht hysterische innere Spannung. Ich fühlte mich wie eine aufgedrehte Puppe. Vermutlich hatte ich von den zwei Gläsern

Wein, die ich hastig hinuntergestürzt hatte, bereits rote Flecken im Gesicht.

Der Gediegene war einfach mitgekommen. Als gehörte er dazu. Ich wußte noch nicht einmal seinen Namen, aber er schien Spaß daran zu haben, hier in aller Öffentlichkeit als mein selbstverständlicher Begleiter aufzutreten. Immer wenn Chor- oder Orchestermitglieder auf mich zutraten, fürchtete ich, ihn vorstellen zu müssen. Das besorgte er aber selber, verbeugte sich knapp und höflich (gediegen eben) und nannte einen Namen. Ich sage, *einen* Namen, denn er nannte jedesmal einen anderen. Bei der Gastgeberin sagte er: »Guten Abend, Bröll, herzlichen Dank für die Einladung«, bei dem Pastor: »Schiedermann, guten Abend, Herr Pfarrer«, bei dem Dirigenten: »Bürgener, meinen herzlichen Glückwunsch zu dem gelungenen Konzert!« Artig, höflich, wohlerzogen. Und unverschämt. Eine weißblusige Dame aus dem Chor (es war die für Taubstumme Zuständige) nahm ihn beiseite und sagte gönnerhaft: »Ihre Frau hat wirklich toll gesungen, wenn man bedenkt, daß sie eingesprungen ist!«

»Das finde ich auch«, antwortete der Gediegene dreist, »besonders, weil sie gestern abend noch in Frankfurt gastiert hat!« Worauf die Taubstummenfreundin ehrfurchtsvoll staunend mit ihrem Pappteller, auf dem verschiedene Salate prangten, weiterging.

Ich stand da, mit meinem halbvollen Glas und meinen roten Flecken im Gesicht, und bot schätzungsweise einen liebreizenden Anblick. Der Gediegene schob mich in Richtung kaltes Buffet.

»Sie sollten was essen!«

Mir war beim besten Willen nicht danach.

An der Tür lehnte Lalinde. Er war mit der Sopranistin gekommen, doch diese saß inzwischen auf der Stuhllehne des Dirigenten, in der einen Hand ein Sektglas, in der anderen den Terminkalender.

Lalinde schaute zu uns herüber. Regungslos. Zog schmallippig an seiner Zigarette. In der linken Hand hielt er das goldene Zigarettenetui. Er kam mir vertraut vor.

Der Gediegene hieß mich auf ihn warten, er werde mich

versorgen, einen kleinen Moment, bitte. Ob es etwas Lachs sein dürfe. Damit verschwand er in der Menschentraube, die sich am Buffet zusammendrängte.

Ich stand hilflos herum, trank mein Glas leer, suchte nach einem Weinflaschenherumträger.

Lalinde näherte sich zögernd.

»Zigarette?«

Ich griff zu. Meine zweite. Er gab mir Feuer, ich verbrannte mir fast die Nasenspitze. Nach dem ersten Zug wurde mir schwindelig. Ich atmete tief durch, setzte mein leeres Glas an die Lippen. Wie peinlich. Alles ausgesprochene Verlegenheitsgesten.

»Ich besorge Ihnen was zu trinken, oder läßt Ihr ausgeprägtes Emanzipationsbewußtsein das nicht zu?«

»Doch, ich hab gearbeitet, Sie haben sich amüsiert. Jetzt lasse ich mich gern bedienen.« Vielleicht etwas rotznäsig, mein Unterton.

Lalinde ging einem über der Menge schaukelnden Gläsertablett nach.

Von der anderen Seite kam mein offizieller Begleiter, der große Unbekannte mit den vielen verschiedenen Namen, mit einem vollgeladenen Teller auf mich zu.

»Da, Frau Sängerin. Alles für Sie!«

Er schob mir einen Stuhl zurecht, sehr artig, sehr gediegen. Kind, der Mann kommt aus gutem Hause.

Ich hatte keine Lust, mich zu wehren. Setzte mich hin und starrte auf den Teller. Allerlei Fleischiges, aufdringlich duftend, von verschiedenen Salaten liebevoll umlagert. Ungeschickt hielt ich die Zigarette von mir ab. Wohin jetzt mit dem Schwindel-Stengel? Die Asche an der Spitze wurde lang und länger. Ich mochte nicht mehr ziehen.

»Geben Sie her, ich rauche sie zu Ende.«

»Danke.« Kurze Erleichterung, dann das plötzliche Bewußtsein, welche deutliche Vertrautheitsgeste das war. Natürlich kam Lalinde in diesem Moment. Mit zwei vollen Sektgläsern. Setzte sich an meine freie Seite, sagte: »Auf Ihr Wohl. Sie haben phantastisch gesungen« und sah mich an mit einem Blick, den ich aus Frankfurt kannte. Dieses ganz leichte zynische Lächeln. Und trotzdem warm.

Ich meinte, die Herren miteinander bekannt machen zu müssen. »Das ist Herr Lalinde, ein Kritiker, und das ist Herr Bröll«, sagte ich und machte mir angelegentlich mit dem Fleischberg zu schaffen.

Die Herren sprangen, ihre Jacketts zuknöpfend, auf, reichten sich über meinen Teller hinweg die Hand. Der Gediegene hielt Lalindes Zigarette.

Ich suchte am Sektglas Halt. Lalinde trank mit.

»Sind Sie seit neuestem bei einer anderen Agentur?« fragte er mich.

Der Gediegene sah sich nach einem Glas um.

Ich verstand Lalinde sofort.

»Nein, nein, das sieht nur so aus.«

»Gastvertrag?«

»Noch nicht einmal das. Die Agentur war mir vorher nie bekannt.« Plötzlich machte mir diese Unterhaltung wahnsinnigen Spaß.

»Woher kennt die Agentur Sie?«

Der Gediegene hatte ein Glas gefunden und entkorkte gerade eine Sektflasche.

»Sie hat mich nie gehört. Reiner Zufall.«

Lalinde sah knapp an mir vorbei, vielleicht auf die leblose Tomate auf meiner Gabel.

»Es gibt eine Agentur, die sehr an Ihnen interessiert ist.«

Ich starrte auf sein Krawattenmuster. »So? Wieso denn das?«

»Die Agentur ist schon länger an Ihnen interessiert. Nur war sie bis vor kurzem mit einer anderen Sängerin in Exklusivvertrag.«

»Und jetzt nicht mehr?«

»Jetzt nicht mehr.«

Er strich mit seinem Zeigefinger über den Rand seines Glases. Seine Hand war gepflegt, aber rauh.

»Das war doch die mir bekannte…«

»Genau die. Sie hält auch viel von Ihnen.«

Ich sah ihn unsicher an. Deutete ich das alles richtig, oder bildete ich mir nur ein, daß dies ein handfester Antrag war?

Und die Erklärung, daß er sich von der gepflegten Dame, Größe 38, getrennt hatte?

»Ja... und ist die Kollegin jetzt bei einer anderen Agentur?«

Er lächelte zum erstenmal sehr warm und ohne jede Andeutung von Zynismus.

»Sie hatte schon lange damit geliebäugelt.«

Inzwischen verfolgte der Gediegene interessiert unser Gespräch. Er hatte Lalindes Zigarette ausgedrückt und war dann etwas näher zu mir herangerückt.

Zeit, das gefährliche Geplänkel zu beenden. Obwohl ich eine kaum zu bremsende Lust verspürte, mir auf diese Weise einen Heiratsantrag machen zu lassen.

»Ich denke, daß der Agent Sie anrufen wird«, sagte Lalinde und holte sein goldenes Zigarettenetui hervor.

»Er ist, und ich bitte Sie, das ernst zu nehmen, an einem Exklusivvertrag mit Ihnen interessiert!«

Das sagte er mit Nachdruck und ernsten Augen, während er – welch unnötige Handbewegung – auf das Mundstück der Zigarette tippte.

Ich fühlte, wie die roten Flecken in meinem Gesicht sich vergrößerten.

Lalinde stand auf mich. Ich hatte es irgendwie geahnt. Schon vor einigen Tagen, in Frankfurt.

Nun war es aber Zeit, sich um den Gediegenen zu kümmern. Lalinde verstand, unsere Unterhaltung war zu Ende. Er stand auf, verabschiedete sich höflich von meinem rechten Nebenmann und von mir, konnte sich aber eine Schlußbemerkung nicht verkneifen.

»Er ruft Sie in den nächsten Tagen an«, sagte er, »wahrscheinlich schon morgen.« Nahm sein Zigarettenetui und ging.

Ich sah ihm nach. Lalinde. Verdammt, ich mochte ihn.

»So, und das war also der Kritiker?« kam die andere Stimme von hinten.

Ich drehte mich um, hoffte, meine hysterischen Flecken würden nichts über meine Gefühle verraten.

»Ja, ich kenne ihn schon von anderen Konzerten her«, antwortete ich angelegentlich.

»Fan von Ihnen?«

»Ach was!« Warum log ich eigentlich?

28

Ich fühlte mich schrecklich unsicher, wäre so gern verschwunden, nach Hause in meine Wohnung gefahren, nachdenken. Jemandem nach-denken.

Aber jetzt griff ich den Stier bei den Hörnern. Mit einer nicht zu überhörenden Portion von Aggressivität: »So, großer Unbekannter. Nun zu Ihnen. Was soll dieses Spiel?«

»Ach, lieben Sie keine Spiele?«

Verfluchte zweideutige Antwort! Wußte er? Ahnte er? Kind, der Mann ist doch nicht blöd!

»Nicht mit dem großen Unbekannten! Diese Art Spiele mochte ich schon im Mathematikunterricht nicht. Alle nennen ihren Namen, und der große Unbekannte nennt sich X. Den darf man dann mühsam ausrechnen!«

Er lachte. »Musik und Religion eins, Kopfrechnen schwach?«

»Genau. Sonst wäre ich jetzt nicht hier, sondern vielleicht im wissenschaftlichen Institut für unterernährte Stadthühner.«

»Viel anders klang dies hier aber auch nicht. Höchstens wie gut ernährte Stadtgänse.«

Ich kicherte. Nicht-Musiker drücken manchmal grausam treffend aus, was Musiker höflich verschweigen.

»Also, Rumpelstilzchen«, sagte ich. »Ich heiße Rapunzel, und Sie?«

Ich bekam den ganzen Abend nicht raus, wie er hieß. Er nannte mich mit Begeisterung Rapunzel, war in lustiger Stimmung, plauderte, trank Sekt. Zwischendurch legte er den Arm um mich.

Völlig klar. Für den Chor und das Orchester war dieser mein Dazugehöriger. Und Rapunzel mögen die Ahnungslosen noch für ein nettes Kosewort gehalten haben.

Die Stimmung im Saal stieg, einige Musiker packten ihre Instrumente wieder aus und spielten zum Tanz auf. Das konnten keine Profis sein. Profis packen nie freiwillig ihre Instrumente aus. Man jubelte, lachte, veranstaltete eine Polonaise, wir wurden mit in den Kreis gezogen.

Die anderen Solisten waren längst weg. Wahrscheinlich mit dem Hinweis darauf, morgen ganz früh schon zum nächsten Konzert reisen zu müssen.

»Die Altistin und ihr Mann sind noch da, die anderen sind schon weg!« hörte ich eine weißblusige Dame sagen. Da hatten wir den Salat. Es war wie eine blöde Verwechslungskomödie, die so dann und wann samstags abends in irgendeiner unverständlichen Mundart im Fernsehen kommt.

Die Polonaise löste sich auf, weil jetzt Dreivierteltakt angesagt war. Walzer.

Der Unbekannte tanzte eher mittelgut. Trotzdem, er war ungeheuer groß und breit, wenn auch nicht so dreivierteltaktfreudig, wie meine hohen Ansprüche dies verlangt hätten. Aber ich konnte mich gut an ihm festhalten. Das war auch nötig, nach vier Gläsern Wein, einer halben Zigarette, einem unmißverständlichen Antrag von Lalinde und nichts Erwähnenswertem im Magen. (Während meiner Exklusivverhandlungen hatte der Gediegene dem Fleischberg auf meinem Teller den Garaus gemacht.) Ich fühlte eine sehr große, weiche, warme und andeutungsweise feuchte Hand in der meinen und das Gegenstück dazu etwas zu wenig locker auf meinem Rücken.

Er strahlte auf mich herunter.

Ich mußte fürcherlich aussehen, spürte ich doch genau, daß keinerlei vornehme Blässe mein Gesicht zierte.

»Sie tanzen gut!« scherzte er fröhlich.

»Sie auch«, log ich zu ihm hinauf.

»Sie haben auch sehr schön gesungen«, setzte er seine Komplimentennummer fort. »Ich hätte nicht gedacht, daß aus so einer jungen Frau solche lauten Töne kommen können!«

»Tja, studiert ist studiert! Sie fragen mich wenigstens nicht, was ich sonst so beruflich mache. So in der Art: ›Und was machen Sie tagsüber?‹«

»Werden Sie so etwas Dummes gefragt?«

»Ja, häufig.«

»Das ist ja so, als würden Patienten mich fragen, was ich nach unserem Plauderstündchen täte. Ob ich dann zur Arbeit ginge.«

Ich lachte. Er lachte. Zur Feier des gemeinsamen Lachens versuchte er einen Extra-Schwenker mit gewagter Halbkreisdrehung. Er mißlang.

»Und Sie haben eine richtige psychiatrische Praxis, so mit Couch und ›Herr Doktor, meine Mutter hat mich zu früh vom Topf geholt‹?« nahm ich unser Gespräch wieder auf. Hauptsächlich, um den peinlichen Schwenker zu ignorieren.

Er lachte wieder. Diesmal ohne Schwenker. Unser Tanzen war inzwischen mehr so ein Gewichtverlagern von einem Bein zum anderen, leider auch eher arhythmisch zur Musik.

»Eigentlich ist es eine Gemeinschaftspraxis. Ein Studienkollege von mir hat eine Praxis geerbt, und als diese sehr gut ging, hat er mich als Gesprächstherapeuten mit hineingenommen. Von Hause aus bin ich aber Mediziner. Ich weiß noch nicht, ob ich das lange machen möchte. Ich bin eigentlich Internist.«

»Ach«, sagte ich und ließ beiläufig fallen, daß mein Opa ebenfalls einer war. Irgendwie wollte ich bei dem Mann gute Karten haben.

Jetzt sagte er: »Ach«, und dann hörte die Musik auf.

Wir gingen zum Tisch zurück, er schüttete mein Sektglas voll. Anscheinend liebte er meine roten Flecken.

»Ich muß noch fahren«, sagte ich kleinlaut.

»Kommt nicht in Frage. Ein Taxi werden Sie sich von Ihrem Honorar doch noch leisten können«, ordnete er an.

Ich hatte keine Lust, mich von ihm bevormunden zu lassen. »Sagen Sie mir noch als letztes, warum Sie im Verkehrsamt angerufen haben und dann sogar nach hier in diesen etwas abgelegenen, kulturell vernachlässigten Vorort gekommen sind!«

»Was wollen Sie denn hören? Daß ich Sie wiedersehen wollte? Daß ich Ihnen die Sängerinnen-Story nicht geglaubt hatte oder daß ich mich davon überzeugen wollte, daß Sie singen können? Daß ich Sie mal im Abendkleid sehen wollte und nicht nur in Jeans?« Er sah an mir herunter. Ich hatte mich direkt nach dem Konzert umgezogen und tatsächlich knallrote Cordhosen an.

»Daß Sie Langeweile hatten und nicht wußten, wie Sie den Samstagabend herumbringen sollten«, konterte ich. »Dabei liegen mindestens fünf ungelöste Fälle von Klaustrophobie, Eß-, Brech- und Magersucht und von Mutterhaß auf Ihrem

Schreibtisch, und Ihre Frau will mit Ihnen in die Oper, und Ihr Jüngster kriegt gerade einen Zahn!«

Ich hoffte, durch diese dreisten Angriffe etwas über ihn zu erfahren. Aber er lachte nur.

»Mutterhaß und Magersucht haben Zeit bis Montag. Meine Frau liebt es, allein in die Oper zu gehen, und mein Ältester ist immer noch zahnlos.«

Also nichts. Der große Unbekannte.

Wir »tanzten« noch ein-, zweimal, er schüttete noch mal mein Sektglas voll. Dann war allgemeiner Aufbruch. Anscheinend wurde das Gemeindehaus abgeschlossen, oder der Vorstand war müde. Einige weißblusige Jubelgestalten mit dazugehörigen Männern zogen noch in eine benachbarte Kneipe.

Ich schnappte mir meine Konzert-Plastiktüte, in der Noten, Schuhe, Kleid, Lutschpastillen, eine Stimmgabel, die Honorartüte, ein Stadtplan, ein Krimi (für lange Proben) und einige Visitenkarten von mir aufbewahrt wurden. Der Dirigent schüttelte mir herzlich eine schweißfeuchte Hand, sagte etwas von »Wunderbar und bestimmt nicht das letzte Mal«, verabschiedete sich genauso herzlich von dem großen Unbekannten und rief uns nach: »Fahren Sie schön vorsichtig!«

Ich ließ mein Auto tatsächlich stehen.

Der große Unbekannte bot mir zwar an, mich nach Hause zu fahren, aber ich wollte nicht, daß er wußte, wo ich wohnte. Ich ließ mir ein Taxi rufen und fuhr für über dreißig Mark nach Hause.

Die Straßen waren dunkel und still, und feiner Sprühregen glänzte vor den Scheinwerfern.

Der große Unbekannte hatte nur gesagt »Tschüs, kleine Sängerin« und war wieder in das halbdunkle Gemeindehaus zurückgegangen. Wahrscheinlich hatte er dort seinen Schirm stehenlassen. Gediegene Männer Mitte Dreißig haben immer einen Schirm.

Zu Hause schaute ich in den Spiegel und sagte zu meinen roten Flecken: »Du legst es aber auch drauf an!«

5

Wenn andere Leute an trüben Novembersonntagen zu Hause herumsitzen und nicht wissen, was sie machen sollen, außer essen, trinken, schlafen, telefonieren und sich und andere langweilen, so sind solche Sonntage für mich genauso wie für Verkäuferinnen die langen Samstage. Es ist Hochbetrieb in Kirchen und Konzertsälen, jede Gemeinde möchte das Ihrige beitragen zum Büßen, Beten, Volkstrauern, zum Beweinen der Toten und Beleben der Kulturszene. Auf meinem Klavier häuften sich Bach-Kantaten, Telemann- und Vivaldi- und Händel- und Mozart-Requiems. Ich saß davor und paukte mir das Programm für den nächsten Auftritt ein.

»Autobahnausfahrt Wiehl oder Gummersbach, dann immer den Schildern nach Altenbüschel nach und bei der abknickenden Vorfahrt geradeaus, in steilen Serpentinen den Berg hinunter, dann kommt ein Getränkegroßmarkt und gleich dahinter auf einem Hügel die Kirche…«

Und genau diese Kirche sollte ich heute am Spätnachmittag beehren, mit meinem »volltönenden Alt«, wie ein wohlmeinender Dorfkritiker vom »Oberbergischen Kulturanzeiger« jüngst so treffend formuliert hatte.

Unpassenderweise stand mein Wagen noch am Gemeindehaus des gestrigen Geschehens, es goß in Strömen, und ich hatte keine Lust, schon wieder dreißig Mark für ein Taxi auszugeben. Welche Freundin würde mich wohl uneigennützigerweise mal eben zu meinem Auto fahren?

Das Telefon klingelte. Egal, wer dran war, irgendeine Freundin war es bestimmt. Die würde ich sanft, aber unüberhörbar um diesen Gefallen bitten.

»Sind Sie schon eingesungen?«

Georg Lalinde! Das ging aber schnell.

»Fragen Sie das im Namen der Agentur oder als Kritiker?« versuchte ich dieser Überrumpelung Herr zu werden.

»Als ganz privater Fan von Ihnen.«

(Hach! Wie gut, daß mein Privatfan mich nicht sehen konnte! Ich hockte in meinem orangefarbenen Einmannzelt von Frotteepyjama und in meinen mit Lammfell gefütterten Pantoffeln am Klavier und malträtierte den Autoatlas!)

»Falls Sie mich in Verlegenheit bringen wollen, müssen Sie schon was anderes versuchen!«

Ich kehrte wieder die emanzipierte, jungdynamische Alleinlebende im fortgeschrittenen Stadium ihrer Selbstverwirklichung heraus.

»Was denn?« kam es aus der Leitung.

Mir fiel nichts ein. Sollte ich sagen: mich in die Sauna einladen? Das hätte mich tatsächlich in Verlegenheit gebracht.

»Zum Beispiel, mir sieben dunkelrote Rosen schenken und mich dabei um die Hand meiner Tochter bitten«, sagte ich.

Er lachte. »Also ersteres habe ich sowieso schon vor, und letzteres täte ich in fünfundzwanzig Jahren, wenn Sie eine Tochter hätten, die Ihnen sehr ähnlich wäre.«

Georg Lalinde machte irgendwie zauberhafte Komplimente. Sie waren wenigstens nicht abgedroschen. »Sie haben wunderschöne Augen«, oder ähnliche ideenlose Bemerkungen kann ich nicht ausstehen. Dann lieber Sätze mit drei oder mehr Konjunktiven.

»Sie sollten sich als Großvater nicht an meine Tochter heranmachen«, konterte ich frech. »Die wird frühreif genug sein, bei der Jugend von morgen.«

»Und bei der Mutter«, unterbrach mich der Telefonhörer.

Ich sah ihn ratlos an. Auf was für eine Diskussion hatte ich mich nun schon wieder eingelassen!

»Zumal sie völlig vaterlos aufgewachsen ist, die arme Kleine«, spann ich den Phantasiefaden weiter.

»Um so mehr wird sie einen Mann von Anfang Siebzig zu schätzen wissen«, kam es aus dem Hörer.

»Meinen Sie, daß Sie bis dahin geschieden sind?« stichelte ich. »Der Umgang mit verheirateten Männern wird meiner Tochter streng verboten sein!«

»Nur weil es der Mutter verboten war, sollten Sie ihn nicht Ihrer Tochter verbieten.«

»Wieso kommen Sie darauf, daß mir der Umgang mit verheirateten Männern verboten ist?« blähte ich mich auf.

»Also sehen wir uns heute?«

Peng. Eins zu null für ihn. Vendramin, was soll ich sagen? (Das ist aus einer Busoni-Oper und paßt auf ziemlich viele Situationen des modernen Alltags.)

»Äm, das geht nicht. Ich hab... ich muß mein Auto, also, ich bin verab... bei dem Wetter... Nein. Es tut mir leid. Ich hab zu singen.« Warum sollte ich es eigentlich nicht zugeben. Sollte er doch wissen, daß er es mit einer vielgefragten Künstlerin zu tun hatte.

»Wo?«

»Wieso?«

»Es interessiert mich!«

»Es gibt dort schon einen Kritiker. Er hat keine Ahnung, aber er ist mir wohlgesonnen. Ich bin ein wohltönender Alt.« (Das war ja ein Eigentor!)

»Ich bin Ihnen auch wohlgesonnen!«

»Ja. Langsam begreife ich es.« Ich gab nach. Die aufgeblähte Kammersängerin fiel in sich zusammen. Zurück blieb ein orangefarbener überdimensionaler Frotteepyjama, in dem ein Herz unrhythmisch und aufdringlich klopfte.

»Darf ich mitfahren?«

Da könnte mein Wagen am Gemeindehaus stehenbleiben! Ich ließe mich ins Oberbergische kutschieren, könnte dabei die Karte lesen und hätte keine Sorgen mit Glatteis, Matschwetter und Nebelschwaden.

»Na gut. Es ist aber nichts Weltbewegendes. Sie dürfen wirklich nicht als Kritiker mitkommen!«

»Ich sagte doch schon, daß ich Ihr Fan bin!«

»Lassen Sie aber den blauweißgestreiften Schal und die Spruchbänder zu Hause«, sagte ich. »Und singen Sie nicht allzulaut, wenn Sie vom Bahnhof nach hier ziehen. Und versuchen Sie, keine Schaufenster einzuschmeißen. Die Polizei hier ist schon gar nicht mehr gut auf mich zu sprechen.«

Dabei mußte ich kichern. Wie ich schon erwähnte, muß ich leider öfter über meine eigenen Witze kichern. Das ist natürlich völlig unprofessionell.

»Also, ich hole Sie ab. Wann darf ich kommen?«

»Um drei Minuten nach sechs. Und bringen Sie ein Auto mit!«

Er kam. Um genau drei Minuten nach sechs. Wahrscheinlich war er schon einige Zeit unten vor meinem unromantischen Mietshaus (Marke: Nachkriegsgrau) auf und ab gegangen. Und brachte sieben dunkelrote Rosen.

Ich hockte auf dem Beifahrersitz seines ausladenden Familienopels und litt. Dieser Mann fuhr Auto wie eine vierundfünfzigjährige Hausfrau aus Schloß Holte auf dem Weg zum Wochenmarkt nach Stukenbrock. Auf grüne Ampeln fuhr er mit 40 zu, während er auf rote Ampeln geradezu lospreschte, um dann kurz davor eine Vollbremsung zu veranstalten. Das Lenkrad hielt er mit beiden (lederbehandschuhten) Händen krampfhaft fest, als wolle er es am Wegfliegen hindern. Sein Sitz war viel zu niedrig eingestellt, und jedesmal, wenn er in den Rückspiegel schaute (was er zu den unpassendsten Momenten tat), setzte er sich ruckartig auf und reckte den Hals, worauf der Opel meistens einen bockigen Schlenker machte. Wie sollte ich auf diese Weise jemals ins Oberbergische gelangen, ohne nervlich völlig fertig zu sein? Schließlich mußte ich noch ein Konzert singen, wenn es auch »nur« ein Mozart-Requiem und eine Telemann-Kantate war, vor rüstigen und büßenden oberbergischen Hausfrauen wahrscheinlich und deren rotwangigen Ehemännern, die vermutlich nur widerwillig mitgekommen waren, weil sie lieber zu Hause bei Kaffee und bergischen Waffeln die »Sportreportage« oder ähnliches erlebt hätten.

Ich hockte also stumm und bleich auf dem Beifahrersitz, den wahrscheinlich sonst immer die adrette Hosenanzugdame, Größe 38, geziert hatte, und umklammerte den Autoatlas und die Noten.

»Lampenfieber?« fragte Nicki Lauda zu meiner Linken.

»Und wie!« gab ich zu.

»Wollen Sie sich irgendwie ablenken? Soll ich Musik anmachen?« Er begann, am Radio herumzufingern, worauf der Opel einen heftigen Schlenker in Richtung Gosse machte.

»Nein, vielen Dank, ich würde mich gern etwas auf das Konzert konzentrieren«, log ich.

Ich konzentriere mich sonst niemals kurz vorher auf das Konzert. Das gibt nur Darmsausen und schweißfeuchte Hände.

»Erzählen Sie mir doch was«, sagte ich hoffnungsvoll.

»Ich denke, Sie wollen sich konzentrieren.«

Der Opel quälte sich bei 40 im vierten Gang einen oberbergischen Hügel hinauf. Hinter uns blinkte eine Lichthupe.

»Nein, lieber ablenken!«

Der Lichthuper überholte übellaunig.

Herr Lalinde schaltete in den dritten Gang. Ich atmete auf. Mehrere Autos überholten. Einer hupte.

»Also gut. Ich erzähle Ihnen von einem Liederabend, den ich vorgestern abend in der Düsseldorfer Rheinhalle hörte. Es sang…«

Ich weiß nicht mehr, wer sang. Hermann Prey oder Anneliese Rothenberger mögen mir verzeihen. Sie haben Herrn Lalinde auf jeden Fall sehr beeindruckt. So sehr, daß sein Opel fast gar nicht mehr weiterrollte, weil ihre Koloraturen und die Pianissimi in extremer Höhe Lalinde einfach den Atem verschlugen. So stand es auch in der Kritik der rheinischen Kulturblätter, für die Lalinde schrieb.

Wir erreichten die oberbergische Kirche mit zwanzig Minuten Verspätung. Kleinlaut schlich ich auf meinen Platz und erntete einen unfreundlichen Blick der stabschwingenden Dame am Dirigentenpult. Sie war die Königinmutter der ganzen oberbergischen Musikszene, und ich kleine namenlose Sängerin aus K. wagte es, zu ihrer Durchlaufprobe zwanzig Minuten zu spät zu kommen. Ich murmelte etwas von Stau und Nebel, aber sie würdigte mich keines Blickes. Man war schon beim Vorspiel des »Recordare« angelangt, und sie gönnte mir keine Sekunde zum Verschnaufen oder Mantelausziehen oder gar Räuspern. Auf los ging's los. Auch in Sankt Getränkegroßmarkt oder wie diese barocke Sauerlandbasilika heißen mochte. Ich zwang mein Zwerchfell zur Konzentration – präziser: zur Kontraktion – und legte noch ein ganz schönes Recordare hin, sogar ohne zu atmen, da, wo sonst alle atmen. Sogar die auf der Schallplatte. Mein Formel-I-Fahrer und persönlicher Fan hockte in einer der hinteren Reihen, die Hand am Mund, und machte mich nervös.

»Benötigen Sie eine Freikarte für Ihren Herrn Bekannten?« Ein devoter Kartenabreißer, hauptberuflich vermutlich Küster und gleichzeitig bergischer Hilfsförster, näherte sich meinem linken Ohr von hinten.

»O ja, bitte, wenn das möglich ist«, antwortete ich irritiert.

Mein Herr Bekannter saß derweil regungslos und versunken und völlig ohne Freikartenlegitimation auf einer hölzernen Bank.

»Wer ist denn der?« wollte meine Kollegin am Sopran wissen.

Ich kannte sie vom Studium und von einigen gemeinsamen sensationellen Debüts in Lindlar, Oberwinter und Schwelm her. Wir waren eigentlich ziemlich gut befreundet. Obwohl ich sonst mit Sopranen seltener befreundet bin. Soprane sind so eine Sorte für sich. Immer indisponiert, kränklich, empfindlich und dabei so ungeheuer wichtig und unentbehrlich für die Menschheit. Ihre hohen Töne sind das einzig Entscheidende am ganzen Konzert, und die drei »Unterstimmen« sind unvermeidliches Beiwerk.

Uschi war anders. In ihrer Seele war sie mindestens ein Mezzo. Sie war weder überkandidelt noch krank vor Sorge um ihre Stimmbänder, und wenn man sich privat mit ihr unterhielt, kam sie niemals auf den Gedanken, über Gesang im speziellen oder Musik im allgemeinen zu reden. Thema waren meistens Männer oder Kollegen. Unglaublich ergiebige und kurzweilige Quellen gemeinsamer Heiterkeit. Ich erklärte ihr, daß es sich um den bekannten Kritiker Georg Lalinde handele.

»Der immer diese bissigen Verrisse in der ›Opernwelt‹ und im ›Orchesterwesen‹ schreibt? Mit so einem gibst du dich ab? Protegiert er dich wenigstens? Meine Liebe, das ist ja musikalische Prostitution!«

Von dieser Seite aus hatte ich das noch gar nicht betrachtet. Ziemlich erschrocken mußte ich feststellen, daß ich dieses Image leicht bekommen könnte, wenn ich mich mit ihm in der Öffentlichkeit sehen ließe.

»Nein, Irrtum vom Amt«, nuschelte ich durch die Zähne, einen ungnädigen Blick der Königinmutter am Taktstock auffangend. Wir standen wieder auf und sangen das nächste Quartett. Danach war die Probe beendet, und wir verschwanden in der Sakristei, um uns umzuziehen.

Bei mir bedeutete das immer nur: schwarzen knitterfreien, pflegeleichten, kofferfreundlichen Umhang über die Jeans, außen hui, innen pfui. Ein Geschenk meiner Tante Lilli aus der Zeit, wo sie mit Begeisterung mit »runtergesetzten« Kleidungsstücken – »aber Qualität, reine Baumwolle und völlig zeitlos, Kind, das kaschiert« – Einfluß auf mein äußeres Erscheinungsbild nahm: »Wie du kommst gegangen, so wirst du auch empfangen.« Und: »Kind, das macht schlank und ist gediegen.«

Dieser schwarze knitterfreie Sack »kaschierte« tatsächlich, früher meine spätpubertären Babyspeckreste, heute meine komplette Alltagskleidung, die ich darunter trug. Als Entschuldigung hatte ich immer vorzubringen daß spätherbstliche oder gar adventliche Kirchen stets kalt zu sein pflegten und ich außerdem beim Umkleiden in der Sakristei keinen Pastor in Verlegenheit bringen mußte, der gerade angelegentlich die Predigt für den morgigen Gottesdienst vorbereitete.

»Läßt du wieder das Fahrrad drunter?« stichelte nun Uschi, die sich bis auf einen lila Slip vollkommen nackt ausgezogen hatte, um ihr knappes Spaghettiträgerkleid über den beneidenswert knackigen Busen zu zwängen. (Das Konzert sang sie dann im Mantel.)

Mit einem eiskalten Windstoß kam der devote Hilfsküster durch die Außentür herein. Erschreckt wendete er den Blick von dem Knackbusen meiner Kollegin und raunte mir zu: »Ihr Herr Bekannter hat seinen Wagen vor die Einfahrt der freiwilligen Feuerwehr geparkt, er müßte ihn bitte noch wegsetzen!«

Uschi verschluckte sich fast unter ihrem Taft- und Seidenfummel.

»Ihr Herr Bekannter!« unkte sie mit sich überschlagender Stimme, »das ist ja göttlich! Was fährt er denn für 'ne Kiste? Wenigstens einen Cadillac?«

»'n Türkenopel«, antwortete ich müde und ging in die Kirche, um meinen Herrn Bekannten zu bitten, selbigen vielleicht vor einer anderen Scheune zu parken als ausgerechnet vor der der freiwilligen Feuerwehr.

Das Konzert war beendet. Beifall wurde mit wütendem Gezisch im Keim erstickt, schließlich sollten die oberbergischen Toten mit Würde besungen werden. Die ungnädige Dirigentin ließ mir das Honorar durch den devoten Hilfsförster übergeben und sich selbst nicht dazu herab, mir noch einen Händedruck oder gar ein Wort des Dankes zu widmen. Ziemlich beklommen entledigte ich mich meiner Arbeitskleidung und verabschiedete mich von Uschi.

»Komm doch noch mit zu mir! Hans hat Geburtstag, und wir feiern heute abend!« sagte sie fröhlich.

»Aber ich bin nicht allein...« setzte ich an.

»Deinen Herrn Bekannten bringst du natürlich mit!« frohlockte sie. »Wir wollen doch was zu lachen haben!«

Ich war mir nicht sicher, ob es angebracht war, Georg Lalinde im Popelinemantel, mit Krawatte und Bügelfaltenhosen mitsamt seinem Türkenopel mit in das Studentenheim zu bringen, wo die Geburtstagsparty von Hans stattfinden sollte. Hans wurde siebenundzwanzig und war in der alternativen Studentenszene beherbergt.

»Ich werd's ihm antragen, vielleicht kommen wir noch, oder sonst komm ich später allein.«

»Nein, bring ihn mit«, krähte sie hinter mir her. Ihr Knackbusen wippte unternehmungslustig, als sie sich aus der Taftseide schälte.

Als erstes mußte ich meinem Herrn Bekannten antragen, daß ich gerne selber fahren würde. Es ging reibungsloser als befürchtet. Nachdem ich den Sitz aus seiner Liegeposition geschraubt und einen halben Meter nach vorn gefahren hatte, fühlte ich mich in dem Opel wie seinerzeit in dem großväterlichen Gefährt, das meine ersten Fahrversuche über westfälische Äcker und Waldwege ausgehalten hatte.

»Hätten Sie Lust, noch bei der Sopranistin reinzuschauen? Ihr Freund hat Geburtstag, und sie feiern heute.«

Intensiver Seitenblick vom Beifahrersitz her.

»Wenn Sie das gerne möchten...«

»Was möchten Sie denn gerne?« Ich zog den dritten Gang bis 80 hoch.

»Ich möchte gerne noch etwas in Ihrer Nähe sein.«

»Also Fete?« Ich war seinen romantischen Anwandlungen nicht im mindesten gewachsen.

»Wenn Fete bedeutet, mit Ihnen zusammenzusein, dann Fete.« Er sprach das Wort »Fete« besonders französisch aus.

»Also dann.« Ich gab Gas, vielleicht ein bißchen viel Gas,

aber der Opel gab dankbare, gesunde Geräusche von sich und billigte mir immerhin 180 Sachen auf der Autobahn zu. Lalinde ließ sich über das Konzert aus. Er hatte ein unglaublich geschultes Ohr, wußte haargenau die Schwächen der einzelnen zu benennen und nannte sogar präzise Taktzahlen, in denen Unsicherheiten zu hören gewesen waren. Nur an mir ließ er alle guten Haare. Er sprach von vielversprechender Stimme, von Zukunft und Karriere. Ein winziger Floh in meinem Ohr begann, sich zu aalen und wohlig zu grunzen. Ich schlug ihn aber gleich mit einer imaginären Fliegenklatsche zu Brei. Schließlich bin ich sehr energisch zu Bescheidenheit erzogen worden.

»Karriere ist ein absolutes Fremdwort für mich«, belehrte ich meinen Beifahrer. »Wozu habe ich meine gutbezahlten Chorjobs. Außerdem liegt mir überhaupt nichts daran, abgesehen davon, daß mir die stimmlichen und persönlichen Mittel fehlen!« Tiefstapeln ist immer besser als Hochstapeln. Es regt den Gesprächspartner zum Widerspruch an und erhält jede Sympathie. Georg Lalinde protestierte wie erwartet höflich, und ich konnte in der Dunkelheit sein kleines, zynisches Lächeln nur erahnen.

Die »Fête« ist mir in lebhafter Erinnerung. Um einen selbstgebauten Tresen im Barkeller des Studentenheims »Rote Erde« drängelten sich Latzhosenfrauen, Lederjackentypen, einige Schickimicki-Miezen und dazugehörige Lacoste-Hemden-Träger, knackige Studentinnen aus der Generation unter mir (ich bedachte sie mit froh-wehmütigem Blick) und Jünglinge, für die ich allenfalls mütterliche Gefühle entwickelt hätte.

Uschi stand hinter der Theke, schenkte Wein und Bier und härtere Sachen aus und verbreitete mit ihrer durchdringenden Stimme gute Laune.

»Hallo, da seid ihr ja!« brüllte sie durch die Rauchschwaden, und alle Köpfe drehten sich zu uns um. »Möchte Ihr Herr Bekannter vielleicht etwas Champagner und Kaviar?«

Es war ein ausgesprochen peinlicher Moment. Mir wurde bewußt, wie blöd unser Auftritt war: ich in meinem üblichen Jeans-Pulli-rote-Stiefel-Aufzug, beladen mit einer Plastiktüte (Noten, Schuhe, Kleid) und einem Klavierauszug des

Mozart-Requiems, und er, mein Herr Begleiter, im unauffälligen Familienvaterdreß, mit sehr korrekt gezogenem Scheitel und blankgeputzten braunen Schuhen. Er fingerte sich gerade eine Zigarette aus seinem goldenen Zigarettenetui und zündete sie mit seinem Feuerzeug an, das mit seinen Initialen versehen war. GL, das gleiche Zeichen, das unter seinen Kritiken stand.

Wir bekamen beide einen Pappbecher in die Hand gedrückt mit nicht mehr ganz taufrischem Sekt. Nachdem wir uns der Garderobe entledigt hatten (man warf seinen Mantel auf einen Kleiderhaufen im Flur, der an eine mildtätige Sammlung fürs Rote Kreuz erinnerte), zogen wir uns auf ein abgewetztes Sofa in den Hintergrund des halbdunklen Raumes zurück.

Mein Herr Bekannter saß dort, artig und adrett, und ich mußte grinsen, weil er mich so an Loriot erinnerte. Jetzt nur kein dazu passender alberner Small talk! Ich leerte meinen Pappbecher in einem Zug, worauf er sich sofort anschickte, mir neue Labsal zu besorgen. »Was möchten Sie trinken?« Er stand auf und strich sich die Bügelfaltenhose glatt. Er brachte Wein, in einem richtigen Glas, wir tranken abwechselnd daraus. Meine roten Flecken begannen sich wieder einzustellen. Er hielt mir sein Zigarettenetui hin, ich griff zu. Tod und Teufel, wie ekelerregend doch so eine Zigarette schmecken konnte! Schwindel und ein übler Geschmack im Mund stellten sich ein, ich griff wieder zum Glas. Verfluchte Verlegenheitsgesten!

Loriot am Sofaende lächelte mild-zynisch. Statt zu sagen: »Machen Sie doch Ihr Jodel-Diplom, dann haben Sie etwas Eigenes«, ließ er vernehmen:

»Ich soll Sie schön von meiner Frau grüßen.«

»Äm, ja, vielen Dank. Kennt Sie mich denn noch?«

»Aber ja. Wir haben an dem Abend, als wir Sie kennenlernten, noch lange von Ihnen gesprochen.«

»Von mir als Chorknüppel?« (Tiefstapeln ist besser…)

»Von Ihnen als Frau!« (Na bitte!)

»Und was war ihr Beitrag zu diesem Thema?«

»Ihrer oder meiner?« Georg Lalinde wußte nicht, ob ich das »ihr« groß oder klein geschrieben hätte.

Wortgefechte sind manchmal wie ein Ballwechsel im Tischtennis. Irgendwann schafft man es, den Ball so zurückzuschlagen, daß der andere sich bücken muß.

Ich ging in die Defensive.

»Die Meinung Ihrer Frau vielleicht als erstes. Ladies first.«

»Sie war sehr angetan.«

Ich holte zum Schmetterball aus.

»Und der werte Gatte? Was hat er gesagt?«

»Eine Frau zum Stehlen!«

Peng. Zurückgeschmettert. Den Ball kriegte ich nicht mehr. Ich mußte mich bücken. Das heißt, ich griff zum gemeinsamen Glas, hielt es fest und schaute hinein. Und jetzt? Spiel mit dem Feuer, wie bist du so reizvoll. Kind, laß es!

Ich versuchte, die elende Zigarette auszudrücken. Er half mir dabei, fein zynisch-schmallippig lächelnd, und seine Hand war rauh und kühl.

Eigentlich hatte er es mir nun deutlich genug gesagt.

Er wollte was von mir. Was genau, wußte ich nicht. So abenteuermäßig war er eigentlich nicht einzuschätzen. Dazu war er viel zuwenig »Anmacher«. Was jetzt, Alte? Wie nun schöpferisch reagieren? Sollte ich am besten ganz deutlich sagen: »Sie wünschen, bitte?« Aus dem Alter des Katze-und-Maus-Spiels waren wir beide heraus.

Jemand hatte eine Bläck-Fööss-Platte aufgelegt. »In unserem Veeheedel, lalalalaaa…«

Heimatgefühle überfrauten mich. Die Lust zu tanzen und gleichzeitig, ihn zu spüren, ohne weiterreden zu müssen, waren riesengroß.

Wir tanzten.

Völlig anders als gestern abend – war das erst gestern? War das erst einen einzigen Tag her, daß ich in den starken Armen des Gediegenen im Gemeindehaus von St. Hildebold zu selbstgeschrammelten Walzerklängen gegen den Takt geschwenkt worden war?

Um uns herum schwankten eng aneinandergepreßte Paare durch die Rauchschwaden, manche hatten sich zu viert oder fünft zusammengeschart, wiegten sich laut mitgrölend zur Musik und konnten ihr Heimatgefühl und die Empfindung, in diesem unserem Rheinlande zusammenzugehören, nicht unterdrücken.

Ich sang auch mit. Ganz ohne Talent, aber tief empfunden und ausgesprochen angetörnt.

»Denn hier hält man zosamme, ejaaal wat och passeeeht… in unserm Veehedel.«

Mein Herr Bekannter – man sollte es nicht für möglich halten, der scharfzüngige Kritiker, der zynische Beckmesser, der hochsensible Musikkenner, er sang auch. Und traf sogar die Tonhöhe exakt. Im braunen Jackett und mit hellblauem Hemd und dunkelblauer Krawatte. Und sehr blankgeputzten Schuhen.

Später, als er mich nach Hause gebracht hatte, machte ich ihm noch einen Kaffee in meiner roten Küche. Alles in meiner Küche ist rot, vom Lichtschalter über die Tapete bis zum Suppenteller. Es ist vielleicht etwas penetrant, aber es hat Stil. Durchaus.

Er saß auf einem roten Holzstuhl, Marke »Selbst ist die Frau«, rührte in der Tasse und sprach über Treue.

»Was halten Sie von der ehelichen Treue?«

»Wie meinen Sie das, politisch oder sexuell?« Das war schon ein ziemlich linker Schnippelball ins hintere Eck.

Sehr warmes, kaum zynisches Lächeln. Er rauchte. In Ermangelung eines roten Aschenbechers hatte ich ihm einen Glasteller hingestellt.

»Meinetwegen sexuell.«

»Je nun, ich hab mit ehelicher Treue keine Erfahrungen. Will sagen, ich kann nicht aus meinem reichen Erinnerungsschatz berichten. Meine Großeltern waren sich immer treu und meine Tante Lilli und Onkel Paul auch. Meine Freundin ist ihrem Mann nicht treu und mein Klavierbegleiter seiner Frau auch nicht, glaub ich. Unser Pfarrer war seiner Haushälterin immer treu.«

Das war frech und außerdem gelogen.

Das Übliche: Ich mußte kichern.

»Und Sie? Ich meine, waren Sie Ihrer Frau immer treu, oder möchten Sie diesen Zustand in Kürze ändern oder was darf ich Ihren Andeutungen entnehmen?«

Ich fühlte mich wie ein Kind, was mit dem Adventskranz gokelt. Entweder der ganze Adventskranz brennt gleich, oder ich krieg eins auf die Finger.

Es kam etwas Überraschendes. Sein warmes Lächeln verschwand, ein fast jungenhafter Schmollmund erschien in dem Kritikergesicht, Bruchteile von einer Sekunde nur.

»Sie hat die Treue gebrochen.« (Sie ha-at die Troi-hoi gebroo-oo-hoochen...)

Aha. Das war also die andere Agentur.

»So. Und da meinen Sie, aus Wut und Verzweiflung (das ist ein Zitat aus Xerxes von Händel) irgendein One-night-Gerät auftreiben zu müssen?« Ich hatte unverkennbar den Originalton Tante Lilli drauf. (Kind, was glaubt der denn, wer du bist?)

Da Georg Lalinde meine Tante Lilli zu kennen nicht vergönnt war, traf ihn der Tonfall vermutlich bis ins Mark.

Tief erschüttert sog er an der Zigarette und machte ihr dann in meinem unberührten Glasteller den Garaus.

»Nein, das ist ein großer Irrtum. Ganz anders ist das zu sehen. Jetzt endlich fühle ich mich frei von Ehepflichten (er sagte wirklich »Ehepflichten«!) und kann der Frau meines Herzens sagen, wie sehr ich sie schätze und mag.«

Ich sagte: »Herr, ich bin's?« (Das ist ein Zitat aus der Matthäuspassion, aber das war überflüssige Kokettiererei. Natürlich war ich's. (»Bescheidenheit ist die Tugend der Könige!«)

Er war kein Schwätzer. Sein Geständnis war durchaus ernst zu nehmen. Ich wußte, daß er mich nicht bloß über die Bettkante ziehen wollte. Ich war irgendwie gerührt. Dieser Mann, achtzehn Jahre älter als ich, weitgereist und in Kontakt zu ganz anderen Künstlern als mir Vorstadt-Callas, dieser korrekte Familienvater hockte auf meinem roten Küchenstuhl und sagte zu mir »Dame meines Herzens«. Das war weder Kitsch noch Gesülz. Er meinte das so.

Und ich nahm den Mann ernst.

Plötzlich nahm ich seine Hand (rauh und kühl) und sagte: »Danke für dein Vertrauen.« Und dabei wurde ich knallrot. Ich hatte ihn geduzt. Und einfach seine Hand genommen. Kind, das war plump-vertraulich.

Er streichelte mit seinem Zeigefinger meinen Mittelfinger. Mehr nicht. Betrachtete meinen Mittelfinger lange und genau, wie andere Leute vielleicht einen lahmen Schmetterling, eine seltene Briefmarke oder das vergilbte Foto irgendeines geliebten Verblichenen betrachten.

Dann sah er mich an, ich meine, nicht mehr meinen Mittelfinger, sondern meine ungleichmäßige Gesichtsrötung.

»Ich mag dich sehr, sehr.«

Welch unglaublich leidenschaftlicher Ausbruch. Gleich zweimal sehr. Dem Mann fehlten förmlich die Worte.

»Du mußt jetzt gehen«, sagte ich.

Ich hatte Sehnsucht nach meiner Wärmflasche.

Er stand auf, zog sich die Popelinetracht an, die Familienvaterkluft, den Waldwiesen-Mittvierziger-Mantel. In meinem kleinen Flur stand er, machte zwei Schritte Richtung Tür, drehte sich wieder um.

»Löwenfrau«, sagt er und guckte knapp an mir vorbei. »Schlaf gut. Ich rufe dich an, wenn ich darf.«

»Du meinst, wenn es deine Frau erlaubt?« stichelte ich.

»Wenn es meine Herzdame erlaubt.«

Er öffnete die Wohnungstür, ich machte ihm im Treppenhaus Licht. Es roch nach Bratkartoffeln und Bohnerwachs.

Die fette Katze meiner alten Nachbarin stieß brünstige Sehnsuchtslaute aus. Wir lächelten uns an. Und er sagte dieselben Worte wie in Frankfurt:

»Ich bin sehr glücklich!«

Kurz darauf hörte ich seinen müden Opel davonfahren. Es war zehn nach drei.

6

Ich stand etwas ratlos mit meiner Wärmflasche im Arm vor dem Spiegel.

»Und jetzt?« sagte ich zu meinen roten Flecken.

Die Wärmflasche antwortete nicht.

Mir fiel der Anrufbeantworter ein. Ziemlich vorwurfsvoll stand er da, der Zähler war auf 64. Ach du Schreck.

Zuerst 40 Einheiten Tante Lilli: Wo ich denn stecke, wie es mir geht, ob ich auch noch etwas Zeit für meine arme alte schwache undsoweiter aber liebe Tante Lilli habe, ob ich mich auch nicht überarbeite und wenigstens regelmäßig esse und meine Stimme schone und genug schlafe. Ich nickte, meine Wärmflasche gluckerte.

Dann eine Männerstimme: »Ich stehe jetzt schon fast zwei Stunden hinter Ihrem Auto, und Sie kommen einfach nicht! Länger bewache ich den alten Schlitten nicht. Ich kann mir auch was Gemütlicheres denken, als sonntags nachmittags im Regen im Auto zu sitzen und auf Sie zu warten. Ich ruf Sie wieder an.« Klick.

Der Gediegene. Ich grinste tief und schadenfroh. Hatte der Mensch mit Engelsgeduld an meinem Wagen auf mich gewartet. Während ich mit Georg Lalindes Türkenopel ins Oberbergische gereist war.

Jedenfalls hatte ich zwei Verehrer.

Sehr unterhaltsamer Gedanke. Ich nahm ihn und die Wärmflasche mit ins Bett.

Familienvater in Popeline oder großer Gediegener?

Eigentlich beides nicht zum Ernstnehmen.

Kind, es wird langsam mal Zeit, daß du nicht immer nur Techtel-Mechtel-Bekanntschaften hast. Such dir doch mal was Ernstes! Vielleicht hieß der Gediegene Ernst?

Meine Wärmflasche und ich, wir schliefen bald ein.

Morgens habe ich nach dem eiskalten Duschen immer ein heiliges Ritual. Kaffee, die Zeitung (Kultur und die Anzeigen) und ein halbes Pfund Magerquark. Auf diese Neurose muß ich ja doch irgendwann zu sprechen kommen. Ich leide unter extremer Breichen-Sucht.

Alles, was man mit dem kleinen Löffel essen kann, ist für mich geradezu triebhafter Genuß. Da triebhafte Genüsse jeder Art peinlich sind, fröne ich meiner Breichen-Sucht immer heimlich. Also beginne ich den Tag mit vernünftiger Plastikschälchenkultur: Guten Morgen, lieber Tag, ich fühle mich so eiweißreich und kalorienarm. Gegen Ende des Tages kann diese Vernunft in nackte Gier umschlagen, und ich lande bei Grießbrei oder Haferschleim. Wahrscheinlich bin ich ein Fall für den Psychiater, aber den hatte ich ja nun kennengelernt.

Der Clou an meinem Spleen ist, daß mir Breichen nur vom Plastiklöffel schmecken. Ich verfüge also über ein Riesensortiment roter Eierlöffel mit verschieden langen Stielen. (Weil es ja auch sehr tiefe Quarkbecher und Joghurtgefäße und Rührschüsseln gibt.)

Bei meinem Breichen-Fest will ich von niemandem gestört werden. Ich kann kein Breichen genießen, wenn ein anderer in der Nähe ist, denn erstens ist es mir peinlich, bei dieser Krabbelkindmahlzeit beobachtet zu werden, und außerdem kann ich mich dann nicht auf den Genuß konzentrieren.

Also mitten bei meiner Magerquark-Orgie an diesem Montagmorgen um zehn nach neun klingelt das Telefon.

»Praxis Dr. Klett, ich verbinde.«

Ich kannte keinen Dr. Klett. Oder doch?

»Na, Sie sind mir eine! Wo haben Sie denn gestern gesteckt?«

Der Gediegene hieß also Dr. Klett. Nomen est omen.

»Verzeihung, ich hatte völlig vergessen, daß wir verabredet waren«, sagte ich mit vollem Mund.

»Frühstücken Sie gerade?«

»Nein, wie kommen Sie denn darauf?«

(Nein, ich habe gerade einen Brei-Sucht-Anfall. Haben Sie noch einen Termin auf Ihrer Couch frei?)

»Wohl nicht so gut gelaunt heute morgen?«

»Bis eben war ich's noch.« Kind, was bist du wieder kratzig!

»Was haben Sie denn gestern gemacht? Sie brauchten wohl Ihr Auto nicht?« Welch spitzfindige Frage.

»Ich war zu Fuß im Zoo und anschließend bin ich auf einem der Kamele nach Hause geritten.«

»Brauchen Sie das Kamel noch?«

»Nein, durchaus nicht. Ein Esel tut's auch.«

»Also sehen wir uns heute abend? Ich würd Sie gern zum Essen einladen.«

Er hatte eine liebe Art, meine Unverschämtheiten zum Guten zu wenden. Eigentlich mochte ich ihn ein bißchen. Ich verkniff mir die Frage, ob er ein Restaurant wüßte, das

Spreu und Hafer serviert, und natürlich erst recht die Bemerkung, daß ein großer Topf Grießbrei mich restlos begeistern würde. Schließlich telefonierten wir privat. Im Hintergrund hörte ich eine Frauenstimme:

»Herr Doktor, das Rezept für Frau Halmackenreuther, ist das fertig?« (Sie hieß vermutlich anders, ich erinnere mich nicht mehr so genau.)

»Moment, ich komme sofort!« brüllte der Herr Doktor in mein Ohr, und ich hielt den Hörer auf Abstand.

»Sie merken ja, ich hab alle Hände voll zu tun«, sagte er wieder im Normalton. »Soll ich Sie um sieben abholen?«

»So früh?« entfuhr es mir. Wie unhöflich.

»Also es wird fünf nach sieben werden«, meinte er nur, »bis sieben bin ich in der Praxis.«

Nachtigall, ick hör dir trapsen. Dann mußte die Praxis ja ganz in der Nähe sein!

»Wo ... äm, ich meine, wo ist denn die Praxis?«

Er nannte die Adresse. Es war zwei Straßen weiter.

»Ja, also dann um fünf nach sieben«, sagte ich matt und legte auf. Schließlich wartete Frau Halmackenreuther.

Ziemlich versunken führte ich mir den restlichen Quark zu Gemüte. Der Seelendoc in greifbarer Nähe. War das nun ein erfreulicher Zufall?

Ich versuchte, mich wieder in den Stadtanzeiger zu vertiefen. Montags steht unter »Kultur« immer recht wenig. Ehrlich gesagt schielte ich nach einem Beitrag von Groß G Punkt L Punkt. Doch die Berichte über Klettenbergs Pfarrfest und Bickendorfs Kirchenchorjubiläum waren nicht von ihm.

Ich war gerade bei einem spannenden Artikel über eine Tombola zugunsten der kriegsversehrten Tontaubenschützen, da klingelte das Telefon wieder.

Es war Großes L Punkt.

»Guten Morgen, liebste Löwenfrau.«

»Guten Morgen, Großwildjäger.«

»Bin ich das? Ich glaubte, dir erklärt zu haben ...«

»Schon gut, ich meinte das ausnahmsweise nicht so, wie es klang. Hast du denn gut geschlafen?«

»Paradiesisch.«

Der Mann war verliebt, da gab es keinen Zweifel.

Wir redeten etwas hin und her, wenn jemand mitgehört hätte, hätte er es für albernes Geturtel gehalten.

Dann kam die obligatorische Frage.

»Kann ich dich heute sehen?«

»Nein, Georg, ich habe erst Probe, dann muß ich üben, dann kommt eine Schülerin...«

»Ich beneide diese Schülerin.«

»Tu das nicht, sie ist dick, hat Pickel, ist völlig unmusikalisch und trägt eine Zahnklammer.«

»Und nach diesem Ausbund an Häßlichkeit? Hast du dann etwas Zeit übrig?«

»Dann kommt so ein Mensch, der mir den Videorecorder repariert. Schließlich verpasse ich bei meiner regen Konzerttätigkeit immer Dallas und Bonanza. Und schließlich und endlich muß ich meinen Wagen abholen. Der wird sich schon festgerostet haben.«

»Darf ich dich zu deinem Wagen fahren?«

Ich überlegte. Durfte er? Nein. Er durfte nicht. Er durfte überhaupt nicht ausgenutzt werden, erstens, und zweitens bis viertens sah ich heute abend den Seelendoc. Das reichte völlig aus.

»Nein, Georg, heute nicht. Wenn der Videorecorder fertig ist, muß ich dringend die letzten vier Dallas-Folgen sehen.« Schnöde, gemeine, einfallslose Ausrede. Morgens um neun bin ich noch nicht so in Form.

»Gegen JR komme ich natürlich nicht an.«

»Nein, Dschie-Äll«, sagte ich, »Sei darum nicht traurig. Ich bin ja auch nicht Miß Elli.«

»Bestimmt bist du viel hübscher als sie!«

Dieser Mann hatte noch nie Dallas gesehen! Er war viel zu kulturvoll und gebildet für mich! »Danke für die Blumen«, sagte ich amüsiert. »Und frag mal deine Tochter, wer Miß Elli ist.«

Er schwieg. Dann kam plötzlich: »Sie läßt dich grüßen.«

»Miß Elli?«

»Nina.«

Ich bekam fast einen eiweißreichen Schluckauf.

»Hast du ihr etwa von mir erzählt?«

»Ja. Sie wachte auf, als ich heute nacht in unser gemeinsames Schlafzimmer kam.«

»Noch mal langsam, ganz langsam. Wieso gemeinsames Schlafzimmer? Für pädophil hätte ich dich nicht gehalten.«

Schlechter Scherz. Er lachte auch nicht.

»Ich schlafe bei meiner Tochter, meine Frau schläft allein.«

Aha. Ausgesprochen interessante Verhältnisse bei Kritikers.

»Und wenn du nach Hause kommst, erstattest du deiner Tochter Bericht? Wann darf ich mich denn bei ihr vorstellen?«

Ich hatte das eher ironisch gemeint, aber er ging erfreut darauf ein.

»So bald wie möglich. Sie möchte dich kennenlernen!«

»Was hast du ihr denn um Himmels willen von mir erzählt?«

»Daß du eine ganz tolle Sängerin bist und daß du immer die Jeans unter dem Abendkleid anbehältst.«

Jetzt verstand ich, wieso das Kind mich kennenlernen wollte. Papi hatte endlich mal 'ne vernünftige Sängerin kennengelernt. Toll waren sie ja alle, mehr oder weniger.

»Und deine Frau? Läßt sie mich auch grüßen?«

»Nein. Ich hab sie noch nicht gesehen.«

»Wie solltest du auch. Schau doch mal unter die Bettdecke im Elternschlafzimmer.«

»Sie hat bei ihrem Freund übernachtet.«

»Darf dat dat?«

»Inzwischen ja.«

»Seit wann darf dat dat dann?«

»Seit gestern darf dat dat.«

»Bin isch dat schuld?«

»Jenau.«

»Un getz?«

»Getz gildet.«

Wir verstanden uns glänzend. Er hatte die Scheidung eingereicht.

7

Als ich in der Straßenbahn zum Dienst saß, ging mir einiges durch den Kopf. Jedenfalls war ich nicht die Spur eingesungen. Das war nicht weiter tragisch. Zur Zeit hatte ich für eine Unterhaltungssendung zu tun, mit Heino. Ob es der echte oder der wahre Heino war, habe ich nie herausfinden können. Er hatte immer eine Sonnenbrille auf, selbst im Studio 2.

Wir produzierten Weihnachtslieder, die waren alle angesiedelt im Bereich »O du ölige o du mehlige fade schmeckende Weihnachtsgans«, in F-Dur.

Ein blasser magerer Opa saß mir gegenüber und hielt Selbstgespräche. Erst dachte ich, er redete mit mir, und ich versuchte, freundlich auf ihn einzugehen. Aber er redete ganz ohne Zweifel mit sich selbst oder vielleicht mit seiner verstorbenen Gattin.

»In Heimersdorf, bei Karstadt, da koß än Taß Kaffee sechzisch Pennigen«, teilte er ihr mit. »Un ä Stöcksche Prummetat ä Mark zwanzisch.« Die Gattin schien das nicht zu interessieren, und deshalb wechselte er das Thema. »Die Terroriste werde och immer frescher.« Und so weiter.

Ich dachte an den Seelendoc. Und an die Gattin von Lalinde, die nun völlig legitimerweise ihrer Wege ging und das mir zu verdanken hatte. Und an das Kind, das endlich mal eine Sängerin in Jeans kennenlernen wollte. Und an Heino, der hoffentlich so indisponiert sein würde, daß die Produktion verschoben werden müßte.

Am Sender stieg ich aus.

Die Produktion wurde nicht verschoben. Sie dauerte geschlagene vier Stunden. Zur Strafe für meine Sünden. Hauptsächlich in Gedanken, etwas in Worten und ansatzweise in Werken.

Als endlich die unansehnliche und noch unanhörbarere Schülerin weg war und der Videorecorder wieder funktionierte, war es zu spät, um noch mein Auto abzuholen. Ich hatte noch eine halbe Stunde Zeit bis zum Meeting mit dem Seelendoc. Wie ich den einschätzte, würde er auf die Minute pünktlich kommen. Von wegen akdemisches Viertel. Der nicht.

Es kam schlimmer als erwartet. Er klingelte bereits um zehn vor sieben.

Ich stand da, in Jeans und Pullover und ohne eine Spur von Make-up im Gesicht. Dann eben nicht. Selber schuld, Herr Doktor.

»Sie haben Glück, daß ich meine Gurkenmaske gerade entfernt habe«, begrüßte ich den überdimensionalen Blumenstrauß auf Beinen.

»Och, das wär aber nicht nötig gewesen«, lenkte ich dann ein und überlegte, in welchem Eimer ich das Riesengebinde einstweilen unterbringen könnte.

Ich bat den Herrn Doktor artig herein und fragte ihn, ob er etwas trinken wolle.

»Ja gern, einen Sherry, wenn Sie haben.«

Ich hatte keinen Sherry.

»Dann tut es auch ein Glas Saft.«

Ich hatte kein Glas Saft.

»Ein… Bier?«

»Kein Bier.«

Der Doktor warf einen Blick in meinen Kühlschrank (wie peinlich, er enthielt etwa sieben Großpackungen Magerquark und sonst nichts) und schlug dann vor, vielleicht bald zu gehen. Er habe einen Tisch reservieren lassen. Ach Gott, Frau Kommerzienrat, wähle ich nun das kleine Schwarze oder das brustfreie Graumelierte?

Ich fragte in leicht provozierendem Tonfall: »Muß ich mich umziehen?« Kind, aus dir wird nie eine Dame!

Er beteuerte, daß es nicht nötig sei, und ich solle sein, wie ich sei. So der Psychiater. Nimm dich an, sei, wie du bist, jeder selbstverwirklicht jetzt den andern, steh zu dir, laß dich zu. Ich ließ mich zu.

Unten auf der Straße fragte ich, ob wir mit seinem Wagen fahren könnten. Meiner stünde dummerweise immer noch am Gemeindehaus.

»Soll ich Sie schnell hinfahren? Sie brauchen doch bestimmt Ihren Wagen.«

»Nein, vielen Dank. Ich kann ihn morgen holen.« (Georg und ich können ihn morgen holen.)

Der Seelendoc hatte eh nicht vorgehabt, in meinen rostigen

VW zu steigen. Wir stiegen in seinen knallroten BMW. Ein Aufreißerauto. Warum nur? Hatte er so eine Kiste nötig? Er betätigte irgendwelche Hebel, und leise surrend verstellten sich Lehne, Sitz, Armstütze und Fensterscheibe. Frank Sinatra gab unaufgefordert seine Meinung über New York bekannt, in Sülz-Moll.

In Erwartung eines Roboterarmes, der mir ein Glas Champagner anbieten würde, lag ich ehrfurchtsvoll in der Beifahrernußschale in hellem Leder. Wie fürnehm.

»Haben Sie schon mal japanisch gegessen?«

»Sie meinen, Vogelnester in Aspik und gegrillte Regenwürmer in Wachteleiern?«

Zu meiner Überraschung nickte er erfreut.

»Also Sie kennen das Daitokai?«

»Das Was?« fragte ich bange.

»Das japanische Restaurant an der Börse.«

»Nein«, sagte ich matt. »Das ist nichts für meine Börse.«

»Nanana«, kam es aus der linken ledernen Nußschale, »Ich lad Sie ja ein.«

Verstand der nun Spaß oder nicht?

Während er das sagte, klopfte er mir nämlich beruhigend mit der Hand aufs Bein.

»Bitte nach Ihnen!« Kind, der Mann ist aus gutem Hause! Der Seelendoc hielt mir die Tür auf, ein schlitzäugiger Mensch mit weißer Kochmütze auf dem Kopf empfing uns dienernd und sagte mit heller Stimme: »Guten Abend, Hell Doktol, guten Abend, gnädige Flau.«

Mir war ziemlich flau, als er fordernd seine Ärmchen nach meinem alles verhüllenden Mantel ausstreckte.

»Bitte die Galdelobe!«

Widerwillig ließ ich mich aus der Galdelobe schälen. Lote Jeans und ein glünel Pullovel kamen zum Vorschein. Die ganze gnädige Flau fiel in sich zusammen. Der Garderobenjapaner verzog keine Miene, und seine Schlitzäuglein lächelten noch immer.

Nachdem er meinen Second-hand-Mantel einem Landsmann übergeben hatte, der keine Kochmütze trug und deshalb befugt war, den Mantel aufzuhängen, und nachdem letzterer disklet übelsehen hatte, daß del Aufhängel abgelissen war, führte uns ersterer unter devotem Dienern ins Innere des Restaurants.

Was nun folgte, war ebenso absurd wie komisch. An großen Tischen, deren Oberfläche gleichzeitig als Grillplatte verwendet wurde, saßen lauter geschniegelte Geschäftsmänner mit einigen wenigen korrekt gekleideten Damen; sie alle hatten ein weißes Lätzchen um, als wären sie im Kindergarten, und versuchten artig, mit Stäbchen zu essen, sehr zum schlitzäugigen Lächeln der Köche, die an jedem Tisch standen und alle möglichen Köstlichkeiten brieten.

Ich fühlte mich so fehl am Platze wie eine Nonne im Kino. Kaum daß ich saß, bekam ich schon so ein Lätzchen umgebunden. Mein lauter Protest ging im Gelächter meines reizenden Begleiters unter. Ich spürte meine roten Flecken kommen, besonders den einen auf der Stirn, der aussieht wie Afrika.

Mein Doc bestellte Leiswein, einen Cocktail und das Menü »Zur Feier des Tages«. Quark war nicht dabei. Wohl aber Forellenbrüstchen, Lachsschwänzchen, Blumenkohl »Aufgehende Sonne« und Broccoli »Untergehende Sonne« und feinstes Filet »Verschwundener Geldschein« und zum Nachtisch Vanilleeis »Verschwundene Taille«. Oder so ähnlich.

Zuerst tranken wir den heißen Reiswein, der einem die Tränen in die Augen trieb und Afrika verschwimmen ließ. Dann sog ich an einem Strohhalm am Bauchnabel eines porzellanenen Buddha den Cocktail und kam mir so dekadent vor wie noch nie im Leben.

»Nett ist es hier«, sagte ich mit einem Seitenblick auf die Geschäftsmänner mit Lätzchen, die uns zu beiden Seiten saßen.

Uns gegenüber stand der Koch und jonglierte mit unglaublicher Geschwindigkeit einen winzigen Fisch über der Grillplatte, den er in Windeseile in mehrere mikroskopisch kleine Einzelteile zerhackte und dann mit Schwung, wie aus der Hüfte schießend, auf unsere Teller warf. Sich an unserer Überraschung weidend, sagte er: »Follellenblüstchen!«

Der Doc lächelte mich aufmunternd an und ergriff die Stäbchen. Ich mache mir nichts aus so umständlichen Ritualen und fragte laut, ob eine Gabel aufzutreiben sei. Allgemeines bestürztes Schweigen. Geschäftsmänneraugen ruhten befremdet auf mir.

Der Koch grinste noch immer, wenn auch das Weiße in seinen Augen wieder sichtbar wurde, schnippte mit den Fingern, und eine trippelnde Dame, die aussah wie ein gehbehinderter Schmetterling, brachte mit spitzen Fingern Messer und Gabel. Zuviel des Guten.

Ich spießte den gedrittelten Fischbrustkasten auf und steckte ihn heißhungrig in den Mund. Damit war die erste Vorspeise erledigt.

Der Doc zelebrierte andächtig das Zerteilen, Entgräten und Einführen in den Mund mit Hilfe der Stäbchen. Als ihm der mühsam erarbeitete Bissen neben den Teller fiel, lachte er.

»Probieren geht über studieren«, ließ er vernehmen und gab nicht auf.

Mir war klar, warum man in diesem Restaurant Sitzplätze reservieren mußte. Das »Essen für Anfänger« brauchte seine Zeit. Und seine Kursgebühren.

Als der fette Buddhabauch leer war, fühlte ich mich schon viel besser. Ich begann, den Abend und das »Essen« zu genießen. Der Doc plauderte angeregt über seine Praxis, seinen letzten Sommerurlaub in Florida und über seine Kindheit im Hinterbayerischen.

Ich erzählte von meiner Kindheit im Westfälischen – was er mit »Sie sind aber keine sture Westfälin« kommentierte –, von meinem letzten Sommerurlaub an der Donau mit dem Fahrrad und auf Anfrage natürlich auch von meinem Musikstudium, meinen Chorjobs und meinen Auftritten.

»Und Sie leben allein?«

»Nein. Mit Rudi.«

»Wer ist Rudi?«

»Rudi ist ein rosaroter Flamingo aus Pappmaché. Ich habe ihn mal in einer Fernsehshow geklaut. Da hatte er noch Beine. Aber die paßten nicht in meinen Kofferraum. Jetzt hockt er auf der Küchenbank, doch er hat sich daran gewöhnt. Und Sie? Leben Sie allein?« Immer ran an den Feind. Kind, dein Mund ist zum Fragen da!

»Ja, ich hab ein Apartment in der Innenstadt.«

»Und wer macht Ihnen die Bügelfalten in die Hose? Ihre Mutter?«

»Ja, zur Zeit.«

Das hatte ich befürchtet.

Auf den Schreck noch etwas warmen Wein, das stärkt die Nerven.

Der Schlitzäugige jonglierte zur Zeit mit zwei Erdbeeren herum, die er, ebenfalls aus der Hüfte schießend, auf das Vanilleeis der Geschäftsmänner rechts neben mir warf. Alle vier Erdbeerhälften waren Volltreffer, keine einzige landete versehentlich auf meinem Bambussprossensalat, und das brachte ihm frenetischen Applaus ein. Er bedankte sich dienernd, und das Weiße in seinen Augen verschwand wieder völlig. Dann wendete er sich flink mit Beilchen und Messerchen unserem Filet zu, zerteilte in peinlicher Kleinarbeit für jeden von uns einen Steinpilz und einen Tomatenschnitz und begann erneut mit dem Geschicklichkeitswerfen. Wahrscheinlich war er internationaler Meister im Lebensmittelweitwurf.

Inzwischen war mein Doc auch zu Messer und Gabel übergegangen. Ich mochte das an ihm. Er war kein Prinzipienreiter. Er ließ sich zu.

Er ließ auch seinen Bierdurst zu. Und trank richtiges Kölsch. Nach dem dritten Glas edlen urdeutschen Gerstensaftes legt er plötzlich wieder die Hand auf mein Bein, das heißt auf mein Lätzchen und sagte, mit der anderen Hand das Kölschglas hebend: »Ich heiße Klaus.«

Ich verschluckte mich an meinem Blumenkohlröschen.

»Klaus Klett?« Alliteration am Abend, erfrischend und labend!

»Klaus Konrad Klett.«

»Das wird ja immer schlimmer!«

Ich glückste vor Begeisterung. »Was haben sich Ihre Eltern denn dabei gedacht?«

»Sie lieben Alliteration. Mein Bruder heißt Karl Kuno und meine Schwester Katharina Kirsten.«

Ich dachte: »Selig sind, die Verfolgung leiden.«

Und fragte: »Sind Sie deshalb Psychiater geworden?«

»Nein. Das ist eine lange Geschichte. Aber erst will ich mit dir auf Du anstoßen.«

Wir stießen und tranken und sagten du. Ein kleiner Kuß war auch inbegriffen. Er schmeckte nach Bier und ein kleines bißchen nach mehr.

»Und warum bist du nun Psychiater geworden, Klaus Kuno?«

»Klaus Konrad.«

»Meinetwegen auch Klaus Konrad.«

Klaus Konrad erzählte mir nun in anschaulichen Farben, daß er ehemals Internist gewesen sei, aber mit »jemand anders zusammen« eine psychiatrische Praxis geerbt habe. Er machte daraufhin ein Aufbaustudium und arbeitete nun seit drei Jahren in der Gemeinschaftspraxis als Gesprächstherapeut. Aus seiner Zeit als Internist habe er aber noch Patienten und liebäugelte mit dem Gedanken, wieder in dieses Gebiet zurückzukehren. Warum er lieber EKGs machte und Spritzen gab, als mit Leuten über deren Ödipus-Komplex oder pädophile Anwandlungen zu reden... Georg. Ich hatte stundenlang nicht mehr an ihn gedacht. Der lag jetzt im Kinderzimmer und redete mit seiner Tochter über Pferdebilder oder jeanstragende Sängerinnen. Weit weg jedenfalls. In irgendeinem Bonner Kinderzimmer.

»He, jetzt bist du aber ganz weit weg mit deinen Gedanken. Schau doch mal, der Nachtisch kommt!«

Er kam tatsächlich angeflogen, der Nachtisch, aber ich konnte nichts mehr verdrücken.

Der Doc – Verzeihung, Klaus Konrad – schob dem dienernden Japaner seine Kreditkarte zu, dieser winkte wieder den gehbehinderten Schmetterling heran, ich bekam meinen Mantel (der abgerissene Aufhänger hing rücksichtslos über der Kapuze), und nach einem fleundlich-zweideutigen »Angenehme Nachtluhe« fielen wir in den Nußschalen-BMW (nicht ohne vorher die Alarmanlage unschädlich gemacht zu haben) und fuhren zurück in meine schäbig-dreckige Wohngegend. Der Höflichkeit und Vollständigkeit halber bat ich den Doc noch auf einen Kaffee herauf.

Auf dem Wohnzimmertisch standen die sieben roten Rosen von Lalinde. Klaus Konrad Kletts Kübel hatte ich auf das Klavier gewuchtet. Ehrlich gesagt, um ihn aus dem Weg zu haben.

»Wenn ich gewußt hätte, wie klein deine Wohnung ist, hätte ich dir nur ein Vergißmeinnicht mitgebracht«, sagte er, meine Gedanken berufsmäßig nachvollziehend.

»Ich vergesse dich auch so nicht«, antwortete ich leichtzüngig.

Für ihn hieß das wohl übersetzt: »Reiß mich bitte vom Stuhl hoch und umarm mich, daß es kracht!« Denn genau das tat er. Mein Kaffee schwappte über, und über meinem Afrika war Sonnenuntergang, so rot leuchtete es.

»Gell, du vergißt mich auch nicht mehr«, kam sein hinterbayerisches Temperament zum Vorschein. »Ich muß auch ständig an dich denken.«

Zum Wehren war ich zu reisweinselig. Im übrigen war er mir durchaus sympathisch. Sein Kuß schmeckte schwach nach Bier und überwiegend nach Kaffee und ziemlich viel nach mehr. Wir sanken auf das jungfräuliche Sofa meiner Tante Lilli. Ich gehe jedenfalls sehr stark davon aus, daß das Sofa meine Tante Lilli nur jungfräulich erlebt hat. Von mir war es da leider schon anderes gewöhnt. Aber es war ja schließlich Ende Dreißig, also ein reifes Sofa.

Als wir so in Liegeposition gerieten, konnte ich mir nicht verkneifen, aus zusammengekniffenen Augen auf den Zähler meines Anrufbeantworters zu schielen. Er stand auf 36. Lalinde?

Ich verspürte heftige Sehnsucht nach meiner Wärmflasche. Nach mehrmaligem Anspannen meines Bizeps in beiden Armen kam das Signal bei dem leidenschaftlichen Schmuser über mir an.

Erfreut stellte er fest, daß ich kein Mädchen für die erste Nacht sei, strich sich die gediegene Frisur glatt und schob die Krawatte wieder zurecht. Dann stellte er die Kaffeetasse artig in die Spüle, gab mir einen feuchtkalten Schmatzkuß irgendwo in den Atlantischen Ozean neben Afrika und öffnete mit Schwung die Klotür. Fast wär's ein gelungener Abgang geworden. Meine Wärmflasche lag müde und mager in der Sitzbadewanne. Mir fiel auf, wie rostig die Wanne war. Ich schob die Tür wieder zu und machte ihm die Wohnungstür auf. Kalter Treppenhauszug schlug uns entgegen. Es roch noch immer schwach nach Bratkartoffeln, aber diesmal eindeutig mit Zwiebeln. Die fette Katze meiner Nachbarin stand unmittelbar hinter der Wohnungstür, ich hörte sie schnurren.

Klaus Konrad eilte mit jugendlichem Schwung die Treppen runter. Von ganz unten, vor der Wohnungstür von Frau Maggeloni, warf er mir noch eine geräuschvolle Kußhand zu. »Ich ruf dich an!« Ohne »wenn ich darf«.

Ich machte »pssst«, und die Katze plärrte gekränkt.

Unten fiel die Tür ins Schloß.

Kurz darauf startete der BMW.

Während ich meine Wärmflasche füllte, fragte ich den Badezimmerspiegel, ob er irgendeine Meinung zum Thema hätte. Er warf mir nur einen müden rotfleckigen Blick aus verschwommenen Augen zu.

Und die vier Zeiger meiner beiden Armbanduhren standen auf zehn nach drei.

8

Es wurde ein denkwürdiger Dienstag.

Schon beim Vertilgen meines Quarkbreichens begann es. Um punkt neun der erste Anruf.

Lalinde. Wie ich geschlafen habe und ob ich gestern abend einen ruhigen Fernsehabend gehabt habe und was ich heute vorhabe und daß es ihm phantastisch gehe, er den ganzen Abend Strauss-Lieder gehört habe (es folgte ein nicht ganz tonreines Summen einer nicht zu erkennenden Melodie) und daß er mir unbedingt ein Strauss-Lied vorspielen müsse, es heiße Cäcilie.

Ich fragte, was das denn mit mir zu tun habe, ich hieße nämlich nicht Cäcilie und sei darüber auch gar nicht betrübt.

»Das Lied ist trotzdem für dich.«

»Du meinst, ich soll es singen?«

»Nichts würde mich glücklicher machen.«

Der Mann hatte ja Wünsche, und das morgens um neun!

»Wovon handelt es denn?«

»Das möchte ich dir nicht am Telefon sagen.«

Ach so, dahin lief der Hase.

»Sondern?«

»Darf ich dich heute besuchen?«

»Bringst du Cäcilie gleich mit?«

»Ja, natürlich.«

»O. K., dann koche ich heute abend was für uns drei.«

Mit Schrecken dachte ich daran, daß ich weder kochen konnte noch irgend etwas von stilvollen Abendessen verstand, noch ahnte, was man so einem Mittvierziger, der seit zwanzig Jahren gute deutsche Hausmannskost serviert bekommt, vorsetzt, insbesondere dann, wenn er gerade eine Sturm-und-Drang-Phase erlebt.

»Das wäre phantastisch. Aber bitte mach dir nicht zuviel Mühe.«

Worauf du dich verlassen kannst! dachte ich.

»Nein, nein, nur eine Kleinigkeit.«

Was sagte man als einladende Hausfrau für Floskeln? Meine Base empfing uns mal auf einer Geburtstagsparty mit: »Essen nur, wer unbedingt muß!« Da war sie aber noch Studentin.

»Also dann, bis heute abend. Ich freue mich sehr, sehr.«

Ob in seinen Kritiken auch immer so einfallsreiche Superlative standen? Herr Kammersänger Sowieso knödelte sehr, sehr?

»Freu dich nicht zu früh«, antwortete ich und meinte damit das Abendmahl, das mir schon jetzt wie ein Stein im Magen lag. Warum hatte ich das mit dem Abendessen bloß gesagt? Warum hatte ich ihn nicht großzügig in die Pizzeria oder zum Griechen eingeladen? Mein innerer Schweinehund wußte schon, warum. Weil ich mit Lalinde und Cäcilie allein sein wollte. Darum. Ich hatte es also nicht besser verdient.

Der Stadtanzeiger lag unberührt neben dem Quarktopf. Letzterer war allerdings schon meinem unersättlichen Appetit zum Opfer gefallen.

Das Telefon meldete sich wieder. Armer Stadtanzeiger. In Erwartung meines anderen Verehrers meldete ich mich mit: »Japanisches Elnählungsministelium, guten Molgen!«

»Ää, bitte wer?«

Eine unbekannte Männerstimme.

Ich räusperte mich und meldete mich anständig.

Die Stimme fragte pikiert, ob die Sängerin zu sprechen sei.
»Am Apparat.«

Die Stimme brauchte einen Moment Zeit, dann sagte sie: »Sind Sie am Wochenende noch frei?«

Ich weiß, wie ich solche Fragen beantworten muß. Niemals sagen, ja natürlich, das hieße, ich hätte nichts zu tun. Auch niemals sagen, nein, natürlich nicht, denn dann erfahre ich nicht, welches Topangebot mir durch die Lappen geht.

Also Gegenfrage: »Worum handelt es sich denn?«

»Israel in Ägypten, Stadthalle Blattheim.«

Ja was denn nun, Israel oder Ägypten oder Blattheim?

»Das haben Sie doch drauf?« fragte die Stimme humorlos.

»Ja natürlich«, log ich und kratzte den Quarktopf aus. »Generalprobe wann?«

»Samstag vormittag Solistenprobe, ab 16 Uhr Generalprobe. Blattheimer Symphoniker. Honorar inklusive Spesen...« usw.

Ich fand das alles passabel, bis auf den ganzen langen Samstag in Blattheim und die Tatsache, mir jetzt noch so ein endloses Oratorium »draufschaffen« zu müssen.

Ich hatte noch nicht aufgelegt, da rief der Doc an.

Noch mal traute ich mich nicht, mich mit »Ernährungsministerium« zu melden.

Das war aber auch besser so. Es war wieder dieses Mädchen dran. »Praxis Dr. Klett, ich verbinde.«

Dann eine Frauenstimme: »Klett.«

Ich sah den Hörer an und fragte ganz blöd: »Wer?«

Die Frauenstimme sagte ungeduldig: »Wer ist da bitte?«

Und ich entgegnete: »Das möchte ich von Ihnen wissen!«

Es folgte ein Knacken und Rascheln in der Leitung, dann hörte ich den Doc: »Also das war ein bedauerlicher Irrtum. Das Mädchen hat sich vertan. Jetzt bin ich dran.«

»Und vorhin, das war deine Mutter?« half ich ihm kameradschaftlich.

»Na ja, wenn du so möchtest. Guten Morgen. Wie geht es dir?«

»Mir geht's prima. Ich gebe am Sonntag mein sensationelles Debüt in Blattheim. Ziemlich viel Orientkunde. Israel in Ägypten.«

»Das ist ja schon wieder Händel.«

Ich hätte ihn küssen können. Er schien Händel-Spezialist zu sein.

»Muß ich noch üben, das Zeug. Ist nicht ganz wenig.«

»Heißt das, du hast heute keine Zeit?«

»Ja, ganz recht.« Prima Ausrede, dieser Händel.

»Auch nicht heute nachmittag auf einen Kaffee?«

»Nein, ich muß mein Auto holen.«

»Ich bring dich hin.«

»Mußt du nicht in der Praxis sein?«

»Nein, heute nachmittag ist meine Fr... Mutter hier.«

»Deine Frau Mutter? Sie ist aber geradezu rührend um dich besorgt. Grüß sie herzlich von mir.«

Bei dem einen war es die Tochter, bei dem anderen die Mutter, die regen Anteil an unseren Zusammenkünften zu nehmen schien.

»Äm, ja, bei passender Gelegenheit.«

»Übrigens erfreulich junge Stimme, die Mutter.«

»Ja, ja, sie hat sich gut gehalten.«

»Genug der Lügerei. Ich hab zu tun, Heino-mäßig.«

»Ich auch, Klaustrophobie-mäßig.«

Wir legten auf. Es schien ein unterhaltsamer Tag zu werden.

9

In der Straßenbahn traf ich wieder Opa Heimersdorf. Er zerbröselte mit seinen langen mageren Fingern einige Scheiben Weißbrot in einer Plastiktüte. »Sonst füttert die Tierschen ja keiner«, sagte er vorwurfsvoll zu der verständnislosen Türkenfrau neben ihm. Und im gleichen Augenblick beschwerte er sich über Adenauer. »Der hät doch och Dreck am Stecken, dat ham die doch all. All ham die dat, Dreck am Stecken. Isch hab es ja immer jewußt, die Bild-Zeitung hat widder über den Adenauer jeschrieben...«

Er mußte ein etwas älteres Exemplar erwischt haben. Jedenfalls gab er noch mal über die Kaffeepreise bei Karstadt in

Heimersdorf Auskunft, was aber die Türkenfrau, die verschämt auf ihre Einkaufstasche blickte, nicht zu beeindrukken schien. Und seine verstorbene Frau war ja darüber schon im Bilde.

Die Produktion im Studio 2 verlief quälend. Diesmal war Heino höchstselbst nicht erschienen, dafür ertönte sein wohlklingendes Organ als Playback aus dem Lautsprecher. Wir mußten nur duaa duaa machen, oder mal einwerfen: »Halleeelujaa, beim Kind im Stall.«

Nach der Pause rückte ein Castrop-Rauxeler Kinderchor an, und eine untersetzte pubertierende Brillenschlange hatte den Original-Mireille-Matthieu-Tremolo-Sound drauf und plärrte was von »Weihrrrauch, Myhrrre und Gollld«. Die Weltkarriere stand ihr offen.

Ich war begreiflicherweise müde und verschwendete meine restliche Energie zur Planung des Diners.

»Was soll ich kochen, ich krieg heute abend Besuch«, wendete ich mich an Tracy, meine Nachbarin. Sie war frisch aus Kalifornien importiert und liebte diese Art von Unterhaltungsmusik, zumal »Jingle Bells« und »I'm dreaming of a white christmas« zum Programm gehörten.

»Für einen Typ? Mach doch eine schöne Truthahn, Turkey, you know?«

»Tracy, ich kann überhaupt nicht kochen, und so'n Gummigeier hab ich noch nie gemacht!«

»Na ja, schließlich willst du der Kerl nicht vergiften. So mach doch eine richtig gute alte Hamburger.«

Tracy hatte die rettende Idee.

Ich erstand in der Kantine zwei Frikadellen und bastelte zu Hause daraus einen Matsch-Auflauf mit Nudeln, Eiern und überbackenem Käse.

Als der Doc an der Haustür klingelte, nachmittags um halb fünf, schob ich das ganze köstliche Eintopfgericht hastig in den Backofen.

»Hier riecht es aber köstlich«, begrüßte mich mein stürmischer Klaus Konrad, entledigte sich zweier hübsch eingepackter Flaschen, riß mich an sich und versuchte, meinen Mund mit seinem zu treffen. Ich erschwerte ihm das, so gut es ging mit meinen schwachen Ärmchen. Ihn schätzte ich gut und gern auf zwei Zentner. Eigentlich ein Kerl von Mann. In Jeans und T-Shirt vermutlich ein Götz George in lieb. Nur diese plötzlichen Leidenschaftsanfälle konnten mich an ihm nicht so begeistern.

»Was ist denn da drin?« Ich entwand mich seiner Umklammerung.

»Sherry, meine Liebe, und in dem anderen ist bester O-Saft. Damit du deinen Gästen demnächst was anbieten kannst.«

»Das ist aber zu aufdr... aufmerksam«, gab ich klein bei. »Setz dich. Darf ich dir einen Sherry anbieten oder einen Saft?«

»Ja bitte, einen Sherry«, sagte er und ließ sich auf das ächzende Tante-Lilli-Sofa nieder.

Ich eilte leichtfüßig in die Küche, öffnete den roten Hängeschrank... keine Sherrygläser. Nur rote Eierbecher. Wie peinlich. Kind, du wirst eben nie eine Dame.

»Du, Klaus? Woraus trinkt man Sherry im Alternativfall?«

Ich hätte gar nicht so laut zu rufen brauchen, er stand schon hinter mir, umfaßte mich.

»Die bring ich dir das nächste Mal mit, die Sherrygläser. Und Blumenvasen scheinen dir auch zu fehlen...«

Kuß auf den Hals. Erneutes Entwindemanöver.

»Ich nehm immer Gurkengläser...«

»Du scheinst überhaupt eine improvisationsfreudige Dame zu sein.«

»Dame nicht, aber improvisationsfreudig. Stört es dein ästhetisches Empfinden, wenn wir ausnahmsweise Weingläser nehmen?«

Wir tranken Sherry aus Weingläsern, er sagte feierlich: »Auf dein Wohl« und wollte mir tief in die Augen schauen.

»Auf deins auch«, sagte ich. Was sagt man sonst in solchen Fällen?

Wir fuhren dann durch dichten Berufsverkehr über die regentrübe Rheinuferstraße. Der Sherry tat seine Wirkung, ich lümmelte schläfrig in meiner ledernen Nußschale.

»Bei dem Stau nützen dir deine 70 PS auch nichts«, gähnte ich.

»70 PS?« entrüstete sich der Sportsfreund am Servolenk-
rad. »Das Auto hier hat 220 PS!«

»Oh, Entschuldigung. Ich wollte deine Pferdezucht nicht
schmälern. Wozu brauchst du so ein Aufreißerauto?«

»Ein... was?«

»Na ja, so'n Anmacherschlitten. Erlaubt das denn deine
Mutter? Das macht aber keinen guten Eindruck.«

»Also hör mal, ich bin ein erwachsener Mann, und ich
kaufe mir die Autos, die mir gefallen, und dieser hier ist
schnell, sicher und außerdem für meine Größe...«

»Da täte es doch ein Opel Commodore.«

»Jeder Popel fährt 'n Opel. Ich bin doch nicht Mitte Fünfzig und hab 'n Hut auf beim Autofahren.«

Wo er recht hatte, hatte er recht. Er war ein hervorragender
Autofahrer, ich hatte erst kürzlich Schlimmeres erlebt. Jedenfalls kannte ich jetzt seine Meinung über Opelfahrer.

»Aber wo wir gerade beim Thema sind«, sagte Klaus Konrad, »dein rollender Abfalleimer kann ja wohl auch nicht dein
Ernst sein.«

»Nein, mein Herbert«, erklärte ich ihm. »Außerdem,
wieso rollender Abfalleimer? Hast du ihn etwas genauer betrachtet?«

»Ja natürlich, dazu hatte ich ja ausreichend Gelegenheit am
Sonntag. Das ist ja kein Auto, das ist ein, ein...« Ihm fehlten
die Worte. Das »Aufreißerauto« schien ihn schwer getroffen
zu haben.

Ich sagte: »Herbert und ich sind alte Freunde. Wir hängen
aneinander. Es ist eben ein Mehrzweckfahrzeug. Garderobe,
Übezelle, Transportmittel, manchmal auch Papierkorb.«

»Das macht aber keinen guten Eindruck.«

»Eins zu null für dich, Klaus Konrad.«

Ich wußte nicht, ob Klaus Konrad ein ausgesprochener
Klugscheißer oder nur ein wohlerzogener biederer Mensch
mit Doktortitel und dazugehörigem Akademikergehabe war.
Als wir bei meinem Herbert ankamen – er stand naß und armselig seit drei, nein, vier Tagen an jenem unglückseligen Gemeindehaus –, quälte ich mich ungrazil aus der ledernen
Nußschale und sagte: »Vielen Dank, Konrad. Das war unheimlich nett von dir.«

»Ich fahr vor dir her«, antwortete er vorbeugend.

»Wohin?« fragte ich absichtlich blöd zurück.

»Zu dir oder zu mir, was ist dir lieber? Ich habe zu Hause Champagner kaltgestellt und Lachs im Kühlschrank.«

»Äm…« entfuhr es mir. Sollte ich ihm sagen, daß ich einen matschigen Nudelauflauf mit Kantinenfrikadellen für den Kritiker im Ofen hatte? Es wurde schwierig.

»Ich möchte lieber nach Hause fahren, Klaus.«

»Ja, in Ordnung, fahren wir zu dir.«

Jetzt hatte ich mein Fett.

»Ich bekomme Besuch heute abend. Meine Mutter und meine Tante Berta und meine Tante Evangelia…«

»Und meine Tante Phantasia«, unterbrach mich Klaus Konrad.

»Nein, im Ernst…«

»Du bist mir keinerlei Rechenschaft darüber schuldig, mit wem du den Abend verbringst. Sehe ich dich denn morgen wieder?«

Erster Satz ziemlich trotzig, zweiter um so lieber im Ton.

»Ja klar, ruf mich an«, sagte ich erleichtert. Und entschuldigte mich noch, ihn nicht vorgewarnt zu haben. Wie blöd von mir, dachte ich, als ich wieder im Auto saß. Was bildet der sich ein? Fährt mich zu meinem Auto und meint, heute abend ging's dafür lachs- und champagnermäßig ab.

Was denkt der eigentlich, wer ich bin? Oder womit er mich kaufen kann? Zumal Lachs und Champagner mich völlig kaltlassen. Wenn der wüßte!

Konrad überholte mich und hupte. Ich wollte zurückhupen, fand aber die Hupe nicht (ich hupe nie!) und beschränkte mich auf freundliches Winken. Schnittig sah der aus, der rote BMW, und der große Mann darin auch nicht schlecht. Eigentlich echt was zum Angeben.

Komisch. Ich wollte nicht angeben. Ich wollte mit einem Waldwiesen-Popelinemantel-Familienvater in meiner Küche sitzen und matschigen Nudelauflauf essen.

Das wollte ich.

»Schmeckt ausgezeichnet, wirklich. Wie nennt sich denn diese Komposition?«

Georg Lalinde saß an meinem roten Küchentisch vor seinem matschigen Nudelauflauf, pickte dann und wann ein Krümchen überbackene Kantinenfrikadelle, sah mich aber meistens durchdringend an. Vor uns stand eine Flasche Rotwein, Côte du Rhône, bei Aldi vier Mark neunzig. Und rote Rosen.

»Für deine rote Küche«, hatte er gesagt. Die anderen standen ja im Wohnzimmer. Und Konrads Riesengebüsch auf dem Klavier.

»Die Komposition«, ich dehnte das Wort übertrieben französisch, »nennt sich ›Sehnsucht nach Freia‹«, sagte ich. Seine Frau hatte den adlig-elitären Namen Freia.

Er sah irritiert auf seine Gabel. Ihm fehlten die Worte des Protests.

»Wieso?« kam es schließlich.

»Wenn du das ißt, bekommst du wahrscheinlich Sehnsucht nach deiner Frau«, erläuterte ich ihm den Sachverhalt und steckte mir mit Appetit eine lauwarme Nudel in den Mund.

Er versicherte mir, daß es nicht an dem sei, und je länger er in meiner Nähe sei, um so weniger Sehnsucht habe er nach Freia, im übrigen habe sie einen Freier, Verzeihung, einen Freund. Ein Freund aus ihrer Schulzeit sei wieder aufgetaucht, und die Liebe auf den ersten Blick von damals sei wieder hochgekommen. Sie übernachte ständig bei diesem Knaben und gedenke, den Rest ihres Lebens mit ihm zu verbringen.

»Und eure Tochter?« fragte ich besorgt.

»Bleibt bei mir.«

»Und wer macht euch den Haushalt?«

»Das wird sich finden. Wir haben da eine Frau Bär. Die hat bis jetzt bei uns den Haushalt gemacht, wenn Freia verreist war.«

»War Freia oft verreist?«

»Sie hatte Kunst studiert und wollte nun nicht Hausfrau sein. Sie fuhr auf Ausstellungen und Kunstauktionen.«

»Und das tat sie nur so aus Spaß?«

»Sie schreibt Kritiken und Besprechungen.«

Also Kollegen, die lieben Lalindes.

»Weißt du was, Georg?« fragte ich, einer plötzlichen Eingebung folgend. »Ich wette mit dir. Um irgendwas Hohes. Meinetwegen um eine Kiste Champagner.« (Wie ich nur auf Champagner kam!) »Ich wette mit dir, daß ihr am... sagen wir, 17. November in zwei Jahren wieder zusammen seid.«

Georg lächelte milde und doch siegesbewußt.

»Die Wette hab ich schon gewonnen. Wir haben die Scheidung beantragt. Wir wollen beide nicht mehr. Sie liebt ihren Schulfreund, und ich liebe... also gut, ich nehme die Wette an. Unter der Bedingung, daß ich den Champagner mit dir trinken darf.«

»Die ganze Kiste?«

»Die ganze Kiste. Es muß ja nicht auf einmal sein.«

»Abgemacht. Wenn du das dann noch willst...«

»Ich werde es immer wollen. Ich kann mir nichts Schöneres vorstellen, als mit dir Champagner zu trinken. Fast nichts Schöneres...«

Ich spielte an meinem Rotweinglas herum und bemerkte, daß der Stiel längst fettig war. Es funkte so wahnsinnig über meinem roten Küchentisch, es glühte und sprühte, und ich wußte, wenn ich ihn jetzt ansehe, dann explodiert's. Es klingt albern, aber mein Herz raste wie vor einem ganz wichtigen Auftritt. Genauso pochte und lärmte es immer, wenn ich auf die Bühne ging und die ersten Gesichter aus vollbesetzten Reihen mir entgegenstarrten.

Da war sein Finger auf meiner nervösen Rotweinglashand. Ganz sanft, fast schwerelos. Als streichele er einen halbtoten Schmetterling. Ich war dieser halbtote Schmetterling. Ich wollte mit den Flügeln schlagen oder wenigstens wegkriechen, aber nichts von beidem funktionierte. Nur alle zwei Millionen Härchen auf meiner Haut stellten sich wie elektrisiert in die Höhe.

George Lalinde. Der Familienvater mit Eheproblemen. Ein Durchschnittsmann in einer Durchschnitts-Midlife-crisis. Und dessen Zeigefinger machte mich verrückt.

»Kind, du wirst nie eine Dame«, schoß es mir durch den

Kopf, und im gleichen Moment küßte ich erst den Zeigefinger und dann den dazugehörigen Mann.

»Hast du einen Aschenbecher oder darf man in deinem Schlafzimmer nicht rauchen?«

Der erwähnte Zeigefinger, der jetzt allerdings knapp zwei Stunden älter war als vorhin in der Küche, elektrisierte gerade mein linkes Schulterblatt.

»Kein gelber Aschenbecher, aber eine gelbe Blumenvase«, antwortete ich, rappelte mich mühsam auf und angelte den ehemaligen Zahnputzbecher (und da gelb, ins Schlafzimmer zwangsversetzt) von der Fensterbank. Blumen waren eh nicht drin.

Der Arm, zu dem der Finger gehörte, fischte sich aus dem Waldwiesensakko neben meinem Bett die goldene Zigarettendose. Ich griff zu. Nach diesem Ereignis mußte ich eine rauchen, nur um alles mit ihm gemeinsam zu tun. Und wenn er Kautabak gekaut oder Schnupfpulver in die Nase gezogen hätte.

Wir rauchten, bliesen den Qualm unter die Schlafzimmerdecke, und mir wurde wie üblich schwindelig. Es war ein herrlicher Schwindel. Der schwindeligste Superschwindel einer völlig irrealen, verrückten Traumwelt.

»Du, Georg«, sagte ich und sog an dem giftigen Stengel. »Gildet das mit dem Champagner noch?«

»Natürlich. Wieso sollte es nicht mehr gelten?«

Ich schwieg. Ja, warum sollte das nicht mehr gelten? Was war denn schon passiert? Das, was vielen Midlife-crisis-Endvierzigern mit ledigen jungen Frauen passierte. Im Büro oder daneben oder davor oder danach. Völlig alltägliche Angelegenheit.

»Ich denke gerade, wenn wir uns in einem Jahr oder in zweien mal wieder treffen, zufällig oder in einem Konzert oder so, ob wir dann hinterher in aller Freundschaft ein Glas Sekt trinken gehen.«

»Warum denn nicht?« Der Zeigefinger wanderte über meinen dritten Halswirbel.

»Weil bis dahin eine Menge passiert sein wird.«

»Das hoffe ich auch.«

»Was hoffst du?«

»Daß wir uns in einem Jahr oder in zweien nicht zufällig treffen werden.« Er betonte das Wort »zufällig«.

»Sondern?« Ich drückte die Zigarette in der Blumenvase aus, die wacklig auf meinem Bauch stand.

»Ich wünsche mir, daß wir in einem Jahr oder zweien noch genauso nah beieinander sind wie jetzt.«

Das war natürlich völlig utopisch. Georg war doch nicht mehr als eine Affäre! Er für mich und ich für ihn. Anders konnte, anders durfte das doch nicht sein!

»Ich wünsche es mir auch.«

War ich das? Habe ich das gerade gesagt? Kind, hast du den Verstand verloren? Warum sagst du Sachen, deren Gegenteil du eigentlich meinst? Weiterdenken ging nicht. Wir flogen schon wieder weg, wir zwei. Es war ein sanfter und doch ungeheuer aufregender Höhenflug, in Höhen, die ich nie zuvor erlebt hatte (und ich hatte schon einiges erlebt, an Höhen und Tiefen!), und er wollte und wollte nicht enden, dieser Segelflug um die ganze Welt, oder was es auch immer war, es läßt sich sowieso nicht beschreiben.

Hinterher gab's wieder eine Zigarette. Die Blumenvase wurde in eine Kuhle in der gelben Bettdecke eingebuchtet. Wir redeten. Über dies und das. Über unsere Vergangenheit, über Erlebnisse mit anderen, wir kicherten dabei und vergruben unsere Gesichter im Kopfkissen, an der Schulter des anderen. Es war eine Vertrautheit, ein Vertrauen, eine Nähe, die ich sonst selten erlebt hatte.

»Weißt du, wozu ich jetzt Lust habe?« fragte ich schließlich.

»Na?«

»Zu einem Spaziergang.«

»In Ordnung.«

Es war kurz nach Mitternacht, als wir auf die öde, tote Straße traten. Das Fabrikgebäude gegenüber ragte schwarz in den milchig-grauen Himmel. Es roch nach Schnee. Irgendwo bellte ein Hund. Vermutlich der des Nachtwächters in der Fabrik. Ein magerer Baum hob seine vielen dürren Zweige und Äste wie händeringend gegen die Wolken. Der Mond riskierte hin und wieder einen verschlafenen Blick zwischen mächtigen Wolkenfetzen hervor.

Wir gingen Arm in Arm. Schnell und schweigend. Überquerten den trostlosen kleinen Spielplatz, auf dem sonst die Türkenkinder solch einen Lärm machten, daß wir uns gegenseitig übertönten, die Türkenkinder und ich, wenn ich übte. Wir gingen an den Sportanlagen vorbei, die dunkel und verlassen dalagen, und kamen auf den Parkplatz des Supermarktes. Der Mond lugte gerade wieder hervor. Ich erkannte einige achtlos abgestellte Einkaufswagen und ziemlich viel Abfall in Form von Bierdosen, Zigarettenschachteln und leeren Flaschen. Öde und schwarz der Sandhügel, auf dem die Kinder immer mit diesen kleinen gefährlichen Fahrrädern rumsausten. Die Klimaanlage des Supermarktes rauschte. Es roch nach Öl und Bohnerwachs.

Wir blieben stehen, als wollten wir diese höchst unromantische Atmosphäre in uns aufsaugen. Wir sahen uns an, im milchig-grauen Licht des Mondes hinter schneebeladenen Wolken und der einen noch funktionierenden Lampe des Supermarktparkplatzes. Ich betrachtete seine Lippen, die ich immer für schmal gehalten hatte und die normalerweise kaum merklich abwärts zeigten. Sie waren rauh und ungeheuer weich, als ich sie küßte.

Wir taten nichts, standen nur da, und ich fühlte seine rauhen, trockenen, weichen, warmen Lippen auf meinen, sonst nichts. Dann gingen wir weiter.

Als wir auf den Wiesen angekommen waren, wohin sonst sämtliche Stadtköter zwei- bis dreimal am Tag zum Haufenablegen und Stöckchenholen geführt werden, begann es zu schneien.

»Das ist der schönste Spaziergang meines Lebens«, sagte Georg.

»Ich hab mich auch schon mal mehr gelangweilt«, sagte ich.

»Langweilst du dich?« kam es ungläubig, und sein Atem dampfte vor Kälte.

»Natürlich nicht«, sagte ich. Jede Pointe mühsam erklären und doch nur eisiges Schweigen erbeuten.

»Andere Leute müssen nach Sri Lanka fahren oder wenigstens nach Ibiza, um eine solche Nacht zu erleben«, meinte ich.

Der Stadtweiher lag braun und stumm und ziemlich übel riechend vor uns. Einige Enten und Schwäne trieben schlafend auf ihm herum. Die Bäume am Ufer rauschten leicht, wenn der Wind mit ihren kahlen Zweigen spielte. Eine Maus, vielleicht war es auch eine jugendliche Ratte, huschte die Uferböschung hinab und verschwand im Schlick. Eine Ente wachte auf und quakte verärgert. Wir blieben stehen. Als gäbe es etwas Interessantes zu sehen, beugten wir uns über die Brüstung des Teiches. Schulter an Schulter, biederer Popelinemantel an runtergesetztem Kaufhaus-Trenchcoat, lehnten wir da und sahen auf die verfaulten Blätter, die dekorativ mit einigen abgestoßenen Entenfedern dekoriert waren und unter denen vermutlich die jugendliche Ratte mit ihrer Freundin und deren Mutter wohnte.

»Hättest du Lust, mich morgen zu einem Konzert zu begleiten?« fragte Georg, und sein Atem mischte sich in den Rauch seiner Zigarette.

»Was denn für ein Konzert?«

Ich wollte Zeit gewinnen.

»Ein Streichquartett, sehr bekannte, sehr gute Leute.«

Ich hatte noch nie ein Streichquartettkonzert gehört. Konzerte ohne Sänger waren für mich immer wie ein Frühstück ohne Quark. Also ging ich nicht hin.

Ich überlegte, ob ich Georg am nächsten Abend wieder treffen wollte. Kind, mach dich rar. Willst du was gelten, so komme selten.

»Nein, Georg. Morgen kann ich nicht. Ich habe eine Probe.«

Enttäuschter Zug an der Zigarette mit nachfolgender weißer Rauchschwade über dem muffigen Ententeich.

Er tat mir leid.

»Du schreibst doch bestimmt bald wieder über einen Liederabend oder über eine Oper. Da komme ich dann mit.«

Er nannte mir seine Termine. Es war verlockend. Drei Puccini-Opern, ein Rosenkavalier, zweimal Mozart und ein Tannhäuser. Dazu drei größere Liederabende. Alles noch vor Weihnachten.

»Wenn ich selbst nicht in Pusemuckel-Süd konzertiere, werde ich bestimmt dann und wann mitkommen, schon der Musik wegen.«

Wir gingen zurück. Er erzählte von den interessantesten Konzerten, nannte Namen, vor denen ich in Ehrfurcht erzitterte, erwähnte ohne jede Protzigkeit, mit welchen Künstlerinnen er schon gesprochen, diniert oder gar auf Pressebällen getanzt hatte.

»Ich kann mir das so schlecht vorstellen, Georg. Du wirkst so bescheiden.«

»Soll ich das als Kompliment auffassen?« Er lachte.

Ich überlegte kurz. »Ja. Ich finde es wunderbar, wenn jemand es nicht nötig hat, mit prominenten Bekanntschaften anzugeben oder Erlebnisse mit Künstlern auszuwalzen, als stiege dadurch der eigene Wert.«

»Weißt du, ich glaube, das ist wie mit diesem Spaziergang. Er hat es nicht nötig, im Sonnenschein oder am Meer oder im Frühling stattzufinden. Es ist dunkel und kalt und windig und schneit, und die Gegend ist öde, aber es ist der schönste Spaziergang meines Lebens.«

Wir blieben wieder stehen, betrachteten einen dieser öden, kahlen Stadtbäume, bei deren Anblick ich meistens eine Gänsehaut bekomme.

»Laß uns diesen Spaziergang nie vergessen«, sagte er.

Ich versprach es ihm.

Ich habe diesen Spaziergang nie vergessen.

12

Leute, die mit einem Walkman in der Straßenbahn sitzen, sind nichts Besonderes. Sie verkriechen sich unter ihren Kopfhörern, fliehen vor der Umwelt oder wollen sich einfach nicht langweilen bei den allgemeinen Alltagsgeräuschen. Mitfahrende stören sich dann manchmal an den rhythmischen

Geräuschen, die aus den Kopfhörern dringen, oder ärgern sich über lautes Mitsingen oder rockiges Swingen und Füße-stampfen der rücksichtslosen Walkmanbesitzer.

Aus meinem Kopfhörer kam eine Sopranstimme.

Georg hatte mir die Kassette noch unten am Auto gegeben, bevor er ging. Ich hatte ihn nicht mehr mit raufgebeten, er hatte auch keine Anstalten gemacht, noch einmal gelbe Tape-ten zu sehen. Ich war sehr schnell und ohne mein Spiegelbild um seine Meinung zu fragen, ins zerwühlte Bett geschlüpft, nicht mal die Wärmflasche hatte ich mitgenommen. Ich wollte nur noch ihn fühlen, den Rest seiner Körperwärme in meinem Bett, und sogar der Geruch von Zigarettenrauch durfte heute nacht bei mir übernachten.

Nun also hockte ich in der Straßenbahn, mir gegenüber eine ältere Frau, die die Bildzeitung las, und schräg hinter mir der unvermeidliche Opa Heimersdorf.

Ich hörte ihn nicht. Ich lauschte der Sopranstimme in mei-nem Kopfhörer. Die Bildzeitungsoma schaute irritiert hinter ihren roten Großbuchstaben hervor. Kein rhythmisches Ge-stampfe? Dafür eine hohe Frauenstimme?

Ich schloß die Augen.

Der Text des Liedes erschütterte mich. Im übrigen ging er die Frau mit der Bildzeitung gar nichts an.

»Wenn du es wüßtest, was träumen heißt,
von brennenden Küssen, von Wandern und Ruhe,
mit der Geliebten, Aug in Auge,
und kosen und plaudern, wenn du es wüßtest,
du neigtest dein Herz...
Wenn du es wüßtest, was bangen heißt,
in einsamen Nächten, umschauert von Sturm,
da niemand tröstet milden Mundes die kampfmüde Seele,
wenn du es wüßtest, du kämest zu mir...
Wenn du es wüßtest, was lieben heißt,
umhaucht von der Gottheit weltschaffendem Atem,
zu schweben empor, lichtgetragen, zu seligen Höhn,
wenn du es wüßtest... du lebtest mit mir!!«

Ich hatte eine solche Gänsehaut, daß ich dachte, die ganze Straßenbahn müßte zittern. Warum entgleiste sie nicht? Warum erfrechte sich die Oma, einfach weiter in einer profanen Bildzeitung zu lesen? Warum stierte der Mann gegenüber so leer vor sich hin? Warum faselte der Opa Heimersdorf von der »Tass Kaffee«? Warum sagte die blecherne Frauenstimme im Lautsprecher »Friesenplatz«? Warum polterten einige Jugendliche mit nassen Schuhen lärmend herein, und warum schüttelte die Bildzeitungsoma über sie den Kopf? War etwa ganz normaler Alltag? Ein ganz normaler Mittwochmorgen? Und keiner hatte was gemerkt?

Ich spulte die Kassette zurück und hörte sie noch zweimal, dann stieg ich aus und ging zum Sender. Es war tatsächlich Mittwoch morgen, und die Mikrophone standen noch an derselben Stelle wie gestern. Hatte denn kein Erdbeben im Studio stattgefunden?

Kind, sei nicht hysterisch. Nimm dich selbst nicht so wichtig. Kind, bilde dir bloß nichts ein.

Mittags wanderte ich zu Fuß nach Hause.

Es war voll auf den Straßen, die Leute drängten sich an den Fußgängerampeln, und ein grau-feuchter Schwall Menschen ergoß sich wie eine Steinlawine auf die Straße, sobald es Grün wurde. Ich ging schnell, die Hände in den Taschen, überholte, wo ich konne, und hörte das Lied, wieder und immer wieder. »Wenn du es wüßtest…«

Die Gänsehaut stellte sich zuverlässig immer an der gleichen Stelle ein. »Du lebtest mit mir!!«

Ich lebte allein. Ich lebte gern allein. Ausgesprochen gern sogar. Ich frönte mit Begeisterung allen Lastern einer berufstätigen Junggesellin, ich schlief unregelmäßig, oft auch mal tagsüber, dafür sah ich nachts mit Begeisterung Videofilme, über deren Niveau ich niemandem Rechenschaft ablegen mußte. Ich aß mit dem Plastiklöffel Mengen von Magerquark mit Süßstoff, übte zu jeder Tageszeit meine Tonleitern, lud mir Freunde ein oder besuchte selbst welche, wann ich Lust auf sie hatte, ging stundenlang allein spazieren, telefonierte unbegrenzt, buddelte mich auf Tante Lillis altem Sofa ein, um zu lesen oder Schallplatten zu hören… Nein wirklich. Ich lebte gern allein. Und das sollte sich auch nicht ändern. Mein bester Freund war Rudi, der Pappflamingo, und meine Wärmflasche, nicht zu vergessen. Wenn ich mich einsam fühlte, verbrachte ich viel Zeit mit Engelbert, dem Verstimmten. Das Klavier war auch ein Erbstück von Tante Lilli, und auch wenn es zu melancholischem Dämpfklang neigte, so liebte ich es doch und versah es mit Aufklebern wie »Üben – nein danke« oder »Wer schön ist, kann auch singen«.

»Wenn du es wüßtest...«

Ich kam zu Hause an. Warmgelaufen, durchgeschwitzt und voll der seligsten Musik.

Mittagessen. Quarkbreichen. Die Zeitung, der Anrufbeantworter. Alles liebe Freunde meines jahrelangen Alleinlebens.

Während ich den Süßstoff mechanisch in meinem Quarkbecher verrührte, hörte ich den Anrufbeantworter ab. Tante Lilli. »Kind, melde dich doch mal.«

Dann zwei Aufleger. Dann ein Rauschen, ein Knacken, eine Sopranstimme. »Wenn du es wüßtest, was träumen heißt...« Ich stand mit geschlossenen Augen vor dem Anrufbeantworter, den Quarktopf in der einen, den Süßstoff in der anderen Hand, summte das Lied leise mit. Dann die Stimme von Georg: »Guten Morgen, geliebte Löwenfrau, ich wollte dir nur sagen, wie glücklich ich bin. Für den Anrufbeantworter war das schon fast zuviel. Ich denke heute abend im Konzert an dich und versuche, dich danach noch anzurufen. Schöne Probe wünsch ich dir. Sing so traumhaft wie immer.«

»Wenn du es wüßtest«, dachte ich. Ich hatte keine Probe.

Nächster Anruf: der Doc. »Es ist wohl am einfachsten, dich morgens um neun zu erwischen, aber da konnte ich meine Patientin gerade nicht unbeaufsichtigt auf meinem Sofa liegen lassen. Ich bin am späten Nachmittag in deiner Nähe und komm mal kurz auf einen Sherry rein. Gläser habe ich dabei. Bis dann, so etwa gegen sechs.«

Ich sah auf die Uhr. Halb drei. Na bitte. Volle drei Stunden ganz für mich. Nur ich und meine Launen. Wenn das kein Luxus ist!

Eigentlich hätte ich »Israel in Ägypten« lernen müssen.

Aber ich ging mit dem Walkman ins Bett und hielt einen unverschämt wunderbaren Mittagsschlaf.

Ich träumte irgendwas Rosarotes, Warmes, Weiches, Kuscheliges, Süßes und Schwebendes. Vermutlich war es obendrein noch erotisch. Jedenfalls wurde ich jäh durch das Klingeln an der Wohnungstür aus diesem Paradies gerissen, und mein Herz raste los, als hätte ich ein wichtiges Konzert verschlafen.

Blick auf den Radiowecker.

Halb sechs. Klaus etwa schon?

Ich taumelte mit nackten Beinen und mit völlig zerstörter Frisur zur Tür, um durch das Guckloch zu schauen, das einen vor Einbrechern, Hausierern und Zeugen Jehovas bewahrt. Klaus etwa schon.

Sein Gesicht erschien verzerrt hinter einigen größeren Paketen mit Schleifchen und anderem Gedöns, als hätte ich Geburtstag.

Hektischer Blick in den Spiegel. Der wollte auch nicht zu mir halten. Was ich sah, hätte jeden Briefträger verschreckt. Zerknautschtes, rotfleckiges Gesicht (also doch ein erotischer Traum), Haare, die kreuz und quer und unvorteilhaft zu Berge standen (Kind, du mußt mal was mit deinen Haaren machen), verklebte halbgeschlossene Augen. Übergroßes schwarzes Männer-T-Shirt. (Kind, zieh wenigstens einen BH an.)

Ich öffnete.

»Sagtest du nicht sechs?«

»Ich sagte: so etwa gegen sechs. Wieso? Komme ich ungelegen?«

»Nein, nicht doch. Ich habe nur gerade etwas rumgelegen.«

»Bist du krank?« Er schob sich und die drei Pakete mit den Geschenkschleifen in meinen engen Flur. Der Garderobenständer wackelte.

»Nein, ich fühl mich topfit. Mach es dir gemütlich, ich geh nur mal eben ins Bad.«

Ich schob mich an ihm vorbei und hoffte, er würde die Orangenhaut an meinen Oberschenkeln nicht bemerken. Was fand der bloß an mir?

Als ich aus der Dusche kam und mich notdürftig bekleidet hatte (die Sachen lagen im Schlafzimmer, und er hockte groß und breit vor der Schlafzimmertür, so daß ich mit zufällig im Badezimmer herumliegenden Klamotten vorliebgenommen hatte), reichte er mir mit Schwung alle drei Pakete.

»Die sind für dich!« sagte er und strahlte mich an. Dann sprang er auf und riß mich in seine Arme. Sein Bart war feucht vom Novembersprühregen, seine Wangen waren gerötet und kühl. Sein versuchter Kuß war ebenfalls feucht. Eins der Pakete fiel zu Boden. Es klirrte hintergründig.

Wir bückten uns beide hektisch, stießen mit den Köpfen aneinander. Nie werde ich diesen Schmerz vergessen und das knirschende Geräusch, das unser beider Schädel von sich gaben.

»Die Sherry-Gläser!«

»Mein Kopf!«

»Meiner auch!« Er zog mich auf den Fußboden, ich verlor das Gleichgewicht und landete unsanft auf dem Hintern. Wie romantisch.

Wir packten die Scherben aus und räumten sie mitsamt dem zerknautschten Geschenkpapier in den Papierkorb.

Als ich mich mühsam wieder hochrappeln wollte, hielt er mich am Arm fest. Ich sank wieder zurück.

Klaus Konrad legte seinen Arm um mich, nicht ganz gewaltlos, wie ich fand, drehte meinen Kopf zu sich herum und küßte mich. Feucht und kalt. Und bestimmt ausgesprochen leidenschaftlich. Ich entwand mich freundlich, aber bestimmt. Kind, mit »freundlich, aber bestimmt« erreicht man noch am meisten.

»Möchtest du einen Kaffee?«

»Ich möchte einen Kuß!« Er saß auf der Erde und trotzte.

»Wenn du es wüßtest…«

Ich trollte mich in die Küche, machte einen Kaffee.

Er kam hinterher, mit den zwei restlichen Paketen.

»Magst du die gar nicht auspacken?«

»Was Zerbrechliches drin?« fragte ich spektisch zurück.

»Blumenvasen«, antwortete er und erledigte das Auspacken für mich, während ich mit roten Kaffeetassen und dem Filter herumhantierte.

Die Vasen waren schön und geschmackvoll. Ich bedankte mich und stellte sie neben die Gurkengläser.

»Wie war es gestern mit deinem Besuch?« fragte Klaus, als wir beim Kaffee am Tisch hockten.

»Wie meinst du das, politisch oder sexuell?«

»Ich denke, es war deine Mutter und deine Tante Pharisäa?«

»Evangelia«, sagte ich und liebäugelte mit der Süßstoffflasche. Vor Klaus hatte ich in dieser Hinsicht Hemmungen. Meine Süßstoffsucht ging den gar nichts an.

»Zucker?« fragte Klaus und schob mir die Zuckerdose hin.

»Nein, danke.« Mist. Ungesüßter Kaffee schmeckt mir nicht. »Also es war nett gestern abend. Wir haben gegessen und geplaudert und sind anschließend etwas spazierengegangen…«

»Und die roten Rosen, sind die von deiner Mutter oder von Tante… Harmonia?« fragte er. Er begann, mich zu nerven.

»Von Tante Allergia«, sagte ich.

Wir sahen uns an, er wirkte gekränkt.

»Weißt du was?« fragte er plötzlich. »Ich glaube, ich habe alles falsch gemacht.«

Das war so wunderbar entwaffnend, daß ich ihn plötzlich schrecklich gern hatte.

»Nein, Klaus. Nicht alles. Nur manches ein bißchen. Ich steh nicht so auf überfallartige Leidenschaft. Wir kennen uns doch kaum!«

»Entschuldige bitte«, sagte er.

Ich hätte ihn so in den Arm nehmen können, aber ich fürchtete, seine Leidenschaft könnte uns beide zu Fall bringen und uns wie bei der Geschichte vom Zappelphilipp mitsamt Tischtuch und Porzellan auf den Küchenboden werfen.

»Bitte entschuldige«, sagte er noch mal, und ich fand, soviel devotes Schuldbewußtsein sei überhaupt nicht angebracht. »Ich bin ein ausgewachsener Vollidiot«, fügte er zu allem Überfluß noch hinzu.

»Was machst du eigentlich mit Patienten, die unter übertriebenem Schuldbewußtsein leiden?« fragte ich.

»Übertrieben?« fragte er zurück. »Du hast ganz recht, mich für einen Trottel zu halten. (Woher wußte er das?) Ich mag dich halt so schrecklich und möchte dich so gern für uns gewinnen.«

Anstatt ihm jetzt endgültig um den Hals zu fallen und ihm unter Tränen meine Liebe zu gestehen, wie das in jedem Lore-Roman der Fall gewesen wäre, kam in mir leichter Spott hoch. Es war ganz schrecklich. Ich hätte mir selbst den Hintern versohlen mögen. Statt dessen dachte ich an Georg. An seine unglaublich zurückhaltende, feine Zärtlichkeit. Georg war auch verliebt. Georg wollte mich auch »für uns gewinnen«. Aber er fiel nicht so barbarisch über mich her! Dabei wäre Klaus doch viel besser geeignet...

Kind, wie kannst du dir einen solchen Mann entgehen lassen! Ein Arzt in bester Position, und altersmäßig paßt er auch zu dir, er trägt dich auf Händen, Kind, und du machst dich über ihn lustig und denkst an diesen älteren Mann, der verheiratet ist und dir sowieso über kurz oder lang nichts mehr bieten kann. Kind, so überleg es doch noch mal!

Ich überlegte. Es kam nichts dabei raus.

Klaus hatte Theaterkarten. Wir fuhren in die Altstadt, in eine Travestie-Show.

Zum Glück hatte ich, einer Intuition folgend, etwas feinere Garderobe angelegt, jedenfalls war sie gerade noch im Bereich dessen, was in diesen erlaucht-neureichen Kreisen erwartet wurde. Enger Strickrock und locker fallende Seidenbluse. Dazu Lackstiefeletten. Wer hat, der hat.

Ich hatte noch nie eine Travestie-Show gesehen, dafür schon Hunderte von Opern. Man sollte nie einseitig werden.

Wir saßen eng an kleinen runden Tischen, man kredenzte uns für über fünfzig Mark Wein in übergroßen Gläsern.

Vorne auf der kleinen Bühne hampelte etwa ein halbes Dutzend der hübschesten und niedlichsten Frauen herum, die, wie Klaus mir versicherte, alle Männer waren. Bei genauem Hinsehen konnte ich Kehlköpfe, magere Hälse und künstliche Busen ausmachen. Trotzdem sahen die meisten von ihnen absolut entzückend aus, und die Wespentaillen und knackigen Popos imponierten mir ganz besonders.

»Gefällt's dir?« Klaus hatte den Arm um mich gelegt und sorgte damit für leichte Platzangst. Es war ziemlich eng in dem dunklen Kellertheater; die Leute saßen zu viert an winzigen runden Tischen und tranken pflichtschuldigst »Herren«-oder »Damengedecke«.

»Ich amüsiere mich prächtig!« gab ich zurück.

Gerade wurde ein dicker schwitzender Mann aus dem Publikum von zwei reizenden Schwuchteln auf die Bühne genötigt, um dort zum allgemeinen Jubel seine Jacke und seine Schuhe auszuziehen. Ich jubelte nicht. Ich hatte Mitleid mit dem dicken schwitzenden Mann, der vermutlich einen akuten Bühnenschock hatte und meinte, nun besonders übertrieben geschmacklos handeln zu müssen. Zum Gespött der Leute werden ist schrecklich. Sich selbst zum Gespött der Leute zu machen ist noch schrecklicher. Am schrecklichsten ist es, später noch tage-, wochen- oder sogar jahrelang daran zurückdenken zu müssen. Und sich fürchterlich zu schämen. Ich spreche da aus Erfahrung. Meine ersten Auftritte vor Publikum waren ganz, ganz schrecklich. Ich habe jahrelang gebraucht, um keine Angst mehr zu haben vor den Hunderten von Gesichtern im Halbdunkel, die einen gnadenlos anstarren, auch wenn man das Gefühl hat, jeden Moment sterben zu müssen.

Also ich amüsierte mich prächtig. Der dicke schwitzende Mann war gerade bei seiner geblümten Unterhose angelangt, als der Vorhang fiel. Das Publikum schrie und johlte, die Neureichs wurden zu Hyänen. In der Pause hockte man an der Bar, trank ein Gläschen Champagner und wischte sich die Lachtränen aus den Augen.

»Was möchtest du trinken?« Klaus schob mir einen Barhocker unter den Hintern.

»Am liebsten möchte ich an die frische Luft«, sagte ich.

Wir vertraten uns draußen etwas die Beine.

»Ist es nicht köstlich?« fragte Klaus.

»Nein, es ist nicht köstlich. Ich finde es ausgesprochen geschmacklos.«

Klaus war sichtlich gekränkt. »Möchtest du gehen?«

»Am liebsten ja, wenn du dann nicht böse bist.«

»Ich bin nicht böse. Aber ich kann nicht gehen. Ich muß hierbleiben.«

»Wieso?«

»Ich bin Theaterarzt.«

»Du bist … was?«

»Ich vertrete einen Studienfreund, der hier normalerweise Dienst hat, wenn Vorstellungen sind. Der hatte keine Lust und hat mich gefragt, ob ich den Job für ihn machen will heute abend. Ich hatte gedacht, es wäre nett, mit dir hierherzukommen.«

»Ja, brauchen die denn einen Psychiater?« Mir wurde plötzlich klar, daß sie ganz bestimmt einen brauchen könnten.

»Nein, aber ein Arzt muß in jeder Theateraufführung anwesend sein. Das ist Vorschrift.«

»Dann würde ich an deiner Stelle mal schnell nach dem Striptease-Helden schauen. Bevor er aus seiner Trance erwacht, gib ihm eine Spritze des seligen Vergessens!«

»Wieso? Der hat das doch genossen! Dem hat das doch Spaß gemacht!«

Klaus hatte eben keinerlei Bühnenerfahrung.

Wir wechselten das Thema, das heißt, er wechselte das Thema.

»Was wird denn am Wochenende? Soll ich denn mitfahren nach Blattheim?«

»Ja, wenn du möchtest.«

»Möchtest du es denn?« Diese Gegenfragen-Taktik!

Ich sah ihn schweigend an. Diese Buhlerei um »Bitte, danke, Sie zuerst, nein, bitte, nach Ihnen«!

»Ich gebe dir dann schriftlich Bescheid«, sagte ich.

»Warum so schnippisch? Ist dir eine Laus über die Leber gelaufen?«

Eine Laus? Ein ganzer Ameisenhaufen! Ich wußte auch nicht, warum ich so gereizt war. Das Leben war in den letzten Tagen ziemlich anstrengend gewesen.

Ab sofort wollte ich nett zu Klaus sein. Ich setzte mein Sonntagsgesicht auf: »Komm, wir gehen wieder rein.«

»Wenn du noch magst …«

»Natürlich, ich brenne darauf, den zweiten Teil zu sehen!«

»Ach, du nimmst mich auf den Arm!«

»Das würde ich nie schaffen«, sagte ich. »Zwei Zentner!«

Wir lachten, er legte den Arm um mich, alle Welt konnte sehen, welch harmonisches, glückliches junges Paar wir waren. Und zur Krönung unserer Liebe verbrachten wir diesen einzigartigen Abend in einer einzigartigen Travestie-Show. Wenn das kein junges Glück war!

Wir nahmen wieder Platz, ich nippte an meinem Glas. Der Wein schmeckte abgestanden. Klaus legte den Arm um mich: »Vielleicht gefällt es dir doch ein bißchen!«

Es wurde dunkel, außer den Rauchschwaden war nichts mehr zu sehen.

Ich dachte an Georg. »Wenn du es wüßtest...«

Der saß jetzt im Streichquartett.

Vielleicht spielten sie jetzt gerade »Der Tod und das Mädchen« von Schubert. Er saß bestimmt konzentriert und vornübergebeugt, die Hand am Mund, und lauschte. Er machte sich nie während des Konzertes Notizen. Seine Artikel hinterher waren um so brillanter.

Hier im verrauchten Kellertheater wurde gerade Hilde Knef imitiert und anschließend Nana Mouskouri durch den Kakao gezogen. Ich fand diese Nummer gut und lachte. Klaus drückte mich an sich. »Na siehst du, es gefällt dir ja doch!«

»Klar, gefällt's mir«, sagte ich in sein Ohr. »Ich war eben ein bißchen mies drauf. Das hab ich manchmal so. Ein Fall für den Psychiater!«

Noch ehe ich den Kopf wieder wegdrehen konnte, hatte er schon mit beiden Händen mein Gesicht umfaßt und mir einen feuchten Kuß gegeben. Er schmeckte nach Herrengedeck. Oh, diese ungezügelte Leidenschaft! Er lebte unzweifelhaft nach dem Motto: »Geben ist seliger denn nehmen.«

Wenn du es wüßtest...

13

Nachdem die Show vorbei und Klaus in einem Nebenzimmer seine Unterschrift geleistet hatte, um zu bezeugen, daß er dagewesen war und niemand während der Vorstellung zu größerem Schaden gekommen war, zogen wir noch auf ein Bier in die Altstadt. Wie jeden Abend war dort was los, die Leute zogen scharenweise, einem nicht zu unterdrückenden Entdeckungsdrang folgend, durch die Kneipen und hofften vermutlich auf die Bekanntschaft ihres Lebens.

Der Sprühregen wurde von Lichtreklamen erhellt.

»Worauf hast du Lust? Möchtest du noch was essen?«

Eigentlich hatte ich Lust auf ein Quarkbreichen. Das konnte ich dem Herrn Doktor aber nicht sagen.

»Und du? Du hast doch bestimmt noch Hunger!«

Schließlich hatte der Zwei-Zentner-Mann-Magen lange nichts mehr zu tun bekommen.

Wir landeten in einem teuren feinen Restaurant, klein, aber vornehm, wo schon der Aperitif, ein rotes Gebräu aus Sekt und Campari, versehen mit einer gläsernen Giraffe zum Umrühren, über sechzehn Mark kostete. Ich hatte ganz plötzlich überhaupt keinen Appetit mehr.

Auf der riesigen, in Leder gebundenen Speisekarte standen Gerichte wie »Poulardenbrüstchen in feinster Sahnemarinade mit einem Schuß Champagnercreme und einem gratinierten Erdäpfelchen« oder so ähnlich. Preise standen auf der Karte nicht. Ich entschloß mich zum Hungerstreik.

»Aber, meine Liebe, so sorg dich doch nicht um den Preis! Du bist eingeladen! Iß doch bitte, worauf du Lust hast!«

Ich hatte auf nichts Lust. Außer auf einen großen Teller Grießbrei mit Zimt und Zucker.

Der Kellner stand erwartungsvoll neben mir und versuchte, meinen Appetit durch gezielte Ratschläge zu beeinflussen. »Vielleicht hat die Dame Lust auf etwas Fischiges! Ich darf Ihnen das Sahnemeerrettich-Forellenbrüstchen empfehlen, ganz, ganz zart, oder vielleicht erst mal einen kleinen Krabbencocktail. Der Appetit kommt beim Essen!«

Ich wollte weder Forellen- noch sonstige Brüstchen. Ich nahm den Krabbencocktail, um des lieben Friedens willen. Und dazu ein wunderbares, köstlich schmeckendes Mineralwasser.

»Was ist denn bloß heute mit dir?« fragte Klaus liebevoll besorgt.

(»Wenn du es wüßtest...«)

»Nichts, entschuldige. Dieses feine Dinieren und überhaupt solche Abende sind nicht unbedingt nach meinem Geschmack. Ich denke da immer an die Leute, die sich das nicht leisten können. Ich gehöre ja eigentlich auch dazu.«

»Aber Liebes, ich bitte dich. Wer viel arbeitet, soll sich auch ab und zu mal was Gutes tun.«

»Ich arbeite aber gar nicht viel.«

»Natürlich, du leistest doch eine Menge. Wie viele Menschen hast du schon mit deinem Gesang erfreut!«

»Das frage ich mich auch manchmal. Wahrscheinlich kann man sie an einer Hand abzählen. Es ist nicht gerade eine soziale Höchstleistung, was ich da meinen Beruf nenne. Mutter Teresa wär vermutlich nicht begeistert.«

»Aber es muß doch nicht jeder Mutter Teresa sein! Dein Beruf hat einen hohen Stellenwert, auch sozial gesehen!«

Der Krabbencocktail kam.

Ich machte mir nachdenklich daran zu schaffen. Wahrscheinlich aß ich gerade den zweifachen Stundenlohn einer Putzfrau. Die Welt ist ungerecht.

»Du glaubst gar nicht, wie wichtig Musik für die Psyche des Menschen ist«, sagte Klaus und tunkte seinen Toast in die Schneckenbutter. Ein Tropfen heißen Fettes blieb ihm im Bart hängen. Ich reichte ihm die damastene Serviette.

»Doch, ich glaub's ja. Für mich ist sie lebenswichtig. Du hast Butter im Bart.«

»Ich habe Patienten, denen verschreibe ich regelrecht Konzerte und Opern.« Klaus tupfte und wischte, und der untere Zipfel der Serviette hing in der geschmolzenen Butter.

Ich fand ihn so ungeheuer rührend menschlich. Hinter der ganzen Akademiker-Etikette wohnte doch ein großer lieber Junge, der es mir schön machen, mich unterhalten und mir etwas Nettes bieten wollte. Ich hatte plötzlich ungeheure Lust, ihn von seinen Förmlichkeiten zu befreien.

»Erzähl mir was von dir«, forderte ich ihn auf. »Mit wem bist du verheiratet?«

Er trank sich einen großen Schluck Mut an und sagte dann: »Deine Frage überrascht mich nicht. Sie war schon lange fällig. Ja, ich bin verheiratet, und das hast du dir wohl schon gedacht.«

»Ja. Es spricht für dich, daß du bisher noch nicht von deiner gescheiterten Ehe gesprochen hast.«

»Wieso gescheitert? Woher weißt du das?«

»Alle Männer sprechen von ihrer gescheiterten Ehe, wenn sie was von einem Mädchen wollen.«

»Sie ist tatsächlich gescheitert.«

»Ich glaub's dir ja.«

»Die Anwälte sitzen in den Startlöchern!«

Ich mußte lachen. Ich stellte mir so ein paar honorige Herren mit Brille und im schwarzen Talar vor, die in Adidas-Turnschuhen auf roter Sportplatz-Erde hockten und darauf warteten, daß Klaus einen Schuß aus der Schreckschußpistole abgab oder »Achtung fertig los« rief.

»Warum lachst du?«

Der Kellner kam und schenkte ihm unaufgefordert Wein nach. »Die Dame vielleicht auch ein Gläschen?«

Die Dame nickte. Vielleicht ging er dann um so eher wieder.

»Hat die Dame sich nun für ein Hauptgericht entschieden?«

Die Dame hatte sich nicht für ein Hauptgericht entschieden. Die Dame wollte eigentlich die Story von den Anwälten in den Startlöchern hören.

»Nein, danke.«

Der Kellner ging.

Klaus erzählte von seiner Ehe. Seine Frau arbeitete mit ihm zusammen in der psychiatrischen Praxis. Ich hatte mir so was schon gedacht.

»Und jetzt könnt ihr euch nicht so ohne weiteres trennen?«

»Wir haben die Praxis gemeinsam geerbt.«

»Ausgemachtes Pech. Und jetzt?«

»Wir haben außerdem ein Haus geerbt und ein Gummiwarengeschäft.«

»Wie schrecklich für euch!«

Der Kellner brachte ein Glas für mich, zeigte mir das Etikett der Weinflasche und schüttete mir ein.

Als er weg war, sagte ich seufzend: »Tja, Besitztum kann etwas ungeheuer Lästiges sein!«

»Mach du dich ruhig über mich lustig«, meinte Klaus.

»Ich mache mich nicht lustig! Ich meine es ganz ernst. Sieh mal, wenn du jetzt ein armer Schlucker wärst und deine Frau auch, dann würdet ihr vielleicht über den Wohnzimmerschrank diskutieren und über den Wellensittich, aber nach einer halben Stunde hättet ihr euch geeinigt und könntet die Anwaltskosten sparen. So meine ich das!«

Klaus erläuterte mir bei Entenbraten mit gedünsteten Broccolispitzen und Kroketten in Weißweinsauce seine bejammernswerte Situation.

Die Ehe bestehe seit Jahren nur noch auf dem Papier, aber tagein, tagaus müsse er mit seiner Frau zusammenarbeiten. Das sei auf die Dauer unerträglich, zumal zu den Patienten darüber nichts durchdringen dürfe. Die Sprechstundenhilfen seien reihenweise entlassen worden, sobald sie zuviel wußten, und nun arbeite zu allem Überfluß auch noch die ungeliebte Schwiegermutter im Familienunternehmen mit, während der noch unerträglichere Schwiegervater die Leitung des Gummiwarengeschäftes an sich gerissen habe.

»Und deine Eltern?«

»Die halten sich da raus.« Wie sympathisch.

»Und wie lebst du nun? In der gemeinsamen Villa?«

»Nein. Ich habe mir eine Wohnung in der Stadt genommen.«

Die Villa war natürlich außerhalb.

»Habt ihr Kinder?«

»Nein. Sie wollte nie welche.« Wie unsympathisch. Aber sich um anderer Leute Seelenheil kümmern. Und damit schwer Geld machen.

»Und wer bügelt dir die Hemden?«

Vielleicht hatte er auch so eine Art Frau Bär.

»Meine Mutter, wenn sie kann. Sie ist schon alt und fühlt sich nicht immer gesund.«

»Das ist aber kein Dauerzustand«, sagte ich besorgt.

Er nahm meine Hand. »Nein, nicht wahr?«

Um Mißverständnissen jeder Art vorzubeugen, sagte ich: »Nimm dir doch so eine Hausdame, die bügelt und kocht und dir morgens das Vier-Minuten-Ei ans Bett bringt.«

»Solange es eben geht, möchte ich mir so was ersparen.«

Das konnte ich auch wieder verstehen. Eine vertrackte Situation.

Der Kellner brachte das Mokkaeis mit heißen Himbeeren. Auf der ganzen zerfließenden Pracht steckte ein Papierschirmchen. Ich nahm es ab und leckte gedankenverloren daran.

»Möchtest du mal probieren?« Er schob mir die Kalorienbombe vor die Brust.

»Nein, nein... ääh, doch.«

Es schmeckte köstlich. Entfernt nach Karamelpudding. Jetzt noch einen Plastiklöffel...

»Siehst du, du kannst den irdischen Freuden auch nicht so ganz widerstehen!« freute sich der Doc.

»Sag mal, Klaus, und du warst früher eigentlich praktischer Arzt?« Ich schob ihm das verfängliche Eis wieder rüber.

»Ja, ich habe es dir, glaub ich, schon im Zug erzählt.«

Im Zug? War das denn erst fünf Tage her? Wir kannten uns erst fünf Tage, der Gediegene und ich. Es kam mir vor, als wären es Monate.

»Als wir die Praxis erbten, habe ich noch ein Zusatzstudium gemacht. Das ist jetzt auch schon wieder fünf Jahre her.«

»Kann es sein, daß du viel lieber ›normaler Arzt‹ geblieben wärest?« wagte ich zu fragen.

Er sah mich über den abgekratzten Mokkateller hinweg an. »Ja.« sagte er. »Wie kommst du darauf?«

»Nur so«, sagte ich. Ich traute mich nicht, ihm zu eröffnen, daß ich ihn nicht für einen guten Psychiater hielt.

»Eigentlich war ich mit Leib und Seele Internist.« Klaus stellte den Nachtischteller beiseite. »In dem Krankenhaus, wo ich arbeitete, konnte ich aber keine Karriere machen. Ich wäre mein Leben lang Oberarzt geblieben.«

»Das ist aber doch eine ganze Menge! Du hast Mokka-Eis im Bart!« Ich reichte ihm meine Leinenserviette. Seine hatte einen gefährlichen braunen Butterfleck.

»Für Irene war das nicht genug. Sie wollte immer, daß ich Karriere machen würde.«

»Von wem habt ihr denn die Praxis geerbt?« wollte ich wissen.

»Von ihrem Onkel. Unter der Bedingung, daß ich mich daran zur Hälfte beteilige.«

Vertrackt, vertrackt.

Jedenfalls hatte ich jetzt zwei höchst interessante Eheschicksale kennengelernt. Absolut verschieden, aber höchst interessant, alle beide. Dem einen war die Frau stiften gegangen, weil sie den Schulfreund wiedergetroffen hatte. Und er hatte sich in die erste beste weibliche »Gelegenheit« verknallt. Soll ja passieren, so was.

Der zweite saß seit Jahren in einer Art goldenem Gefängnis und schaffte es anscheinend nicht, die Goldstäbe durchzubeißen. Da mußte schon so ein Dornrötzchen kommen und ihn da rausholen. Und diese Rolle sollte nun ich übernehmen.

Also, daß ich für beide Männer die Klagemauer war, fand ich spannend und weidete mich an der Kurzweiligkeit ihrer Schilderungen. Daß mich aber beide Männer offensichtlich ganz oben auf die Einspringerliste setzen wollten, kam mir unheimlich vor.

Eigentlich liebe ich ja Einspringer.

Natürlich rein beruflicher Art.

Private Einspringer hielt ich bis dahin immer für indiskutabel.

Aber ein bißchen mit dem Feuer zu spielen wäre auch nicht uninteressant...

Kind, tu's nicht.

»Gehen wir?« Klaus hatte schon seine Diners-Club-Karte gezückt und dem devoten Kellner eine Unterschrift gegeben. Was man mit so einer hingepfuschten Unterschrift alles machen kann... Klaus war eben einfach wer. Oder?

Wir gingen. Arm in Arm, unter seinem großen schwarzen Beschützer-Schirm. Ich vergrub die Hände in den Manteltaschen, als er stehen blieb und sich zu mir runterbeugte. »Wohin, zu mir oder zu dir?«

»Ich zu mir und du zu dir.«

Er mußte es doch einmal kapieren, daß da nichts drin war!

»Auch nicht auf einen Kaffee?«

»Na gut, auf einen Kaffee. Aber ich muß morgen früh raus und dann den ganzen Tag üben. Und du mußt bestimmt noch viel früher raus.«

»Halb sieben.«

»Da bin ich gerade in der dritten Traumphase!«

»Und von wem träumst du?« Er war wirklich kein guter Psychologe.

»Von Tante Harmonia«, sagte ich.

Er schloß mir die Beifahrertür seines roten Schlittens auf. Mit hysterischem Geheul ging die Alarmanlage los. Die Leute blieben stehen und lachten.

Klaus rannte um das Auto herum, fummelte an seinem Schlüsselbund und entsicherte die blöde Alarmanlage. Das rote Auto gab Ruhe. Ich sank auf den Nußschalensitz.

»Reichtum ist entsetzlich anstrengend«, sagte ich genervt.

Klaus gab Gas, die Stereo-Anlage gab Vivaldi von sich, und wir fuhren zu mir. Mit dem BMW und dem hervorragenden Rennfahrer im Imponierstadium brauchten wir exakt siebeneinhalb Minuten.

Zu Hause machte ich Kaffee und leckte heimlich am Quarktopf. Klaus Konrad studierte inzwischen meine Konzertplakate. Aus dem Wohnzimmer hörte ich ihn laut die Namen der Sänger, Dirigenten und Veranstalter vorlesen. Sie interessierten mich nicht. Ich kannte sie ja alle schon.

Plötzlich knackte der Anrufbeantworter. Einen Augenblick lang glaubte ich, mich zu täuschen, aber dann erklang die Sopranstimme: »Wenn du es wüßtest, was träumen heißt...« Weiter kam sie nicht. Wie von der Tarantel gestochen, raste ich ins Wohnzimmer und würgte sie mit zitternden Fingern ab.

»Bist du wahnsinnig?« keuchte ich Klaus wütend an.

»Du bist süß, wenn du zornig bist«, sagte Klaus gelassen.

Am liebsten hätte ich ihm den Anrufbeantworter über den Schädel gehauen, aber ich kam eh nicht dran, an den Schädel.

»Machst du das immer so?« Ich konnte vor Wut kaum stehen.

»Nein, aber ich wollte, daß du ins Wohnzimmer kommst.«

»Du bist ein absolut mieser...« Mir fehlten die Worte.

Klaus weidete sich an meiner Fassungslosigkeit. »Was gibt es denn zu verbergen?« fragte er grinsend. »Das Lied da von deiner Kollegin kann doch so geheimnisvoll nicht sein. Oder war das deine Tante Harmonia?«

»Genau«, giftete ich und warf mich zornentbrannt auf Tante Lillis Sofa.

Wir schwiegen. Ich hätte ihn gern rausgeschmissen. Aber ich hatte Angst, ihn zu sehr zu verletzen. Komisch. In meiner Wut hatte ich Angst, ihm weh zu tun.

Er setzte sich zu mir und strich mir ganz sanft eine Wutlocke aus der Stirn. »Es tut mir leid.«

»Mir auch«, schmollte ich.

Da klingelte das Telefon.

Verdammt. Den Anrufbeantworter hatte ich ja nun ausgeschaltet. Ich mußte drangehen. Das konnte Georg sein. Klaus reagierte überraschend diskret, ging in die Küche und machte sich an der Kaffeemaschine zu schaffen. (Die riesige Pfütze auf dem Fußboden wischten wir später gemeinsam auf.)

»Hier ist Georg. Ich habe schon zweimal auf deinen Anrufbeantworter gesprochen.«

»Ach ja? Ich bin noch gar nicht dazu gekommen, ihn abzuhören.«

»Bist du allein?«

»Nein.«

»Soll ich später noch mal…?«

»Nein, vielen Dank. Besser nicht.«

Pause. Entsetzliche zehn Sekunden nichts. Dann:

»Morgen früh um neun?«

»Ja bitte. Schlaf gut. Nicht böse sein.«

Ich kam mir elend und mies vor.

Er pfiff unsere Melodie. Ich legte auf. Stand noch einen Augenblick am Telefon. Georg. Wenn du es wüßtest… Als ich in die Küche ging, vermied ich es, unterwegs in den Spiegel zu sehen.

»Na, ein neues Engagement?« Klaus Konrad hielt gerade ratlos den Filter über die Tischdecke, während aus dessen unterem Ende ein ekelhafter brauner Brei sickerte. Ich sprang ihm zu Hilfe, wir beseitigten gemeinsam das Chaos.

»Du bist kein besonders geeigneter Hausmann«, mäkelte ich.

»Nein, ich weiß. Ich brauchte schnellstmöglich wieder eine Frau.« Also dieser Klaus Konrad war entwaffnend.

Wir tranken den Kaffee im Wohnzimmer.

Klaus schaute mich über die Tasse hinweg an.

Ich schaute zurück. Sollte er doch schauen, bis er schwarz

wurde. Ich gehörte nicht zu den Mädels, die irritiert die Augen senken. Guck doch, du Blödmann.

Er guckte, rutschte näher, streichelte meinen Kopf und dann meine Wangen und dann meine Lippen, und dann machte ich die Augen zu.

Sein Kuß schmeckte nach Kaffee und nach mehr.

Verdammte Kiste. Kind, das kannst du doch nicht machen. Nein, das kann ich wirklich nicht machen.

Ich machte ja gar nichts. Er machte. Selbst ist der Mann. Und Klaus Konrad schon erst recht.

In seine stürmische Leidenschaft mischte sich versuchte Zärtlichkeit, und ich fand das ausgesprochen rührend. Was wollte der bloß von mir?

Mit seinem Titel und seiner Knete und seinem Auto konnte der doch ganz andere Miezen aufreißen, welche mit Traummaßen und ohne Orangenhaut, welche, die gerne Forellenbrüstchen aßen und wahrscheinlich auch welche hatten. Welche, die in Travestie-Shows vor Begeisterung quietschten und die anschließend mit ihm in die Szenerie der High-Society eintauchten. Welche, die willig mit ihm ins heimische Wasserbett tauchten und nicht, wie jetzt, prüde und halbherzig auf Tante Lillis verschlissenem Jungfrauensofa passive Duldsamkeit inszenierten.

Ich verstand ihn nicht. Er verstand mich auch nicht.

»Gehen wir rüber?«

»Nein. Lieber nicht.«

»Möchtest du lieber hier...«

»Nein, lieber nicht hier.«

»In der Küche etwa...?«

»Wie, auf dem Kaffeefleck?« Ich gewann wieder Oberwasser. Er ließ von mir ab.

»Möchtest du gar nicht?«

»Rischtisch.«

»Warum nicht?« Irritiert setzte er sich auf. Ich konnte wieder tief durchatmen. Zwei Zentner sind doch was Schweres.

»Ich bin keine Frau für die erste Nacht. Hast du doch selbst gesagt und für gut befunden.«

»Für die zweite auch nicht?«

»Rischtisch.« (Gelogen!!!)

»Find ich immer noch gut.«

Er griff zu der Kaffeetasse und führte sich die lauwarme Labsal ein. Wahrscheinlich nimmt das letzte Reste von Lust.

Wir gingen dazu über, einige alte Fotoalben von mir durchzublättern, Kopf an Kopf, und er fand mich »niedlich« und »allerliebst«. Ich fand mich gräßlich und pummelig und entdeckte immer mehr Ähnlichkeit mit einer Raupe. Das sagte ich ihm aber nicht. Wenn er doch so positiv über mich denken wollte, mußte ich ihn ja nicht unbedingt daran hindern.

Jedenfalls war er, als er gegen zwanzig nach zwei ging, über meine familiären Verhältnisse im Bilde, kannte Tante Lilli im Frühstadium, damals, als sie noch die Haushälterin von Onkel Pastor war und einen Knoten im Nacken trug, und auch später, als sie Onkel Paul geheiratet hatte und als Frau Juwelier natürlich Dauerwellen hatte. Er kannte mich mit der Schultüte, mit dem Springseil, auf Rollschuhen, im Badeanzug. Als die ersten Tanzstundenbilder kamen, klappte ich das Album zu.

»Fortsetzung folgt.«

»Aber jetzt wird's doch erst interessant!«

»Nein, jetzt ist es genug.«

»Du willst mir nur deine bewegte Vergangenheit vorenthalten!«

(Wenn du es wüßtest...!)

»Als ob das das Schlimmste wär!« sagte ich zweideutig.

Er verstand mich wieder mal falsch. »Schlimmer wäre es, wenn du mir deine bewegte Zukunft vorenthalten würdest!«

Mir blieb der Mund offenstehen. Ich wußte keine Antwort. Er nutzte die Gunst des Augenblicks, stand auf, griff mich beherzt, knallte mir noch einen feucht-stürmischen Abschiedskuß auf den Mund und verließ im Sturmschritt meine Wohnung. Diesmal öffnete er sogar die richtige Tür. »Ich ruf dich an!« rief er noch durchs Treppenhaus. Die fette Katze von nebenan schrie zurück.

»Aber nicht um neun«, sagte ich leise und schloß die Tür. Mit ziemlich vielen schwirrenden Gedanken im Kopf räumte ich die Tassen und die Fotoalben weg, machte mir eine Wärmflasche und ging mit ihr und einem halben Pfund Quark ins Bett. Der Radiowecker zeigte halb drei. Gedan-

kenverloren lutschte ich am Plastiklöffel. »Es bleibt schwierig«, sagte ich befriedigt, legte den Löffel weg und mich hin
und schlief sofort ein.

14

Es blieb schwierig.

Tag für Tag, Woche für Woche.

Morgens um neun begann der Tag schon damit, schwierig
zu werden. Da klingelte nämlich das Telefon. Dann durfte ich
raten, wer dran war. Einer von beiden war es immer. Wir
plauderten, fragten einander, wie wir geschlafen hätten, verabredeten uns. Entweder für heute oder für morgen. Ich
brauchte schon in aller Herrgottsfrühe meine gesamte Konzentration, um nichts durcheinanderzubringen. Kaum hatte
ich aufgelegt, klingelte es wieder.

»Es war zehn Minuten lang besetzt!«

»Ja, das war der Gärtner.«

»Du hast doch gar keinen Garten.«

»Deswegen darf man doch mit Gärtnern telefonieren.«

»Am frühen Morgen?«

»Gestern abend sind wir nicht mehr dazu gekommen.«

»Was will er denn von dir?«

»Im Garten arbeiten, was sonst?«

»In welchem Garten?«

»Na, in dem da unten vor dem Haus.«

»Ich denke, du hast keinen Garten.«

»Nein. Es war ja auch nicht der Gärtner.«

So oder ähnlich blöd versuchte ich mich aus der Schlinge zu
ziehen.

Am Wochenende hatte ich das Konzert in Blattheim. Zur
Generalprobe kam Georg mit. Morgens um halb neun fuhren
wir in seinem Türkenopel durch strömenden Regen Richtung
Ruhrgebiet. Ich war müde und nicht eingesungen. Georg
mußte noch viel müder sein, hatte er mich doch um halb fünf
Uhr früh verlassen, um gegen sieben mit seiner Tochter »aufzuwachen«.

95

»Merkt sie eigentlich nicht, wenn du abends nicht ins Bett kommst?«

»Sie schläft tief und fest, mit ihrem Teddy im Arm.«

»Ahnt sie denn überhaupt nichts?«

»Sie geht davon aus, daß anständige Leute nachts schlafen.«

»Und sie wird nicht wach, wenn unanständige Leute nachts vom Wachsein zurückkommen?«

»Man muß ja nicht mit der Tür ins Haus fallen!«

Also Georg schlich sich in den frühen Morgenstunden ins Kinderzimmer, um dort im Etagenbett unter seiner Tochter noch ein Stündchen anständig zu sein. Dann wachte er mit ihr zusammen auf, wünschte ihr und dem Teddy guten Morgen, rasierte sich pfeifend und frühstückte mit Tochter und Teddy.

Welche Rolle Freia in dieser morgendlichen Inszenierung spielte, war nicht so leicht zu ergründen.

»Sie schläft aus.«

»Frühstückt ihr denn nicht zusammen?«

»Wir vermeiden es möglichst.«

»Aber das Kind. Das muß doch was spüren.«

Das Kind spürte tatsächlich. Es spürte, daß es Papa und Mama ganz prima in der Hand hatte. Wenn Mama was verbot, konnte sie sicher sein, daß Papa es erlaubte und umgekehrt.

»Mama, ich will heute nicht mit der Straßenbahn zur Klavierstunde fahren.«

»Ich kann dich aber nicht im Auto hinbringen. Ich bin heute nachmittag mit Onkel Sowieso verabredet.«

»Dann frag ich eben Papa.«

»Papa kann nicht, der muß arbeiten. Fahr bitte mit der Straßenbahn.«

Das Kind fragte Papa.

Papa konnte nicht, der war mit Tante Sowieso verabredet.

Das Kind machte Terror.

Papa bestellte ein Taxi. Das Kind fuhr mit dem Taxi zur Klavierstunde und auch wieder zurück. Obwohl es seit drei Jahren den gleichen Weg mit der Straßenbahn gefahren war. Das Kind war schlau. Es merkte, daß beide Eltern ein schlechtes Gewissen ihm gegenüber hatten.

Innerhalb kurzer Zeit bekam es einen Konzertflügel, eine Katze, Ballettschuhe. Für die Ferien meldete man es in einem Skikurs an, und für die nächsten buchte man Reiterferien auf einer Ponyfarm.

Ich fand nicht, daß ich schuld sei an dem ganzen neuen Glück für das Kind.

Trotzdem hatte ich ein schlechtes Gewissen.

»Georg, bitte vernachlässige niemals dein Kind meinetwegen.«

»Das tue ich nicht. Es versteht, daß Papa da jemanden kennt, mit dem er sehr glücklich ist.«

Die Sängerin mit den Jeans unter dem Abendkleid. Ich war dem Kind vermutlich sympathisch. Zumal es die Reiterferien und den ganzen anderen Luxus auf meine Rechnung schrieb.

»Und Freia? Weiß sie von mir?«

»Sie denkt sich vermutlich etwas.«

»Ich meine, weiß sie, daß ich es bin? Schließlich kennen wir uns vom Sehen.«

»Also von mir weiß sie es nicht.«

»Sprecht ihr denn gar nicht zusammen?«

»Nur das Nötigste. Vor dem Kind sprechen wir natürlich zusammen. Wer heute das Katzenfutter kauft und wer abends mit der Kleinen für die Englischarbeit übt und so was.«

Das mußte ja ein rosiges Familienglück sein.

Manchmal zweifelte ich ganz sanft an Georgs Schilderungen. Was nun, wenn Freia gar keinen Freund hatte. Wenn sie gar nicht mit der Ehebrecherei angefangen hatte, sondern er? Wenn ich nun doch die heimliche Geliebte war, derentwegen zu Hause die Tassen flogen?

Wir kamen in Blattheim an. Müde Geiger und lustlose Bläser lümmelten da rum und hofften, daß dieser Samstagvormittag vorübergehen würde. Wir paßten alle prima zusammen, die gähnenden Orchesterleute, der undisziplinierte Chor, der genervte Dirigent und ich, die unausgeschlafene Solistin. Georg saß hinten im leeren Saal. Bürschchen, wenn du mir nicht die Wahrheit gesagt hast!

»Bitte an die Altistin, können Sie kurz vor der Fermate ein leichtes Decrescendo machen?«

»Wie meinen? Ach so, ja natürlich.« Ich kramte einen Bleistiftstummel heraus und notierte kurz vor der Fermate ein Decrescendo.

Meine Güte, wenn der wüßte, was für Sorgen ich habe, und der hat nichts anderes im Kopf als ein leichtes Decrescendo! Eigentlich wäre es an mir, mal ein starkes Decrescendo zu machen. Privat nämlich. Vielleicht sogar langfristig nur noch mit einem Stimmband zu singen? Privat gesehen. Aber welches von beiden Stimmbändern? Eines von beiden mußte ich mir aus dem Hals reißen. Aber mit nur einem Stimmband kann ich nicht singen. Stopp, der Vergleich hinkt doch wohl. Menschlich gesehen brauchst du nur ein Stimmband, äm, Gängelband, Treueband, Eheband... Schluß mit solchen Gedanken. Wer redet denn vom Heiraten?

»Bitte noch mal die Alt-Arien, jetzt aber die Reprise in einem durchgehenden Mezzopiano.«

Aber bitte sehr, können Sie haben.

Ich sang mein Zeug, das Orchester schrubbte sein Zeug, der Dirigent pinselte sein Zeug. Es sah alles nach einer wunderschönen, mitreißenden und tiefe Eindrücke hinterlassenden Aufführung aus.

Die anderen Solisten tauchten auf. Zwei von ihnen kannte ich schon flüchtig.

Der Tenor war ein lustiger dicker Holländer, der genauso gesund sang, wie er aussah. Sein überlanger gelber Schal paßte farblich zu seinem überlangen gelben Gebiß, welches er ständig präsentierte, beim Singen sowieso, aber auch beim Lachen, Sprechen, Gähnen oder nur so Dasitzen. Er hatte Ähnlichkeit mit einem nordfriesischen Bauern. Ich dachte immer, der ist mit dem Trecker angereist und muß nachher schnell wieder weg, die Schweine füttern. Wahrscheinlich sang er im Kuhstall beim Melken seine mächtigen, fetten Arien, so daß die Kühe mächtig fette Milch gaben.

Der Baß war das genaue Gegenteil. Ein hochsensibler, feingliedriger dünner Mann mit wenigen dünnen Haaren, die er stets sorgfältig mit einem Kämmchen beieinander hielt. Seine zarte Sängerkehle war mit einem kostbaren Seidentüchlein umwickelt, seine Noten in kostbares Leder eingebunden, und seine mageren Waden steckten vermutlich in langen Rheumaunterhosen. Seine Stimme klang überraschend männlich und warm, wenn sie auch von einem mächtigen Vibrato geschüttelt wurde, was wohl der Beweis für die Beseeltheit dieses Mannes war. Er hatte sich ausschließlich der Kirchenmusik und der hochgeistigen Muse des Mittelalters verschrieben, und weil man davon nicht leben kann, gab er noch Unterricht in Seidenstickerei und natürlich Gesang. Dieser Mann war so heilig und so mimosenhaft, daß er ständig unter der Grobheit und Unsensibilität anderer litt. Vermutlich auch unter mir, die ich ganz undamenhaft in Cordhosen, Stiefeln und einem Schlabberpullover, Marke »Kind, das kaschiert«, meine Stücke sang, mit unbeseelt wenig Vibrato und kaum zum Himmel gerichteten Augen. Ich nannte ihn den »Heiligen Sankt Mimosius« und in frivoleren Stunden auch den »Heiligen Sankt Vibrator«, aber das sagte ich natürlich keinem.

Außer Georg, bei dem konnte ich mir meine Beobachtungen nicht verkneifen.

Es war Mittag, und die Kollegen hatten mich gefragt, ob ich mit ihnen essen gehen würde, da sei ganz nahe an der Autobahnauffahrt ein Steakhaus, in dem keine laute Musik liefe und man ganz anständig zu zivilen Preisen... Ich fragte, wie lange die Mittagspause denn dauern würde. Dem Orchester stehe gewerkschaftlich eine Pause von zwei Stunden zu, wurde ich belehrt. Da hielt ich dann nichts mehr von zivilen Preisen. Das Gegenteil lockte mich.

Ein Mittagsschlaf im Hotel.

»Bitte ein Zimmer mit Minibar.«

»Für wieviel Nächte?«

»Für keine Nacht. Für zwei Stunden.«

Musternder, abschätzender Blick. Junge Frau, Marke lässige Studentin, mitteljunger Herr, Marke opelfahrender Familienvater. Blattheim am Samstagmittag.

Die rundliche Dame an der Rezeption mußte schwer mit sich kämpfen. Schließlich waren sie doch kein Stundenhotel, wenn da jeder kommen wollte!

»In diesem Falle bitte ich um Barzahlung im voraus.«

Georg kramte steinernen Gesichtes in seiner Brusttasche. Ich kam ihm zuvor, legte einen Hunderter auf den Tresen.

»Einhundertzwanzig Mark bitte, die Dame.«

Bei dem Wort »Dame« mußte sie ihre Zahnkronen aber ganz schön auseinanderzwingen.

Ich lächelte sie pinkelfreundlich an.

»Aber bitte, gerne!«

Wir schlichen uns rauf wie die Diebe, fühlten uns beklemmt. Verdammte Pute in der Rezeption. Enthalte dich gefälligst jeder moralischen Regung. Die unterdrücke ich doch schon selbst mit größter Mühe.

Zur Aufmunterung und zur Restunterdrückung von Tante Lillis anerzogener Moral genehmigten wir uns einen Pikkolo. Das war also die Umgebung von heimlichen, verbotenen, erotischen oder auch manchmal gefühlsbetonten sogenannten »Verhältnissen«. Zwischendurch, in der Pause, im Hotel. Natürlich nicht in so einem gediegenen, teuren, direkt am Marktplatz, wo jeder einen kennt. Ganz andere heimliche Winkel werden da schätzungsweise immer aufgesucht, in Vororten vielleicht, im Nachbardorf oder an der Autobahn.

Fühlen sich alle heimlichen Liebespaare so »schlecht«, so durch und durch verdorben und in Sünde? Oder schleift sich das ab mit der Zeit? Oder weicht das schlechte Gewissen nach und nach einem Hochgefühl, einer unglaublichen Spannung, einer Erregung, die sich mehr auf den Umstand bezieht, etwas Verbotenes zu tun, als auf das, was man tut?

Auch wenn Tante Lilli die ganze Zeit am Fußende des sterilen weißen Hotelbettes saß, es war eine wunderschöne Mittagspause.

»Georg, fühlst du dich schlecht?«

»Nein, du bist doch bei mir. Wie könnte ich mich da schlecht fühlen?«

»Aber Tante Lilli sitzt am Fußende und droht mit einer Haarnadel aus ihrem Dutt.«

»Wer ist Tante Lilli?«

Ach so, Georg kannte Tante Lilli ja noch nicht. Klaus kannte sie.

»Tante Lilli hat mich erzogen. Ich bin bei ihr aufgewachsen, bevor sie Onkel Paul heiratete.«

»Und die pflegte mit Haarnadeln zu drohen?«

»Na ja, im übertragenen Sinne. Auf unmoralisches Verhalten stand Nachtischentzug oder eine Woche lang kein ›doppeltes Lottchen‹.«

»Wie grausam von deiner Tante Lilli. Inwiefern konntest du dich denn unmoralisch verhalten?«

»Kann ich etwa nicht?« Ich war ehrlich entrüstet. Wenn der wüßte, über wie viele meiner Schatten ich schon gesprungen war! Das war direkt goldmedaillen-verdächtig!

»Doch, du kannst. Du bist das wunderbarste unmoralische Wesen auf der ganzen Welt.«

Wir gingen dazu über, unmoralisch zu sein. Es war wunderbar. Die Sektgläser auf dem Hotelbettnachttisch klirrten ganz leise aneinander.

Später fragte Georg bei einer gemeinsamen Zigarette: »Was war denn für deine Tante Lilli bestrafenswert unmoralisches Verhalten?«

»Zum Beispiel, zuerst sein Unterhemd ausziehen und dann in den Spiegel sehen.«

»Umgekehrt war es erlaubt?«

»Klar war das erlaubt.«

»Und was noch?« Neugieriger Georg.

»In der hochheiligen Mittagszeit zwischen zwei und vier ein Geräusch zu machen. Sie schlief immer um die Zeit. Spielen war innerhalb des Hauses nicht erlaubt. Also spielte ich draußen.«

Wir schwiegen, dachten nach. Steckten uns eine zweite gemeinsame Zigarette an.

Es war Zeit, die gastliche Stätte zu verlassen. Die Probe ging weiter.

Zuerst hatte die Sopranistin einen unvergeßlichen Auftritt. Sie war Amerikanerin, spätes Mädchen, würde ich sagen. Ich schätzte sie auf Mitte Dreißig und absolut jungfräulich. Ihre drallen kurzen Beine steckten in Wollstrumpfhosen, die in Wadenhöhe unter einem grauen Flanellrock mündeten. Unter ihrer lilafarbenen Strickjacke trug sie eine grellrosa Bluse mit einer riesigen Schleife am Hals. (»Kind, das putzt!«) Ihre Augen hinter der dicken Brille zwinkerten ununterbrochen, ob aus Nervosität oder späten Versuchen, frivol zu wirken, konnte ich nicht ermessen. Ihre Stimme war makellos, aber völlig uninteressant. Sie sang wie eine Maschine, technisch perfekt, aber im Grunde stinklangweilig. Ich mochte sie von Anfang an nicht. Sie hatte den Dirigenten aber sofort in ihrem Bann.

»Können Sie das Orchester sagen, es soll leiser spielen!« radebrechte sie mit ihrem amerikanischen Akzent.

Der Dirigent sagte dem Orchester, es solle leiser spielen. Das Orchester scherte sich den Teufel drum.

Um achtzehn Uhr war Sportschau, und überhaupt ging der Dienst nur bis siebzehn Uhr. Und für eine Sopranistin mit Flanellrock und Wollstrumpfhosen wird überhaupt kein Kompromiß gemacht. Nicht ein Phon leiser.

Der Dirigent schlug wieder den Vierertakt, das Orchester schrubbte unbeirrt weiter.

Die Sopranistin setzte nicht ein.

Der Dirigent winkte ab. Die Instrumentalisten spielten noch eine Zeitlang weiter, dann machte einer: »Pssst.« Der Klangbrei verlief so allmählich in privaten Unterhaltungen und Stimmgeräuschen.

»Da war Ihr Einsatz«, sagte der Dirigent, er hieß Fugge, Kirchenmusikdirektor Hans Fugge. Dabei zwinkerte er nervös und genervt mit dem Auge.

Die Sopranistin zwinkerte zurück.

»Das Orchester spielt zu laut«, sagte sie akzentuiert, »ich kann nicht mit Gott reden!«

Peinliches Schweigen.

Der gelbzahnige Tenor grunzte wie eines seiner Schweine. Wahrscheinlich mußte er, um diese Bemerkung seiner wollbestrumpften Kollegin zu verdauen, erst mal seinen ganzen tenoralen Rotz durch die Atemwege ziehen.

Das seidene Halstüchlein meines Baßkollegen bibberte. Ich selbst biß mir auf die Lippen, um nicht laut zu kichern. So eine kleine seelische Exhibitionistin! Im Orchester brummelte man »Die Kleine will mit Gott reden, laßt sie doch, spielt doch um fünf Pfennig leiser« usw. Kirchenmusikdirektor Hans Fugge putzte sich die Brille und dann die Nase und dann wieder die Brille. Ich hielt diese Reihenfolge für ungünstig. Umständlich nahm er die Brille wieder ab, hauchte sie an, putzte sie neu, jedoch von keinem Erfolg gekrönt. Ich reichte ihm ein Tempotaschentuch.

Er hob erneut den Taktstock, das Orchester zirpte ein säuselndes Pianissimo, und die Sopranistin hielt mit geschlossenen Augen ihre Privatmeditation ab, sehr wirkungsvoll. Die Stimme klang völlig makellos und technisch einwandfrei, aber ich fand sie unsympathischer denn je. Zum Duett mit dem Tenor mußte die kleine Beterin allerdings die Augen und den Mund öffnen, sonst wäre sie neben dem bäurisch fetten Tenorschmelz des Kollegen überhaupt nicht mehr zu hören gewesen.

Wir sangen das Schlußquartett, der Chor polterte die Schlußfuge.

Ende der Probe.

Es war ein großartiges Erlebnis.

»Bitte morgen alle um 17 Uhr beim Einsingen im kleinen Saal!«

»Hinterher ist Empfang am Buffet.«

»Brauchen Sie eine Karte für Ihren Begleiter?«

Letzteres galt mir persönlich.

Erst wollte ich nein sagen, dann fiel mir siedend heiß ein, daß morgen Klaus Konrad mitfahren wollte. Also ja.

»Vielen Dank, bitte ja.«

»Bleiben Sie und Ihr Begleiter nachher zum Empfang?«

»Ich denke, ja.«

Ich wollte dieses Gespräch beenden, hatte sich doch Georg von seiner hinteren Bank erhoben und war im Begriff, sich zu uns zu gesellen.

»Essen Sie beide warm?« fragte die Organisationsdame weiter.

»Einmal bitte warm«, sagte ich genervt. Ich dachte an Klaus Konrads abendlichen Appetit.

Georg stand nun bei uns.

»Ich fragte Ihre Frau gerade, ob Sie beide morgen abend warm essen wollen«, erklärte Frau Organisationstalent ihm. Georg stand stumm dabei. Seine Frau wollte bestimmt nicht warm essen, da sie doch ihre 38er Figur um keinen Preis aufs Spiel setzte.

Ich zog ihn weg. »Auf Wiedersehen dann, bis morgen.«

Die Dame notierte etwas auf ihrem Block.

»Was du ziehst morgen abend an?«

Frau Wollstrumpf zog mich am Ärmel. Es war ihr erstes persönliches Wort an mich.

»Wollstrümpfe und eine Seidenbluse mit Schleife am Hals«, wollte ich sagen, aber statt dessen antwortete ich artig: »Lang und schwarz, und Sie?«

»Ich habe einen Kleid in Pink und einen in Lila. Hallo. Ist das deinen Mann?«

Meinen Mann gab ihr artig die Hand und machte ihr Komplimente bezüglich ihres »eindrucksvollen Auftretens«.

»Nicht wahr, das sagte meinen Lehrer in den States immer. Man muß die Leute etwas bieten, nicht nur der Arien selbst. Die Leute sollen denken, daß man selbst ist ganz beeindrückt.«

»Ja, es war wirklich beeindruckend«, sagte ich und zog Georg erneut am Ärmel. Weg hier! Artiges Schütteln der schweißfeuchten Dirigentenhand, artiges »Wiedersehen« zum sportschaulüsternen Orchester. Wir trollten uns im Eilschritt.

»Was machen wir jetzt?«

Blick auf die Uhr. Samstag abend, Dämmerung, eine Glocke läutete zur Abendmesse. Nieselregen. Schwach beleuchtete Schaufenster. Ein Abend zum Trübewerden.

Plötzlich hatte ich das riesige Bedürfnis, allein zu sein. Mit meiner Wärmflasche und einem großen Topf Quark auf Tante Lillis Sofa sitzen und lesen. Oder fernsehen. Oder mit Tante Lilli telefonieren. Ewig hatte ich nicht mehr mit Tante Lilli telefoniert. Mindestens eine Woche lang.

»Laß uns erst mal hier wegfahren.«

Wie selbstverständlich streckte ich die Hand nach den Autoschlüsseln aus. Den Türkenopel fuhr ich, da gab es keine Diskussionen drüber.

Georg steckte mir eine Zigarette an und schob sie mir zwischen die Lippen.

»Du warst wunderbar«, eröffnete er das Gespräch.

»Meinst du, in der Mittagspause oder nachher?«

»Oh, wenn du so fragst: In der Mittagspause warst du unbeschreiblich wunderbar, nachher...«

»Ist schon gut. Du bist ja nicht als Kritiker mitgefahren.«

Trotzdem interessierte mich seine fachmännische Meinung über die soeben erlebten Darbietungen.

»Tja, also wenn der Dirigent morgen genauso unpräzise schlägt wie heute, weiß ich nicht, ob das Orchester nicht schmeißt«, sagte er. »Außerdem bin ich gespannt auf die Reaktion des Publikums auf die Sopranarie.«

Ach du Schreck. Er ging also davon aus, daß er morgen... Ich schwieg, sog an meiner Zigarette. Mir wurde längst nicht mehr schwindelig davon. Nur übel. Das konnte aber auch an der Situation liegen. Oder an dem nicht mehr zu überhörenden Magenknurren.

»Darf ich dich noch zu einem Salatblatt überreden?« fragte Georg, nahm mir den Zigarettenrest aus der Hand und drückte ihn für mich aus.

Ich konnte ihn unmöglich abweisen. Schließlich hatte er den ganzen Tag an meiner Seite verbracht, stundenlang kleinstädtische Oratorienkunst angehört und seit dem Frühstück mit seiner Tochter nichts mehr gegessen. Wir fuhren noch zu der Pizzeria an der Ecke.

Ich war gereizt vor Hunger und Müdigkeit. Er nahm meine kalte Hand.

»Du hast ja blaue Fingernägel!«

»Apart, nicht? Spart den Nagellack.« Frotzel, frotzel.

In Wirklichkeit sehnte ich mich nach der Wärmflasche und Tante Lillis Sofa und meinem orangefarbenen Herrenpyjama. Wenn du es wüßtest...

Doch das ging nicht. Egoschwein, bitte draußen bleiben. Er liebt dich, und du denkst an Quark und Fernsehen. An irgendeinen wunderbaren Unterhaltungsfilm wie »Traumschiff« oder »Schwarzwaldklinik«. Wie trivial. Wie ungeheuer niveaulos und mittelmäßig von mir. Meinetwegen auch »Der Alte« oder »Derrick«. Hatte ich gestern abend aufgezeichnet. Gestern. Als ich mit Klaus Konrad im Theater war.

Wann war ich das letzte Mal allein? So richtig köstlich allein?

»Prego?«

»Zweimal Salat Niçoise und einen halben Rotwein.«

Georg pflegte dasselbe zu essen wie ich, also entweder gar nichts oder einen Salat. War das Anpassung oder einfach Appetitlosigkeit aus Liebe?

Auf solche Gedanken kam Klaus Konrad ja nicht. Der

wählte immer mit Begeisterung ein halbes Schwein oder sonst ein Fünfgangmenü. Auf den Magen schlug ich dem jedenfalls nicht.

Georg schenkte mir Wein ein und reichte mir das goldene Zigarettenetui. Mechanisch nahm ich einen Glimmstengel.

»So schweigsam, Löwenfrau?«

»Heute genug gebrüllt.«

»Darf man fragen, woran du denkst?«

»Ich dachte gerade an einen Psychiater.« Irgendwann mußte ich ja mal mit der Wahrheit heraus.

»Brauchst du einen?« Kleines, schmallippiges Lächeln.

Ich rauchte geschäftig.

»Nein, nicht in beruflicher Hinsicht. Ich habe privat einen kennengelernt.«

Schweigen. Er rauchte, ich rauchte. Zwei riesige Salatschüsseln wurden vor uns aufgebaut. Vom Hinsehen war ich schon satt.

»Möchtest du mir von ihm erzählen?«

»Du kennst ihn schon. Flüchtig, meine ich. Du hast ihn nach dem Messias im Gemeindehaus kennengelernt.«

»Ach der!« Georg lehnte sich erleichtert zurück. Drückte die Zigarette aus, griff zur Gabel, putzte sie an der Serviette und begann umständlich, ein Salatblatt aufzuspießen.

Ich beobachtete ihn. Klaus Konrad hätte jetzt schon mit gesundem Appetit die halbe Schüssel leergegessen. Ohne seine Gabel vorher zu putzen. Und hätte mir dabei »tief in die Augen« geschaut.

Georg schaute immer knapp daran vorbei, an anderer Leute Augen.

»Jedenfalls«, sagte ich und rutschte auf meinem Stuhl hin und her, »jedenfalls will der morgen mitkommen zu dem Konzert.«

»Warum will er das?«

»Weil es ihn interessiert, nehme ich an.«

Schweigen. Umständliches Aufspießen eines Tomatenschnitzes.

»Ach so. Dann ist es also besser, ich fahre nicht mit?«

Große Erleichterung meinerseits. »Ja. Danke, Georg.«

»Wieso danke?«

»Für dein Verständnis.«

Ich nahm seine Hand und hatte ihn auf einmal schrecklich lieb.

»Du sagst, er habe Interesse an dem Konzert«, sagte Georg zögernd.

»Ja?« fragte ich bange ahnend.

»Nur an dem Konzert?«

»Vermutlich auch am Abendessen hinterher«, versuchte ich zu frotzeln.

»Ich könnte auch verstehen, wenn er Interesse an dir hätte.«

»Als interessanten Fall für die Psychiatrie?«

Scheiß-Hinhaltetaktik. Er bohrte jedoch weiter.

»An dir als Löwenfrau.«

»Der weiß doch gar nicht, daß ich eine bin!«

»Doch. Der ahnt das. Aber es geht mich nichts an, was du mit ihm oder er mit dir vorhat.«

»Was sollte ich denn mit ihm vorhaben?« fragte ich und schaute den Lippenabdruck auf meinem Weinglas an.

Er sagte nichts mehr dazu.

Ich sagte auch nichts mehr dazu.

Wir redeten über Sänger und Opern und Kritiken und Kinder, die mit dem Taxi in die Klavierstunde fahren. Dann war der Salatpott bewältigt, der Wein bildete eine Restpfütze im Glas. Wir rauchten noch eine. Georg winkte dem Kellner, zahlte.

»Gehen wir?«

»Ja, Georg. Jeder zu sich nach Hause. Bitte.«

»Bin ich dir zu nahe getreten?«

Der Popelinemantel vor mir drehte sich unsicher weg und dann wieder in meine Richtung.

»Nein, nein. Ich bin nur wirklich hundemüde und möchte jetzt mit meiner Wärmflasche und einem guten Buch ins Bett.«

Ich sah ihn richtig bittend an, so wie früher bei Tante Lilli: »Bitte laß mich noch ein Viertelstündchen lesen!« Dabei gelüstete es mich ganz heftig nach fernsehen und Quark essen. Zum Nachtisch. Je mehr ich um mein Alleinsein betteln mußte, um so mehr entwickelte sich mein Quarktrieb. Georg stand rauchend neben seinem Türkenopel. Ich hatte nur zwei Häuserecken zu gehen, um zu meiner geliebten, kleinen, improvisierten, farbenfrohen, quarkhaltigen Zweizimmerwohnung im vierten Stock zu gelangen. Nur zwei Häuserblocks! Er müßte nur einsteigen. Und losfahren.

»Darf ich dich denn wenigstens noch nach Hause bringen?« (Bin weder Fräulein, weder schön, kann ungeleitet nach Hause gehn!)

»Georg, nicht so devot, bitte! Von meinen früheren Freunden oder Verhältnissen oder was sonst ich alles noch nicht hatte, bin ich einen anderen Tonfall gewöhnt. Zum Beispiel: Äi, wennde willz, bringich dich noch umme Ecke!«

»Also gut, ich würde dich gern noch ein Stück begleiten.«

Andere Generation, andere Musik. Kind, warum mußtest du dich auch auf so was einlassen. Nun sei eine Dame und laß dich von dem Herrn am Arm nach Hause geleiten.

Ich wär so gern gerannt. Oder gehüpft oder im Zickzack gelaufen. Aber wir gingen gemessenen Schrittes Arm in Arm. Wie sich das gehört. Unten an meiner Haustür kramte ich nach dem Schlüssel und murmelte was von danke und bis bald und fahr vorsichtig – was bei ihm nicht unbegründet war – und kam wir vor wie ein Schwein. Eiskalt und widerlich. Warum wollte ich ihn denn jetzt nicht mehr? Heute mittag im Hotel hatte sich doch die Decke gedreht! Und den ganzen Tag waren wir uns doch so nahe!

Er sah knapp an mir vorbei, ein lebender Popelinemantel voll Unsicherheit. Ich liebte ihn plötzlich sehr.

»Du, Georg, es war ein wunderschöner Tag. Danke, daß du heute bei mir warst. Ich habe dich sehr lieb.«

Sprach's und umarmte ihn furchtbar fest und herzlich und küßte ihn als Zugabe noch auf den Mund. In dieser Zehntelsekunde spielte sich in mir ein erbitterter Zweikampf ab. Quarktrieb gegen Triebtrieb. Quarktrieb gewann. Ich schloß die Tür auf und stürzte die vier Treppen hoch, als wäre die räudige Katze der Nachbarin hinter mir her.

Oben stürzte ich noch im Mantel an den Kühlschrank, holte ein halbes Kilo Quark heraus und beruhigte mich erst nach dem fünften Eßlöffel voll. Die saure kühle Masse betäubte langsam meine Hast. Ich machte mir die Wärmflasche, legte mir eine feine Videokassette ein und zog den geliebten orangefarbenen Herrenpyjama an. »Kind, du bist keine Dame« war angesagt. Den Rest vom Quark vermengte ich genußvoll mit Süßstoff und aß ihn einigermaßen kultiviert mit dem Plastiklöffel. Welche Wonne. Endlich allein.

15

Am nächsten Tag begann die ganze Story einigermaßen gefährlich zu eskalieren. Klaus Konrad erschien wieder mal zu früh in meiner Wohnung. Er hatte ein riesiges Tablett Sahnetorte mitgebracht, was Sängerinnen kurz vor Auftritten meistens nicht zu Begeisterungsschreien hinreißen kann und quarksüchtige Emanzen mit einer heimlichen Haßliebe zu Kalorien erst recht nicht. In der anderen Hand balancierte er einen wunderschönen Adventskranz mit blauen Kerzen, der aufdringlich unauffälligen Grundfarbe meines Wohnzimmers angemessen. Das entzückte mich schon weit mehr. Drittens fiel mir an meinem gediegenen Freund auf, daß er beim Friseur gewesen war, und der Friseur muß die Gelegenheit buchstäblich beim Schopf gepackt haben, endlich einmal einen guten Zuhörer unter der Schere zu haben. Jedenfalls hatte der Friseur sich wohl mal seine Potenzschwierigkeiten von der Seele geredet und Klaus Konrad einen recht brachliegenden Charakterkopf be-schert. Ich fand ihn ausgesprochen ätzend, aber Tante Lilli hätte vor Wonne gejubelt.

»Ich bin etwas eher gekommen, damit wir noch ein gemütliches Kaffeestündchen haben können.«

Keine Ahnung von hysterischen Sängerseelen, dieser Psychiater.

»Ja dann... komm doch rein.«

Er ließ sich das nicht zweimal sagen, machte es sich bequem, bediente sich mit dem Sherry (inzwischen hatte ich Gläser), und ich fragte ganz blöd: »Soll ich noch einen Kaffee machen?« Eigentlich war ich gerade bei der Tonleiter, die meistens mit einem Kiekser auf dem hohen »schiß« landet.

»Wenn du noch üben willst, mach ich den Kaffee!«

Ich dachte an das gemeinsame Aufwischen von zermatschten, durchweichten Filtertüten auf nicht pflegeleichtem Küchenfußboden und gab den Gedanken an Einsingen auf. Wozu auch. Nachher in der Garderobe schmeiß ich noch ein paar Töne an die Wand. Jetzt ist Sahnetorte angesagt.

Wir saßen vor dem Adventskranz, dessen Kerzen wir selbstverständlich in jungfräulichem Zustand beließen (da ja noch kein Advent war), führten uns die fettigen süßen Kalorien zu Gemüte und unterhielten uns.

»Wie war gestern die Generalprobe?«

»Unterhaltsam bis endlos.«

»Wovon handelt das Stück?«

Ich erklärte es ihm. »Von Fröschen ohne Zahl und giftigen Nattern und all solchem Ungeziefer.«

Wir ließen uns die Torte schmecken.

Im Auto fragte er, ob ich gestern den Weg gut gefunden hätte.

»Ja, danke.«

»Bist du mit deinem rollenden Abfalleimer gefahren?«

»Nein, mit einem Bekannten.« (Mit meinem Herrn Bekannten.)

»Aha.«

Er legte den fünften oder sechsten Gang ein, ich wurde in die lederne Nußschale gepreßt, und wir rasten gen Blattheim, um an der sensationellen Aufführung des sagenumwobenen Kulturereignisses teilzuhaben.

Für Klaus Konrad lag eine Freikarte bereit. »Ehrenkarte für den Begleiter der Solistin« stand darauf, und wer das geschrieben hatte, meinte bestimmt einen Herrn, Ende Vierzig, im Popelinemantel.

Klaus Konrad hatte einen schwarzen Koffer bei sich.

»Ist das der Notarztkoffer? Falls ich ohnmächtig werde?«

»Nein, da ist eine Videokamera drin.«

»Eine was? Wen willst du denn überwachen?«

»Dich. Hast du was dagegen, wenn ich das Konzert filme?«

»Wie, das ganze Konzert?«

Ich dachte mit Schrecken an den röhrenden Schweinezüchter und an den heiligen St. Vibrator, dessen Halstüchlein mit jedem Schweller zitterte. Und an Frau Wollstrumpf, die auf Kommando für ihr Publikum mit Gott redete.

»Nein, wenn du willst nur deine Arien.«

»Aha.« Merkwürdiger Gedanke. Aber warum eigentlich nicht? Zickig stellen, Mimose spielen, ich habe einen Exklusivvertrag mit Onkel Pauls Schmalfilmkamera? Nein.

»Also gut, filme, wenn du möchtest. Aber wenn dir der Arm lahm wird, laß es bleiben.«

Ich mußte mich verabschieden. »Wenn ich mich am linken Ohr kratze, dann heißt das, film lieber nicht. Dann ist es mir unangenehm.«

»O. K. Und wenn du dich am rechten Ohr kratzt, dann heißt das, ich soll filmen, die Szene ist dir wichtig.«

Ich fand die Vereinbarung gut.

Sie sollte noch lange Gültigkeit haben.

Es ist kaum zu beschreiben, wie oft man sich als Sängerin auf der Bühne unbemerkt am Ohr kratzen muß.

In meiner Garderobe fand ich Frau Wollstrumpf vor. Sie saß in Unterwäsche auf einem Stuhl mitten im Raum, dessen Wände mit riesigen Spiegeln verkleidet waren, und sang in ihrem albernen amerikanischen Akzent: »Mit den Händchen klapp klapp klapp, mit den Füßchen trapp trapp trapp, einmal hin, einmal her, rundherum das ist nicht schwer.«

Ich fürchtete, im falschen Stück zu sein, und wich erschrocken zurück. Ist hier heute »Hänsel und Gretel« von Humperdinck, oder spielen wir einen soliden Händel?

»Hello, komm doch rein. Wir spielen die Szene zusammen!«

Die kleine dralle Dame in rosa Unterwäsche hüpfte auf mich zu, zog mich in den Raum und wollte die alberne Szene mit mir zelebrieren. Zum Glück konnte ich das Stück nicht.

»Ich hab den Hänsel nicht drauf«, wehrte ich sie ab.

Sie tanzte unbeirrt allein weiter, rosa Unterwäsche auf drallen Beinen, darüber ein albern hochtoupierter Lockenkopf. »Einmal hin, einmal her, rundherum das ist nicht schwer.« Irgendwie hatte dieser Ausbund an dämlicher Naivität ja recht. Ausgesprochen recht. Einmal hin, einmal her, rundherum, das ist nicht schwer. Eigentlich ist es wirklich nicht schwer. Einmal hin, einmal her.

Wir saßen auf der Bühne, Gesicht zum Publikum, Rücken zum Chor und Orchester. Links neben mir ruderte der Dirigent laut keuchend den Eingangschor, der schleppend und unsauber aus dem Hintergrund erscholl.

Die Dralle steckte bis zum Kinn in Rüschen, ich hatte wie immer die Jeans unterm »Kind-das-kaschiert-Kleid«, der Schweine-Tenor war wahrscheinlich im Frack Trecker gefahren (er wirkte leicht angeschmuddelt, der Frack), und der mimosig-heilige Baß mußte bibbernd auf sein Seidentüchlein verzichten.

Ich ließ meine Arie mit den Fröschen und Nattern ab. Dabei schaute ich grimmig, rollte die Rs und zischte und fauchte, daß die Spucketröpfchen nur so durchs Scheinwerferlicht stoben.

Klaus Konrad saß in der ersten Reihe auf seinem Ehrenplatz und filmte unaufhörlich. Ich hatte vergessen, mich im entsprechenden Augenblick am entsprechenden Ohr zu kratzen. Mein Herz klopfte zugegebenermaßen ziemlich unrhythmisch, und mein Magen betete zur Buße einen ganzen schmerzensreichen Rosenkranz für die Sahnetorte. Noch beim Nachspiel der Blattheimer Sportschaufanatiker und Fröschestimmenimitierer zitterten mir die Hosenbeine, aber dank Tante Lillis Kaschier-Sack war das mein Geheimnis. (Jede Frau hat ihr kleines Geheimnis.)

Schlußakkord. Amen. Halleluja. Ich setzte mich wieder. Frau Rüsche neben mir raunte »Gaanz tooll«, und der tenorale Landwirt zog wieder geräuschvoll Rotz durch die Atemwege. Der mimosige Kehlkopf des Baßkollegen wanderte auf und ab, immer an der weißen Fliege vorbei, die jedesmal unwillig zusammenzuckte. Wahrscheinlich machte er irgendwelche Entspannungsübungen in Ermangelung seines bibbernden Halstüchleins.

Ich versuchte mich zu entspannen. Also schaute ich interessiert ins Publikum. Das tue ich immer, wenn ich mich ablenken und aufheitern will. Ich stelle mir immer vor, die Leute, die da so in langen Reihen hintereinander sitzen, hokken in einer Achterbahn, und gleich werden sie entsetzlich schreien und quietschen, weil es steil bergab geht. Sie werden sich aneinander festhalten und durcheinanderpurzeln, und der ganze wohlgeordnete kultivierte Akademikerverein wird zum kreischenden Haufen. Diese Vorstellung amüsiert mich jedesmal von neuem und macht mich heiter und gelassen.

Oder ich stelle mir vor, welcher Mann zu welcher Frau gehört, zu der rechts neben ihm oder zu der links, und wem der gähnende Bengel zuzuordnen sei, der beinebaumelnd und sichtlich gelangweilt aus dem Programmzettel ein Schiffchen faltet.

Die aufgedonnerte Blonde in Giftgrün, gehörte die zu dem gläsern blickenden Toupettträger in Graugestreift, oder war sie die Gattin des dickbäuchigen, rotgesichtigen Schläfers auf der anderen Seite? Ach nein, zu dem gehörte wohl die beleibte Mutti mit den frischen Dauerwellen im Leberwurst-kleid. Schräg dahinter diese vier Omas, eine immer aufmerksamer als die andere, sie reckten und streckten sich und fielen vor lauter eifriger Neugierde fast aus der Achterbahn. Meine Augen wanderten schnell und unorientiert. Vorne erste Reihe Mitte: Konrad. Geschniegelt und kurzgeschoren wie ein dicker Streber aus meiner Klasse. Mit Filmkamera. Herr Lehrer, ich bin ein ganz Schlauer. Er fing meinen Blick auf, lachte mich an. Es hätte nicht viel gefehlt, da hätte er gewinkt oder »Huhu« gerufen. Ein Ausbund an entwaffnender Offenheit. Und lieber naiver Wärme. Ein Bär zum Knuddeln. Nur daß ich den Bären nicht knuddeln wollte. Meine Augen schlugen einen Haken und flitzten in die letzten schwach beleuchteten Reihen. Machten eine Vollbremsung. Wanderten zwei bis drei Reihen zurück. Da. Gebeugte Haltung, schwarze Haare, Seitenscheitel. Brauner Anzug, hellblaues Hemd. Die Hand am Mund, lauschend, im Halbdunkel die Schatten eines Gesichtes. Schmale, leicht spöttisch verzogene Lippen nur zu erahnen. Ich starrte ihn an, bis er verschwamm. Warum, Georg. Warum tust du mir und dir das an. Hast du denn an so einem Sonntagnachmittag nichts Besseres zu tun? Kannst du nicht mit deinem Kind Klavier spielen oder Pferdebilder ausschneiden? Oder mit Freia am Kamin sitzen und Cognac trinken und über Zugewinnausgleich sprechen?

Das Duett mit dem meditierenden Rüschensopran fiel leicht unkonzentriert aus. Ich fand kaum meine Einsätze. Scheiße. Georg hier. Konrad hier. Kind, sing anständig. Konzentrier dich. Die Kleine redet mit Gott (wenn auch mit amerikanischem Akzent), und du denkst an Männer und Opel und BMW und Mittagspause im anständigen Hotel und Kaffeetrinken auf Tante Lillis Sofa…

Ich war nicht besonders gut. Einfach nicht überzeugend. Der beseelt bibbernde Baß und der gesund krähende Tenor schlugen mich um Längen. Georgs Gesicht in grauer Menge, unklar, düster, verdeckt. Konrads Gesicht in der ersten Reihe, hell, klar, lächelnd. Und meine zitternden Beine unter dem Abendkleid. Kind, nun reiß dich mal zusammen.

Schlußchor, Ende, Beifall. Schweißfeuchter Händedruck des keuchenden Dirigenten. Blumen von knicksenden pubertären Blattheimer Schönheiten. Blitzlichter. Ein Abklatsch von Bühnenrausch, ein Hauch von großer weiter Welt.

Verbeugen, rausrauschen.

Draußen neben der staubigen Bühne im Dunkeln gratulierten wir uns halbherzig gegenseitig.

»Schön gesungen.« »Brav gemacht.« »Prima durchgehalten.« Alles lieblose Unverschämtheiten.

Hans Fugge kam zum Verbeugen, keuchte »Los, wieder rein«, wir rauschten zurück ins Scheinwerferlicht. Blattheimer High-Society machte standing ovations. Wofür bloß?

Beim Verbeugen bemerkte ich, daß meine Schuhe ungeputzt waren. (Kind, du bist und bleibst eine Schlunze.) Die Rüsche neben mir hatte Schuhgröße 34, aber dafür in Glanzlack mit Schleife. Apart. Wir rauschten wieder in die staubigdunkle Unterwelt.

»Da saß einer in der ersten Reihe mit einer Kamera. War das für den Lokalsender?«

»Äm, nein, das war mein Freund.«

»Gestern hattest du aber ein anderer Mann«, ließ sich meine Kollegin vernehmen.

»Ja«, bibberte die weiße Fliege. »Ich dachte, es sei ihr Herr Vater!«

»Ach was«, bölkte der bäurische Blöker. »Unsere Altistin steht auf reife Männer!«

»Oh, da hätte ich ja vielleicht noch Chancen«, kicherte der mimosige Baß.

Ich dachte, ach, ist der doch nicht schwul?, während wir ein letztes Mal dienernd und dankend den Blattheimer Beifall entgegennahmen.

Der ebbte gerade ab, als die Sopranistin noch draußen war. Sie brauchte natürlich Sonderklatscher für gekonntes Meditieren. Kaum waren wir in der Garderobe, als sie ihre Lackschühchen auszog und gegen den Spiegel pfefferte. Überkandideltes Grillhuhn aus Kentucky!

Ich entledigte mich meiner schwarzen Arbeitskleidung, knüllte sie in den adidas-Beutel (Noten, Schuhe, Kleid, Stimmgabel, Krimi, Stadtplan, Lutschpastillen), raffte meine Blumen und meinen Mantel zusammen und stellte mit einem Seitenblick in den Spiegel fest, daß mein Gesicht so von roten Flecken geziert war, daß jede Maskenbildnerin mit meiner Hilfe ihre künstlerische Reifeprüfung mit Auszeichnung gemacht hätte.

In dem Moment klopfte es laut, aber herzhaft. Obwohl in rosa Unterwäsche, zwitscherte die Kollegin »herrain«, wollte vermutlich Autogramme oder Exklusivinterviews in diesem einmalig reizvollen Aufzug geben. Es war der Gediegene. Groß, breit, bepackt mit Videokamera, Koffer und Ledermantel. Ich stellte die beiden einander vor und widmete mich wieder meinen roten Flecken.

»Prima, ich bin stolz auf dich«, sagte Klaus Konrad und hätte mir vermutlich auf die Schulter geklopft, wenn er nicht so bepackt gewesen wäre.

Unter seinem Ledermantel tauchte ein riesiger Blumenstrauß auf, den er mir mit Schwung überreichte. Dabei fiel der Ledermantel zu Boden. Ich war gerührt. Wo hatte er denn dieses Monumentalgebinde wieder aufgetrieben? Und wie hatte er es geschafft, mir die ganze Pracht bis jetzt zu verheimlichen?

»Ich habe die Blumen gestern telefonisch bestellt«, erklärte er mir später. »Ein Botenjunge hat sie eben an der Abendkasse abgegeben.«

Ach, so ging das. Ein Mann von Welt eben, der Klaus.

Wir verließen die Garderobe, beide schwer bepackt. Da

stand ein einsamer Fan. Im Popelinemantel. Mit einer einzigen kleinen roten Rose.

Georg.

Halb gesenkter Blick, schräg an mir vorbei.

Ich blieb stehen, Klaus Konrad blieb auch stehen.

»Ach, guten Abend«, heuchelte ich angenehme Überraschung. »Der Kritiker gar höchstpersönlich!«

Georg war keine Sekunde irritiert.

»Ich möchte mich bei Ihnen für das Konzert bedanken.«

»Klaus, das ist Herr Lalinde, ein Kritiker. Ach, ihr kennt euch ja schon flüchtig.«

Klaus erinnerte sich anscheinend nicht. Er stellte seinen Koffer mit Schwung auf den Boden, legte den frei gewordenen Arm mit Besitzergeste um mich und sagte: »War sie nicht wunderbar? Ich bin richtig stolz auf sie!«

»Ich auch«, sagte Georg und guckte dabei auf den einen meiner ungeputzten Schuhe.

Ich nahm ihm beherzt die Rose ab und steckte sie zu dem üppigen Strauß.

»Werden Sie die Kritik schreiben?« fragte Klaus interessiert.

»Ja, es wird mir ausgesprochenes Vergnügen bereiten.«

Georg hatte wieder das schmallippig-spöttische Lächeln drauf. Ich fand, daß dieses Flurgespräch ziemlich unerträglich sei.

»Zerreißen Sie mich nicht völlig in der Luft«, sagte ich zweideutig und schüttelte Georg kräftig die Hand. Er hielt sie eine Sekunde länger als nötig. Meine Weiblichkeit erlebte einen Hormonsturz.

»Also dann…«

»Schönen Abend noch!«

»Kommen Sie gut nach Hause!«

»Wir bleiben noch ein bißchen. Da ist so ein Empfang mit Bürgermeister und Tischreden und Sektglas halten.«

»Und warmem Essen? Guten Appetit!« Bissiger, hintergründiger Georg!

»Danke.« Wir drehten uns um, wollten gehen.

»Und noch was!«

»Ja?« Ich zuckte zusammen. Was denn noch?

»Vergessen Sie die Agentur nicht, von der ich Ihnen erzählte. Die ist nach wie vor interessiert an einem Exklusivvertrag!«

»Da mußt du dich wirklich mal hinterklemmen«, sagte Klaus, als wir den Flur hinuntergingen.

Ich drehte mich nicht mehr um. Aber ich hatte wahnsinnig Lust auf eine Zigarette.

16

Montag morgen, neun Uhr. Quarkbecher, Plastiklöffel, Kaffeetasse und Tageszeitung. Welch ungetrübter Morgen. Das Telefon klingelte. Eine Minute später als sonst. Ich hoffte, es sei Georg.

»Guten Morgen, hier ist Klaus.«

»Hallo.«

»Gut geschlafen?«

»Danke. Du auch?«

»Na ja, nach deinem Rauswurf gestern abend…«

»Das war doch kein Rauswurf! Ich war nur müde und wollte alleine sein. Nimmst du mir das übel?«

»Ein bißchen schon. Ich bin noch stundenlang in verschiedenen Kneipen gewesen, weil ich so wütend war.«

Jetzt wurde ich aber wütend.

»Was denkst du eigentlich, Klaus? Du hast kein Recht, wütend zu werden, nur weil ich dich um halb drei nachts bitte, zu gehen. Ich hatte Konzert und war einfach kaputt!«

»Ist ja schon gut, ich will mich nicht mit dir streiten. Ich wollte dich fragen, ob du heute abend mit mir ins Theater gehen willst. Ich habe Notfalldienst.«

Ich überlegte. Wollte ich? Eigentlich nicht.

»Was denn für'n Stück?«

»Ich glaube, eine Verdi-Oper.«

Eigentlich liebe ich alle Verdi-Opern.

»Klaus, darf ich mir das noch überlegen?«

»Nach welchen Kriterien wirst du denn deine Entscheidung treffen?«

Er sagte das so spöttisch, daß ich mich ärgerte.

Mein Quark lachte mich an. Ich wollte das Gespräch beenden.

»Ruf mich heute nachmittag noch mal an, ja? Ich weiß nicht, ob ich mit dem Üben hinkomme. Im Advent kommt es knüppeldick mit den Konzerten.«

»O. K., ich ruf dich um fünf an. Tschüs!«

Er legte auf. Anscheinend war der große gediegene Seelendoc gekränkt.

Ich versuchte, Zeitung zu lesen und meinen Quark zu genießen.

Kurz darauf rief Georg an.

»Du warst gestern wunderbar.«

»Warum mußtest du denn auftauchen, Georg? Das war unfair!« Eigentlich fand ich mich selbst entsetzlich unfair.

»Ich konnte es zu Hause nicht mehr aushalten.«

»Was war denn? Streit? Szene? Nudelrollenweitwurf?«

»Nein. Totenstarrenkälte. Mir war so kalt in meinem eigenen Haus, daß ich einfach wegmußte. Zu dir. Auch wenn ich dich nur aus der Ferne sehen durfte gestern abend.«

Wie schrecklich devot sich das wieder anhörte!

»Georg, laß das doch. Nicht Süßholz raspeln, bitte! Davon kriege ich eine Gänsehaut!«

»Oh, Entschuldigung. Trotzdem war es so. Als ich in deiner Nähe war, ging es mir besser. Darf ich dich heute abend sehen?«

Wann würde er mit dieser »Armer-Ritter«-Sprache aufhören? Meine Tante Lilli machte früher oft ein Gericht, das hieß so: »armer Ritter«. Das schmeckte ähnlich süß und klebrig wie die Worte, die aus dem grünen Telefon tropften.

»Georg, ich weiß noch nicht. Ich bin heute morgen so entscheidungsunfreudig. Gestern war es spät, und heute bin ich sehr müde…«

»War es wenigstens schön gestern abend?«

»Ja, ganz nett.« Verdammte Unterhaltung. Morgenstund hat Schleim im Mund.

»Ich habe heute abend in der Oper zu tun. Ich schreibe die Maskenball-Kritik.«

Ach wie interessant. Jetzt konnte ich wählen, mit wem ich

mir den Verdi reinziehen wollte. Mit dem Notarzt vom Dienst oder mit dem Kritiker. Das größere Kunsterlebnis war es sicherlich mit Lalinde. Seine Arbeit interessierte mich brennend. Klaus würde vermutlich schlafen oder wenigstens laut gähnen und nur an das Essengehen nachher denken.

Wenn überhaupt Verdi, dann mit Georg.

Kind, sei vernünftig, geh überhaupt nicht in die Oper heute abend. Bleib zu Hause und spar deine Kräfte. Außerdem ist das doch ein Spiel mit dem Feuer. Gehst du mit dem einen hin, triffst du mit Sicherheit den anderen. Kind, laß es!

»Du, Georg, es ist lieb, daß du mich einlädst, aber ich möchte heute abend mal zu Hause bleiben. Ich war schrecklich viel unterwegs in letzter Zeit.«

Schweigen. Dann: »Hm.« Hm, sonst nichts!

Der Küchenuhrzeiger tickte aufdringlich. Zeit zum Einsingen, Zeit zum Schminken und In-die-Straßenbahn-Setzen. Ich beschloß, auch nichts mehr zu sagen. Noch nicht einmal Hm.

Es ist quälend, einen Telefonhörer ans Ohr zu pressen, aus dem nichts kommt als stumme Enttäuschung.

Dann schließlich: »Kann ich dich gar nicht überreden? Maskenball-Premiere mit erstklassiger Besetzung?«

Plötzlich dachte ich, Kind, du lebst nur einmal. Nun mach es doch. Erleb doch mal eine rauschende Premiere aus dem Publikum, an der Seite eines bekannten scharfzüngigen Kritikers. Und wenn du den Doc triffst, kann es nur noch spannender werden, das Leben! Zu Hause in der Ecke sitzen wirst du früh genug.

»Also gut. Ich komm mit. Treffen wir uns um halb acht vor der Oper?«

»Darf ich dich nicht abholen? Ich könnte schon ab fünf!«

Verdammte Tat. Ja, ich will sie begehen. Du willst es ja nicht anders. Und ich eigentlich auch nicht. Also um fünf. Wunderbares Leben.

»Na gut. Komm auf einen Kaffee. Ich versuche, um fünf zu Hause zu sein.«

Hormonstoß im Unterleib, Vorfreude fühlbar. Das mit dem Kaffee war eine pure Floskel. Wir würden etwas ganz anderes tun als Kaffee trinken.

Das taten wir. Georg war noch nicht ganz in meinem kleinen muffigen Flur, als ich ihn auch schon von seinem Popelinemantel und seiner Seidenkrawatte befreite.

Wir dachten beide nicht an Kaffee. Die ganzen zweieinhalb folgenden Stunden nicht. Zwischendurch rauchten wir ein paar Zigaretten. Das Klingeln des Telefons überhörten wir. Dann fuhren wir in die Oper. Ich am Steuer. Maskenball also. Eine heitere Verwechslungskomödie mit tragischem Ende.

Schon im Foyer meinte ich jede Sekunde, Klaus in die Arme zu laufen.

»Können wir uns schnell auf unsere Plätze begeben?«

»Wenn du es möchtest…«

Hätte ich gefragt, ob wir schnell noch ein Glas Sekt trinken könnten, hätte er auch geantwortet: »Wenn du es möchtest.« Und wenn ich vorgeschlagen hätte, noch dreimal um die Oper zu joggen, hätte er auch dies ohne Rückfrage prima gefunden.

Wir schlängelten uns an der blauweißgestreiften Programmtante vorbei und schoben uns in die vierte Reihe. Nach der Pause würden wir im Rang sitzen, der unterschiedlichen Akustik wegen.

Im Orchestergraben waren die üblichen Stimmgeräusche zu vernehmen, hier und da erklang bereits ein Motiv aus der Oper, eine Klarinette dudelte in schlimmstem Mißklang zur Posaune, während die Blondine an der zweiten Geige sich unnötigerweise die Lippen schminkte. Das allerdings geräuschlos.

Ich guckte verstohlen im Publikum umher. Kein Doc weit und breit. Ob er gar nicht gekommen war?

»Na, nach wem reckst du dir den Hals aus?« fragte Georg.

»Och, ich guck nur so, wer alles da ist«, sagte ich. »Wie in der Kirche. Bevor es losgeht, muß man doch sehen, mit wem man es so zu tun hat den ganzen Abend. Und wer was anhat. Und wer mit wem da ist. Und warum.«

Er lächelte. »Und warum bist du mit mir da?«

»Weil ich erleben will, wie eine Lalinde-Kritik entsteht.«

Die Lichter im Saal gingen aus. Ich lehnte mich erleichtert in meinem Sitz zurück. Kein Doc, keine Peinlichkeiten, keine Erklärungen. Jetzt nur noch Verdi im Dunkeln. Mit dem aufregendsten Herrenparfum der Welt rechts neben mir. Eine Hormonstoß-Assoziation, dieses Parfum.

Diskret und schnell wurden jetzt die Türen geschlossen. Die blauweißen Damen konnten bis zur Pause stricken gehen. Nur die Tür vorne links wurde noch offengehalten. Der Dirigent rauschte bereits herein, wurde von mittelmäßig frenetischem Beifall begrüßt. In diesen Beifall hinein trat er auf, der Doc. Vorne links. Hinter ihm schloß sich die Tür schnell und geräuschlos.

Pang. Das mußte ja noch kommen, das dicke Ende. Georg hatte nichts bemerkt. Er hatte bereits wieder die Hand am Mund und hockte vornübergebeugt auf einer Bügelfalten-Pobacke. Selbst am Po hatte der Anzug Bügelfalten. Wahrscheinlich, weil Georg nie richtig auf dem Hintern sitzen konnte. Wie soll sich da eine Bügelfalte abnutzen.

In der Pause blieben wir erst eine Weile sitzen, bis sich die flanierhungrige Menge aus den Saaltüren gedrängelt hatte. Ich beobachtete den großen, breiten Mann vorne links, der, anscheinend aus wohligem Schlaf erwachend, sich andeutungsweise streckte und dann, ohne sich umzuschauen, den Saal verließ. Georg machte sich Notizen. Ich störte ihn nicht, blieb schweigend sitzen, bis er fertig war.

»Was möchtest du jetzt machen? Sollen wir etwas trinken?«

Ja, was wollte ich machen? Mich unters Volk mischen, Prickeln spüren, den oder jenen treffen, in verständnislose Gesichter schauen, aha, der Kritiker mit der jungen Sängerin, woher kenn ich die noch gleich, singt die nicht in irgendeinem Chor? Dem Doc an der Bar begegnen, sagen: »Guten Abend, welch ein Zufall, bist du auch heute abend hier?«

Plötzlich überlief mich ein kalter Angstschweißschauer. Kind, was bist du dämlich. Du hast den Doc eiskalt abgewiesen, bist nachher nicht ans Telefon gegangen, und jetzt willst du ihm lächelnd mit Georg am Arm gegenübertreten? Der Mann guckt dich nie mehr an, und mit Recht. Vielleicht knallt er dir sogar eine, vor allen Leuten, verdient hättest du es, oder er duelliert sich mit Georg. Mangels einer Pistole wird er als Geschoß vielleicht einen Sektkorken benutzen oder ihm eine Bierflasche über den Seitenscheitel hauen. »O kühne Tat, o

Frevel!« Ich fühlte mich elender als kurz vor einem scheußlichen Vorsingen, was wesentlich schlimmer ist als Zahnarzt.

Georg stand auf und fragte, ob er mich zu einem Glas Sekt einladen dürfe. Er durfte. Wir schoben uns durch die flanierenden Opernfreunde, alle fein gestylt und kultiviertes Großstadtflair verbreitend, in Richtung Sektbar. Während Georg sich in den Pulk der unkultiviert drängelnden Sektorderer stellte, drückte ich mich an die Wand, beobachtete aus den Augenwinkeln alle feindlichen Positionen um mich herum und fummelte mit zitternden Fingern nach Georgs Zigaretten in meiner Handtasche. Daß Klaus in unmittelbarer Nähe sein mußte, war mir klar. Es sei denn, er wäre gerade zur sterbenden Amelia gerufen worden oder zu der ohnmächtigen Gattin des Bankdirektors Haumichtot, der die Luft im Saal einfach nicht bekommen war. Niemand erbarmte sich, niemand fiel tot um oder wurde wenigstens ohnmächtig, niemand mußte sich im Foyer übergeben, und niemand kam auf den Treppen mit einem Kind nieder. Alle Menschen waren erbarmungslos gesund und wohlauf, und da schob sich Klaus auch schon am wartenden und drängelnden Pulk vorbei zum Ausschank, zeigte irgendeinen Zettel vor und bekam augenblicklich ein Bier und irgendwas Fettiges, Kalorienhaltiges in einer Glasschüssel ausgehändigt. Damit beladen, suchte er mit den Augen den Raum nach einem freien Plätzchen ab. Ich drehte mich abrupt um. Suchende blicken immer zuerst in die Augen derer, die sie beobachten. Das ist ein Naturgesetz. Ich spielte also Beduinenfrau. In Ermangelung eines Kapuzenumgangs hüllte ich mich nur in heftige Rauchwolken und drehte mich zur Wand.

Auf diese Weise fand mich Georg allerdings auch nicht, der, zwei Sektkelche balancierend, im Raum umherirrte. Ich konnte ihn unmöglich rufen oder winkend auf mich aufmerksam machen. Meinen Platz in der Nische wollte ich auf keinen Fall verlassen. Also ließ ich Georg irren. Er ging so dicht an dem mit Appetit essenden und Bier trinkenden Klaus vorbei, daß ich vor Angst auf die Zigarette biß. Jetzt sah Klaus ihn, rückte zur Seite, bot ihm einen Platz an. Georg erstarrte einen winzigen Moment lang, reagierte aber instinktiv richtig. Er verneinte dankend und sagte noch zwei, drei freundliche Sätze. Beim Wegdrehen sah er mich und kam auf mich zu. Ich leuchtete vermutlich wie die Insassen eines ganzen Kinderkrankenhauses während einer Masernepidemie mit meinen hysterischen roten Flecken im Gesicht.

»Dein Doc ist da«, sagte Georg und stellte die Gläser ab.

Ich zog ihn in die Nische: »Er muß uns nicht unbedingt sehen.«

»Warum nicht? Stört es dich, wenn wir zusammen gesehen werden?«

Georg nestelte nach einer Zigarette und bot mir auch eine an. Ich nahm mir sofort eine zweite.

»Ich Schwein hab seine Einladung in die Oper abgelehnt und bin mit dir gegangen«, sagte ich und rauchte nervös.

»Das ist natürlich was anderes«, sagte Georg. »Komm weg hier. Er muß uns wirklich nicht zusammen sehen.«

Wir schoben davon, mit Sektglas und Zigarette durch das Foyer, die Treppen hinauf bis zum ersten Rang. Von hier aus konnte man auf die wandelnde Menge unten herabsehen.

»Du liebst wohl das Spiel mit dem Feuer?« fragte Georg, aber es klang nicht streng, sondern eher begeistert.

»Eigentlich nicht«, sagte ich kleinlaut und trank hastig und mit zitternden Fingern den Sekt.

Mir war schrecklich übel. Zwei Zigaretten hintereinander und Sekt auf nüchternen Magen nach einem nicht ganz langweiligen Nachmittag und einem halben Maskenball, der mich meine letzten strapazierten Nerven kostete. Ich wollte nicht mehr bleiben. Weder die dramatische Oper noch das dramatische Drumherum wollte ich weiter erleben. Ich hatte mich regelrecht überschätzt.

Ganz plötzlich wußte ich, daß ich gehen würde, nach Hause, zu meiner Wärmflasche, meinem Quark und meinem Fernseher, allein, unbeobachtet und ohne angehimmelt zu werden. Jetzt sofort wollte ich gehen. Frische Luft! Nicht noch freiwillig erleben, wie diese böse Dreiecksgeschichte mit Amelia, Ricardo und Renato zu Ende geht. Ich wußte es ja schon. Da gibt's Tote. Natürlich ist das nur eine Oper. Aber man ist geneigt, seine eigene Situation im Theater widerzuspiegeln.

»Georg, ich fühl mich krank. Ich möchte nach Hause.«

»Natürlich, Liebes, ich bringe dich.«

»Nein, ich möchte zu Fuß gehen. Ich brauche frische Luft.«

»Wie du willst. Wir können auch laufen. Ich kann den Wagen später holen.« Georg drückte schon seine Zigarette aus.

»Du mußt doch hierbleiben, Herr Lalinde«, versuchte ich streng scherzhaft zu flöten. »Deine Kritik lesen morgen Tausende von Leuten.«

»Wenn du krank bist, gibt es keine Kritik«, widersprach Georg. So was von Ritterlichkeit war mir lange nicht vorgekommen.

»Georg, ob du es verstehst oder nicht, ich möchte allein gehen«, sagte ich bestimmt. Kind, freundlich, aber bestimmt, damit erreichst du bei den Menschen am meisten.

Er verstand es. Oder nicht. Jedenfalls ging ich allein. Ich hastete die zwei Treppen hinunter zur Garderobe, holte meinen Mantel und rannte hinaus auf die Straße. Nach zwei Häuserblocks fühlte ich mich immer noch verfolgt, von Georg, von Klaus, vom Schicksal, von meiner eigenen Blödheit, ja, die verfolgte mich am meisten. Ich schimpfte laut mit mir selbst. »Du dämliche Pute«, sagte ich und traf fast Tante Lillis Ton. Selber schuld, jawohl, selber schuld. Hoffentlich versohlen sie dir beide den Hintern, einer rechts, einer links, jawohl. Wie kann man sich nur auf so was einlassen. Wie kann man nur so blöd sein. Eitel bist du, übermütig, unreif. Hast du das denn nötig? Anscheinend ja, was? Wohl so voller Komplexe, daß du es nötig hast, ja?

Nach zwanzig Minuten eiligen Fußmarsches und erhitzter Selbstgespräche ging es mir besser. Ich genoß den schnellen Gang, die frische kühle Luft und den feinen Sprühregen. Am meisten genoß ich das Alleinsein. Es schien mir das kostbarste Gut auf Erden.

Zu Hause tat ich genau das, wonach ich mich schon den ganzen Abend gesehnt hatte. Wärmflasche, Quark mit dem Plastiklöffel und ein feiner Spielfilm mit deutschen Schauspielern und Liebe, Herz und Schmerz. Na bitte. Und die Beine auf den Tisch. Mit dem Fuß schob ich die Blumenvase mit den Doc-Rosen zur Seite. Auf dem Fernseher prangten die Konzertblumen, rechts an der Seite steckte die einzelne kleine Georg-Rose. Und ich schaute Curd Jürgens und Sonja Ziemann beim Sich-Verlieben zu und war ganz mitgerissen. Im Film klappte das eben alles so gut.

Einer verliebte sich in den anderen und umgekehrt auch, versteht sich. Die Probleme, die dann laut Drehbuch neunzig Minuten dauern, sind am Schluß gelöst, und der Film hört auf, wo es im Leben anfängt. Beim Kuß beispielsweise, oder beim »Ich liebe dich« oder beim Heiratsantrag. Die Lieben-den sind immer edlen Charakters, und niemals kämen sie auf die Idee, mit zweien gleichzeitig böses Spiel zu treiben und im hintersten Zipfel ihres Gemütes Sehnsucht nach einer Wärm-flasche zu haben. Wenn doch einmal ein schlechter Charakter in so einem Film vorkommt, bestraft ihn das Schicksal. Er fällt vom Dach oder wird von einer Schlange gebissen, je nachdem, wo der Film spielt.

Mein Film spielte in K. und hatte den großen Nachteil, keinen Abstellknopf zu haben. Gerade als Curd Jürgens Sonja Ziemann küssen wollte und die sich zierte, klingelte es an der Wohnungstür. Sollte Georg... er würde sich doch nicht entblöden, hier nach der Oper noch mal aufzutauchen? Einfach nicht aufmachen. Georg hat Feingefühl. Wenn ich nicht aufmache, geht er wieder. Oder doch aufmachen? Georg hereinbitten? »Auf einen Kaffee?« Und zur zweiten Runde übergehen?

Ich hatte schon wieder ganz fürchterliche Lust auf Georg. Auf seine rauhen schmalen Lippen, auf seinen Geruch nach Zigaretten und Parfum, auf seine halb spöttische, halb zärt-liche Stimme, auf seine rauhen, aber gepflegten Hände. Ich hatte Lust, ihm den Seitenscheitel zu verwuseln und ihn sei-ner Krawatte zu entledigen, seines hellblauen Hemdes und seiner Bügelfaltenhose womöglich auch. Ich hatte Lust auf seine Zigaretten, besonders auf die »danach« und noch mehr auf die »zwischendurch«.

Ich rappelte mich hoch, hieß Curd Jürgens schweigen und Sonja Ziemann sich in Luft auflösen. Drückte auf den Tür-knopf. Jemand kam schnellen Schrittes herauf. Ziemlich ge-räuschvoll. Das morsche hölzerne Geländer wackelte. Ich lugte durch die Streben. Nicht Georg?

Nicht Georg. Zu meiner großen Überraschung war es Klaus, der mit roten Wangen und strahlenden Augen die Treppe heraufkeuchte.

Aha. Jetzt würde er mir so richtig gründlich den Hintern versohlen. Oder mir mit kühner Geste die Blumen vom Tisch reißen und sie mir dann um die Ohren hauen. Oder er würde sich auf mich stürzen und mich vergewaltigen. Oder alles auf einmal.

Er tat nichts von alledem. Er zog geräuschvoll die Nase hoch und fragte, ob er »auf ein Glas Sherry« hereinkommen dürfe.

»Ja klar, komm rein.«

»Stör ich dich bei irgendwas?«

»Nö. Ich hab gerade Sonja Ziemann und Curd Jürgens geguckt.«

»Mach ruhig wieder an, wenn du den Film zu Ende schauen willst.« Ich sollte mich also wieder mal zulassen. O.K.

Er legte selbstverständlich ab, drückte mir einen beherzten Kuß auf den Mund und holte sich den Sherry aus dem Schrank. Na klar, er wohnte ja seit vier Jahren hier. Warum sollte er sich auch anders verhalten.

Ich machte tatsächlich die Kiste an und setzte mich auf den alten Sessel, von dem die Fasern runterhingen, weil Tante Lillis Katze ihn damals als Kratzbaum auserkoren hatte. Eigentlich saß ich sonst nie in diesem ausgefransten Sessel, sondern mit der Wärmflasche auf dem Sofa an der Heizung. Aber da hatte Klaus sich bereits ganz selbstverständlich niedergelassen, mit Schwung mitten auf die Wärmflasche, die leise Quietschlaute von sich gab. Klaus zog sie unter dem Hintern hervor und warf sie achtlos in die Ecke. Meine geliebte Wärmflasche!

Curd Jürgens und Sonja Ziemann küßten sich immer noch, das heißt, sie sagten sich allerhand liebe Sachen und hatten sich offensichtlich wahnsinnig gern.

»Komm doch ein bißchen zu mir«, sagte Klaus und patschte mit der Hand rechts neben sich auf das Sofa.

»Ich sitze hier gut«, antwortete ich spröde, wie ich nun mal bin. Keinen Bock, Klaus zu knutschen.

»Ich war in der Oper«, sagte Klaus, während Curd Jürgens in ein Auto stieg.

»Ich auch«, hätte ich fast gesagt, aber Sonja Ziemann trauerte so intensiv um den Davonfahrenden, daß wir beide ganz gerührt waren.

»Es war sehr nett«, sagte Klaus.

»Sehr nett« sagte der! Über den Maskenball!

»Ist jemand tot umgefallen oder hat sich ein Darsteller auf der Bühne das Bein gebrochen?« fragte ich teilnahmslos.

»Nein, alles ruhig, nichts passiert. Ich schlafe in Opern meistens ein«, sagte Klaus, »aber diese war ja am Schluß ganz schön aufregend.«

»Ja, ich kenne das Lied«, sagte ich und griff zum Sherryglas. Ich hatte schreckliche Lust auf eine Zigarette.

»Zwei Männer und eine Frau«, sagte Klaus. »Nachher bringen sie sich gegenseitig um.«

»Fast wie im richtigen Leben«, murmelte ich.

Klaus hatte das nicht verstanden.

»Dieser Kritiker war übrigens drin«, sagte er. »Der schreibt wohl die Kritik?«

»War er allein?« fragte ich und bekam Herzklopfen.

»Ja. Wieso? Ja, er war allein. Oder nicht? Nein, er muß eine Frau bei sich gehabt haben.«

Mein Herzklopfen verwandelte sich in Herzrasen. Sollte dieser Mensch mich die ganze Zeit auf die Folter spannen? Ich sagte nichts, versank nur in Tante Lillis angefressenem Sessel und hielt mich am Sherryglas fest.

»Er hatte wohl eine Frau bei sich, denn er trug zwei Gläser, als ich ihn in der Pause sah.«

»Aha.«

»Aber ich langweile dich. Was interessiert uns der Kritiker.«

»Genau. Was interessiert uns der Kritiker.«

Ich kicherte vor Erleichterung. Klaus spielte nicht. Er war nicht hintergründig. Er war so lieb und offen und direkt, daß er niemals so eine Szene inszenieren könnte. Frauen können so was und verschlagene Männer. Klaus niemals, dieser gutmütige, treue, brave Tanzbär.

Plötzlich hatte ich doch Lust, mich neben ihn zu setzen.

Ich nahm mein Sherryglas und zwängte mich hinter den Wohnzimmertisch, auf dem peinlicherweise zwei leergefressene Quarkbecher standen mit festgebackenen, kalkig bröckelnden Resten an den Becherwänden. Der Plastiklöffel stak in einem davon, und auch an ihm waren kalkig-bröckelige Quarkreste. Als ob zwei oder drei hungrige Krabbelkinder abgefüttert worden wären.

Ich setzte mich, nahm meine Wärmflasche in den Arm und wollte Sonja Ziemann beim Heiraten zusehen. Doch Klaus ließ mich nicht. Er legte seine Bärentatze um mich und zog mich mit solcher Wucht an sich, daß Tante Lillis Sofa bedenklich knarrte. Als ich gerade die Zwerchfellmuskeln anspannen wollte, um mich wieder hochzurappeln, klingelte es wieder. Ich verharrte wie gelähmt an der Bärenbrust. Die Tatze streichelte mich rauh, aber herzlich.

»Wir machen einfach nicht auf«, schlug der Bär vor, und Rotfleckchen widersprach ihm nicht.

Klopfenden Herzens lag ich da in seinem Bärentatzengriff und dachte an Georg, der jetzt unten stand und sich wunderte, daß ich trotz Licht nicht aufmachte.

Er schellte nicht zweimal. Lieber Gott, mach, daß er jetzt den roten BMW nicht sieht. Oder ihn nicht als BMW erkennt. Mach, daß er jetzt zu seiner Tochter in das Etagenbett fährt.

Klaus' Tatze war inzwischen in meinem Gesicht angelangt und fühlte sich weich und warm und etwas feucht an.

»Wer könnte das denn sein, so spät noch?«

»Keine Ahnung«, sagte ich und drehte den Kopf weg, so gut es ging.

»Magst du nicht, wenn ich dich streichele?« Die Bärentatze hielt irritiert inne.

Ich versuchte die Zwerchfellnummer noch mal und schaffte es, mich aufzusetzen.

»Im Moment nicht«, sagte ich.

Draußen sprang ein Opelmotor an.

Curd und Sonja heirateten unterdessen unbeobachtet.

Ich trank den Sherry aus, und Klaus schüttete mir sofort das Glas wieder voll.

»Warum nicht?«

»Weil wir doch jetzt fernsehen«, antwortete ich ungehalten und rieb mir die feuchte Wange. Wahrscheinlich war wieder die halbe Weltkarte auf ihr zu sehen. Frisch vom Tau benetzt.

»Ach so, wenn dir das wichtiger ist!«

Klaus schob mit einer Unwilligkeitsgeste die Quarkbecher zur Seite. Was zum Vorschein kam, war das Programmheft des »Maskenball«.

Kommissar Derrick würde ja jetzt zuschlagen. Da! Das entscheidende Indiz! Du Schwein! Entlarvt! Abführen! Klaus sah es nicht oder nahm es nicht wahr. Zu sehr war er mit Gekränktsein beschäftigt. Jetzt unauffällig das Programmheft entfernen, zudecken oder auf die Erde fallen lassen! Oder ein Schiffchen daraus falten oder Apfelsinenschalen darauf pellen. Ich hatte keine Apfelsine. Die Fernsehzeitung darauf legen! Notfalls auch die Wärmflasche. Ja, das ging. Die Wärmflasche auf den Tisch legen, weil sie einen beim gemütlichen Aneinanderlehnen und Curd-Jürgens-Gucken hinderte.

Ich wählte diese Möglichkeit. Entledigte mich der lästigen Wärmflasche, indem ich sie auf das Programmheft legte. Jetzt hatte ich beide Hände frei. Wie nun schöpferisch reagieren? Ich benutzte die beiden Hände, um die Bärentatze zu nehmen und herzhaft zu drücken.

»Klaus, warum bist du gekommen?«

»Weil ich dir von der Oper erzählen wollte, davon, was du versäumt hast, und weil ich sowieso hier in der Nähe war. Ich muß nachher noch in die Praxis und Gutachten diktieren.«

»Jetzt, mitten in der Nacht?«

»Ja, warum denn nicht. Ich arbeite oft nachts in der Praxis, da bin ich ungestört.«

»Von deiner Frau?«

»Ja, das auch.«

Wir kamen auf die Frau zu sprechen und auf die freudlose Zusammenarbeit in der Praxis. Auf die Anwälte, die nach wie vor in den Startlöchern hockten (sie mußten schon einen Krampf in den Waden haben), und auf die elende Schwiegermutter, die ihm durch böses Nachreden Patienten abspenstig machte und sie Irene, der unerfreulichen Ehefrau, zuspielte. Ich hielt die ganze Zeit die Bärentatze fest und hinderte sie am weiteren Benetzen meiner hysterischen rotgefleckten Weltkarte im Gesicht.

Wir schalteten den Fernseher aus und hatten es unheimlich gemütlich. Ich hörte ihm mit großem Interesse zu und mochte ihn schon wieder schrecklich gern. Diese Irene! Wie konnte sie so gemein und lieblos zu dem Tanzbären sein, der vermutlich mit allzu heftiger Liebe in ihr karrierebewußtes Leben getapst war und nun den endgültigen Weg aus dem Karriereleben nicht wiederfand. Anscheinend suchte er Rotfleckchen, das ihm den Weg zeigen sollte. Warum haben diese Jungs, die sich Grimm nannten, darüber nichts geschrieben? Das hätte doch ganze Heerscharen von Kinderohren zum Erröten gebracht, das Thema.

»Und du gehst nicht mehr zu Irene zurück? In die tolle Villa nicht und in das Gummiwarengeschäft vom Schwiegervater auch nicht?«

»Nein, das alles interessiert mich nicht. Ich fang neu an. Ganz neu irgendwie.«

»Du mußt aus dieser Gemeinschaftspraxis raus!«

»Ja, das als erstes. Ich suche mir einen Job in einem Krankenhaus. Ich bin Internist. Das Seelenheil der Leute kann Irene allein wiederherstellen.«

»Nur deines nicht.«

»Nein, das kann nur jemand anderes.«

Die Bärentatze löste sich aus meinem Klammergriff und ging zu neuem Angriff über.

Ich ließ ihn gewähren, das heißt stürmisch über mich herfallen. Tante Lillis Sofa ächzte.

»Du bist so lieb, so warm, du bist so ein offener, wunderbarer Mensch!«

Wenn du es wüßtest, schoß es mir durch den Kopf. Ich bin ein unreifes, übermütiges Früchtchen, das schon seit Wochen auf zwei Hochzeiten tanzt und sich an doppelter Liebe weidet. Und deiner ehrlichen Offenheit bin ich nicht eine Sekunde wert.

Fast wollte ich zum reuevollen Geständnis übergehen. Da klingelte das Telefon.

Nachts um zehn vor zwölf.

Obwohl ich wußte, wer es war, hob ich ab.

»Liebste Löwenfrau, ich wollte wissen, ob du dich besser fühlst.«

Nach meinem Herzrasen zu urteilen, ging es mir selten schlechter.

»Ja, danke, mir geht's ganz gut.« War das neutral genug?

Klaus streichelte meinen Arm, mit dem anderen hielt ich den Hörer.

»Bist du schon im Bett?«

»Nein, ich sitze auf dem Sofa.«

Normalerweise war ich nicht so einsilbig, wenn ich mit Georg telefonierte. Ich gurrte und kicherte und turtelte und plauderte und kokettierte normalerweise. Das konnte ich ja nun schlecht tun.

»Stör ich dich bei irgend etwas?«

Feinfühliger, hochsensibler Georg.

Ich drehte den Spieß einfach um.

»Bist du zu Hause? Schläft die Kleine schon?«

»Wie ein Engel. So süß wie du, wenn ich morgens von dir weggehe.«

Wenn Klaus jetzt meine glühenden Ohren nicht sah, war er blind. Georg war ja sowieso blind. Wenn ich von einem überzeugt war, dann davon, daß ich morgens beim Schlafen kein bißchen Ähnlichkeit mit einem Engel habe. Allerhöchstens mit einer zerrupften Pusteblume.

Ich zog es vor, nichts zu sagen. Turteln war nicht angesagt. Unpersönliche Einsilbigkeit war auch nicht angesagt.

»Ich war vor einer Stunde vor deinem Haus und habe mal geschellt. Ich wollte dir noch gute Nacht sagen und dich vielleicht ins Bett bringen«, sagte Georg leise und rauh und tief, und ich bekam meinen üblichen Hormonstoß unterhalb des Magens.

Klaus hatte aufgehört, meinen Arm zu streicheln, und blätterte in der Fernsehzeitung herum.

Rettender Gedanke. Ich hielt die Hand auf die Sprechmuschel und sagte: »Klaus, tust du mir einen riesigen Gefallen? Unten an der Straße ist ein Zigarettenautomat... bitte, sei ein Schatz...« Stammel, heuchel, bettel.

Ich kam mir entsetzlich mies vor.

Besonders, weil Klaus sich sofort erhob (mit einiger

Wucht, das Sofa ächzte) und weil Georg im gleichen Moment sagte: »Ich liebe dich.«

»Welche Sorte?« fragte Klaus halblaut, und ich sagte »Irgendwas Leichtes.«

Klaus ging, ich nahm die Hand vom Hörer und sagte: »Ich dich auch.«

Für diese Nummer blühen mir wahrscheinlich sieben Wochen Fegefeuer. Wenn nicht acht. Oder ein Ohnmachtsanfall im nächsten Konzert. Oder sonst eine Panne auf der Bühne. Daß ich niesen mußte oder husten oder pupsen oder alles zusammen. Mindestens. Ich würde schon meine passende Strafe erhalten.

Trotzdem war ich ungeheuer erleichtert. In plötzlicher Euphorie lief ich wieder zur Hochform in der Kunst des Telefonierens auf, genau zwei Minuten lang, dann mußte selbst ein Zwei-Zentner-Bär mit Kleingeldschwierigkeiten vom Automaten zurück sein und erneut an die Tür meiner Höhle klopfen. Ich sagte Georg sehr lieb gute Nacht und hatte dreißig Sekunden Zeit, den Maskenball-Prospekt im Schreibtisch zu verstecken. Klaus hatte selbstverständlich den Schlüssel mitgenommen und stand ebenso plötzlich im Wohnzimmer, wie er es verlassen hatte. Mit einer Schachtel HB. Wir rauchten zusammen dieses »Giftkraut«, wie es mein neuer Hausarzt verachtungsvoll nannte, und tranken den Sherry aus.

Gegen halb vier ging er. In seine Praxis. Gutachten diktieren.

17

Zwei Tage später fing es bitterlich an zu schneien. Ich hockte zu Hause mit meiner Wärmflasche auf dem Schoß am Klavier und paukte die Töne für das nächste Konzert. Mein Heizöfchen bullerte und stank sachte vor sich hin, und im Treppenhaus sah man seinen Atem, wenn man aufwärts keuchte. Auf dem Herd in der Küche stand eine Kanne Tee, und Klaus Konrads Adventskranz mit blauen Kerzen verbreitete Gemütlichkeit. Ich erwartete niemanden, übte mit Begeisterung und Fleiß, und war so richtig glücklich mit mir selbst, meinem verstimmten Engelbert und meiner treuen, lieben, warmen Wärmflasche.

Zwischendurch setzte ich den Walkmankopfhörer auf, nahm Georgs wunderbare Strauss-Lieder mit und machte einen ausgedehnten Spaziergang durch öde, graue, matschige Straßen, an Autoschlangen vorbei, fröhlich durch den stinkenden Berufsverkehr, und fühlte mich als Königin der Rushhour, mit seligsten Klängen im Ohr und kalter, rauher Luft im Gesicht. Überall sah ich in hektische, müde, überreizte Gesichter, alle Menschen hatten Termine und Druck, nur ich, ich ließ mich treiben, mit meinen Gedanken, meinen Liedern, meinen Erinnerungen an gestern und vorgestern und an morgen und übermorgen…

Ich hörte keine Auspuffgeräusche und kein Klingeln der Straßenbahnen, ich sah keine grauen Häuserfassaden und keine stinkig-schmutzigen Autos. Ich roch keinen Smog und keine Autoabgase, ich war in einem merkwürdigen Rausch von überkandidelter Seligkeit. Es war geradezu überwältigend wunderbar, unglaublich luxuriös war es, einfach ganz allein den Tag mit mir selbst zu verbringen, mit meinen Gedanken und dieser Strauss-Lieder-Stimme, die Georg mir geliehen hatte. Ich wollte an Georg denken, aber ich wollte ihn nicht bei mir haben. Ich wollte von ihm träumen, mir Begegnungen mit ihm vorstellen, mir ausmalen, was mit ihm eben so sagenhaft toll war, das eine, aber nur in der Phantasiewelt wollte ich es, das eine, heute erleben.

Wieder zu Hause, genehmigte ich mir einen unglaublich luxuriösen Mittagsschlaf, mit einem feinen Buch ging ich ins Bett und warf es bald hinaus, um mit mir, meiner angenehmen Müdigkeit und meinem warmgelaufenen Körper allein zu sein.

Ich drehte mich auf die Seite, kuschelte mich unter der angenehm nach Georg riechenden Bettdecke zusammen und fühlte mich unbeschreiblich wunderbar. Die Entspannung kroch langsam und wohlig von den Stimmbändern bis zu den Fußnägeln, und ich versank in eine rosarote Halbschlaftrance, in der ich vermutlich zwischen sieben und dreizehn Minuten verharrte.

Dann klingelte es nämlich an der Haustür.

Nicht aufmachen, dachte ich, Herz, klopf gefälligst nicht, jetzt wird gepennt, und heute ist Urlaub von allen Lieben und Leidenschaften angesagt. Betriebsferien. Bitte nicht stören.

Aber meine Neugierde war größer als meine Faulheit. Ich streifte mir nur hastig ein übergroßes T-Shirt über und tappte mit nackten Füßen zur Tür. Wenn das jetzt ein Zeuge Jehovas war oder ein armer Strafgefangener im Ruhestand, der mir ein Lesemagazin verkaufen wollte, dann war aber was gefällig!

Georg und Klaus konnten es doch nicht sein, um halb vier Uhr nachmittags.

Ich drückte auf den Summknopf, und unten sprang die Tür auf. Kein »Dankeschön« oder »Müülllabfuuhr« oder »Telegramm« war zu hören. Jemand bemühte sich tatsächlich die Treppen herauf. Ich sah die Atemwolke, bevor ich die Person erkannte.

»Bitte, erschrecken Sie nicht«, sagte eine Frauenstimme und keuchte weißen Atem vor sich her.

Kurzer gepflegter Haarschopf mit Strähnchen drin, feiner beigefarbener Hosenanzug mit ausgestopften Schultern, alles vom Neuesten und Feinsten. Popelinemantel, offen. Lederne kleine Handtasche salopp über der Schulter.

Frau Lalinde.

Und ich stand mit weißen nackten Beinen im übergroßen T-Shirt (Kind, zieh dir wenigstens einen BH an) im Flur und fand mich absolut indiskutabel gegen diese adrette Person. Und überhaupt, Kind, das ist eine Dame.

»Ja, äm…« sagte ich und fand diese Begrüßung ausgesprochen passend als Einleitung zu einem Augenauskratzfestival. Oder was sollte das sonst werden?

Jetzt bemerkte ich erst, daß sie einen Blumenstrauß bei sich hatte. Einen sehr kleinen, sehr feinen, herzallerliebsten hellblauen Blumenstrauß.

»Hatten Sie sich gerade hingelegt?«

»Äm, nein…«, sagte ich und zupfte an meinem T-Shirt.

Sollte sie mich gar nicht verprügeln wollen? Die Blumen irritierten mich kolossal.

Sie überreichte sie mir, lächelte lieb und sagte: »Darf ich auf einen Moment hereinkommen?«

»Äm, ja.«

Sie trat in meinen muffeligen Flur, legte elegant das Popelinecape ab und verbreitete eine dezente Duftnote, Marke »für die junggebliebene Eva« oder so.

»Geht es hier lang?« Sie ging den roten Rosen ihres Gatten entgegen.

»Äm, ja.« Ich trat von einem nackten Fuß auf den anderen.

»Wollen Sie sich nicht etwas anziehen? Ihnen muß doch kalt werden. Kommen Sie, ich versorge inzwischen die Blumen. Ist die Küche da vorne?«

»Äm, ja.« Ich trollte mich ins Schlafzimmer – in dem es angenehm nach Georg roch –, um mich anzuziehen.

»Wo sind Ihre Blumenvasen?« rief Frau Lalinde aus der Küche.

»Gurkengläser stehen auf dem Schrank!« rief ich zurück.

Das war der erste zusammenhängende Satz außer »äm ja«, den ich dieser Frau gegenüber hervorbrachte.

Ich ließ mir Zeit mit dem Anziehen, kämmte mich sogar (Kind, mach dich mal hübsch, das putzt) und trat dann halbwegs gefaßt wieder ins Wohnzimmer. Frau Lalinde saß rauchend auf dem alten Sofa von Tante Lilli und drapierte mit spitzen Fingern ihre blauen Blümchen neben Georgs roten Rosen. Direkt daneben.

»Sie sind sehr überrascht, daß ich komme, nicht wahr?«

Um nicht wieder »äm ja« zu sagen, versuchte ich es mal mit einem verlegenen Lachen. »Kommt drauf an.«

»Worauf? Dachten Sie, ich sei Ihnen böse?«

Sie lächelte wieder sehr lieb und warm.

»Böse? Nein, ich glaube nicht, das heißt, Sie hätten natürlich eventuell Grund dazu…« stammelte ich. Kind, wo ist das böse Händchen? Patsch. Au, heul, schrei, brüll.

»Nein, ich bin Ihnen nicht böse. Ich komme mit den besten Absichten, glauben Sie mir.«

Um dies besser verdauen zu können, stand ich auf und bot ihr vorsichtshalber einen Sherry an. Das war das einzig Standesgemäße, was ich außer altem, nach Teer schmeckendem Tee und Mengen von Quark mit Süßstoff anzubieten hatte. Da sie auf meinem Heizungsplatz saß, nahm ich ihr gegenüber auf dem angeknabberten Sessel Platz und schlug die Beine übereinander.

Sie hatte ihre ja auch übereinandergeschlagen, in ihrem feinen beigefarbenen Hosenanzug.

Sie hatte übrigens schlankere Beine als ich. Und zartere Fesseln.

Ich hatte überhaupt keine nennenswerten Fesseln in meinen Filzpantoffeln. Und konnte plötzlich überhaupt nicht mehr begreifen, was Georg an mir fand und weshalb er auch nur ein Fünkchen Sympathie für mich hatte.

»Ach, wollen wir nicht du sagen?« fragte Frau Lalinde und prostete mir mit dem Sherry zu.

»Ja, äm, wie Sie meinen«, sagte ich, und meine Verwirrung steigerte sich in Richtung blödes Starren.

»Sicherlich schulde ich dir eine Erklärung, weshalb ich dich hier so unangemeldet überfalle«, sagte sie.

»Könnte ich eine Zigarette haben?« unterbrach ich ihre liebenswürdige Einleitung. Sie rauchte was Mildes mit Überlänge, optisch zu ihren frisch lackierten, mild schimmernden Fingernägeln passend.

Sie bot mir ihr Schächtelchen dar und gab mir Feuer.

»Rauchst du? Als Sängerin?«

»Hat mir Ihr Mann, ich meine dein Mann, also äm, Georg, ich will sagen, durch ihn habe ich es mir angewöhnt.«

Sie lächelte wissend und ansatzweise ironisch, aber ausgesprochen liebenswert. Eine sympathische Erscheinung, von Strähnchen bis Pumps.

»Also«, begann sie erneut und wechselte nun Standbein und darüberhängendes Bein, »ich bin hier, weil ich einmal in Ruhe und ohne, daß Georg es weiß, mit dir sprechen möchte.«

»Ja?«

»Georg hüllt sich zu Hause in Schweigen. Ich weiß aber, daß es ihm gutgeht, und ich weiß, daß du damit zu tun hast.«

Ich leugnete es nicht. Warum auch. Sie schien mich nicht mit den Absätzen ihrer Pumps vermöbeln zu wollen.

»Ja. Wir sind ganz gern zusammen, unternehmen öfter mal was, Konzerte und Opern, gehen spazieren, hören Musik miteinander, reden viel über Musik...«

»Aber ihr schlaft doch wohl miteinander!« kam es hoffnungsvoll aus der Heizungsecke.

»Ja, das auch. Ich war ja noch gar nicht fertig.« Ich grinste. Sie grinste auch.

Der Bann war gebrochen. Wir schenkten Sherry nach.

»So«, sagte sie und ließ mich eine Sekunde im unklaren, wie denn die Befriedigung in diesem Wörtchen »so« zu deuten sei. »Also, ihr seid glücklich.« Feststellung oder Frage?

Ich sagte: »Also, wir langweilen uns selten miteinander.«

»Fein«, sagte sie und drückte ihre Zigarette mit gepflegten Händen aus.

»Wieso fein?« wagte ich zu fragen. Sollte diese nette sympathische Frau dermaßen masochistisch veranlagt sein?

»Paß auf, es ist nämlich folgendes«, sagte Freia, ohne dabei allerdings ein Wagnerianisches »Hoijotoho« auszustoßen. »Ich habe nun seit einiger Zeit einen Freund, jemanden, den ich schon sehr lange kenne und liebe, mit dem ich gerne zusammenleben möchte. Verstehst du das?«

Ich nickte, weil ich sie zumindest akustisch verstanden hatte. Mir war nur noch nicht klar, worauf es hinaussollte mit ihren Andeutungen.

»Ich würde Georg aber nicht verlassen, wenn ich nicht wüßte, daß es ihm ohne mich gutginge.«

Ach, du trapsende Nachtigall! Ich ahnte Fürchterliches. Wollte sie mir ihren Gatten überlassen, um ungestört der Liebe frönen zu können? Vielleicht wäre es klug von mir, mich vorsichtshalber nach der Höhe der Mitgift zu erkundigen? Ich sank in den Sperrmüllanwärter zurück und wartete ab.

»Hübsch hast du es hier«, sagte die Walküre und schaute in meiner hellblauen Bollerofenbude umher. »Richtig heimelig.«

»Na ja«, wagte ich einschränkend zu bemerken. Ihre Ironie war phantastisch verpackt. Oder sollte sie das ernst meinen?

»Aber denkst du nicht daran, irgendwann einmal umzuziehen? In ein Haus beispielsweise, mit Garten vielleicht, irgendwo in einer helleren, hübscheren Gegend…«

Das also war die Mitgift. Ich konnt's nicht fassen, nicht glauben.

»Woran denkst du?« fragte ich.

»Kennst du unser Haus in Bad Godesberg?«

»Nein, woher denn?«

»Ja, wart ihr denn noch nie dort?«

»Nöö.« So eine Abgebrühte. Was dachte die von uns!

»Dann wird es aber mal Zeit. Wann kommst du zu uns zum Abendessen?«

Mir fiel die Kinnlade herunter. Ich sollte in das Lalindesche Familienleben eintreten? Ganz offiziell? Mit oder ohne Georg am Tisch? Womöglich sollte der Freund von ihr auch noch an dem Date teilnehmen?

»In welcher Besetzung?« fragte ich vorsichtshalber.

»Na, du. Allein. Oder hast du etwa einen Freund?« Panik glomm in ihren Augen.

»Nein.«

»Na also. Du mußt mal zu uns kommen, damit Nina dich kennenlernt!«

Das verwöhnte Klavierstundenkind mit dem Taxi.

»Was hast du vor, Freia?« sagte ich und wurde augenblicklich rot, weil ich sie mit ihrem Vornamen angesprochen hatte.

»Ich würde es sehr begrüßen, wenn du und Georg... also wenn du dich entschließen könntest, mit Georg zu leben, in seinem Haus in Godesberg, verstehst du, ich würde euch das Kind abnehmen, so oft ich könnte. Du weißt vielleicht, daß ich viel unterwegs bin, bei Auktionen und Kunstausstellungen, und Lothar, mein Freund, ist Maler, weißt du.«

Ich wußte das alles nicht. Georg sprach nie über Freia, was ich an ihm schätzte, und über Wotan, Verzeihung, Lothar, sprach er erst recht nicht. Was ging uns dieser Lothar an. Wahrscheinlich war er so ein überkandidelter, magerer, langhaariger Bursche, der insgeheim schwul war und sich mit so einem adretten Frauchen wie Freia schmückte.

»Lothar und ich, wir kennen uns schon vom Kunststudium her«, sagte Freia.

Na und, dachte ich. Alter schützt vor Torheit nicht.

»Wir haben uns damals aus den Augen verloren und erst nach siebzehn Jahren wiedergetroffen, auf einer Vernissage in Stockholm.«

»Wie interessant«, sagte ich.

»Es war vor zwei Jahren«, sagte Freia und lehnte sich zurück. Anscheinend gedachte sie nun, in selige Erinnerungen zu versinken.

»Georg und ich hatten uns damals bereits auseinandergelebt...«

Ach so, die Platte, dachte ich.

»Trotzdem wollte ich bei ihm und dem Kind bleiben.«

»Das ist nett von dir«, sagte ich herzlich.

»Aber nur so lange, wie Georg auf mich angewiesen ist«, begehrte Freia auf.

Ich verstand sie nur zu gut. Zum Hemdenbügeln tat es auch eine Frau Bär.

»Er braucht mich nun nicht mehr«, sagte Freia. »Er hat ja dich!«

»Und das Kind?« fragte ich zurück.

»Ja, das ist der Punkt, über den wir sprechen müßten.«

Ach, du Schreck. Ohne mein böswilliges Zutun saß ich jetzt in einer Verhandlung über die Versorgung eines verwöhnten klavierspielenden Kindes, das mittwochs zum Ballettunterricht und donnerstags zum Reiten gefahren werden mußte. Und dabei vermutlich mit einem Dolby-C-Walkman Nena hörte und nicht gestört werden wollte.

Ich sah mich schon als Hausfrau in einer getäfelten Einbauküche am Mikrowellenherd stehen und zarte Steaks für Nina bereiten. »Möchtest du etwas Spinat dazu, oder wäre dir Broccoli lieber, mein Kind?«

»Ich will gar nichts, ich muß abnehmen, sonst sagt Marco wieder fette Schnepfe zu mir.«

»Aber, liebes Kind, du bist doch kein bißchen fett, und das zarte Kalbsteak auch nicht, schau nur, ganz mager. Und Spinat hat überhaupt keine Kalorien...«

»Geh mir weg mit deinem scheußlichen Spinat!«

»Aber Ninalein, du kannst doch auch Broccoli haben!«

»Will ich nicht, ich hab überhaupt keinen Hunger.«

»Bitte, Liebes, du mußt doch ein Häppchen essen, sonst schimpft dein Papi heute abend mit mir!«

»Das ist dein Problem, wenn mein Papi mit dir schimpft.«

»Ja, Kind, kann ich dich denn gar nicht locken? Vielleicht

mit einem Nudelauflauf mit viel Maggi? Den mochte ich früher immer so gern!«

»So siehst du auch aus!«

»Ja aber…«

»Ach, mach dir keine Mühe. Ich war schon mit Klaus Dieter und Eric und Ole-Sven bei MacDonalds und habe drei Fischburger mit Pommes gegessen.«

So oder ähnlich stellte ich mir das Zusammenleben mit diesem Kind vor und gedachte nicht, mein Wärmflaschen- und Quarkdasein dafür aufzugeben.

»Freia, ich glaube nicht, daß wir darüber viel sprechen könnten. Von einem Umzug in euer Haus kann überhaupt keine Rede sein.«

»Ja, aber warum denn nicht? Liebst du Georg etwa nicht?« Für sie brach anscheinend ein mühsam aufgebautes Kartenhaus zusammen.

»Das tut eigentlich nichts zur Sache«, sagte ich. »Tatsache ist, daß ich ein ziemlich bindungsunfreundliches Monster bin und unheimlich gern alleine lebe.«

»Ach, deswegen hattest du gerade keinen Partner, als du Georg kennenlerntest. Ich wunderte mich schon, daß eine Frau wie du, in deinem Alter…«

»Och, das war reiner Zufall«, gab ich bescheiden zu. Eine Frau in meinem Alter hatte eigentlich ständig irgendwelche Jürgens und Horstens und Heinzens auf der Pelle gehabt. Nur der richtige Horst, Jürgen oder Heinz war einfach nicht darunter gewesen.

Und Georg hatte das gewisse Etwas.

Das sagte ich auch Freia.

»Aber für eine feste Bindung reicht das nicht aus?« fragte sie enttäuscht.

»Bei dir ja anscheinend auch nicht«, sagte ich vorlaut.

»Immerhin sind wir jetzt siebzehn Jahre verheiratet.«

»Ja, und dann wollt ihr aufgeben?«

»Ja. Ich liebe einen anderen, und er liebt auch eine andere.«

»So, so. Mir scheint, ich kenne sie flüchtig«, sagte ich. Womit ich gar nicht so unrecht hatte. Ich kannte mich zu der Zeit wirklich nur flüchtig. Für weiteres In-mich-Gehen hatte ich überhaupt keine Zeit.

Freia erhob sich. »Tja, das war's dann wohl.«

»Es tut mir leid, daß ich dir den Gefallen nicht tun kann«, sagte ich und stand auch auf.

»Aber einen Gefallen kannst du mir tun.« Freia nahm ihren Mantel vom wackligen Garderobenständer.

»Ja?« Hoffentlich wollte sie jetzt nicht, daß ich auf ihrer Hochzeit mit Lothar »Ave Maria« von Schubert sang.

»Du kannst mir versprechen, daß du Georg nichts von unserem Gespräch sagst.«

Ich schluckte. Das war entschieden mehr verlangt als Ave Maria. Aber weil ich ein zur Höflichkeit und entgegenkommender Bereitwilligkeit erzogenes Mädchen war (Kind, das steht einem jungen Mädchen gut), nickte ich lieb und sagte: »Klar, geht in Ordnung.«

»Kann ich mich darauf verlassen?«

»Ja natürlich.« Wenn du es wüßtest...

»Dann gehe ich jetzt und bedanke mich für den Sherry.«

Sie umarmte mich kurz, wie eine Freundin nach einem gemeinsamen Einkaufsbummel, und verschwand die Treppe hinunter. Ich entblödete mich nicht, noch halblaut hinter ihr her zu rufen: »Beste Grüße an Georg!«

Aber das hatte sie wohl nicht mehr gehört.

18

Am Wochenende saß ich im Zug nach Ulm.

Weihnachtsoratorium von Bach auf schwäbisch.

Draußen zog grauverschleiert die öde, kahle Landschaft vorbei und sah aus wie auf einer verstaubten Schwarzweißphotographie. Ich hatte die Schuhe ausgezogen und die Füße hochgelegt. Der Zug war angenehm leer, ich war allein im Abteil und konnte nachdenken.

Zuerst wollte ich mit dem Walkman die Strauss-Lieder von Georg hören. Aber ich hatte Verlangen nach Ruhe. Nur das gleichmäßige Rattern des Zuges war erlaubt.

Das war mal wieder eine Woche gewesen. Montag Georg und Klaus. Dieser verunglückte Opernabend. Dienstag

Freia. Der Komödie zweiter Akt. Mittwoch nachmittag Kaffee mit Klaus bei mir, abends Theater in Bonn mit Georg. Ich biß mir den ganzen Abend auf die Zunge und ließ kein Sterbenswörtchen über Freia verlauten. Um ein Uhr nachts fuhr er mich noch nach Hause zurück, nicht ohne mich ausgiebig »ins Bett zu bringen«. Das dauerte bis etwa sechs Uhr früh, dann mußte er nach Hause rasen, um mit seiner Tochter »aufzuwachen«. Das Übliche. Donnerstag morgen um neun wieder der eine Anruf, um zehn nach neun der zweite. Nachmittags kurzer Besuch von Georg, trotzdem sehr inhaltsreich (in der Kürze liegt die Würze), abends Einladung von Klaus ins Urania-Theater, ein politisches Stück. Ich traf durch Zufall Uschi, meine Sopran-Kollegin, die sich eines lautstarken Kommentars zu meinem neuen »Herrn Bekannten« nicht enthalten konnte. Nach dem Theater Dias ansehen bei Klaus. Die Ägypten-Rundreise vor vier Jahren. Mit Irene. Ich sah Irene im Flugzeug, im Hotel, im Swimmingpool, auf dem Kamel und neben dem Kamel, im Bus und neben dem Bus, mit dem Reiseleiter und allein, mit Kopftuch und mit Jogging-Anzug, mit hochgesteckten Haaren und mit nassen Haaren, ich sah sie lächelnd und ernst dreinschauend. Meistens schaute sie ernst drein. Obwohl sie so hübsch war und schätzungsweise Kleidergröße 34 hatte. Ihre knapp bemessenen Formen saßen an der richtigen Stelle, ihre blonden langen Haare waren auffallend schön. Um den Mund hatte sie allerdings einen verkniffenen Zug, und ihre Augen erschienen mir kalt und berechnend. Sie trug meistens eine runde goldgerahmte Brille, mit der sie etwas streberhaft wirkte und mich unheimlich an eine Klassenkameradin erinnerte, die ich nie leiden konnte, weil sie in allen Fächern eins stand und dazu noch hübsch war, bis auf die Brille.

Klaus hatte sich während der nicht enden wollenden Diashow neben mich gesetzt und kraulte mir den Nacken, wenn er nicht gerade wieder mein Sektglas füllte. Ich konnte das Nackenkraulen nicht ertragen, wenn ich gleichzeitig dabei seine Frau ansehen mußte. Auch der viele Sekt bekam mir ganz und gar nicht nach dieser politischen Satire im Urania-Theater und nach der unfreiwilligen Begegnung mit der vorlauten Uschi.

Mir war ziemlich schlecht. Ich wollte nach Hause.

Aber Irene stand gerade vor der Pyramide und guckte verkniffen in die aufgehende Sonne, die sie blendete. Die Pyramide war in märchenhaft goldenes Licht getaucht.

»Möchtest du nicht auch mal nach Ägypten fahren?«

»Nein. Ich habe von den Dias schon einen Eindruck.«

»Aber es ist ein wunderbares Land, mit den größten kulturellen Schätzen der frühen menschlichen Geschichte!«

Ich stellte mir vor, in einer Reisegruppe von zwanzig bebrillten Strebern und mit Klaus, der mit Kameras behängt war, durch dieses staubige, heiße Land zu fahren und immer nur halb verkommene Pyramiden, Trümmer und Reste von infantilen Kritzeleien in feuchten Höhlen anschauen und dabei noch die stundenlangen Vorträge eines dreimalklugen Reiseleiters anhören zu müssen. Am allerschlimmsten finde ich aber noch das ständige Kopfnicken der blöde gaffenden und schwitzenden Mitreisenden, die immer alles schon wissen, weil sie es schon gelesen haben, und den Reiseleiter mit lästigen Fragen in die Enge treiben. Was den Reiseleiter dazu bringt, noch weiter auszuholen und noch mehr langweilige Sachen zu erzählen, weshalb die Umstehenden noch blöder gaffen und noch mehr schwitzen.

Irgendwann stellt sich dann ein bohrender Schmerz im Steiß ein, weil man nicht mehr stehen kann, oder ein plötzlicher Pipidrang, aber nirgendwo gibt es ein Klo, nur Staub und Kamele und Wüste und Reisebusse und Postkarten verkaufende Händler, die sich heimlich über einen kaputtlachen.

»Nein, Klaus, wirklich nicht. Solche Fernreisen liegen mir nicht.«

»Ja, aber möchtest du denn gar nichts von der Welt sehen? Willst du deinen Horizont weiterhin so beengt lassen?«

»Ich habe von Berufs wegen schon so manche Weltreise gemacht«, empörte ich mich und schüttelte seine Kraulhand aus meinem Nacken. »Allein mit dem Hochschulchor war ich schon in Südamerika und Israel und der Sowjetunion und...«

»Was hast du denn gesehen außer dem Flughafen, dem Hotel und dem Konzertsaal?«

»Die Hotelbar«, motzte ich auf, »und manchmal hat uns auch ein Mensch vom Goethe-Institut in einem staubigen Bus durch die Gegend karren lassen und uns die wesentlichen Attraktionen gezeigt.«

»Was denn zum Beispiel?« fragte Klaus und reichte mir das Sektglas, vermutlich um mich milder zu stimmen. Irene guckte die ganze Zeit verknittert von der Leinwand, weil die ägyptische Morgensonne sie blendete. Ich hätte mich gern ohne ihren Adlerblick mit Klaus unterhalten.

»Die Copacabana zum Beispiel«, triumphierte ich. »Da waren wir genau zwanzig Minuten.«

»Und dann?«

»Dann mußten wir zur Probe ins Theater«, gab ich zu. »Aber so eine Reise, nur zum Vergnügen, das wäre einfach nichts für mich. Organisierter Tourismus, um Land und Leute aus einem Busfenster anzustarren und ab und zu mal auszusteigen, um dann ohne Busfenster zu starren, das ist entwürdigend für beide Seiten. Finde ich.«

»Ich würde aber gern mal mit dir eine größere Reise machen«, sagte Klaus.

»Wandern im Odenwald«, schlug ich vor. »Oder eine Radtour entlang der Mosel!«

»Das kannst du doch machen, wenn du pensioniert bist.«

»Wetten, daß ich dann Krampfadern habe und nicht mehr Radfahren und wandern kann?«

Wir stritten noch eine Weile über verschiedene Formen des Urlaubs und über Vorlieben und Reiseziele. Irene schaute verknittert zu uns herab.

Irgendwann war ich ziemlich wütend und wollte nach Hause. Klaus bestand darauf, mich zu bringen, obwohl wir zusammen zwei Flaschen Sekt geleert hatten. Ich taumelte gereizt neben ihm die marmornen Treppen seines Mietshauses hinunter und sank dann in die ledernen Nußschalen, in denen es mir ziemlich übel wurde. Jede Art von Zärtlichkeit von seiten des über Weltreisen philosophierenden Fahrers verbat ich mir.

»Warum bist du denn auf einmal so kratzbürstig?«

Ich wußte es nicht. Ich wollte nur allein sein in meiner Wohnung und mich gegebenenfalls in Ruhe übergeben.

»Mir ist schlecht von dem Sekt und von dem Anblick deiner Frau.«

»Bist du etwa eifersüchtig?« frohlockte Klaus.

»Nicht die Bohne.«

An den Rest der Fahrt kann ich mich nicht mehr so genau erinnern. Irgendwie landete ich in meinem Bett; ich schaffte es sogar noch, mir eine Wärmflasche auf den rebellierenden Bauch zu legen und eine Schüssel neben das Bett zu stellen. In meinem Kopf drehte sich alles, ich versuchte, mit System tief durchzuatmen, und schlief irgendwann ein. Am nächsten Morgen war die Schüssel zwar leer, aber mein Kopf auch. Ich konnte nicht aufstehen, weil mir so schwindelig war. Klarer Fall von verdienter Strafe nach einer ausschweifenden Nacht, in der ich mich noch nicht einmal besonders amüsiert hatte. Kind, das geschieht dir recht. Ich habe nicht das geringste Mitleid mit dir.

Mittags klingelte das Telefon. Georg.

»Wo warst du heute morgen, ich habe mehrmals versucht, dich zu erreichen, liebste Löwenfrau.«

»Mir war nicht gut. Ich hatte Bauchschmerzen und bin im Bett geblieben.«

»Kann ich was für dich tun, ich könnte in zwei Stunden bei dir sein.«

Alles, nur das nicht. Mir war immer noch viel zu schlecht, um Leidenschaft, in welcher Form auch immer, zu ertragen.

»Nein, vielen Dank. Ich glaube, ich habe eine kleine Grippe. Was ich brauche, ist Ruhe, zumal ich morgen früh nach Ulm fahren muß.«

»In Ulm wohnt ein Vetter von mir. Ich wollte ihn immer schon mal besuchen.«

Ich überlegte, soweit das mit meinem angeschlagenen Hirn möglich war, ob mir ein Wochenende mit Georg in Ulm lieb sein würde. Vermutlich ja, vielleicht nein. Nein, eher nein. Mir war so übel. Nein wirklich, nein.

»Bleib doch am Wochenende bei deinem Kind«, sagte ich.

»Mein Kind bleibt nicht bei mir«, antwortete Georg. »Es wird mit Freia einen Ausflug auf eine Vernissage unternehmen. Ich hätte also Zeit, mit dir zu fahren.«

Ich schwieg. Er schwieg. In solchen Fällen denke ich immer an die überflüssig hohe Telefonrechnung.

Dann dachte ich an den alten, klapprigen Türkenopel. An

sechs Stunden Autobahnfahrt im grauen Schneematsch. An unzählige Zigaretten auf der Fahrt. An eine schlaflose, wenn auch nicht langweilige Hotelnacht im »Wilden Mann« oder »Gasthof zur Post«. Nein. Nein, lieber nicht. Irgendwann mußte ich ja auch noch eingermaßen gut singen.

»Georg, ich habe schon die Fahrkarte. Ich nehme den Zug.«

»Fahrkarten kann man zurückgeben.«

»Ich weiß. Ich möchte aber lieber mit dem Zug fahren. Es ist entspannender.«

Ich hielt die Hand über die Sprechmuschel, weil ich ein Sektbäuerchen rauslassen mußte. (Wenn du es wüßtest...)

»Ich bin lange nicht mehr Zug gefahren. Es müßte wunderbar sein, mit dir im Zug nach Ulm zu fahren.«

Ich unterdrückte einen weiteren Sektbauern und sagte unwirsch: »Nein, Georg. Ich möchte allein fahren. Mir ist wirklich nicht so gut. Laß uns auflegen. Ich wünsche dir einen schönen Tag.«

Aufzulegen getraute ich mich nicht. Es ist für mich das widerlichste, was man einem Mitmenschen antun kann. Also schwiegen wir wieder in den Hörer hinein.

»Kann ich dich denn heute zum Abschied noch besuchen?« kam es dann aus dem Hörer.

Stolz gibt es an der Abendkasse, dachte ich.

»Mir ist gar nicht gut. Ich habe Bauchschmerzen, verstehst du. Ich bin im Bett!«

»Ich mache dir einen Tee und eine Wärmflasche.«

Ich dachte daran, wie scheußlich ich aussehen mußte, verquollen und bleich und übelriechend. NEIN!

Georg ließ sich nicht abweisen. Er müsse mir etwas Wichtiges sagen. Das ginge nicht am Telefon. Ich dachte an Freia. Hatte sie gequatscht?

»Also gut, aber erst heute abend. Bis dahin wird es mir besser gehen.«

»Ich werde dich auch gar nicht weiter beanspruchen. Du sollst mir nur zuhören«, sagte er vieldeutig. In seiner Stimme schwang der Triumph mit, den ein Kind empfindet, wenn es die Eltern nach endlosen nervenden Diskussionen doch dazu überreden konnte, daß der Spätkrimi im Zweiten geguckt werden durfte. Ich war unzufrieden und fühlte mich übers Ohr gehauen.

»Freiheit ist eigentlich was anderes«, brummelte ich böse und trollte mich nach einem kurzen Abstecher zum Klo wieder ins Bett. Es drehte sich wenigstens nichts mehr.

Später kam Georg. Ich fühlte mich wieder einigermaßen ansehnlich und hatte sogar schon wieder etwas Appetit. Ich hatte gerade ein gutes Quarkbrechen verdrückt und saß befriedigt in der Küche, als Georg kingelte.

»Geliebte Löwenfrau, geht es dir wieder besser? Ich habe dir etwas mitgebracht.« Georg hängte seinen Mantel über den wackeligen Garderobenständer und kramte in der Manteltasche.

Es war nicht selten, daß Georg mir etwas mitbrachte. Entweder Blumen oder einen guten Wein oder eine Kassette mit Liedern für mich, Opernszenen, an denen wir uns gemeinsam ergötzten, oder seine jüngsten Kritiken, die wir dann Kopf an Kopf studierten. Jetzt war es eher so ein silberner Ring. Das mußte ja kommen. Ich betrachtete ihn argwöhnisch.

»Du mußt ihn nicht tragen, wenn du nicht willst.«

»Soll ich ihn an die Wand nageln oder was«, gab ich verärgert zurück. Ein silberner Ring. Mit einer Inschrift drin.

»Cäcilie«, stand innen drin. Der Juwelier wird sich gedacht haben, die biedere Ehefrau dieses biederen Ehemannes heißt Cäcilie, und er schenkt ihr den Ring zur Silberhochzeit. Daß »Cäcilie« unser Strauss-Lied war, das anfing mit »Wenn du es wüßtest« und endete mit »du lebtest mit mir!«, das konnte dieser Juwelier natürlich nicht wissen.

Ich drehte den Ring hin und her und las den Namen »Cäcilie« immer wieder, als wäre es altägyptische Keilschrift.

»Wenn er dir nicht gefällt, kann ich ihn umtauschen.«

»Er gefällt mir ja!«

»Dann probier ihn doch mal an! Trag ihn am kleinen Finger, wenn er dir zu eng ist.« Das war wieder mal eine von Georgs berühmten Zweideutigkeiten.

Er paßte am Ringfinger.

Ich wollte Georg nicht »am kleinen Finger« tragen. Also trug ich den Ring am Ringfinger.

Georg freute sich wie ein kleiner Junge, und ich freute mich auch.

»Was machen wir jetzt, zur Feier des Tages?«

»Sollen wir mal richtig toll ausgehen?« Diese Idee kam mir trotz der gerade überstandenen Übelkeit. Ich fühlte mich schon wieder viel zu großartig. Keine Frage, daß Georg wie immer mit meinem Vorschlag einverstanden war. Georg war nur dann nicht mit meinen Vorschlägen einverstanden, wenn sie sich auf getrennte Unternehmungen bezogen. Hauptsache, er war bei mir. Langsam gewöhnte ich mich an seine Bedürfnisse.

Wir fuhren dann in meinem alten verrosteten VW ins Studentenviertel. Ich hatte einfach Lust dazu. Lange war ich nicht mehr hiergewesen, wo sich eine Kneipe an die andere reiht, wo Kinos sind und Biergärten und wo die jungen Leute scharenweise über die Straße ziehen. Wir hockten uns ins »Vanille«, aßen einen Salat (erwähnte ich schon, daß Georg immer das gleiche aß wie ich?) und fühlten uns wohl und warm beieinander. Ich vergaß, daß Georg nicht in diese Kneipe paßte, ich bemerkte nicht, daß wir vermutlich von befremdeten Studenten beobachtet wurden, bis einer zu mir sagte: »Ist der Platz neben deinem Vater noch frei?«

Ich sagte: »Papi, gib dem Kleinen mal das Stühlchen!«, aber keiner lachte. Auch nicht Papi.

Später wechselten wir die Kneipe, gingen noch ins »Coconut« und auf ein Bier ins »Podium«. Hier lümmelte nur ein einziger Typ am Tresen, und es war ausgerechnet Fluppi, ein ehemaliger Kommilitone von mir, den ich auch mal aus Versehen geküßt hatte, auf einer Karnevalsfete. Er begrüßte mich freudig, da er sich einsam fühlte, und witterte seine erneute Chance, besonders, als Georg Zigaretten holte.

»Wer ist denn der?« lallte Fluppi bierdunstaromatisch in mein Ohr. Jetzt ging es wieder los. Mein Freund? Mein Herr Bekannter? Der berühmte Kritiker Lalinde, kennst du ihn nicht? Mein Onkel Walter? Mein Anwalt?

Noch bevor ich etwas antworten konnte, kam Georg zurück, erkannte blitzschnell die Situation und bot Fluppi eine Zigarette an.

Ich sagte: »Das ist Fluppi und das ist Georg Lalinde.«

Fluppis Nachnamen hatte ich vergessen beziehungsweise nie gewußt, und wie der nun meinen Georg ansprach, war ihm überlassen. Georg gab Fluppi artig die Hand, Fluppi schaute schräg einmal zu ihm rauf und runter. Nach der Zigarette gingen wir sofort. Ich fühlte mich unwohl, wollte aber noch nicht aufgeben.

»Im ›Subway‹ ist heute abend Jazz life«, sagte ich.

Georg war sofort einverstanden. Er liebte Jazz. Was mir ganz neu war. Wir schoben uns kellergeschoßwärts in ein dichtes dunkles Menschenknäuel hinein, das nur von Rauchschwaden und ohrenbetäubendem Krach zu leben schien. Da standen wir herum wie Falschgeld, konnten uns nicht unterhalten und kaum sehen, wurden geschubst und angerempelt, und ich drehte den neuen Ring an meinem Finger hin und her. So war das also mit Georg. In meinen üblichen Kreisen fühlte ich mich auf einmal fremd. Kind, warum tust du auch so was! Wir rauchten wieder eine Zigarette, soweit wir nicht durch Knüffe und Püffe daran gehindert wurden. Dann gingen wir. Was sollten wir noch länger da.

Im Auto fragte Georg, ob ich unzufrieden sei.

»Ach, Georg. Ich glaube, ich werde alt. Mir gefällt das alles nicht mehr so.«

»Nein? Bin ich daran schuld?«

»Das weiß ich nicht. Ich glaube aber nein. Ich weiß auch nicht, warum ich heute abend unbedingt ins Studentenviertel gehen wollte.«

»Um dir zu beweisen, daß ich dir nicht zu alt bin«, sagte Georg. Er sah rührend aus, wie er da in meinem schmuddeligen VW hockte, in seinem feinen Popelinemantel.

»Ach, ich bin mir ja selber zu alt«, lamentierte ich.

»Vielleicht sind dir die da nur zu jung«, sagte Georg.

»Aber irgendwann fand ich die doch alle mal toll«, gab ich zurück. »Die Studenten, die lockeren Freaks mit den lockeren Sprüchen, die Latzhosenmänner mit den Bärten und die knackigen Mädels in Jeans. Ist das denn jetzt vorbei?«

»Und wenn es vorbei wäre?« fragte Georg.

»Dann wäre es schrecklich schnell gegangen.« Ich war sehr nachdenklich geworden.

»Vor wenigen Wochen noch bin ich mit meiner Freundin

Moni oder Wilma oder Ruthchenmaus durch diese Kneipen gezogen, regelmäßig haben wir das gemacht und sind nicht eine Sekunde auf die Idee gekommen, wir könnten zu alt sein dafür.«

»Mache ich dich denn alt?« fragte Georg traurig.

»Nein, mein Schatz«, sagte ich und legte die Hand auf seinen Popelinemantel, »du machst mich reich. Und zeitweise sehr glücklich.«

Und das machte er dann auch, als wir wieder zu Hause waren. Ich vergaß die komischen Latzhosenklischees, ich war nur noch bei ihm in der gelben kleinen Privatwelt, und zwischendurch rauchten wir eine, sprachen über dies und das, lachten, liebten uns, ich holte eine Flasche Sekt aus dem Kühlschrank (die hatte Klaus Konrad letztens mitgebracht; ich fand das noch nicht mal geschmacklos), und wir hatten es die ganze Nacht lang urgemütlich. Gegen zwanzig nach fünf muß ich eingeschlafen sein, und als ich um zehn nach acht aufwachte, war Georg weg. Aber auf seinem Kopfkissen lag ein Zettel: »Meine geliebte Löwenfrau, wenn du wüßtest, wie wunderbar du ohne Latzhose bist, du würdest nie wieder einer nachtrauern. In Liebe, Georg.«

Und nun saß ich im Zug nach Ulm. Allein.

Beim Nachdenken fiel mir ein, daß Georg mir eigentlich etwas hatte *sagen* wollen. Er hatte es doch am Telefon so spannend gemacht. »Ich muß dir etwas sagen, du sollst mir nur zuhören.« Er hatte nichts Wesentliches gesagt. Er hatte mir nur etwas gegeben. Den Ring. Ob er dazu noch etwas sagen wollte? Was sagt Mann, wenn er einen Ring überreicht? »Gnädige Frau, darf ich um Ihre Hand anhalten?« Doch wohl nicht. Oder war »Cäcilie« der Aussage genug? Wenn du es wüßtest, was träumen heißt, was bangen heißt, was lieben heißt, du lebtest mit mir! Was bedeutete der Ring? Ich drehte ihn hin und her. Um die Schrift darin noch einmal zu betrachten, wollte ich ihn abnehmen. Ich ruckelte und drehte, ich zog und zerrte. Der Ring ging nicht mehr ab.

Ich hätte ihn doch am kleinen Finger tragen sollen.

Schon bei meiner Ankunft in Ulm fand ich die Schwaben unsympathisch. Beim Aussteigen hinderte mich ein sich vordrängelnder Opa im Gegenverkehr, der uniformierte Klugscheißer am Schalter wollte mir nicht sagen, wann es nachts eine Direktverbindung nach Köln zurück gibt, und der Taxifahrer nörgelte Unverständliches in seinen Bart hinein, als ich ihm den Namen der Kirche sagte, zu der er mich bringen sollte. Ich konnte ja nicht ahnen, daß die Kirche unmittelbar an der Rückseite des Bahnhofs stand, ich also nur den hinteren Ausgang hätte benutzen müssen. Die Probe mit dem unfähigen Orgelspieler, der sich immer auf Schwäbisch verzählte, war ebenso unerfreulich wie die hölzerne Akustik dieser Sankt Bahnhofskirche. Ich bekam rote Flecken vor Ärger, als der Großmeister im schwäbischen Verzählen mir auch noch anbot, mich »privat« unterzubringen, bei seiner »Schweschter in einem Ulmer Vorort«. Der Vorort hieß Greifdingen oder Unmöglingen oder Sperlingen, ich weiß nicht mehr genau. Die Schweschter war eine biedere Mutti um die 62 bis 69 im grauen Wollmantel und Kopftuch. Sie schwätschte ununterbrochen auf mich ein, und als ich ihr nach gestrigem Gemüse riechendes Wellblechhaus betrat (nachdem ich mir gründlichst die Schuhe abgetreten hatte), begann sie mit den Entschuldigungen, es sei halt grad nit aufgräumt und der Vaddr hat halt nit glüft, der hats an dr Gall un letschte Nacht is ihm übel worde...

Mir wurde auch immer übler. Was sollte ich nun ein ganzes trostloses, kalten Schneeregenwochenende bei einem alten schwäbischen Ehepaar, das nicht lüftete und dem nachts übel wurde? In »dr Kammer vom Reserl« hatte man mir eine Bettstatt gerichtet. Reserl, die inzwischen ausgeflogene Tochter, hatte mein vollstes Verständnis dafür, daß sie »in d Großstadt gange« war und auch »selde noch telefoniere dät«. Das besorgte dann die Schweschter selber. Sie telefonierte stundenlang in einer mir völlig unverständlichen Sprache, wenn man davon ausging, daß sie mit mir immerhin stark schwäbisch redete. Dr Vaddr saß die ganze Zeit in einem Lehnstuhl am Fenschtr und blickte ins Lääre. Er rädete überhaupt nichts, was ich ihm nicht verübelte. Seine Augen waren irgendwie gläsern, sein Gesicht läblos. Ich fragte mich, ob ich in diesem wellblechernen Reihenhaus vielleicht etwas üben könnte. Da die Frau telefonierte, fragte ich den Mann.

»Wos wollese?« fragte er weinerlich und blickte ins Lääre.

»Üben. Sie verstehen, mich einsingen, ein paar Tonleitern singen, meine Stücke lernen für das Konzert am Sonntag.«

»Wos füra Konzert?«

»Na das Konzert, wo Ihr Schwager Orgel spielt!«

»I ho koi Schwager.« Gläserner Blick gegen die weißtapezierte Wand. Die gegenüberliegende Wand war großblumig tapeziert, weshalb er vermutlich lieber auf die weiße Wand starrte.

Ich gab das Gespräch mit dem Alten auf und ging mit meinem Köfferle ins Kämmerle von dr Resi. Das Kämmerle war kalt und leer. Resi hatte gründliche Arbeit geleischtet, als sie ausgezoge war. Selbst das Bücherregal hatte sie abgeschraubt, weshalb in der blaßgelb-verblichenen und fleckigen Tapäte häßliche Bohrlöcher klafften. Die Bücher, die sie nicht in die neue Welt der Freiheit hatte retten wollen, lagen auf einer staubigen Kommode. »Der kleine Stowasser« lag obenauf. Er war besonders verstaubt. Recht geschah ihm. Das Bett war so eines von der Sorte, wie Tante Lilli es in meiner frühesten Kindheit hatte. Groß, behäbig, viel zu weich, quietschend und unappetitlich. Das Bettzeug stammte eindeutig aus der frühen Nachkriegszeit; es bestand aus aufknöpfbaren zentnerschweren Alptraumlieferanten. Da ich Knöpfe ohnehin hasse, empfinde ich sie im Bett als absolute Zumutung. Wie konnte ich nur diesem Wellblechhaus entschwinden, ohne die Schweschter und damit ihren Bruder, den schlechten Orgelspieler, zu verletzen? Jedenfalls würde ich es keine zwei Tage und Nächte hier aushalten, das war mir klar. Das Kämmerle war indiskutabel, ich stellte mir jede Gefängniszelle gemütlicher vor. Die Leute unten im ungemütlichen Eßzimmer waren ebensowenig zum Aushalten, und dieser Vorort, der nur aus einer graumatschigen Hauptstraße und jeder Menge Wellblechhäuser bestand, bot auch keine Abwechslung.

Wieviel bekam ich für dieses Konzert? Davon ging die Fahrt mit dem Intercity ab. Ich würde ins Hotel gehen, und wenn ich draufzahlen müßte. Entschlossen machte ich mein Köfferle wieder zu und schritt die Treppe hinab. Sobald die

Frau aufhörte zu telefonieren, würde ich ein Taxi rufen und mich ins Bahnhofshotel bringen lassen. Und ein Zimmer mit Badewanne und Fernseher nehmen. Und abends ganz allein in irgendeine schnuckelige schwäbische Kneipe gehen, um Spätzle zu essen und Moscht zu trinken. Jawohl.

Die Frau hörte soeben auf zu telefonieren.

»Jetzt gibts gloi Veschper«, sagte sie aufmunternd zu mir.

»Vielen Dank, ich habe keinen Hunger, ich wollte Sie bitten, ob ich einmal telefonieren könnte…«, hob ich an, aber sie machte alle meine Ausbruchsversuche zunichte.

»Mei Bruder kommt aaa auf ei Schwätzerle vorbei zum Veschpere«, sagte sie, »und bringt sei Frau mit und sei Tochter.«

Das waren ja wundervolle Aussichten. Ich beschloß, das Essen höflichkeitshalber noch über mich ergehen zu lassen und dann mit dem Bruder in die Stadt zu fahren und mir dort ein Zimmer zu nehmen.

»Kann ich Ihnen in der Küche helfen?« fragte ich. Kind, einem jungen Mädchen steht es nur zu gut, wenn es der Hausfrau in der Küche hilft.

Begeischtert schob mich die Hausfrau in ihre Vorkriegsküche, die auf ungemütliche Weise aufgeräumt, aber doch schmuddelig war. Über einem grauangelaufenen Spülstein begann sie mit Luscht, Möhren und andere knollenartige Gemüse zu schrappen, die einen penetranten Geruch von sich gaben und meine Luscht auf Veschpern im Keim erstickten.

»Erzählese ebbes von sich«, forderte die emsige Möhrenschrapperin mich auf und reichte mir mit nassen Händen eine angeschmuddelte Schürze, die ich mit spitzen Fingern über einen Küchenstuhl legte.

»Sind Sie noch net unter der Haub?« fragte sie direkt, aber indiskret. Wahrscheinlich hatte sie meine Finger betrachtet und außer Georgs Fangeisen nichts Eheringähnliches entdeckt.

»Nein. Ich laufe noch frei rum.« Um meine Hände zu beschäftigen, begann ich, einen grauwelken, schlappen Salatkopf zu zerzupfen.

»Mai, der Ssalat ischt für morge middaag«, sagte die Schweschter und nahm ihn mir fort. Ich dachte erleichtert, daß morge middag jemand anders die welken Salatblätter essen könnte.

»Habbese auch kein Freund net?« informierte sich die wackere Hausfrau. »Sie sind doch en nettes schmuckes Mädele!«

Das fand ich auch. Besonders mit dieser großblumig karierten Kittelschürze und den nach Knollengewächsen stinkenden Händen. Ich hatte plötzlich ganz schreckliche Sehnsucht nach Georg. Mit dem hätte ich jetzt einen zauberhaften romantischen Abend im Hotel verbracht. Wir hätten mit Sekt im Bett gelegen, über Musik und andere hochgeistige Dinge geredet, uns geliebt und zwischendurch eine geraucht...

»Darf ich hier rauchen?« entfuhr es mir in einer Aufwallung nicht zu bremsender Lust auf eine Zigarette.

»Mai, da müssese auf de Balkon gschwind gähe«, sagte die Frau mißbilligend. Jetzt war ich doch nicht mehr so ein schmuckes Mädle. Ein anständiges Schwabenmädle raucht nicht, das schrappt Möhren.

Ich floh geschwind auf den zugigen eiskalten Wellblech-Balkon und mußte an dem starrenden Vaddr vorbei.

»Wollense net Tonleidere singe?« fragte er weinerlich.

Nein. Ich wollte eine rauchen und dabei tief durchatmen und die Minuten zählen, bis ich von hier weg konnte. Ich starrte in die grauneblige Schneeöde. Wie allein man sich doch fühlen kann! Wie schrecklich mutterlos und gottverlassen! Georg saß jetzt bestimmt mit dem Kind im warmen Wohnzimmer am Kamin oder zumindest im gemütlichen Sessel und schaute mit ihm Pferdebilder. Oder er hockte zusammengesunken vor dem Plattenspieler und hörte Wagner. Vielleicht hörte er auch Strauss. Unser Lied. »Wenn du es wüßtest...« Und Klaus Konrad? Der war jetzt auf irgendeinem Pharmareferenten-Essen im Hotel Imperial mit Aussicht auf K.s Nachtleben, vor sich einen gemischten Vorspeisenteller mit Schnecken in Knoblauchbutter und Meerrettichhäubchen... Ich sehnte mich auch ganz schrecklich nach Klaus. Selbst Schnecken mit Meerrettichhäubchen würde ich jetzt lieber essen als Frau Schwabes angematschte Schmuddelmöhren. Die Zigarette machte mich schwindelig und taumelig. Wenn jetzt der Vaddr nicht wäre, ich würde schnell Georg oder Klaus anrufen, meinetwegen auch Tante Lilli.

»Wollese net neikomme? Isch wärmer hier!« ließ der weinerliche Vaddr sich vernehmen.

Er hatte recht. Ich warf die Zigarette in den Schnee, wo sie zischend verglühte, und ging schlotternd wieder hinein. Der Vaddr hatte sich tatsächlich erhoben und ging wortlos hinaus. Wie ein Dieb schlich ich mich zum Telefon, das mit einem brokatenen Überzug wie ein zu klein geratenes Sofakissen aussah.

Ich wählte Georgs Nummer. Wie ein Dieb. Mit zitternden Händen. Ich hatte noch nie Georgs Nummer gewählt, wußte sie aber auswendig. Für alle Fälle. Nach mehrmaligem Klingeln hob das Kind ab. »Papi ist nicht da, wer ist denn da?«

Sollte ich sagen: »Die Freundin von deinem Papi, Kleine«?

»Wo ist dein Papi denn?« gurrte ich in den Brokatbezug.

»Weggefahren, weiß nicht wohin. Wer bist du denn?«

»Sag ihm schöne Grüße von Cäcilie«, sagte ich matt und legte auf. Keine Sekunde zu früh, denn der Vaddr betrat schlurfenden Schrittes das Wohnzimmer. Mit mageren weißen Fingern hielt er mir etwas demonstrativ entgegen: Es war mein Zigarettenstummel.

»Den könnese doch net in dr Vorgadde von dr Frau Schäuberle neischmeiße«, jammerte er und trug ihn schlurfend wieder hinaus. Wahrscheinlich fuhr er damit jetzt zur städtischen Mülldeponie. Ich sank auf das abgewetzte grüne Sofa. Weg hier! Ich halte es nicht mehr aus! Die unbarmherzige Uhr zeigte noch nicht mal halb sieben. Wie sollte ich nur diesen schrecklichen Abend herumkriegen?

Klaus. Vielleicht war er doch zu Hause, allen Schicksalsschlägen zum Trotz. Seine Nummer wußte ich nicht auswendig. Ich schlich also über die übelriechende Diele zu meiner Handtasche und kramte nach meinem Adreßbüchlein. Daß mich bloß nicht der Vaddr erwischte! Doch ich hörte ihn in der Küche jammern, über das Fräulein und den Stummel im Vorgadde von dr Frau Schäuberle. Seine Frau keifte auf Oberschwäbisch dazwischen. Es war müßig, der Unterhaltung folgen zu wollen. Ich huschte zurück in das muffelige

Wohnzimmer, das nach der Wolldecke des Vaddrs roch und nach dem Wirsing von geschtern.

Alle Engel des Himmels hielten zu mir, Klaus meldete sich gleich nach dem zweiten Klingeln. Seine Stimme klang erregt und unwirsch, so als würde ihn mein Anruf entsetzlich nerven.

»Ach, du bist es, na, das ist endlich mal eine positive Überraschung«, sagte er, als ich mich gemeldet hatte. »Warum flüsterst du? Hast du etwas angestellt?«

»Nein, ich bin hier bei schwäbischen Biedermeiers und sterbe fast vor Sehnsucht nach...«

»Du hast Sehnsucht nach mir? Das ist ja noch eine tollere Überraschung!«

Ich hatte nach allem Sehnsucht, was außerhalb dieses Hauses und dieses Wellblechvorortes war.

»Wo bist du genau?« fragte Klaus munter. Anscheinend freute er sich wirklich über meinen Anruf.

»In einem Vorort mit ingen am Ende«, sagte ich.

»Möchtest du, daß ich komme?« fragte Klaus.

»Ja«, stammelte ich in den Brokathörer. Wie unmöglich von mir! Der war imstande, wirklich zu kommen, womöglich noch mitten in der Nacht!

»O.K., ich komme morgen«, sagte Klaus. »Ich habe heute abend eine wichtige Verabredung, die ich jetzt nicht mehr rückgängig machen kann. Wo kann ich dich morgen treffen?«

»Bist du verrückt?« lamentierte ich schwach. Schließlich wollte ich den Mann nicht ausnutzen. Dachte ich jedenfalls anstandshalber. Tante Lilli hätte mich nach Strich und Faden verhauen.

»Wieso, du hast doch gerade gesagt, ich soll kommen«, kam es aus dem Brokathörer. Es klang so wunderbar nahe, als wäre er im Nebenzimmer, der knuffige, liebe, schmusige Klaus. Ach, wie hatte ich ihn doch gern!

»Aber nur, wenn du auch wirklich möchtest«, heuchelte ich noch ein bißchen, um den Schein zu wahren. Ein plumper Versuch, fürwahr.

»Was ich möchte? In deiner Nähe sein!« sagte die Stimme aus dem Brokathörer, und in dem Moment betrat der Vaddr schlurfenden Schrittes das Zimmer. In der Hand trug er leicht zitternd eine schmuddelige Serviette im Ring. Aha. Der Oberindianer gab das Zeichen zum Mahle.

»Ich kann jetzt nicht mehr sprechen«, sagte ich hastig. »Wir sehen uns ja morgen in der Probe. Ich bringe die Noten dann mit. Sollen wir sagen um 13 Uhr?«

»Ist da einer gekommen?« schloß Klaus messerscharf. »Wie heißt denn die Kirche?«

»St. Luzifer«, sagte ich und merkte im gleichen Moment, daß das nicht stimmen konnte. War das jetzt St. Luther oder St. Ludger oder St. Ulmer Münster? »Wir treffen uns um 13 Uhr am Ulmer Münster, Haupteingang, O. K.?« sagte ich und legte auf. Meine Beine zitterten. Jetzt hatte ich mir was eingebrockt. Klaus würde mir nachreisen. Lockere 550 Kilometer. Nur mal eben so. Weil ich mich hier einsam fühlte. Tante Lilli, hau mich, hau mich feste.

Das Abendessen verlief, wie eine gerechte Strafe zu verlaufen hat. Der Orgelspieler kam mitsamt Frau und häßlicher pubertärer Tochter und seiberndem Hund, der blöden Blikkes mit schäumendem Maul den ganzen Abend unter dem Tisch stand. Frau Schwabe schwätschte unaufhörlich in einer mir unverständlichen Fremdsprache, während ihr dabei die Suppennudeln einzeln aus dem schläscht gepflägte Gebiß fielen. Ich rührte angewidert in dem lauwarmen Sud, der nach dem vorhin geschrappten Knollengemüse und nach ungespültem Geschirr roch. Der Löffel war vermutlich aus Silber, aber er war riesig, vergilbt und angelaufen. Ich mochte ihn nicht in den Mund stecken. Dr Vaddr führte mit zittrigen Bewegungen die Suppe zum Mund, um sie dann daneben zu schütten. Während das schwäbische Mundwerk seiner Ehefrau nicht eine Sekunde stillstand, steckte sie ihm mit einem Ruck energisch die Serviette in den Hemdkragen und schob ihm den Teller bruschtwärts.

»Tu net schlabbere«, sagte sie wahrscheinlich, denn der weinerliche Mann wehrte sich und begehrte auf: »D Supp isch net leggr«, worin ich ihm unbedingt recht geben mußte.

Die Pubertätstochter und ich räumten den köstlichen Vorspeisengang ab und trugen die Teller in die Küche, die nun aussah wie ein Ekelschlachtfeld. Der seibernde schwanzlose

Köter tappte angelegentlich hinter uns her. Von mir aus konnte er die Reste gerne haben.

»Dr Schlabbi kriegt nix«, sagte die Pubertätstochter, die den bezaubernden Namen Juliane trug. »Der isch zu fett!« Was für sie selbst anscheinend keine Gültigkeit hatte, denn sie labte sich nun im Hauptgang an fettem, sehnigem, lauwarmem Schweinefleisch, serviert mit einer Schüssel matschiger Möhren und anderer grünwelker Gemüse. Dazu wurden graue zerbröselnde Kartoffeln gereicht, die zwar fürchterlich dampften, aber ebenfalls nur lauwarm waren.

Ich sehnte mich mit allen Fasern meines hungernden, aber jede Nahrung verweigernden Magens nach einem Riesentopf Quark mit Süßstoff. Und nach Georg. Und nach Klaus. Ja, letzteres war wohl angebrachter. Schließlich kam er morgen. Oh, was würde ich Ulm lieben und den Matschschnee und die Schwaben und die grauen Wellblechhäuser, wenn er nur erst da wäre!

Der Hund und ich, wir verbrachten die Mahlzeit schweigend und fastend. Er stand unter dem Tisch, und ich saß auf der Eckbank neben der dicken Juliane, die begeistert ein zweites und drittes Mal ihren Teller füllte.

»Hoscht kein Hunger?« fragte sie mich.

»Des kommt vom Rauche«, belehrte sie der Vaddr.

»Was, Sie rauchen, als Sängerin?« empörte sich die Frau des Orgelspielers, und das war das einzige, was sie den ganzen Abend über zu mir sagte.

»Nur gelegentlich«, sagte ich.

»Un dr Stummel tuts in dr Vorgadde von dr Frau Schäuberle schmeiße«, petzte der Alte. Ich haßte die ganze Familie.

Zum Nachtisch gab es Kompott und Kaffee aus weißen Tassen mit Sprung drin. Der Sprung an meiner Tasse sah aus wie ein dickes schwarzes Haar, und das gab mir den Mut, den Orgelspieler zu fragen, ob er mich später mit dem Auto mit in die Stadt nehmen könnte.

»Wos wollese in dr Stadt?«

»Noch ein wenig spazierengehen!«

»'s Audo isch voll«, sagte die Frau. »Moi Mann, die Juliane und dr Schlabbi.«

»Moi, warum wollese bei diesem Weddr spazieregähe?« mischte sich nun auch meine Gaschtgäberin ein.

Ich gab mich geschlagen. Diese eine Nacht. Morgen würde Klaus da sein. Mit Klaus würde ich in ein wunderbares Hotel gehen. Heute nacht würde ich irgendwie überläbe. Ich nahm es mir ganz fescht vor.

Die Gäschte gingen, ich drängelte mich fast gewalttätig in die Küche, um den Abwasch zu machen und ein einziges Mal diesem Schlachtfeld einen gewissen Glanz zu verleihen. Ich hatte auf aggressive Weise Luscht, mich körperlich zu betätigen und müde zu machen, damit die Zeit herumginge und die Nacht auch. Ich schrubbte und putzte, spülte und trocknete ab, mit faserigen, löcherigen Geschirrtüchern von anno dazumal, ich wühlte alle Schränke durch nach sauberen Lappen und einer Spülbürste, die noch mehr als vier aufrechtstehende Borsten aufzuweisen hatte. Das schwäbische Ehepaar war hinaufgegangen in das Elternschlafzimmer, das ich zwar nicht von innen gesehen hatte, aber mir läbhaft vorstellen konnte: zwei große hölzerne Betten, mit schweren ekelhaften Knopfbetten versehen, ein Kleiderschrank, braun und klobig, ein Wäschepuff. Dr Vaddr trug bestimmt einen labbrigen großkarierten Pyjama, bis zum Hals zugeknöpft, und die Frau ein Flanellnachthemd in Rosa mit einem selbstgestrickten, nicht weichgespülten Bettjäckchen. Auf den Nachttischen rechts und links der Bettstatt Tabletten und Tropfen und ein paar Haarnadeln bei der Frau und ein Glas für das Gebiß bei dem Vaddr. Aber es war schlimmer: Das Gebiß vom Vaddr schwamm in einem Wasserglas, das im Badezimmer vor dem Spiegel stand und mir unmittelbar ins Auge sprang.

Selbst beim Zähneputzen wurde mir noch übel. Ich konnte unmöglich ins kalte Kämmerle gehen und mich in das schwere, klamme Bett legen, um an die rissige Wand zu starren, beim fahlen Licht einer Vorortlaterne.

Ausziehen mochte ich mich auch nicht. Erstens war mir entsetzlich kalt, und zweitens gab es hier bestimmt schwäbische Ratten oder wenigstens Mäuse oder zumindest Spinnen. Ich schlich wieder hinunter in die – inzwischen einigermaßen saubere – Küche und stöberte im Vorratskämmerle herum. Ich hatte Luscht auf sehr viel Alkohol. Was ich in der feuchtklammen Kammer fand, waren jede Menge Kartoffelreste – von der grauen, nun nicht mehr dampfenden Sorte –, eine Kiste schrumpeliger Äpfel, die sogar ganz lieblich rochen, jede Menge Vorratsdosen wie Rotkohl, Sauerkraut, Marmelade, Gläser mit Eingemachtem und tatsächlich einige Flaschen Wein. Ich beging einen waschechten Mundraub, indem ich mir eine »Krötenbronner Nacktarsch Spätlese« griff, sie in der Küche entkorkte und – aus der Flasche trinkend – vor dem Fernseher seliges Vergessen suchte. Es kam ein alter, kitschiger Western, aber die Synchronsprecher schwäbelten nicht, und es wurde im ganzen Film nichts Unappetitliches gegessen.

Lange nach Mitternacht torkelte ich die knarrenden Stiegen hinauf zu einem zweiten Anlauf ins Bett. Das Badezimmer mied ich, ausziehen mochte ich mich immer noch nicht. Mit spitzen Fingern zog die die Decke beseite und erschrak. In Erwartung irgendeiner ekelhaften Überraschung im Bett zuckte ich angeekelt zurück: Da lag etwas Rotes, Fettes, Pralles, ich fürchtete, es sei eine blutige Ratte, aber es war eine Wärmflasche, die Frau Schwabe mir in einem Anflug mütterlicher Gefühle bereitet haben mußte. Sie war noch sehr heiß. Obwohl sie muffig roch und ich mich zwingen mußte, mir nicht vorzustellen, wo sie normalerweise übernachtete (zum Beispiel an den mageren Füßen des Vaddrs), nahm ich sie liebevoll in die Arme und bekam fast heimatliche Gefühle. Ich schwor mir, nie mehr ohne meine eigene Wärmflasche zu reisen. Der Wein kreiste in meinem Kopf. Ich hatte die ganze Flasche geschafft. Sie schenkte mir traumlosen Schlaf, unterbrochen von zweimaligem barfüßigem Tapsen auf die Toilette mit Blick auf das Gebiß des Hausherrn.

19

Am nächsten Morgen – ich erwachte um kurz vor acht durch ungewohnte Geräusche – rechnete ich als erstes die Stunden aus, bis Klaus bei mir sein würde. Noch fünf Stunden ohne Klaus. Und dann nie mehr ohne Klaus. Sich vorzustellen, er käme in seinem roten, schnittigen, sauberen BMW am Ulmer Münster vorgefahren! Sich vorzustellen, er nähme mich in die Arme, wäre groß und stark und warm und wohlriechend! Sich vorzustellen, wir zögen Arm in Arm in ein feines, gemütliches, warmes Restaurant, würden eine heiße Suppe essen und anschließend einen frischen, grünen, knackigen Salat! Sich vorzustellen, wir gingen später in unser warmes, blitzsauberes und mit braunen Teppichen ausgelegtes Hotelzimmer mit Minibar, einem Farbfernseher, einem geräumigen modernen Bad mit großen Spiegeln und einem duftenden, frischen französischen Bett...

Soweit stellte ich mir alles wunderbar vor. Als ich bei dem Bett angekommen war, überlegte ich, daß dieses Möbelstück eine gewisse Verpflichtung mit sich bringen würde. Klaus würde vermutlich die leidenschaftliche Nummer inszenieren wollen, mich mit Wucht in seine starken Arme reißen und mit seinem Vollbart Kratzspuren auf meinem Gesicht hinterlassen. Er würde vermutlich das französische Bett arg zum Wanken bringen, vielleicht sogar zum Krachen...? Ich würde, um meine Stimme zu schonen, nicht um Hilfe rufen, sondern versuchen, meine empfindlichen Körperteile zu schützen vor Knüffen, Püffen, krachenden Umarmungen. Ich würde meine Frisur als Entschuldigung benutzen oder meine Nervosität vor dem Konzert. Dann würde er es nach dem Konzert wieder versuchen. Er würde sich nicht davon abbringen lassen.

Ich verwarf den Gedanken an erfolgreiche Selbstverteidigung erst einmal und stand auf. Im Badezimmer war kein Gebiß mehr zu sehen, nur Haare im Waschbecken und Zahnpasta am Spiegel. Nur noch fünf Stunden. Nein, vier Stunden und fünfzig Minuten. Das Duschen schenkte ich mir. In der Dusche hing nämlich die beigefarbene Unterwäsche der Hausfrau, bestehend aus einem übergroßen Mieder, einem hautfarbenen BH, geziert von einer rose Schleife in der Mitte der beiden Brusthalterschalen, und einer noch stark tropfenden Strumpfhose, von der ein langer Faden herunterhing.

Ich wusch mir schnell nur das Gesicht und suchte das Weite. Im Kämmerle zog ich mich anders an und schminkte mich etwas heftiger als sonst. Irgendwie wollte ich den Vaddr noch schocken.

Der hockte wieder in seinem Lehnstuhl mit Blick auf die Wand. Die Mutter kam hereingestürmt, mit Lockenwicklern im Haar (was augenscheinlich ein völlig nutzloses Unterfangen war, da es strähnig und platt gegen die Lockenwickler trotzte), und versuchte, mich zu umarmen. Ihre Begeisterung galt der sauberen Küche, die sie wohl nach dem Krieg nicht mehr in diesem Zustand erläbt hatte.

Der Vaddr sagte nichts. Bei dem hatte ich ein für allemal verschissen. Vermutlich hatte er die leere Weinflasche gefunden, die ich neben seinem Sessel hatte stehen lassen. Ja, hätte ich sie denn wieder in den Vorgarten der Frau Schäuberle schmeißen sollen?

Ich frühstückte mit der schwätzenden Frau. Sie war auf dem Müsli-Trip und matschte sich eingeweichte Körner in einem Hundenapf zusammen. Dann mischte sie geraschpelte Möhren und Nüsse darunter und bot mir das Ganze an. Ich konnte mich gerade noch wehren, indem ich von einer Diät faselte. Tatsächlich mußten diese Leute glauben, ich mache eine Nulldiät. Die Flasche Wein paßte nicht ganz in dieses Konzept. Der Vaddr strafte mich mit Verachtung.

»Isch Zeit für die Kirche«, sagte er, rappelte sich hoch und schlurfte zum Schuheanziehen hinaus. Ich wähnte, das Haus für die nächsten zwei Stunden für mich zu haben und mich unauffällig aus dem Staube machen zu können.

»'s Middaagesse mache mer gschwind später zusamme, gell, Fräulein?« sagte die Frau und nahm die Lockenwickler aus dem Haar. »Sie könne gschwind in der Zeit e paar Tonleidere singe! Wir sind um zwölf zurück und bringe de Tante Berdda mit.«

Daß ich Tante Berdda nie sehen würde, tat mir nicht leid. Kaum waren die Leute weg, raffte ich meine Sachen zusammen, rief mir ein Taxi und schrieb auf einen Zettel, daß ich in der Stadt sei und dort meinen Patenonkel träfe. Und daß ich mich für die Gastfreundschaft bedankte.

Direkt am Ulmer Münster fand ich ein Hotel, in dem es warm und gediegen war und ungeheuer gut nach Sonntagessen roch. Ich mietete ein Doppelzimmer und fragte, ob ich dort eine Stunde singen dürfte. Ich durfte. Das Zimmer war hell und groß, und das Bettzeug hatte keine Knöpfe. Ein sicheres Zeichen für die Qualität des Hotels. Eine handbemalte Truhe zierte das Fußende, und wenn sie auch abgeschlossen war und sicherlich keine Minibar enthielt, so liebte ich sie doch.

Mit Genuß sprang ich unter die warme Dusche, genoß es, mich säuberlich zu schminken und frisch anzuziehen. Ich sang ein paar Töne, schaute dann lange aus dem Fenster. Die graue gotische Fassade des Münsters, leider die Seitenfront, so daß ich Klaus Konrad nicht von hier aus sehen würde, wenn er käme. Es war halb eins.

Eine Probe sollte nicht mehr stattfinden, nur um zwanzig Uhr das Konzert. Ein langer Nachmittag mit Klaus stand bevor. Aber ich wollte es ja nicht anders.

Um ein Uhr zog ich mir den Mantel an und verließ das Hotel. Im Restaurant war inzwischen Hochbetrieb. Die vollbusige Dame vom Tresen bediente die Essensgäste. Ich hätte sie küssen mögen oder ihr beim Servieren helfen wollen, so wohl fühlte ich mich in diesem gastlichen Hause. Eigentlich vermißte ich nun niemanden mehr. Eigentlich wäre ich nun unheimlich gern allein durch die Stadt spaziert. Vielleicht wäre ich ins Kino gegangen oder in ein Café. Vielleicht ins Museum. Ich hätte die Zeit schon herumgekriegt. Wozu hatte ich bloß Klaus bestellt? Ein solcher Sonntagnachmittag ist der absolute Härtetest für eine Beziehung. Ich mußte Klaus etwas bieten. Schließlich war er seit fünf oder sechs Stunden im Auto. Der erwartete was. Kind, du bist selber schuld. Warum machst du auch so was.

Wir bekamen den Sonntagnachmittag herum. Es war ganz einfach. Klaus hatte einen Bärenhunger, eine Bärenlaune und war dermaßen beglückt, mich zu sehen, daß ich mich vor seinen knochenbrecherischen Umarmungen kaum retten konnte. Soviel Freude auf seiner Seite war ansteckend. Er tat fast so, als hätten wir uns monatelang nicht gesehen und wären füreinander doch der einzige Sinn des Lebens.

»Laß uns ganz toll irgendwo essen gehen«, sagte er, hakte mich unter und schob mich in die falsche Richtung davon.

»Wo möchten Ihro Gnaden denn essen? Ich weiß da einen bezaubernden kleinen Vorort mit Wellblechhäusern und reizenden Einwohnern, da gibt es heute welken Salat und fetten Schweinebauch auf einer Tischdecke mit Essensresten vom letzten Sonntag!«

Klaus lachte. »Du Arme! Ich möchte mal wissen, wer von uns beiden mehr zu leiden gehabt hat.«

»Wieso? Mußtest du auch lauwarme Möhrenmatsche essen?«

»Nein. Ich mußte meine lauwarme Frau sehen. Ach, was sag ich, lauwarm, eiskalt ist die, eiskalt!«

»Besser 'ne eiskalte Frau als lauwarme Möhren!«

»Nein, bestimmt nicht. Du hast keine Ahnung, wie eiskalt meine Frau sein kann.«

»Was wolltest du denn von ihr? Mehr Taschengeld?« fragte ich und wollte ulkig sein.

»So ähnlich«, sagte er brummig. »Laß uns jetzt nicht darüber reden. Ich bin im Moment so gut gelaunt, und jetzt will ich mit dir essen gehen, oder geht das in diesem Kaff nicht?«

Es ging. Es ging sogar wunderbar. Ich schleppte Klaus in das gediegene, warme, gemütliche Hotel mit dem schönen Namen »Ulmer Spatz«. Im Restaurant war immer noch Hochbetrieb. Anscheinend hatte das Müttergenesungswerk Gensingen im Kreis Schwenningen bei Reutlingen in Verbindung mit dem Sozialwerk Memmingen einen Ausflug für gestreßte schwäbische Hausfrauen organisiert, und nachdem man festgestellt hatte, wie häßlich das Ulmer Münster von innen war, hatte man sich zu Maultaschen in der Brühe und Spätzle mit Kraut in der warmen Gaststube versammelt.

Klaus und ich fanden noch einen kleinen Tisch etwas abseits vom schwäbischen Hennenverband, dem – bei näherem Hinsehen – auch zwei Hähne angehörten. Einer davon war ein Ordenshahn, Verzeihung, -bruder, und so zählte er nicht. Der andere war also der sprichwörtliche Hahn im Korb.

Wir kümmerten uns um die Bestellung. Klaus wählte alle Spezialitäten, die diese Karte aufzuweisen hatte, und bestellte dazu ein großes Bier.

Ich erzählte in schonungsloser Weise von meinen Vororterlebnissen bei der gschtfreundlichen Familie und ließ auch die Story mit dem Zigarettenstummel nicht weg. Das unappetitliche Essen schilderte ich in allen Farben, was Klaus nicht im mindesten den Appetit verdarb. Als ich bei der Schilderung des Bettes angekommen war, konnte ich selber nicht weiteressen. Ich stellte mir plötzlich vor, daß Klaus einen schwarz-weiß-karierten Pyjama mit großen schwarzen Knöpfen hätte und mich in dieser schrecklichen Verkleidung womöglich auch noch würde umarmen wollen und dabei nach Zahnpasta riechen würde. Ein schier unerträglicher Gedanke. Ich verzog das Gesicht.

»Jetzt wird dir selber übel, wie?« freute sich Klaus.

»Nur, wenn du einen großkarierten Pyjama mit schwarzen Knöpfen anziehst heute nacht.«

»Ich denke nicht daran, überhaupt irgend etwas anzuziehen«, sagte Klaus sachlich und nahm einen großen Schluck Bier.

Ich war sehr erleichtert. Lieber einen splitternackten Mann im Bett als einen mit Knöpfen.

»Aber wo du gerade davon sprichst«, sagte Klaus zwischen zwei Spätzleladungen auf seiner Gabel, »ich hätte eigentlich Lust auf einen Mittagsschlaf. Wie ist das mit dir?«

Draußen schneite es in großen nassen Flocken. Der Himmel war grau und trübe und das Ulmer Münster war abgeschlossen. Was sollte man überhaupt anderes machen als einen Mittagsschlaf?

»In Ordnung«, sagte ich und dachte eine Sekunde lang an Georg. Mit dem hatte ich vor kurzem auch einen Mittagsschlaf im Hotel gemacht, als draußen das Wetter zu nichts anderem animierte.

Wir gingen hinauf in das warme, gemütliche Zimmer mit der handbemalten Truhe. Klaus nahm mich in die Arme, drückte mich sehr fest und knallte mir einen beherzten Kuß aufs Ohr. Dann verschwand er im Badezimmer.

Ich stand am Fenster und sah auf die graue Seitenfassade

des Münsters. Nun war er also da, der Klaus. Und alles war so selbstverständlich. Herr und Frau Klaus Klett, die gehen jetzt ins Bett. Es war kein bißchen erotisch. Nicht im mindesten zu vergleichen mit Georg.

Wir gingen ins Bett, jeder unter seine Decke.

»Wann ist denn dein Konzert?«

»Um acht.«

»Wann mußt du hier weg?«

»Um sieben.«

»Willst du vorher noch was essen?«

»Nein, lieber nachher.«

»Kann ich noch was für dich tun?«

»Nein. Es ist schön, daß du da bist.«

»Das find ich auch. Ich meine, es ist schön, daß ich bei dir bin.«

Das klang schon recht schläfrig und war von leisem Bierdunst begleitet. Keine zehn Sekunden später hörte ich sein gleichmäßiges, sattes und zufriedenes Schnarchen. Er schlief. So war das also mit Klaus Klett im Bett. Er schlief, und ich dachte nach. Jemandem nach. Natürlich. Die eine Situation bringt die Gedanken an die andere Situation mit sich. So ist das immer im Leben. Kind, du wolltest es ja nicht anders. Wenn du jetzt alleine im Bett liegen würdest, könntest du einen Kitschroman lesen oder einen Brief schreiben oder telefonieren oder an den Zehennägeln knibbeln. Jetzt geht das alles nicht. Du mußt still liegen und auf das leichte Schnarchpust-Geräusch nebenan hören.

Die Bärenpranke meines träumenden Nebenmannes legte sich fest und schwer über meine Brust. Mein Herz überlegte einen Moment, ob es klopfen sollte, aber es hatte keinen Grund dazu. Alles war völlig unerotisch. Keinerlei Gefahr. Warum auch. Klaus Klett war ja schließlich nicht zum Vergnügen hier.

Das Konzert in dieser Holzkirche auf der Bahnhofsrückseite brachte dann eine aufregende Wendung in diesen nassen Schneeflockentag.

Ich entdeckte schon beim Eingangstor das Gesicht, an das ich immer dachte. Und merkwürdig: es erschien mir so selbstverständlich, daß Georg Lalinde da war – in einer der hinteren Reihen, die Hand am Mund –, daß ich mich noch nicht einmal wunderte. Ich starrte ihn an, und sein Gesicht verschwamm vor meinen Augen, und er rührte sich nicht. Keine Ahnung, ob er mich ansah, sein Programm oder die Bügelfalte seiner Hose. Keine Ahnung, ob er Bach hörte oder an das Pferd seines Kindes dachte. Ich war höchst verwirrt bei dem Gedanken an das »Nachher«. Mit Klaus Klett ins Hotel gehen und Bärenhöhle im Winterschlaf spielen? Mit Georg Lalinde durch den grauen Schneematsch spazieren und vor Erotik kaum atmen können? Mit dem Kirchenchor und dem Dirigenten im »Wilden Mann« einen Gerschtensaft trinken gehen? Durch den Hinterausgang der Kirche zum Bahnhof laufen und heimlich in einen Zug springen? Oder sogar vor einen Zug springen? Letzteres verwarf ich sofort. Das Leben war viel zu spannend.

Ich sang meine Arie, versuchte, gut zu sein. Vorne in der ersten Reihe Klaus Klett mit Walkman professional, Mikrophon, Photoapparat und Blumen. Hinten... der versteinerte Kritiker. Eineinhalb Stunden lag hatte ich Zeit, ihn anzustarren. Und nachzudenken. Und dem Ende des Konzertes entgegenzufiebern. Georg. Ich wollte bei ihm sein und mit ihm verschwinden. Durch irgendeinen Hinterausgang. Und Klaus? Unmöglich. Den konnte ich doch nicht versetzen. Der war doch extra meinetwegen... aber Georg war auch extra meinetwegen... Unmöglich. Keine Lösung. Mit dem Kirchenchor feiern gehen. Harmlos tun. Zufall vorheucheln. Rote Flecken kriegen. Wie lange sollte dieses gottverdammte Spiel eigentlich noch weitergehen?

Es sollte noch eine Weile so weitergehen. Noch eine ziemlich lange Weile. Aber der Reihe nach. Dieser Abend verlief wie so viele andere. Klaus Klett umarmte mich, drückte mir heftige Küsse aufs Ohr, legte den Arm um mich, trug mir den Koffer. Georg Lalinde stand angelegentlich vor irgendeiner Plakatwand, tat so, als ob das Ulmer Kulturleben ihn interessierte, und begrüßte mich dann mit zurückhaltendem Erstaunen. Es blieb mir nichts übrig, als die Männer erneut miteinander bekanntzumachen und mit beiden Richtung »Wilder

Mann« zu ziehen, wo der Kirchenchor feuchtfröhlich beisammensaß. Wir drei betraten das Lokal unter wildem Beifall aus schwäbisch-feuchten Kehlen und setzten uns an ein Extratischchen. Klaus bestellte Leberkäs und Maultaschen, dazu ein großes Bier. Georg bestellte sich dasselbe wie ich, nämlich Weinschorle. Wir saßen allda und hüteten sein. (Zitat: Johannespassion.) Georg bot mir schweigend eine Zigarette an. Ich nahm sie hastig. Mit zitternden Fingern.

Ich weiß nicht mehr, was wir sprachen. Ich meine, welche Worte wir sprachen. Es war Small talk. Mit den Augen sprach ich sehr intensiv, und mit dem rechten Knie unter dem Tisch auch. Georg verstand alles, was ich sagte.

»Warum bist du hergekommen, du ausgewachsener Idiot?« fragte mein rechtes Knie.

»Weil ich dich so liebe«, sagten seine Augen.

Klaus bekam gerade seine Maultaschen serviert und schob mir sofort eine Gabel davon ins Gesicht.

»Ich rauche gerade«, sagte ich und drehte den Kopf weg.

»Warum gibst du dich mit dem Trottel ab?« fragten die Augen.

»Wenn ich das wüßte«, antwortete mein Knie.

Klaus legte den Arm um mich, und mit dem anderen Arm führte er sich Maultaschen zu, fröhlich, hungrig, in Feierstimmung. Er schien überhaupt nichts zu ahnen, nicht das geringste. Dieser ältere Herr da, dieser Kritiker, der schien eben öfter mal aufzutauchen und schweigsam herumzusitzen. Anscheinend war sein Arbeitsgebiet recht weiträumig, denn er war sogar in Ulm anwesend.

Wie üblich klopfte jemand ans Glas, wurde die übliche Chorvorstands-Dankes- und Lobeshymne auf den Dirigenten, die Notenpultträger, die Teekocherinnen im Gemeindehaus und »lascht not leascht« die Solischten gehalten. Ich stand auf, dienerte mit rotfleckigem Gesicht in die beifallklopfende, kauende und trinkende Menge und setzte mich wieder. Tastete mit meinem Knie nach rechts... Da. Eine feste Hand auf meinem linken Bein. Drückte, quetschte, klopfte anerkennend. »Ich bin stolz auf dich!« Klaus, kauend, grinsend.

Ich merkte, wie mir schlecht wurde. Ich konnte nicht

mehr. Das war schon lange kein Spiel mehr. Wie jetzt aus der Affäre kommen?

»Klaus, trink nicht soviel. Du mußt doch noch fahren«, leitete ich das heikle Thema ein.

»Wieso ich? Du fährst doch, oder?«

Wirklich. Er tat so, als wären wir seit Jahren verheiratet. Mein rechtes Knie bat Georgs linkes Knie um Entschuldigung.

»Ich biete Ihnen an, Sie heute abend noch nach Köln zu fahren«, sagte Georg Lalinde mit einer angedeuteten Verbeugung.

Meine roten Flecken pulsierten wie nach einem Tausendmeterlauf.

»Nein, wir haben extra für heute nacht ein feines Hotelzimmer genommen, nicht wahr?« konterte Klaus fröhlich und kraulte mich Beifall heischend im Nacken.

Diesen Blick von Georg werde ich nie vergessen. Das Knie zog sich sofort zurück. Er musterte angestrengt sein halbvolles Weinschorleglas und dann mich. Zum erstenmal schaute er nicht knapp an mir vorbei, als habe er eine Ameise auf meinem Ohrläppchen entdeckt, sondern mir gerade in die Augen. Unsicher wie mein ganzes verachtenswerte Leben, wie meine ganze rabenschwarze Seele. Ich schämte mich in Grund und Boden.

»Klaus ist heute extra aus K. gekommen«, sagte ich.

Ich auch, sagten die Augen, die mich immer noch nicht wieder losließen. Verdammt, wenn er einem aufs Ohrläppchen guckte, ging alles leichter.

Jemand trat hinter uns und versicherte auf schwäbisch, daß er nicht stören wolle, aber wegen der »Späseabreschnung…« Ich stand auf und folgte ihm. Auf wackeligen Beinen. Sollten die beiden Männer sich doch einigen. Ich konnte nicht mehr. Wollte nicht mehr. Wollte schlafen, irgendwo in einem Bett ohne Knöpfe, ohne Männer und ohne Schuldgefühle. Und möglichst in meiner eigenen kleinen Wohnung wieder aufwachen.

Ich mußte so ein Formular unterschreiben und versichern, daß ich mein Konzert beim Finanzamt angeben würde, und meine Zugfahrkarte vorlegen und die Adresse des Hotels angeben.

»'s Doppelzimmer könne mer aber net ersetze«, belehrte mich der Zahlmeister.

»Nein, nein, rechnen Sie bitte nur das Einzelzimmer ab.«

Als ich zu unserem Tisch zurückkam, war Georg Lalinde weg. Klaus unterhielt sich angeregt mit einer älteren Chorsängerin über den Unterschied zwischen Bach und Händel. Er habe in der Schule mal Tenorhorn gespielt, aber bis Bach oder Händel sei er nie gekommen…

»Wo ist Herr Lalinde?« fragte ich dazwischen.

»Ist der weg?« Klaus drehte sich überrascht um. »Er hat sich nicht verabschiedet. Wahrscheinlich ist er nur mal wohin.«

Georg war nirgendwo hin.

Er war weg. Einfach weg. Ohne auf Wiedersehen zu sagen. Meine Stimmung war im tiefsten Keller.

Ich wollte sofort nach Hause. Nach K.

»Klaus, laß uns bitte fahren…«

Klaus stand sofort auf, verabschiedete sich artig von der Chormutti – mit Verbeugung und Jackettzuknöpfen – und zahlte vorne am Tresen. Selbst das tat er selbstverständlich für mich mit. Wir schlenderten durch die kalte, öde Betonlandschaft. Richtung Hotel. Richtung Auto.

»Du, Klaus?«

»Ja?« Festeres An-sich-Ziehen als vorher schon. Ungelockkerter Bärenkrallgriff.

»Es ist erst elf. Wir können noch nach K. fahren.«

Erstauntes, ruckartiges Stehenbleiben. »Warum willst du das?«

»Ich habe morgen früh eigentlich eine Probe…«

»Das wußtest du doch schon vorher!« Ärgerlich, irritiert.

»Ich habe irgendwie keine Ruhe, hierzubleiben…«

»Sei ehrlich, du hast keine Lust, hierzubleiben.« Sein Griff lockerte sich so plötzlich, daß ich das Gleichgewicht verlor und zwei Schritte nach hinten taumelte.

»Nein, das hat mit Lust nichts zu tun… ich bin nur noch so wach, und da könnte man die Energie gut nutzen… Du sagtest doch, daß ich fahren soll. Du könntest dich gemütlich in deinem Liegesitz… Bitte, Klaus. Es richtet sich nicht gegen dich. Ich möchte nur nach Hause.«

»Du hast keine Lust, mit mir im Hotel zu übernachten«, stellte Klaus mit überraschender Sachlichkeit fest.

»Aber Klaus…«, sagte ich in einem Tonfall, mit dem Mütter ihre Kinder rügen, die auf dem Spielplatz Sand essen.

Ich war so unglaubwürdig wie noch nie in meinem Leben. Klaus drehte sich abrupt um, ging zum Hotel und sagte zu der müden Kellnerin: »Wir reisen ab. Die Rechnung bitte.«

Erstaunter Blick. »Ware Se net zufriede mit m Zimmerle?«

»Doch doch. Wir haben es uns nur anders überlegt.«

Schweigend packten wir oben unsere Sachen zusammen. Die Oase des Friedens, ohne schwäbische Besserwisser, mit der unschuldig-blaubemalten Truhe und der sauberen Dusche. Jetzt verschmähte ich sie.

Trotz meines schlechten Gewissens fühlte ich mich wunderbar, als wir durch die schwarze Nacht auf die Autobahn fuhren. Nach Hause. Und wenn es Morgendämmerung würde. Ich würde in meiner Wohnung sein, allein, mit meiner Wärmflasche. Vor lauter Freude begann ich zu singen. Klaus hatte schweigend am Steuer gesessen und sich auf das Fahren auf matschigen Straßen konzentriert. Jetzt nahm er eine Hand vom Steuer und legte sie mir in den Nacken. »Du bist schon eine«, sagte er. Und fuhr schweigend weiter.

20

Ich saß vor dem Telefon, als wartete ich auf etwas. Klar. Beide hatten heute noch nicht angerufen. Noch nicht mal der Doc. Beide beleidigt?

Ich kaute etwas am Mittelfingernagel. Um Georg tat es mir schrecklich leid. Was der nun wohl von mir dachte…

Es wäre der absolute Verrat an unserem zärtlichen Beisammensein gewesen, hätte ich mit dem Doc im Hotel übernachtet. Georg mußte es schrecklich gehen. Mir wurde klar, daß dieser Mensch mich liebte, aus welch unerfindlichen Gründen auch immer. Widerstrebend griff ich zum Hörer, wählte die Nummer seiner Dienststelle bei der Zeitung. Eine Vorzimmerdame meldete sich. »Kann ich Herrn Lalinde…?«

»Er ist in einer Besprechung. Soll ich was ausrichten?«

»Richten Sie ihm bitte aus, daß der rote BMW mit dem Kennzeichen von K. heute nacht um kurz vor vier wieder in K. war«, sagte ich und hängte ein. Meine Finger zitterten leicht. Ich blöde alberne Gans. Was sollte die Vorzimmerdame denken? Ein anonymer Hinweis auf einen roten BMW... das hörte sich eher nach Kriminalstory als nach Kulturbericht an. Egal. Georg würde die Nachricht verstehen. Es würde ihm besser gehen. Vermutlich würde sich sogar ein angedeutetes Lächeln auf seine schmalen Lippen schleichen.

Ich füllte meine Wärmflasche und begab mich zu einem ausgedehnten Mittagsschlaf ins Bett. Das Telefon stellte ich ab. Einmal in Ruhe pennen!

Vier Stunden später hörte ich seinen Türkenopel unten vor dem Fenster rangieren. Es konnte nur Georg sein, der da so umständlich und mit unwillig aufheulendem Motor eine Parklücke zu vergrößern versuchte. Splitternackt, mit der inzwischen lauwarmen Wärmflasche vor dem Busen, ging ich zur Tür und drückte auf den Summer. Und da stand er, leicht keuchend, mit roten Rosen und im beigefarbenen Popelinemantel. »Meine Liebste.«

Sonst nichts. Keine blöden Erklärungen, keine Vorwürfe, kein peinliches Grinsen. Er gab mir die Rosen und nahm mir die lauwarme Wärmflasche ab, und ich dachte, so wenig aprilfrisch war ich schon lange nicht mehr, und drückte die Rosen an meinen Busen, und, weil sie stachen, ihm wieder in die Hand. »Ich hole eine Vase.«

Es gab keine freie Vase mehr. Auch kein freies Gurkenglas. Ratlos prüfte ich die Beschaffenheit einer ausrangierten Thermoskanne. Sie schien nicht standfest genug zu sein. Vielleicht die Puddingschüssel? Ich drehte mich suchend um. Georg stand in der Küchentür, in der einen Hand die Wärmflasche, in der anderen die Rosen. Der Rosenkavalier mit Mantel und Schal und Handschuhen. Und ich suchte splitternackt nach der Puddingschüssel. Ich ging zu ihm, legte Wärmflasche und Blumen auf den Küchentisch, zog ihm seine Handschuhe aus, nahm ihm den Schal ab und half ihm aus dem Mantel. Und aus dem Pullover.

Wir gingen gelbe Tapeten gucken.

Nachher lagen wir zufrieden in unserer zerwühlten warmen Räuberhöhle und rauchten.

»Warum bist du gestern ohne Abschied weg?« fragte ich den Kopf auf meiner Schulter.

»Oh, ich habe mich verabschiedet«, antwortete die Rauchwolke unterhalb meines Doppelkinns. »Vom Dirigenten, von der Sopranistin und von der Dame, die Bach von Händel unterscheiden konnte.«

»Vom Doc nicht?«

»Jedenfalls hat er es nicht gemerkt.«

»Und warum nicht von mir?«

Pause, Rauchwolke. Suchendes Grabbeln nach dem Aschenbecher. Ich schob ihn ihm unter die Zigarette.

»Von dir will ich mich nie mehr im Leben verabschieden.«

Ich schluckte.

»Auch nicht, wenn du morgens zur Arbeit fährst?« fragte ich. Im Mittelalter wäre ich dafür als Hexe verbrannt worden. Ich Satansweib. Warum provozierte ich ihn denn auch noch?

Der Kopf an meiner Schulter rührte sich nicht. Irgendwo in der Nähe meines Bauchnabels stieg einsam sein Zigarettenrauch gen Schlafzimmerdecke.

»Ich liebe dich«, war seine Antwort.

Ich hatte ihn nicht verdient. Nicht ihn und nicht seine Liebe und nicht seinen Ring. Ich schämte mich bis in den letzten Zipfel meines zerwühlten Kopfkissens.

Später gingen wir auf den Weihnachtsmarkt. Wir schoben uns Arm in Arm durch dichtes Gedränge und ließen uns von den verschiedensten Gerüchen nach gebrannten Mandeln und Bratfisch und Pizza und frischen Waffeln mit heißen Kirschen berauschen. Zu dem Stimmengewirr der einkaufswütigen Bürger mischte sich Weihnachtsliedergedudel aus verschiedenen Lautsprechern. Hier mein Freund Heino mit »Süßer die Glocken nie klingen« und dort ein Kinderchor mit »O Tannenbaum«. In den heimelig beleuchteten Buden gab es Kerzen und Holzgeschnitztes und fettige Bratwürste und schokoladene Adventskalender und praktische Haushaltswaren und grobgestrickte Socken aus Gesundheitswolle und Vollkornhirseplätzchen und Glühwein. Vor der Glühweinbude blieben wir stehen. Das heißt, ich blieb stehen, und Georg zückte sofort sein Portemonnaie und bestellte zwei Pappbecher mit dem dampfenden süßen Sud.

Wie wir da so standen, an der Bude, und mit dampfendem Atem den dampfenden Glühwein schlürften, dazu gemeinsam an einer Zigarette sogen, halb aneinandergelehnt, warm und wollbemützt, da hoffte ich fast, ein paar Bekannte zu treffen, die mich so glücklich wie jetzt erleben würden.

Ich wendete mich wieder dem vertraut-geliebten Gesicht zu, das rotnasig und mit leicht feuchten Nasenlöchern über dem Glühweinbecher leuchtete.

»Geht's dir gut?« strahlte ich ihn an.

»Wunderbar, geliebte Löwenfrau.«

»Wünschst du dir jetzt was?« Kind, du provozierst ja schon wieder!

»Wunschlos glücklich.«

Also, was wolltest du hören, blöde Pute? Heiratsantrag?

Er schob seinen rauhen, aber gepflegten Zeigefinger unter mein Kinn und hob mein Gesicht leicht an. Ich zog die Nase hoch, weil der Glühwein deren Inhalt so flüssig machte.

»Und du? Wünschst du dir etwas?«

»Einen Brummkreisel«, sagte ich spontan. Als Kind hatte ich mal einen zu Weihnachten bekommen, und außer daß er groß und rund und bunt war, konnte man ihn auch noch ganz ordentlich malträtieren, bevor er begann, sich wie im Schwindelrausch auf der Stelle zu drehen und dabei inbrünstige Orgelchoräle von sich zu geben. Ich bin sicher, daß ich meinen blaugrün-bauchigen Brummkreisel unheimlich liebte und ihn sicherlich mit ins Bett genommen hätte, wenn Tante Lilli das nicht so »unhygienisch« gefunden hätte. Irgendwann ist dann der Brummkreisel auf der Strecke meiner vergehenden Kindheit geblieben. Vielleicht habe ich ihn auch in einem Anfall von Großzügigkeit an den Nachbarsjungen verschenkt oder, was wahrscheinlicher ist, gegen irgendwas Eßbares eingetauscht.

Jedenfalls war Georg entzückt über meine Äußerung, stellte die beiden halbleeren Pappbecher auf ein Sims und zog mich in Richtung Brummkreiselbude am anderen Ende des Platzes. Es gab sie wirklich noch, diese faszinierenden Instrumente, und ich suchte mir einen aus, der dem aus meiner Erinnerung am meisten ähnelte. Blaugrünbunt und bauchig.

Die dicke Verkäuferin in der orangefarbenen Strickjacke führte ihn uns vor, sie geriet dabei ins Schwitzen. Der Brummkreisel äußerte einen C-Dur-Akkord und machte dann eine einfache Kadenz; F-Dur, G-Dur, Dominantseptakkord, wieder C-Dur. Das war alles. Das hatte mich als Kind so fasziniert. Er kostete sechzehn Mark neunzig und wurde in eine Plastiktüte gesteckt. Mir wurde klar, wie verwöhnt ich war und wie sehr ich geneigt war, die Männer im allgemeinen und Georg im besonderen nach meiner Pfeife, sprich, meinem Brummkreisel tanzen zu lassen. Und in dem Moment, wo mir das klarwurde, wollte ich nach Hause. Allein. Das Übliche. Quarkbreichen und Wärmflasche.

»Georg, ich bin wahnsinnig müde.«

»Dann fahren wir nach Hause!«

»Du, Georg…?«

»Du möchtest allein sein, stimmt's?«

Ich grinste. Selbst das funktionierte bereits. »Stimmt.«

»Also fahre ich dich nach Hause und verspreche dir, daß ich nicht mehr mit raufkommen werde.«

In seinem Türkenopel lehnte ich mich entspannt zurück. Eigentlich war Georg nicht anstrengend. Er kam, wenn man mit dem Finger schnippte, und er ging, wenn man mit dem Finger schnippte. Er war weder beleidigt noch nörgelig, weder begehrte er auf noch seines Nächsten Weib. Pflegeleicht, einfach pflegeleicht. Second-hand-Männer sind meistens pflegeleicht, überlegte ich. Soll mir Tante Lilli noch einmal was gegen geschiedene Männer sagen. Obwohl er ja noch gar nicht geschieden war. Apropos… ich beschloß, noch ein wenig Nervenkitzel in den Abend zu bringen und ihn auf Freia anzusprechen.

»Du, Georg?«

»Ja, mein Liebstes?«

»Hat Freia eigentlich irgend etwas erwähnt?«

»Wesbezüglich?« Nervöses Kramen nach der zerdrückten Zigarettenschachtel.

»Frauengesprächsbezüglich.« Kind, heb dir die Pointe immer bis zum Schluß auf!

»Du meinst…« Umständliches Friemeln am Zigarettenanzünder.

»Ja, mein ich.« Ich sah ihn genüßlich von der Seite an. Er konzentrierte sich bemüht auf die Linkseinfädelspur zur Nordsüdautobahn.

»Also, sie sagte mir, daß sie mit dir gesprochen hat, vor einiger Zeit.«

»So.«

»Hat sie nicht?«

»Doch. Sie hat mich besucht.«

Der Opel machte einen verwirrten Schlenker. »Besucht? Wo?«

»Na, bei mir. Zu Hause. Hast du nicht die blauen Blümchen gesehen, neben deinen Rosen?«

»Ach, ich dachte, die wären von deinem Seelendoktor.« Er schien erfreut.

»Nein, vom Seelendoktor ist der riesige Strauß, der in der Küche in einem Eimer unter dem Spülstein steht.«

Er lächelte. Eine winzige Spur Süffisanz war drinnen, in dem ansonsten hilflosen, verwirrten Lächeln.

»Also Freia war mit Blumen bei dir«, nahm er den Faden wieder auf.

»Ja. Gerade als ich beim Mittagsschlaf war. Ich taumelte halb nackt zur Tür und war dann ziemlich durcheinander…«

»O wie beneide ich Freia!«

Dieser unglaubliche Charme! Dabei quälte ich ihn doch gerade!

»Also, ich sah gegen deine Frau nicht gerade schönheitskonkurrenzverdächtig aus.«

»Und wie erklärte sie ihr plötzliches Auftauchen?«

»Erst dachte ich, sie will mir den Hintern versohlen, weil ihr Mann mit so was wie mir rumpoussiert, aber dann gelangte ich zu der Einsicht, daß sie… nun ja, daß sie eigentlich nichts dagegen hat, will sagen… sie schien sogar erfreut zu sein über unser Techtelmechtel…«

Mit einem plötzlichen Ruck fuhr Georg zu einer geschlossenen Tankstelle und schaltete den Motor aus. Er sah mich durchdringend an, rauchte allerdings dabei und sagte dann, indem er den Türknopf der Beifahrertür eingehend betrachtete: »Freia hat mich freigegeben.«

Ich verkniff mir die vorlaute Bemerkung: »Daher der Name Freia« und hüllte mich in abwartendes Schweigen.

»Sie möchte, daß wir uns so schnell wie möglich scheiden lassen, damit ich mich wieder anderweitig binden kann.«

Sein Blick wechselte vom Türknopf auf die Fußmatte. Ich schaute auch auf die Fußmatte. Schließlich kam jetzt das, worauf ich seit Tagen wartete, nämlich der Heiratsantrag. Ich fummelte an dem zu eng sitzenden Ring mit der Eingravierung »Cäcilie«. Wenn du es wüßtest... Außerdem hatte ich Herzklopfen.

»Ich möchte, daß du jetzt nicht sofort antwortest«, sagte Georg und verlegte seinen Blick auf mein Knie. »Bitte überlege dir ein paar Stunden oder Tage, ob du mir mit Ja antworten kannst. Eines sollst du nur wissen: Ich habe alles mit Freia besprochen, und sie wünscht es sich für mich, daß du ja sagst, denn wir wollen als gute Freunde auseinandergehen...«

Ich versuchte, ihm in die Augen zu sehen, die sich gerade von dem Quarkfleck auf meinem Knie lösten und einen neuen Haltepunkt suchten. Sie wählten den Plastiksack mit dem Brummkreisel.

»Also, wie gesagt, du sollst und mußt jetzt auf keinen Fall antworten, aber ich möchte dich fragen, jetzt und hier, ob du... ob du mich... ich weiß, ich bin viel älter als du, du bist jung und frisch und kannst an jedem Finger...« Seine Augen wanderten von der Brummkreseltüte weiter zu meinem Gesicht. Vermutlich sah er mir sogar in meine Augen. »Antworte nicht«, sagte er klar und bestimmt. »Ich möchte dich heiraten.«

Ich tat, wie er geheißen. Ich antwortete nicht. Obwohl ich diesen gottverdammten Heiratsantrag erwartet, ja, rausgekitzelt hatte in meiner Eitelkeit und Sensationslust, raste mein Herz, meine Augenlider zuckten, und meine Zunge schmeckte nach Schuhsohle. Aber ich sagte nichts. Ausnahmsweise war ich mit meiner Schlagfertigkeit am Ende.

Ich starrte auf das Handschuhfach und hätte furchtbar gern ein bißchen geweint, aber nicht einmal das gelang mir. Überhaupt keine auch nur halbwegs bühnenreife Reaktion brachte ich zustande. Nicht mal tränenvollen Blickes in seine Augen schauen konnte ich, geschweige denn »Ja, mein Geliebter« jubeln und mich vom Beifahrersitz in Richtung Fahrersitz werfen. Nur das blöde Handschuhfach konnte ich anstarren. Und schlecht war mir. Wahnsinnig schlecht.

»Jetzt bist du ganz blaß, meine Liebste«, sagte Georg und drückte seinen Lederhandschuh, der stark nach kaltem Rauch roch, an meine Wange. Ich nahm den Handschuh und vergrub mein Gesicht in einer undefinierbaren Gefühlsaufwallung darin und dachte, daß ich jetzt wohl wenigstens keine hysterischen Flecken im Gesicht hätte, wenn ich blaß war.

Georg ließ mit der freien Hand den Motor an und fuhr wieder los. Es hatte zu nieseln begonnen, und sein Intervallscheibenwischer gab klagende Laute von sich, als er die Schmiere auf der Scheibe gleichmäßig verteilte. Ich hielt die ganze Zeit den rauchigen Handschuh, inklusive Hand, weil wir die Gänge gemeinsam einlegten. Völlig schweigsam fuhren wir nach Hause. Es war ja nicht mehr weit. Vor der roten Ampel sah ich, daß der Nieselregen in wäßrige Schneeflocken übergegangen war. Auf den Straßenbahnschienen blieben sie sogar einige Zeit liegen. Im Licht der Gyrosbude sah man den Schnee allerdings schon wieder schmelzen.

Ein großer zotteliger Hund tappte durch das matschige Naß.

Und Georg wollte mich also heiraten. So so.

Vor meinem Haus stellte er den Motor noch mal aus.

»Georg, ich ...«

»Ich weiß, Liebste. Ich lasse dich nun allein. Du mußt jetzt nachdenken. Ich rufe dich morgen an, wenn ich darf.«

Ich ließ seinen Handschuh los, beugte mich zu ihm herüber und küßte ihm beide Augen. Dann stob ich davon, als wäre der tappende Zottelhund hinter mir her. Innerhalb weniger Sekunden stand ich keuchend in meinem kleinen Muffelflur und sagte zu meinem zerzausten Spiegelbild: »Er will mich heiraten. Er will mich wirklich heiraten. Eigentlich hat er's nicht besser verdient. Selber schuld. Eigentlich müßte man ihn zur Strafe heiraten.« Ich grinste, wandte mich aber gleich ab, weil ich mein Spiegelbild überhaupt nicht leiden konnte.

»Selber schuld, der blöde Heini«, brummelte ich beleidigt vor mich hin. Unten hörte ich einen Opelmotor anspringen. Ich beugte mich aus dem Küchenfenster. Da fuhr er, der Türkenopel, und mit ihm dieser unverbesserliche Schwärmer, der allen Ernstes so was wie mich... heiraten... »Der weiß ja gar nicht, was er sagt«, sagte ich und traf dabei exakt Tante Lillis Tonfall. »Außerdem gehören zum Heiraten immer zwei«, begehrte ich auf und schloß das Fenster wieder. Unten auf der Straße schneiten gerade die Reifenspuren zu.

21

Am nächsten Morgen war ich schon beim Aufwachen ausgesprochen übellaunig. Wütend schlurfte ich in meinen Fellpantoffeln ins Bad, schimpfte halblaut mit Zahnpastaschaum im Mund vor mich hin und malträtierte meine Haut nach dem Duschen mit einer drahtigen Massagebürste. Der Quark wurde ärgerlich geschaufelt und der Kaffee laut und unanständig geschlürft. Heiraten. Mich. So ein ausgewachsener Blödsinn. Ich starrte auf das Telefon. Wage es nur nicht, dich zu rühren. Wenn du klingelst, beschmeiße ich dich mit Quark. Von wegen: geliebte Löwenfrau, wie lautet deine Antwort. Ach wie gut daß niemand weiß, daß ich Rumpelstilzchen heiß.

Das Telefon klingelte. Ich schmiß nicht mit Quark. Ich beschloß, Georg zu heiraten, und ging ran.

»Haben Sie heute abend schon etwas vor?«

Eine völlig fremde Männerstimme.

»Worum geht es, bitte?« Tante Lilli hätte nicht ungnädiger klingen können. Manchmal redete sie so mit den Zeugen Jehovas. Obwohl sie genau wußte, worum es, bitte, ging.

»Entschuldigen Sie die morgendliche Störung. Sie wurden mir empfohlen. Es geht um einen Einsprung...« Engagier mich ruhig. Dann muß ich nämlich heute niemanden heiraten.

»Kennen Sie von Telemann die Weihnachtskantate...« Er nannte mir die genaue Bezeichnung und summte ziemlich falsch einen Arienanfang. Ich erkannte die Melodie nicht und sagte, daß ich das Stück schon oft gesungen hätte und daß es kein Problem sei.

»Aber da wäre noch das Problem mit dem Honorar...«

Ich dachte, Bürschchen, wenn ich einspringe, kannst du auch blechen. Jetzt hier nicht ankommen und sagen, die andere Altistin hätte es umsonst gemacht, aber sie gehört ja zur Gemeinde: Genauso etwas sagte er. Daß es seine Schwägerin sei und daß sie es umsonst gemacht habe, sie singe sonst auch immer in seinem Kirchenchor...

Ich fand den Kerl schlichtweg unverschämt, aber ich sagte, daß man über das Honorar ja reden könne.

Er bot mir ziemlich wenig an. Ich holte tief Luft.

Heute den ganzen Tag ein neues Stück lernen, gegen Nachmittag nach Hagen-Knispel fahren – wo war das nun wieder? Fahren, proben, noch mal proben, dann Konzert singen und abends wieder heimreisen, und das für ein paar lumpige Kröten. Und das, nur weil die Schwägerin einen Schnupfen hatte. Oder plötzlich Angst gekriegt hatte.

»Was hat Ihre Schwägerin denn?« fragte ich indiskret.

»Wenn ich mit Ihnen ganz ehrlich sein darf...« tropfte es aus dem Hörer.

Ich legte mein Ohr vertraulich eng an denselben und erwartete nun irgend etwas hinter vorgehaltener Hand, worüber man nicht spricht, höchstens frau, aber natürlich nur von Frau zu Frau, zum Beispiel: Sie hat ihre Tage diesmal so schlimm, oder: Sie hat Wechseljahresbeschwerden in Form von Hitzewellen.

»Also bitte, verstehen Sie es nicht falsch«, sagte die Stimme aus Hagen-Knispel. »Sie hat ein wesentlich besseres Angebot bekommen, von einem Dirigenten, dem sie neulich mal vorgesungen hat. Für ein Konzert in einem größeren Saal. Sie bekommt ein sehr gutes Honorar...«

Ich nannte eine Summe.

»Nein, nein, es dürfte schon darüber liegen, aber vielleicht sollte ich Ihnen das gar nicht erzählen...«

»Genausoviel für den Telemann«, sagte ich.

Schweigen in Hagen-Knispel.

Dann: »Ich hätte es Ihnen nicht erzählen sollen...«

»O doch«, sagte ich honigsüß. »Ich freu mich für Ihre Schwägerin. Aber...« Mir fehlten einfach die Worte. Sollte ich sagen, deswegen lasse ich mich doch nicht von einem wildfremden Taktstockschwinger ausnutzen? Zehn Tage vor Weihnachten? Sein Sie froh, Mann, daß Sie überhaupt noch eine finden, die Noten lesen kann und heute abend noch nichts vorhat. Wer sind Sie überhaupt, Sie Knispeler Dreikäsehoch?

Ich zog es vor, drei Gedankenstriche durch die Leitung zu schicken und höflich die Klappe zu halten.

Er sagte dann etwas. Er schien sich um die Telefonrechnung zu sorgen. Er sagte, daß ich das Geld bekäme, allerdings erwarte er mich gegen Mittag zu einer Verständigungsprobe, gegen Nachmittag solle ich mich bereithalten für eine Akustikprobe in der Kirche, später komme dann der Chor hinzu – die Telemann-Arie sei mit Choreinwürfen gespickt –, gegen 18 Uhr plane er dann einen »Durchlauf« und um 20 Uhr sei das Konzert.

Ich teilte ihm mit, daß ich bis 14 Uhr im Funkhaus zu tun hätte (daß ich da ein Chorgirl sei, teilte ich ihm nicht mit), daß ich aber danach ins Auto stiege und gegen 15 Uhr bei ihm sein könnte.

Er erklärte mir in breiter Ausführlichkeit den Weg über Autobahn und Knispeler Innenstadt und legte dann auf.

Arschloch, sagte ich laut und ging zum Kleiderschrank, um meine übliche Plastiktüte zu packen. Noten, Schuhe, Kleid, Krimi, Lutschpastillen, Stadtplan. Müsli-Riegel. Dann stellte ich den Anrufbeantworter an, sang fünf Tonleitern im Schnellverfahren und rannte zur Straßenbahn.

In der Pause der Chorprobe kaufte ich mir hastig diesen Telemann und blätterte ihn durch. Aha, Mezzosopran, stand da. »Maria, frohwehmütig über der Krippe.« Was für eine Regieanweisung! Das Stück war acht Seiten lang, von da capos abgesehen, und bestand anscheinend nur aus ellenlangen Koloraturen, die ständig auf dem hohen »f« rumturnten. Ich wurde ziemlich frohwehmütig. Wie sollte ich denn das bis nachmittags um drei schaffen? Schwermütig, das konnten sie haben, oder auch gutmütig. Todesmutig, das war ich. Und wie frech ich zu dem Kerl gewesen war. Wenn ich heute versagte – und das schien nicht unwahrscheinlich –, gab es aber eine Katastrophe. Vielleicht verlangte der sein Geld zurück, oder er ging gleich zu einem Rechtsanwalt... Mir brach der Schweiß aus, obwohl ich von den Wechseljahren noch weit entfernt war, und ich bereute meine morgendliche Kaltschnäuzigkeit.

Zum Glück hatten wir rechtzeitig frei, und ich hackte mir zu Hause auf meinem verstimmten Engelbert die frohwehmütigen Töne vor. Abgesehen von der hohen Lage, war das Stück nicht undurchschaubar, rein harmonisch gesehen. Ich gewann wieder die Oberhand. »Für Knispel reicht es allemal«, versuchte ich meinen kleinlauten Schweinehund wieder aus der Ecke zu locken. Der Schweinehund schmollte noch. Als ich ins Auto steigen wollte, bemerkte ich die geschlossene Schneedecke auf der Straße. Mein VW war unter seinem Schneehäubchen zwar reizend anzusehen, erinnerte mich aber daran, völlig jungfräulich zu sein, was Winterreifen anbelangte. Also mit der Deutschen Bundesbahn, verdammte Kiste. Ich bestellte in Hektik ein Taxi, ließ mich zum Bahnhof bringen, bestieg mit hängender Zunge den Zug nach Doatmund üba Hagn. Im Abteil übte ich die frohwehmütige Maria.

Ein junger Mann kam herein. Ich mußte grinsen. So hatte alles mit dem Seelendoc angefangen.

»Sind das Noten?«

»Nein, das ist der Fahrplan auf Südnepalesisch.«

Diesmal konnte ich mir nicht leisten, auch nur eine Minute Small talk zu machen. Zum Glück fragte der junge Mensch mich auch nicht. Er zog ein zerfleddertes Taschenbuch heraus, Titel: »Ein Tropfen Zeit – Überlegungen zum Weltuntergang« oder so ähnlich.

Um zehn nach drei kam ich mit dem Taxi bei dem Knispeler Taktstockschwenker an. Die Straßen waren hier dick zugeschneit. Ich fühlte mich elend, weil ich schlecht eingesungen und noch schlechter vorbereitet war. Hätte ich doch nur nicht so dick aufgetragen am Telefon! Und alles nur, um heute was anderes vorzuhaben, als über Georg und seinen Heiratsantrag nachzudenken! Reine Flucht nach vorn war das. Vorwärts ins Verderben. Oder wie hieß noch gleich das zerfledderte Taschenbuch?

Um es kurz zu machen, es wurde entsetzlich peinlich. Der Dirigent war ein dürrer, glatzköpfiger, humorloser Müsliesser, seine Frau wieselte dienstbeflissen um ihn herum, brachte ihm Noten und Stimmgabel und Pantoffeln und Zigaretten. Er hackte gnadenlos in die Tasten seines Steinway-Flügels, der ein tristes, schmuckloses, ungeheiztes Arbeitszimmer schmückte. Meine Stimme klang hauchig, verrotzt und zittrig. Maria, verrotzt-zittrig über der Krippe. Ich bekam weder einen Kaffee angeboten, noch durfte ich ein paar Töne einsingen.

»Ich denke, Sie sind inzwischen eingesungen, nachdem Sie den ganzen Morgen Rundfunkaufnahmen hatten«, sagte der Dirigent gnadenlos. »Im übrigen war von 15 Uhr die Rede, und Sie kamen ohnehin zu spät. Ganz davon abgesehen, scheinen Sie das Stück nicht gerade zu beherrschen. Sie sagten mir doch heute morgen, daß Sie es kennen!«

»So wie Sie das vorgesungen haben, meinte ich allerdings, es zu kennen«, wandte ich kleinlaut ein.

»Also das ist mir noch nie passiert, daß jemand so ein Honorar fordert und dann sein Stück nicht kann«, wetterte kopfschüttelnd der Dürre und sog ärgerlich an seiner Zigarette.

Seine Frau kam devot in das kalte Zimmer und meldete, daß die Kirche inzwischen aufgeschlossen sei.

»Das nützt uns gar nichts«, schnauzte ihr liebevoller Angetrauter. »Was sie hier nicht kann, kann sie in der Kirche auch nicht.«

Um nicht loszuheulen, sagte ich mit letzter Kraft: »Ich hatte vier Stunden Rundfunkaufnahme, habe keine Zeit zum Mittagessen gehabt, bin mit der Eisenbahn angereist und konnte das Stück nicht mehr üben. Wenn Sie mir jetzt eine halbe Stunde Zeit geben, bin ich nachher in der Probe wieder O. K.«

Die Frau sah ihn flehend an. »Herbert!«

Er zerdrückte den Zigarettenstummel in einem überquellenden Aschenbecher auf dem Flügel. »Bleibt mir ja wohl gar nichts anderes übrig, als die großspurige Dame hier mal allein zu lassen«, grollte er und schwenkte mit seiner Frau ab. Diese sandte mir einen strafenden Blick. Jetzt hatte ich ihren Herbert verärgert!

Ich sank auf den Klavierhocker. Was habe ich mir da eingebrockt. Großes Maul, nichts dahinter, und nun bin ich allein, entsetzlich allein, diesem dürren Rechthaber hilflos ausgeliefert. Noch ganze sieben Stunden muß ich den Kerl ertragen und auch noch kleinlaut sein, weil er im Recht ist. Und unter solchen Umständen soll ich auch noch singen, schwere, lange, hohe Koloraturen. Mit da capo. Mach ich nicht. Kann ich nicht. Will ich nicht. Georg, wir fahren. Klaus, hol mich hier raus. Georg, nimm mich in den Arm und streichele mein Haar und sage mir, daß ich eine wunderbare Löwenfrau bin. Klaus, lade mich feudal zum Essen ein, fünf Gänge und Champagner, und sage diesem Kerl von Knispeler Kirchenchordespoten, daß er mit seiner Knete sonstwas machen kann.

Doch mag mich niemand hören? So also muß sich Papageno in der Zauberflöte gefühlt haben. Übel, sehr übel, das feeling, wie hat der schöpferisch reagiert? Ach ja, der wollte sich aufhängen, doch er brauchte für die begleitende Arie so lange, daß die drei Knaben genug Zeit hatten, in einem Wäschekorb vom Bühnenhimmel zu schweben und ihm das Seil rechtzeitig durchzuschneiden. Obwohl ich dem Dirigenten den Anblick meiner Leiche von Herzen gegönnt hätte – es gab weder ein Seil noch einen Wäschekorb mit drei Knaben. Nur einen schwarzen Flügel, der entsetzlich nach Zigarettenkippen stank, einen eiskalten, kargen Raum und meine frohwehmütigen Noten.

Ich begab mich tapfer an eine Tonleiter in D-Dur. Sie hallte trostlos und schwerfällig in dem leeren Raum wider. Ich fand sie ganz scheußlich, die D-Dur-Tonleiter. In Es-Dur klang es nicht besser. Und E-Dur wurde gar schrill. Unzumutbar. Selbst für Knispel. Und völlig indiskutabel für soviel Geld. Ich sank auf den Klavierhocker zurück. Meine Stimme wollte lieber weinen als singen. Mein Schweinehund lag zusammengerollt in seiner Schweinehundehütte und versagte jeglichen Dienst. Ich versuchte, ihn mit aufmunternden Worten zu locken. Los komm, laß dich nicht hängen. Zeig's der Welt und Knispel, wie gut du singen kannst. Los. Auf, frisch gesungen! Mein Schweinehund hockte grämlichen Blickes auf der Erde. Ich versuchte es mit Strenge. Du unverschämter

Köter, auf, deine Christenpflicht tun, singen! Der Köter zog den Schwanz ein und versagte mir eine Reaktion. Ich versuchte es mit Weichheit. Armer schwarzer Köter! Ich streichelte sein ruppiges Borstenfell. Einsamer kleiner armer Schweineköter! Keiner liebt dich, in dieser kalten Winterszeit, kein Adventskranz weit und breit, immer singen, immer lachen, niemals einen Fehler machen, keiner wartet dein zu Haus, komm, jetzt laß die Tränen raus!

Und dann kamen sie, die Sturzbäche des Selbstmitleides. Mein Schweinehund krümmte sich zusammen und jaulte los. Soweit mein Innenleben. Äußerlich tropfte es aus meinen Augen, die Wangen hinunter, tastenwärts. (Gefrorne Tropfen fallen vohon meinen Wangen ab... Winterreise. Schubert.)

Mein Kinn zitterte, meine Augenbrauen schwollen, mein Kehlkopf schmerzte ganz fürchterlich, und es verschwamm das kalte, öde Zimmer. Ich sehnte mich so entsetzlich nach Georg, daß ich ihn auf der Stelle geheiratet hätte, hier und gleich. In der Knispeler Kirche. Er hätte mir beigestanden in diesem Kampf gegen die ungerechte Welt im allgemeinen und gegen den dürren Dirigenten im besonderen. Er hätte mich an seiner Hand hinausgeführt aus diesem schrecklichen, kalten, leeren Musikzimmer und wäre mit mir durch die Knispeler Straßen gewandert und hätte mir gesagt, wie wunderbar ich bin. Oder Klaus. Der hätte einen Siebenhundertmarkschein gezückt und dem Dürren auf den Flügel geknallt und wäre mit mir in seinem roten BMW abgebraust. In das nächste japanische Feinschmeckerlokal.

Nichts dergleichen. Nackte Wahrheit: frohwehmütige Maria. Ich schluckte ein paarmal gegen den geschwollenen Kehlkopf und schnaubte mir die Nase. Mih mih mih, sagte ich mit schwankender Stimme in das zerfledderte Tempotuch. Mein Schweinehund stand mit wackeligen Beinen auf, schüttelte sich und verbreitete eine schwülfeuchte Wolke aus Tränen, Selbstmitleid und Staub. Dann stakste er vorsichtig aus seiner Hütte.

22

Die Kirche wurde kaum halbvoll. Der Kirchenchor – Omas: weiße Blusen über sangeslustig geschwollenem Busen, Männer, soweit vorhanden: schwarze Anzüge mit Silberkrawatte – machte schon gut ein Drittel der anwesenden Menschen aus. Dann war da noch ein Flötenkreis, von einer beherzt rudernden Dame späteren Mittelalters geleitet, ein Kinderchor (eingeschüchterte Mienen über unbequem engen Hemdkragen, rauhe Sauerländer Hallelujahs) und eine junge hübsche Sopran-Dame, die sehr begabt und vielversprechend »Süßer Trost, mein Jesu kömmt« sang. Sie gehörte, wie ich mir sagen ließ, ebenfalls zur Gemeinde und sang nicht für ein Honorar, sondern zur Ehre Gottes. Ich bewunderte sie sehr. So was Liebreizendes, Zartes, Schlankes, Zerbrechliches. Ihr Kleid war von schlichter Eleganz, ihre Noten waren säuberlich eingebunden, und ihre Stimme war gut geölt. Sie hatte weder zuviel Vibrato noch schepperte sie, noch kreischte sie in den Höhen. Sie sang einfach schön, und ich sollte nun dagegen anstinken. Zu allem Überfluß war sie auch noch freundlich und verbindlich. Ich fühlte mich alt, elend und häßlich.

Das Konzert begann mit einer überflüssigen Rede des Pfarrers, auch über das selbstlose Einspringen der Altistin aus K. Wohlwollende Blicke aus den hölzernen Bänken. Ich betrachtete die Knitterfalten auf meinem Schoß. Dann intonierte die robuste Flötenleiterin etwas zum Mitsingen auf der Orgel, und das Knispeler Publikum raschelte mit den Textblättern und sang, falsch aber beherzt, »Maria durch ein Dornwald ging« und »Was trug Maria unterm Herzen? Ein kleines Kindlein ohne Schmerzen«. Ich fand, daß dies ein gelungener Einstieg für einen heiteren Abend war. Der Flötenkreis demonstrierte dann, wie viele Möglichkeiten es gibt, einen einzigen Ton knapp zu verfehlen, indem die Instrumente gemeinsam gestimmt wurden. Die beherzte Spätvierzigerin hatte Zeit genug, an jeder einzelnen Flöte zu drehen, auf das Ergebnis ihrer Bemühungen zu lauschen und hier und da selbst einen schwingungsreichen Ton aus dem spuckedurchtränkten Flötengerät zu zaubern. Das Publikum sah interessiert zu. Sie hatten ja Zeit. Es eilte ja nicht. Draußen schneite es ununterbrochen, und im Fernsehen kam auch nichts Vernünftiges.

Ich dachte an meinen Spätzug (23 Uhr 23) und an die frohwehmütige Maria über der Krippe mit den vielen hohen »fs«. Am meisten dachte ich aber an Georg und Klaus. Klaus überhaupt. Der hatte sich seit der Rückfahrt aus Ulm nicht mehr gemeldet. Drei ganze Quarkfrühstücke ohne seinen Anruf. Ob der etwa beleidigt war? Und wieso tauchte er auch hier nicht auf? Für ihn wäre es doch ein leichtes gewesen, beim Kulturamt anzurufen und zu fragen, wo ich heute abend singe? Er hätte halt ein bißchen rumtelefonieren müssen, um herauszufinden, daß es gerade Knispel war, wo ich heute debütierte. Oder aber einen Privatdetektiv losschicken, in sämtliche Weihnachtskonzerte Nordrheinwestfalens. Ich war mir völlig sicher, daß er noch auftauchen würde. Die Tür würde aufgehen, und eine große kräftige Gestalt im Nappaledermantel würde sich hineinschieben, bewaffnet mit Fotoapparat, Videokamera, Blumenstrauß. Ich war mir ganz sicher. Seit ich ihn kannte, war kein Konzert ohne ihn verlaufen. Er würde kommen. Und wenn es erst beim Schlußakkord wäre. Und Georg? Hockte er nicht längst in der letzten Reihe, konzentriert vorgebeugt, die Hand am Mund? Vielleicht saß er diesmal auf der Orgelempore, um mich nicht zu erschrecken. Bestimmt saß er da. Ich reckte unauffällig den Hals. Außer dem Pomadekopf des dürren Dirigenten sah ich keinen Kopf auf der Empore. Aber Georg war hier irgendwo. Ich spürte es körperlich. Ohne Georg war doch seit Wochen kein Konzert verlaufen. Ich war mir ganz sicher.

Als mein frohwehmütiges Stück herannahte und ich weder Georg noch Klaus im Knispeler Publikum ausgemacht hatte, befiel mich plötzlich eine schreckliche Nervosität. Mein Herz fing an zu rasen, meine Stimme verzog sich hinter ungesteuerten Schluckreflexen, und mein Hals war ausgedörrt. Im Magen war mir schrecklich übel, und außerdem meldete sich ein unaufschiebbares Bedürfnis heftig und kompromißlos. Nicht später, nicht nach dem Konzert. Jetzt sofort mußte ich, und zwar ganz heftig. Sofort. Dringend. Wo waren hier noch die Klos? Ach ja, zur Seitentür raus und über den zugeschneiten Kirchhof und dann an der unbeleuchteten Baracke die Treppe hinunter. Die zweite Eisentür links. Ich studierte das Programm. Noch zwei Flötenstücke und ein Gemeindelied. Etwa sieben Minuten. Ich mußte es wagen. Ich mußte. Notdurft, liebe Gemeinde. Wir bitten um Verständnis, aber die selbstlos und spontan eingesprungene Altistin muß eine Notdurft im Gemeindehaus abladen. Und zwar jetzt. Sonst wird nichts aus der frohwehmütigen Maria. Sonst sing ich im Sitzen. Wissen Sie, ja Sie da vorne in der zweiten Reihe, wie das ist, wenn man muß und 200 Leute einen anstarren und man darf nicht losrennen? Wenn man im Abendkleid mit zitternden Knien vor aller Augen einen würdigen Abgang macht? Nein. Sie haben keine Ahnung. Sie gehen immer morgens nach dem Frühstück mit der Morgenzeitung aufs Klo. Für Sie ist das ein Akt der liebgewordenen Gewohnheit. Aber ich, ich leide. Körperlich und seelisch gleichermaßen. Ich büße meine Sünden der letzten Tage oder vielleicht sogar Wochen ab. Ist Ihnen das klar, Mann? Nein. Sie blättern gelangweilt in den Pfarrnachrichten. Singt Ihre Frau da in dem Kirchenchor? Oder piepst Ihr Enkel im Flötenkreis die wäßrige Mundstück-Etüde in Schiß-Moll? Apropos. Ich muß. Ich muß ganz fürchterlich und sofort.

Noch sechs Minuten bis zur frohwehmütigen Maria. Ich rutschte gequält auf meinem Stuhl – im doppelten Sinne – hin und her. Nein. Es geht nicht. Ausgeschlossen. Die frohwehmütige Maria kriegt einen Kreislaufkollaps. Das Blut steigt ihr zu Kopfe, um im nächsten Moment schon wieder völlig aus ihrem Gesicht zu weichen.

Ob der Geiger schräg hinter mir mich auffängt, wenn ich in Ohnmacht falle? Klaus!! Wann kommst du endlich mit deinem verdammten Tonbandgerät! Hier ist Erste Hilfe zu leisten, hier fällt eine frohwehmütige Maria in Ohnmacht!

Das Schlimme war – ich fiel nicht. Ich erlebte alles bei vollem Bewußtsein. Müssen müssen, nicht dürfen, sich gräßlich fühlen und gleich schwere Koloraturen singen müssen. Noch fünfeinhalb Minuten. Plötzlich stand ich auf. Mir wurde schwindelig, ich taumelte leicht. Der Flötenkreis weichte gerade wieder seine Mundstücke ein. Irritierter Blick der andächtig vor sich hin sinnierenden Sopranistin.

»Mir ist schlecht.«

»Ach du Schreck.«

»Weißt du, wie ich zum Klo komme?«

Raunen im Kirchenchor. »Der Altistin ist schlecht!«

»Hat jemand den Kloschlüssel?« Keiner hatte den Kloschlüssel. Im Publikum hörte man auf, sich zu langweilen. Die Mundstück-Etüde plätscherte ungehört durch die Detonationslandschaft.

»Wo ist der Küster?«

»Wieso, hat der denn den Kloschlüssel?«

Grinsen im Orchester. Ich taumelte raus. Einfach raus. Vorbei an der Knispeler Kulturelite. Raus. Frische Luft. Klo. Egal welches. Draußen tappte ich mit hochgerafften Röcken durch den Tiefschnee und lief über die Straße. Da vorne war eine Wohnsiedlung. Vor einer Laterne tanzten die Schneeflocken. Die parkenden Autos waren alle schon zugeschneit. Kein roter BMW, kein Türkenopel. Das Drängen an meinem Hinterausgang wurde unerträglich. Wie kann man im Abendkleid durch den Schnee laufen und gleichzeitig den Hintern zusammenkneifen? Mein keuchender Atem begleitete mich in Form von kleinen weißen Dampfwolken.

Fritz-Hauser-Weg 5. In diesem Haus brannte Licht. Außerdem war die Flimmerkiste an. Der fahle Schimmer eines Schwarzweißfernsehers zuckte durchs Zimmer. Ich klingelte, mindestens dreimal hintereinander. Schlurfende Schritte. Eine ängstliche Frauenstimme: »Wer ist denn da?!«

»Darf ich bitte mal Ihre Toilette benutzen!« keuchte ich zu der Haustür.

»Was, jetzt? Um diese Uhrzeit?« rief die Frauenstimme zurück.

»Entschuldigen Sie bitte, es ist dringend«, japste ich. Fast wäre ich auf den Treppenabsatz gesunken. Sitzen erleichtert ja die Situation. Noch vier Minuten. Oder drei. Frohwehmütige Maria. B-Dur.

»Nein, nein, da könnte ja jeder kommen. Gehen Sie doch auf eine öffentliche Toilette. Nein, nein, mein Mann ist nicht da, und auf solche Tricks falle ich nicht rein. Was da so alles passiert. Da kam jetzt wieder was im Fernsehen, nein, nein, Fräulein, da könnte ja jeder kommen.« Ihre Stimme entfernte sich bereits wieder. Im Fernseher wurde gerade geschossen und ein Pferd gewendet.

Ich rannte zum nächsten Reihenhaus. Kein Licht. Zum Übernächsten. Nummer 9. Auf mein Klingeln öffnete ein älterer Mann.

»Entschuldigen Sie, darf ich bitte mal Ihre Toilette benutzen?«

»Aber immer, schöne Frau.«

Er schlurfte vor mir her durch den Flur und öffnete mir die Tür zum Bad. »Na, das scheint ja dringend zu sein. Zuviel gefeiert, was? Wo ist denn hier heute abend was los?«

»In der Kirche«, rief ich, knallte dem freundlichen Klobesitzer die Tür vor der Nase zu und verschaffte mir innerhalb von 34 Sekunden alle Erleichterung dieser Welt. Ich stürzte wieder raus, brüllte »danke« in Richtung Wohnzimmer und stolperte noch über eine Hundekiste.

»Vorsicht, Frollein, draußen iss glatt«, rief mein Lebensretter hinter mir her. »Nich so eilig! Sie kommen noch früh genuch in de Kiache!«

Ich zwang mich, nicht zu rennen. Lieber zu spät kommen, aber mit ruhigem Atem. Keuchend kann man nicht singen. Da droht Erstickungsgefahr.

Ich schlenderte fast. Meine Füße froren. Es mußten minus zehn Grad sein. Mim mim mim, probierte ich vorsichtshalber. Von drinnen ertönte das Gemeindelied. Danach sollte ich dran sein. Aha. Noch 'ne Strophe. Ich öffnete die Kirchentür, schritt würdigen Blickes und erleichterten Darmes wieder orchesterwärts. Der Pomadedirigent guckte schmallippig in seine Noten. Zwei Geiger grinsten. Im Chor Erleichterungsraunen. »Aha. Da ist sie ja. Geht's besser?«

»Viel besser.«

»Jetzt hat sie schon wieder Farbe im Gesicht.«

Ende des Gemeindeliedes.

Scharren von Kirchenchorfüßen, Stimmen von frohwehmütigen Geigen. Der Dirigent würdigte mich keines Blickes. Vorspiel. Ich räusperte mich nervös und trat von einem Bein aufs andere. Höchst konzentriert zählte ich die Takte. Noch vier, noch drei, noch zwei. So. Luft holen. Stützen, Mensch! Alle Gesichter im Publikum, aber auch alle, waren auf mich gerichtet. Da war doch wenigstens mal was los! Da wurde doch wenigstens mal einer Solistin schlecht! Offensichtlich war sie schrecklich nervös, die Arme, haha!

Ich setzte ein. »Sühüßer Knahabe...« Endlose Phrase! Ich muß atmen! Luft! Ich platze! Bei »hoholdes Sehenen« überrumpelte mich ein Schluckreflex. Es klang wie »hoholdes Wurks... nen«. Mein Blick zuckte über die Noten. Die drei Takte Zwischenspiel verschwammen. O hochnotpeinliche Stunde des Grauens! Atmen, tief, los, weiter. »Deine Muhuter tiehief in Schmeherzen, freudig mit erregtem Heherzen...« Selbst das Zungen-R, das wahre Sänger von Dilettanten unterscheidet, wollte mir nicht über die Unterlippe rollen. Ich war ein Versager. Auf der ganzen Linie. Böser Blick aus knochigem Dirigentengesicht. Da capo. Aber piano, wie ausgemacht! Ich konnte nicht leise singen. Trotzig stemmte ich die Töne raus. Lauter ist einfacher. Mein Atem hatte sich immer noch nicht wieder beruhigt. Je mehr ich versuchte, mein Zwerchfell unter Kontrolle zu halten, um so atemloser wurde ich. Eine völlig hektische Maria, keuchend, als käme sie gerade von einem Waldlauf. Und erst die hohen Töne! Ich markierte sie einfach. Wie in einer Probe. So als wollte ich sie im Moment nicht aussingen, um meine Stimme zu schonen. Dabei war mehr einfach nicht drin. Ich war absolut kaputt, fertig. Keine Reserven mehr. Stimme streikte. Nerven streikten. Lungen streikten.

Rezitativ. Innig, doch nicht schleppend. »O süßer Jesu, du...« Langsam konnte ich mich fangen. Maria, frohwehmütig über der Krippe. Los jetzt, ein bißchen Action. Es klappt doch alles. Keiner hat gelacht. Ich versuchte, ein bißchen süßlich zu lächeln und Mutterglück zu mimen. Noch konnte ich was retten. Ruhiger werden jetzt. Aufhören zu zittern. Es ging. Es wurde besser. Die letzten beiden Arien gelangen halbwegs akzeptabel. Ich fühlte mich unendlich leer, als ich mich wieder setzte. »Schön gemacht«, raunte die Sopranistin und tätschelte mir die eiskalte schweißnasse Hand. Ich klappte die Noten zu und legte sie auf die Kirchenbank. Gott sei Dank. Das hatte ich überstanden. Überlebt, möchte ich sagen. Wofür war das die Strafe? Das war doch eine Strafe! Für meine Leichtlebigkeit, meine seelische Grausamkeit, meine Eitelkeit, meinen Übermut. O ja, lieber Gott, das habe ich genauso verdient. Gott straft grausam, aber gerecht. Aug um Auge, Zahn um Zahn.

Das Konzert war zu Ende. Ich traute mich nicht, irgend jemanden anzugucken. Verschämt betrachtete ich den Kirchenfußboden. Die Sopranistin wurde umarmt, geherzt, geküßt. Von Mutter und Vater und Tante und Onkel. Der Dirigent schüttelte ihr die Hand und gab ihr auch ein Küßchen hinters Ohr. Und so ein junger Mann überreichte ihr Blumen. Mich beachtete niemand. Ich war einfach Luft. Häßlich, allein, schlecht gesungen. Ich stand auf und suchte meine Sachen zusammen. Angelegentlich machte ich mich an meiner Handtasche zu schaffen. Äugte in das immer leerer werdende Kirchenschiff. Wo blieb denn Klaus? Und Georg? Wenigstens einer von beiden hätte längst hier sein können!

Das Orchester packte seinen Kram zusammen.

Ich überlegte, an wen ich mich wegen des Honorars wenden könnte, um dann hastig einen Abgang zu machen. Zwanzig vor elf war es, und ich mußte unbedingt den letzten Zug kriegen. Ich fragte den Geiger, der nicht gewußt hatte, wo der Kloschlüssel war.

»Honorar? Weiß nicht.« Was *wußte* der denn überhaupt? Ich fragte eine Kirchenchormutti.

»Honorar? Ich dachte, hier haben alle umsonst musiziert?«

Ich machte, daß ich weiterkam. Der Dirigent verhandelte mit einem Oboisten. Todesmutig gesellte ich mich dazu. Er würdigte mich keines Blickes, redete lange und ausführlich mit dem anderen über die augenblickliche Knispeler Kulturszene.

»Äm«, sagte ich. Keine Reaktion. »Entschuldigung«, sagte ich etwas lauter.

»Da will jemand was von Ihnen«, sprang mir der Oboist bei.

»Ja bitte?« Eiskalter Blick aus kleinen Augen.

»Ich möchte mich verabschieden…«

»Tja.«

»Es tut mir leid, daß ich so schlecht gesungen habe…«

Ich schluckte und sah auf meinen Schnürsenkel. »Mir war heute nicht gut. Es tut mir wirklich leid.« Mehr brachte ich beim besten Willen nicht zustande. Der Kloß im Hals schwoll schon wieder gefährlich an.

»Mir tut es auch leid«, sagte der Dürre. »Aber gewisse Fehler macht man nur einmal.« Damit drehte er sich um und ließ mich stehen.

Der Oboist zuckte die Achseln. »Ist nicht gut auf Sie zu sprechen, wie?«

»Was er schlecht verbergen kann«, antwortete ich zittrig. Mein Schweinehund suhlte sich schon wieder in einer Pfütze von Selbstmitleid. »Können Sie mir sagen, an wen ich mich wegen des Honorars wenden kann?« Ich zwang mich, trotz aller Demut und Reue (in Demut und Reue bekenne ich meine Sünden, meine letzte heilige Beichte war vor 13 bis 15 Jahren...) auf mein Recht zu pochen. Diese Qual hatte ich hier nicht gratis durchlebt.

»Wenden Sie sich doch an den Dirigenten«, riet mir clever der Oboenheini. »Oder an seine Frau.«

Das mit der Frau schien mir nicht schlecht. Sie wieselte wieder dienstbeflissen um ihren Herbert herum und sammelte gerade die Kollekte von den Ausgängen ein. Vier verschiedene Klingelbeutel, voll mit Münzen und Scheinen.

»Darf ich mich an Sie wegen des Honorars wenden?« schlich ich mich von hinten an das treue Eheweib heran.

»Hono... Herbert?!«

Sie ließ mich stehen und wieselte zu ihrem Mann. Dieser herrschte sie an, zischte irgend etwas, und sie zog den Kopf ein und machte sich dann mit dem Einsammeln der Gemeindesingblätter nützlich. Herbert beachtete mich nicht. Ich überlegte, ob ich einen Rechtsanwalt kenne. Nein, natürlich nicht. Mein Schweinehund suhlte sich in der Pfütze. Kein bißchen Rückgrat hatte der Kerl mehr, nicht für fünf Pfennige.

Ich gehe hier nicht eher weg, bis ich mein Geld habe, sagte ich zu ihm. Er hob nur schlapp den Kopf und sah mich aus wäßrig-trüben Augen an.

Kind, du hast es nicht verdient. Schlechte Arbeit, schlechter Lohn. Schleich dich raus und schäm dich.

Nein, begehrte ich auf. Das kann passieren, daß man schlecht singt. Recht auf mein Honorar habe ich trotzdem.

Ich wäre so gern zwischen den Kirchenbänken versunken, hätte mich am liebsten auf dem marmornen Kirchenboden zum Sterben gelegt. Der Küster ließ mich aber nicht. Auf einmal war er da, der zuständige Küster mit dem dicken Schlüsselbund.

»Die Kirche wird geschlossen«, rief er heiser. Ob der im Chor mitgesungen hatte?

»An wen kann ich mich bitte wegen des Honorars wenden?« fragte ich ihn matt.

»An mich jedenfalls nicht.« Sachliche, knappe Antwort.

Er schob mich vor sich her, schloß hinter mir ab. Plötzlich stand ich ganz allein auf der zugeschneiten Straße. Die meisten Autos waren schon weg. Letzte Besucher verabschiedeten sich laut und herzlich voneinander. Autotüren klappten, Menschen schlidderten im Schein der Laterne davon.

Ich war allein. Ohne einen Pfennig Honorar. Und es war kurz vor elf. Telefonzelle. Taxi. Verdammter Mist. Keine Telefonzelle. Kein Taxi. Mein Magen rebellierte. Mein Schweinehund saß weinend in der Pfütze und kaute an seinem Ringelschwanz. Ich sah mich schon unter der Laterne erfrieren. Morgen früh würden mich die Herren von der Müllabfuhr finden, mich für ein schwarzes Bündel Abfall halten und in den Wagen stemmen.

»Erfrorene Konzertsängerin in Knispel tot aufgefunden«, würde die Schlagzeile in der »Westfalenpest« lauten.

Ich schleppte mich mitsamt meinem Konzertköfferchen und völlig ohne Blumen – verschmähet, verachtet und umgeben mit Qual (Messias) – zum Fritz-Hauser-Weg, Nummer 9. Zu dem freundlichen Klobesitzer. Er öffnete sofort und schien nicht überrascht, mich zu sehen.

»Na, iss die Paaty zu Ende?«

»Ja. Darf ich bitte mal bei Ihnen telefonieren?«

»Aber immer, schöne Frau. Wollen Sie auch noch ma int Bad?«

»Nein, diesmal nicht.« Ich lächelte schwach.

»Waa abba keine lustige Paaty, woll?« Der Mann in der grauen Hausjoppe schlurfte vor mir her. Ich stolperte wieder über die leere Hundekiste. »Aufpassen, Frolleinken. Der Stromer is nich da. Meine Frau auch nich. Kommen Sie rein, trinken Se en Gläsken mit mir! Telefonieren können Se später imma noch!«

Das fand ich auch. Der letzte Zug war eh weg. Bis bei dem Schnee ein Taxi gekommen wäre und mich zum Bahnhof gefahren hätte, wäre schon der Frühzug eingelaufen. Ich hatte plötzlich viel Zeit.

»Wohl'n Kümmerken?« fragte die graue Joppe und drückte mir ein Kognakglas in die Hand.

Ich nickte stumm, um nicht loszuheulen. Mein Schweinehund suhlte sich laut jaulend in einem ganzen Tümpel von Selbstmitleid. Mit dem war ja überhaupt nichts mehr anzufangen. Ich beschloß, ihn nie wieder irgendwohin mitzunehmen.

Der Graue schob mir ein Taschentuch über den Tisch. »Falls Sie 'n Schnupftuch brauchen, Mädchen. Na, denn mal auf Ihr Wohl. So schlimm kann es doch wohl gaanich sein, Kleinet.«

Ich hätte mich gern an die graue Joppe geworfen und mein Gesicht in die grobe Wolle gepreßt und ganz fürchterlich geweint. Aber Tante Lilli hätte das niemals zugelassen. *Sie* weinte auch nicht oder badete in Selbstmitleid. Kind, sei höflich zu dem Mann und faß dich kurz und ruf dir ein Taxi und mach dich rar und sage höflich danke schön für den Kognak.

Ich krabbelte diagonal über die Couch und griff zum Telefon. Plötzlich war da dieselbe Situation wie in Ulm. Ich wußte beide Nummern auswendig, als hätte ich nie eine andere gewählt. Die von Georg und die von Klaus.

Ich wählte die von Klaus. Aah, kein Anrufbeantworter. Mein Schweinehund kam aus der Pfütze gekrochen und blickte mich abwartend an, jederzeit bereit, weiterzusuhlen.

Klaus meldete sich. Er war es wirklich. Seine Stimme. Seine geliebte Stimme. »Klaus Klett.«

Ich sagte: »Klaus, ich brauche dich. Ich bin in der Klemme!«

»Wo bist du?«

Ich erklärte ihm kurz, wo er mich finden konnte. »Hast du Winterreifen drauf?«

»Natürlich. In einer Stunde bin ich da.«

Ich gab der Joppe den Hörer, damit er den Weg beschrieben bekäme. Dann ging ich selbst noch mal an den Apparat:

»Du Klaus? Dafür liebe ich dich. Ich werd's dir nie vergessen.«

Ich legte auf, sank in das Sofa zurück und leerte das Kognakglas in einem Zug. Die Joppe lächelte. »Schon besser getz, woll?«

»Ja, sagte ich. Schon besser. Wenn Sie mir jetzt noch ein Brot machen...«

23

Exakt 54 Minuten später machte es dingdong und Klaus erschien im Joppenwohnzimmer. Ich hatte drei Schnitten mit guter deutscher Bauernblutwurst verdrückt, dazu zwei Bier und einen weiteren Kognak. Gläsern schaute ich ihn an, den Retter der Enterbten. Mein Schweinehund taumelte ein paar staksige Schritte, um dann in den mageren Knien zusammenzusacken. Klaus fragte den Joppenmann, ob er Ausgaben ersetzen könne, bedankte sich dann wie ein Vati, der sein ungezogenes Kind beim Jugendamt abholt, griff mich mit dem einen Arm und meinen Koffer mit dem anderen und schob mich zum Auto. Ich winkte der Joppe dankbar zu, und sie, die Joppe, verabschiedete mich mit einem Äugskenkniepen.

Als ich den roten BMW sah, ganz ohne Schneehaube, sondern warm und trocken und einladend, da fing ich an zu weinen. Klaus stellte den Koffer auf den Rücksitz, umarmte mich fest und verfrachtete mich in die lederne Nußschale. Legte mir eine Decke über die Knie und setzte sich hinters Steuer. Ich weinte bis zur Autobahnauffahrt. Mein Schweinehund badete nicht mehr, er machte Tiefseetauchen im Tränenmeer.

Klaus fuhr vorsichtig und konzentriert, aber nicht langsamer als 140, und seine rechte Hand lag schwer und tröstlich auf der Wolldecke auf meinen Knien.

»Was hast du denn in Knispel gemacht? Und wer war der ältere Herr da? Und wieso hast du soviel getrunken, und weshalb weinst du jetzt?«

Ich erzählte ihm schluchzend die ganze Geschichte, von

dem morgendlichen Anruf des Dirigenten, meiner unverschämten Honorarforderung, der verzweifelten Proberei im Zug und hinterher im ungeheizten Arbeitszimmer. Von der Akustikprobe in der Kirche – ebenfalls ungeheizt –, von der anschließenden Chorprobe und dem Konzert. Wie schlecht mir dann wurde vor Angst und vor Aufregung... Hier unterbrach mich Klaus. Wann ich denn etwas gegessen hätte.

Gar nicht. Dazu war seit dem Frühstück keine Zeit.

Ob der Dirigent mir denn nichts angeboten hätte, ich sei doch in seinem Hause Gast gewesen.

Nein. Und Gast sei ich wohl auch nicht gewesen.

Ich berichtete den Alptraum noch bis zum Ende. Meine Odyssee zum Joppenmann, meine schreckliche Arie, meine Panik beim Singen. Meine Einsamkeit nachher. Ich heulte schon wieder.

Jetzt war es Klaus, der an den Rand, genauer, auf einen öden, dunklen, leeren Parkplatz kurz hinter Wermelskirchen fuhr, den Motor abstellte und sich zu mir rüberbeugte. War das erst gestern, als Georg... Ich konnte es kaum noch nachvollziehen. Wie warm und wunderbar es bei Klaus war! Wie zuverlässig er war, wie breit seine Brust und wie weich seine Hand! Und wie weich sein Mund. Und wie gut und warm er roch. Er küßte mich, lange und zart und immer wieder. Als das Auto auskühlte, stellte er den Motor wieder an. Obwohl ihm ganz offensichtlich sehr heiß war.

»Und da hast du mich vermißt?« fragte er begeistert.

»Ja«, schluchzte ich. »Ganz fürchterlich.«

»Das ist ja wunderbar.« Klaus atmete mehrmals tief durch. »Einfach wunderbar. Das hatte ich schon nicht mehr zu hoffen gewagt. Daß du mich vermißt.«

Er legte den ersten Gang ein und wir brausten nach K. Zwanzig Minuten später waren wir in meiner Wohnung. Ich hatte keine Lust auf Wärmflasche oder Quarkbreichen. Ich hatte Lust auf Klaus. Auf seine breite warme Bärenbrust, auf seine weichen Tatzen und auf andere bärenhafte Körperteile.

In dieser Nacht schlief ich mit Klaus. Und als er kurz danach dicht an meinem Ohr anfing, leise zu schnarchen, da liebte ich ihn immer noch. Und fühlte mich unendlich geborgen.

24

Unser erstes gemeinsames Frühstück fand um sechs Uhr fünfzehn statt. Wir aßen beide Quark, in Ermangelung anderer Lebensmittel, und tranken schwarzen Kaffee. Klaus wollte, bevor er in die Praxis fuhr, noch mal nach Hause, zum Umziehen und Rasieren. Ich versuchte, sein Bleiben so lange wie möglich zu verlängern.

»Willst du noch Quark?«

»Nein danke, Liebes, nicht böse sein. Ich bin nicht so ein Quarkfan wie du. Obwohl er bestimmt wahnsinnig gesund ist. Und gut für die Haut…« Er lächelte und streichelte meine ungeschminkten Backen.

»Aber Kaffee?«

»Ja, gern.« Er reichte mir den roten Riesenbecher mit der Aufschrift »Du«.

»Was wirst du gegen diesen Dirigenten von gestern unternehmen?« fragte Klaus zwischen zwei Schlucken aus der Du-Tasse.

»Was könnte ich unternehmen?« fragte ich zurück.

»Laß mal. Ich hab einen Freund, der ist Anwalt. Ich rufe dich heute mittag an und sage dir, was er mir geraten hat.«

»Danke, Klaus. Du bist… sehr lieb.«

»Du auch. Manchmal.«

»Wieso nur manchmal?« begehrte ich auf.

»Wenn dein Kritiker nicht in der Nähe ist.«

»Mein Kri…?« Ich mußte schlucken. »Was hat denn der Kritiker mit meinem Charakterzustand zu tun?«

»Wo war denn der eigentlich gestern? Ist Knispel nicht sein Gebiet? Oder konntest du ihn nicht erreichen?«

Ich beschloß, böse zu werden. »Was sind das für unverschämte Andeutungen, Klaus?! Was geht dich der Kritiker an? Und was sind das für Unterstellungen?« Ich fühlte mich schlecht in meiner konstruierten Entrüstung. Aber mein Schweinehund, dessen Borstenfell von gestern noch nicht wieder trocken war, stand mit gefletschten Zähnen vor seiner Hütte und knurrte mit tropfenden Lefzen böse vor sich hin.

»Ist ja schon gut, war ja nicht so gemeint. Reg dich nicht auf, wir haben einen so schönen Morgen.«

Ich registrierte: Klaus lenkt ein, Klaus ist friedfertig. Er gab mir einen kaffeefeuchten Kuß auf den Mund, stand auf und wandte sich zum Gehen.

»Ich bitte dich um eine Revanche wegen gestern.«

»Schon gebongt. Ich stehe ewig in deiner Schuld.«

»Geh heute abend mit mir essen. Und mach dich richtig fein.«

»Wie fein?«

»Na, so schnieke bis elegant. Zieh ein hübsches Kleid an.«

»Ich habe kein hübsches Kleid.«

»Schade.«

Er war schon aus der Wohnungstür. »Aber für mich bist du immer hübsch.«

Na, das war ja schon was. Ich winkte ihm nach und schloß die Tür. So, nun war es also passiert. Vorgestern mit Georg und gestern mit Klaus. Und heute wieder mit Klaus und morgen wieder mit Georg? Wie lange sollte denn das noch so weitergehen? Und wann würde Klaus nun mit dem Heiratsantrag kommen? Heute abend, wenn ich ein hübsches Kleid anhatte?

»Wie soll das denn nun weitergehen?« fragte ich meinen Schweinehund. Aber der antwortete nicht. Er stand aufrecht vor seiner Hütte und wedelte mit dem Schwanz.

Bevor ich die Quarkbecher wegräumte und mich daranmachte, das gelbe Lasterbett neu zu beziehen (KIND!), hörte ich den Anrufbeantworter ab. Dreimal geliebte Löwenfrau wo steckst du denn; einmal Tante Lilli, Kind ich komme am Wochenende in dein Konzert aber besorg mir bitte ein RUHIGES und PREISWERTES Hotelzimmer; und eine Anfrage für ein Konzert im März in der Mainhalle Frankfurt. WOW! Unter meinem überdimensionalen T-Shirt schwoll mir die Brust. Das war endlich mal etwas! So langsam schienen sich meine Qualitäten auch in höheren kulturellen Kreisen herumzusprechen, jawoll! Mein Schweinehund machte ein paar staksige Freudensprünge, und ich, ich ging noch mal für zwei Stündchen ins Bett. Um punkt neun Uhr dann das Telefon.

»Geliebte Löwenfrau, wo warst du denn gestern den ganzen Tag?«

»Ich hatte mein sensationelles Debüt in Knispel.«

»Warum hast du mir denn nichts davon gesagt? Ich wäre doch gekommen!«

»Ich mußte schon um drei Uhr da sein.«

»Ja, aber da wäre ich doch mitgekommen!«

»Mußt du gar nicht arbeiten, wie andere Leute das nachmittags um drei machen?«

»Nicht, wenn ich die Alternative habe, mit dir zusammen zu sein.«

»Ich habe aber scheußlich gesungen.«

»Das kann gar nicht sein. Du kannst gar nicht scheußlich singen.«

»Wohl«, begehrte ich auf. »Absolut beschissen. Hinterher habe ich noch nicht mal Geld gekriegt oder einen feuchten Händedruck. Kein Auf Wiedersehen und keine Tasse Tee.« Ich steigerte mich schon wieder in Wut.

»Wie kommt das denn, mein armes kleines Mädchen?«

Wärme und Mitleid und ein Schuß Väterlichkeit schwangen in seinen Worten mit. Ich kuschelte mich etwas enger an den Hörer. Schön! Weiter so!

»Ich war nicht in Form gestern.«

»Lag das an mir? Bin ich daran schuld?« Zweideutiges, tiefes, sanftes Gurren.

»Wahrscheinlich«, sagte ich.

Pause. Wer war denn jetzt dran?

Er war dran. »Wann sehe ich dich?«

Ich war dran. »Heute nicht, Georg. Ich bin wahnsinnig kaputt.«

Es folgte die übliche Diskussion und Feilscherei um ein kurzes und streßloses Treffen, nur ein halbes Stündchen, und nur auf einen Kaffee, und nur um mir kurz in die Augen zu sehen, was ja gar nicht seine Gewohnheit war. Und ich sagte: »Georg, laß mir bitte Zeit, ich fühle mich etwas bedrängt und möchte mich auch mal wieder um andere Leute kümmern«, und das hätte ich nicht sagen dürfen.

»Habe ich dich so sehr verschreckt mit meinem… Anliegen? Ich könnte mir die Zunge abbeißen!«

Er tat mir schrecklich leid. Ich durfte jetzt auf keinen Fall mit ihm spielen und ihn an langer Leine verhungern lassen.

Mein Schweinehund war schrecklich hin- und hergerissen. Einerseits fand er die Idee mit dem Zappelnlassen ganz toll und suhlte sich in Schadenfreude. Andererseits hatte mein Schweinehund auch Lust auf ihn, und das war das Allergemeinste von ihm. Los, ab in die Hütte, du verdammtes Borstenvieh! Als wenn ich nicht gestern schon einen ordentlichen Warnschuß zum Thema Fegefeuer hier und heute vom lieben Gott gekriegt hätte!

Ich war also ratlos. Und er wollte sich die Zunge abbeißen. Ich war dagegen.

»Du, Georg, es ist ganz in Ordnung, daß du es gesagt hast. Ich denke, du wolltest es schon länger sagen, und ich nehme das alles sehr ernst. Aber eine Antwort kann ich dir im Moment nicht geben.«

»Wie lange willst du mich denn im unklaren lassen?«

»Ach so, ja, das ist unfair, bestimmt. Also, wenn du sofort eine Antwort brauchst, dann…«, ich biß mir auf der Unterlippe herum…, er hatte doch gesagt, ich solle nicht sofort antworten, und überhaupt, wann hätte ich denn Zeit haben sollen, darüber nachzudenken, vielleicht an diesem Alptraumnachmittag gestern oder besser nachts, zusammen mit Klaus?

»Dann was?« kam es unendlich bange und doch so hoffnungsvoll aus der Leitung.

»Du, Georg, nicht am Telefon, bitte.«

»Da bin ich ja vollkommen deiner Meinung. Also heute nachmittag bei dir? Ich könnte um drei.«

»Nein. Ich kann nicht.« Mein Schweinehund fing an zu kläffen. »Ich kann nicht nur nicht, ich will auch nicht. Entweder du läßt mir Zeit, oder ich gebe dir eine vorschnelle Antwort.«

Pause. Ich sah ihn vor mir, wie er wahrscheinlich gerade irgendeine Fußleiste betrachtete. Oder an einem Bleistift herumknibbelte. Wo war er überhaupt? Im Büro? Zu Hause?

»Wo bist du überhaupt?«

»Wie bitte?«

»Ich meine, hockst du gerade im Wohnzimmer oder auf deinem Schreibtisch oder hinter deinem Schreibtisch in einem tiefen Sessel und legst die Beine auf den Tisch, wie JR Ewing immer, wenn er telefoniert?«

Mein Schweinehund kicherte hämisch. Sein Sinn für Humor machte doch aus jeder noch so ernsten Situation einen kleinen Sketch.

»Ich stehe in meinem Arbeitszimmer.«

»Und wo guckst du hin?«

»Auf dein Gesicht.«

»Hast du da etwa ein Foto von mir?«

»Nein. Ich sehe dein Gesicht vor mir.«

Ich schwieg betreten. Wahrscheinlich sah er mein Gesicht auch vor sich, wenn er eine Fußleiste musterte.

»Du, Georg, es ist zwanzig nach neun. Ich habe noch keinen Ton gesungen, und wir haben heute Aufnahme im Studio. Ich muß weg. Bitte sei nicht böse oder traurig oder nachdenklich. Weißt du was? Das nächste Mal rufe ich dich an. Ich verspreche es dir. Laß mich zuerst anrufen, O.K.?«

Ich hielt das für eine ungeheuer gute Idee. Hätte ich schon viel eher drauf kommen können, auf die Idee. Tante Lilli wäre da sofort drauf gekommen.

»Ja, Löwenfrau. Ich warte. Ab sofort warte ich auf deinen Anruf.«

»Nein, du Blödmann. Nicht ab sofort. Da geht die Zeit ja gar nicht rum, das ist ja schrecklich!«

»Ich weiß. Wem sagst du das. Versprich mir, daß du bald anrufst, ja?«

Bald ist ja nun ein dehnbarer Begriff. Ich versprach ihm, bald anzurufen.

»Und versprich mir, daß ich, wenn ich es nicht mehr aushalte, dich anrufen darf, ja?«

Das war ja ein Kind, das sich an den Mantelzipfel von Mutti klammerte, die für ein Wochenende zu ihrer Schulfreundin fuhr!

Ich wollte ihn drücken und umarmen und ihm über den Kopf streicheln und ihn küssen und ihn mit ins Bett nehmen. Er tat mir so wahnsinnig leid, und ich hatte ihn so wahnsinnig lieb! Mein Schweinehund saß betreten auf seinem Ringelschwanz und kaute auf den Vorderpfoten. Selbst der fühlte sich absolut elend.

»Ja, Georg. Wenn es dir schlecht geht, ruf mich an.«

Ich legte auf und wollte mich einsingen. Es ging nicht. In meinem Magen lag ein dicker, schwerer Stein.

Abends hockte ich mit Klaus beim Griechen. Ich hatte ihn herzlich darum gebeten, nicht in ein Superluxuslokal zu gehen, sondern in ein ganz normales. In Ermangelung eines hübschen Kleides – hübsch im Sinne von Klaus – trug ich einen hübschen Pullover mit Überlänge. Als Kleid. Es sah ziemlich revolutionär aus. Klaus gefiel es.

»Du hast ja tolle Beine!«

»Ich dachte, die hättest du schon gesehen?« grinste ich.

»Ja, aber nicht so wirkungsvoll verpackt!«

»Na gut, dann werde ich sie dir nächstens nicht mehr so ohne weiteres in natura zeigen.«

»Oooohh!«

Wir bestellten Mengen von Tsatsiki und Schafskäse und Bauernsalat, und Klaus orderte irgendein Tier von der Weide, das so streng schmeckt, wie es riecht, es war Lamm oder Ziege oder Geißbock oder so was.

Als erstes eröffnete er mir, daß er den Rechtsanwalt befragt habe – er sei wegen seiner Scheidung ohnehin heute mit ihm verabredet gewesen – und daß ich selbstverständlich mein Honorar in Kürze erhalten werde. Der Anwalt hatte bereits in Anwesenheit von Klaus ein freundliches, aber bestimmtes Schreiben nach Knispel gesandt.

Ich frohlockte und wollte wortwörtlich wissen, was drin stand. Klaus sagte in perfektem Amtsdeutsch etwas, das umgangssprachlich übersetzt zum Inhalt hatte: Junge, wenn du dem Mädchen nicht die Knete rüberschickst, für die es sich redlich abgemüht hat, dann wird es schwer Ärger geben, und das wird weit teurer als 700 Mark. Merk dir das. Mit freundlichen Grüßen. Titel, Stempel, krakelige Unterschrift.

Bravo. Braver, lieber Klaus.

Wir tranken einen Retsina darauf.

Als zweites kündigte Klaus an, daß er mitsamt Mutter am Samstag und Sonntag nach St. Augustin in das Weihnachtsoratorium kommen werde.

Ich setzte mein Retsina-Glas ab. »Muß das sein?«

»Wieso muß das sein? Seit wann darf ich nicht mehr in deine Konzerte kommen? Aber abholen darf ich dich dann?«

»Nein, Klaus. Dich sehe ich immer gern. Ich meine das mit deiner Mutter.«

»Meine Mutter wohnt aber nun mal in St. Augustin«, sagte Klaus stirnrunzelnd. »Und sie wäre sowieso in das Konzert gegangen, ob da nun du singst oder die Callas.«

»Tja, dann können wir sie wohl nicht dran hindern.«

Klaus machte eine Miene, die nicht gerade Heiterkeit ausdrückte. Gedankenverloren zerlegte er seinen Ziegenbock. Ich rührte derweil mit einem derben Brotkanten in dem köstlichen Knoblauchsud herum. Heute abend würde kein Mann der Welt Lust auf meine Nähe haben. Es sei denn, er hätte selbst Knoblauch gegessen.

»Könnte es sein, daß der Kritiker am Samstag kommt?«

»Na ja, es ist sein Einzugsgebiet. Es ist anzunehmen, daß er rein dienstlich da sein wird. Warum fragst du?«

Das Thema schmeckte mir gar nicht, zusammen mit Schafskäse und Bauernbrot. Mußte das denn jetzt sein?

Klaus holte Luft, steckte ein Stück Geißbock in den Mund und sagte dann, mir fest in die Augen sehend:

»Könnte es sein, daß du deine Beziehungen zu diesem Herrn Lalinde … mal überdenken solltest?«

Ich war geplättet. Erstens über diese Direktheit ohne Einleitung und zweitens über den autoritären Ton.

»Was für Beziehungen?« fragte ich giftig und betonte das Wort Beziehungen ziemlich affig.

»Welcher Art diese Beziehungen sind, wirst du am besten wissen.« Er nahm einen hastigen Schluck Wein, um, wie ich empfand, seine Unsicherheit zu überspielen. Klaus Konrad, hüte dich, mein Schweinehund fletscht schon die Zähne! Was gehen dich meine Beziehungen zu Georg Lalinde an? Ich sagte das. Genau das. »Was gehen dich meine Beziehungen zu Georg Lalinde an?«

Er guckte mir schon wieder so unverschämt direkt in die Pupillen. »Ich denke, daß sie mich seit gestern etwas angehen.«

»Du meinst, weil wir miteinander geschlafen haben, muß ich dir jetzt mein Privatleben auseinanderbreiten?«

»Nicht dein Privatleben. Aber gewisse Teilbereiche daraus. Ich will nicht dein Spielball sein.«

»Du bist nicht mein Spielball.« Ich grinste. »Einen Ball durfte ich noch nie mit ins Bett nehmen.«

»Kannst du bitte mal ernst bleiben!« Klaus' Blick verriet keine Spur von Humor.

»Sorry.«

»Ich meine, daß du dich entscheiden solltest.«

»Wofür oder wogegen bitte?« Eigentlich wußte ich genau, was Klaus meinte. Aber freche Gegenfragen nehmen einem selbst immer den Schwarzen Peter, auf etwas Unangenehmes antworten zu müssen.

»Du weißt, wovon ich spreche. Wir sind uns viel zu ähnlich, als daß du nicht wüßtest, wovon die Rede ist.«

Wir? Uns? Ähnlich? Das fand ich aber nicht.

Er, er war ein gutmütiger tolpatschiger Bär, der immer wieder unabsichtlich in irgendwelche Fallen tappte, und ich, ich war ein ausgemachtes gemeines kleines Luder. Jedenfalls ihm kein bißchen ähnlich. Das konnte ich aber nicht laut sagen. Wegen des Luders hätte er vermutlich nachgefragt. Er nahm meine Hand. Dabei schwappte sein Weinglas über, und das kühle Naß spritzte mir auf den Ärmel.

»Du hast doch schon gemerkt, daß du mir was bedeutest«, sagte Klaus. Ich wischte mit der freien Hand den Wein von meinem Ärmel. Ja. Hatte ich ehrlich gesagt bemerkt.

»Meine Ehe war ein Reinfall«, sagte er und ließ meine Hand kein bißchen los. »Sieben Jahre Reinfall. Ich habe mich umsonst bemüht, mit Irene so was wie eine halbwegs harmonische Ehe zu führen. Ihr ging es nur um Geld und Karriere. Sie wollte keine Kinder, und sie wollte nichts im Haushalt machen. Wir haben einfach aneinander vorbeigelebt. Sieben Jahre lang.«

»Und deshalb soll ich mich jetzt gefälligst anständig benehmen«, sagte ich.

Er ließ meine Hand los. »Ja. Verarscht worden bin ich lange genug.«

Plötzlich verstand ich ihn, und wie ich ihn verstand. Auf einmal war mir ganz klar, was er meinte, wieso er plötzlich »Klarheit« haben wollte, wieso ich mich entscheiden sollte.

Er hatte einfach keine Lust mehr, sich weiter hinhalten zu lassen.

Nur einen Haken hatte die Sache: Ich liebte ihn nicht. Nicht genug. Nicht ausschließlich genug. Da war Georg. Und wenn ich Klaus mit einer Hälfte meines unregelmäßig schlagenden Herzens liebte, dann Georg mindestens mit der anderen. Mindestens. Und mit dem Bauch noch dazu. Aber das konnte ich Klaus unmöglich sagen. Ausgeschlossen.

Dich habe ich wirklich sehr gern, aber bei dem anderen Mann zieht es mir zusätzlich den Unterbauch zusammen? Nein. Klappe halten.

Ich lächelte Klaus lieb an, sagte: »Ich habe dich verstanden« und hob mein Glas, Gott zum Gruße, Klaus zum Wohle, und dann gingen wir zur Tagesordnung über. Er schilderte mir in herrlichen glühenden Farben seine Orientreise, die er mit Schlafsack und Zelt als Abiturient gemacht hatte.

Während vor meinem inneren Auge alle seine Abenteuer und Erlebnisse vorbeizogen, stellte ich mir vor, wie Klaus gewesen sein mußte, als er noch jung war, ohne Geld, ohne BMW, Titel und Akademikerkreise. Als er noch aus Konservendosen vom Gaskocher aß, auf der Erde sitzend, als er noch im Schlafsack unter freiem arabischen Himmel nächtigte und nicht im Ramadan oder Hilton.

Ein sehr sympathischer Klaus. Langaufgeschossen, schlaksig, dünn, braungebrannt, in kurzen Hosen und T-Shirt, Sommersprossen und jeder Menge verrückter Ideen im Kopf. In seinem Brustbeutel kein Scheckbuch, keine Credit-Card, keine Membership-Card für Rent a Car. Ich wär gern dabeigewesen, damals als Klaus neunzehn war. Aber da war ich elf und drückte in der Quinta die Schulbank. Altklug und dick und mit Zahnspange. Das sagte ich Klaus. Er lachte. Amüsierte sich.

»Selbst als Kinder müssen wir uns ähnlich gewesen sein.«

»Du warst bestimmt viel schlauer«, stichelte ich.

»Dafür warst du süßer«, konterte er. Ich versicherte ihm, daß ich kein bißchen süß war, nur vorlaut und eingebildet und von falscher Moral geprägt auf einer gelblich-schwülen Wolke hockend, von der ich auf die anderen herabschaute.

»Außerdem«, triumphierte ich, »spielte ich Klavier und Tante Lilli sogar Orgel. Und Onkel Paul hat Theologie studiert, jawoll, damit hatte ich angegeben, bevor ich das Wort richtig aussprechen konnte!«

Wir lachten und verstanden uns wunderbar und blieben bis halb zwei bei dem Griechen hocken, bis wir einen Rausschmiß-Ouzo bekamen. Klaus zahlte. Eine längst selbstverständliche Geste. Dafür kam er mit zu mir rauf. Auch eine selbstverständliche Geste?

»Is'n los?«

»Du schnarchst!«

»Oh, Tschuldigung.«

Kurzes liebevolles Kraulen, zehn Sekunden Stille, dann Zweiter Satz der Schnarchophonie, diesmal im Mezzoforte, aber synkopisch. Synkopisches Schnarchen macht mich völlig verrückt. Einerseits wartet man ständig auf den nächsten Atemzug des anderen, andererseits fürchtet man, er könne ersticken. Mein Schweinehund zeterte laut und hysterisch.

Ich wohne hier! Ich brauche meinen Schlaf! Er nistet sich völlig selbstverständlich hier ein!

Ich rüttelte ihn. Fester diesmal.

»Du schnarchst schon wieder!«

Er setzte sich mühsam auf.

»Tut mir wahnsinnig leid, du!«

»Klaus, sei mir nicht böse, aber ich möchte dich bitten, daß jeder in seinem Bett schläft. Es ist jetzt zehn nach drei, in deine Wohnung mußt du ja eh noch, bevor du in die Praxis fährst, und zum Frühstück kann ich dir auch nichts anbieten. Sei lieb, bitte, fahr jetzt nach Hause.«

Er war so schnell in seinen Hosen, wie ich das noch bei keinem Mann gesehen habe. Allerdings habe ich es noch nicht besonders oft beobachtet. Nicht, daß da falsche Schlüsse gezogen werden.

Fünf Minuten später war er weg.

Ich torkelte zum Anrufbeantworter.

Darauf waren sage und schreibe fünfzehn Aufleger.

25

Vier Tage später saß ich allein im Zug nach Bremen. Es war das Großraumabteil zweiter Klasse eines überfüllten Intercity, und ich hockte neben meinem Köfferchen auf einem Einzelsitz, vermutlich für Mütter mit Kinderwagen oder krampfadergeschädigte Personen, die Platz brauchen, und hörte angestrengt in meinen Walkman hinein. Der sang mir meine schwere Mezzo-Arie vor. Das war nett von ihm, denn ich hatte eine Übungsstunde nach wie vor dringend nötig. Laut singen darf man in so einem Intercity-Großraumabteil ja nicht, aber musikalisch mit dem Kopf wackeln darf man; wenn man/frau daraufhin auch von einigen alleinreisenden Herren mit Aktentasche interessiert gemustert wird. Mich anzusprechen getraute sich allerdings niemand. Ich war ja auch unter dem Kopfhörer verschwunden. Nicht zu Hause, sozusagen.

Nachdem mir die begabte Dame mit dem frommen Tremolo in der Stimme die Arie ein paarmal vorgesungen hatte, glaubte ich, im Ernstfall alle meine Einsätze zu bekommen, und nahm die Kassette heraus. Es gibt ja noch andere Musik. Strauss zum Beispiel.

Ich weiß nicht genau, warum ich es tat. Unser Lied wieder auszugraben. Georgs und mein Lied.

»Wenn du es wüßtest, was träumen heißt, von brennenden Küssen, von Wandern und Ruhe...«

Mit einer Gänsehaut hatte ich gerechnet, nicht mit plötzlich aufsteigenden Tränen, die auch direkt schamlos über mein Gesicht rollten.

Platsch, tropfte eine Träne auf meine Hand, und plitsch, kullerte die nächste hinterher. Zwei fielen in meine geöffnete Notentasche, und bevor ich noch ein Taschentuch organisieren konnte, begann auch meine Nase heftig zu tropfen. Sehr peinlich! Ich suchte hektisch nach einem Taschentuch. Nein, es reichte mir kein edler Ritter sein Spitzentüchlein. Noch nicht mal eine Serviette oder das Butterbrotpapier meines vespernden Gegenüber wurde mir dargeboten. Es ist ja nicht alles wie im Roman. Mit meinem Selbstmitleid mußte ich ganz alleine fertig werden.

Jedenfalls riß ich mir die Cäcilie aus dem Ohr, nachdem ich endlich das Taschentuch gefunden hatte, das mit Kekskrümeln bedeckt war und außerdem stark nach Kaugummi roch – ich hatte mich irgendwann mal während einer Probe meines rosafarbenen Lieblings entledigt und ihn ins Papiertuch gedrückt –, schnaubte ich mich geräuschvoll. Der Zug fuhr unbeeindruckt durch die graue Winterlandschaft. Es wurde immer norddeutscher, immer öder und immer einsamer. Ab Münster wird Deutschland für mich beängstigend leer und backsteinig.

Fröstelnd kauerte ich mich in meinen Zweiter-Klasse-Sitz und gedachte der Menschen, die jetzt in der Nachmittagsdämmerung eines Dezembertages in so einem einsamen, backsteinfarbenen Haus stecken. Was machen die jetzt? Pflaumenkuchen backen? Tee mit Rum trinken? Oder Schweine füttern? Das Kind macht Schulaufgaben. Morgen muß es wieder mit dem Bus die 17 Kilometer in die nächste Ortschaft zur Schule fahren. Der Vater ist Bauer. Die Geschwister sind alle aus dem Haus. Die Oma sitzt unter der Küchenlampe und stopft Socken. Im Ofen bullert ein gemütliches Feuerchen. Der alte Knecht stopft sich die Pfeife…

Ach was, das sind doch alles Bilder aus dem letzten Jahrhundert. Die hocken jetzt alle vor dem Fernseher und sehen eine Quizsendung an. Und heute abend fahren sie nach Oldenburg ins Kino.

Meine Gedanken wanderten in die Wirklichkeit zurück. Was würde ich denn heute abend nach der Probe machen, in Bremen? Ganz allein? Im Schneematsch?

»Ich fahre natürlich mit!« hatte Klaus gesagt und sich schon einen Hotelführer über Bremen besorgt.

Wir hatten die ganze Woche miteinander verbracht.

Er war täglich dreimal bei mir aufgetaucht, »auf einen Sprung«, wie er immer sagte. Es wurden jedesmal Stunden daraus. Unterhaltsame, gemütliche Stunden. Wir sahen Video-Filme, erzählten uns Kindheitserlebnisse, gingen spazieren und ins Kino und einmal ins Theater, weil er dort Notfalldienst hatte. Zweimal schliefen wir auch miteinander. Danach bat ich ihn aber, nach Hause zu gehen. Mein Bedürfnis nach Alleinsein wuchs immer mehr. Ich wollte morgens unbedingt alleine aufwachen. Und um neun Uhr allein sein, falls das Telefon klingelte. Es blieb still. Die ganze Woche lang.

Ich fragte mich, was ich denn nun eigentlich wollte. Rief er an, fühlte ich mich nicht ernst genommen, und seine Anhimmelei ging mir auf den Wecker. Rief er nicht an, konnte ich die Stille im Raum nicht ertragen.

Nun also Bremen. Wie gut, einmal rauszukommen aus den vier engen Wänden, die ich jetzt fast ständig mit Klaus teilte. Und diese Fahrt wollte ich nun mal nicht mit ihm teilen. Ich wollte nicht im roten BMW mit 180 Sachen nach Bremen rasen, nicht mit Sekt aus der Minibar im Luxushotel übernachten, nicht am Frühstücksbuffet kalten Hummer essen, nicht während des Konzertes gefilmt und fotografiert werden und alles in allem keine Supermutter sein.

Ich wollte ich sein, eine mittelhübsche und mittelbegabte Sängerin mit ihrem Konzertköfferchen, mit Jeans unter dem Abendkleid und Eselsohren in den Noten.

Der Zug lief in Bremen ein.

Ich nahm mir ein Taxi und fuhr durch die dämmerige, vorweihnachtlich geschmückte Innenstadt zur Probe. Die Kirche steht mitten auf dem Marktplatz, der hell erleuchtet ist, und auf dem Weihnachtsmarkt riecht es nach gebrannten Mandeln und nach Zuckerwatte. Die Leute stehen herum und trinken Glühwein. Die Glocken beginnen zu läuten.

Oben auf der Empore war der Knabenchor versammelt, der gütig-väterliche Dirigent, dessen Hauptaufgabe es war, die Jungens mahnend und liebevoll zur Ordnung zu rufen: »Benedikt, steh bitte gerade!… Urs, du sollst doch die Noten richtig herum halten!… Und du, Daniel, klettere nicht auf der Orgelbank herum! Hast du denn kein Taschentuch, Christopher?«

Zwei von den drei anderen Solisten waren schon da. Der Tenor war ein dünnes, junges, nervöses Männchen, das sich gerade zur Stärkung einen Eiweißriegel reinzog, und der Baß war ein untersetzter bärtiger Finne, der mich fröhlich und frech angrinste, als er mich sah. Er nannte mich von Anfang an »Mäuslein« und warf Kater-Blicke auf die Rundungen, die unter meinem Pulli hervorragten. Er hieß Olli Hautireinen, wenn seine finnische Fischotterhaut auch gar nicht so rein war. Sein Stimmorgan war prächtig und groß und männlich, und Olli schien das zu wissen und litt nicht gerade an Schüchternheit. Die Sopranistin war noch nicht da.

Ich war diesmal sehr viel besser vorbereitet als in letzter Zeit, denn durch Georgs eisernes Schweigen und seine konsequente Abwesenheit hatte ich Zeit zum Üben gehabt. Selbst die hohe Mezzoarie konnte ich ganz gut. Kein Vergleich mit der frohwehmütigen Maria in Knispel. Der Dirigent lächelte denn auch väterlich und gütig in meine Richtung, nachdem ich die hohen Fisse und anderen Klippen ganz geschickt umschifft hatte, und Olli, der Fischotter, tätschelte sogar fröhlich mein Bein und raunte: »Fein gemacht, Mäuslein!«

Das Duett mit dem dünnen, nervösen, kleinen Tenor war dann wieder etwas anstrengender. Seine Verkrampfung war so stark, daß aus dem Duett fast ein Duell wurde. Sein Tempo, seine Dynamik wurden mir aufgezwungen, und der gütige Dirigent war verwirrt und richtete seinen Schlag nach unserem Mimosentenor.

»Mäuslein, das nächste Mal singen wir beide Duett«, grunzte Olli, nachdem es vorbei war. »Wir passen viel besser zusammen!«

Nach der Probe fragte er mich, in welchem Hotel ich sei. Ich nannte es ihm, vielleicht war das ein Fehler, denn der selbstbewußte Finne kam mit. Er hatte wohl noch keine Herberge gefunden. Ich liebe mein Hotel in Bremen, ich bin dort genauso zu Hause wie in Frankfurt, darf dort üben und bis abends kurz vor dem Konzert im Zimmer bleiben, habe dort im Bedarfsfall einen Garagenplatz und bekomme um elf Uhr noch Frühstück. Mein Einzelzimmerlein liegt zum Hof hinaus, und auf dem Kopfkissen finde ich abends eine kleine Tafel Schokolade vor. Eigentlich ein geeignetes Nest zum Alleinsein, um mich zu sammeln, in mich zu gehen, Briefe zu schreiben, zu schlafen und tugendhaft zu sein.

Olli sah das anders. Nachdem er sich ein Zimmer direkt gegenüber meinem genommen hatte, klopfte er schon nach wenigen Minuten an meine Tür. Ich hatte gerade Badewasser einlaufen lassen und die Fernsehzeitung auf dem Badewannenrand zurechtgelegt. Wer wagt es, Rittersmann oder Knapp?

Der Fischotter wagte es.

»Mäuslein, willst du baden?«

»Ja, wenn du mich läßt!«

»Aber klar lasse ich dich. Ist Platz für zwei!«

»Kann schon sein, aber eine finnisch-deutsche Huldvereinung wird in dieser Wanne nicht stattfinden!«

»Warum nicht, Mäuslein! Bei uns in Finnland baden immer alle zusammen und gehen in die Sauna und bewerfen sich mit Schnee.«

»Wie ungeheur reizvoll. Ich bewerfe dich gleich mit dem Inhalt meines Koffers!«

»Mäuslein, so aggressiv, wie du bist, hast du Lust auf mich.«

Der Fischotter im Baumfällerhemd grinste. Er stand breitbeinig in der Badezimmertür und war geradezu unverschämt fröhlich.

»Ich habe Lust auf meine Badewanne und darauf, die Tür von innen zuzumachen«, sagte ich verbindlich lächelnd und versuchte, ihn zur Seite zu schieben.

Er nahm meine Hände und drückte sie gegen sein Flanellhemd. Er war kein bißchen schön oder auch nur anziehend. Er roch weder nach Parfum noch nach Männlichkeit, unter seinem Bart waren Pickel zu ahnen, und sein Haar war strähnig. Außerdem war er einen halben Kopf kleiner als ich.

Das einzige, was an ihm erwähnenswert war, war sein Stimmorgan, riesig und dunkel und männlich, und sein daraus resultierendes Selbstbewußtsein.

»Mäuslein, ich habe aber Lust auf dich«, sagte der Fischotter und versuchte, mich ins Ohr zu beißen.

Ich drehte den Kopf weg, soweit das seine Baumfällertatzen zuließen, und beschloß, es mit der Hinhaltetaktik zu versuchen.

»Olli, ich bade jetzt, und zwar allein. Und dann habe ich Lust auf was zu essen. Vielleicht sehen wir uns unten in den Friesenstuben?« sagte ich zuckersüß. Warum es jetzt auf ein Gerangel anlegen oder meinen Kollegen sonstwie verärgern. Er ließ mich los.

»O. K., in einer Stunde unten«, gurrte er fröhlich, »ich habe auch Hunger auf verschiedene Sachen.«

Damit trollte er sich. Erleichtert schloß ich die Tür hinter ihm ab und ließ mich in der vollen, heißen Badewanne nieder. Das schien ja schon wieder stressig zu werden. Wenigstens würde ich mich nicht einsam fühlen. Dabei hatte ich doch unbedingt allein sein wollen. Ja, was denn nun. Gegen die Einsamkeit brauchte ich doch keinen geilen finnischen Waldbauern! Da gab es doch ganz andere Menschen, mit denen ich mich in letzter Zeit umgab! Ich plätscherte in der Wanne und betrachtete meine Knie, die aus der Schaumlandschaft herauslugten. Eigentlich ganz nett für mein Alter, kokettierte ich mit mir selbst. Wenigstens meine Knie waren ganz nett. Aber mußte ich mir das von einem Fischotter im Flanellhemd bestätigen lassen? Wenn ich mir den nicht vom Hals hielt, würde ich das ganze Wochenende im Nahkampf mit ihm verbringen müssen! Aber wie hält man sich einen zu allem bereiten Naturburschen vom Leibe, wenn Freundlichkeit nicht hilft? Ach, Kind, du kannst so was einfach nicht. Du bist eben keine Dame. Du hast so was Bestimmtes im Blick..., das lockt eben alle Fischotter des hohen Nordens in deine Badewanne.

Ach Quatsch, Tante Lilli. Ich habe nichts im Blick. Da gibt's doch ganz andere Mädels.

Trotzdem. Glaub mir, Kind. Ich früher, ich habe niemals solche Anträge bekommen, bin niemals belästigt worden, noch nicht mal im Krieg.

Klar, Tante Lilli. Die Zeiten waren anders. Die Mode auch. Du warst eben zugeknöpft, und wer sich von einem Soldaten küssen ließ, der mußte sich auch heiraten lassen, um nicht übel ins Gerede zu kommen. Das war eben damals so. Aber ich, Tante Lilli, ich gehöre zur völlig normalen Gruppe der jungen Frauen, die lebensfroh und selbstbewußt sind und nicht in den Kakao spucken, warum auch, es gibt doch die Pille...

Au, das war harter Tobak für Tante Lilli, und die Diskussion mit ihr mußte abgebrochen werden.

Kind, du bist keine Dame, sagte sie noch, bevor sie sich in Luft auflöste und ich mich aus der Wanne schwang. Das Wasser war lauwarm geworden und meine Stimmung auch. Was sollte ich denn nun anfangen mit dem finnischen Ausbund an natürlicher Lebensfreude!

Er hockte bereits unten in den Friesenstuben am Tisch, vor sich ein großes kühles Bier und neben sich den kleinen dünnen Tenor, der an einem Tomatensaft nippte. Ich wollte die traute Zweisamkeit nicht stören, aber Olli bemerkte mich freudig und winkte mich mit seinem behaarten Arm heran.

»Mäuslein, frisch gebadet, die Sonne geht auf«, sagte er mit seinem Naturorgan, und der Tenor schaute irritiert in den Tomatensaft.

Ich hockte mich zu den zweien an den Tisch und bestellte mir einen Weißwein.

»Mäuslein, du mußt kräftig essen«, sagte der Finne und schob mir die Speisekarte unter den Busen. »Hast du noch viel vor heute!«

»So?« Wenn ich eine Brille aufgehabt hätte, hätte ich jetzt fragend über den Rand der Gläser geschaut.

»Ja, die Nacht ist noch lang, und wir sind ja nicht zum Vergnügen hier!«

Der Tenor rutschte mit seinem dünnen Ärschlein auf der rustikalen Bank herum und schien nach Kleingeld für seinen Tomatensaft zu suchen.

»Bleiben Sie doch noch und essen mit uns«, sagte ich freundlich zu ihm. Ein ganzes Abendessen allein mit dem zweideutigen Olli würde ich weniger ertragen als eine unverbindliche Dreisamkeit.

Die Kellnerin kam, und Olli bestellte »Kohl und Pinkel«, ein Leib- und Magengericht der Bremer und aller, die es einen Abend lang sein wollen.

Ich dachte an die Blähungen, die man von so was bestimmt bekommt, und suchte mir lieber einen Salat aus. Der Tenor wollte einen Seniorenteller, wegen der leichten Verdaulichkeit. Kalbsnierchen im Reisrand.

Wir sprachen dann beim Essen über Agenturen, Dirigenten, Konzertkarrieren von Kollegen, Vorsingetermine und Wettbewerbe. Es war unverfänglich und nett, und der Abend ging gnädig herum. Ab und zu rieb das finnische

Wildschwein sein Bein an meinem, aber ich zog mich dann immer etwas zurück und tat so, als ob ich nichts bemerkt hätte.

Der Tenor war nach dem dritten Tomatensaft viel gelöster als zu Beginn des Abends, zeigte uns errötend Fotos von seiner Verlobten – einer blassen, blonden, dünnen, strähnigen Kindergärtnerin – und von seinem Foxterrier im heimischen Garten. Ein behüteter Junge war er, kaum Mitte Zwanzig, und für den Beruf, den man ihm ausgesucht hatte, meiner Meinung nach völlig ungeeignet. Er war dabei, verschiedenen Opernagenturen vorzusingen, und ich wußte, daß er nie die Ellenbogen für diesen Job haben würde.

Ganz anders Olli, der feist über sein ganzes unrasiertes Gesicht grinste, als er verkündete, er sei Festspielleiter in der zweitgrößten Kulturszene Finnlands, man habe ihm soeben eine Professur angeboten, und außerdem führe er Regie bei den neuesten Operninszenierungen des Landes.

»Mäuslein, was machst du denn?« fragte er zwischen zwei Gläsern Bier und rieb sein Knie an meinem. »Bist du bestimmt mit einem reichen Mann verheiratet?«

Ich erzählte, daß ich eigentlich in einer Schallplattenfirma jobbe und damit meine Existenz und meinen Alltag abgesichert habe.

»Mäuslein, das machst du aber nicht mehr lange«, sagte Olli. »Ich hole dich nach Finnland.«

Schlagartig wurde mir klar, daß Karrieren wahrscheinlich so beginnen. Ein einflußreicher Mensch mit Macht und Selbstbewußtsein schnappt sich ein Chorgirl, weil er scharf auf ihren Busen oder ihre Beine ist, schleppt sie in seine Höhle, schläft so lange mit ihr, wie er Lust auf sie hat, und gibt ihr zur Belohnung irgendeine mittelgroße Rolle. Bewährt sie sich, wird sie ihn bald nicht mehr nötig haben und andere einflußreiche Menschen finden. Wenn nicht, stößt er sie ab wie einen alten Regenschirm, und sie geht wieder Chorklinken putzen, wenn sie dann noch nicht die Altersgrenze überschritten hat.

Ich hatte absolut keine Lust auf eine mittelgroße Rolle in Finnland und auf eine ebenso mittelgroße Rolle im Leben des selbstbewußten Wildschweins. Also lächelte ich verbindlich und sagte, daß mir sein Angebot sehr schmeichele, daß ich aber »in K. private Bindungen« hätte.

»Also du bist verheiratet?« mutmaßte Olli enttäuscht.

»Nicht ganz«, sagte ich geheimnisvoll.

»Die ist bestimmt verlobt«, gab der Tenor intelligent von sich.

»Mäuslein, du bist keine Frau, die sich verlobt«, sagte Olli. »Du gehst aufs Ganze. Und zwar oft. Sooft es dir Spaß macht.« Und damit griff er mir beherzt in den Nacken. Sollte ich das nun erotisch finden oder was?

»Ich gehe jetzt, muß morgen singen«, sagte der Tenor und schob sein dürres Ärschlein von der Bank.

Vorher hatte er bereits die abgezählten 23 Mark 50, die sein Seniorenteller und die drei Tomatensäfte gekostet hatten, auf seine Serviette gelegt.

Ich wußte nicht, ob ich erleichtert oder besorgt sein sollte über sein Dahingehen. Ein wirklich nicht sehr interessanter Mensch. Am liebsten hätte ich ihm noch eine Gutenachtgeschichte vorgelesen, damit der Junge ohne seine strähnige Verlobte und ohne seinen struppigen Foxterrier heute nacht kein Heimweh bekam.

Olli rutschte wohlig an mich heran.

»Den sind wir los, Mäuslein. Was machen wir jetzt? Ich weiß ein paar gute Kneipen. Die haben noch lange auf!«

Ich hatte keine besondere Lust auf Kneipen, die laut und verraucht waren. Ich hatte unwahrscheinlich große Lust auf einen Spaziergang, möglichst allein. Frische Luft, vorweihnachtliche Stille in den Straßen, nachdenken, nichts reden müssen, und dann ins Bett gehen, allein. Dazu hatte ich Lust. Nur, wie wird man einen angetörnten Fischotter los?

Überhaupt nicht. Nichts zu machen. Keine Chance. Olli wollte mit mir schlafen. Ob jetzt sofort oder erst gegen Morgengrauen, schien ihm egal zu sein. Aber daß es etwa gar nicht passieren sollte, war für ihn ganz ausgeschlossen. Ich gehörte ihm. Das war für ihn völlig klar. Von der ersten Minute an, wo wir auf der Orgelempore nebeneinander gesessen hatten. Olli schien sich immer so seine »Mäusleins« auszusuchen. Und in Ermangelung eines Soprans war seine Wahl ohne Qual auf mich gefallen.

»Bleib hier sitzen, ich gehe pinkeln«, sagte er, stand auf und ging leicht taumelnd in seinem Flanellhemd und seiner spekkigen Hose nach hinten zu den Toiletten.

Einem plötzlichen Reflex folgend, sprang ich auf, sobald er hinter den Rauchschwaden der anderen Gäste verschwunden war. Ich schnappte mir meinen Mantel und verließ fluchtartig das Lokal. Draußen schlug mir die kalte, frische, wunderbare Luft entgegen. Meine Nase prickelte so, daß es schmerzte. Ich hielt mir die Hände vors Gesicht und begann zu rennen. Richtung Dom, dann rechts in irgendeine unbeleuchtete Straße. Nur weg von dem Kerl. Nicht, daß ich Angst vor ihm hatte. Er war ein gutmütiges finnisches Wildschwein. Aber ich hatte keine Lust, mit ihm zu feilschen. Ich hatte ein Recht auf die freie Gestaltung meines Abends. Mit welcher Unverschämtheit er von mir Besitz ergriffen hatte! Ich hastete durch die Dunkelheit, kam zum Fluß hinunter. Es war mir nicht klar, daß es hätte gefährlich sein können, hier um Mitternacht allein herumzulaufen. Ich war viel zu aufgebracht. Freiwild. Genau. Das war ich. Entweder ich hatte einen Doktor am Arm oder einen Kritiker am Bein, oder ich war Freiwild, für jedes hergelaufene finnische Tier zum Bespringen geeignet.

Ja, Kind, in deinem Alter treibt man sich auch nicht mehr allein rum im Leben, sagte Tante Lilli.

Aber WARUM denn nicht? Männer dürfen doch auch mit Ende Zwanzig noch alleine rumlaufen und das Leben genießen. Kind, MÄNNER dürfen manches. DU nicht. Wenn du schon keine Dame bist, dann werd wenigstens nicht zum Freiwild. Du hast doch einen so soliden Beruf. MUSST du denn daraus so ein Zigeunerleben machen? Denk mal. Wenn dich jetzt hier irgendein Kerl überfällt und in die Weser schmeißt, ja glaubst du denn, daß dich morgen irgend jemand VERMISST? Niemand wird dich vermissen. Weil du zu niemandem gehörst. Ist das nicht tragisch?

Tante Lilli, begehrte ich auf, es WERDEN mich Hunderte von Leuten vermissen, wenn ich morgen nicht das Konzert singe. Schließlich stehe ich auf dem Plakat.

Ach, Kind, seufzte Tante Lilli, du verstehst wieder mal gar

nichts. Du bist doch so ersetzbar, ob nun du auf dem Plakat oder…

Sie nannte einige Namen von Konkurrentinnen, die, die ich am wenigsten mag, zuerst. Typisch Tante Lilli. In so einer Situation mir unter die Nase reiben, wie viele andere mittelgute Altistinnen meines Schlages noch durch bundesdeutsche Kirchen ziehen.

Also, wenn dich jetzt jemand in die Weser wirft, wenn du heute nacht nicht in deinem Bett liegst, wird es keinem auffallen. Kein Hahn wird danach krähen! Ob du nun im Bett von Olli liegst oder in deinem, das merkt nur der liebe Gott.

Tante Lilli hatte schon recht.

Einer plötzlichen Eingebung folgend, drehte ich mich abrupt um und trat den Rückweg an. Bloß jetzt nicht bange werden. Das Flußufer war so einsam und dunkel wie bei Eduard Zimmermann, kurz bevor was passiert. Ich zwang mich, tief durchzuatmen und nicht schneller zu gehen, als meine ängstlich zusammengepreßten Lungenflügel es erlaubten. Wenn doch jetzt nur Klaus hier wäre. Kein Penner der Welt würde es wagen, mich in die Weser zu schmeißen. Kein Wildschwein der Welt würde sein behaartes Hinterbein an mir reiben. Und selbst Tante Lilli würde aufhören zu stänkern. Ich wäre eine ehrenhafte Frau, sicher und geborgen, und kein tändelndes Blatt im kalten Winterwind. Klaus. Warum machte ich nicht endlich das, was alle von mir erwarteten. Mich mit ihm verloben oder zumindest ein Liiertsein demonstrieren. Er wäre doch jetzt hier, wenn ich es gewollt hätte! Er würde mich an seinen warmen gefütterten Ledermantel drücken, vermutlich hätte er ein Paar Handschuhe für mich, er würde mit mir zusammen in den milchigen Vollmond schauen und mir einen feuchtkalten Kuß auf die Lippen drücken, und ich würde mir die kalten Tröpfchen aus seinem Bart heimlich abwischen. Aber geborgen würde ich sein. Und wir würden Arm in Arm zum Hotel zurückgehen, dort noch einen Schlaftrunk aus der Minibar nehmen und dann selig zusammen einschlafen. Und morgen früh als Herr und Frau Doktor Klett zusammen am Frühstücksbuffet erscheinen. Jeder würde uns ehren und achten und grüßen, und Klaus würde dem Kellner ein großzügiges Trinkgeld geben.

Kind, warum WILLST du nur so ein Leben nicht.

Ich weiß es nicht, Tante Lilli.

Du LIEBST ihn eben einfach nicht, den Klaus Klett. Das ist es, Kind.

Tante Lilli hatte recht.

Ich liebte ihn einfach nicht, diesen Klaus Klett.

Und den anderen, Kind, was ist mit diesem anderen?

Wen meinst du, Tante Lilli?

Na, diesen älteren, diesen Kritiker.

Du meinst Georg?

Wie auch immer der heißen mag. Liebst du DEN denn, Kind?

Eine heimtückische Gänsehaut überzog mich von hinten und kroch unter meinen Kapuzenmantel in den Nacken hinein. Ich steckte die Hände tiefer in die Taschen und stapfte weiter. Das kalte einsame Ufer machte mir keine Angst mehr.

Ja, Tante Lilli, ich glaube, den liebe ich.

Ja, Kind, willst du denn mit ihm LEBEN? Willst du dich nach seinem Lebensrhythmus richten, willst du deine Interessen den seinen unterordnen?

Typisch Tante Lilli. Von Emanzipation hatte sie noch nie was gehört.

Ach, Tante Lilli, wenn ich so ganz ehrlich bin, liebe ich ihn doch nicht, sagte ich. Wenn ich so ganz ehrlich bin... ich glaube, ich liebe nur mich.

Wenn überhaupt.

Im Hotel lag ein Zettel für mich. Ich fürchtete schon, es sei eine unflätige finnische Beschimpfung oder eine Drohung, entweder gemeinsames Bad oder der Tod, aber es war eine Reihe von Klaus-Klett-Anrufen. Der erste erfolgte um 20 Uhr, der letzte vor wenigen Minuten. Das treudoofe Mädchen an der Rezeption hatte sie alle einzeln notiert. Ich trollte mich auf mein Zimmer, schlich sogar über den Teppichboden des langen Korridors, um das finnische Wildschwein nicht zu wecken, und griff sofort zum Telefon.

»Klaus?«

»Ja, wie schön, daß du anrufst. Ich habe mir Sorgen um dich gemacht. Wo warst du denn so lange?«

»Mit Kollegen einen trinken.«

»Ist es nett?«

»Es geht so.«

»Vermißt du mich?«

»Es geht so.«

Schweigen.

Dann: »Ich hole dich morgen abend am Bahnhof ab!«

»Ja gerne, wenn du magst.« Ich freute mich. So eine nette Geste.

»Wann kommst du denn?«

Ich nannte ihm den Spätzug, den ich nach dem Konzert noch nehmen würde. Schließlich wollte ich am Sonntag zu Hause sein, denn nachmittags mußte ich für ein Weihnachtskonzert ins Bergische Land.

Ich fragte ihn, was er denn so mache den ganzen Abend.

»An dich denken.«

»Und sonst?«

»Ich sitze am Computer, schreibe Rechnungen und so.«

Ich dachte, daß es recht erbaulich sein müßte, am Computer zu hocken und dabei an mich zu denken.

»Jedenfalls freue ich mich, wenn du mich morgen abholst«, beschloß ich das Gespräch (Kind, das ist im Hotel immer dreimal so teuer wie in der Zelle!) und legte auf.

Klaus dachte also an mich.

Und Georg?

Hach, wie es einen in den Fingern jucken kann, wenn so ein blödes Hoteltelefon da rumsteht. Selbst bei 60 Pfennig pro Einheit.

Nein, Kind, sei stark.

Du tust dem Mann bitter Unrecht. Er hält sich an eure Abmachung, da kannst du ihn unmöglich freitags nachts anrufen. Unmöglich. Der setzt sich doch sofort ins Auto und kommt!

Meinst du?

Mein Schweinehund kroch schwanzwedelnd aus seiner Hütte. In seinen gelbgrünen Augen glomm es gefährlich.

Natürlich! Und das wirst du nicht provozieren! Denk an Ulm, wie peinlich das war!

Ja, stimmt. Tschuldigung. Ab in die Ecke, durchtriebenes Hundeschwein!

Ich schaltete den Fernseher ein, lümmelte mich auf das Bett und knabberte an dem Schokolädchen, das wie immer auf dem Kopfkissen gelegen hatte.

Klaus nicht da, Georg nicht da. John Wayne reitet wild rum, schreit und schießt.

Wie langweilig.

Im anderen Programm war jemand zu Gast bei jemand in einer Talkshow. In einer Small-talk-Show. Wie langweilig.

Im dritten Programm schneite es bereits.

Ich fror.

Minibar? Einen kleinen heben?

Nein, Kind. Das kommt nicht in Frage. So haben schon viele Säufer-Karrieren angefangen.

Aber Schokolade liegt da noch drin! (Mehr, schrie der kleine Häwelmann.) Also gut. Weil du heute so einsam bist.

Ich rappelte mich hoch, um der Minibar 650 schwer zu bereuende Kalorien zu entnehmen, da klopfte es schwach an die Tür.

GEORG!!!

»Wer da?« (Rittersmann, Knapp, wer auch immer, kommen Sie rein und fühlen Sie sich ganz zu Hause! Die Diva langweilt sich!)

»Olli! Mäuslein, schläfst du noch nicht?«

Das Mäuslein schlief noch nicht. Es war gerade dabei, sich ein Stück Käse aus der Mausefalle zu holen. Jetzt fühlte es sich ertappt. Käse oder Wildschwein? John Wayne oder Olli? Ich bin immer für live. Olli also.

Er kam grinsend rein, in der Hand ungelogen vier Flaschen Jever Pilsener. Alle vier in einer Pranke.

Mit der freien Hand kniff er mich beherzt in die Wange.

»Mäuslein, ich habe noch Lust auf einen Schlaftrunk mit dir!«

Kein Wort über meinen unfeinen Abgang aus den Friesenstuben. Immerhin war das knapp zwei Stunden her. Vielleicht verjährte in Finnland so etwas schneller. Jedenfalls war das Wildschwein kein bißchen beleidigt. Mit den Zähnen entkorkte es sehr professionell eine Flasche, die anderen wurden am Bettrand drapiert.

»Komm, Mäuslein, wir trinken Versöhnung!«

Meine Schokoladengelüste verwandelten sich höflichst in Biergelüste, und ich setzte die mir dargereichte Pulle an den Hals. Ich überreichte sie ihm wieder, jedoch nur noch halbvoll und mit leichter Schaumkrone geziert.

»Mäuslein, du bist aber trinkfest!«

Fröhliches, zufriedenes Grinsen. Die Pranke, die vorher noch Druckstellen in meiner Wange hinterlassen hatte, zog mich aufs Bett.

Kind, *sei* vorsichtig. Es ist doch völlig klar, was dieser Kerl von dir will.

Ich fiel gegen sein Flanellhemd und versuchte mich aufzurichten. Dabei entfuhr mir ein Rülpser.

Olli lachte dröhnend.

»Mäuslein, du gefällst mir wahnsinnig. Du bist unheimlich in Ordnung, Mäuslein!«

Er warf meinen soeben mühsam aufgerichteten Oberkörper auf das Kissen und seinen eigenen oben drauf. Das Flanellhemd roch nach Schweiß. Sehr männlicher Schweiß irgendwie. So eine Art Holzfällerschweiß, wie man ihn nur mit sehr grünen Deodorants aus dem Werbefernsehen bekämpfen kann.

Olli schien kein Werbefernsehen zu gucken. Er roch nach Schweiß. Und das Verrückte: Es machte mich an!

Georg roch immer wahnsinnig verführerisch nach seinem Georg-Parfum, Klaus hatte auch so das eine oder andere Duftwässerchen. Und dieser finnische Baumfäller roch schlicht, aber kräftig nach Schweiß, und das machte mich an!

Wir wälzten uns eine Zeitlang auf dem Bett herum, kicherten, setzten die Flasche abwechselnd an den Hals, versuchten uns aufzurichten, ließen uns wieder fallen, glucksten, machten zweideutige Bemerkungen niederer Art und benahmen uns wie in einem schlechten Cowboyfilm. Nur daß da im entscheidenden Moment ausgeblendet wird. Hier in Bremen, in meinem Einzelzimmer nach hinten raus, blendete niemand aus. Die Show ging weiter. Obwohl ich das eigentlich gar nicht wollte.

Das Flanellhemd segelte durch den Raum, mein Pulli auch, die speckige Hose landete am Fußende. In meinem Kopf plätscherten zwei Liter Jever-Pils, und an meinem BH zerrten zwei derbe behaarte Wildschweinpranken. Ein Träger riß. Muß ich morgen unbedingt nähen, dachte ich. Habe keinen zweiten dabei. Und ohne BH singen, Kind, das geht nicht. Das dachte ich, als das prächtige große Organ über mich herfiel, das finnische.

Das ist also das Naturereignis. Ein Naturburschenereignis. Muß frau doch alles mal erlebt haben. Wo steht denn geschrieben, daß immer Liebe dabeisein muß. Ich bin doch erwachsen, weiß, was ich tue, und wenn nicht, das ist eben das Leben, ich bin nur einmal jung, und so eine Wünschelrute, so eine finnische, die hatte ich noch nicht in meiner Sammlung.

»Macht es dir Spaß, Mäuslein?« kam es stoßweise von oben.

Ich drehte den Kopf weg, weil die Bierfahne mir die Laune verdarb.

»Riesigen Spaß«, sagte ich und stöhnte ein bißchen. Diese Wünschelrute war so unverschämt groß, daß es schmerzte. Erotik oder Lust? Nicht die Spur. Aggression. Ich stöhnte wieder. Wahrscheinlich war es Wut. War der Waldschrat noch nicht fertig? Anscheinend verfügte er auch noch über die sagenumwobene Ausdauer, die Frauen angeblich zur wollüstigen Raserei bringt. Um diesem Mißverständnis vorzubeugen, stöhnte ich noch ein bißchen mehr, krallte meine Fingernägel in seine Hüften und kniff die Augen zusammen.

Gute Inszenierung.

Olli rollte sich nach kurzer Zeit von mir ab.

Wohin starren, wenn nicht durch Tränen hindurch? Auf das graue Hoteltelefon, die Einheit 60 Pfennig. Hättest du doch angerufen, dann wäre dir diese Nummer erspart geblieben. Die finnische Waldschratnummer.

Olli rülpste und legte seinen Arm auf mich. Ich entdeckte eine kleine Tätowierung. Mit einem tätowierten Kerl hatte ich geschlafen. Mit einem finnischen Kerl, einem ordinären. Ich sprang auf, raste unter die Dusche. Ekel. Nicht in den Spiegel sehen. Es schwirrte in meinem Kopf von zwei Litern Jever.

Und drinnen in meinem Bett lag das finnische Wildschwein und rülpste.

Ich wollte mich gern übergeben. Doch es funktionierte nicht.

Irgendwann fing ich mich. Ging wieder rein ins Zimmer, mein Kopf surrte, das Bett mit dem Wildschwein drehte sich. Der behaarte Arm streckte sich nach mir aus. Die letzte Bierflasche fuhr vor.

»Mäuslein, du bist ganz großartig. Hier, trink, dann fühlst du dich besser.«

Ich trank. Fühlte mich auch prompt besser. Im Fernsehen lief irgendein Schwarzweißwestern. Ohne John Wayne diesmal. Ich starrte auf die verschwommene Mattscheibe.

»Mäuslein, wenn du noch mal Lust hast…«

»Was?« Ich sah ihn entgeistert an. Der behaarte Arm näherte sich mir ohne Bierflasche.

»Ich kann jetzt wieder!«

»Ich aber nicht!« Ich wischte seinen Arm weg. Doch böse sein durfte ich ihm eigentlich nicht. Er würde nie verstehen, warum. Ich hatte doch mitgemacht. Vom ersten Kichern bis zum letzten Stöhnen. Daß alles inszeniert war, war doch nicht sein Problem. Er hatte sich prima amüsiert. Und wenn ich mich nicht amüsiert hatte… tja, Mäuslein, dann darfst du eben nicht schauspielern. Du hättest ja nein sagen können. Wo du doch emanzipiert bist.

Ich bat ihn zu gehen. Das schaffte ich gerade noch.

Er schnappte sich Flanellhemd und Speckhose, kniff mich noch einmal beherzt in die Wange und sagte: »Schlaf gut, Mäuslein, morgen ist auch noch ein langer Tag.« Dann begab er sich splitternackt auf den Flur. Die leeren Bierflaschen ließ er auf meinem Fußboden stehen. Eine von ihnen stand neben dem grauen Telefon, die Einheit 60 Pfennig.

Ich sank auf das Bett.

Georg. GEORG! Was habe ich dir angetan! Ich sterbe vor Sehnsucht, Buß und Reu! Wenn du es wüßtest…

Und bei diesen Gedanken konnte ich endlich heulen. Wenn auch nur ein bißchen. Selbst zum richtigen Tränenbad war ich schon zu abgebrüht.

Ich verachtete mich noch ein bißchen, dann holte ich mir die Schokolade aus der Minibar. Saß im Bett, mampfte die braune Sünde. Auf die kam es nun auch nicht mehr an.

Georg. GEORG!!! SOFORT sollst du reinkommen, mich in den Arm nehmen, mich trösten und mir kein bißchen böse sein. Und sanft in mein Ohr flüstern, daß das doch jedem mal passieren kann. Und daß du das finnische Wildschwein gut verstehen kannst. Und daß du, wenn du ein finnisches Wildschwein wärest, genauso gehandelt hättest.

Mir wurde ziemlich schlecht von der Schokolade.

Ich legte mich zurück und starrte an die Decke.

Morgen ist halleluja angesagt.

Schlaf jetzt, Kind.

Und das schaffte ich dann auch.

In meinem grenzenlosen Ego-Trip schaffte ich es, mit zweieinhalb Liter Jever, einer halben Tafel Schokolade und einer sehr üblen Nummer im Kopf einzuschlafen. Und dabei kein bißchen an das Konzert zu denken.

26

Bremen kann wunderschön sein, aber auch grau. Wenn es nieselregnet, der Weihnachtsmarkt noch geschlossen ist, der Rathausturm graugründumpf in die Wolken ragt und der Tag bis zum Konzert noch genau acht Stunden hat, die herumgebracht werden müssen, dann ist Bremen grau. Ich hatte den Frühstücksraum gemieden, mir war eh noch fürchterlich schlecht, und war fröstelnd ins Freie getreten. Mein erster Blick galt allen parkenden Türkenopels im Umkreis des Hotels. KEINER! Und schon gar nicht mit Bonner Nummer.

So einsam, allein, elend und mies kann man sich also fühlen. Interessant. Muß man alles mal erlebt haben.

Ich ging ins Museum. Dumpfe, schwüle Luft, halbdunkle Räume, gelegentlich gelangweilte Besucher in tropfenden Mänteln. Mein Magen rebellierte. Hunger und Übelkeit im Zweikampf mit dem Schweinehund, der heute morgen völlig verkatert vor seiner Hütte lag und mir das Hinterteil zuwendete.

Noch sieben Stunden bis zum Konzert.

Also dann wollen wir mal Naturvölker gucken. Jede

Menge hölzerne Neger, vor Buschhütten hockend und mit tönernen Gefäßen rumhantierend.

Und da. Affen, Zebras, Elefanten, alle prima ausgestopft. Ein Wildschwein. Ekelhaft. Diese Stoßzähne.

Eine Damentoilette. Ich ging hinein. Mein Spiegelbild. Sehr unerfreulich. Alte, wenn dir jemals wieder elend ist, dann denk an diesen Moment in Bremen im Damenklo des Überseemuseums. Du wirst dich sofort besser fühlen.

Noch sechs Stunden und vierzig Minuten.

Bäh, was ist mir übel. Eine Zigarette im Rauchereckchen des Foyers.

Und dann tapfer weiter die Museumsrunde machen. Heute abend holt mich Klaus am Bahnhof ab. Nur noch etwas mehr als 14 Stunden. Dann werde ich mich an seinen Ledermantel drücken und seinen feuchten Kuß von der Backe wischen und mit ihm noch in eine feine Kneipe gehen oder mit ihm in meiner roten Küche Sherry trinken. Einer hat mich richtig lieb.

Klaus. Noch 14 Stunden.

Ich stand vor den großen Landkarten, auf denen zu sehen war, welche Negerstämme wohin gewandert sind, und die schwarze Schrift floß in sich zusammen. Heulen, Selbstmitleid haben, das kannst du. Dicker Kloß im Hals. In sechs Stunden mußt du aber die Stimmbänder wieder freilegen, hörst du?

Mein Schweinehund krümmte sich vor seiner Hütte. Nichts los mit dem Kerl. Aber gestern abend wilde Orgien feiern. Schweinehund und Wildschwein. Ein richtiges Bestien-Festival.

Ich kriegte den Tag irgendwie herum. Gegen zwei Uhr mittags hatte ich genug ausgestopfte Paviane und Schabrackentapire besichtigt, verließ das Museum auf schneematschigen Pfaden und aß irgendwo einen Salat.

Bremen war tot und beleidigt.

Der ausländische Kellner, der mir das Essen brachte, tat mir genauso leid wie ich vermutlich ihm.

Die Erde ist ein ödes Jammertal. Und angefüllt mit Elend, Angst und Qual.

Der Salat schmeckte nach Seife und eingeschlafenen Füßen.

Ich zahlte und ging. Im Hotel versuchte ich einen Mittagsschlaf. Das Zimmermädchen hatte die Bierflaschen diskret weggeräumt, die halbe Tafel Schokolade lag neben dem grauen Telefon.

Kurz nach drei.

Noch drei Stunden bis zum Konzert.

Noch neun Stunden bis zum Wiedersehen mit Klaus.

Noch wieviel Stunden bis zum Wiedersehen mit Georg???

Wenigstens hatte das Wildschwein mich heute noch nicht belästigt.

Ich sah ein bißchen fern. Eine Kindersendung mit Pumuckl oder wie der Kerl heißt. Laute, häßliche Töne, schrille Farben. Im anderen Programm wanderte eine wakkelnde Kamera durch herbstliche Parkanlagen. Das schwankte so, daß mir gleich wieder schlecht wurde. Im dritten Programm sah man das Sendezeichen, hörte aber immerhin Wolfgang Amadeus Mozart. Ich schloß die Augen und hörte etwas Musik. Danach Haare waschen, schminken, einsingen im geliebten, unpersönlichen Hotelbadezimmer.

Noch eine Stunde bis zum Konzert.

Die Stimme funktionierte überraschend gut. Mein Schweinehund grinste schon wieder. Na also, Alte. Dich haut doch nichts wirklich vom Stuhl, und das macht einen echten Profi aus. Wenn du heute singst, ahnt kein Mensch in der überfüllten Kirche, was in dir vorgeht. Und das Wildschwein? – Das röhrt seine finnischen Naturlaute. Du wirst es freundlich anlächeln und so tun, als sei nichts gewesen.

Ein letzter Blick in den Badezimmerspiegel. Na bitte. Wozu doch so ein Schminktäschchen nützlich ist. Rote, frische Wangen, strahlende Augen, schön rosa Lippen, dezent gepuderte Nase… eine Frau von Welt. Ich eben.

Ich laß mir doch nicht hinter die Fassade gucken. Ich doch nicht.

Damit raffte ich meine Noten, die übliche Plastiktüte mit dem Abendkleid und der Stimmgabel und wanderte über den jetzt geöffneten Weihnachtsmarkt zwischen den Sonntagsspaziergängern hindurch zur Kirche hinüber. Noch eine halbe Stunde bis zum Konzert.

Na bitte, wie habe ich den Tag herumgekriegt?

Fast hätte ich mir noch eine Tüte Popkorn gekauft. Da sah ich ihn. Von hinten. Aber er war es doch? Nein, Quatsch, Blödsinn, Fata Morgana. Kind, geh weiter und denk an dein Konzert.

Er ist nicht hier.

Und wenn, dann bist du sowieso beleidigt. Ihr habt ausgemacht, euch bis Neujahr nicht mehr zu sehen.

Ich blieb stehen. WAR er es?

Wahrscheinlich wünschte ich es mir so sehr, daß ich jetzt jeden zweiten Popelinemantel für den seinen hielt. Blödsinn. Bremer Familienväter haben auch Popelinemäntel. Aber die Haltung! Wie er raucht! Wie er vor dem Plakat steht!

Er WAR es.

Georg. Er stand in Bremen auf dem Rathausmarkt und studierte angelegentlich das Plakat, das gelbe. Und rauchte.

Gänsehaut. WILL ich das jetzt? Wo ich mich gerade so gut gefangen habe? Wo ich den Tag allein herumgekriegt habe, nicht geweint habe, schön eingesungen und gut geschminkt bin? Ich hab meine Fassade doch wieder! MUSS ich jetzt Georg haben?

Popkorn wollt ich mir doch kaufen. Eine Frau von Welt wirkt noch viel lässiger, wenn sie popkornknabbernd auf die Bühne tritt. Mit zitternden Fingern legte ich der Popkornfrau die zwei Mark fünfzig hin, die sie für die lauwarme Tüte duftender Kleinsünden haben wollte.

Kleine Sünden straft der liebe Gott sofort. Beim Aufreißen der Tüte zitterten meine Finger so sehr, daß die kleinen Puffteufelchen mir ins Gesicht und auf den Mantel und von dort aus auf den Bremer Rathausplatzasphalt fielen. Zu Hunderten. Fast alle. Die schlappe Tüte wies nur noch zwei Dutzend Popkörner auf, die den Weg nach draußen nicht so ohne weiteres gefunden hatten. Mit knallrotem Kopf stopfte ich mir wenigstens die in den Mund. Ein Herr war hinzugesprungen, um mir beim Aufsammeln der zweihundert Popkörner behilflich zu sein, aber dann fiel ihm ein, daß die Frau, die hochroten Hauptes an den restlichen Popkörnern herumknabberte, wohl gar nicht bereit war, von der Erde zu essen. Er hielt mitten in seiner Verbeugung inne, grinste schief und machte eine Kehrtwende. Ich schielte zu Georg hin. Wie peinlich. Wie entsetzlich peinlich.

Solch ein verdorbener Auftritt.

Georg aber war taktvoll. Oder blind. Jedenfalls studierte er weiter das gelbe Plakat. Wahrscheinlich lernte er Wort für Wort auswendig.

Ich schritt also mutig in Richtung Kirchentür. Schließlich hatte ich ja was vor. War ja nicht zum Vergnügen hier. Was ich zu ihm sagen sollte, wußte ich nicht bis zu der Sekunde, wo er vorgab, mich zu entdecken. Er sah mich so erstaunt an, als wollte er fragen: »Du hier?«

Es war aber rechtmäßig an mir, erstaunt zu sein, und deshalb sagte ich beiläufig, wobei ich mir einige Popkorns vom Busen pflückte: »Wenn du da rein willst, kannst du 'ne Freikarte haben!«

»Ich habe mir heute vormittag schon eine gekauft. Für 40 Mark. In der ersten Reihe.«

»was hast du? wann? In welcher Reihe?« herrschte ich ihn an und biß auf einem Restpopkorn herum.

»Ich wollte auch mal ganz vorne sitzen«, sagte Georg mit unglaublich zweideutigem Schmollmund. »Vielleicht erhöhen sich dann meine Chancen.«

Ich konnte nicht anders. Ich umarmte ihn, daß es krachte. Als ich ihn wieder ansah, hatte er Popkorn an seinem Popelinemantel kleben.

»Wenn du schon in der ersten Reihe sitzt, kannst du den Walkman halten«, sagte ich, kramte ihn aus der Manteltasche und zeigte ihm, daß er auf den roten Knopf drücken müsse. Georg nahm meinen zitternden Zeigefinger und küßte ihn. Mir wurde ziemlich flau, und in der unteren Magengegend und oberhalb meiner flatternden Knie begann es zu prickeln.

Noch 15 Minuten bis zum Konzert.

»Ich muß da wohl jetzt rein...« stammelte ich blöde.

»Ich auch«, lächelte Georg.

Wir schlängelten uns an dem Pulk von Sonntagsspaziergängern, die alle aus lauter Langeweile ins Konzert wollten, vorbei. Ich rauschte schnellen Schrittes in die Sakristei. Georg warf mir eine zarte Kußhand nach und nahm in der ersten Reihe Platz. O gütiger Himmel. Gütiger, verrückter, völlig unkonsequenter Himmel, du. Warum freute ich mich denn so schrecklich?

In der Sakristei, zwischen einem muffig riechenden Schrank (wahrscheinlich hatten die pubertären Meßdiener darin ihre durchgeschwitzten Gewänder untergebracht) und dem Ständer mit den Kerzen, die bei besonderen Feierlichkeiten durch die Kirche getragen werden, stand das finnische Wildschwein und röhrte einige Laute. Wahrscheinlich war das Einsingen. Als ich ihn sah, in seinem verknitterten Frack mit der gelblich schmuddeligen Fliege, durchströmte mich ein solches Glücksgefühl, Georg betreffend, daß ich ein Jubeln nur mühsam unterdrücken konnte.

»Mäuslein!« röhrte das Wildschwein, und ich umarmte ihn stürmisch und küßte seine pickelige Wange, die überraschenderweise nach Rasierwasser roch.

»Bist du mir nicht böse, Mäuslein?« fragte mich Olli überrascht, und ich strahlte ihn an: »Nein, wieso denn?«

Der Finne war eindeutig irritiert, aber bevor er mir einen neuen Antrag, die kommende Nacht betreffend, machen konnte, stürzten die frisch eingesungenen und gemaßregelten Knaben des Chores durch eine Hintertür herein und versammelten sich in der Sakristei, bis diese zu bersten schien. Olli tauchte zwischen ihnen unter, und ich kämpfte mich durch die ungebändigte Jungenherde zum Spiegel, um meine unzweckmäßige Röte noch einmal zu übertünchen.

Der Chorleiter und Kinderrüger ließ sich aus dem Gewühl vernehmen: »Wir gehen jetzt ganz LEISE in die Kirche, EINER nach dem ANDEREN; auch DU, LARS!« Ich wußte nicht, wie Lars diese Aufforderung zu verstehen hatte, aber Lars schien es zu wissen. Er stellte die Kerze, deren Nippel er gerade mit seinem Taschenmesser massakriert hatte, wieder in den Ständer und reihte sich irgendwo ein. Die Jungenhorde trappelte in etwas krummer Reihe nach draußen ins geheimnisvoll beleuchtete Kirchenschiff. Das Raunen des Publikums erstarb. Wahrscheinlich reckte jetzt jeder den Hals, um die lieblichen Buben betrachten zu können. Der Dirigent wischte sich den Schweiß vom Hals und kämmte sich hastig vor dem kleinen Spiegel, den sonst der Pfarrer und Meßdiener vor ihrem Auftritt wohl benutzten. Dann sah er hastig und sichtlich nervös auf uns drei Solisten.

»Ist die Sopranistin immer noch nicht da?«

Panik glomm in seinen Augen. Olli grinste. Der Tenor blickte desinteressiert in seine Notenmappe. Ich sah mich suchend um, als würde ich erwarten, die Dame hinter der Heizung zu entdecken.

»Wie sieht sie denn aus?« fragte Olli interessiert.

»Das WEISS ich doch nicht!« rief der Dirigent in sichtbarer Verzweiflung. »Die hat mir doch eine Agentur geschickt!«

»Anscheinend nicht«, wagte ich vorlaut zu bemerken.

Der Dirigent schluckte dermaßen laut, daß ich fürchtete, er hätte seinen Adamsapfel verschluckt. Doch der tanzte noch nervös hinter der makellos gestärkten Fliege, die gegen Ollis hängendes Schmuddelgebilde eine Augenweide war.

»Können Sie die Sopranarie singen?« fragte er plötzlich den Tenor. Der hob erstmalig den Blick aus seinen Noten und sagte: »Natürlich nicht!«

Klarer Fall. Tenöre können nie etwas anderes singen als das, was ihnen ihre Gesangslehrer in mühsamer Kleinarbeit wochenlang eingetrichtert haben.

Olli fing an, in seinen eselsohrigen Noten zu wühlen. »Soll ich?« bot er selbstlos seine Dienste an.

»Ja, KÖNNEN Sie denn so hoch?« fragte hilflos der Dirigent. Ich fand die Frage ausgesprochen blöde.

»Kann ich fisteln!« grinste Olli frech und zwinkerte mir zu.

»Fisteln? Tja, ich weiß nicht…« Verlegen guckte der geplagte Chorleiter mich an. »Und Sie?«

»Ich kann auch fisteln«, gab ich zurück. Zum Glück kannte ich die Arie vom Hören.

»Gut, dann fisteln… ich meine, dann singen Sie das Zeug«, befahl der Chef und fügte noch ein »Ich bitte Sie herzlich« hinzu.

Merkwürdigerweise war ich nicht die Spur nervös, als wir endlich am Altar aufmarschierten und unsere ungewärmten Holzplätze einnahmen. Das Konzert begann; ich schaute in die Sopranarie. Wieso hatte ich mich jemals wegen einer Mezzoarie aufgeregt, wenn ich nun eine Sopranarie vom Blatt singen würde? Vor vollbesetzter großer Kirche? Vor GEORG?

Ich erlebte dieses Konzert wie einen Traum. Als hätte ich Sekt getrunken oder ein paar von Georgs Vorher-Nachher und Zwischendurch-Zigaretten geraucht. Ganz schwebend stand ich auf, sang die Mezzoarie und danach ohne große Umschweife die Sopranarie. Als wenn ich nie was anderes gesungen hätte. Zwischendurch war ich wohl mal eine Terz zu tief geraten, ich hörte Olli die richtigen Töne quietschen und sprang unauffällig bei passender Gelegenheit in die richtige Höhe zurück.

Natürlich waren diese hohen Töne nicht besonders talentiert hervorgebracht, aber ich sang sie, fröhlich, gutgelaunt, überzeugend, so wie ich unter der Dusche anderer Leute Arien zu trällern pflege. Leicht, ohne Talent und ohne Streß. Als ich mich wieder setzte und Ollis Hand mein Knie streifte, sah ich Georgs Gesicht. Anerkennung und Stolz. Ich spitzte die Lippen, und er antwortete mit einer Kußhand. Woraufhin die Dame neben ihm ihn strafend anguckte und etwas von ihm abrückte.

Das Konzert nahm seinen Lauf.

Die Knaben sangen heiser und eifrig, der Tenor näselte steif und arrogant, unser Duett wurde erneut zu einem Zweikampf. Ich ging aber als strahlende Siegerin hervor, denn erstens konnte mir niemand die Gunst des Dirigenten jemals wieder streitig machen, und zweitens war ich ganz einfach besser! Jung und fröhlich und lächelnd und glücklich und musikalisch. Jawoll. Das war *der* alles nicht. Olli röhrte, daß die katholischen Säulen wackelten und die Herrschaften in den vorderen Reihen sich gegen seine Spucketröpfchen mit ihren Programmheften schützten.

Alles in allem ein gelungenes Konzert.

Nachher rannte ich direkt zu Georg. Das Publikum hatte sich noch nicht einmal rausgedrängelt.

»Hauen wir ganz schnell ab?«

»Wohin du willst!«

»Gut, zur Sakristeitür raus, das geht am schnellsten!«

Ich packte ihn am Ärmel und zog ihn hinter mir her. Zwei Minuten später waren wir in den Friesenstuben.

»Gehen wir ganz hinten ins Eckchen!«

Diesmal schob ich ihn.

»Zwei Jever, große, bitte, und schnell!«

Ich war ungeheuer aufgeladen und hätte die Friesenstuben gekauft, wenn ich dadurch schneller ein Bier bekommen hätte.

»Wie war ich?« strahlte ich ihn an und nahm seine Hand.

»Wunder-wunder-wunderbar.«

»Du beflügelst mich eben«, strahlte ich weiter.

»Und du machst mich schrecklich, schrecklich glücklich.«

Wir küßten uns. Über den Tisch hinweg und in aller Öffentlichkeit.

Er schmeckte nach Rauch und nach Georg und nach unzähligen Liebesstunden in meinen gelben Tapeten. Wie *hatte* ich nur freiwillig darauf verzichten können!

Nach dem zweiten Bier hatte ich eine unbändige Lust auf ihn. »Gehen wir?«

»Wohin du willst!«

Eigentlich fuhr mein Zug um 21 Uhr 06. Und Klaus würde ja um Mitternacht am Bahnhof stehen, vermutlich mit einer blauen Gladiole oder einer Flasche Champagner oder einem Verlobungsring oder etwas Ähnlichem.

Aber mein Schweinehund hatte blendende Laune, hockte schwanzwedelnd vor seiner Hütte und sagte unmißverständliche Dinge wie: »Du bist keinem was schuldig, tu, was dir Spaß macht, Georg ist dir am wichtigsten, sei kein Anstands-Langweiler!«

Außerdem beflügelten mich dieses köstliche norddeutsche Bier, mein (wie ich fand) unbeschreiblicher Erfolg und (nicht zu überbieten) Georgs Anblick. Kein Gedanke an den Intercity.

Ich zahlte für uns beide, überhaupt war ich eindeutig der Chef, und zog Georg hinaus und hinüber zum Hotel.

»Eigentlich war ich schon ausgezogen, aber haben Sie doch noch ein Zimmer für kommende Nacht?« fragte ich die Blonde an der Rezeption.

»Für Sie alleine oder auch für den Herrn?«

»Für den Herrn auch.«

»Ein Doppelzimmer oder zwei Einzelzimmer?«

Der Herr steckte sich beiläufig eine Zigarette an.

Alles blieb wieder mal an mir hängen.

»Also, wenn Sie schon so direkt fragen... ein Doppelzimmer.«

»Und soll ich die Anrufe aus K. zu Ihnen durchstellen?« Kluge Blonde, sie verstand gleich, was Sache war.

»Anrufe aus K.?« stellte ich mich blöd.

»Ein Dr. Klett hat schon zweimal nach Ihnen gefragt.«

»Ich rufe ihn selbst zurück, danke.«

Ich bekam den Zimmerschlüssel, und wir fuhren im Lift nach oben. Völlig ohne Gepäck, wie sich das für zwei heimliche Liebende gehört.

Oben setzte ich mich aufs Bett. Diesmal lagen sogar zwei Gutenacht-Schokolädchen darauf. War ja auch ein Doppelbett. Georg stand am Fenster und rauchte schon wieder.

»Mußt du noch telefonieren?« fragte er taktvoll.

»Später.« (Es war noch nicht 21 Uhr 06, und ich konnte noch nicht den verpaßten Zug vorschieben.)

Wir telefonierten beide nicht.

Wir waren uns selbst genug.

Heiß und innig und unglaublich wild und mit Tränen auf beiden Seiten. Warum ich heulte, wußte ich nicht so genau. Glück, Erleichterung, Reue, was Klaus betraf, oder noch mehr Reue, was das finnische Wildschwein betraf? Oder schlicht und ergreifend Betrunkenheit mit einem Schuß Hysterie – eine durchgedrehte kleine Sängerin, die über ihre Grenzen gestoßen war, in jeder Hinsicht, und das Leben langsam nur noch als Film erlebte, ohne jede Eigenverantwortung zu übernehmen. Wahrscheinlich heulte ich, weil ich spürte, daß das Leben nie wieder so spannend und kurzweilig werden würde. Und Georg heulte vermutlich aus demselben Grunde. In seinem Alter schon erst recht.

Als wir wieder zu uns kamen, aßen wir die Schokolädchen und rauchten eine.

Dann griff ich zum Hörer.

Klaus war entsetzlich enttäuscht. »So so, du hast also den Zug verpaßt. Aus Versehen oder mit Absicht?«

Ganz blöde war er ja nicht, der Klaus Klett.

Ich log und heuchelte rum, der Dirigent habe mich wieder engagiert, die Verhandlungen hätten so lange gedauert... außerdem hätte ich für morgen eine Mitfahrgelegenheit mit einem Cellisten, der aus K. stamme und hier rein zufällig mitgespielt habe... Ich schämte mich vor Georg, so zu lügen, aber in dem Moment glaubte ich selbst an all das Zeug, das ich erfand.

Klaus sagte, es sei aber nett, daß ich noch anriefe, denn da könne er noch eine Verabredung wahrnehmen, die er meinetwegen abgesagt habe.

Ich fand den Spruch wahnsinnig blöd, aber er erleichterte mir das Gewissen. Sollte Klaus doch seine Frau treffen oder wen auch immer. Wahrscheinlich war die Verabredung aber nichts anderes als ein trautes Tête-à-tête mit seinem Computer. Ich wünschte ihm mit süßlichem Unterton einen schönen Abend und er möge doch unbekannterweise seine Verabredung grüßen.

Als er aufgelegt hatte – wohlgemerkt, *er* hatte aufgelegt –, war mir klar, daß ich ihn so bald nicht wiedersehen würde. Vielleicht nie mehr. Kind, du hast ihn dir verscherzt. Einen guten Freund verscherzt. Mehr ist er ja für dich nicht gewesen.

Der Lover, der war hier an meiner Seite. Schweigend steckte er mir eine Zigarette ins Gesicht. Ich schämte mich ein bißchen vor ihm, daß ich Klaus so mies abgefertigt hatte. Aller Glanz, alle Glorie der letzten Stunden wollten in sich zusammensinken. Mein Schweinehund guckte betreten auf seine Vorderpfoten. Kein feiner Akt, wirklich nicht.

Wir starrten ein wenig an die Decke, die weißgetünchte. Unsere Rauchwolken mischten sich in unsere schwefelschwülen Gedanken. Mir war nach einem Sekt.

Ich köpfte eine Flasche mit dem gewissen Extra für 28 Mark und trank zwei Gläser davon hastig aus.

»Ich bin schrecklich mies, nicht?« versuchte ich seine Zustimmung zu bekommen. Meinem Schweinehund tränten die Augen.

Georg lächelte milde, aber schmallippig.

»Er zwingt dich ja zu solchen Eskapaden.«

»Findest du?« Hoffnungsfroh leerte ich ein drittes Glas Sekt.

»Es ist ja wohl sonst nicht deine Art, jemanden so... schnippisch zu versetzen.«

Nein. Nicht meine Art. Georg hatte ich viel herzlicher versetzt. Richtig liebevoll. Mit vielen Umarmungen und einem Abschiedsbeischlaf.

»Er fordert es geradezu heraus«, schnaufte ich. »Eine Verabredung! Unglaublich plumpe Masche!«

»Und wenn er wirklich eine Verabredung hat?«

»Ach was! Mit WEM denn!«

Meine Hybris kannte keine Grenzen mehr. Außer mir selbst fiel mir in ganz K. keine Frau ein, mit der Klaus sich ernsthaft hätte verabreden können. ICH war doch der Stachel in seinem Herzen, und zwar der einzige, verdammt noch mal! Und NACH mir gab es überhaupt keine Frau mehr im Leben eines Mannes.

»Und wenn er wirklich seine Frau trifft?« nahm Georg vermittelnd den Faden wieder auf.

»Ach was, er haßt sie.«

Wir kamen auf keinen grünen Zweig. Aber meine schwefelschwüle Triefstimmung hatte sich in fröhliche Aggression verwandelt. Ich trank ein viertes Glas Sekt, dann sah ich bunte Sterne, und mein Schweinehund sah aus wie Meister Propper: feist und fett und grinsend, mit verschränkten Armen vor der muskulösen Brust und dem Ausdruck im Gesicht: »Mir kann keiner!«

27

Sonntagmorgen in Bremen, der Dom schepperte feierlich, es weihnachtete schon wieder sehr, man lustwandelte über den kalten Rathausplatz, die Buden auf dem Weihnachtsmarkt erwachten und zogen sich die nächtlichen Planen über den Kopf... Georg und ich marschierten Arm in Arm zu seinem Auto, das er »etwas abseits« geparkt hatte, wie sich herausstellte, irgendwo an einer befahrenen Durchgangsstraße nach Heidenoldenhausen oder so ähnlich.

»Darf ich fahren?« fragte ich, angesichts einer vierstündigen Autobahnfahrt.

Er gab mir schweigend den Autoschlüssel. Irgendwie hatten sich unsere Rollen schon gut verteilt.

Ich bestellte die Zimmer, das Bier, fuhr Auto und köpfte den Sekt. Er, er liebte mich eben. Seine Aktivität bestand ausschließlich darin, in meiner Nähe zu sein und das zu tun, von dem er annahm, daß ich es auch tat oder daß es mir gefiele, was er täte. In diesem Falle also, auf dem Beifahrersitz zu hocken, schöne Musik durch die vergleichsweise klägliche Stereoanlage zu jagen und mich alle fünfzig Kilometer mit einer bereits brennenden Zigarette zu versorgen. Die Sonne schien, es war eisig kalt, aber die kahle Landschaft strahlte, und wir taten es ihr nach.

Georg sagte in Höhe des Kamener Kreuzes, daß er noch nie so glücklich gewesen sei wie heute, und ich sagte auch so was Ähnliches. Und quälte der scheppernden Opelkiste 180 Sachen ab. Kurz vor Remscheid begann der Opel bockig zu holpern. Das Autoradio schrillte gerade »Dich, teure Halle, grüß ich wieder!« – aber ich dachte, daß der Opel vermutlich in Kürze wieder die teure Reparaturwerkstatthalle grüßen würde.

»Der Opel bockt.«

Georg schnellte erschrocken nach vorn und taxierte den Benzinanzeiger. Leer.

»O ja, wir haben kein Benzin mehr!«

»Und jetzt?« Ich lenkte die müde Karre zitternd auf den Reservestreifen.

»Ich geh mir welches borgen.«

»Wie macht man das, Benzin borgen gehen?«

Georg stieg aus und wanderte wieder zurück Richtung Bremen. Ich starrte ihm durch den Rückspiegel nach, dem immer kleiner werdenden beigefarbenen Popelinemantel.

Was jetzt? Es ging auf Mittag zu, und abends hatte ich ein Weihnachtskonzert im Bergischen.

Vorher nach Hause, duschen, umziehen, einsingen, Noten, Schuhe, Kleid, Stimmgabel...

Welcher Streß. Mir brach der Schweiß aus. Kleine Sünden straft der liebe Gott sofort. Große auch relativ kurzfristig, wie ich feststellen mußte. Ich saß in dem Opel und schwitzte. Neben mir tobte der Autobahnverkehr. Georg war nirgends mehr zu sehen. Minuten können qualvoll lang sein.

Brünhilde grüßte keine Halle mehr, die Kassette war abgelaufen. Ich hatte auch keinen Bock auf mehr von diesen tremolierenden Damen, die Sieglinde, Flosshilde und Schwertleite heißen und alle viel größeres Stimm- und Körpervolumen haben als unsereiner.

Ich drehte ein bißchen am Radio herum, aber weder adventliche Knabenchöre noch ein unzusammenhängendes modernes Hörspiel, noch die ewigen elektronischen Selbstverwirklichungsergüsse der heutigen Komponisten auf WDR drei konnten mich beruhigen. Ich kaute in wilder Hast zwei oder drei Verdauungsriegel für eine Mark achtundvierzig aus dem Reformhaus, mangels Quark.

Kein Georg. Die böse, böse Uhr. Schon kurz vor drei. Um sechs war Weihnachtskonzert im Oberbergischen... Ich begann zu überlegen.

Falls Georg nun keinen Gönner oder Borger fand... wie lange läuft man von Remscheid bis Immekeppel? Entschieden abgelehnt, der Vorschlag. Daumen raus? An der Autobahn? Wild fuchteln, vielleicht mit einem Klavierauszug winken oder mit dem Abendkleid wedeln? Auf spitzen Schuhen in Panik zur nächsten Raststätte joggen? Dort telefonieren? Taxi! Das würde nur knapp das Honorar von Bremen kosten... Kein Georg. Die Uhr, sie schien das einzige Gerät an diesem Opel zu sein, was noch funktionierte. Sie zeigte ganz, ganz böse Sachen an.

Ich stieg aus, da ich keine Gesundheitsriegel zum Verschlingen mehr fand und Georg die Zigaretten mitgenommen hatte. Irgendwas mußte man doch finden, zum Kauen oder Lutschen. Nichts.

Erbarmungslos vorbeirasende Autos.

Vielleicht, wenn ich mal vorsichtig winkte? Daumen raushalten ist auf der Autobahn verboten.

Den Wink mit dem Bachschen Klavierauszug verstehen schätzungsweise nur fünf Prozent aller bundesdeutschen Autofahrer. Viel zu kleine Chance. Womit also winken?

Ich winkte schließlich zaghaft mit der rechten Hand. Manche winkten verbindlich lächelnd zurück, besonders die freundlichen alten Ehepaare, die selbst einen Opel fuhren und dementsprechend viel Verständnis für mich aufbrachten. Zweimal machte ein Auto Anstalten zu halten, aber es saßen furchterregende wilde Hengste am Steuer, und ich drehte mich jedesmal hastig weg und tat so, als hätte ich es mir anders überlegt.

Außerdem schielte ich ununterbrochen in Richtung Bremen, wo ich Georg am Horizont auftauchen sehen wollte. Kein Georg. Nur dieses Fata-Morgana-Flimmern auf der sonnigen Autobahn.

Da hielt einer. Vielleicht war es ein Mazda, aber ich kann es nicht beschwören. Jedenfalls ein Auto mit einem passabel aussehenden Mann drin, der fragte, nachdem er das Seitenfenster runtergedreht hatte, ob er mir irgendwie weiterhelfen könne, zum Beispiel durch Abschleppen. Ich verkniff mir die zweideutige Frage »mich oder das Auto?« und fragte bescheiden, ob er zufällig nach Immekeppel führe.

»Nach…wohin?«

»Immekeppel. Im Bergischen.«

»Nein. Ich fahre nach Aachen.«

»Nehmen Sie mich mit bis K.?«

»Ja, steigen Sie ein. Und was machen Sie mit Ihrem Opel?«

»Welcher Opel?«

»Na, der Opel da! Oder ist das nicht Ihr Opel?«

»Ach der! Nein, das ist nicht mein Opel!«

»Na, dann steigen Sie ein!«

Ich holte meine kleine Tasche vom Rücksitz und wollte eigentlich noch einen Zettel schreiben. Aber woher nehmen und nicht stehlen, einen Zettel mitten auf der Autobahn?

Ich hinterließ also nichts weiter. Nur meine Gesundheitsriegelpapierchen. Das war Botschaft genug. »Bin nach knappem Hungertod doch noch auf Rettungsboot umgestiegen.« Der nette Mensch in dem Mazda fuhr los, ziemlich schnell und so, daß man meinen konnte, er hätte durchaus einen gewissen Umgang mit seinem Auto. Jedenfalls verwechselte er weder Bremse und Gaspedal, noch quälte er die Gangschaltung, noch guckte er öfter als zweimal pro Minute in den Außenspiegel. Er blinkte nicht, er hupte nicht, er fuhr einfach zügig geradeaus. Und es lief überhaupt keine Musik, weder erschollen Walküren-Gesänge aus den Boxen, noch tropfte seichte Musik aus ihnen. Einfach angenehm und entspannend.

»Wo darf ich Sie denn nun hinbringen?« fragte der nette Mensch. Dabei sah er mich kurz von der Seite an.

»Sie sehen so aus, als hätten Sie es eilig.«

»Stimmt«, sagte ich, »ich muß dringend nach Immekeppel.«

»Dringend? Warum denn dringend?«

»Beruflich. Ich habe da beruflich einen Termin. Um halb sechs muß ich spätestens dasein.«

Er sah auf die Uhr und bemerkte: »Das wird knapp!«

Tatsächlich, es war halb fünf, und der Mensch wollte ja schließlich nach Aachen und nicht nach Immekeppel.

»Soll ich Sie am Rastplatz Remscheid raussetzen?« fragte er. »Da können Sie dann versuchen, einen Wagen anzuhalten.«

Mir wurde blitzartig klar, daß ich am Rastplatz in Remscheid kein Schwein finden würde, was zufällig nach Immekeppel fuhr. Ihn mußte ich rumkriegen, ihn und sonst keinen.

»Hören Sie«, sagte ich, »ich sitze wirklich schrecklich in der Klemme. Wieviel darf ich Ihnen anbieten, damit Sie mich nach Immekeppel fahren?«

Er sah mich wieder von der Seite an, aber nicht mehr so freundlich, sondern eher erstaunt, wenn nicht befremdet.

»Also wenn ich Sie schon nach Immekeppel fahre«, sagte er gedehnt, »also, gesetzt den Fall, ich führe Sie nach Immekeppel... würden Sie mir denn verraten, was da so Wichtiges ist?«

Ich sagte die Wahrheit. Der Mann sah mich zum drittenmal von der Seite an.

»Sängerin? So sehen Sie gar nicht aus!«

»Ich weiß«, freute ich mich.

»Sie sehen eher aus wie ein ganz normales Mädchen«, sagte er. Ich bedankte mich für das Kompliment und kicherte aufgekratzt. Das fand er prima. Plötzlich schien ihm sein eigenes Date nicht mehr so dringlich zu sein.

»O. K. Ich fahre Sie nach Immekeppel. Wenn Sie mich mitnehmen in Ihr Konzert. Ich will Sie erleben«, grinste er.

»Dann müssen Sie hier von der Autobahn runter«, rief ich geistesgegenwärtig. Gerade noch rechtzeitig riß er das Steuer rum. Die Würfel waren gefallen. Mein Retter brachte mich nach Immekeppel. Ohne Noten, aber mit Schuhen und durchgeschwitztem Kleid. Uneingesungen. Aber ich würde rechtzeitig in Immekeppel im hohen Dome erscheinen. Mit Mazda und dazugehörigem netten Fahrer. Hatte ja auch schon lange keinen Herrn Bekannten mehr dabei.

28

Klaus war nun aus meinem Leben geschieden; Georg nicht. Georg wohnte nach wie vor jedem Auftritt bei, die ganze Weihnachtszeit hindurch, und auch sonst wohnte er mir bei, mit schöner Regelmäßigkeit. Ich traf manchmal noch ein paar andere Herren Bekannte, diesen oder jenen, natürlich auch den Mazda-Fahrer, der Meteorologe war und Kröten in seinem kleinen Garten hielt. Einmal besuchte ich ihn – er wohnte mit 34 Jahren noch bei seiner Mutter – und durfte seine Krötensammlung besichtigen. Ich erteilte allen Kröten gute altdeutsche Namen, Walburga, Annetraut, Eberhard und Godfried, was der Mazda-Fahrer entzückend fand und seine schwerhörige Mutter auch. Der Mazda-Fahrer hieß Helmut.

Nach Weihnachten hörte der Konzertstreß auf. Im Januar werden kaum noch Hallelujahs von bundesdeutschen Orgelemporen geschmettert, und die Sänger legen ihre Schals in die Ecke und schmeißen ihre Klavierauszüge in den Schrank.

Georg und ich fuhren einige Tage nach Reit im Winkl, wohnten dort in einer netten Pension und wanderten etwas auf der Winklmoosalm herum. Abends tranken wir Glühwein beim Unterwirt oder saßen händchenhaltend in der Kneipe, die angeblich Maria Hellwig gehört. Es war alles in allem nett und harmonisch, wir verstanden uns gut, besonders nachts.

Einmal gingen wir ins Wellenbad von Ruhpolding, aber ich fühlte mich irgendwie unwohl zwischen all den übermütigen Junghengsten, die ihre durchtrainierten Après-Ski-Körper in die Wogen warfen. Ich war kein bißchen trainiert oder braungesonnenbankt, hatte auch nicht das neueste Bikini-Modell

241

an und fühlte mich genauso alt, wie ich war. Vermutlich noch älter. Etwa so alt wie mein Herr Begleiter. So um die Fünfzig. Womit ich nicht sagen will, daß man sich mit Fünfzig nicht ausgesprochen nett fühlen kann. Man/frau muß nicht mehr schön sein, schlank und sportlich. Frau kann morgens drei Brötchen mit Honig essen und mittags einen Germknödel mit Mohn. Überhaupt. Ich hatte gar keine Lust mehr auf Quark. Nicht die geringste. Beim puren Gedanken an Quark wurde mir irgendwie übel.

Eigentlich war mir die ganze Zeit immer leicht übel, wenn ich mich jetzt so zurückerinnere.

Kind, das ist der Streß, der dir noch in den Knochen sitzt. Du warst ja auch völlig überkandidelt, die ganze Zeit. Jetzt ruh dich mal schön aus, iß tüchtig Vitaminchen und beweg dich an frischer Luft. Und geh früh ins Bett. Wenn's sein muß auch mit dem Kritiker. Ist ja ganz nett soweit, der Mann.

Klar, Tante Lilli, mach ich.

Ich fand es auch gar nicht langweilig. Jedenfalls nicht sehr.

Einmal fuhren wir nach München in die Oper, und zwar Silvester. Es gab »Frau ohne Schatten«, und ich dachte, daß ich das wohl nie wieder sein würde, eine Frau ohne Schatten. Das dachte ich, und ich fand die Luft im Opernhaus zum Schneiden. Das Stück war entsetzlich lang, die Sänger entsetzlich gut – Kind, da siehst du mal, wo deine Grenzen sind! –, und die Story, um die es ging, entsetzlich deprimierend.

Da war eine zartgliedrige Königsfrau, irgendein adlig Blut also, dünnhäutig und im Sopranbereich angesiedelt, die hatte keinen Schatten. Ihre böswillige Amme (Mezzosopran, natürlich!) überredet sie, von irgendeiner einfachen Frau aus dem Volke den Schatten zu kaufen. Szenenwechsel – ein sehr verkommenes Anwesen (Bühnenbild: hauptsächlich Lumpen, alles grau in grau, mir war irgendwie dauernd übel). Ein tumber Bauersmann »mit niedriger Stirne« knechtet sein in Lumpen gehülltes Weib, sie soll ihm ein Brot schmieren, aber dalli, und dann will er mit ihr auf der Matratze Spaß haben. Sie, Sopran, hat keinen Bock auf ihn, Baß-Bariton. Was ich verstehen konnte. Zumal der Sänger ein Finne war. Das Brot hat sie ihm noch geschmiert, laut lamentierend, in Moll und ziemlich dissonant, während er mit Holzbalken hantierte und ab und zu etwas Unverständliches grunzte. Als er dann auf der Matratze weitersingen wollte, erschien die böse Amme mit der eingeschüchterten Blaublütigen, und sie haben die Frau am Herd echt gut überzeugt, daß ihr Leben Mist wär und daß sie auf den Kerl auf der Matratze doch gut verzichten könnte. Sie machten ihr ein handfestes Angebot: ihr Schatten gegen die Befreiung aus finnischer Knechtschaft. Sie könnte sofort gehen, wohin sie wollte, ihr würde es fortan prächtig gehen, sie sollte doch bloß, bitteschön, ihren Schatten dalassen und der Blaublütigen ausleihen.

Der Trick war nämlich, und das begriff ich erst ziemlich spät, daß der Schatten ziemlich wichtig war. Für die Fortpflanzung. Will sagen, wenn man keinen hatte, funktionierte einfach nichts. Und die Blaublütige wollte doch ihrem Kaisergemahl einen Thronfolger schenken. Die Frau am Herd hatte eh keinen Bock auf jede Menge schreiende Blagen in Lumpen, denen sie dann auch noch Brote schmieren müßte, und hat sich auf das Tauschgeschäft eingelassen.

Wie es weiterging, weiß ich nicht mehr. Ich war zu sehr darauf konzentriert, mich nicht zu übergeben. Ich weiß auch nicht, warum mir ausgerechnet in dieser Oper so schlecht war. In der Pause überredete ich Georg, doch lieber ins Sternenbräu zu gehen und etwas zu essen.

Den Jahreswechsel erlebten wir im Auto. Ganz ohne Knallkörper und Sekt, einfach so bei Tempo 90, und aus dem Autoradio kam Glockengeläut. Wir drückten uns gegenseitig das Knie und wünschten uns ein frohes neues Jahr. Ansonsten schwiegen wir viel. Und das war gut. Irgendwie klirrten immer noch diese Operntöne durch meinen Kopf.

Zwei Tage später fuhren wir heimwärts. Ich achtete darauf, daß der Türkenopel immer genug Benzin hatte.

Georg fragte mich, ob wir nun noch einmal das Thema »Zusammenziehen« anschneiden könnten.

»Klar, anschneiden kann man alles«, sagte ich und biß in einen Verdauungsriegel.

Da er nichts sagte, half ich ihm auf die Sprünge:

»Du willst also mit mir zusammenziehen?«

»Nichts lieber als das, geliebte Löwenfrau!«

Irgendwie konnte ich das mit der Löwenfrau nicht mehr hören, aber ich traute mich nicht, ihm das zu sagen.

»In meine kleine Bude im vierten Stock in K.?«

»Wenn es sein muß, auch dahin. Ansonsten steht dir natürlich mein Haus in Bonn zur Verfügung...«

»Mitsamt Tochter?«

»Darüber könnten wir noch reden.«

Aha. Erwischt. Selbst seine Tochter würd er verkaufen. Seine Frau verstoßen, seine Tochter verkaufen, seine Katze vermutlich ertränken, und alles nur, um mich im Alltag genießen zu können. Kind, sei wachsam. Das sieht schwer nach seelischer Abhängigkeit aus. Kind, tu's nicht. Der Mann läßt dich nie wieder los. Du bist doch noch so jung. Kind, das ist der entscheidende Schritt. Tu ihn nicht.

O. K., Tante Lilli, ich tu's nicht.

Dann sag's ihm jetzt auch, los.

Ich sagte es ihm.

Er schwieg und zog einen Schmollmund und schaute auf die Autobahn. Ich schaute auch auf die Autobahn. Mir war irgendwie gar nicht besonders gut.

»Warum kannst du dir denn nicht vorstellen, mit mir zusammenzuleben?« kam es nach einer Weile.

Tante Lilli, was soll ich sagen?

Sag ihm, daß du ihn nicht liebst. Sag ihm, daß du ihn nicht heiraten wirst. Du wartest noch auf den Mann deiner Träume... Aber, Tante Lilli! Sei doch nicht so schrecklich altmodisch! Es GIBT keinen Mann meiner Träume!

»Georg«, sagte ich, »ich warte noch auf den Mann meiner Träume.«

Das war starker Tobak für ihn, aber er fuhr keine Schlangenlinien. Er fragte auch nicht blöde nach, warum ER nicht der Mann meiner Träume sei. Er war's nicht, und das hat er begriffen, und damit war das Thema erledigt.

29

Ein paar Tage später begannen im Sender die Proben für ein modernes Stück. Der Komponist hieß Strohnagel und war eine geschätzte Persönlichkeit. Er komponierte und komponierte, daß es nur so krachte, und das Notenmaterial paßte nicht in den Koffer des Notenkofferschleppers, sondern mußte auf einem Handkarren transportiert werden.

Man konnte die Noten auch nicht in den Händen halten, sondern man benötigte zwei Pulte mit ausziehbarer Blechhalterung. Für das Umblättern waren jedem Sänger zwei Meter zwanzig zugebilligt worden, weshalb die ganze Produktion in die Singakademie verlegt werden mußte.

Das Stück war für sechzehn Sänger, vierzig Kuhglocken, drei Taschenkämme, einen Eimer voll Herbstlaub, Solo-Sopran und Neger. Der Neger war der Sprecher. Man verstand kein Wort, aber das war auch der Sinn des Stückes, und somit war der Neger eine erstklassige Besetzung. Während er schrie, brüllte, tobte und stampfte, lief ihm der Schweiß in Strömen über das Gesicht und in seinen Rollkragen. Die Dramatik war aber gelungen, und wir vom Chor starrten ihn immer gebannt an, wenn er loslegte. Er hatte ein riesiges Notenpult, und alle Schimpfwörter standen dort geschrieben.

Der Solo-Sopran war gestraft: 44 Minuten ununterbrochen hohes Gekreisch bis zum viergestrichenen Baff. Die Dame, deren zitternden Rücken wir nur sahen, hatte unser tiefstes Mitgefühl, aber man munkelte, sie verdiene an dieser Produktion 20 000 Mark, und außerdem habe sie etwas mit dem Komponisten. Da wendete ich mein Mitleid lieber mir selbst zu. Auch wir mußten 44 Minuten brüllen, summen, grunzen, schrille Schreie ausstoßen und albern kichern. Das alles nach Noten, die man kaum lesen kann, da sie aussehen wie eine Menge Fliegenschiß, ist gar nicht so einfach. Auf mich fiel dann ausgerechnet auch noch ein Solo: 14 Takte Kamm blasen. Ich durfte noch nicht mal meinen eigenen benutzen, sondern einen philharmonisch vorgeschriebenen Taschenkamm mit Zellophan drüber. Das juckte ganz fürchterlich an der Lippe und machte kein bißchen Spaß. Zumal ich mich damit der Lächerlichkeit preisgab.

Ein anderes Chormitglied sollte einen Purzelbaum schlagen – wir wählten unseren Jüngsten, der sowieso kein Recht auf Protest hatte. Wieder ein anderer sollte zu gegebener Zeit in dem Eimer mit Blättern rascheln. Das machte der Älteste, der ohnehin bald in Pension ging und nicht mehr singen konnte. Er raschelte sehr pflichtbewußt mit todernster Miene, und zwar genau, wie es in den Noten stand. Schließlich hatte sich der Komponist etwas dabei gedacht, da durfte man nicht rumschlampen. Auf der Eins UND mußte geraschelt werden, und dann wieder auf der Quintole im nächsten Takt. Das konnte man sich gut merken, denn direkt davor fing die Sopranistin an zu kreischen. Falls das im allgemeinen Lärm unterging, konnte man sich noch daran orientieren, daß ihr Kleid gleichzeitig anfing zu zittern. Kurz danach griff das Orchester zu den Kuhglocken, und ein Höllenlärm brach los, als die Jungs zu läuten anfingen. Natürlich konnte man den Effekt mit den Blättern nicht mehr so gut hören, aber Willi, unser Pensionär, raschelte genau im Rhythmus, mit unbewegtem Gesicht, genau wie es der Komponist vorgeschrieben hatte. Das Gemeine an dem Stück war, daß mein Taschenkammsolo ganz nackt und bloß dalag, auf einer Riesenseite voll leerer Notenlinien war nur »Taschenkamm Eins-Solo« vermerkt und dann meine Töne. Erst im Takt zwölf fing der Neger wieder an zu schimpfen und zu gestikulieren, und da war dann egal, was ich blies.

Jedenfalls war die ganze Sache sehr stressig, zumal Walpurgis, meine Nachbarin, ein Streber war und keinerlei Sinn für meinen Humor hatte. Sie hieß eigentlich Walburga, klar, aber ich nannte sie Walpurgis, weil sie eine Hexe war und ein Streber dazu. Statt wie die anderen ein bißchen zu improvisieren und ein bißchen albern zu sein, lernte sie ihre Grunz- und Flötpartie heimlich auswendig und wußte dann in den Proben alles besser als wir. Um so ärgerlicher war sie, daß sie kein Taschenkammsolo gekriegt hatte und mir zwölf Takte lang schweigend zuhören mußte. Weil ich rhythmisch und harmonisch auf meinem Taschenkamm nicht so bewandert war, pfiff sie mir immer von hinten die Töne vor. Das konnte ich gar nicht vertragen und wäre ihr am liebsten mit nacktem Hintern ins Gesicht gesprungen, aber das stand nicht im Stück.

Die Proben dauerten täglich vier Stunden, weil das Stück so anspruchsvoll war, und danach war ich zu Hause noch voll damit beschäftigt, mein Taschenkammsolo zu üben und meine Stimmbänder wieder zu sortieren. Will sagen, ich hatte nicht viel Zeit für Georg und auch sonst ganz wenig Lust auf Zerstreuung. Wahrscheinlich vereinsamt man seelisch völlig, wenn man längere Zeit moderne Musik macht. Keiner versteht einen mehr.

Klaus hatte seit damals nichts mehr von sich hören lassen. Ich dachte manchmal an ihn, weil ich überlegte, einen Psychiater wegen beruflicher Identitätskrise aufzusuchen. Ich war mir aber nicht sicher, ob die Krankenkasse oder die Beihilfe das bezahlen würde, und so ließ ich es erst mal. Ein paarmal traf ich Helmut, den Meteorologen, und besichtigte Godfried, Eberhard, Annetraut und Walburga, die Kröten in seinem Garten. Ich besichtigte bei der Gelegenheit auch immer die nette schwerhörige Mutter, die sich nie an mich erinnerte und sich immer neu erklären ließ: »Das ist die Sängerin, Mama. Die singt in der Singakademie!«

»Schlager oder Operette?« fragte jedesmal die alte Dame, und Helmut lachte und sagte zu mir, daß es keinen Zweck hatte, ihr das zu erklären.

Meine Treffen mit Helmut hatte den Vorteil, daß er anscheinend keinerlei Rittersmann- oder Knapp-Absichten hatte und mir einfach nur amüsiert zuhörte, wenn ich erzählte. Er konnte den ganzen Abend mit seinen dünnen langen Fingern ein einziges Kölschglas halten und ab und zu daran nippen. Er war kein Maßloser: Er aß nicht viel, trank nicht viel, sagte nicht viel, unternahm nicht viel und erlebte anscheinend nicht viel. Sein Leben war seine alte Mutter mit dem Hörgerät und seine vier Kröten. Ich konnte ihn gut leiden, den Helmut, besonders, weil er immer gerade dann Lust und Zeit hatte, mich zu treffen, wenn ich anrief, sich aber ansonsten bedeckt hielt.

Was mich selbst sehr wunderte, war meine absolute Appetitlosigkeit, was Quark anbelangte. Ich dachte, daß mein abnormes Eßverhalten sicherlich mit der modernen Musik zu tun hatte. Bei solch einer schwachsinnigen Komposition konnte einem ja auch der gesunde Appetit vergehen.

Selbst Zigaretten schmeckten mir nur noch in Georgs Anwesenheit, und Alkohol wurde ranzig, wenn er bei mir herumstand.

Georg eröffnete mir eines Abends, daß er die Kritik über Strohnagels »Hommage für Alban Berg« schreiben würde. Ich zeterte gleich los, daß Alban wirklich was Besseres verdient hätte als diesen Schwachsinn, baute mich breitbeinig vor ihm auf und blies ihm mein Kammsolo vor. Er schmunzelte nachsichtig und sagte, daß man das doch sicherlich im Zusammenhang hören müsse, um darin den Sinn zu erkennen. Ich schwor ihm bei den Gebeinen meiner Großmutter, daß das Stück keinen Sinn habe, außer das Publikum zu verarschen.

Er sagte, daß ich hinreißend sei, wenn ich auf dem Kamm bliese.

Mir blieb die Spucke weg vor Ärger. Ich WOLLTE nicht hinreißend sein, ich WOLLTE nicht auf dem Kamm blasen, ich WOLLTE dieses Kuhglockengerammel nicht ertragen und Walpurgis auch nicht. Ich sagte Georg, daß ich eine berufliche Identitätskrise hätte und mein Leben gründlich ändern wollte und daß diese Veränderung auch ihn beträfe. Ich war in einer ziemlichen Wut und hatte Lust, alles kurz und klein zu schlagen, besonders in bezug auf seine unglaubliche Wahrnehmungsstörung, daß ich hinreißend sei, wenn ich auf dem Kamm bliese.

Georg war traurig, daß ich ihn verstoßen wollte, und bot mir eine Zigarette an. Ich nahm sie, und wir schliefen miteinander, und dann war die Welt wieder in Ordnung. Obwohl er nie wieder bis zum nächsten Morgen bei mir blieb.

Seit dem Urlaub hatten wir keine ganze Nacht mehr miteinander verbracht. Immer, wenn ich mir wünschte, er möge jetzt gehen, dann ging er auch. Zwar nicht ohne »geliebte Löwenfrau« und »schlaf gut, ich träume von dir« und solche Sprüche, aber er ging. Und ich war gern allein. Wenn er weg war, stand ich ratlos vor dem Kühlschrank und hatte keine Lust auf Quark. Merkwürdig. Irgend etwas in meinem Leben hatte sich verändert. Aber was?

30

Der denkwürdige Tag, an dem die Uraufführung des großen Werkes eines großen Komponisten unserer Zeit stattfand, war ein Dienstag. Morgens wurden wir alle noch mal zu einer sehr anstrengenden Generalprobe bestellt. Der Neger und die Sopranistin markierten nur, aber der Schweiß lief trotzdem, und das Kleid zitterte auch. Der Pensionär hatte schon ganz poröse Finger vom vielen Blätterrascheln, aber er hielt tapfer durch; es war sein letzter großer Auftritt.

Walpurgis hatte besonders schlechte Laune an diesem Dienstag. Ich konnte sie kaum ertragen. Ihr Freund Adalbert war in der Musikszene irgendein hohes Tier, jedenfalls wußte Walpurgis immer alles, bevor es noch in der Zeitung stand. Ich beschloß, mal Georg nach Adalbert zu fragen. Womöglich war er noch Georgs Azubi im Kritikenschreiben. Jedenfalls wußte Walpurgis, daß nach der Uraufführung ein Empfang stattfinden würde, bei dem auch das Fernsehen für die »Aktuelle Stunde« ein paar Szenen drehen würde. Wir Chormädels sollten dabeisein, nur so, um im Hintergrund zu stehen, während Strohnagel sein Werk erklärte und der Oberbürgermeister und der Kultusminister ihm die Hand schütteln würden. Die Kritiker waren natürlich eingeladen, und der Pensionär durfte auch kommen, weil es sein letztes Konzert war. Wenn Sendezeit übrig sein würde, dürfe der Pensionär vielleicht auch ein paar Worte sagen. Jedenfalls wußte Walpurgis das alles, und sie bestand darauf, daß wir zu diesem Empfang gehen sollten, obwohl das nicht auf dem Dienstplan stand. Dann war sie noch ganz entschieden dafür, daß wir während des ganzen Stückes stehen sollten. Also wurden die Stühle weggeräumt, auf die wir zwischen unseren Einsätzen immer ermattet gesunken waren. Ich war schrecklich sauer auf sie, denn mir war in letzter Zeit immer leicht übel, besonders bei der heißen Luft im Scheinwerferlicht, und ich war immer sehr froh gewesen, mich kurz setzen zu können. Dann wurde noch das Thema Kleidung angeschnitten. Herr Strohnagel fand, daß der Chor in gemessener Straßenkleidung auftreten sollte. Walpurgis war sofort dagegen. Schließlich hätten wir alle

Abendkleider, und als professionelle Sänger müßten wir auch durch unser Äußeres…

Ihre Ausführungen unterbrach Willi, der Pensionär, der erklärte, er habe keinen gemessenen Straßenanzug, er habe nur seinen Frack. Mit dem sei er fünfundvierzig Jahre aufgetreten, und er sehe nicht ein, sich für sein letztes Konzert einen Anzug zu besorgen. Herr Strohnagel bot ihm an, ihm einen zu leihen, aber Willi wollte keinen Anzug von Herrn Strohnagel anziehen. Die Debatte ging noch ein bißchen hin und her, und dann entschied der Direktor, daß die Damen bedeckte Straßenkleider und die Herren Fräcke anziehen sollten, das würde zum Stück passen. Der Dirigent und der Komponist würden sich äußerlich sowieso durch andere Kleidung vom Chor abheben. Der Dirigent würde einen lila Umhang tragen und der Komponist würde wie immer in weißen Tennisschuhen, weißen verbeulten Hosen und einem weißen Leinenhemd erscheinen, mit weißem Halstuch im nabelweiten Hemdausschnitt.

Mir war das alles ziemlich egal, Hauptsache, die Chose ging schnell zu Ende. Weil sich die Damen nicht einigen konnten, wurde es nun völlig freigestellt, wer was anziehen sollte. Walpurgis bestand auf Abendkleid, ein paar andere spuckten fast aus vor Verachtung und sagten, dieses Stück sei kaum einen Küchenkittel von Woolworth wert, was ich wieder zum Totlachen fand und was Walpurgis kein bißchen erheiterte.

Die Probe dauerte geschlagene vier Stunden.

Das Orchester malträtierte begeistert die vierzig Kuhglocken, und das war ein ohrenbetäubender Krach. Unser Chorgekreisch stimmte rhythmisch wieder überhaupt nicht mit den Vorstellungen von Walpurgis überein, und sie lief in der Pause zum Dirigenten, der mit einer Zigarette vom Herrenklo kam, zog ihn an seinem lila Umhangsärmel beiseite und redete auf ihn ein. Vielleicht handelte sie noch ein Kammsolo aus. Ich hätte ihr unter allen anderen Umständen mein Kammsolo gerne abgetreten, zumal sie die Kammsolopartie wesentlich souveräner beherrschte als ich, aber gerade weil sie Walpurgis war, gönnte ich ihr nicht den Ruhm und Triumph einer Kammsolobläserin, zumal das

Fernsehen Ausschnitte davon in der Aktuellen Stunde bringen wollte.

Obwohl Walpurgis es ausdrücklich untersagt hatte, schnappte ich mir im zweiten Durchgang einen Stuhl und sank zwischendurch mit einer halben Pobacke auf dessen Kante. Dieser Krach, diese Luft, dieses Scheinwerferlicht, diese unerfreuliche Arbeitsatmosphäre, das schlug mir alles schwer auf den Magen. Mein Kreislauf war auch völlig dienstunwillig. Ob ich mal zum Arzt gehen sollte?

Klaus. Ob ich ihn mal anrufen sollte? Ob er mich mal ganz unverbindlich untersuchen würde? Nein, Kind, das geht jetzt nicht mehr. Hast du denn kein bißchen Feingefühl für diesen Mann? Wenn du jetzt als Patientin kommst, hält er das für einen Wink mit dem Zaunpfahl. Er wird dich gleich zum Essen einladen, dich stürmisch umarmen und dir sagen, daß er nur auf diesen Moment gewartet hat. Kind, sei doch vernünftig. Reiß dich zusammen, los, Kammsolo vorbereiten und heb endlich deinen Hintern von dem Stuhl. Guck mal Willi an, den Pensionär, der steht auch die ganze Zeit trotz seiner Krampfadern.

Ich gab mir einen Ruck, stand auf, mir wurde sehr schwarz vor Augen, und ich mußte hastig den Kopf runterhalten, damit wieder Blut hineinflösse. Walpurgis hielt das für eine meiner Albernheiten und zischte mich wütend an. Ich riß mich zusammen und blies mein Kammsolo. Dabei ging mir die Puste aus. Die Töne zitterten gebrechlich. Der Dirigent fand den Sound anscheinend prima, er guckte erfreut zu mir rüber. Noch wütenderer Blick von Walpurgis. Sie würde nachher ohne Abschiedsgruß auf ihren Besen steigen und aus der Singakademie reiten. Oh, wie wenig ich sie doch leiden konnte.

Als die Probe endlich aus war, hallte das entsetzliche Kuhglockengeläut noch lange in meinem Schädel. Ich betete, daß diese Uraufführung gut an mir vorübergehen möge.

31

Kleine Sünden straft der liebe Gott ja bekanntlich sofort, die großen hebt er sich in seinem Terminkalender etwas länger auf, um eine passende Maßnahme zur Abbüßung abzuwarten. Wenn ich darüber nachdenke, wieviel ich im letzten halben Jahr gesündigt hatte und wieviel Spaß mir das Sündigen auch noch gemacht hatte, finde ich das Ausmaß der Strafe ziemlich gerecht. Die ganze Uraufführung war ja schon Strafe, aber das, was mir widerfuhr, war ein Ausbund an Gerechtigkeit.

Als das Signal zum Auftreten erklang, strömten die Menschenmassen auf ihre Plätze. Sektgläser wurden eilig abgestellt, Dämchen rannten noch ein letztes Mal in die Toilette, um ihre modisch aktuellen Fummel über den mageren Knien zurechtzuzupfen, Herren gaben noch die Nerze ihrer Damen an der Garderobe ab, und die ganze alternative Szene mit dem Pomadegel im Haar und den Halstüchern im geöffneten Hemdkragen schob sich plaudernd und mit Händen in den Hosentaschen in den Saal, ohrringbehangen natürlich und mit irgendwelchen besonders männlichen Kettchen geschmückt.

Der Chor lümmelte wie immer im Foyer herum, man rauchte, lachte, gähnte, spielte Karten. Die Damen waren sehr unterschiedlich gekleidet. Walpurgis war in einen leuchtend grünen Tüllsack gehüllt, mit Lippenstiftspuren auf dem Kragen, hahaha. Niemand sagte es ihr, damit sie möglichst vor der Aktuellen Stunde nicht mehr daran rumwischen konnte. Die meisten Weiber waren halbwegs normal gekleidet, in einigermaßen netten Straßenklamotten. Ich hatte nach einigem Hin- und Herüberlegen zu Hause ein solides Kostüm angezogen. Kind, das kaschiert, dachte ich mir, besonders die lange Jacke wird gnädig verdecken, daß der Rock kaum noch zugeht. Kind, du mußt dringend wieder abnehmen. Seit du keinen Quark mehr ißt, hast du einen richtigen Bauch gekriegt. Du kommst in die Jahre, und das ist nicht gut in deinem Alter.

Willi, der Pensionär, hatte wie immer seinen Frack an, der

grünlich schimmerte und am Hintern schon ziemlich abgewetzt war. Auch dieser Bauchpanzer, den Männer immer unter dem Frack tragen, war schon vergilbt, von der matten müden Fliege ganz zu schweigen. Aber die Socken von Willi waren nagelneu, was unschwer zu übersehen war, weil noch das Preisschild daran hing. Keiner sagte es Willi, weil vermutlich in der Aktuellen Stunde keine Socken ins Bild kommen würden.

Ein paar andere Chorherren kamen in Beerdigungsanzügen, zwei jüngere hatten sich auch szenemäßig gekleidet, in enge Lederhosen und mit Plastikkrawatte, und der Junge, der den Purzelbaum schlagen mußte, kam im Jogginganzug. Wir taten alle so, als wären wir nicht aufgeregt, wie gesagt, wir lümmelten rum, gähnten, einige spielten Karten. Man reichte irgendwelche Illustrierte herum, machte sich gegenseitig auf Prinzessin Dianas Umstandsmode aufmerksam oder betrachtete köstliche Bilder von Hackfleischaufläufen im »Journal für die Hausfrau«.

Aus den Sologarderoben drang schrilles Geschrei – die Sopranistin sang sich ein. Der Neger ging laut schimpfend und gestikulierend zum Klo; er war völlig mit seiner Rolle verwachsen. Zum Stück gehörte übrigens noch ein Kinderchor, der war aber erst gegen Abend aus Belgrad angereist, wahrscheinlich hatte das mit der Ausreisegenehmigung vorher nicht geklappt. Die Mädels hatten ein entzückendes, rotweißes besticktes Blüschen an und dazu rote Faltenröcke, die bis zu den Kniestrümpfen reichten. Wir waren eine gelungene Augenweide, als wir auftraten.

Zuerst gingen die Kinder auf die Bühne, gesittet und in Zweierreihen, dann rauschte Walpurgis im grünen Hexenumhang rein. Nach und nach tröpfelten wir hinterher, dann kamen die Männer und ganz am Schluß Willi mit dem Laubeimer. Die Leute klatschten.

Das Orchester mit den Kuhglocken nahm Platz. Die Jungs trugen wie immer Frack und Fliege, bei denen hatte es anscheinend keine Diskussion gegeben. Da niemand ein Instrument bei sich trug außer den Kuhglocken natürlich, war das ein ungewohnter Anblick.

Der Beifall schwoll an, als die Sopranistin, der Neger und

der Dirigent erschienen. Die Solistin hatte ein zauberhaftes wallendes Gewand an, mit viel Lurex auf dem Rücken, so daß wir immer gut sehen konnten, wenn sie anfing zu singen. Der Neger war im weißen Frack mit gelben Schuhen, und das war sehr apart. Der Dirigent hatte den üblichen lila Umhang um, aber schwarze Lackschuhe mit Troddeln dran, zur Feier des Tages. Der Komponist saß unauffällig am Mischpult in den Zuschauerreihen. Man hätte ihn kaum bemerkt, wäre er nicht von einem Scheinwerferspot angestrahlt worden.

Die Lichter gingen aus, die Scheinwerfer an, ich fühlte mich geblendet, und kleine Staubkörner tanzten vor meinen Augen herum. Daß hier nicht mal vernünftig Staub geputzt wird, dachte ich.

Da keine Oboe das »a« gegeben hatte, mußte der Dirigent ein »a« ansummen. Wir brauchten aber eigentlich kein »a«, weil das Gewisper und Gezische der ersten 186 Takte tonlos sein sollte. »Sine voce«, wie in den Noten stand. Wir begannen also zu zischen, die Spucketröpfchen flogen durch das Scheinwerferlicht, und der Dirigent schlug sehr schön übersichtlich den Takt dazu. Ich orientierte mich grundsätzlich an Walpurgis, denn im Zweifelsfall war sie immer richtig, und bis auf mein Kammsolo hatten wir alles synchron. Willi begann, seinen Blättereimer in eine akustisch günstige Position zu schieben, was leise Kratzgeräusche auf dem Bühnenparkett zur Folge hatte. Walpurgis schüttelte tadelnd den Kopf, hörte aber dabei nicht auf zu wispern und zu zischen; sie war eben durch und durch ein Profi.

Die Kinder aus Belgrad sahen sich irritiert um. Sie kannten ja das Stück noch nicht im Zusammenhang, nur ihr Lied »Eia popeia, was raschelt im Stroh« kannten sie, und das war wirklich gut studiert. Es gehörte aber an den Schluß, was die Kinder nicht wußten, weshalb ab und zu eines Luft holte und zum Eia popeia ansetzen wollte.

Ich hätte gern die Reaktionen aus dem Publikum gesehen, aber erstens konnte man gegen das grelle Licht überhaupt nichts erkennen, und zweitens mußte man sich unheimlich auf die Partitur konzentrieren. Der Neger begann zu schimpfen und sich den Schweiß zu wischen; der Dirigent feuerte ihn unwahrscheinlich an durch drohende Gebärden und heftiges

Kopfnicken, wobei seine schulterlangen Haare, die weichge-
spült waren, ihm nur so um die Ohren flogen. Der Neger
hatte keine langen Haare, aber dafür hatte er seine Schweiß-
ausbrüche, die gute Wirkung erzeugten. Die Sopranistin
hockte angespannt auf ihrem Stuhl und ließ ein Kräuterbon-
bon auf der Zunge zergehen, während sie mit dem rechten
Fuß den Takt nachzuvollziehen versuchte.

Sehr überraschend für alle Beteiligten war die Geräuschkulisse aus dem Lautsprecher über unseren Köpfen. Zuerst
hörte man quietschende Autoreifen, dann kam erbärmliches
Babygeschrei aus der anderen Ecke der singakademischen
Stereoanlage, dann hörte man lange nichts als keuchenden
Männeratem. Ganz bestimmt war es Männeratem, Frauen
keuchen anders. Irgendwie nicht so lüstern.

Das Zischen begann mich anzustrengen, zumal ich ganz
sicher war, daß in dem allgemeinen Lärm meine Bemühungen
völlig untergingen. Der verdammte Rock war so entsetzlich
eng; ich hatte das blöde Kostüm monatelang nicht mehr ange-
habt. Hätte ich doch nur den Reißverschluß an der Seite etwas
öffnen können, aber das wäre sehr übel aufgefallen, und Walpurgis hätte mir so etwas nie verziehen. Im Lautsprecher
mischten sich nun militärische Marschiergeräusche mit dem
Keuchen, und das war das Zeichen für die Sopranistin, mit
dem Kreischen anzufangen. Ich wurde ziemlich aufgeregt,
denn mein Kammsolo näherte sich. Auf Walpurgis konnte ich
nicht rechnen. Sie würde eher die Uraufführung platzen lassen, als mir beim Finden meines Einsatzes zu helfen. Ich
starrte also auf das flirrende Lurexkleid vor mir und bemühte
mich, im Takt zu zählen. Willi begann völlig ungehört mit
dem Blätterrascheln. Das tat mir leid für ihn. Ein Mädchen
aus Belgrad machte überraschend einen Handstand, was ihr
Szenenbeifall einbrachte.

Dann war es plötzlich ganz still, keiner schrie, pfiff oder
klatschte, und ich bekam panisches Herzrasen, weil ich
dachte, mein Kammsolo versiebt zu haben, aber gerade, als
ich anfangen wollte zu blasen, ließ sich ein dünnes Kinder-
stimmchen vernehmen: »a b cä, die Kotze liefin Schnää.«
Ganz ganz reizend, dieses kleine Ostblocksolo, und die
Leute lachten wohlwollend. Leider assoziierte mein Magen

bei dem Vers irgend etwas, mir kamen Bilder von rammeln-
den Finnen, in Lumpen gehüllt und mit Leberwürsten drohend, und mir war so entsetzlich schlecht, daß ich mich an
Walpurgis festhalten mußte. Der Neger schrie, die Sopranistin kreischte, und in dem Moment sauste ein Düsenjäger
über die Zuschauerreihen, machte einen ohrenbetäubenden
Krach und schien sich überhaupt nicht wieder entfernen zu
wollen. Wahrscheinlich fand er den Ausgang nicht. Mir
wackelten die Knie, ich wollte mir die Ohren zuhalten, aber
das stand nicht in der Partitur. Ich sah noch aus dem Augenwinkel den Azubi Purzelbäume schlagen, wobei er sich gefährlich dem Orchestergraben näherte, und dann rammelten
die Kuhglocken los, schrill und ohrenbetäubend. Der Dirigent nickte begeistert Zustimmung, nichts konnte ihm laut
genug sein, und der Komponist regelte irgend etwas am
Mischpult. Staubkörner flogen hektisch durch das Scheinwerferlicht, die Kinder aus Belgrad verzogen weinerlich das
Gesicht, und ich, ich krallte mich an Walpurgis' grünes
Nachthemd und knickte einfach ab. Ich landete auf dem Boden, war vollkommen geblendet, konnte nichts mehr sehen,
fühlte nur den kalten Schweiß auf der Stirn und unter der
Kostümjacke kleben. Ganz genaue Erinnerungen habe ich
gar nicht mehr, ich weiß nur, daß ganz plötzlich der Lärm
verstummte und daß der Scheinwerfer auf mich gerichtet
war und daß jetzt mein Kammsolo drangewesen wäre. To-
tenstill war es, ich hörte mich nur selbst nach Luft ringen
und ein erbärmliches Kuhglocken-Nachhall-Ohrensausen in
meinem Kopf.

Das muß so einige Sekunden gedauert haben, und dann
sagte Walpurgis mit ihrem metallischen Sprechorgan laut
und deutlich: »Ihr ist schlecht!«

Ihre Worte hallten in der totenstillen Singakademie wider.
Das Licht ging an, die Staubkörner hörten auf zu tanzen,
zwei Männer aus dem Publikum sprangen auf und rannten,
sich das Jackett zuknöpfend, die Stufen zur Bühne herab.
Der eine war Georg, ich erkannte ihn am gebeugten Gang.
Der andere mußte der Theaterarzt sein, er kam von rechts
außen und hatte eine schwarze Tasche bei sich. Ich mußte
mich leider ein bißchen übergeben, mitten auf die Bühne,

aber die Leute hielten das für den gelungensten Effekt an der ganzen Aufführung und brachen in begeisterten Beifall aus.

Der Neger brachte mir reaktionsschnell sein großes weißes Schweißtuch, das er die ganze Zeit in den Händen geknüllt hatte, und ich werde ihm das nie vergessen. Der Dirigent sah sich fragend nach dem Komponisten um, dieser hob ratlos die Schultern. Die Leute klatschten noch immer, manche waren sogar aufgestanden und schlugen sich die Handflächen wund. Inzwischen war der Theaterarzt gleichzeitig mit Georg auf die Bühne geklettert und kam mit schweren Schritten auf mich zugerannt.

Es war Klaus.

Klaus war heute abend Theaterarzt.

Georg kniete sich neben mich und wollte meine Hand halten, aber da fuhr Klaus aus dem schwarzen Anzug und herrschte ihn an, er möge die Arbeit des Theaterarztes nicht behindern. Georg antwortete gereizt, daß er sich sehr wohl um diese Dame kümmern dürfe, und das Publikum hörte auf zu klatschen und versuchte, dem Dialog zu folgen. Klaus stellte seine schwere schwarze Tasche mit Wucht auf den Boden, bettete meinen Kopf auf seine Anzugjacke und kramte dann in seiner Tasche. Georg nutzte diesen Moment, um meine Hand zu halten und »Liebling, was machst du für Sachen« zu sagen, und das Publikum schaute gebannt zu. Willi hörte nun auf, in seinen Blättern zu rascheln und sagte verärgert: »Dat will ki Mensch mieh hööre!« Klaus schob Georg zum zweitenmal weg und sagte sehr laut, daß das Behindern eines Arztes in Ausübung einer Hilfeleistung strafbar sei und daß er sich auf eine Anzeige gefaßt machen dürfe. Einige Leute lachten, ein paar pfiffen anerkennend, Beifall kam aus den hinteren Reihen. Ich betrachtete Klaus' Gesicht aus meiner Froschperspektive.

Als ich rausgetragen wurde, schwoll der Beifall heftig an, und anerkennende Pfiffe ertönten. Georg ging am Fußende der Trage. Klaus hielt meine Hand und fühlte den Puls, wobei er noch an den Blättereimer stieß. Willi murmelte »Paß up, Jung, häste denn keen Auge im Kopp!«, und Walpurgis gab dem Neger sein Schweißtuch wieder, das er aber nicht mehr haben wollte.

Die Tür zur Bühne schloß sich gerade, als der Belgrader Kinderchor anfing zu singen: »Eia popeia, was raschelt im Stroh.« Kurz darauf schwanden mir endgültig die Sinne.

32

Nun gehöre ich leider Gottes nicht zu den Scheewitzchens und Dornrötzchens und ähnlichen Damen, die in peinlichen Situationen einfach hundert Jahre in irgendeiner Ecke rumliegen und pennen, bis sie ein Prinz oder ein Frosch wachküßt und sie sich dann mangels Erinnerung ein »Wo bin ich?« von den blassen Lippen abringen.

Höchstens fünf Minuten währte der gnadenreiche Schlaf. Dann mußte ich leider mit anhören, was sich meine beiden Retter für einen Dialog lieferten. Ich lag auf einer Pritsche im Erste-Hilfe-Raum und hatte den Ausblick auf ein Foto unseres Chef-Dirigenten.

»Ich habe Ihnen doch gesagt, Sie sollen draußen warten«, sagte der Theaterarzt zum Kritiker.

»Ich denke, es ist mein Recht zu erfahren, wie es ihr geht«, antwortete der Kritiker.

»Sie sehen ja, daß sie noch lebt«, sagte barsch der Arzt. »Wenn Sie schon hier rumstehen müssen, dann reichen Sie mir mal die schwarze Tasche da hinten!«

Ein Stethoskop kam zum Vorschein, und ich wurde abgehorcht.

»Alles in Ordnung soweit«, sagte der Arzt, »machen Sie sich keine Sorgen. Sie überlebt's. Und jetzt sollten Sie wieder auf Ihren Platz gehen, schließlich sind Sie doch beruflich hier!«

Georg verließ tatsächlich den Raum.

»So ein Blödmann!« sagte Klaus zu sich selbst, und da hielt ich es für angebracht, die Augen aufzuschlagen.

»Klaus, ich hör ab jetzt alles mit«, sagte ich.

»Kannst du auch!« sagte Klaus. »Du bist kerngesund. Aber ich empfehle dir, mal zum Gynäkologen zu gehen. Ich hab da so einen bestimmten Verdacht!«

»Was denn für 'n Verdacht?« stammelte ich bang.

»Das soll jetzt kein Verhör sein«, sagte der Doc. »Wenn es mich in irgendeiner Weise betrifft, dann möchte ich, daß du nichts Unüberlegtes tust. Wenn es mich aber nicht betrifft, dann geht mich die ganze Sache nichts an.« Nach einer kurzen Pause fügte er hinzu: »Du kannst mich immer anrufen. Aber versteh mich richtig: Das gilt nur für dich und nicht für diesen älteren Herrn. Wenn die Sache auch ihn betrifft, mußt du dir leider einen anderen Arzt suchen. Ansonsten: Meine Nummer hast du ja. Gute Besserung!«

Und damit verschwand er. Sein Piepser im Hemd hatte sich gemeldet. Wahrscheinlich war schon wieder jemand umgekippt, was nicht verwunderlich war, bei der Musik. Ich rappelte mich auf, guckte in den Spiegel und dachte, so sieht man also aus, wenn man... wenn frau... ach Gott, jetzt muß ich beweisen, daß ich eine richtige Emanze bin. Los, Kind, häng dich jetzt nicht an irgendwen und heule, geh an die frische Luft und dann nach Hause. Bloß jetzt keinem begegnen!

Ich schaffte es tatsächlich, durch den Hintereingang ungesehen zu verschwinden.

Der Spaziergang durch die Abendluft tat gut. Die Gedanken hämmerten im Marschrhythmus in meinem Schädel. Männer. Erst rennen sie einem nach, und im entscheidenden Moment machen sie 'ne Mücke, weil der eine 'ne Kritik schreiben muß und bei dem anderen der Piepser piepst. Im entscheidenden Moment hält keiner um meine Hand an, da muß ich ganz alleine im zu engen Rock nach Hause gehen. Jetzt, an meines Lebens Wende, da bin ich allein und ungeliebt, da trag ich nun ein Kind unter dem Herzen, und keiner der Herren bekennt sich dazu. Klar, sagte Tante Lilli. Kind, das hätte ich dir gleich sagen können. Männer sind alle gleich. (Männer sind alle Schweine, hätte Tante Lilli nie gesagt!)

Tante Lilli, was soll ich jetzt machen?

Auf keinen Fall hängen lassen, sagte Tante Lilli scharf. Geh nach Hause, leg dich ins Bett, schlaf eine Nacht drüber. Morgen gehst du zum Gynäkologen. Eins nach dem anderen. Irgendwie schaffst du das. Es gibt ja das Jugendamt. Du wirst schon nicht auf der Straße landen. Obwohl du das verdient hättest.

Ja, sagte ich zuversichtlich. Ich pack das schon.

Hast du dich bis jetzt für keinen Mann entschieden, dann tu es auch jetzt nicht, Kind. Wie sähe das denn aus. Mitleid brauchst du nicht. Früher, da waren die Mädels drauf angewiesen, daß sie geheiratet wurden, damit man nicht mit dem Finger auf sie zeigte. Aber heute, da gibt es doch ganz andere Möglichkeiten! Es gibt Frauenhäuser oder wie die Dinger heißen...

Du meinst Krabbelstuben, Tante Lilli. Frauenhäuser sind für geschlagene Frauen!

Du weißt schon, was ich meine. Anscheinend kennst du dich ja bestens aus. Nur, tu eines nicht, Kind: Renne keinem Manne nach. Niemals. Und wenn du noch so schwanger bist. Tu's nicht. Hör auf mich. Das fehlte noch, jetzt auf irgendwelche Kerle angewiesen zu sein, nur weil du eine Weile Spaß mit ihnen hattest. Spaß vorbei, jetzt wird's ernst. Und den Ernstfall müssen Frauen doch immer allein aushalten.

Enorm, was Tante Lilli für eine Lebenserfahrung hatte. Ich gab ihr recht, und wir schimpften gemeinsam den ganzen langen Nachhauseweg über die Männer.

Erst rumsülzen, wie toll sie einen finden, und dann im Diminuendo den Abgang machen, sagte ich.

Na ja, du bist ganz typisch drauf reingefallen, bemerkte Tante Lilli spitz. Ist doch klar, was sie von dir wollten. Das war schon zu meiner Zeit so. Männer wollen alle nur das eine, und wenn sie es bekommen haben, dann wirst du als Frau für sie uninteressant.

Tante Lilli schien vergessen zu haben, wie übel ich *ihnen* mitgespielt hatte. Ich wollte sie aber auch nicht daran erinnern. Klar, Tante Lilli. Männer sind alle Schweine.

Wenigstens Georg hätte dir einen Heiratsantrag machen können, zürnte Tante Lilli. Einfach so aus der Garderobe verschwinden! Der ist kein Held!

Aber der Doc hat ihn doch rausgeschickt!

Trotzdem! Ich hätte mehr Format von ihm erwartet! Ein Mann dieses reifen Alters hätte sich nicht von einem wesentlich jüngeren in die Schranken weisen lassen dürfen! Er hätte dich heiraten müssen! Auf der Stelle! Weißt du, was der jetzt tut? Der steht jetzt auf dem Empfang rum, trinkt Champagner und macht Walpurgis schöne Augen!

Nein, Tante Lilli, das glaub ich nicht. Wie kannst du nur so von ihm denken!

Sei nicht so naiv, Kind. Natürlich macht er jetzt Walpurgis schöne Augen! Und läßt sich mit ihr für die »Aktuelle Stunde« filmen!

Ich konnte diesen Gedanken nicht ertragen.

Tante Lilli, sei still! Georg ist nicht so. Du kennst ihn nicht. Er liebt mich wirklich!

Dummes Zeug, Kind. Wenn er dich liebte, wäre er jetzt bei dir und hätte dich geheiratet, spätestens morgen.

Aber er *wollte* mich doch heiratent!

Tja, Kind, das ist nun wirklich ganz allein deine Schuld. Mit einem verheirateten Mann fängt man eben kein Verhältnis an. Nun mußt du die Suppe allein auslöffeln.

Wir gingen eine Weile schweigend nebeneinander her, Tante Lilli und ich. Dann sagte sie: Und der andere, der Doc, der ist auch verheiratet, stimmt's? Der könnte ja schließlich auch der Vater sein!

Oh, wie hatte Tante Lilli recht! Auch er hatte sich verdrückt, nur weil sein Piepser losging. Auch er fühlte sich kein bißchen verantwortlich und ließ mich allein im Regen stehen.

Und der dritte? schimpfte Tante Lilli. Dieser Schwede oder Schotte…

Du meinst den *Finnen*? fragte ich entsetzt.

Tja, höhnte Tante Lilli. Möglich ist doch alles, oder nicht? Denk bloß nicht, du könntest den guten Doktor für irgendwas verantwortlich machen. Der Finne, dieser tätowierte Kerl… Nicht auszudenken. Der zahlt dir noch nicht mal Alimente!

Mein Schweinehund warf sich in seinen Sündenpfuhl voll Tränen und suhlte sich ausgiebig und mit Genuß darin.

Mir kamen vom puren Zuschauen die Tränen.

Der Gynäkologe errechnete einen Termin für Mitte August und strahlte: »Das wird ein Löwe!« Das freute ihn anscheinend. Mich freute das weniger.

Löwenfrau-Löwenkind. Löwenmann? Georg hatte sich seit dem Konzert nicht wieder gemeldet. Klar, er mußte ja auch die Kritik über die Welturaufführung schreiben.

Ich ging nach Hause und schlug die Zeitung auf. »Hommage für Alban Berg« war ein Riesenerfolg gewesen. Die ganze Kulturseite war voll des Lobes über diese sagenumwobene Welturaufführung, bei der Elemente aus dem menschlichen Hier und Jetzt vereint gewesen seien mit den verschiedensten Möglichkeiten akustischer Expressivität im Zeitalter der modernen Klangtechnik. Schon in der »Aktuellen Stunde« sei man begeistert gewesen über die nicht totzukriegende Phantasie des Komponisten, der keine Mühe gescheut habe, alle wirkungsvollen Effekte des Humanbereichs mit seinem künstlerischen Anliegen zu verquicken. Die Aufführung sollte nun in verschiedenen Kulturhochburgen Europas wiederholt werden; Turin, Mailand, Venedig, Tel Aviv und St. Pölten.

Ich rief Walpurgis an, um zu hören, wie der Abend weiterverlaufen sei.

»Es war großartig, ganz großartig«, sagte sie. »Wir gehen schon nächste Woche mit dem Stück auf Tournee, aber du brauchst nicht mitzufahren, du sollst dich erst mal erholen. Wie geht es dir überhaupt? Übrigens bekomme ich nun dein Kammsolo, nachdem es gestern ja ausgefallen ist. Herr Strohnagel sagte, das sei das einzige, was ihn gestern abend geschmerzt habe, ausgerechnet dieses hübsche Kammsolo, das Motive aus ›Lulu‹ von Alban Berg enthält, das habe er doch sehr vermißt. Aber morgen vormittag habe ich mit ihm einen Termin im Studio fünf, da studieren wir das Kammsolo ein. Mach's gut, du, ich muß mich jetzt dringend einblasen, ich hab noch so viel zu tun mit den Vorbereitungen für die Reise...« Sie legte auf.

Wie gut, daß sie auf ihre Frage, wie es mir ginge, keine Antwort erwartet hatte.

Ich rief den Inspizienten an und meldete mich krank.

Dann saß ich da und hörte auf die Stille.

Besonders die Stille in mir drin.

Selbst Tante Lilli war nicht da. Wahrscheinlich einkaufen. Oder sie brachte den Schweinehund ins Tierheim zurück. So was gibt es wahrscheinlich. Besserungsanstalten für verwahrloste Schweinehunde.

Das Telefon läutete nicht.

Warum meldete sich Georg nicht?

Warum fragte Klaus nicht nach meinem Befinden?

Mitte August. Mitte August weniger neun...

Ich rechnete an meinen Fingern rum und kramte den Terminkalender hervor.

Aha. Da war ich in Knispel. Die Nacht, in der ich ihm so dankbar gewesen war.

Sein kann also alles.

Wieso fühlt der Kerl sich nicht verantwortlich? Er kann doch schließlich genauso bis neun zählen wie ich. Ich rief in der Praxis an.

Die übliche kalte Frauenstimme war dran. Ich sagte, daß ich den *Herrn* Doktor zu sprechen wünsche.

»Der *Herr* Doktor praktiziert hier nicht mehr«, belehrte mich die *Frau* Doktor. Ob sie etwas für mich tun könne.

»Nein danke«, stammelte ich und legte auf. Der war also gar nicht mehr in der Gemeinschaftspraxis. Ja, wo sollte ich denn jetzt den Vater meines Kindes finden?

Gar nicht. Falls er überhaupt der Vater deines Kindes *ist*. Reiß dich zusammen, häng dich an keinen Mann, das haben wir doch alles schon gestern besprochen, Kind!

Na gut, aber Georg? fragte ich und griff schon wieder zum Hörer.

Auch nicht Georg! Wenn er sich nicht meldet, *du* läufst ihm nicht nach!

O. K., Tante Lilli, sagte ich. Schön, daß du wieder da bist!

34

Drei Tage später rief Georg an. Er sei wegen der Welturaufführung sehr beschäftigt gewesen und habe beruflich verrei-
sen müssen. Ob er mich besuchen dürfe.

Ich willigte gnädig ein, kam ich doch vor Einsamkeit und
Selbstmitleid fast um.

Als Georg kam, streckte ich ziemlich provokativ den
Bauch raus.

»Wie geht es dir, liebste Löwenfrau?« fragte Georg und
drückte mir ein Buschwindröschen in die Hand.

»Ich bin schwanger«, sagte ich und suchte eine Vase.

Er war ziemlich lange still dort im Wohnzimmer, und als
ich wiederkam, drehte er an seinem Hut.

»Willst du dich nicht setzen?« munterte ich ihn auf, den
armen unfreiwilligen Vater. So eine freudige Überraschung
muß ja auch erst mal verdaut werden. Jedenfalls riß er mich
nicht freudig erregt an sein Herz, um sich mit mir zu verloben. Wir saßen uns gegenüber, ich auf dem Katzensofa, er auf
Tante Lillis morschem Sessel, und schwiegen.

»Haut es dich um?« fragte ich hoffnungsvoll.

»Ja, ein bißchen«, gab er zu und drehte an seinem Hut.

»Tja, dat kommt von dat«, sagte ich. Irgendwie mußte er
doch eine Regung zeigen, wenn schon nicht Freudentränen,
dann doch wenigstens die gütige Frage, auf welches Konto er
die Alimente überweisen solle. Nichts. Hutdrehen. Typisch
Georg. Wo hatte er überhaupt diesen blöden Hut her?

»Georg, kann ich irgendwas für dich tun?« fragte ich aufmunternd. Anscheinend hatte ich die Situation besser im
Griff als er. Zeit mußte ich ihm lassen, das war klar. Vielleicht
mußte er jetzt noch schnell seine Familienangelegenheiten
klären gehen und kam mich danach dann heiraten.

»Nein, danke.« Er stand auf, blickte auf den Fußboden,
ging zur Tür und sagte: »Auf Wiedersehen.«

Peng. Weg war er. Ohne: »Löwenfrau, du bist hinreißend,
wenn du schwanger bist.« Einfach so. Ohne mir eine Zigarette dazulassen. Ich weinte ein bißchen vor lauter Verwun-
derung.

Nun saß ich also allein da. Geschah mir ja absolut recht. Beide Männer, die mich einst glühend verehrt und nun in die Ecke geschoben hatten, hatten mich wahrscheinlich längst vergessen, und ich schwor mir, es auch zu tun.

Einige Wochen später ging ich zum Jugendamt und meldete mich dort als ledige werdende Mutter.

Der alte Amtmann hinter dem Schreibtisch wollte wissen, wer der Schuldige sei.

Ich schwieg beharrlich und kam mir dabei ungeheuer edel vor. Johanna auf dem Scheiterhaufen wird sich kaum besser gefühlt haben als ich, die ich tapfer die Herkunft meines Kindes verschwieg und mich dem Leben und seinen Klippen stellte.

»Also wer?« fragte der Inquisitor und blickte mich über seine Brillenränder an.

»Sarich nich«, sagte ich.

»Liebes Frollein«, belehrte mich der Amtmann. »Wenn Sie das nicht sagen wollen, ist das natürlich Ihr gutes Rescht.«

»Prima«, sagte ich. »Dann sind wir uns ja einig.«

»Nicht so schnell«, sagte der Amtmann. »Für *Sie* bin isch ja auch gar nischt verantworrtlisch. Wohl aber für dat Kind.«

»Wieso«, fragte ich. »Wollen Sie mir bei der Auswahl der Höschen-Windeln behilflich sein?«

»Nein, dat nich«, sagte die Autorität hinter dem Schreibtisch. »Aber es ist meine Pflischt, die Gellder einzutreiben, die der mutmaßliche Vater dem Kind schulldet.«

Der mutmaßliche Vater. Der Kerl war ja wohl mit allen Wassern gewaschen.

»Und wenn ich den Vater nicht nenne?« fragte ich.

»Dann müssen die Unterstützungen für dat Kind von den Steuergeldern abgezogen werden«, belehrte mich der Beamte.

»Na also, das ist doch eine Lösung«, freute ich mich.

Der Alte hielt mich nicht auf, als ich ging.

35

Einige Zeit später begann ich, mich nach einem geeigneten Geburtsvorbereitungskurs umzusehen. Ich blätterte in den Broschüren, die man überall im Alete- und Hipp-Regal findet. Alle diese Heftchen enthielten strahlend hübsche Mädels mit Rüschenschürze über dem prallen Bauch, die milde lächelnd einen rosa Teddy in ein reizendes Baby-Körbchen legen oder einfach an einer Gardine stehen und versonnen in die Maiglöckchenbüsche blicken, die da zufällig unter ihrem Küchenfenster wachsen.

Am meisten ärgerten mich die Bilder, wo nachsichtige Männer ihren Frauen vorsichtig an den Bauch faßten oder sogar lauschend das Ohr darauf legten. Welch alberner Kitsch. Mich hätten sie fotografieren sollen, diese Werbefotografen, mich, die ich im Umstandsbadeanzug im städtischen Hallenbad verbissen meine Bahnen schwomm.

Mein Umstandsbadeanzug war leuchtend orange und wurde oben am Hals zugebunden. Ich sah darin aus wie einer jener öffentlich-rechtlich zugelassenen städtischen Müllsäcke, die, wenn sie ordnungsgemäß verschlossen sind, von den freundlichen Müllmännern unentgeltlich mitgenommen werden.

Mich nahm noch nicht mal ein freundlicher Müllmann unentgeltlich mit, so unehelich schwanger, wie ich war.

Gerade als ich das Drogeriegeschäft verlassen wollte, entdeckte ich bei den Duftpröbchen vorn am Eingang eine Dame, die mir bekannt vorkam.

Ich überlegte, woher ich sie wohl kennen könnte, da sprach sie mich an.

»Ach, wie nett, daß ich dich hier treffe«, sagte sie, und ihre kessen Strähnchen wippten. »Georg hat lange nicht mehr von dir gesprochen.«

Es war Freia! Georgs Frau!

»Wie geht es dir!« rief sie fröhlich und musterte mich von oben bis unten. »Aber das sieht man ja, wie es dir geht!« freute sie sich. »Du bist also jetzt verheiratet!«

»Mit wem?« fragte ich blöde.

»Ja, das möchte ich von dir wissen«, strahlte Freia. »Und

Georg würde es sicher auch interessieren. Komm. Wir gehen einen Kaffee trinken, hast du Zeit?«

Klar hatte ich Zeit.

Selten so viel Zeit gehabt. Wir gingen also Kaffee trinken.

Als ich die Zigarette, die mir Freia anbot, ablehnte, sagte sie: »Ach ja, in deinem Zustand besser nicht! Aber sag, wer ist denn nun dein glücklicher Mann?«

Der Ober kam, sie bestellte Kaffee und ich ein Glas Honigmilch. Die spinnen, die Schwangeren.

Wollte sie mich verarschen? *(Kind!)* Wußte sie wirklich nicht, daß Georg abgehauen war?

»Wie geht es Georg?« fragte ich zurück. Erst mal Land gewinnen und Honigmilch schlürfen.

»Ich glaube, gut«, sagte Freia und balancierte eine Süßstofftablette in ihre Tasse. »Wir sehen uns dann und wann wegen Nina. Er ist viel unterwegs, hat auch meines Wissens wieder eine Freundin, sie ist auch Sängerin wie du.«

»Kenn ich die?« fragte ich und versuchte, meinen Herzstich zu verarbeiten.

»Walburga Sowieso«, sagte Freia.

Ich blickte auf den Schmand in meiner Milch. Walpurgis. Ist es denn die Möglichkeit! Walpurgis und Georg. Ich hätte mich gerne totgelacht, aber es tat zu weh.

»Wie hat er die denn kennengelernt?« fragte ich entgeistert.

»Soviel ich weiß, bei diesem Strohnagel-Konzert. Da muß wohl so ein Empfang für das Fernsehen gewesen sein…«

»Ich weiß«, sagte ich.

»Na, und du! Sag doch endlich, wie es *dir* geht! Georg wird sich freuen, wenn ich ihm erzähle, daß ich dich getroffen habe. Heute abend kommt er Nina besuchen. Da kann ich es ihm gleich berichten!«

Freia hatte also keine Ahnung. Alles hätte ich Georg zugetraut, aber ein Chormädel schwängern und dann mit einem anderen Chormädel turteln, deren Macker sein Azubi ist… Pfui Teufel! Ich holte ein paarmal Luft, weil ich den Anfang nicht fand, und dann sagte ich Freia, was für ein seltenes Exemplar von Lumpenhund ihr Georg war. Ich drückte mich allerdings etwas gewählter aus.

»Ich hätte deinen Mann für edler gehalten«, begann ich.

»Wieso? Habt ihr nicht klare Trennungsstriche gezogen?«

»Nö. Er hat gesagt: ›Auf Wiedersehen‹ und ist für immer von mir gegangen.«

»Ja aber... du bekommst doch ein Kind von einem anderen!«

»Das ist nicht mit Bestimmtheit zu sagen.«

»Was... wieso... mit Bestimmtheit...« Sie war offensichtlich verwirrt.

»Na ja«, sagte ich, »es ist sogar ziemlich wahrscheinlich, daß Georg der Vater ist. Wer denn sonst.«

Das war zwar gepetzt und nicht die feine Art, aber der Kerl hatte ja nichts Besseres verdient, als bei der eigenen Exfrau angeschwärzt zu werden. Außerdem mußte ich dringend Walpurgis warnen. Mit der machte er das womöglich auch noch. Wir Frauen müssen zusammenhalten. Ich beschloß, doch noch Alimente von ihm zu fordern. Gleich morgen würde ich zu dem Amtmann gehen und Georg denunzieren.

Bekannter Kritiker schwängert Sängerin! würde dann in der Zeitung stehen und dann, etwas kleiner gedruckt: Sängerin paßt in kein Konzertkleid mehr *Schadenersatz*! Dann wär sein Ruf hin und sein Konto auch und sein Verhältnis zu der blöden Walpurgis erst recht.

Freia nahm meine Hand und sah mich durchdringend an.

»Ja, glaubst du das wirklich?« fragte sie. »Habt ihr denn nie darüber gesprochen... hat er dir nie gesagt...«

»Über das Kinderkriegen haben wir nie gesprochen, es war immer viel zu romantisch, um über die Pille zu sprechen. Aber er hat mich ja auch nie gefragt, der Blödmann!«

Sie lachte schallend. Es war richtig herzig, wie glockenklar diese aparte Frau lachen konnte.

»Aber er *kann* nicht der Vater sein!« rief sie entzückt, und ein paar Kerle am Nebentisch guckten sich nach uns um.

»Wieso nicht?« fragte ich. »Klar kann er. Und wie der kann.«

»Er hat es dir also nie gesagt«, sagte sie zu ihrer Kaffeetasse. »Das sieht ihm eigentlich ähnlich.«

»*Was* hat er mir nie gesagt? Daß er keine Kinder... aber ihr habt doch eine Tochter!« Mir wollte so etwas dämmern, aber es wurde schon wieder dunkel um meinen Verstand.

»Die Tochter ist doch zehn Jahre her«, sagte Freia.

»Na und?« sagte ich böse. »So alt ist er nun auch wieder nicht. Charlie Chaplin konnte noch mit siebzig.«

»Der hat ja auch nichts dagegen unternommen«, antwortete Freia.

»Wie, dagegen unternom…« Jetzt dämmerte es mir wirklich. »Georg hat sich… ste…« Ich wußte im Moment nicht, ob das beim Mann genauso heißt wie beim Kater.

»Na ja, wir wollten nach Nina kein Kind mehr«, sagte Freia. »Ich war immer viel auf Reisen und Georg auch… wir merkten beide, daß unsere Beziehung kein zweites Kind mehr vertragen kann. Und weil diese Entscheidung endgültig war, hat Georg sich… sterilisieren lassen.«

»Nicht so laut«, sagte ich und sah mich nach den Kerlen am Nebentisch um, deren Gespräche seit langem verstummt waren. Die fanden unser Thema viel interessanter.

»Und du glaubtest die ganze Zeit, *Georg* sei der Vater?« fragte sie, ihre Stimme mühsam dämpfend. »Ja, dann mußt du ihn ja für ein ziemliches Schwein halten.«

Die Männer am Nebentisch lachten.

»Genau«, sagte der eine, »Männer sind alle Schweine.«

Freia guckte böse rüber. »Sie halten sich da raus«, sagte sie.

»Na ja, begeistert war ich nicht gerade von seinem Verhalten«, erklärte ich Freia, die sich auf diesen Schrecken erst mal eine zweite Zigarette anstecken mußte.

Ich rauchte eine mit auf diesen Schrecken. Es war die einzige während der ganzen Schwangerschaft, ehrlich, Tante Lilli!

Wir rauchten und sahen uns an. Schließlich fand Freia ihre Sprache wieder.

»Aber ganz ratlos kannst du doch jetzt nicht sein«, sagte sie. »Da muß doch nun ein anderer in Frage kommen.«

»Ja, aber der meint, *Georg* sei der Saubeutel«, sagte ich. »Der hat sich schon vor Monaten zurückgezogen, den hab ich nämlich wegen Georg sitzenlassen.«

»Ach du Scheiße«, sagte Freia, und ein Kerl am Nebentisch raunte: »Wörter kennt die!«

»Ja dann nichts wie hin zu ihm und ihm alles erklärt!« rief Freia. »Noch ist Polen nicht verloren!«

Ich wußte nicht, wie ich in diesem Zusammenhang die politischen Hintergründe der Ostblockkrise zu verstehen hatte und sagte nur: »Nee, du, der hat auch seinen Stolz, und ich übrigens auch. Mach ich nicht. Ich schaff das schon alleine.«

»Wie, du willst es ihm gar nicht *sagen*?«

»Nö. Warum auch. Er ist sowieso verheiratet.«

»Ach du Scheiße«, sagte Freia wieder, und diesmal lachte keiner von den Kerlen am Nebentisch. Die waren inzwischen echt betroffen, die Jungs.

»Du machst aber auch dauernd Sachen«, sagte Freia entgeistert. »Zwei verheiratete Männer… gleichzeitig…«

»Nein, das war nicht gleichzeitig«, beruhigte ich sie. »Immer abwechselnd war das. Du denkst ja schlimm von mir!«

Ich verschwieg ihr, daß es sogar drei waren, denn Tante Lilli trat mich unter dem Tisch, und außerdem stand das finnische Wildschwein aus Termingründen überhaupt nicht zur Debatte.

»Du *mußt* es ihm aber sagen«, rief Freia aus. »Vielleicht *liebt* er dich! Vielleicht läßt er sich scheiden!«

»Ja, versuchen sollte man es«, sagte der eine Kerl neben uns. »Noch ist Polen nicht verloren!«

»Das hätte er sich eher überlegen können«, sagte ich bockig. »Schließlich weiß er seit Januar, daß ich schwanger bin. Er hat die Schwangerschaft sogar diagnostiziert. Und Georg war dabei. Beide sind sie stiften gegangen!«

»Beide halten sich gegenseitig für den Vater! Klar, daß sie dem anderen den Vortritt lassen wollten!« Freia war begeistert von ihrer eigenen Kombinationsgabe.

»Das ist ja wie im Roman«, sagte der andere Kerl am Nebentisch.

»Diagnostiziert?« fragte Freia. »Ist der andere denn Arzt?«

»Klar«, schnaufte ich.

»Wie heißt der denn?« fragte der eine Kerl am Nebentisch. »Vielleisch kenn ich den. Un dann sarisch dem mal de Meinung.«

»DenTeufel werden Sie tun«, drehte ich mich wütend zu ihm um. »Die Meinung sagen könnte ich ihm schon alleine. Will ich aber nicht.«

Richtig, Kind, du schaffst das schon!

36

Als der Sommer ins Land zog und die Maiglöckchenbüsche unter den Küchenfenstern der Schwangeren zu blühen aufhörten, als die städtischen Freibäder öffneten und zur überfüllten Pipigrube wurden, beschloß ich, nicht länger als öffentlicher Müllsack die Herzen meiner Mitmenschen zu erfreuen. Ich hatte inzwischen die Ausmaße eines frühpubertären Flußpferdes angenommen und sorgte mich etwas um meine Figur.

Ich besuchte also einen Kurs für Schwangeren-Gymnastik. Das erste, was mich freudig überraschte, als ich den düsteren Kellerraum betrat, war der Anblick von sehr vielen dicken Bäuchen. Nun war ich endlich nicht mehr im Mittelpunkt allgemeiner Erheiterung. Im Gegenteil: Niemand beachtete mich, als ich mit einiger Anstrengung auf einer freien Matratze in der Mitte des Raumes Platz nahm.

Ich sah mich im Halbdunkel um. Viele schwangere Frauen hockten oder lagen da, alle mit mehr oder weniger drallem Vorbau. Was mich befremdete, war die Anwesenheit der vielen Männer. Was wollten die denn hier? Zugucken? Meinetwegen. Aber warum fleezten sie sich auch auf den Matratzen rum?

Die Hebamme betrat den Raum. Sie trug einen weißen Kittel und Badeschlappen. Sie war klapperdürr und hatte einen Mund wie eine von Helmuts Kröten.

In der Hand hatte sie einen wollenen Schlüpfer.

»Bevor wir heute mit der Entspannung anfangen«, sagte sie humorlos, »will ich Ihnen ein unentbehrliches Kleidungsstück für die erste Zeit vorstellen.«

Wir reckten die Hälse, um den Schlüpfer besser sehen zu können. Besser wäre es gewesen, sie hätte Licht gemacht. Sie erklärte, daß der Schlüpfer aus reiner ungefärbter Schafswolle sei und daß der Säugling ungestraft etwa siebzigmal reinpinkeln könne, bevor der Schlüpfer zu stinken anfinge. Man dürfe den Schlüpfer aber auf keinen Fall waschen, da er sonst seine ungeschorene Qualität verlöre und außerdem einliefe. Man solle ihn an der Luft trocknen lassen und sich am besten mehrere dieser Schlüpfer anschaffen, damit der Säugling sie abwechselnd vollpinkeln könnte.

Die Kursteilnehmer nickten, und der bucklige Kerl vor mir auf der Matratze kritzelte alles in ein Notizbuch. Ein Pärchen neben mir diskutierte leise.

Ich fand ihn auch ganz erstaunlich, diesen Schlüpfer Nimmerstink, und beschloß, mir diese Anschaffung mal durch den Kopf gehen zu lassen. Während die Hebamme noch Erklärungen dazu abgab, ging das Höschen durch alle vierzig Hände, wurde befühlt und beschnuppert. Ich befühlte es auch, als ich an der Reihe war. Es war ein ziemlich trockenes wollenes Alternativdessous.

Die Hebamme hieß Rheingarten-Schlotterkamp und war demnach eine verheiratete berufstätige Frau. Wie schön für sie. Sie begrüßte mich als »Neues Gesicht« und sagte dann, daß ich auch gerne beim nächstenmal meinen Partner mitbringen dürfe.

»Ich werd's ihm ausrichten«, sagte ich.

Wir begannen dann mit den Entspannungsübungen. Frau Rheingarten-Schlotterkamp sagte, daß wir uns über die Seite auf den Rücken legen sollten.

Allgemeines Wälzen und Stöhnen auf den Matratzen. Schließlich lagen alle flach auf dem Rücken, die Männer auch.

»Nun fühlen wir im unteren Lendenbereich...« befahl Frau Rheingarten-Schlotterkamp. Ich hob den Kopf, um zu gucken, wo der Lendenbereich sich befinden könnte. Die anderen fühlten alle irgendwo unterhalb ihrer Erdkugel herum.

Der Mann, der neben mir lag, war ein bärtiger Typ mit roten Haaren. Er fühlte auch auf seinem Lendenbereich herum. Seine Socken stanken bestialisch, und ich rümpfte die Nase.

»Gibt es eigentlich auch Socken aus ungefärbter Schafswolle?« fragte ich Frau Rheingarten-Schlotterkamp, die gerade zur Kontrolle des Lendenfühlgriffes vorbeikam.

»Socken? Warum? Wahrscheinlich gibt es die, ich werde mich mal erkundigen«, sagte sie und bückte sich, um meine Hände fünf Zentimeter weiter bauchwärts zu schieben.

»Ich meine, Socken für werdende Väter«, sagte ich, und Frau Rheingarten-Schlotterkamp sagte, daß mal jemand die Fenster öffnen solle. »Bei so vielen Teilnehmern ist hier einfach schlechte Luft«, erklärte sie.

Der rothaarige Typ neben mir fühlte teilnahmslos an seinem Zwölffingerdarm herum. Die Hebamme korrigierte seine Haltung.

»So, jetzt atmen wir alle mal tief in den Bauch«, rief Frau Rheingarten-Schlotterkamp und ein allgemeines Pusten und Seufzen war zu hören.

»Was ist«, sagte sie, »hebt oder senkt sich der Bauch beim Einatmen?«

Das Pusten und Keuchen wurde durch eine Denkpause unterbrochen.

»Senkt«, sagte dann eine Baßstimme.

»Quatsch, hebt«, sagte eine andere Männerstimme.

»Sie können jetzt wieder ausatmen«, gestattete Frau Rheingarten-Schlotterkamp.

»Wenn jetzt die Wehen kommen«, sagte Frau Rheingarten-Schlotterkamp, »dann versuchen wir alle, ganz tief und gleichmäßig zu atmen.«

Das versuchten wir alle. Besonders der Typ mit den stinkenden Socken. Er lag mit geschlossenen Augen auf der Matte und atmete ungeheuer fest ein und aus. Dabei krallten sich seine Hände in sein Flanellhemd.

»Die Wehe kooommmmt«, rief Frau Rheingarten-Schlotterkamp, »wir atmen tiieef in den Baaauuch!«

Ich spürte keinerlei Wehe, aber ich atmete, genau wie die anderen. Jedesmal beim Einatmen schlug mir diese Stinksockenwolke von nebenan ins Gesicht. Ich hoffte, daß während der Entbindung weit und breit kein alternativer Vater zu sehen sein würde.

»Jetzt hecheln wir, weil wir noch nicht pressen dürfen«, sagte Frau Rheingarten-Schlotterkamp. Wir hechelten.

»Wann dürfen wir denn pressen?« fragte ein Mann am Ende des Raumes. Ihm wurde das Hecheln langsam zu blöd.

»Sie dürfen erst pressen, wenn die Hebamme es Ihnen erlaubt«, erklärte Frau Rheingarten-Schlotterkamp. »Wir entspannen jetzt wieder... und atmen tiiieef in den Baaauuch...«

»Die Wehe hat echt nichts gebracht«, sagte der rothaarige Stinksockeninhaber neben mir und setzte sich auf.

»Wir setzen uns jetzt wieder«, sagte die Hebamme, »jeder

so, wie es ihm bequem ist. Die Frauen können sich an die Männer lehnen.«

Mangels Mann lehnte ich mich an eine Yucca-Palme.

»Die Männer massieren jetzt den Frauen die Rücken«, schlug Frau Rheingarten-Schlotterkamp vor. Allgemeine Geschäftigkeit brach aus, begeistertes lüsternes Stöhnen und Seufzen. Ich rieb mein schmerzendes Rückgrat etwas an der Yucca-Palme, aber da stürzte Frau Rheingarten-Schlotterkamp hinzu und rettete ihre Pflanze.

»Ist hier *noch* jemand ohne Mann?« fragte sie drohend in die Dunkelheit. Niemand war ohne Mann. Alle waren damit beschäftigt, sich gegenseitig den Rücken zu kneten und lüstern zu seufzen.

»Dann bin ich heute Ihr Mann«, sagte die Hebamme zu mir und setzte sich zu mir auf die Matratze.

Ich durfte ihr dann den mageren Rücken massieren, und sie sagte, genauso solle ich das zu Hause meinen Partner machen lassen, damit er wüßte, wie er mir bei der Geburt helfen könne.

»Die Männer müssen beschäftigt werden, sonst machen sie schlapp«, sagte sie leise. »Die Geburt kann oft Stunden dauern, und die Hebamme kann nicht immer bei Ihnen sein. Dann ist es wichtig für Ihren Mann, daß er nicht nervös wird. Also beschäftigen Sie ihn.«

»Ist klar, mach ich«, sagte ich. Wie gut, daß ich dieses Problem nicht haben würde.

Frau Rheingarten-Schlotterkamp sprang leichtfüßig in ihre Badeschlappen und rief: »So, setzen Sie sich entspannt hin und lassen Sie uns gemeinsam überlegen, wie wir die Stunden der Geburt gestalten können.«

»Wir können ein Radio mitnehmen«, sagte ein langhaariger Typ an der Wand.

Die Frau, deren Ohrgehänge aus zwei Plastiktelefonhörern bestand, nickte zustimmend. »Au ja, geile Musik hören, das wird ein feeling, echt easy«, sagte sie.

»Das ist zum Beispiel eine Idee«, sagte Frau Rheingarten-Schlotterkamp. »Bitte bedenken Sie, und das sagte ich eben schon zu unserer neuen Teilnehmerin, daß die Geburt sich sehr lange hinziehen kann. Die Hebamme und der Arzt können nicht ständig in Ihrem Raum sein. Da müssen Sie selbst die Eröffnungsphase gestalten.«

»Nee, is klar«, sagte der Langhaarige.

»Sie sollten sich auch etwas zu essen mitnehmen«, sagte die Hebamme. »Besonders die Männer brauchen zwischendurch eine Stärkung.«

»Wir machen 'ne Hausgeburt«, sagte eine Strähnige, deren Latzhosenmann sich gerade eine Zigarette drehte. »Da kann ich ja 'ne Pizza backen.«

»Wenn Sie noch dazu kommen«, lächelte Frau Rheingarten-Schlotterkamp hintergründig. »Gut, weitere Beiträge?«

»Wir spielen immer Mau-Mau«, sagte eine Brillenträgerin hinter mir. »Da geht die Zeit gut rum.«

»Auch eine gute Idee«, lobte die Hebamme.

»Was ist mit einem heißen Bad?«

Auch dieser Vorschlag fand begeisterte Zustimmung. Ich kam langsam zu der Überzeugung, daß so eine Geburt ein prima kurzweiliges Ereignis sei, und überlegte, ob ich nicht ein paar Nachbarn und Kollegen zur Hausmusik einladen sollte. Ein paar Geigen und Klarinetten würden sich bestimmt noch kurzfristig auftreiben lassen. Mau-Mau-Spielen finde ich nämlich ziemlich langweilig.

»So, nun wollen wir eine neue Entspannungsübung lernen«, regte Frau Rheingarten-Schlotterkamp an. »Wir setzen uns alle auf unsere Hände.«

Das taten wir, und meine Hände wurden ziemlich platt unter meinen 86 Kilogramm.

»Spüren Sie Ihren Gesäßmuskel? Spielen Sie einmal damit!«

Wir hoppelten etwas auf unserem Hintern herum und lebten den Schmerz in den Händen aus.

»Sehr gut«, lobte die Hebamme. »Und nun kommt eine Übung, die können die Männer leider nicht mitmachen.«

Ich blickte schadenfroh in die Runde. Aha. Endlich waren die Jungs mal überfordert.

»Wir suchen jetzt mal unseren Beckenbodenmuskel«, befahl Frau Rheingarten-Schlotterkamp.

»Ja wo isser denn?« witzelte ein Typ an der Tür.

»Sie *haben* den eben nicht!« sagte Frau Rheingarten-Schlotterkamp. »Den haben nur die Frauen.«

»Und wo?« fragte ich interessiert.

»Tja, sehen Sie«, sagte die Hebamme, »ich kann Ihnen alles zeigen, einen Kopfstand kann ich Ihnen vormachen und eine Bauchatmung kann ich Ihnen demonstrieren, aber Ihren Beckenbodenmuskel, den müssen Sie ganz allein finden. Suchen Sie mal! Das gilt jetzt nur für die *Frauen*«, rief sie genervt, als einige Jungs schon wieder konzentriert auf ihren Latzhosen rumfühlten.

Ich beobachtete die anderen Mädels. Ihre Gesichter waren so angespannt, als würden sie auf Hühnerkacke beißen. Manche bewegten sich wieder wie beim Gesäßmuskel-Reiten.

»Nein, Sie dürfen sich *nicht* bewegen«, rief Frau Rheingarten-Schlotterkamp und drückte ein Mädchen an der Schulter. »Wenn Sie sich bewegen, ist es falsch. Den Beckenbodenmuskel kann man nicht sehen, man kann ihn nur spüren.«

»Das ist, wie wenn du das Pinkeln abwürgst«, sagte die Bebrillte hinter mir, die während ihrer Geburten immer Mau-Mau spielte.

»Warum soll ich denn das Pinkeln abwürgen?« fragte ich. Ich erkannte nicht den Sinn der Übung.

»Sie sollen ja den Beckenbodenmuskel *entspannen*«, belehrte uns die Hebamme. »Das können Sie natürlich erst, wenn Sie ihn gefunden haben, und dazu müssen Sie damit spielen.«

Ich versuchte, ein bißchen mit meinem Harnleiter zu spielen, und fand die Übung ziemlich schlüpfrig. Mir war das peinlich, und ich hörte auf mit dem Quatsch.

»So, und zum Schluß wollen wir noch einmal entspannen«, sagte Frau Rheingarten-Schlotterkamp. Alle hörten auf, in Hühnerkacke zu beißen, und die Männer waren froh, wieder integriert zu werden. Sie hatten echt gelitten während der letzten Übung, weil sie nicht mitmachen durften.

»Wir legen uns über die Seite auf den Rücken.«

Allgemeines Wälzen und Stöhnen, wie am Anfang. Der rothaarige Stinksockeninhaber neben mir wälzte sich auch über die Seite auf den Rücken, als hätte er Drillinge im Bauch.

Dann schaltete Frau Rheingarten-Schlotterkamp einen Kassettenrekorder ein. Es ertönte indische oder südnepalesische Musik, ich kenne mich da bei der Konkurrenz nicht so aus. Alle lagen ganz still da und ließen sich von den Krummhörnern und Panflöten in den Schlaf dudeln. Als ich schon fast schlief, sagte Frau Rheingarten-Schlotterkamp:

»Die Augen sind geschlossen, die Stirn liegt ganz entspannt und ohne Falten.«

Der Rothaarige neben mir befühlte seine Stirn und checkte das mit den Augen ab. Alles O.K. Sie waren geschlossen.

»Der Unterkiefer fällt uns auf die Brust«, sagte Frau Rheingarten-Schlotterkamp. »Wir atmen ruhig und gleichmäßig.«

Die Panflöte jodelte im Fünftonbereich herum, das Krummhorn verendete gerade im Pianissimo. Man hörte die Kursteilnehmer atmen. Mit gleichmäßiger Penetranz schlug mir das Stink-Aroma entgegen.

»Die Zunge liegt breit und flächig im Mund.«

Enorm, was sich Frau Rheingarten-Schlotterkamp alles einfallen ließ.

»Wir spüren die Lippen, die locker aufeinanderliegen. Die Schneidezähne berühren sich nicht.«

Klar, echt gut durchdacht, dieses Entspannungsprogramm. Wenn sich die Zähne nicht berühren, kann man sich im hysterischen Wehenkrampf auch nicht die Zunge abbeißen, dachte ich.

»Nun öffnen wir die Augen wieder... wir öffnen den Mund... wir heben den Kopf... wir bewegen unsere Arme, wir rollen uns über die Seite langsam zum Sitzen... die Männer helfen den Damen beim Aufstehen...«

Ich rappelte mich an der Yucca-Palme hoch. Frau Rheingarten-Schlotterkamp entging das nicht. Sie schien diesen Gummibaum sehr zu lieben. »Und Sie vergessen nächstes Mal nicht, Ihren Mann mitzubringen!« sagte sie zu mir.

»Ist klar, mach ich«, sagte ich.

37

Ein paar Tage später traf ich Helmut. Er kam gerade aus einem Geschäft mit der Aufschrift »Kleintierzoohandlung« und hatte Würmer oder Salatblätter für seine Kröten gekauft. Er freute sich sehr, mich zu sehen, und musterte verstohlen meinen Bauch.

»Wann ist es denn soweit?« fragte er.

»In drei Wochen«, sagte ich. Ich erzählte ihm, daß es echt stressig sei, die ganzen Vorbereitungen zu treffen, zumal ich mit meinem Bauch nun nicht mehr die Möbel für das Kinderzimmer transportieren könne, geschweige denn nach dem Motto »Selbst ist der kleine Heimwerker« zusammenbauen. Helmut biß sofort an; er schlug vor, mir bei diesen Arbeiten zur Hand zu gehen, da er ohnehin gerade nichts zu tun habe.

In der Hoffnung, seine Kröten würden inzwischen nicht vor Hunger verenden, quetschte ich mich in seinen Mazda, und wir fuhren in die Stadt, um ein Kinderbettchen und einen Wickeltisch zu kaufen.

»So 'n Buggy-Gefährt brauche ich auch noch«, sagte ich, weil ich gerade draußen auf dem Zebra-Streifen eines sah.

Wir gingen also in die »Affenschaukel«, einen großen Babyladen hinter Hertie, und ließen uns beraten. Außer uns waren noch andere schwangere Pärchen da und beluden ihren Einkaufswagen mit Frotteehöschen, Erstlingsmützchen und schalldichten Bettlaken. An einem Stand entdeckte ich auch die alternativen Nimmerstink-Baumwollhöschen und pries Helmut deren Vorzüge an. Die Verkäuferin überzeugte uns aber, daß Pampers doch der einzig wahre Nässeschutz seien und letztendlich doch das Hygienischste.

»Mit irgendwas muß man anfangen«, sagte ich zu Helmut und bugsierte so eine praktische Familiensparpackung mit 88 Höschenwindeln Marke »MAXI-SUPER-ELASTIC« in unseren Einkaufswagen. Helmut fragte, ob mein Kind vermutlich zwischen 12 und 24 Kilo wiegen würde. Wenn nicht, sollte ich es zuerst mit »MINI-SUPER-ELASTIC« versuchen. Ich räumte ein, daß ich zwar mit einem Elfpfünder rechne, aber daß vermutlich zuerst die kleineren Windelhöschen reichen würden.

Dann führte uns die Verkäuferin zur Abteilung Wickeltisch und Kinderbett. Es gab die herzallerliebsten Sachen dort. Zum Beispiel faszinierte mich ein Hochbett mit Rutsche, aber Helmut wagte zu bemerken, daß mein Kind vermutlich in den ersten Monaten noch nicht rutschen wollte.

Wir entschieden uns dann für einen Stubenwagen für 157 Mark, da die Verkäuferin meinte, man solle nicht am Anfang zu viele Anschaffungen machen, man bekäme ja schließlich auch noch viel von der Verwandtschaft und von Freunden geschenkt.

»Klar«, sagte ich, »und nachher stapeln sich die Kinderbetten bis unter die Decke, das sind dann nur Staubfänger.«

Die Wickeltische waren alle so teuer, daß ich beschloß, meinen Schreibtisch zu Hause umzufunktionieren. Ob in den Schubladen nun Notenblätter und Stimmgabeln herumflogen oder Plastikwindeln und Cremedöschen, das war dem Schreibtisch egal.

Höchst erfreut stellte ich fest, daß ja nun bereits die wichtigsten Anschaffungen getätigt seien, da erinnerte mich Helmut an den Buggy.

»Ach ja, einen Buggy brauchen wir noch«, sagte ich zu der Verkäuferin.

»Für wen?« fragte sie zurück.

»Na ja, für ihn hier«, sagte ich und tippte auf meinen Bauch.

»Da brauchen Sie einen Kinderwagen, in dem das Baby liegen kann«, sagte die freundliche Verkäuferin geduldig. Sie hatte gleich kapiert, daß sie es hier mit absoluten Greenhörnern zu tun hatte. Wir wurden also durch einen langen Gang geführt, an dessen Ende alle möglichen Modelle von Kinderwagen parkten.

»Da können Sie sich in Ruhe umsehen«, sagte die Verkäuferin. »Wenn Sie Fragen haben, komme ich gerne zu Ihnen.« Und ging einen Herrn beraten, der sich einen Autositz für sein Neugeborenes kaufen wollte.

Wir sahen uns also in Ruhe um. Ich fand die großrädrigen Schlitten schick, die eine tolle Federung hatten und zu denen man unbedingt hochhackige Pumps und ein Wildlederkostüm anziehen mußte, weil man sonst nicht zu dem Modell paßte. Helmut sagte, daß sie vielleicht nicht ganz meinen

Preisvorstellungen entsprächen, und damit hatte er ausnahmsweise recht. Dann gab es da die guten deutschen, stabilen, praktischen Kombis, die in Stiftung Warentest durchaus mit drei plus bestanden hatten und die man in Rosa, Hellblau und Graumeliert haben konnte. Sie waren geräuscharm, zusammenklappbar, hatten einen erstaunlich geringen Wendekreis, die Bezüge waren rutschfest und wasserdicht, außerdem bei 30 Grad im Handwaschbecken zu reinigen, und es gab im passenden Design einen Sonnenschirm und ein Regenverdeck dazu. Ganz enorm, was sich die Jungs von der Marke »Klapperstorch« da ausgedacht hatten! Leider kosteten diese bleifreien Turbodiesel mit Allradantrieb auch ihre 700 Mark, und ich ging doch zu den alternativen Tragetüchern aus reiner Baumwolle für 24 Mark 30 hinüber. Unsere Verkäuferin hatte dem Herrn inzwischen einen Babysitz fürs Auto verkauft, und er klemmte das Ding unter den Arm, da es nicht in seine schwarze Aktentasche paßte, und wandte sich zum Gehen. Für einen Moment blieb mir das Herz stehen.

Es war Klaus.

Ich hatte ihn nur eine Sekunde lang von vorn gesehen, aber jetzt, wo ich seinem breiten Rücken nachstarrte, erkannte ich ihn am Gang. Klaus Klett. Was machte der Kerl mit einem Baby-Sitz?

Mir wurde so zittrig um die Knie, daß ich mich auf eine Laufstallkante setzen mußte.

Die Verkäuferin brachte mir schleunigst einen Stuhl. »Ist Ihnen nicht gut?« fragte sie teilnahmsvoll. »Das haben wir hier öfter. Gerade jetzt, wo es so heiß ist...«

Ich atmete schwer und fühlte mein Herz rasen.

Klaus. Er war also noch in K. Warum hatte er sich nie gemeldet, der verdammte Schuft? Warum mußte ich hier mit Helmut stehen und alternative Umhängetücher aus reiner Baumwolle kaufen? Warum kümmerte sich der Drückeberger nicht um die Mutter seines Kindes? Ich wäre ihm gerne nachgelaufen, aber das ging absolut nicht mit meinem dicken Bauch. Außerdem hätte mir das Tante Lilli nie erlaubt.

Helmut kam und fragte, ob ich mich für ein Tragetuch entschieden hätte. In plötzlicher Wut auf Klaus, der mir gefälligst in Zukunft Alimente zahlen würde, sagte ich, ich nähme doch den Turbo-Diesel mit Allradantrieb, Fernsteuerung und eingebauter Stereoanlage, und zwar in echtem Leder. Die Verkäuferin bedauerte, daß dieses Exemplar bereits vergriffen sei, und so kaufte ich das zweitteuerste mit Sonnenschirm und dazu passenden Gartenstühlen für 898 Mark. Die Rechnung gehe an Praxis Dr. Klett, sagte ich wütend.

»Das ist aber ein Zufall«, meinte die Verkäuferin. »Der Babysitz von dem Herrn da vorhin ging auch an einen Herrn Doktor Klett; er zahlte nämlich mit Euro-Scheck.«

»Ich weiß«, grunzte ich und erhob mich ächzend aus dem Stuhl. Auf die gleiche Rechnung gingen noch der Wickeltisch in Pink, drei Garnituren Bettwäsche (Helmut und ich wählten welche mit knutschenden Elefanten drauf), vier Erstlingsausstattungen, ein Pinkeltopf (obwohl die Verkäuferin versicherte, den würde ich vorerst nicht brauchen), eine Spieluhr, (der Mond ist aufgegangen in F-Dur), ein Wärmestrahler (im Hochsommer nicht dringend notwendig, aber trotzdem!), ein Schlafsack, ebenfalls mit knutschenden Elefanten drauf, vier Leibchen, vier Paar Socken, zwei T-Shirts Größe 62 mit progressiven Aufdrucken drauf, vier Strampelhosen in Bleu, ein Fieberthermometer, acht Nuckelflaschen mit kiefergerechter Saugerformung, vier Beruhigungssauger mit Musik, ein Brummkreisel, zwei Malbücher, eine Holzeisenbahn. Dazu noch eine Milchpumpe, ein Sterilisationsgerät, eine Rassel, ein Beißring, ein Teddy, eine Käthe-Kruse-Puppe antik, ein Dreirad, ein Plüschtier. Helmut mahnte mich mehrmals zur Vernunft, Tante Lilli zeterte ungehört Protest, aber ich kaufte, kaufte, kaufte trotzdem.

Endlich war ich schweißgebadet, mußte mich erneut setzen, bestellte mir einen handgepreßten Orangensaft (die Verkäuferin fragte Helmut, ob ich das öfter hätte) und ließ dann ein Taxi vorfahren. Als ich mich und meinen Bauch schon fast in das Taxi bugsiert hatte, rief ich dem völlig perplexen Helmut zu, er möge noch eine Kinderbadewanne mit Thermometer und Schwimmente dazuschreiben lassen.

Dann fuhr ich nach Hause und fühlte mich ungeheuer gut. –

38

Drei Tage später klingelte bei mir das Telefon.

»Praxis Dr. Klett, ich verbinde.«

»Verbinden Sie ruhig«, sagte ich und versuchte mich zu entspannen, wie ich das bei Frau Rheingarten-Schlotterkamp gelernt hatte.

»Klett«, sagte die kalte Frauenstimme, und ich sagte »Na und?«

»Sind Sie das mit dieser Rechnung aus dem Baby-Laden?«

»Ja klar«, sagte ich und kaute an den Fingernägeln.

»Wieso schicken Sie die Rechnung in meine Praxis?« fragte Frau Klett, diese blonde gefühlsarme Irene.

»Weil da doch wohl ein gewisser Klaus Klett arbeitet«, antwortete ich und spuckte einen Nagel auf den Teppich.

»Wenn Sie meinen Ex-Mann meinen, der arbeitet hier schon lange nicht mehr«, sagte Irene und keifte plötzlich: »Ina, ich telefoniere!«

»Ich auch«, sagte ich, weil mich der plötzliche Krach erschreckt hatte.

Ina schien sich getrollt zu haben, denn Irene sprach wieder in Zimmerlautstärke.

»Was kann ich also für Sie tun?«

»Die Rechnung an Klaus Klett weiterschicken.«

»Ich habe seine Adresse nicht«, sagte Irene.

»Sie haben seine ADRESSE nicht?« fragte ich völlig entgeistert. Was, wenn ich selbst jetzt von meinem Kindergeld die Rechnung würde bezahlen müssen? Der Opa im Jugendamt würde mir keine drei Mark fünfzig beisteuern, dessen war ich sicher.

»Ja, aber Sie müssen doch die Adresse von Ihrem Ex-Mann haben«, stöhnte ich.

Sie stichelte: »Hat er Sie in Verlegenheit gebracht?«

»Ja«, sagte ich, »erst war er beethövlich, dann wurde er mozärtlich, dann führte er mich mit Liszt über den Bach auf die Haydn, dort konnte er sich nicht mehr brahmsen, nun kriege ich einen Mendelssohn und weiß nicht wo Hindemith!«

Irene lachte hysterisch in den Hörer.

»Ach, Sie sind die Sängerin, er hat mir von Ihnen erzählt.«

»So? Was hat er Ihnen denn von mir erzählt?« schnaufte ich.

»Daß er Sie liebt und daß er sie heiraten wird, aber das ist mindestens fünf Monate her, und wie es scheint, hat es ja nicht funktioniert mit der Heiraterei. An mir hat's nicht gelegen. Er hat auf die Praxis verzichtet und ich auf ihn. So einfach war das. INA, ich TELEFONIERE!!!«

»Er hat auf die Praxis verzichtet?«

»Ja, er hat gesagt, er liebt Sie, und mein Geld ist ihm schnuppe, und er wird Sie heiraten, und ist abgehauen.«

»Ja, aber er *hat* mich nicht geheiratet«, staunte ich.

»Ihr Pech«, sagte Irene. »Jedenfalls kann ich mit der Rechnung nichts anfangen. Ich schicke sie Ihnen zu, wie ist denn Ihre Adresse?«

»Armenhaus, Hungergasse eins B«, sagte ich und legte den Hörer auf.

Morgen würde der Gerichtsvollzieher kommen und den Kuckuck auf meinen verstimmten Engelbert und auf meine Wärmflasche kleben.

39

Eine Woche vor dem errechneten Geburtstermin ging ich mit Helmut zum Wickelkurs. Ich hatte dermaßen Angst vor einem Solo-Auftritt in diesen Kreisen, daß ich Helmut einfach *gezwungen* hatte, mich zu begleiten. Ich köderte ihn mit einem Abendessen. Helmut, der sowieso nichts anderes vorhatte, als seine Kröten umzutopfen, kam bereitwillig mit. So ein Wickelkurs hätte ihn schon immer interessiert, sagte er, und seine Mutter mit dem Hörgerät dachte, wir gingen ins Kino, und wünschte uns viel Spaß. Wie Helmut ihr meinen dicken Bauch erklärt hatte, weiß ich nicht, aber es ist nicht unwahrscheinlich, daß sie ihn gar nicht bemerkt hatte, weil sie auf einem Auge blind und auf dem anderen kurzsichtig war.

Wir gingen also in die Klinik, wo ich zu entbinden gedachte

(es war Sankt Chlodhildis bei den Schwestern zur Guten Nacht), und drängelten uns mit den anderen schwangeren Pärchen in den Raum, an dem »Wickelkurs – Anfänger und Fortgeschrittene« stand. Schwester Friedeburg, eine rüstige Endsechzigerin, hatte eine Badewanne über zwei Stühle gebaut und begann mit ihrer Vorstellung. Über der Badewanne hing ein Kreuz. Trotzdem zog Schwester Friedeburg die geschlechtslose Gummipuppe ganz nackt aus und hob sie vorsichtig in die Wanne.

»Ist ja kein Wasser drin«, sagte eine Besserwisserin im Hängerchen.

»Das brauchen wir auch nicht für unsere Demonstration«, sagte Schwester Friedeburg, »zumal Julchen sich sehr leicht erkältet.«

Wir sahen dann alle andächtig zu, wie Julchen mit einem Radiergummi abgeseift wurde, außer zwischen den Beinen, aber da gab es sowieso nichts wegzuradieren.

Helmut reckte interessiert den Hals, um ja nichts zu verpassen.

Die Luft war schon wieder zum Schneiden, aber wenigstens war niemand ohne Schuhe da. Außerdem gab es nicht allzu viele Alternative, denn hier in Sankt Chlodhildis bei den Schwestern zur Guten Nacht gab es keine Kreißsäle mit roter Bettwäsche und auch keine Doppelbetten, noch nicht mal Popmusik war erwünscht, vom Mau-Mau-Spielen ganz zu schweigen.

Nun durften alle mal der Reihe nach Julchen anfassen, und zwar nicht, wie Schwester Friedeburg es absichtlich falsch demonstrierte, am Arm oder am Bein, sondern mit *beiden* Händen ganz sanft am Kopf und am Gesäß. Wir probten das alle, und ich fand, daß Julchen kalt und wächsern sei und viel zu leicht. Mein Baby würde einen Flaschenzug über dem Wickeltisch brauchen, und den würde ich Klaus Klett auch noch auf die Rechnung schreiben.

Helmut hob auch Julchen hoch, aber er reichte es schnell weiter, weil er Angst hatte, jemand könnte ihn zu lange ansehen.

Helmut war wie ich: schüchtern, schrecklich schüchtern! Wir lernten dann, wie man Julchen wickelt, und zwar mit

Pampers, was das Einfachste ist, wie Friedeburg verächtlich sagte, aber auch mit der guten alten Stoffwindel. Das war ihre ganze Leidenschaft, und sie packte Julchen dermaßen fachmännisch ein, daß wir alle baff waren vor Staunen. Ein paar Freiwillige wollten die Tricks mit den Seemannsknoten lernen, aber ich hatte mich ja schon für die SUPER-MINIS im praktischen Spar-Pack entschieden, die bei Klaus auf der Rechnung standen.

So gab es eigentlich nicht mehr viel zu lernen, und wir beschlossen zu gehen. Ich wollte Helmut zum Griechen einladen, wie ich es versprochen hatte.

In der Tür stieß ich mit einem weißbekittelten Mann zusammen. Blöder Kerl, der! Sah der nicht, daß ich schwanger war?

»Entschuldigung«, sagte er eilig, und ich brummte: »Das will ich meinen.«

Er war schon fünf Meter weiter, als ich wie von der Tarantel gestochen herumfuhr (soweit das in meinem Zustand möglich war): Es war schon wieder Klaus. Klaus Klett.

Hab ich ihn erwischt, dachte ich, jetzt kriegt er die Rechnung!

Er fuhr auch herum, blieb stehen, starrte auf mich und dann auf Helmut.

»Guten Abend«, stammelte er und guckte auf Helmut und dann auf mich und dann auf meinen Bauch und dann auf Helmut. Er hatte ein Stethoskop um den Hals und Jeans unter seinem weißen Kittel und weiße Schuhe an. Echt schick.

»Tach«, sagte ich und legte die Hände auf meinen Bauch, das war eine schützende Geste für das ungeborene Leben und bedeutete: »Rühr uns bloß nicht an!«

»Kann ich dich einen Moment sprechen?« fragte Klaus.

»Na ja, einen Moment haben wir übrig, nicht wahr, Helmut?«

Helmut meinte, er wolle noch nach dem Öl in seinem Mazda sehen, und verließ fluchtartig die Klinik. Klaus zog mich in einen kleinen Raum, in dem eine Kaffeemaschine stand, und scheuchte zwei Schwestern raus.

»Warum sind Sie nicht schon längst mit den Laborwerten oben?« herrschte er sie an, und sie drückten ihre Zigaretten aus, nahmen ein paar Listen unter den Arm und verdrückten sich.

»Ich habe dich erst nächste Woche hier erwartet«, sagte Klaus.

»Wie, erwartet«, sagte ich. »Gibst du 'ne Party?«

»Nein, aber ich wollte bei der Geburt dabeisein«, sagte Klaus.

»Na, du hast ja Nerven«, schimpfte ich los. »Bei der Geburt dabeisein, damit ich dich beschäftigen kann und mit dir Karten spiele, damit du nicht so nervös bist! Kommt nicht in Frage! Ich kann mir mein Radio allein mitbringen!«

»Du bist nicht mehr mit dem Kritiker zusammen, nicht wahr?« sagte Klaus und legte seine Pranke auf meine Schulter.

»Nee«, sagte ich.

»Und wer ist der Kerl von vorhin?«

»Mein Freund Helmut. Er züchtet Kröten, und seine Mutter ist schwerhörig.«

»Lebst du mit ihm zusammen?«

»Nein, er lebt mit seiner Mutter und den Kröten zusammen.«

»Liebst du ihn?«

»Wen?«

»Diesen Krötensammler.«

»Nee. Wie kommst du darauf?«

Klaus drehte sich um und atmete ein paarmal tief durch.

»Warum bist du nicht mehr mit Lalinde zusammen?« fragte er, wobei er mit dem Finger über das Heizungsrohr neben dem Waschbecken strich.

»Och, das hat sich so ergeben«, sagte ich. »Ich wurde schwanger, und er hatte mehr Bock auf Walpurgis.«

»Ja, ich weiß«, sagte Klaus. »Ich habe ihn beobachten lassen.«

»Du hast *was*?«

»Na ja, ich habe einen Detektiv beauftragt, ihm mal ein bißchen auf die Finger zu sehen. Es war übrigens derselbe Detektiv, den Irene vorher für mich engagiert hatte, als ich mit dir zusammen war. Er ist uns auch tagelang gefolgt. Irene wußte ziemlich gut Bescheid, der Kerl war sogar mit in Ulm.«

Verhältnisse waren das! Herr Punti und sein Knecht

Matula. Ein Detektiv also. Georg war entlarvt. Der Schürzenjäger, der verantwortungslose.

»Er scheint sich nicht für das Kind verantwortlich zu fühlen?« fragte Klaus.

»Ist er auch nicht«, antwortete ich zweideutig.

Klaus verstand das natürlich nicht, denn *das* konnte sein Schnüffler Matula unmöglich rausgekriegt haben.

»Du bist wohl zu stolz, um von ihm Geld zu fordern?« bohrte Klaus weiter.

»Ich will die Knete nicht«, sagte ich trotzig. Eigentlich galt das mehr ihm, Klaus.

»Ihr seid schon seit fünf Monaten nicht mehr zusammen, stimmt's?« ging das Verhör weiter.

»Jetzt stell ich mal Fragen«, begehrte ich auf. »Warum bist du denn so spurlos verschwunden? Warum hast du nicht mal gefragt, ob du vielleicht mal ein Lätzchen beisteuern kannst? Warum bist du sogar zu feige, deiner Irene deine Adresse dazulassen? Warum läufst du hier im Krankenhaus im weißen Kittel rum, verscheuchst die Schwestern von der Kaffeemaschine und kaufst in der ›Affenschaukel‹ einen Babysitz?«

Letzteres wollte ich eigentlich nicht sagen, aber nun war es mir eben mal so rausgerutscht.

»Woher weißt du das mit dem Babysitz?« fragte Klaus überrascht.

»Knecht Matula«, erwiderte ich vielsagend.

Klaus nahm sich eine Tasse Kaffee, trank einen Schluck daraus und hielt sie dann mir hin. Mir war eher nach einem Bier mit Himbeersaft (die spinnen, die Schwangeren).

»Jetzt paß mal auf«, sagte Klaus. Er hockte sich auf die Tischkante, wobei er ein paar Karteikarten zerdrückte. »Ich habe deinen Georg beobachten lassen, als mir der Verdacht kam, daß er dich gar nicht heiraten will.«

»Er... mich? Ich... *ihn*!« höhnte ich dazwischen. »Außerdem, wer heiratet denn heute noch? Kein Schwein!«

»Laß mich ausreden, du Giftnatter«, sagte Klaus.

Bei »Giftnatter« fiel mir was ein. Helmut hantierte ja draußen an seinem Mazda herum.

»Ich müßte mal eben den Helmut informieren, daß wir hier was zu besprechen haben.«

Ich ging auf den Parkplatz, um Helmut zu seinen Kröten zu schicken. Ich sagte ihm, daß wir morgen zum Griechen gehen würden und er solle seine Mutter grüßen.

Klaus hatte inzwischen seinen Kittel ausgezogen. In Jeans und Turnschuhen sah er wirklich aus wie Götz George in lieb.

»Also, der Georg hat sich nicht mehr um dich gekümmert, aus welchen Gründen auch immer«, nahm Klaus den Faden wieder auf.

Ich schob meinen Bauch hinter die Tischkante und trank einen Schluck Kaffee. Um mich gekümmert! So 'n Quatsch! Ich konnte mich alleine um mich kümmern.

»Ich habe mir das eine Weile angesehen und so meine Schlüsse gezogen«, fuhr Klaus fort. »Nachlaufen wollte ich dir nie wieder, das habe ich mir geschworen. Aber ich habe gedacht, daß du dich mal bei *mir* melden würdest, nachdem die Geschichte mit Lalinde vorbei war. Deshalb habe ich gewartet.«

»Pah«, machte ich nur verächtlich. Zum Essen hätte er mich wenigstens zwischendurch mal einladen können.

Es mußte ja nicht das Daitokai sein. Ein einfacher Gyros-Grieche hätte es auch getan.

»Dann habe ich mich von Irene getrennt, weil ich keine halben Sachen mache. Sie hat in die Scheidung eingewilligt, weil ich keine Schwierigkeiten mit der Praxis gemacht habe. Die konnte sie ganz allein behalten.«

»Mitsamt Ina«, warf ich ein.

»Mitsamt Ina«, sagte Klaus. »Woher weißt du denn von Ina?«

»Matula«, sagte ich vielsagend.

»Die Scheidung hat mich sechs Wochen gekostet und mein ganzes Giro-Konto«, fuhr Klaus fort. Der arme Junge. Und nun noch die Rechnung von der »Affenschaukel«. Er tat mir richtig leid.

»Dann habe ich mich nach einem passenden Job umgesehen«, erzählte Klaus weiter. »Weil ich wußte, daß für dich nur K. in Frage kommt, hab ich den Gedanken an eine Praxis vorerst aufgegeben und bin nun Oberarzt in dieser Klinik.«

Das schien karrieremäßig ein Abstieg zu sein. Wahrscheinlich hatte er mich deshalb nicht mehr ins Daitokai eingeladen.

»Ich habe eine Vierzimmerwohnung in Klettenberg gemietet und halbwegs gemütlich eingerichtet«, beendete Klaus seinen lückenlosen Halbjahresbericht.

»Und du denkst, daß ich dir auch nur ein Wort davon *glaube*«, sagte ich und trank einen Schluck Kaffee. »Auch nur ein einziges Wort.«

Er stand von den Karteikarten auf und sagte: »Komm, ich fahre dich nach Hause.«

Na bitte, gab sich ja schnell geschlagen, der liebe Klaus. Als wir über den Parkplatz gingen, blieb ich plötzlich stehen.

»Sorry, Chef, in diesen Anmacher-Schlitten mit den ledernen Nußschalen passe ich zur Zeit nicht. Da kann ich meine Beckenbodenmuskeln nicht easy genug entspannen«, sagte ich.

»Es gibt keinen roten BMW mehr«, antwortete Klaus und führte mich quer über den Parkplatz.

Um diese späte Abendstunde standen dort nicht mehr viele Autos. Ganz hinten bei den reservierten Abstellplätzen für »Ärzte des Hauses« parkte verlassen ein grauer Familienopel, so ein Kombigerät, geräumig und nicht besonders windschnittig.

Den schloß er auf und bugsierte mich vorsichtig auf den Rücksitz.

Der Beifahrersitz war nämlich blockiert.

Mit besagtem Babysitz.

Ende

*Die Handlung und die Personen dieses Romans
sind selbstverständlich völlig frei erfunden.
Ehrlich!*

Frau zu sein
bedarf es wenig

Roman

Für Gitte, die beste
Kinderfrau von allen

Nebenan stöhnte eine Frau.

Ich lag am Wehenschreiber, las einen Roman und langweilte mich.

Die Nadel auf dem Millimeterpapier zeichnete treudoof irgendwelche Krakeleien auf.

»Schwester!« rief ich. »Sind das Wehen?«

Ein fernöstliches Gesicht erschien am Vorhang. Freundliche Schlitzaugen lugten auf das Papier. »Spüren Sie denn nichts?«

»Nein, außer Langeweile spüre ich eigentlich nichts«, bedauerte ich.

Die Frau nebenan langweilte sich nicht. Sie schrie wie am Spieß. Die fernöstliche Schwester huschte wieder hinter den Vorhang und rief beschwichtigend dazwischen, der Muttermund sei doch immerhin schon drei Zentimeter offen!

»Mehr nicht?« schrie die Frau hinter dem Vorhang frustriert, und die Schwester tröstete sie: »Ich hole den Doktor!«

Das fand ich auch angebracht. In Anbetracht der ungewöhnlichen Hitze und des ungewöhnlichen Lärmpegels hatte ich an diesem Tag keine Lust mehr zum Gebären. Ich beschloß, noch ins Freibad zu gehen und meine üblichen 2000 Meter hinter mich zu bringen, damit der Fötus schwimmend auf die bevorstehende Geburt vorbereitet würde.

»Hallo!« rief ich durch den Vorhang. »Kann mich hier mal jemand losbinden?«

Doch niemand schenkte mir Beachtung. Doktor, Hebamme und Frau waren damit beschäftigt, sich gegenseitig anzuschreien.

Ich versuchte, mich auf meinen Roman zu konzentrieren. Er handelte von der Emanzipationswelle in den Siebzigern. Für ein Kreißbett vielleicht nicht gerade die geeignete Lektüre, fürwahr.

Endlich verebbte das Geschrei. Man hatte der Frau eine Rückenmarksspritze verpaßt. Der Doktor erschien in meiner Zelle.

»Na, und Sie? Von Ihnen hört und sieht man ja nichts! Tut sich denn gar nichts?«

»Nein«, grollte ich. »Ich will nach Hause.« Wenn mich dieser Geburtshelfer endlich von den Gumminoppen befreien würde, die auf meinem prallen Bauch klebten, könnte ich mich endlich aufs Fahrrad schwingen. Sportlich war ich, drahtig und geradezu verbissen gut in Form.

»Meine liebe Frau... äähh«, sagte der Doktor und guckte suchend in seinen Aktenordner.

»Frohmuth«, sagte ich.

»Frohmuth«, sagte der Arzt und grinste anzüglich. »Sie sind heute genau...« Er unterbrach sich erneut, um in seine Papiere zu starren.

»Zwei Wochen über den Termin«, half ich nach.

»Genau«, sagte der Doktor.

»Also?« sagte ich. »Kann ich jetzt schwimmen gehen?«

»Mo-ment!« sagte der Weißbekittelte. »Nun mal schön langsam. Meinen Sie nicht, daß Sie Ihre Schwangerschaftsgymnastik ein wenig übertreiben?«

»Eigentlich nicht«, sagte ich trotzig. Ich wollte diesen ganzen schreienden Feiglingen mal beweisen, wie eine Indianerfrau sich verhält. Am besten beim Schwimmen gebären; das wäre doch originell.

Der Doktor versteifte sich aber auf sein Vorhaben, an mir noch heute die Entbindung vorzunehmen.

»Wir leiten ein«, sagte er entschlossen.

»Was, jetzt?« fragte ich entgeistert. »Ich bin mit dem Fahrrad hier!«

Der Doktor reagierte genervt. »Jetzt hören Sie schon auf, hier die Heldin zu spielen«, sagte er böse. »So was wie Sie ist mir hier noch nie untergekommen!«

Gut so, dachte ich. Ich bin eben einfach ausgesprochen originell in meiner ganzen Art!

»Wollen Sie jemanden verständigen, daß er Ihre Sachen bringt?« fragte der Arzt und zog eine Spritze auf. Ich überlegte. Eigentlich wollte ich niemanden verständigen. Indianerfrauen verständigen ja auch niemanden. Die hängen sich kurzzeitig an einen Baum oder verschwinden im Gebüsch, und dann ist die Sache erledigt.

»Nö«, sagte ich. »Meine Sachen kann ich ja noch selbst holen.«

»Mit dem Fahrrad, was?« fuhr mich der Doktor an. Seine Humorlosigkeit mußte mit der Hitze in Zusammenhang stehen.

»Meinetwegen mit dem Taxi«, sagte ich versöhnlich.

»Ja, haben Sie denn keinen Mann?« schnauzte der Doktor gereizt.

»Nö!« sagte ich schadenfroh. Wie leicht sich dieser Mensch aus der Fassung bringen ließ!

»Und Ihre Mutter?« fragte er kraftlos.

»Tante Lilli ist zur Kur in Bad Driburg«, sagte ich freundlich.

Der Doktor verdrehte die Augen zur Kreißsaaldecke. »Und Ihre Freundin?«

»Meine Freundinnen sind alle in Urlaub«, sagte ich sanft zu ihm. »Kein Mensch kommt bei diesem herrlichen Wetter auf die Idee, in Köln zu bleiben!«

»Da haben Sie ausnahmsweise recht, Frau... FROH-MUTH«, höhnte der Arzt. »Jedenfalls bleiben Sie jetzt hier. Heute abend haben Sie Ihr Kind!« Er fragte NICHT, ob ich schon einen Kindersitz auf das Fahrrad montiert hätte, was ich ebenfalls unter Humorlosigkeit verbuchte.

Damit ging er wieder nach nebenan, um bei der inzwischen beängstigend stillen Frau nach dem Rechten zu sehen.

»Das glaubst du ja selbst nicht«, murmelte ich und vertiefte mich wieder in meinen Roman.

Zwei Stunden später brüllte ich in Panik um Hilfe. Meine Eingeweide zogen sich dermaßen heftig zusammen, daß mir grün vor Augen wurde. Das Liegen auf dieser Pritsche war schier unerträglich. Die Nadel auf dem Wehenschreiber tanzte hysterisch auf und nieder. Kein Zweifel: Die Diva hatte Wehen!

Alle meine kühlen Vorsätze, nicht den leisesten Laut über meine professionellen Lippen dringen zu lassen, waren dahin.

»Schwester!« brüllte ich. »Ich komme nieder!«

Eine bebrillte Hebamme mit alternativer Hochfrisur erschien. Sie stammte nicht aus Fernost, sondern eindeutig aus der Kölner Öko-Szene. In meinem ganzen Weh bemerkte ich noch ihre Birkenstock-Sandalen.

»Bleiben Sie ganz ruhig«, sagte sie sanft, und eine Aura von Müsli und geschrotetem Korn umwehte sie.

»Atmen Sie ruhig ein und aus. Bald ist es soweit.«

»Wann, bald?« schrie ich ungehalten.

»Das kann man nicht so genau sagen«, antwortete sie gütig. »Jede Wehe bringt Sie Ihrem Kind ein Stück näher.«

Ich wollte nichts davon hören. Hundertmal hatten wir im Entspannungskurs bei Frau Rheingarten-Schlotterkamp solcherlei Sprüche in uns aufgesogen. Jetzt wollte ich keine Wehen und kein Kind. Ich wollte brüllen.

»Tun Sie doch was!« rief ich und krallte mich an einer kühlenden Eisenstange fest. »Das ist nicht zum Aushalten!«

»Alle Frauen haben das bis jetzt ausgehalten«, sagte die Hebamme freundlich. »Ich hole Ihnen was zur Entspannung!«

»Nein, bleiben Sie hier«, schrie ich in höchster Verzweiflung. »Sie können mich doch nicht einfach so allein lassen!«

»Ich komme ja wieder!« sagte die Milde und verschwand.

Ich krallte mich in die Stange und mit der anderen Hand in das feuchtgeschwitzte Laken und versuchte, mich auf das ruhige Atmen zu besinnen, das man uns eingepaukt hatte.

»Tief in den Bauch!« sagte ich zu mir selbst, aber ich hatte keinen Sinn mehr für solche Kleinigkeiten.

»Hier, nehmen Sie ein paar von den Kügelchen und lassen Sie sie unter der Zunge zergehen«, munterte mich die Hebamme auf. Ich schob mir die lächerlichen Liebesperlen in den Mund und glaubte kein bißchen an deren Wirkung. Aber weil ich nicht »Abrakadabra« dazu sagen mußte, schluckte ich sie um des lieben Friedens willen. Tante Lilli hätte auch gesagt, Kind, tu, was die Dame dir sagt und halt dich bescheiden im Hintergrund.

»Möchten Sie noch einmal austreten?«

Das war leichter gesagt als getan! Ich nahm nicht an, daß ich jemals wieder eine solche Verrichtung erledigen könnte. Außerdem irritierte mich die gestelzte Sprache der Dame in Grün. Austreten! Vielleicht würde sie mir noch fünfunddreißig Pfennig fürs Händewaschen abnehmen und ein damastenes Gästehandtuch reichen?! Zu zweit wankten wir schräg über den Gang zur Toilette. Die Tür ließ ich sperrangelweit offen, wie ein Kind im Kindergarten, aus Angst, ungesehen auf dem Klo zu verenden. Mit letzter Kraft ließ ich mir eiskaltes Wasser über die Arme und den Kopf laufen. Mein Spiegelbild zeigte mir völlig verzerrt ein rotes, fleckiges, leidendes Gesicht. So sieht eine Diva also aus, wenn sie stirbt. Nicht gerade zum Verlieben. Ich keuchte wie ein Walroß. Kräuterweiblein! Zu Hülfe! Sonst bin ich verloren.

Die Schwester nahm mich bei der Hand.

»Wir haben ein heißes Bad für Sie vorbereitet«, sagte sie fröhlich, »das entspannt!«

»Baden? Jetzt? Heiß?« jammerte ich fassungslos. Ich kann vor Schmerzen nicht stehen und die Folterknechte lassen heißes Badewasser ein?

»Ja«, lächelte sie, die Unbeugsame, die sicherlich im Laufe ihrer Berufsjahre schon mit vielerlei Beschimpfungen überhäuft worden war, »je heißer, desto besser!«

»Aber es sind 36 Grad draußen!« sagte ich kraftlos, um mich sofort wieder an irgend etwas zu krallen und laut zu keuchen. Kind, sei nicht so theatralisch.

Kurz darauf ließ man die Diva zu Wasser.

Irgendwie mochte ich keinen Gefallen in der Wanne finden. Weder im Sitzen noch im Liegen oder Stehen, ganz anders als sonst, komisch. Die Schmerzen hämmerten unverdrossen weiter auf mich ein.

»Wir haben Herrn Doktor Klett benachrichtigt«, sagte der Geburtshelfer, der inzwischen grüne Arbeitskleidung angelegt hatte. Anscheinend machte es ihm Freude, mir eins auszuwischen.

Klaus Klett war zwar zufällig der Vater meines Kindes und ebenso zufällig Arzt an dieser Klinik. Aber ich hatte ihm ganz streng untersagt, sich im Kreißsaal blicken zu lassen, weil ich nicht wollte, daß er mich beim Gebären beobachtete.

Irgendwie hatte ich geahnt, daß ich dabei vielleicht nicht so liebreizend aussehen könnte wie sonst immer, und der positive Eindruck, den er aus unerklärlichen Gründen von mir hatte, mußte ja nicht einfach so aus Übermut zerstört werden.

Klaus kannte und schätzte mich als, wie er fand, »gestandene« Sängerin, die durch bundesdeutsche Kleinstädte zog und sensationelle Debüts in verschiedenen Kirchen und Stadthallen ablieferte. Warum also sein Weltbild zerstören? Außerdem sah ich im schwarzen Abendkleid einfach souveräner aus als im weißen Gebärkittel. Schwarz macht schlank, deshalb.

Nachher, wenn die Diva im reizenden rosa Stillnachthemd im Bett sitzen und der Öffentlichkeit Audienz gewähren würde, dürfe er gerne mit einigen Dutzend roter Rosen erscheinen, hatte ich ihm zum Abschied gesagt, vorher bitte nicht.

Natürlich hielt sich der Herr Doktor mitnichten an meine Anweisungen. Gerade als ich mich schmerzvoll stöhnend in der Wanne wälzte, erschien er verschwitzt in der Kreißsaaltür, bewaffnet mit seiner verdammten Videokamera, einem Blumenstrauß und einer Flasche Sekt. Er schien die Szene hier eindeutig mit einem meiner üblichen Auftritte zu verwechseln.

»Wer hat dich reingelassen?« schnauzte ich ihn an, mußte mich aber unterbrechen, weil die Fruchtblase platzte.

»Hilfe, es kommt!« japste ich, nicht ahnend, was es nun genau war. In solchen Situationen kann ja allerlei kommen, schon allein aus Panik. Ich weiß, wovon ich spreche. Kurz vor Konzerten ist der Drang am größten.

Klaus entledigte sich flugs seines Gepäcks und streifte einen dieser grünen Kittel über.

»Sie muß schleunigst raus«, ordnete er an. Ich hatte keine Ahnung, wie ich Hundertachtzigpfünder jemals ohne Flaschenzug aus dieser Wanne kommen sollte. Man hievte mich – zu viert – aufs Trockene. Die Hebamme reichte mir in aller Freundlichkeit ein Handtuch. Ideen hatte die!

»Es kommt doch gar nichts!« sagte der Arzt, den ich zwei Stunden vorher so provokant behandelt hatte, schadenfroh. Ich trat vor Schmerzen ganz taub von einem Bein aufs andere.

»Schrei ruhig«, sagte Klaus, ganz einfühlsamer Profi. »Laß den Schmerz doch zu!«

Ich war aber noch Frau's genug, um an meine Stimmbänder zu denken.

Nee, nee, dann bin ich wochenlang heiser. Das kann ich mir

nicht leisten! Tante Lilli sagte auch, Kind, schon deine Stimme, das nächste Requiem kommt bestimmt. Außerdem schreit man nicht so einfach, wenn man Wehen hat. Wenn das jede machen wollte.

Die Hebamme holte einen großen aufblasbaren Hüpfball. Es war einer von diesen Dingern mit Ohren, auf denen Kinder ihre Aggressionen austoben. Ich sollte mich an den Ohren festhalten und ganz entspannt meine Wehen verhüpfen, sagte die Müsli-Fee. Mir war irgendwie nicht danach, aber Tante Lilli sagte, Kind, tu, was man dir sagt. Wir meinen es hier alle nur gut mit dir. Nimm dich nicht so wichtig. Also hüpf schön bescheiden auf dem Ball rum und halt dich gut an den Ohren fest, damit du den netten Leuten hier keinen Ärger machst.

Klaus Klett fand diese Szene wohl putzig. Er baute sein Stativ auf und packte den Videokram aus.

Jeder Hopser bringt dich deinem Kind näher, sagte Frau Rheingarten-Schlotterkamp in mir.

»Ich will eine Rückenmarksspritze!« schrie ich den Doktor an, und Klaus Klett guckte suchend durch die Linse. »Wenn du das filmst, bringe ich dich um!« brüllte ich. Da kam auch schon die erste Preßwehe.

Allgemeine Panik brach aus, schließlich hing ich noch auf dem Ohrenball.

Man begleitete mich auf das Kreißbett, wo man mich festschnallte, weil ich hysterisch um mich schlug und mich an den teuren Geräten festkrallte.

Klaus reichte mir die Hand zur Beruhigung, aber ich riß bleibende Kerben in seinen Unterarm. Wenn er schon mal hier war, konnte er mir auch beim Sterben behilflich sein.

Die zweite Preßwehe überfraute mich. Ich hörte auf zu schreien und machte mich ein bißchen nützlich, indem ich mitpreßte.

»Na bitte!« jubelte die Hebamme. »Man sieht schon das Köpfchen! Es ist blond!«

Meine Unterseite spiegelte sich in des Doktors Brille. Es war frappierend. Da schob sich ein matschiges Köpfchen ans Tageslicht.

Gerade als ich verkünden wollte, daß ich nun in Ohnmacht fallen würde, machte es flutsch und ein verschmiertes Bündel krähendes Menschlein landete auf meinem Bauch, der sich augenblicklich in schrumpelige Falten zusammenzog. Ziemlich fassungslos streichelte ich auf dem Menschlein herum und stammelte wirres Zeug.

Klaus Klett schnappte sich seine Videokamera und legte auf uns an. Ich hatte keine Lust, ihm zu sagen, daß vorn an der Kamera noch die Klappe drauf war.

»Wollen Sie gar nicht wissen, was es ist?« fragte der Arzt an meinem Fußende.

»Ach ja«, sagte ich, »was ist es denn?«

»Ein Junge«, sagte der Arzt.

»Ach was!« sagte ich überrascht. Klaus lachte hinter seiner Kamera. Es war ein glückliches, stolzes Lachen. Wir nun wieder! Ein Junge! Wie haben wir das hingekriegt!

»Was hätten Sie denn gedacht, was es ist?« fragte der Arzt, der mit Nadel und Faden herumhantierte.

»Ein Gummibärchen«, sagte ich und kicherte. Das tat aber weh, und so ließ ich die Albernheiten. Tante Lilli sagte, mit so was spaßt man nicht.

»Wie soll er denn heißen?« fragte die naturverbundene Hebamme.

»Paul oder Willie oder so«, sagte ich.

Klaus lachte. »Ist das dein Ernst? Da hab ich wohl auch ein Wörtchen mitzureden! Schließlich bin ich der Vater!«

Der Doktor am Fußende grinste.

»Oder Ernst«, sinnierte ich. Obwohl ich im Grunde meines Herzens den Namen Ernst verabscheue. Er klingt so nach schmallippigem, humorlosem, struppigem Endsechziger in grauer Joppe mit Krawatte drunter. Der Onkel meiner Freundin Uschi heißt Onkel Ernschtle, also ich weiß, wovon ich spreche. Wenn er Onkel Späßle geheißen hätte, wäre er vielleicht eine Frohnatur, aber so... Die Hebamme fragte Klaus, ob sie mal stören dürfe und ob er, wo er doch schon der Vater sei, die Nabelschnur durchschneiden wolle.

Klaus hörte auf, die Klappe seiner Kamera von innen zu filmen und schnitt die Nabelschnur durch. Welch tiefer symbolischer Akt!

Das Menschlein wurde nun gebadet, gewogen und gemessen, und es hatte schon in allem Übergröße und Übergewicht, ein Fall für »Weingarten kleidet Vater und Sohn« am Friesenplatz. Die werben damit, daß sie selbst für die Übergroßen noch Übergrößen führen.

Der kleine, dicke, orangefarbene, schnaufende Kerl brachte fast zehn Pfund auf die Waage! Davon vierundzwanzig Gramm von entscheidender Bedeutung. Wenn das kein Grund zur Freude war!

»Jauchzet auf, es ist gelungen!« kam es mir Achte-Mahlermäßig in den Sinn.

Und weil ich so sensibel veranlagt bin, mußte ich ein bißchen weinen. Vor lauter Glück.

Die Diva saß im Wochenbett und war bereit, die ersten Besucher zu empfangen. Ich hatte mich ein wenig hübsch gemacht, Kind, man weiß nie, wer zur Tür reinkommt, und ein reizendes rosa Stillnachthemd angelegt. Das kaschiert.

Das schwitzende Schätzchen lag nachdenklichen Gesichts in seinem Glasbettchen und kniff die Äuglein zusammen. Ich war zu dem Entschluß gekommen, es Paul zu nennen. Erst mal, weil ich selbst Pauline heiße und man Abkömmlinge ja gern nach ihren Ahnen nennt, zweitens, um Onkel Paul eine Ehre zu erweisen, und drittens, weil es einfach aussah wie Paul. Nicht etwa wie Daniel oder Alexander oder Benjamin oder Patrick oder Dennis. So hießen die fünfzehn anderen Säuglinge auf der Station, und die waren alle vergleichsweise mager.

Man hatte mir übrigens ein Einzelzimmer gewährt. Wahrscheinlich, weil ich Klaus Kletts Kindsmutter war. Am Krankenhausessen konnten meine Beziehungen zum Personal jedoch nichts ändern. Als ich den Kantinenauflauf in Plastikfolie im Blechnapf sah, stellte sich augenblicklich meine alte Breisucht wieder ein. Während der Schwangerschaft war ich vorübergehend frei davon gewesen. Diesmal spezialisierte sich mein abnormer Eßtrieb ganz eindeutig auf Milchreis, und zwar den von Mühlmanns, aber ohne Rosinen. Klaus Klett mußte mir in seiner spärlichen Freizeit Unmengen davon besorgen.

Während ich auf Klaus und den Milchreis wartete, unterhielt ich mich ein wenig mit Tante Lilli.

Ist er nicht süß, mein kleiner Sohn? fragte ich sie, wie früher um Anerkennung buhlend.

Süß und unehelich! sagte Tante Lilli streng. Wie hast du dir denn sein weiteres Leben vorgestellt?!

Was soll ich denn machen mit diesem Gerechten, begehrte ich auf. Zum Heiraten fällt mir so recht niemand ein!

Stell dich nicht so an, Kind, sagte Tante Lilli streng. Du weißt genau, daß es nun deine Pflicht und Schuldigkeit ist, den Klaus Klett zu heiraten! Er ist schließlich der Vater deines Kindes! Du kannst ihn jetzt nicht einfach sitzenlassen! Und darüber hinaus ist er ein gediegener Mann. Ich habe einen Blick für Qualität! Den hatte Tante Lilli fürwahr. Ob es sich um »reine Schurwolle« beim Winterschlußverkauf handelte oder um »klassisch zeitlos« bei meinen Pubertätskostümen. Immer war ich ein wehrloses Opfer von Tante Lillis Blick für Qualität gewesen.

Diesmal nicht! sagte der Schweinehund in mir. Einen Mann sucht frau sich nicht nach zeitlosem klassischen Schurwolle-Modell aus. Den muß sie lieben oder so. Jedenfalls steht das immer in den Romanen.

Ich sagte schüchtern, daß ich Klaus Klett ja ausgesprochen nett fände, aber daß ich nicht vor Liebe jubeln würde.

Kind, sagte Tante Lilli genervt. Meinst du denn, ich hätte Onkel Paul von Anfang an geliebt? So was kommt mit der Zeit. Man muß es nur wollen!

Auf das tägliche Klavierüben mochte das ja zutreffen. Tante Lilli hatte mich jahrelang zum »Nur wollen« gezwungen, bis ich schließlich aus lauter Haßliebe Musik studierte. Ich hatte keine Lust, eine »Nur-wollen-Haßliebe« für Klaus Klett zu entwickeln. Der war mein Kindsvater und sonst nichts. Frau von heute hat sowieso verschiedene Männer: einen Kindsvater, einen Lebensgefährten fürs Grobe und einen Geliebten fürs Bett. Das hatte ich kürzlich am Wehenschreiber angekettet gelesen.

Ich machte Tante Lilli davon Mitteilung.

Tante Lilli, sagte ich vorsichtig. Paul ist zugegebenermaßen kein Kind der Liebe, sondern ein Kind der Triebe.

Hahaha, grunzte der Schweinehund begeistert Beifall und klatschte in die Vorderpfoten. Genau! Gib's ihr! Schock sie!

Jetzt sagt sie nichts mehr vom Band der Ehe und vom gediegenen Füreinander!

Doch Tante Lilli gab sich nicht geschlagen.

Kind, sagte sie. Wenn es denn schon passiert ist, dann halt dich doch vornehm zurück! Daß du auch immer alles ausplaudern mußt! Ein feines Mädchen schweigt über seine Schande!

Denk doch mal ein bißchen weiter! In zwanzig Jahren fragt kein Mensch mehr danach, ob Liebe im Spiel war oder nicht. Aber der Junge hat einen Vater, und das allein zählt! Und du, Kind, nimm's mir nicht übel, aber du solltest auch sehen, daß du einen Mann kriegst! Schließlich gehst du auf die dreißig zu!

Aha, sagte ich nachdenklich. Das war mal wieder ganz typisch Tante Lilli. Die mit ihrer geradezu umwerfend überzeugenden Argumentationsweise. Gegen ihre Lebenserfahrung konnte ich einfach nicht anstinken.

Eine Frau darf auch mit dreißig noch ein bißchen Spaß haben, kläffte der Schweinehund.

Aber nicht, wenn sie die Verantwortung für ein Kind hat, sagte Tante Lilli spitz.

Ich solle mir doch nur mal vorstellen, regte sie an, wie mein Leben in zwanzig Jahren sein würde: Die Diva hat ausgesungen, keine Fans säumen mehr die Kirchentür, Paulchen ist längst mit einer Freundin auf und davon, und ich, Diva a. D., sitze mit meinen vergilbten Zeitungskritiken und vermoderten Programmheftchen in meiner Sozialwohnung und schaue versonnen auf die verstaubten Plakate an der Wand, die von fernem Ruhm und Erfolg künden...

Und jetzt mal das ganze MIT Klaus Klett! rief Tante Lilli aufmunternd. Diva, die zweite!

Die Diva lehnt im geschickt kaschierenden Nerz, Größe 48, über dem Flügel und erteilt der akademisch vorbelasteten, wenn auch unmusikalischen Nachkommenschaft Unterricht!

Herr Professor Doktor sitzt entspannt im schweinsledernen Fernsehsessel und genießt erfreut die jugendlichen Damen, die artig glockenreine Tonleitern zwitschern! Jawohl, Frau Frohmuth-Klett! Meine Mutter läßt Sie und Ihren Herrn Gatten auch schön grüßen und läßt anfragen, ob Sie am nächsten Ersten zu einer Opernpremiere erscheinen werden? Man ist so gespannt auf Ihre fachkundige Meinung!

Der Herr Doktor lächelt jovial und sagt, liebes Fräulein von Sowieso, meine Gattin ist dermaßen beschäftigt, daß ich erst mal unseren Terminkalender befragen muß! Am nächsten Ersten sind wir auf dem Mittelmeerkreuzer »Europa«, wo meine Frau zur Mitternachtssuppe die Arien von Penelope singen wird!

Na? frohlockte Tante Lilli. Ist das nichts?

Kleinlaut versprach ich, darüber nachzudenken.

Am späteren Vormittag kam Helmut, mein Freund mit der Krötensammlung. Er brachte ein giftgrünes Lätzchen, einen Strauß Gladiolen und von seiner Mutter schlesischen Streuselkuchen, damit ich wieder zu Kräften käme. Milchreis wäre mir lieber gewesen.

Nachdem er Weihrauch, Myrrhe und Gold auf das Fußende meines Bettes gelegt hatte, blieb er verlegen stehen.

»Wo ist denn das... Baby?« fragte er schließlich.

»Hier«, sagte ich und lüftete die Bettdecke. Helmut starrte verschreckt auf meinen überdimensionalen Busen, der sich soeben auf seine neue Funktion eingestellt und ein dreifaches Ausmaß angenommen hatte. Darunter verschwand fast völlig das Köpfchen meines nach wie vor schlafenden Söhnchens Paul.

»Ach«, sagte Helmut und schluckte. »Es trinkt gar nicht!«

»Zu schlapp, der Kerl«, sagte ich fachmännisch. »Die Hitze macht ihm zu schaffen!«

Dann ließ ich ihn wieder im Schatten meines Busens verschwinden.

Helmut holte sich einen Hocker, setzte sich in die hinterste Ecke des Raumes und schwieg mich erwartungsvoll an. Ich überlegte, ob ich ihm die ganze dramatische Geburt in allen unappetitlichen Einzelheiten schildern sollte, aber ich unterließ es in Anbetracht seines blassen Äußeren.

»Was wirst du jetzt machen?« fragte Helmut nach einer Weile.

»Du meinst, was ich mit meinem verpfuschten Leben jetzt anfangen werde?« half ich ihm auf die Sprünge.

Helmut sah verlegen auf den schlecht geputzten Linoleum-Fußboden.

So habe er das nicht gemeint, sagte er tonlos.

»Gehst du sofort wieder in deinen Beruf?« fragte er.

»Klar«, sagte ich. »Während ich in der Kirche singe, wird das Baby im Pfarrhaus zur Verwahrung abgegeben. Wenn es schreit, lege ich es in der Sakristei an den Busen und lasse die Leute in der Kirche so lange Choräle singen, bis es sein Bäuerchen gemacht hat. Steht doch schon in der Bibel: Lasset die Kindlein zu mir kommen, denn ihrer ist das Himmelreich!«

Helmut kicherte verlegen. Er war schon immer ein Fan meines eigentümlichen Humors.

»Aber irgendeiner muß doch auf das Kind aufpassen«, sinnierte er. Er schien sich wirklich tiefere Gedanken gemacht zu haben!

»Im Moment habe ich gar keine Konzerte«, sagte ich. »Jetzt im August spielt sich sowieso nichts ab. War doch nett von Paul, nicht gerade am Buß- und Bettag zu kommen oder am Palmsonntag!«

Helmut wußte Bescheid. Das waren die Tage, wo ich mit Sicherheit irgendein sensationelles Engagement im Bergischen oder Hinterschwäbischen haben würde.

»Also ich werde erst mal selbst mit Paul im Stadtwald die Enten füttern«, sagte ich.

Helmut machte mich darauf aufmerksam, daß es im Stadtwald auch ein Tiergehege gebe, wo jede Menge Geißböcke, Pfauen und Gänse der Patschhändchen ihrer kleinen Besucher harrten. Er kannte sich mit Tieren aus, der Helmut. Wie gesagt, er züchtete Kröten.

Wir verabredeten uns für nächste Woche bei den Geißböcken. Paulchen würde seine helle Freude daran haben. Helmut auch. Er freute sich ganz unbändig auf unser Treffen im Stadtwald. Er war wirklich sehr begeisterungsfähig, das mochte ich an ihm.

»Und sonst? So... privat?« wagte Helmut den indiskreten Vorstoß.

Wahrscheinlich wollte er wissen, ob ich Klaus Klett zu ehelichen gedächte. Ich beschloß, ihn in meine Gedankengänge einzuweichen. Schließlich war er mein Freund.

»Klaus Klett hat eine Vierzimmerwohnung für uns alle gemietet«, sagte ich. »Man könnte es ja mal damit versuchen.«

»Also du heiratest ihn?!« bedauerte Helmut.

»Aber nein!« rief ich. Der Dümmling! Ähnlich beschränkt im Denken wie Tante Lilli war der! Und dabei noch so jung!

»Helmut«, sagte ich, »in welchem Jahrhundert leben wir denn?«

»Also wilde Ehe«, sagte Helmut.

Ich lachte so laut, daß der Säugling unter meinem Busen fast ein Schleudertrauma erlitt.

»Klar!« brüllte ich begeistert. »Wild und hemmungslos! Wir wälzen uns lüstern und lärmend durch die Betten, tagein, tagaus! Was werden die Nachbarn von uns denken?! Und es ist nur eine Frage der Zeit, wann Klaus hier rausfliegt aus dieser erzkatholischen Klinik! Wenn das rauskommt! Der Skandal! Sängerin frommer Weisen lebt mit katholischem Klinikarzt in wilder Ehe! Und schiebt noch das Produkt der Schande öffentlich durch das Tiergehege! Armer Paul. Er ist dazu geboren und in die Welt gekommen, um schon von Anfang an zum Gespött der Leute zu werden. Überleg es dir, Helmut, ob du mit mir noch Umgang pflegen willst!«

Helmut beteuerte, er habe mir nicht zu nahe treten wollen.

Ich beteuerte, daß er mir ganz sicher noch nie zu nahe getreten sei, das mache auch einen wesentlichen Reiz unserer Freundschaft aus. In letzter Zeit waren mir nämlich verschiedentlich Männer zu nahe getreten, und irgendwie lassen sich solche Peinlichkeiten nicht immer ganz spurlos aus der Welt schaffen.

Die Tür wurde aufgestoßen, und die türkische Essensbringerin, die niemals anklopfte, knallte das Tablett mit den Köstlichkeiten aus der Krankenhausküche auf meinen Nachttisch.

»Wollentääoderkaffää!« stieß sie aus.

Helmut erhob sich hastig. Er wolle nun nicht länger stören.

Er solle seine Mutter grüßen, rief ich noch hinter ihm her, und vielen Dank für den Streuselkuchen!

Klaus würde seine helle Freude daran haben.

Am Nachmittag kam Klaus. Er brachte wieder pfundweise Milchreis, auf den ich seit dem strikt verweigerten Mittagessen sehnsüchtig gewartet hatte. Heißhungrig fiel ich darüber her.

»Was gab es denn heute mittag?« fragte Klaus schmunzelnd.

»Weiß ich nicht«, sagte ich zwischen zwei Löffeln Vanillegeschmack. »Auf dem Speiseplan stand ›Vollwertbratling mit Sojakeimen‹, aber es sah aus wie Brechdurchfall.«

»Ach, wieder diese alternative Küche«, sagte Klaus. »Die veranstalten gerade eine Biokostwoche.«

»Da wird sich unsere alternative Hebamme ja begeistert den Bauch vollschlagen«, sinnierte ich.

Klaus packte sich lüstern eine Riesenportion Gyros mit fettigen Fritten aus. Einträchtig saßen wir auf dem Bett und waulten triebhaft nährstoffarme Kalorien mit Plastikbesteck, ich im rosa Stillnachthemd, aus dem der Busen quoll, und er im zu engen Kittel, aus dem der Bauch quoll. Wir waren das Jubelpaar der Schwarzwaldklinik.

»Was macht unser Kleiner?« fragte Professor Brinkmann, nachdem er sich mit Helmuts giftgrünem Lätzchen das Fett aus dem Bart gewischt hatte.

»Mal nachsehen.« Ich lüftete erst die Bettdecke und dann den Busen. Der Säugling schlief erschöpft unter soviel Last. Die wenigen Härchen klebten ihm verschwitzt am Kopf. Es waren immer noch 36 Grad im Schatten; unter der Bettdecke wahrscheinlich 37 Grad.

»Süß«, sagte Klaus und kraulte ihn unbeholfen im Nacken.

»Ja, nicht wahr?« sagte ich stolz.

»Ganz die Mutter«, sagte Klaus und kraulte mich übergangslos genauso unbeholfen.

»Ach laß das doch jetzt«, sagte ich. Beim Waulen von Breichen jeder Art will ich weder angefaßt noch mit Komplimenten überhäuft werden. Daß er das einfach nicht lernte!

»Bist du glücklich?« fragte Klaus und hörte mit dem Kraulen vorübergehend auf.

»Klar«, sagte ich lässig. »Besonders, wenn du mir nächstens Milchreis OHNE Rosinen bringst.«

Rosinen sehen aus wie ertrunkene Stubenfliegen, und die mag ich nicht im Essen haben. Weiß auch nicht, warum. Da bin ich eigen.

»Und sonst? Könntest du dir vorstellen, mit mir zu leben?«

Klaus hatte schon immer einen Sinn für den richtigen Antrag am richtigen Ort zur richtigen Zeit gehabt. Ich mochte das an ihm.

»Wir werden es mal versuchen«, sagte ich großzügig.

Was blieb mir auch anderes übrig. In meine Zweizimmerwohnung unterm Dach konnte ich mit einem schreienden Säugling wohl nicht zurück. Mein Geschrei hatten die schwerhörigen Damen aus der Nachbarschaft ja ertragen, aber jetzt im Duett?! Und zusätzlich nachts?

Außerdem hatte ich Angst vor dem Alleinsein, ganz neuerdings.

So ein Baby ist ja nicht wie eine Wärmflasche, die man zum Knuddeln mit ins Bett nehmen und bei Bedarf einfach rausschmeißen kann! So ein Baby hält einen vierundzwanzig Stunden auf Trab, hatte Tante Lilli gesagt. Sie mußte es ja wissen. Schließlich hatte sie nie eins gehabt.

Klaus nahm dankbar meine Hand. Soviel Entgegenkommen war er von mir gar nicht gewöhnt.

»Nicht wahr, wir werden den Alltag schon zusammen meistern«, sagte er begeistert.

Vorsichtig richtete ich mich auf.

»Wie meinste'n das so konkret?«

»Darüber müßten wir mal zusammen sprechen«, sagte Klaus weise. »Ich denke da an so eine Art Ehevertrag... ohne Ehe natürlich!«

»Nee, ist klar. Ehevertrag ohne Ehe ist einfach nur Vertrag. Man könnte also unser Zusammenleben vertraglich regeln.«

»Hast du dir darüber schon Gedanken gemacht?«

Ich fand das Thema unangenehm, aber Tante Lilli stachelte mich an:

Los jetzt, Kind! Du bist am Zug! Er muß für dich und das Kind die Miete bezahlen, dazu zwei Drittel seines Einkommens an Unterhalt, und du könntest ihm dafür freundlicherweise dann und wann einen Knopf annähen.

Aber Tante Lilli, das ist ja das Letzte! Wer bin ich denn? Ich will singen und keine Knöpfe annähen! (Doch die Säumchen an dem Rocke mag sie NICHT annähen.)

Und wer sorgt für das Kind, du Schlunze? Tante Lilli

konnte, wenn auch in seltenen Fällen, in ihrer Wortwahl ausfallend werden.

Also dem Paul werde ich natürlich ab und zu mal ein Milupa-Breichen in den Mund schieben, sagte ich. Das ist Ehrensache.

Und wer bezahlt das Milupa-Breichen? ereiferte sich Tante Lilli. Kind, du mußt dich finanziell absichern! Los jetzt, der Mann bietet dir doch gerade seine ausgestreckten Hände an!

Und die Frau soll die Hände aufhalten? Wie das so ihrer Natur entspricht, was? Kommt mir nicht ins Haus!

Aber dein blödsinniger Stolz beschert dem Baby auch nichts zu essen! Denk mal an später! Der Junge will ordentlich gekleidet sein und studieren! Meinst du, das kannst du von deinen armseligen Konzerten finanzieren?

»O. K.«, sagte ich zu Klaus. »Du bezahlst den Unterhalt für Paul, und ich taue dir dafür dann und wann ein Fertiggericht auf. Sagen wir, zweimal in der Woche abends. Das können wir vertraglich so festhalten.«

Klaus war verdutzt. »Daß ich für meinen Sohn aufkomme, ist doch gar keine Frage«, sagte er. »Dafür mußt du mir doch kein Essen bereiten! Ich habe eine Haushälterin, die wird für uns alle sorgen.«

»Na prima«, sagte ich. »Und meinen Milchreis werde ich natürlich selbst bezahlen.«

»Darum geht es doch gar nicht«, sagte Klaus. »Wer redet denn hier vom Geld!«

Siehst du, Tante Lilli, sagte ich hämisch. Wer redet denn hier vom Geld! Tante Lilli schüttelte den Kopf. Das geht nicht gut, das ist absolut blauäugig von dir. Glaub mir, Kind.

»Also was möchtest du vertraglich regeln?« sagte ich aufmunternd zu Klaus.

»Die Form unseres Zusammenlebens«, sagte er.

Ich schwieg still. Bin ich eine Kurtisane oder wie diese Mädels heißen? Vielleicht nicht direkt, aber im speziell vorliegenden Fall vielleicht eine Klettomane? (Der Klaus lag schlafend... auf seiner Klettomane... aber seine Augen waren offen...)

»Na, ich denke da an das Modell der guten alten Wohngemeinschaft«, sagte ich munter. »Das ist zwar nicht mehr ganz zeitgemäß, aber ganz ohne Zweifel zweckgemäß. Wenn deine Frau... wie heißt die Haushälterin?«

»Pupke«, sagte Klaus.

»...Pupke mal einen freien Tag hat oder wegen ihrer Verdauungsprobleme zum Arzt muß, können wir ja vertraglich regeln, wer den Abfalleimer runterbringt oder mit dem Kleinen in die Grünanlagen geht. Außerdem möchte ich zweimal täglich zwei Stunden üben, aber ich richte mich da gerne nach den Gepflogenheiten des Herrn Doktors.«

»Das klingt aber alles furchtbar förmlich«, sagte Klaus traurig und nahm meine Hand. »Magst du denn gar nicht ein bißchen gern bei mir wohnen?«

Mir schauderte im rosa Nachthemd.

»Klaus!« sagte ich unter meiner Gänsehaut. »Bitte jetzt kein Präludium und Fuge in Sülz moll!« Mir fiel da das Märchen vom Froschkönig ein. Vielleicht sollte ich den Herrn Doktor mal mit Schmackes an die Wand schmeißen, und plötzlich stünde ein cooler Macker vor mir...?

Klaus erhob sich abrupt. Das tat er immer, wenn ich ihn gekränkt hatte.

»Du kannst ja mal drüber nachdenken«, sagte er beim Hinausgehen. »Zeit dazu hast du ja hier genug.«

»Jetzt sei doch nicht gleich beleidigt!« brüllte ich hinter ihm her. »Ich kann doch meine Gefühle nicht aus dem Boden stampfen!«

Das war das Stichwort für die Essenstürkin, die gerade auf gewohnt rüde Art eintrat. Sie rempelte Klaus an. »Wollentääoderkaffää!« stieß sie hervor.

Klaus war friedfertig. »Kaffee«, sagte er und setzte sich wieder.

Aus einer blechernen Kanne schüttete die einfühlsame ausländische Arbeitnehmerin dem müde blickenden Herrn Doktor dampfenden Sud in eine dickwandige, weiße ungespülte Tasse. Er konnte einem richtig leid tun. Kein weibliches Wesen weit und breit, das sich liebevoll um sein leibliches Wohl kümmern wollte! Nur so eine widerspenstige Emanzendiva im rosa Stillnachthemd, die herrisch einen phlegmatischen Säugling unter ihrem Busen begrub!

Ob er sich nach seiner gefühlskalten Frau Irene zurücksehnte?

Immerhin mußte der eheliche Schäferhund Corinna gewisse Anhänglichkeit gezeigt haben, mit dem er seinerzeit immer um den Decksteiner Weiher radelte, um dem bewegungshungrigen Tier den nötigen Auslauf zu verschaffen. Na ja, demnächst würde er mit Paul im Rucksack um den Weiher radeln können. Ich sah eigentlich nicht ein, warum es Corinna besser gehen sollte als Paul.

Klaus sah auf die Uhr und behauptete, daß jetzt mindestens fünf Notfallpatienten in der Poliklinik auf ihn warteten. Er überließ mir die halbausgetrunkene dickbauchige Tasse, pfefferte mir einen Kuß aus feuchtem Kaffeebart in mein fleckiges Antlitz und vergaß ganz, seinen schlafenden Sohn noch einmal im Nacken zu kraulen.

»Tschüs, Doc«, sagte ich nachdenklich hinter ihm her. Man sollte so einen doch verdammt noch mal lieben können.

Ich wollte es auch ganz fest versuchen, Ehrenwort.

Am nächsten Tag war das süße Wöchnerinnendasein mit einem Schlag zu Ende. Oberschwester Hildegard, die es an jeder Klinik gibt, war aus dem Urlaub zurück und machte ihre Runde.

»Wen haben wir denn hier!« begrüßte sie mich mit unmelodisch militärischer Lautstärke. »Frau Frohmuth! Wie geht's?«

»Und selbst!« brüllte ich zurück.

Schwester Feldwebel warf einen suchenden Blick in das leere Aquarium. »Wo isser denn? Was? Wo haben Sie Ihren Säugling gelassen?«

»Hier«, sagte ich und lüftete wie üblich die Bettdecke. Paul klemmte unter meinem Busen und röchelte leise. Er hatte nun fünfundneunzig Prozent seines bisherigen Lebens verschlafen, wenn man berücksichtigt, daß er während und unmittelbar nach seiner Geburt immerhin wach war.

»Ja sind Sie denn wahnsinnig!« schnauzte die Schwester und riß den kleinen Penner in die Höhe.

»Eigentlich nein«, sagte ich verunsichert. »Oder? Soll denn so'n Wurm nicht den hautnahen Mutterkontakt haben?« So stand es jedenfalls in »Leben und leben lassen«, dem katholischen Erziehungsheftchen, das Tante Lilli mir zur Geburt geschickt hatte.

Schwester Alternativa aus dem Kreißsaall hatte mir das Paulchen doch auch gleich auf den Bauch gelegt!

»So'n Kind braucht doch Nestwärme, oder?«

»Aber nicht bei sechsunddreißig Grad im Schatten!« herrschte die Schwester mich an.

Beschämt nahm ich vom Widerwortegeben Abstand. Die hier war mit Vorsicht zu genießen, so ähnlich wie Tante Lilli, wenn ihr irgend etwas quergekommen war. Dann ließ sie nicht mit sich spaßen. Und diese Oberwebelschwester schien überhaupt nie mit sich spaßen zu lassen.

»Wann hat er zuletzt getrunken?« bellte sie mich an.

»In diesem Leben jedenfalls noch nicht«, gab ich Auskunft. »Er schläft nämlich immer.«

Die Schwester klopfte energisch auf das schlafende Bündel ein.

»Aufwachen!« schrie sie ihn an. »Wir sind doch nicht zum Vergnügen hier!«

Paul wollte nicht aufwachen. Hätte ich an seiner Stelle auch nicht gewollt.

Die Schwester ergriff beherzt meinen rechten Busen, riß ihn aus dem Nachthemd und stopfte ihn dem unschuldigen Kind in den Mund.

»Da!« rief sie. »Trink!«

»Vielleicht will er nicht«, sagte ich schüchtern. Ich hoffte, sie möge von mir ablassen, denn der Busen war prall wie ein Luftballon kurz vorm Platzen.

»Der hat zu wollen!« sagte Schwester Feldwebel, und ihre Schnurrbarthaare zitterten empört.

»Vielleicht will er lieber was Handfestes«, sinnierte ich. Schließlich war er der Sohn von Klaus, und der hielt auch nichts von Milch und solchen faden Sachen. Die Schwester sandte mir einen strafenden Blick, der mir sofort das Wort im Munde erstarren ließ. Hier wird nicht gescherzt! Wöchnerinnen scherzen nicht! Die stillen ihre Säuglinge und wanken ansonsten mit ausgeleiertem Gang leidend durch die Flure. Wer hier übermütig werden will, kann ja gehen!

Jawoll, Schwester, salutierte ich und lag stramm.

»Es ist völlig klar, daß der Bengel sofort was trinken muß!« sagte die Schwester. »Der vertrocknet Ihnen ja!«

Der Bengel wollte anscheinend lieber vertrocknen, als den Kampf mit den Riesenbuletten aufnehmen. Irgendwie war der von Anfang an überfordert, der kleine Erdenbürger. Er tat mir richtig leid.

»Wie kriege ich den denn im Ernstfall wach?« fragte ich besorgt.

Die Schwester wirbelte das schlafende Baby ein paarmal durch die Luft und ohrfeigte es freundlich, aber bestimmt. Paulchen grunzte unwillig, war aber nicht bereit, sein grüblerisches Augenzukneifen für eine sich ereifernde Oberschwester zu beenden.

Die fachkundige Schwester demonstrierte mir allerhand Griffe, Püffe und Kniffe, mit denen sie normalerweise die Benjamins und Patricks auf der Station zu wecken pflegte. Diese mageren Bengels mochten sich ja davon beeinflussen lassen. Paulchen nicht. Der schlief.

»Der ist nicht guten Willens«, erboste sich die Schwester.

Selig, die guten Willens sind, dachte ich, vielleicht sollte man ihm mal einen Isoppen zum Munde reichen, damit er auf den Geschmack kommt.

»Der erste schwerwiegende Erziehungsfehler war schon mal, daß er einfach Tag und Nacht bei Ihnen im Bett rumgelungert hat«, sagte Oberwebel Hildegard. »Der gehört in sein Bett und nur, wenn er trinkt, zu Ihnen unter die Decke. Sonst gewöhnt er sich gleich daran, immer an ihrer Brust zu liegen.«

Genau, dachte ich, wenn das jeder machen wollte. Der verweichlicht völlig, bevor er noch bis drei zählen kann. Wie gut, daß Oberschwester Hildegard hier mal Zucht und Ordnung in die ungeregelten Verhältnisse bringt!

»Was schlagen Sie also vor?« fragte ich lernwillig.

»Pumpen!« befahl Schwester Hildegard, und das klang genauso bedrohlich wie »Tod durch den Strang«.

Kleinlaut sah ich dabei zu, wie so eine Art Melkmaschine auf Rädern neben meinem Bett aufgebaut wurde.

»Das tut jetzt ein bißchen weh«, sagte die Webelin gnadenlos.

Da ich in ihren ahnungslosen Augen aber eine Arztgattin war, verzichtete sie auf den Zusatz: »Also reißen Sie sich gefälligst zusammen!« oder auf ähnlich aufmunternde Worte.

Ein gläserner Trichter, der durch einen Schlauch mit der Melkmaschine verbunden war, wurde mir auf die Brustwarze gesetzt. Ich ahnte Unangenehmes.

Die Schwester betätigte nun den Schalter mit der Aufschrift »On/Off«, und mit lüsternem Sauggeräusch begann die Foltermaschine, meine Brustwarze bis zur Unkenntlichkeit zu deformieren. Ich schrie vor Panik und Busenweh, ohne an meine kostbaren Stimmbänder zu denken, die ich für das nächste Requiem noch brauchen würde. »Requiem für eine Brustwarze« hieß dieses wilde Lamento, und Herr Strohnagel hätte seine helle Freude an dem Geschrei gehabt.

Die Schwester stellte das Ding hastig wieder aus.

»Nanana!« sagte sie tadelnd. »Sie müssen jetzt tapfer sein!«

»Nein!« schrie ich. »Muß ich nicht! Kein Schwein hält das aus, kein einziges Schwein!«

»Schweine müssen so was ja auch nicht aushalten, nur Kühe«, sagte die Schwester rechthaberisch.

Wie feinsinnig sie war! So ein Schwein hat lauter drollige kleine Ferkelchen, die sich um der Mutter Zitzen balgen, und wenn tatsächlich mal ein phlegmatischer Penner unter den Ferkeln ist, dann kann das der Sau doch egal sein!

Mir aber nicht!

Warum ist eine Frau zum Dulden verdammt? Sehe ich gar nicht ein! Man sollte mal einem Mann so einen Trichter an die Weichteile halten und dann den On/Off-Schalter betätigen und dazu sagen, daß es durchaus eventuell ein bißchen weh tun könne, aber er möge doch tapfer sein. Schwester Hildegard unterbrach meine Gleichberechtigungsgedanken, stellte den saugenden Widerling wieder an und überhörte mein Schmerzgeheul. Unendlich langsam bildete sich ein weißer Milchrand auf dem Grund der Flasche. Die arme Warze wurde im Dreisekundenabstand zentimeterlang in den Trichter gesaugt, und im Stadium höchster Deformierung gab sie dann einen fadendünnen Milchstrahl ab.

Mühsam ernährt sich das Saughörnchen, dachte ich deprimiert.

Während ich an der Melkmaschine hing und nicht flüchten konnte, sagte Schwester Hildegard so nebenbei, daß mein Sohn anscheinend ein Brustverächter sei. So gar nicht der Vater, dachte ich erstaunt.

»Sie müssen zu Hause genauso vorgehen«, ordnete sie an.

»Da verbringe ich ja täglich sechs Stunden mit!« rief ich aufgeregt.

»Wahrscheinlich mehr«, sagte Schwester Hildegard zufrieden.

Dann ging sie mit Paul davon, um ihn kalt zu baden. Sie war ziemlich sicher, daß er dabei erwachen würde. Ich blieb einsam in meinem kargen Zimmer zurück. Die Saugmaschine seufzte lüstern. Ich war so verlassen und frustriert wie noch nie in meinem Leben. Die Minuten wollten nicht vergehen, die Brust wollte sich nicht leeren, die Flasche wollte sich nicht füllen, und der Säugling wollte nicht trinken. Das Leben wollte nicht funktionieren!!

Die Diva wollte weinen.

Kind, laß sofort das Heulen sein! herrschte Tante Lilli mich an.

Aber mein Schweinehund wälzte sich im schmuddeligen Pfuhl des Selbstmitleids. Wenn ich doch jetzt verheiratet wär! Dann könnte ich das alles mit meinem Gatten besprechen! Er würde mir liebend die Hand halten oder vielleicht sogar den Säugling wiegen oder mir den tragbaren Fernseher neben die Melkmaschine stellen oder mir ein schmackhaftes Nudelgericht bereiten. Aber so? Pauline, warum mußtest du heldenhaft die Einsamkeit wählen?

Nun siehst du, Kind, wohin das führt, frohlockte Tante Lilli. Da siehe du zu!

Warum muß uns Frauen das alles überlassen sein, heulte ich frustriert. Männer gäben sich mit so was gar nicht ab!

Tante Lilli sagte, daß es die schöne Pflicht der Frau sei, im Rahmen der Erhaltung des Menschenlebens solcherlei zu erdulden.

Tante Lilli und Schwester Hildegard hatten eines gemeinsam: Nie hatte ein Säugling ihren Busen deformiert, weder ein lebendiger noch ein elektrischer. Deshalb konnten sie auch so gut mitreden. Ich heulte, bis die Rotz-und-Wasser-

Menge die Milchmenge bei weitem übertraf. Ich glaube, so etwas nennt man Wochenbettdepression. So steht es jedenfalls in »Leben und leben lassen« aus der Reihe »Der kleine Besserwisser«.

Am nächsten Tag brachte Klaus außer Milchreis auch noch die freudige Nachricht, daß seine Eltern draußen auf dem Flur stünden, weil sie ihren Enkel kennenlernen wollten.

»Ich geh' dann solange raus«, sagte ich und krabbelte aus dem Bett.

»Aber nein!« rief Klaus. »Dich wollen sie natürlich an erster Stelle kennenlernen!«

»Wieso denn das?« wunderte ich mich. Und außerdem: Kind, wie siehst du aus!

»Auf Staatsbesuch oder ähnliches war ich gar nicht eingestellt«, sagte ich verwirrt.

»Deshalb warten meine Eltern ja auch draußen, damit du dich ein bißchen frisch machen kannst!« rief Klaus.

Verblüfft über soviel Einfühlungsvermögen latschte ich auf Badeschlappen ins Bad, um ein wenig bezauberndes Rouge auf meine fleckig geheulten Wangen zu schmieren und ein Nachthemd anzulegen, das noch viel reizender und geblümter war als das rosafarbene.

Ein fetziges T-Shirt, das meine braungebrannten, gestählten Beine freiließ und über dem Busen die Aufschrift hatte »Take it easy«, hielt ich für unangebracht. Tante Lilli fand auch das geblümte besser. Kind, die Leute sind gediegen, flüsterte sie mir zu, als ich ihnen gegenüberstand.

»Wir waren ja schon so gespannt darauf, Sie kennenzulernen!« sagte der Vater, ein pensionierter Steuerfahnder mit preußisch schneidigem Charme. Ich flüchtete in mein Bett und zog mir die Decke bis zum Kinn.

Die Mutter beugte sich bereits begeistert über das Baby, das seit Hildegards Eingreifen anständig in seinem Glasbettchen lag wie anderleuts Säuglinge auch.

»Ganz unser Jungele!« rief sie verzückt.

Das Jungele wand sich ein wenig in seinem weißen Kittel.

»Nun, Kinderle, wann werdet ihr denn heiraten?« fragte der Steuerfahnder a. D.

»Aber Vati!« sagte Klaus nervös und fummelte an seinem Stethoskop herum.

»Aber Vati!« sagte auch die Mutti, die ihren Blick nicht von dem schlafenden Enkel wenden konnte. »Laß doch die Kinderle das selbst entscheiden.«

Voll in Ordnung, die Frau!!

»Warum heißt'n der Paul?« fragte der Vater unwillig.

»Paul Klett, wie klingt'n das? Da wer'n se'n in der Schule ärgern: Klettenpaule, hahaha!«

»Er heißt nicht Paul Klett«, sagte ich beruhigend. »Er heißt Paul Frohmuth.«

Der Vater schwieg betroffen. Die Mutter versenkte ihren Blick angelegentlich in das Kinderbett.

»Bei uns früher hießen die Kinder so wie der Mann im Haus«, sagte der Vater betrübt. »Und die Frauen hießen auch so wie der Mann im Haus. Alle hießen so wie der Mann im Haus. Und damit sind die Deutschen jahrelang gut gefahren. Und jetzt der Quatsch mit den Doppelnamen! Lächerlich ist das! Adam-Schwaetzer und Bergmann-Pohl und wie die alle heißen! Die sollen mit dem Hintern zu Hause bleiben!«

»Vati, wir sollten jetzt nicht politisch werden«, sagte Klaus.

Die Mutter wollte auch nicht politisch werden. Ich mochte das an ihr.

Ich lehnte in meinem Bett und hörte mir das alles an. Na phantastisch. Kaum hatte ich ein Kind in die Welt gesetzt, da wurde es von allen Seiten vereinnahmt und Grundlage fundamentalster Familiendispute. Fürwahr, ich wollte es allein erziehen! Paul war mein Kind, und ich hatte nicht die geringste Lust, über seinen Namen Rechenschaft abzulegen oder darüber, was die Kinder in der Schule zu ihm sagen würden. Der Säugling gehörte mir! Jawohl! Und daran wollte ich, im Namen der Emanzipation der Frau, auch verdammt noch mal nichts ändern. So nett diese Schwiegerleute waren.

Aber sie sind gediegen! rief Tante Lilli ungehört, als sich die Herrschaften wieder verabschiedeten.

Ein gediegener Schwiegervater macht noch keinen Sommer, brummte ich beleidigt und drehte mich mit Schwung zur Wand.

Kaum war ich mit dem ewig schlafenden Säugling zu Hause, fingen die Probleme an. Paulchen wollte nicht trinken, und ich wollte nicht platzen. Klaus fuhr stehenden Fußes in die Kölner Innenstadt, um beim Sanitätshaus Forz eine Milchpumpe zu pumpen. Solche elektrischen Dinger werden nur verliehen, nicht verkauft, weil der Zustand des Stillens ein vorübergehender ist, glücklicherweise.

Ich lief verzweifelt in der Vierzimmerwohnung hin und her, soweit das meine schmerzenden Milchspender zuließen, und verspürte nicht das geringste Mutterglück. Was hatte ich nur wieder falsch gemacht?

Wenn ich täglich sechs Stunden damit beschäftigt war, den Säugling zu füttern, würde ich wohl kaum noch meine Stimmbänder hinter dem Ofen hervorlocken können, bei dem Streß!

Kind, dann laß es doch! Alles hat seine Zeit! Jetzt ist eben Familienleben angesagt, rumgetingelt bist du lange genug!

Aber Tante Lilli, ich will nicht tingeln, ich will meinem Beruf nachgehen!

Papperlapapp, dieses ewige Selbstverwirklichungsgewäsch! Das hat die Natur schon genauso eingerichtet, daß die Frau bei ihrem Kind zu sein hat! Der Mann gehe seinem Handwerk nach, und die Frau halte das Haus sauber und ansonsten den Mund. Steht doch schon irgendwo im Alten Testament! Die Frau schweige in der Kirche, steht da.

Ja, bei Ätzekiel, sagte ich muffig. Ist aber nicht mehr zeitgemäß! Da könnte ich ja einpacken!

Hör auf mich, sagte Tante Lilli. In zwanzig Jahren redet kein Mensch mehr von der Selbstverwirklichung der Frau. Da stehen die Frauen wieder hinter dem Kochtopf, denn das ist Selbstverwirklichung!

Ja, wenn man Knödelweitwurf studiert hat, nörgelte ich. Aber ich habe mein Jodeldiplom! Ich will weder den Kochlöffel halten noch die Schnauze!

Das nützt keinem, tadelte Tante Lilli streng. Hoffarth, Reichtum, Augenlust!

In dem Moment kam Klaus mit der Pumpe. Er richtete mir im sogenannten Kinderzimmer ein gemütliches Plätzchen ein, mit Blick auf die Bremer Stadtmusikanten, die Frau

Pupke auf ein grünes Tuch gebatikt hatte. Ich war dann so lange sozial, bis die Flasche voll und die Stimmung im Eimer war.

Frau zu sein machte absolut keinen Spaß.

Stunden später, als der schachmatte Paul endlich die Milchflasche geleert hatte, wankte ich vor Frust und Erschöpfung weinend ins Bett. Klaus wollte noch ein bißchen nett zu mir sein, um mich zu trösten, aber ich fuhr ihn dermaßen übellaunig an, daß er es für psychologisch geschickt hielt, mich einfach ein bißchen in Ruhe zu lassen.

Dann telefonierte er mit der alternativ angehauchten Hebamme. Einer Wöchnerin stehen nämlich Schutz und Rat einer Haushebamme zu, bis alle ihre Wehwehchen verheilt sind, das steht in irgendeinem Mutterschutzgesetz. Klaus hatte das gelesen, ich natürlich nicht.

Schwester Müsli erschien gleich am nächsten Morgen.

Sie brachte eine Packung Kleenex mit und saß milden Mundes auf meinem Bettrand, bis meine kampfmüde Seele fürs erste genug geheult hatte.

»Die Methoden der Schwester Hildegard sind sicherlich ein Weg«, sagte sie. »Aber es gibt inzwischen natürlichere Möglichkeiten, Stillprobleme zu lösen.«

Erwartungsvoll gaffte ich sie an. Letzte Tränen tropften auf meinen schlafenden Sprößling Paul, die Ursach' aller solcher Plagen.

»Haben Sie tiefgefrorene Erbsen im Haus?« fragte Schwester Alternativa.

Ich zuckte verblüfft die Achseln. »Weiß nicht. Ich wohne hier erst seit gestern!«

Die Schwester fragte den Doktor. Der Doktor fragte Frau Pupke.

Frau Pupke, eine wackere und sehr eifrige Arbeitnehmerin in den Sechzigern, sagte, daß nur tiefgefrorener Rosenkohl im Hause sei. Ob sie den auftauen solle. Sie wisse aber zuverlässig, daß Rosenkohl Blähungen verursache und darum nicht gut für stillende Mütter sei! Ihre Bekannte Ursula habe damals auch…

Sie solle ihn nicht auftauen, sagte die Öko-Schwester. Sie möge Erbsen besorgen, und zwar mindestens vier Kilo.

Frau Pupke lief unter weiteren hilfreichen Ratschlägen davon. Und zwar zum Wochenmarkt, weil es dort frische Erbsen gab. Frau Pupke machte immer alles hundertfünfzigprozentig, auch wenn der Schuß nach hinten losging.

Während wir warteten, kam der Hebamme die Idee, Paulchen doch einfach mal anzulegen. Mit sanfter Energie schob sie die Milchpumpe weg. Paulchen saugte sich an der Warze fest und schlief weiter. Immerhin: Er war kein Brustverächter, wie Hildegard so salopp gesagt hatte! Er fühlte sich rein lagemäßig dort sehr wohl, und das hielt auch Alternativa für einen guten Ansatz!

»Aber er soll nicht am Busen lungern«, sagte ich, »hat Hildegard gesagt. Dann verweichlicht der Kerl von Anfang an!«

»Hildegard sagt das nur, weil bei ihr noch nie jemand am Busen gelungert hat«, sagte die Hebamme. Wer hätte das gedacht. Solche Spitzfindigkeiten hätte ich Fräulein Birkenstock gar nicht zugetraut.

Frau Pupke brachte die Erbsen. Sie waren nicht tiefgefroren und deshalb für unser Vorhaben nicht zu gebrauchen. Frau Pupke war aus derselben Generation wie Schwester Hildegard und Tante Lilli, deshalb mangelte es ihr an Phantasie und Improvisationsgabe.

Die tiefgefrorenen Erbsen seien dazu da, den Milchfluß zu stoppen, sagte die nette Schwester. Ich solle sie tütenweise auf die Brust legen. Klaus Klett bestellte telefonisch bei der Firma »Frittenfrost« Erbsen im Zentnerpack. Frau Pupke war beleidigt, weil sie nun umsonst auf den Wochenmarkt gerannt war. Ich sagte, daß wir die nette Schwester ja zum Dank mal zum Essen einladen könnten. »Hülsenfrüchte, nichts als Hülsenfrüchte!« knödelte ich frei nach Alban Berg, und Klaus Klett sagte erfreut, daß ich meinen alten Humor ja schon wieder hätte. Frau Pupke wußte auch gleich ein schmackhaftes Rezept für eine Erbsensuppe, und Fräulein Birkenstock wollte dann nicht länger stören.

So kam es, daß die Diva am ersten Tag ihres Zusammenlebens mit Herrn Doktor Klett im trauten Tête-à-tête mit eisgekühltem Erbsenbusen auf dem Sofa saß.

Immerhin heulte sie nicht mehr, die Launische.

Und das war ja schon ein Anfang.

Die nette Schwester hatte mir nicht nur den Trick mit den Erbsen verraten, sie wußte auch zuverlässig von der Existenz einer sogenannten Stillgruppe im Alternativen Zentrum. Dort solle ich doch mal vorbeischauen, da gebe es lauter Frauen in meiner Situation, die Atmosphäre sei locker und ungezwungen, und selbstverständlich würden die Babys dort bei Stilltee und selbstgebackenen Schrotplätzchen im gemeinschaftlichen Kreise angelegt.

»Jede legt ihr eigenes an?« fragte ich. »Oder tauscht man die Säuglinge auch schon mal untereinander aus?«

»Jede ihrs natürlich!« sagte die Hebamme befremdet. Komisch, wo sie doch sonst so aufgeschlossen für hübsche Ideen war!

Ich dachte da zum Beispiel an dieses nette Gesellschaftsspiel: »Mein rechter, rechter Busen ist frei, ich wünsche mir den Daniel herbei« oder so. Aber die Hebamme hielt nichts davon. Tante Lilli auch nicht. Sie sagte, mir fehle die sittliche Reife.

Jedenfalls ging ich gleich am nächsten Tag hin, schließlich hatte ich unendlich viel Zeit!

Die Leiterin der Gruppe hätte eine Zwillingsschwester meiner Bio-Hebamme sein können, so ähnlich sah sie der! Auch sie trug die Haare hochgesteckt zum lockerstruppigen Haarkranz, ihr Rock war weit und geblümt, ihr selbstgestrickter Pulli schlabberte ihr um die mageren Hüften, und Busen hatte sie keinen. Genau die richtige Voraussetzung zur Leitung einer Stillgruppe! Ich war verblüfft.

Sie hieß Holweide-Backes und mit Vornamen Thekla. Die geblümte Thekla schenkte mir nur einen flüchtigen Blick, als ich mit meinem sperrigen Kinderwagen in den schmuddelig-gemütlichen Sitzungsraum Einzug hielt. Niemand half mir, als ich mit dem Gefährt in einem selbstgehäkelten Sofakissen steckenblieb.

Die anwesenden Stillemanzen hatten sich und ihre Brut auf herumliegenden Matratzen ausgebreitet. Auf einem niedrigen, wackeligen Tisch in der Mitte des Raumes standen ein paar Tassen und Näpfe unterschiedlichen Designs. Verheißungsvoll lachten mich zwei große Kaffeekannen an, aber der Duft, der ihnen entströmte, war nicht Tchibos hinterletzte

Bohne, sondern eine Mischung aus Klosterfrau-Melissengeist und Kamillenblütenextrakt. Schade. Ich hatte richtig Lust auf einen Stimmungsanreger! Sekt hätte es auch getan! Wir Frauen müssen zusammenhalten und Spaß haben! Während unsere Männer im engen Hemdkragen an ihren Computern sitzen und trockene Zahlen auf den Bildschirm hacken, sollten wir uns einen antrinken, Mädels, und jubeln in glockenheller Weinseligkeit von alten Zeiten, während unsere Babys fröhlich brabbelnd über die selbstgeflickte Krabbeldecke robben! Wenn wir schon nicht berufstätig sein dürfen, dann lasset uns unser Leben auf andere Weise fröhlich gestalten! Stillen ist toll!

Ein Poster mit eben diesem Slogan und drei wonnevoll satten Wuchtbrummen hing übrigens an der Wand.

Doch meine Einstellung teilte niemand. Es herrschte eine ernste, arbeitsintensive Atmosphäre auf den niedrigen Schmuddelsofas, und Thekla die Geblümte war schweigend in ihrer Stillteetasse versunken. Wahrscheinlich meditierte sie und wollte nicht gestört werden. Vor ihr lag immerhin eine schwarze Mappe, die mich schmerzvoll an meine Notenmappe aus vergangenen Zeiten erinnerte. Sie enthielt aber keine eselsohrigen Noten, sondern die Liste der anwesenden Mütter. Da es erst eine halbe Stunde über den offiziellen Beginn der Veranstaltung war, hatte noch niemand mit der Eröffnung der Sitzung begonnen.

Ich ließ mich plump in eine Ecke fallen und gaffte auf die andern. Paulchen im Kinderwagen war wie immer im Tiefschlaf.

In der rechten Ecke des Raumes lümmelten zwei Mädels in praktisch zu öffnenden Latzhosen, die redeten mit sorgenzerfurchter Miene über die Schadstoffe in der Luft. Zwischen zwölf und sechzehn Uhr verließen sie niemals ihre Wohnung, die sie mit selbstgestrickten Würsten hermetisch gegen das Ozonloch abgesichert hatten. Die eine trank Stilltee, die andere rauchte.

Mir gegenüber saß ein blasses Mädel, das hatte Probleme, den etwa zweijährigen dicken Brummer auf ihrem hochschwangeren Bauch so zu lagern, daß er optimal an der Brustwarze zu liegen kam.

Links am fleckigen Vorhang tummelten sich einige Kleinkinder im Vorschulalter. Sie wickelten sich gegenseitig ein und rissen mit Begeisterung an der selbstgeflochtenen Kordel. Zu welchen Müttern sie gehörten, war nicht ersichtlich, da niemand ihnen Beachtung schenkte.

Nach mir kamen noch zwei, drei junge Frauen mit Kinderwagen an. Sie hockten sich mit ihren Säuglingen in die Runde, zogen die Nase hoch und schenkten sich Stilltee ein.

Gespannt wartete ich auf den Beginn der Veranstaltung. Doch es tat sich nichts. Es herrschte eine Atmosphäre wie im Wartezimmer: Man saß gelangweilt herum, einige redeten, die meisten schwiegen, die Babys quäkten. Dauernd wartete ich auf eine Stimme, die »Der nächste bitte!« rufen würde.

Ich versuchte, ein wenig Anschluß zu bekommen, indem ich interessiert nickend bei einem dieser Privatgespräche zuhörte.

Der Benjamin einer Stillgruppenteilnehmerin hatte interessanterweise immer morgens nach dem Stillen einen nicht enden wollenden Schluckauf, während die Ilka-Sabrina ihrer Gesprächspartnerin regelmäßig dreimal nachts fürchterliche Blähungen bekam, die nur nach stundenlangem Fußmarsch durchs Treppenhaus den erlösenden Kackanfall auslösen konnten. Fast immer sei der Windelinhalt hellgrün und dazu breiig dünn. Er röche jedoch frappierenderweise eher nach Zimt als nach Kacke, und das sei bei ihrem Sohn Jan-Patrick ganz ähnlich gewesen!

Sehr bereichert wendete ich meinen höflich nickenden Kopf einem anderen Gesprächskreis zu. Drei Frauen, deren wohlgenährte Säuglinge am Busen lungerten, tauschten sich über den verwahrlosten Zustand ihrer benachbarten Spielplätze aus. Bei der einen lagen Scherben unter dem Klettergerüst, die andere wußte von rostigen Nägeln an der Rutsche zu berichten, und die letzte erzählte von einer Protestaktion gegen Hundekot im Sandkasten, an der sie und ihr Lebensgefährte unlängst teilgenommen hatten. Die selbstentworfenen Demonstrationsfahnen seien noch zusammengerollt in ihrem Schlafzimmer, sie könne sie beim nächsten Mal gerne mitbringen, falls jemand anderes Verwendung dafür hätte.

Niemand hatte Verwendung für selbstgemalte Hundekotslogans auf anderleuts zusammengenähten Bettlaken, und so breitete sich wieder ödes Schweigen über der Stillgruppe aus.

Weil ich ein so kontaktfreudiger Mensch bin, fragte ich nach vierzig Minuten, ob die Veranstaltung eigentlich schon begonnen hätte.

»Was für eine Veranstaltung?« fragte die busenlose Leiterin und tauchte unverbindlich aus ihrer Tasse auf.

»Ich dachte, dies hier sei eine Stillgruppe?« fragte ich unsicher. »Oder heißt die so, weil man hier einfach nur still herumsitzt?« Niemand fand meinen Wortbeitrag gelungen, alle starrten mich übellaunig an. Jemand biß geräuschvoll in ein Hirseplätzchen, das auf dem Boden gelegen hatte.

»Wenn du dich nicht in die Gruppe einbringen willst, kannst du auch nichts von der Gruppe erwarten«, sagte die geblümte Thekla mit hochgezogener Augenbraue. Dann schlug sie erstmalig ihre Mappe auf und fragte: »Habe ich dich schon in meiner Kartei?«

»Nein«, sagte ich freundlich, »mein Name ist Frohmuth.«

Frau Holweide-Backes kramte umständlich in ihrem flikkenbesetzten Beutel nach einem Griffel und notierte mit dem Gerät, das nicht so recht schreiben wollte, meinen Namen. Dann klappte sie die Mappe wieder zu.

»Was hast du denn für Probleme?« fragte sie.

»Keine«, sagte ich und fühlte unbegreiflicherweise eine starke Abneigung gegen das Geduztwerden.

»Und warum bist du gekommen?« (Warum bist du kommen?)

»Weiß ich auch nicht«, sagte ich und rappelte mich mühsam aus der Sitzecke hoch. »Ich dachte, hier würde in fröhlicher Runde gestillt!«

»Keiner hindert dich daran!« sagte Thekla die Schmalbrüstige.

»Ach nein«, sagte ich, »das tu ich dann besser zu Hause. Dabei kann ich wenigstens noch fernsehen«, bemerkte ich provozierend unkreativ.

»Total zu ist die, total verklemmt«, sagte eine, als ich mit meinem sperrigen Kinderwagen über die Schrotplätzchenkrümel davonfuhr.

Das Leben zu Hause nahm so seinen Lauf. Paulchen war inzwischen aufgewacht und entwickelte – ganz der Vater – einen sehr gesunden und eigentlich niemals verebbenden Appetit. Ich fristete mein Dasein stets in seiner Nähe, weil er in Abständen von etwa zwanzig Minuten an die Brust gelegt zu werden begehrte, wo er dann nach anfänglichem gierigen Saugen in sein altes Phlegma verfiel und genüßlich grinsend einschlief. Kaum hatte ich mich seiner entledigt und den schnaufenden Kerl irgendwo abgelegt, fing er höchst unwillig an zu schreien und biß so hungrig in seinen Ärmel, daß ich mir wie eine ganz üble Rabenmutter vorkam. Armer kleiner Kerl! Die Mutter vertreibt sich mit sinnlosen Dingen die Zeit, und der hilflose Säugling stirbt vor Hunger!

So kam es, daß ich eigentlich den ganzen Tag irgendwo untätig herumsaß, während Paulchen an meinem Busen lungerte. Die alternative Hebamme, die noch dann und wann nach dem Rechten schaute, fand das ganz O. K. so. Sie konnte ja nicht ahnen, daß ich ganz versessen darauf war, mal wieder eine Tonleiter gegen die Wand zu schmettern!

Statt dessen fragte sie mich, ob ich denn wirklich bei den Plastikwindeln bleiben wolle, die dem Kind das unschöne Gefühl vermittelten, in Zellophan urinieren zu müssen. Es sei doch ein leichtes, die guten alten Stoffwindeln der Großmutter vom Dachboden zu holen und zu entstauben, damit das Kind in den Genuß des naturbelassenen Pinkelns käme. Sie verwies mich auch auf ein wollenes Alternativdessous, das es in jedem Bioladen neben ungespritzten, schrumpeligen Äpfeln und schaumloser Kernseife zu kaufen gebe. Das müsse man überhaupt nicht waschen, sondern vollgepinkeltermaßen zum Trocknen in die Sonne hängen, bis es die ihm eigene, mutterleibähnliche feuchtwarme Konsistenz angenommen habe, die der Säugling doch schließlich gewöhnt sei.

Ich bedankte mich für ihre freundlichen Ratschläge und dachte dabei »wehmutsvoll-nach-dir-mein-Lieb-das-Herze-brennt« an Johannes Brahms.

Kind, daß du aber auch nie zufrieden bist!

Mittags kam Klaus von der Arbeit nach Hause. Frau Pupke hatte stets liebevoll für ihn den Tisch gedeckt und ein schmackhaftes Kartoffel-Gemüse-Fleisch-Menü zubereitet, das auf der Warmhalteplatte stand.

Ich fraß im höchsten Stadium der Breisucht alle Pröbchen aus der Klinik auf, während er sich den rheinischen Sauerbraten oder die gebratene Rinderkeule schmecken ließ.

»Bist du glücklich?« fragte er mich dann und wann in seiner aufmerksamen und zuvorkommenden Art, während er an einem Hühnerbein knabberte.

»Klar«, sagte ich dann schnell, »wahnsinnig glücklich!« Und frönte gierig meiner Leidenschaft für Vollkorngrieß und Honigschleim.

Nachmittags mußte Klaus wieder in die Klinik. Ich sattelte meinen Kinderwagen, belud ihn mit ein paar Reservewindeln, einer Teeflasche im Flaschenwärmer, Strampelhosen und Hemdchen zum Wechseln und einigen anregenden Quietschentchen und zog meines Weges, immer um die spätsommerlich beleuchteten Häuserblocks herum. Paulchen pflegte ausgiebig zu schlafen, wenn er im Wagen gefahren wurde, und ich konnte bei meinen Spaziergängen wenigstens nachdenken.

Hast du dir so dein Leben vorgestellt, ja? stichelte der Schweinehund.

Natürlich nicht, sagte ich zerknirscht.

Warum läßt du dann nicht jemand anderes den Kinderwagen schieben? fragte der Schweinehund hämisch.

Weil ich kein Geld für einen Wagenschieber habe, sagte ich traurig.

Dann verdien es doch! kläffte der ruppige Köter in mir provokant. Geh wieder singen und bezahl davon ein Kindermädchen!

O nein, das wird sie nicht tun, schaltete sich Tante Lilli ein. Eine Mutter hat bei ihrem Kind zu sein, das hat die Natur so eingerichtet.

Aber das Kind schnallt doch noch gar nicht, wer mit ihm um die Häuserblocks latscht, stichelte der Schweinehund. Hauptsache, es wird geschoben! Das kann auch ein Lakai erledigen!

Obwohl Tante Lilli noch weiter von der Berufung der Frau zum Opferbringen redete, behielt der Schweinehund Oberwasser. Ich küßte ihn auf die feuchtkalte Schnauze. Jawoll, du geliebter Köter, ich werde endlich wieder das tun, wozu ich mich berufen fühle!!

Abends machte ich Klaus von meinem Selbstverwirklichungsentschluß Mitteilung.

»Du kannst natürlich tun, was du willst«, sagte er und schaute auf das Wirtschaftsmagazin im Fernsehen. »Du bist ein freier Mensch!«

Das war im Ansatz schon mal sehr großzügig von ihm.

»Ich möchte auch Miete bezahlen und die Hälfte aller Ausgaben für Paul bestreiten, und ich möchte mir ein Kindermädchen engagieren«, sagte ich in mir Widerworte verbittendem Ton.

»Guck mal, man kann seinen Zweitwagen auch von der Steuer absetzen«, antwortete Klaus, »man muß ihn eben nur erklärtermaßen gewerblich nutzen.« Interessiert starrte er auf den Bildschirm.

»Das Kindermädchen muß ja nur drei bis vier Stunden kommen«, sagte ich verunsichert. »Vielleicht finde ich eine Studentin!«

»Sogar das Radio im Zweitwagen kann man steuerlich absetzen«, antwortete Klaus, »vorausgesetzt natürlich, daß man es überhaupt angemeldet hat! Das muß ich alles mal mit meinem Steuerberater durchkalkulieren!«

Ich guckte ihn staunend von der Seite an. Sollte er mir überhaupt nicht zugehört haben?

»Du, Klaus?« sagte ich und zog ihn am Ärmel. »Ich würde gern wieder arbeiten gehen und mir ein Kindermädchen engagieren!«

»Das Kindermädchen kann man wahrscheinlich auch von der Steuer absetzen«, sagte Klaus, »vorausgesetzt, man läßt es mit Steuerkarte arbeiten. Da muß ich mal sehen, was finanziell günstiger kommt.«

»Ich will meinem Beruf nachgehen!« schrie ich aufgebracht, »interessiert dich das gar nicht?«

»Doch, natürlich«, sagte Klaus. »Du arbeitest ja auch nicht immer mit Steuerkarte, da müssen wir mal sehen, wie wir deine Auftritte beim Finanzamt deklarieren. Deine Abendkleider kannst du nämlich auch von der Steuer absetzen, vorausgesetzt natürlich, du meldest deine Konzerte beim Finanzamt an.« Dabei wendete er seinen Blick nicht von der Fernsehkiste.

»Ich will mich selbstverwirklichen!« brüllte ich. »Ich habe es satt, mit raushängendem Busen im Haus zu sitzen! Ich will in die weite Welt hinaus!«

»Konzerttourneen kann man natürlich hervorragend von der Steuer absetzen«, griff Klaus den Faden auf, »wenn man schön ordentlich alle Belege sammelt! Jede Taxifahrt, jedes Essen im Restaurant kann man von der Steuer absetzen, und es wäre auch geschickt von dir, ausschließlich auf Konzertreisen zum Friseur zu gehen, weil du das dann ebenfalls von der Steuer absetzen kannst. Selbst einen Lippenstift, den du auf einer Konzertreise kaufst, kannst du von der Steuer absetzen. Du mußt aber unbedingt den Beleg mit Ort und Datum aufheben, sonst erkennen sie dir den Lippenstift beim Finanzamt nicht an.«

»Ich will wieder SINGEN!« schrie ich in höchster Wut. »Weil es mir ein tiefes menschliches Bedürfnis ist, kapierst du das nicht?«

»Selbst ein tiefstes menschliches Bedürfnis kann man von der Steuer absetzen«, sagte Klaus, »vorausgesetzt, man läßt sich von der Klofrau eine Quittung geben!«

Wütend sprang ich auf und knallte die Tür hinter mir zu.

Kind, sei nicht gleich so gereizt, rief Tante Lilli hinter mir her, komm sofort zurück und mach die Tür noch einmal leise zu!

Aber ich dachte nicht daran. Sollte Klaus doch die kaputte Tür von der Steuer absetzen.

Wenige Tage später meldete sich das erste Kindermädchen auf meine Annonce hin. Ich hatte die Begriffe »liebevoll« und »flexibel« darin untergebracht, ersteres, weil ich mein schlechtes Gewissen beruhigen wollte, und letzteres, weil ich ja keine festen Arbeitszeiten haben würde.

Das Kindermädchen machte einen etwas verwahrlosten Eindruck und brachte seine Referenzen in Form zweier schlecht erzogener Abkömmlinge gleich mit.

Während des Vorstellungsgesprächs gestalteten die beiden meine Wohnzimmereinrichtung völlig neu und hinterließen überall klebrige Schmiere aus Kaugummi, Abziehbildchen und Rotz.

»Alexander und Vanessa, LASST es!« rief die Bewerberin ein übers andere Mal freudlos aus, und unsere Unterhaltung mußte völlig abgebrochen werden, als die beiden mein Klavier entdeckt hatten und nun des Tastendreschens in Klirr-Moll nicht müde wurden.

Ich fragte die Dame, ob sie nicht mit der Erziehung ihrer eigenen Kinder voll ausgelastet sei.

»Nä!« rief sie gegen den Lärm an. »Wat kann man an denen denn noch erziehen! Außerdem brauch isch dat Jelld!«

Ich dankte ihr für ihre Ehrlichkeit und sagte, sie werde von mir hören. Beim Abschied meinte sie noch, daß der Paul auch ihren alten Laufstall und verschiedene ausrangierte Latzhosen bekommen könne, die flögen bei ihr zu Hause sowieso nur rum. Ich wertete dies als ausgesprochenes Entgegenkommen und schob sie und ihre repräsentative Brut erleichtert zur Tür hinaus.

Das zweite Kindermädchen war eine Studentin der Medizin, sehr hübsch, sehr blond, sehr langbeinig und sehr knakkig. Sie erzählte mir zwischen zwei Zigaretten von ihrem anstrengenden Studium, ihren vielen sportlichen Tätigkeiten wie Tennis, Reiten, Golf und Surfen und ihrem gelegentlichen Job als Fotomodell. Warum sie sich denn bei mir bewerbe, fragte ich sie erstaunt.

»Weil ich gerne bei einem Arzt arbeiten würde«, sagte die Schöne offenherzig.

Wann sie denn zu babysitten gedenke, fragte ich sie und kam mir dabei entsetzlich häßlich und unförmig vor. Paul lag auch gerade wieder an meinem Busen, und der war nicht annähernd so knackig und bleistiftgetestet wie der ihre.

»Och, das wird sich schon irgendwie zwischendurch einrichten lassen«, sagte sie fröhlich, »ich denke, daß ich hauptsächlich nachts hier sein werde, wenn Sie irgendwo singen gehen!« Vielleicht dachte sie, daß ich in einer rauchigen Bar ins Mikro hauchen und die Nacht zum Tage machen würde? O nein, meine Liebe. So eine bin ich nicht. Auch wenn ich im Moment so aussehe.

Aus unerklärlichen Gründen hatte ich plötzlich etwas dagegen, daß diese langbeinige Intelligenzbestie hier des Nachts mit Klaus über das Nebennierenrindenhormon diskutieren könnte, und sagte hastig, daß ich wahrscheinlich fürs erste selbst auf Paul aufpassen würde.

Sie sei auch in Eile und müsse jetzt gehen, sagte die Blondmähnige und sprang leichtfüßig auf ihren Pfennigabsätzen davon.

Die dritte Bewerberin war eine ältere Frau, die einen dieser neonfarbenen Trainingsanzüge anhatte, mit denen Frau von Unterwelt in die Kaufhalle oder in den Massa-Markt zu gehen pflegt. Sie war in Begleitung eines großen seibernden Köters, der mir zur Begrüßung einen ausgelutschten Tennisball aufs Sofa legte.

»Harro, isch will dat nit!« sagte die sportliche Rentnerin mit heiserer Stimme. »Dun dat Bällsche fott, du hasses jehört, ich sarret nich noch mal!« Autokratischer bis autoritärer Erziehungsstil, diagnostizierte ich so für mich hin. Dabei kam eine alkoholschwangere Fahne bei mir an. Harro nahm »dat Bällsche« vom Sofa und seiberte es mir vor die Füße. »Der duht nix«, sagte die kölsche Dame, »der will nur spille!« Ich will aber nicht spille, dachte ich, ich will Tonleitern singen und meine Ruhe haben! Außerdem haben wir nicht genug Schnaps im Haus.

Die Dame war erledigt.

Dann meldete sich niemand mehr. Frustriert zog ich Tag für Tag mit Paul im Kinderwagen meine Runden durch unser biederes Wohnviertel. Jede Viertelstunde sah ich auf die nahe Kirchturmuhr und wunderte mich, wie langsam die Zeit verging. Wenn mir eine Frau mit Kinderwagen begegnete, lächelte ich sie mitleidig an. Manchmal wurde mitleidig zurückgelächelt, meistens nicht.

Kind, du versündigst dich. Andere gäben etwas darum, ein so süßes Kind zu haben!

Ich weiß, Tante Lilli, sagte ich und schämte mich abgrundtief.

Man muß auch mal Opfer bringen, sagte Tante Lilli. Das haben wir nach dem Krieg auch gemußt. Oder meinst du, da hätten wir tun können, was uns Spaß machte?

Nein, Tante Lilli. Du hast bestimmt nie getan, was dir Spaß gemacht hätte.

Das Leben macht nicht immer nur Spaß! Es wird Zeit, daß du jetzt mal den Ernst des Lebens kennenlernst!

Ja, Tante Lilli, sagte ich müde. Stimmt, den hatte ich noch gar nicht kennengelernt, den Ernst.

Mein Schweinehund lag schlafend auf seiner Ottomane, aber seine Augen waren offen.

Gibst du dich etwa geschlagen? fragte er. Dabei glomm es gefährlich in seinem einen Auge.

Hast du eine Idee? fragte ich gereizt. Ich hab' Paul in die Welt gesetzt, jetzt muß ich mich auch dazusetzen.

Andere Frauen schaffen das doch auch, stichelte der Schweinehund. Wenn du weiter so unzufrieden bist, ist es besser für Paul, du gibst ihn in einer Krippe ab! Die Milch wird ja sauer, wenn du den Busen weiter so hängen läßt!

Das konnte ich nicht machen, völlig klar.

Kommt NICHT in Frage! Wenn du Klaus nicht heiraten willst, mußt du die Suppe allein auslöffeln!

Ich will nur ein kleines bißchen Freiheit! Nur so viel, daß ich wieder singen kann!

Jetzt heul nicht gleich, Kind, sagte Tante Lilli streng. Daß du aber auch so egoistisch bist!

Abgesehen von meinem egoistischen Berufstätigkeitstrieb wuchs mir mein Paulchen aber immer mehr ans Herz. Ich drückte und knutschte ihn manchmal so fest, daß er sein Gesicht weinerlich verzog. Beim Stillen guckten wir uns unverwandt an, Paul und ich, und seine großen wasserblauen Augen ließen mich nicht mehr los. Manchmal ließ er von mir ab, um zu grinsen, aber dann schnappte er gleich wieder zu.

Wenn ich ihn gebadet hatte, schmuste ich in Anfällen von Zärtlichkeit so lange an ihm herum, bis er zu niesen begann. Seine kleinen weißen Beinchen waren so weich und griffig, sein Bäuchlein so zufrieden prall und sein Doppelkinn so entzückend beseibert! Mit seinen völlig knöchellosen Händchen umfaßte er immer gierig meine Zeigefinger, und als er zehn Wochen alt war, schenkte er mir gar sein erstes Lächeln! Ich jauchzte vor Entzücken und sang ihm stundenlang flötenhelle

Sopranarien vor, weil richtig satte Töne ihn vielleicht verschreckt hätten, kurz, ich verhielt mich absolut kindgerecht. Klaus freute sich an unser beider Anblick, wenn er nach Hause kam. Vom Heiraten sprach er nie wieder, so wie ich vom Berufstätigsein nie wieder sprach.

Unser Leben war einträchtig und friedlich. Man hätte sich daran gewöhnen können. Wenn nicht der Schweinehund gewesen wäre. Er wollte einfach nicht in seiner Hütte hocken bleiben!

Du, Pauline, knurrte er, jetzt kommt der Herbst! Freust du dich schon darauf, deine grauen verregneten Wochenenden auf der Krabbeldecke und vor dem Laufstall zu verbringen?

Ich versuchte, das Gestichel zu überhören.

In den Kirchen ist jetzt Hochsaison, sagte der Schweinehund schadenfroh. Deine Lieblingskollegin Walpurgis wird sich freuen, wenn sie deine Konzerte kriegt! Aber du kannst ja Paulchen dein Repertoire vorsingen!

Das war zuviel.

Walpurgis sollte kein einziges Requiem abstauben! Nur über meine Leiche!

Ich ging zum Telefon und rief meine frühere Agentur an.

Drei Wochen später fuhr ich zu meinem ersten Konzert. Ich war entsetzlich aufgeregt, hatte ich doch seit fast einem Jahr nicht mehr gesungen!

Paulchen klemmte in seinem Babysitz und knütterte. Mit der freien Hand steckte ich ihm alle drei Minuten den Schnuller wieder in den Mund, den er ungnädig ins Auto spuckte.

»Mih mih mih«, machte ich immer wieder, um zu überprüfen, ob meine Stimmbänder noch da waren, und »rabäh rabäh«, machte Paulchen, um zu beweisen, daß seine Stimmbänder auf jeden Fall noch da waren.

Um vierzehn Uhr war die Probe angesetzt, und zwar im norddeutschen Vlixta. Ich hatte telefonisch um ein Privatquartier gebeten, da ich einen Säugling mitbrächte. Der Dirigent fand das prima und hatte Paulchen und mich bei einem Landwirt in Vlixta-Dorf untergebracht.

Nach dreimal unterbrochener Fahrt mit Windelwechsel in der Autobahnraststätte und trotzig-selbstbewußtem Stillen in einer Ecke der Gaststätte – ja hätte ich mich denn aufs Klo verziehen sollen? – kam ich auf dem öden Kirchplatz von Vlixta an.

Mühsam kramte ich meine und des Babys Sachen zusammen, wuchtete den Kinderwagen aus dem Kofferraum, klappte ihn unbeholfen auf, wobei ich mir noch die Finger klemmte, hob das schlafende Bündel Paul aus seinem Kindersitz und hielt schließlich mit Koffer, Wickeltasche, Kinderwagen und zitternden Knien Einzug in die kalte Kirche.

Drinnen war ein Küster damit beschäftigt, Stühle zu rükken und Mikrophone zu installieren. Als er mich sah, schüttelte er den Kopf.

Ich setzte mich in eine Bank, stellte den Kinderwagen neben mich und begann zu vespern, indem ich drei Töpfe Milchreis mit Zimt in der Kirchenbank aufbaute.

Der Küster blickte zwar befremdet rüber, sagte aber nichts. Sein Geschraube und Gerücke hallte in der Kirche wider.

Mir war ziemlich schlecht vor Angst, aber ich mußte was im Magen haben und würgte tapfer an des Reises rauher Rinde. Maria Würgine vom Nebenaltar sah mir dabei zu. Sie konnte sich mit Sicherheit in mich hineinversetzen. Dann warf ich einen Blick auf den immer noch schlafenden Paul, ließ vorerst meine Abfälle liegen und ging ein Klo suchen. Ein Klo ist vor Konzerten das allerwichtigste, erstens wegen der bereits erwähnten Angstgeschäfte, zweitens, weil man dort relativ ungestört bei günstiger Akustik ein paar Tonleitern singen kann, und drittens wegen des Spieglein Spiegleins an der Wand: wer hat das schönste Stimmenband?

Frau Jammersängerin, ihr seid die Schönste hier, aber die Sopranistin hinter den Mauern des Aborts ist noch tausendmal schöner als ihr!

Als ich nach etwa zwanzig Minuten eingesungen und frisch geschminkt in die Kirche zurückkam, war der Kinderwagen weg.

Einsam lag die Wickeltasche in der Bank. Der Küster war auch weg. Entsetzen überfraute mich.

Mit klopfendem Herzen balancierte ich über Schnüre und Kabel, umrundete einen herumliegenden Kontrabaß und wand mich zwischen Notenpulten hindurch. In heller Panik durchforstete ich die Sakristei, den dunklen Keller der Kirche und den öden verlassenen Parkplatz. Weit und breit war kein Kinderwagen zu sehen und auch kein Küster!

Gerade als ich in hilfloses weibliches Weinen ausbrechen wollte, fuhr ein Polizeiwagen vor der Kirche vor, dem ein Jungpolizist und der Küster entstiegen.

Der Küster war mitsamt Kinderwagen zur Polizei gegangen.

Im nachhinein kann ich das sogar verstehen! Endlich tat sich einmal was im langweiligen Vlixta, und dann sogar noch in der öden, schmucklosen Kirche, die ihm seit über dreißig Jahren nichts anderes bot als Stühle rücken, Kerzen anzünden und Mikrophone schrauben!

Der Küster, der immer gern »Aktenzeichen: XY... ungelöst« schaute, war sich ganz sicher, in eine Art Entführungsdrama verwickelt worden zu sein. Da kam eine fremde Frau, brachte ein Baby in die Kirche und verschwand auf geheimnisvolle Weise. Zurück ließ sie nur eine Wickeltasche, die vermutlich Waffen oder Lösegeld enthielt, und einige leergefressene Näpfe Milchreis, die mit Sicherheit dazu dienten, Heroin darin zu verstecken. Der Küster hielt es für seine verdammte Pflicht und Schuldigkeit, als verantwortungsbewußter Bürger der Stadt Vlixta diesen verdächtigen Vorfall sofort bei der Polizei zu melden. Obwohl es Samstag nachmittag war, traf er einen diensthabenden Wachtmeister an und konnte ihm seine schlafende Beute offerieren. Der Polizist, der erst einundzwanzig Lenze zählte, hatte Angst vor dem schlafenden Knaben, an dem wahrscheinlich ein paar Wanzen angebracht waren, und ließ ihn vorsorglich auf der Wache zurück, um zuerst einmal den Tatort zu sichern.

»Da ist sie!« schrie der Küster, rannte auf mich zu und ergriff krampfhaft meine Handgelenke. Inzwischen tauchten die ersten Chorsänger mit ihren Noten unter dem Arm auf. Freudig überrascht blieben sie stehen, um an dieser nicht alltäglichen Begebenheit teilzuhaben.

Der Polizist kam ebenfalls herbeigesprungen und hielt mich fest. Er war wirklich noch sehr jung; nicht ein einziges Barthaar zierte seine kindlichen Wangen. Er roch nach Clearasil.

»Wo ist mein Kind?« fragte ich zittrig, weil ich ja noch nicht wußte, weshalb der Kinderwagen verschwunden und der Polizist aufgetaucht war.

»Haben Sä das Känd än der Kärche abgestellt?« fragte mich der Polizist in seiner unverwechselbaren Mundart, und der Küster schrie: »Hat sie, hat sie! Ich hab's genau gesehen!«

Aus lauter Panik schoß mir die Milch ein. Ein hilfloses Muttertier ohne sein Rehkitz! Sicher schrie es irgendwo nach mir und hatte Hunger! Ich fing an zu heulen!

»Da, sehen Sie! Sie ist ertappt!« brüllte der Küster in die staunende Runde. »Sagen Sie sofort, wer Ihre Hintermänner sind!«

Doch Pauline gab ihm keine Antwort.

Die Chorleute starrten. Immer mehr strömten zusammen und blieben in einem weiten Kreis stehen. Ich wollte zu Paul, und zwar sofort!

Während ich versuchte, mich aus des Küsters eisenhartem Klammergriff zu befreien, spürte ich meine roten Flecke kommen, die mein Gesicht stets dann verunzieren, wenn ich unfreiwillig im Interesse der Öffentlichkeit stehe.

»Kock ma, wie rot die werd«, sagte eine Bauersfrau zur anderen.

»Die hät bestämmt Dräck am Stäcken!«

»Aames Ludä«, sagte eine andere. »Die ist doch bestämmt eine ledige Moddä!«

Der Polizist rief »Weitergehen, hier gibt es nichts zu sehen!« in die Menge, aber das wollte ihm keiner glauben.

»Paul!« schrie ich, »was habt ihr mit ihm gemacht?!«

»Da siehe du zu!« grollte jemand.

»Trraibt doch däs Meedchen näch so en de Änge«, sagte ein anderer.

»Viellaich hät sä eine gänz vernönftege Erklärong för ähr Väholtn!«

Er schien der Dorfälteste zu sein, jedenfalls hörte man auf ihn und ließ von mir ab. Ich rieb mir die schmerzenden Handgelenke und zog die Nase hoch. Jemand reichte mir ein bäuerlich-buntes Schnupftuch.

»Ich bin hier engagiert«, schnaubte ich, »und ich habe mein Baby mitgebracht. Der Dirigent weiß Bescheid!«

»Äch do däcker Schwogä«, sagte der Dorfälteste, »Hoin, däs koß däch ne Rrondä!«

Der Küster wurde rot und sagte sauer: »Konnt ech doch näch wässen!«

»Kann ich jetzt vielleicht erfahren, wo mein Kind ist?« fragte ich.

»Auf'm Revier, inne Ausnöchterungszälle«, sagte der Polizist betreten. »Äch fohr Se hän!«

Es war nur einmal um den Kärchplatz, also zum Glück nicht weit.

Der dämliche Polizist hatte Paulchen sogar eingeschlossen, damit er nicht entwischen konnte! Bei Krämänällen weiß man ja nie, ob sie nicht schon von Kändsbainen an gefährläch und verschlogen sänd!

Ich stürzte mich auf den Kinderwagen und riß das Kind heraus. Dank seines angeborenen Phlegmas schlief Paulchen tief und fest. Von seiner kriminellen Vergangenheit hatte er gar nichts mitbekommen.

In einem ziemlich traurigen Triumphzug wanderten wir zur Kirche zurück, Paulchen, der Polizist und ich, begleitet von einigen Dutzend Schaulustigen.

Das also war mein erster öffentlicher Auftritt nach über neun Monaten Pause.

Kind, mußt du denn auch überall gleich unangenehm auffallen.

Nach der Probe, die leider zweimal unterbrochen werden mußte, weil die Altistin, die ohnehin recht brüchig bei Stimme war, das Baby nähren mußte, fuhr der Dorfälteste vor mir her zu jenem Bauernhof, auf dem wir untergebracht waren.

Die Kunde von unserem nachmittäglichen Drama war uns vorausgeeilt. Überall wurden wir begafft, als kämen wir von einem anderen Stern.

Die wackere Bauersfrau half mir beim Ausladen meines zum Bersten gefüllten Kofferraumes und wies mir mein Kämmerlein unter dem Dach zu. Weil ich kein Reisebett mitgebracht hatte, mußte der Stallknecht mir den Kinderwagen die engen Stiegen hinaufschleppen.

Ziemlich geschafft von des Tages Müh' und Plag' sank ich auf das durchgelegene Feldbett. Draußen war es bereits dunkel, und Nebelschwaden zogen vor dem Kammerfenster auf. Ich fröstelte und sehnte mich nach unserer gemütlichen Wohnung in Köln, nach meiner Wärmflasche und – wer hätte das gedacht! – nach Klaus.

Klaus hatte natürlich mitfahren wollen, weil er mein Fan war, wie er sagte, und zwar in jedweder Hinsicht. Außerdem wollte er mir in bezug auf Paulchen zur Hand gehen und dabei mit links noch ein paar Videoaufnahmen von der singenden Hausfrau machen, die er dann stolz seinen Eltern vorführen konnte. Aus unerklärlichen Gründen herrschte ich ihn an, daß er gefälligst zu Hause bleiben solle mitsamt seiner Videoausrüstung und daß ich Fraus genug sei, mit so einer lächerlichen Doppelbelastung allein fertig zu werden. Schließlich hatte ich monatelang nichts getan als gesäugt und den Kinderwagen geschoben, und JETZT kam meine große Stunde der Selbstverwirklichung!

Nun hätte ich den griffig-knuffigen Landbären natürlich doch gern dabei gehabt, schon um mich ein bißchen an seiner breiten Brust zu entspannen.

Das könnte dir so passen, Kind.

Ist ja schon gut, Tante Lilli, sagte ich und weinte ein bißchen vor Einsamkeit.

Was WILLST du denn nun!? höhnte der Schweinehund. Zu Hause willst du nicht um die Häuserblocks schieben, und in der Fremde fängst du an zu flennen.

Das muß an den Hormonen liegen, sagte Tante Lilli. Stillende Mütter haben so was schon mal.

Ich nahm Paulchen aus seinem naturbelassenen Lammfell und drückte ihn an mich. Paulchen knarzte unwillig und schlief an meiner Schulter weiter.

Von unten rief die Bauersfrau, ob ich einen Pfannkuchen mitessen wolle.

Eigentlich hätte ich ganz gern gewollt, aber sie sollten nicht wissen, daß die weltberühmte Diva, die unter ihrem Dache weilte, mit rotverheulter Nase auf der Matratze saß und vor lauter Kloß im Hals nicht antworten konnte.

Ich lauschte auf das geschäftige Klappern dort unten in der

Küche und auf die Schritte im Flur. Eine fette Spinne kroch von einer Zimmerdeckenecke in die andere. Ich kramte meine Noten aus dem Koffer und schlug sie damit zu Brei. Mit einem Requiem erschlug ich sie. Welche Spinne hat schon so einen würdigen Tod!

Später erwachte Paul. Sein treuer Blick aus großen, runden Augen, sein zufriedenes Schnaufen und seine Fäustchen, mit denen er meine Finger umfaßte, während ich ihn stillte, stimmten mich dermaßen weinselig, daß Paulchen ziemlich durchnäßt wurde.

Das arme Kind, sagte auch Tante Lilli. Kaum drei Monate alt, wird es schon in der Gegend herumgeschleift und muß in ungeheizten Kammern übernachten. Ganz zu schweigen von heute nachmittag, wo er als Findelkind auf dem Polizeirevier landete!

Ich schluchzte, daß es uns schüttelte. Paulchen machte ein Bäuerchen.

Wenn doch Klaus hier wäre! Selbstverständlich hätten wir eine Suite im »Gasthaus zur Wildsau« gemietet, mit Fernseher und Minibar. Unser Paulchen hätte natürlich ein Kinderbett mit Spieluhr, und wir würden jetzt feierlich in der Wirtsstube zu Abend essen. Und die Bauern und Knechte am Stammtisch würden schüchtern zu uns rübersehen und ihre Stimme beim Skatspiel dämpfen, damit das Kindlein nicht erwachte. Leise, leise, fromme Weise.

Siehst du, Kind, ich hab's gewußt. Ohne Mann kann eine Frau mit Kind eben einfach nicht durchs Leben gehen. Mit einem Blick auf mein Da-liegt-es-das-Kindlein-auf-Heu-und-auf-Stroh gab ich alles zu.

O ja, Tante Lilli, ich gäbe was drum, wenn er noch mal um meine Hand anhielte, schluchzte ich und sank dann vor Erschöpfung matt auf die spartanische Matte.

Karriere machen ist doof! Ich will eine Gattin sein!

Das Konzert habe ich in ziemlich unangenehmer Erinnerung.

Schon zwei Stunden vorher traf ich mich mit der Nichte der Bauersfrau, die man zum Kinderhüten engagiert hatte. Sie hieß Maike und sah auch so aus: rund und gepanzert wie ein Maikäfer.

Ich erklärte ihr die Handhabung des Kinderwagens, des Teeflaschenwärmers und der Penatencremedose. Sie beteuerte, sie habe fünf kleine Geschwister und könne sehr gut mit Säuglingen umgehen. Sie werde während des Konzertes ein wenig mit Paul spazierengehen, ich solle mir keine Sorgen machen.

Ich verschwand zum Einsingen im Gemeindehaus und überließ ihr das Kind. Da Paul schlief, war das nicht weiter problematisch. Maikäfer-flieg zog mit ihm über den Marktplatz ab. In einer Stunde solle sie wieder mal vorbeibrummen, rief ich ihr nach, weil ich Paul ja vor dem Konzert unbedingt noch abfüllen mußte.

Das Einsingen war den Umständen entsprechend miserabel. Weil ich die halbe Nacht geheult und die restliche halbe Nacht gesäugt hatte, sprang die Stimme nur höchst unwillig an. Ein mütterlich-ausladendes Vibrato hatte sich meiner Stimmbänder bemächtigt, aber ich versuchte das zu ignorieren. In solchen miserablen Momenten des Lebens hilft nur noch »Hintern zusammenkneifen und durch«, eine Weisheit, die mir schon in der allerersten Gesangstunde mit auf den Weg gegeben wurde.

Ein Sänger, der sich miserabel bei Stimme fühlt, der die halbe Nacht vor Angst auf dem Klo verbracht hat und sich am liebsten im Alkohol ersäufen würde, tut eigentlich ganz gut daran, sich einen Panzer der Borniertheit anzulegen, damit niemand merkt, wie sterblich er ist. Das nur nebenbei.

Maike kam jedenfalls nicht wieder. Der Uhrzeiger rückte unbarmherzig weiter, der Kirchenchor versammelte sich daselbst zum Einsingen, die Klos waren pausenlos besetzt, und ich wanderte ruhelos im Abendkleid vor dem Gemeindehaus hin und her, immer nach einem sperrigen Kinderwagen Ausschau haltend, der von einem brummenden Maikaifer geschoben wurde. Der schwarze Kirchturm ragte düster gen Himmel, und graue Nebel wallten um seine Zinnen.

Mir gefror der Angstschweiß im Still-BH.

Was, wenn Maike etwas passiert war? Was, wenn ein fröhlicher Landmann sie in einen Busch gezerrt und den Kinderwagen in einen Weiher gestoßen hatte? Was, wenn Maike in einer Disco herumsummte und mein Paulchen irgendwo an einer dunklen Straßenecke abgestellt hatte? Die Glocken begannen zu läuten, scheppernd und dräuend hallte ihr schauriger Klang zu mir herüber.

Ihr Gläubigen, kommt und erlebt des Dramas zweiten Teil!

Das Baby ist schon wieder weg!

Gerade als ich überlegte, ob ich mit gerafften Röcken zum Polizeirevier hinüberlaufen sollte, um Paul eventuell aus der Ausnüchterungszelle zu holen, kam Maike fröhlich des Weges geschoben.

Hastig riß ich mir das Kleid vom Busen und rannte mit Paul in die Sakristei, wo schon der Herr Pfarrer und einige Meßbuben erwartungsvoll den Weihrauchtopf schwenkten. Es war zehn Minuten vor acht. Die Kirche war bereits brechend voll. Überall wurden Geigen gestimmt und Fräcke angezogen. Es war ein heilloses Durcheinander. Ich wischte einfach ein paar Klamotten vom Stuhl, ließ mich darauf nieder und drückte Paul die Brustwarze in den Mund, ob er wollte oder nicht. Paul wollte übrigens nicht. Er war gerade erst vom Schlaf erwacht und fand nun die Geräuschkulisse und das Getümmel viel interessanter als die ewig gleich schmeckende Muttermilch.

»Kind, trink!« rief ich nervös.

»Können Sie das nicht woanders machen?« fragte der Pastor pikiert. »Schließlich sind hier Minderjährige!«

Die Meßbuben glotzten fasziniert zu mir herüber.

Paul glotzte fasziniert zu den Meßbuben hinüber.

Ich glotzte fasziniert auf die große Uhr an der Wand.

Noch acht Minuten!

Maike stand an der Tür und glotzte ebenfalls. Sie hatte ja keine Ahnung, was sie angerichtet hatte, die unschuldige Dorfmaid!

In dem Moment stolperte der Kirchenchor herein. Etwa sechzig rotwangige norddeutsche Bauersfrauen mit frischen Dauerwellen und zwanzig sangesfreudige Stallknechte im schwarzen Anzug defilierten an uns vorbei. Kein einziges Chormitglied enthielt sich eines kommentierenden Wortbeitrags, kein einziges. »Wäll es näch tränken?« fragte eine mitfühlend, und die zweite sagte: »So'n Känd brauch doch Rohe!« – »Här es kaine Kräbbelstobe«, strunzte jemand, und

»Hossu näch mal 'n Fotoäppärät dabai?« scherzte ein anderer.

»Konzert hät Verspeetung!« rief jemand dem Dirigenten zu, und »Lasset die Kändlain zu mer komm!« zitierte ein Frömmling.

Welch ein peinliches Spießrutensitzen.

Endlich fing Paul ein bißchen an zu saugen, aber nur ein bißchen, denn nun kam das Orchester an uns vorbei, auf daß ein viel größer Getümmel ward.

Zuletzt kam der Dirigent mit den drei anderen Solisten, die mich strafend anguckten. Hätte ich denn meine schlüpfrigen Privatangelegenheiten nicht vorher erledigen können?

»So, können wir jetzt?« fragte der Dirigent und rieb sich nervös die Hände.

Die Sopranistin jubelte einige Dissonanzen gegen die Wand, um den Sitz ihrer Stimme abzuchecken. Der Tenor spuckte einmal kräftig aus, und der Bassist biß hektisch auf einigen Kräuterbonbons herum. Du zerbrichst sie zu Scherben, dachte ich noch, bevor sich ein großes weißes Bäuerchen auf mein schwarzes Samtkleid ergoß. Es roch ziemlich säuerlich und konnte sogar noch gegen den Weihrauch anstinken.

»Ich müßte noch mal ganz schnell zur Toilette«, sagte ich in höchster Not.

»Ja, aber schnell!« sagte der Dirigent, und der Pastor meinte verbindlich, er könne ja schon mal die Begrüßungsworte sprechen gehen. Ich pflückte Paul von mir ab und drückte ihn der untätigen Maike in die Arme. In höchster Panik lief ich noch einmal ins Gemeindehaus. Draußen war es ungemütlich frisch. Ein herber Wind fegte um die Ecken.

Als ich fünf Minuten später keuchend in die Sakristei zurückkam, war Maike mit Paul und dem Kinderwagen weg. Auf dem Stuhl lagen Paulchens Mütze und sein kleiner gelber Anorak.

Nur eine Mutter kann ahnen, wie höllenmäßig schlecht ich mich in den nächsten zwei Stunden fühlte. Abgesehen von meiner panischen Angst vor meinem ersten brüchigen Solo-Einsatz und vor der langen, schwierigen Arie am Schluß der »Missa Bedrängnis«, wußte ich die ganze Zeit, daß mein zwölf Wochen altes Kind ohne Anorak und Mütze von einem unsensiblen Dorfkäfer durch den Sturm geschoben wurde.

Diese dämliche Maike gehörte doch in den Dorftümpel geschubst!

Ich überlegte die ganze Zeit verzweifelt, ob ich einfach das Podium verlassen und mit gerafften Röcken durch Vlixta laufen sollte, in der Hoffnung, mein geliebtes Paulchen zu finden. Doch der Himmel wußte, wo diese Maike sich mit ihm rumtrieb. Wahrscheinlich war sie zu ihrem Freund gegangen und ließ Paulchen irgendwo im Vorgarten stehen!

Außerdem würde der arme Kerl in Kürze schrecklichen Hunger kriegen, hatte er doch so gut wie nichts getrunken.

Mein erster Einsatz nahte, und ich versuchte, die düsteren Gedanken zu vertreiben. Mit zitternden Knien und noch viel stärker zitternder Stimme stand ich auf und atmete tief durch. »That's Fegefire«, raunte mein Schweinehund, der mit zitternden, dürren Gliedmaßen unter meinem Abendkleid lauerte. »Was braucht die Welt noch Gruselfilme!«

Während des Singens stellte ich mir ununterbrochen vor, daß mein geliebtes Würmlein vor Kälte zitternd irgendwo in einer dunklen Gegend verlassen vor sich hin schrie. Ich konnte es kaum aushalten. Aber es war doch völlig unmöglich, jetzt mitten im Konzert aus der Kirche zu rennen!

Im Duett mit dem Sopran vermochte ich mich fünf Minuten lang abzureagieren. »Miese Röhre nobis«, jammerten wir beide um die Wette, und ich habe diese Worte niemals wieder so brünstig nachempfunden.

Die Messe zog sich endlos hin, der Pastor befleißigte sich einer Open-end-Predigt, von der kein einziges Wort an meine Ohren drang.

Vor mir saßen Hunderte von Vlixtaer Bürgern, und da war keiner, aber auch nicht einer, zu trösten mich... Sollte ich die Predigt nutzen, um durch Vlixtas nächtliche Straßen zu hetzen? Wie lange würde der Pastor noch reden? Wenn er noch fünf Minuten brauchte, käme ich immerhin einmal um die Kirche. Brauchte er noch zehn, könnte ich es zum Polizeirevier schaffen... Das war ein Weg! In mir spannten sich alle Muskeln. Jetzt schnell aufstehen und rauslaufen!

Nein, jammerte der Schweinehund unter meinem Abendkleid, ich bin zu feige! Es ist so entsetzlich peinlich, vor mehreren hundert Menschen vom Solistenpodium zu flüchten!

Los, Pauline, das bist du dem Kleinen schuldig! Hab doch mal ein bißchen Zivilcourage!

Die Polizei soll ihn suchen und ihm seine Jacke anziehen! Wozu sind diese Burschen denn da!

Mach ich nicht, winselte der Schweinehund. Ich halte diese Nervenkiste einfach nicht aus!

Der Pastor predigte.

Pauline, heb deinen Hintern! Du sitzt noch!

Aber Paulchen hat ja immerhin das Federbett, sagte der elende Schweinehund, weil er einfach nicht die Kraft fand, unter meinem Rock hervorzukriechen.

Es weht ein eiskalter Wind!

Der Pastor räusperte sich. Wenn er jetzt nicht »amen« sagte, würde ich gehen. Er sagte nicht »amen«, er holte zu einem neuen, verschachtelten Nebensatzgeflecht aus.

»Mama kommt gleich wieder«, sagte ich halblaut zum verblüfften Dirigenten, weil ich das zu Paul auch immer sagte, und dann ging ich vor dreihundert Augenpaaren rechts vorne in die Sakristei, um kurz darauf mit einem winzigen Anorak und einer selbstgestrickten Pupke-Bommelmütze in Blö wieder herauszukommen. Hocherhobenen Hauptes wanderte ich durch das lange Kirchenschiff nach hinten, krampfhaft bemüht, keinem einzigen staunenden Bürger von Vlixta ins Gesicht zu sehen.

Draußen fing ich an zu rennen. Tante Lilli rannte neben mir her.

Deine verdammte, verfluchte Selbstverwirklichung treibt das wehrlose Kleinkind in Situationen, die un-ver-ant-wort-lich sind! Wenn es NUR eine Lungenentzündung bekommt, kannst du von Glück reden! So jemandem wie dir gehört die Erziehungsberechtigung entzogen!

Auf dem gottverdammten Polizeirevier war alles dunkel. Der bartlose Jüngling von gestern saß wahrscheinlich zu Hause am Fleischtopf und guckte »Tatort«. Da konnte er noch was lernen. Vielleicht saß er sogar im Konzert und freute sich über meine kurzweiligen Soloeinlagen.

Ich rüttelte verzweifelt an der Tür. Nichts rührte sich. Alles war tot. Die Kriminalität in Vlixta konnte ungehindert Blüten treiben.

Das geschieht dir absolut recht, sagte Tante Lilli.

Völlig verzweifelt lief ich wieder zur Kirche. Ich unglücksel'ger Atlas.

Unverrichteterdinge kam ich mit meinem Anorak und der Mütze in Blö zurück. Wieder argwöhnten die toten Augen von Vlixta hinter mir her.

Der Pastor hörte soeben auf zu predigen. Seine Predigt endete mit den Worten: »Jetzt ist die Altistin wieder da, amen.« Einige wenige, die zugehört hatten, lachten anerkennend. »Amen«, brabbelte die restliche Gemeinde, und das Orchester begann die Instrumente zu stimmen.

Der Chor stand auf.

Ich setzte mich hochroten Kopfes auf meinen Stuhl und legte den kleinen gelben Anorak und die Bommelmütze neben mich auf die Erde.

Gerade als der Dirigent den Taktstock hob, klopfte mir jemand von hinten auf die Schulter.

»Ich weiß, wo die Maike ist!« sagte eine Frauenstimme an meinem Ohr. Ich fuhr herum und sah in ein warmherziges Chorsängerinnenantlitz. »Die Maike ist beim Bernd.«

Ich hätte sie gern umarmt und geküßt.

»Und ist es warm beim Bernd?« fragte ich, den Tränen nahe.

»Beim Bernd ist es warm, aber für den Rückweg braucht das Baby die Jacke«, sagte die Frau, und obwohl der Dirigent sie mit Blicken steinigte, bückte sie sich, nahm Anorak und Mütze und ging ganz selbstverständlich mit den Sachen zur Kirche hinaus, sehr zum freudigen Staunen des Publikums. Allmählich begann sich die Menge für die zwei winzigen Kleidungsstücke zu interessieren. Mal sehen, wie oft die noch raus und rein getragen würden!!

Das Credo ertönte, und ich konnte vor Tränen nicht die Noten erkennen. So was von Zivilcourage! Diese Frau wollte ich mein Lebtag nicht vergessen! Es war so unbeschreiblich erleichternd zu wissen, daß Paulchen nun nicht mehr frieren mußte! Wie ein Sack Steine fiel der Druck des schlechten Gewissens von mir ab.

Während die feierliche Messe ihren Lauf nahm, verfiel ich in unkontrollierte Juchzer, die kein Gesangslehrer geduldet hätte.

Kurz vor dem Benedictus kam die Frau zurück. Sie umrundete die weihrauchschwenkende klerikale Obrigkeit, schlängelte sich durch die Geigen und Bratschen, legte mir die Hand auf die Schulter und sagte: »Ihrem Kleinen geht es gut«, bevor sie sich wieder in den Chor einreihte. Im Publikum reckte man die Hälse. Wer von den Musikern mochte gleich aufstehen, um einen kleinen gelben Anorak und eine Bommelmütze in Blö aus der Kirche zu tragen?

Ach wie so menschlich und wie so rührend es doch war! Kaum daß das Muttertier in mir vom Kinde Kunde hatte, schoß hormonstoßartig die Milch ein, und zwei dunkle Kreise bildeten sich auf dem Abendkleid. Sehr apart.

In dieser Verfassung sang ich schließlich mein »Agnus Dei«, und keiner, aber auch nicht einer blieb blöden Blickes im Halbschlaf hocken. Wenn das nicht ergreifend war! Beim allerletzten »Dona nobis pacem« sah ich plötzlich den kleinen gelben Kapuzenanorak unter der bekannten Bommelmütze an der Kirchentür erscheinen. Mit Paulchen drin! Nie gekanntes Mutterglück überkam mich, und ich setzte mein letztes hohes E mit, wie der Vlixtaer Abendbote später schrieb, jubelndem Pathos an die Kirchendecke. Während der Ton noch verhallte, mischte sich ein ganz kleines, dünnes Stimmchen hinein: Paulchen hatte Hunger!

Dreihundert Köpfe drehten sich nach hinten, und alle sahen das kleine gelbe Menschlein, das gierig an seinen Fäustchen kaute.

»Do es jo däs Lötte«, sagte jemand, und dann brach der Beifall los.

Bleibt nur noch von der Rückfahrt zu berichten, die mein erstes Konzert nach der Mutterschaftskrise zu einem unvergleichlichen Erlebnis abrundete.

Ich hatte über eine Stunde gebraucht, um Paulchen satt zu bekommen und eine weitere, um ihn zu wärmen, zu waschen und zu wickeln. Außerdem mußte ich alle Sachen packen, mich umziehen und – last not least – Maike für ihre Dienste bezahlen. Sie versicherte mir, das Babysitten habe Spaß gemacht und sie würde es jederzeit gern wieder tun.

Gegen ein Uhr nachts winkte der Küster mich aus der unübersichtlichen Parklücke. Ich sah den Balken in meinem Auge nicht, so tief hingen die Nebelschwaden. Außerdem war es glatt.

Über die unbeleuchtete Landstraße fuhr ich wie auf faulen Eiern mit vierzig Sachen in unbekannte Richtung, in der Hoffnung, irgendwann ein Autobahnschild zu erspähen. Mein geliebtes Paulchen grunzte zufrieden vor sich hin und genoß zum Nachtisch das unvergleichliche Verwöhnaroma seines Schnullers.

Kein einziges Lebenszeichen war außerhalb der Windschutzscheibe zu erkennen. Angestrengt starrte ich auf die Seitenmarkierung der Straße. Dies versprach ja noch ein ungeahnter Höhepunkt zu werden!

Endlich, endlich gewahrte ich die Nebelschlußleuchte eines Lastwagens. Erleichtert hängte ich mich an ihn dran. Jetzt war es nicht mehr ganz so anstrengend, durch die Schwärze zu balancieren.

»So, Paulchen, das hätten wir!« sagte ich in die Stille hinein.

Klaus hätte so etwas Dummes niemals gemacht. Der ist besonnen! meldete sich Tante Lilli.

Besonnen und gediegen, sagte ich schnippisch.

Fahr sofort an den Straßenrand und halt an!

In dem Moment gewahrte ich das Autobahnschild mit der Aufschrift »Hamburg«.

Da! triumphierte ich, es war die richtige Richtung! Bei meinem Orientierungssinn hätte ich ebensogut die Fähre nach Schweden ansteuern können.

Vorsichtig fuhr ich hinter dem Laster her auf die menschenleere Autobahn. Kein Schwein fuhr außer uns nachts um halb zwei durch die norddeutsch-neblige Einöde!

Warum hast du nicht in Vlixta übernachtet, giftete Tante Lilli.

Weil eine Spinne im Zimmer war, sagte ich.

Weil ich mich an Klausens Brust schmeißen will, bemerkte mein Schweinehund ungefragt.

Und an das Kind denkst du nicht?

Natürlich! Nur an das Kind! Du hast selbst gesagt, daß eine feuchtkalte Dachkammer eine Zumutung für ihn ist!

Das Streitgespräch mit Tante Lilli hinderte mich zwar am Einschlafen, aber meine Augen begannen zu brennen.

Das Nebelschlußlicht des LKWs zerfloß zu einem roten Zerrbild.

Was der Lastwagenfahrer schafft, schaff' ich auch, sagte ich laut zum Lenkrad.

Vielleicht ist der Mann ausgeschlafen im Gegensatz zu dir, mischte sich Tante Lilli schon wieder ein. Vielleicht hat er das ganze Wochenende auf dem Sofa gelegen und nicht wie du Konzerte gegeben und Säuglinge gestillt!

Ein Konzert, Tante Lilli, nur eins, sagte ich. Und von Säuglingen im Plural kann auch nicht die Rede sein.

Tante Lilli neigte schrecklich zu theatralischen Übertreibungen. Eine Eigenschaft übrigens, die sie mir immer zum Vorwurf machte!

Meine Augen brannten inzwischen, als hätte ich in einen Pfeffertopf geniest. Ich klapperte ununterbrochen mit den Lidern, ganz so, wie die Sopranistin das während ihrer hohen Töne gemacht hatte. Echt professionell übrigens. Das ganze Publikum leidet bei so was mit.

Ich kurbelte die Scheibe runter und streckte mein Gesicht in den Sprühregen.

Mach das Fenster zu! Das Kind hat keine Mütze auf!

Die trockene Luft im Auto machte mir zu schaffen. Ich stellte die Heizung ab.

Bist du verrückt?! Das Kind kühlt völlig aus!

Ich könnte anhalten und Paulchen in eine Decke wickeln.

Dann verlierst du den LKW, dumme Pute!

Ich schaltete die Heizung wieder an.

Ein Autobahnschild schlich heran. »Hamburg 116 Kilometer.«

Kind, du schaffst es nicht! Fahr an den Rand und bleib stehen.

Das geht nicht! Wenn ich den Motor ausmache, kühlen wir genauso aus!

Dann laß den Motor an!

Was? Die ganze Nacht? Das ist Umweltverschmutzung!

Dann fahr zur nächsten Autobahnraststätte! Das ist mein letztes Wort!

Verbissen fuhr ich weiter. Der LKW und ich, wir hatten gerade mal sechzig Sachen drauf. Der Nebel wurde immer dichter.

Plötzlich blinkte der Laster nach rechts und verschwand auf einem dunklen Parkplatz. Blitzschnell überlegte ich, ob ich hinterherfahren sollte. Aber ein fremder LKW-Fahrer und ich, eine uneheliche Mutter mit einem unehelichen Kind, mitten in der Nacht auf einem neblig-gottverlassenen Parkplatz... Wenn das kein gefundenes Fressen für des Küsters Lieblingssendung war!

Ich fuhr geradeaus.

Nun war ich ganz allein. Allein mit mir und meinem Gram. Und natürlich mit Paul, für dessen junges Leben ich verantwortlich war.

So hatte ich mir die Rückkehr in den Beruf nicht vorgestellt. Daß das Schicksal mich aber auch so hart zurechtweisen mußte!

Endlos, schier endlos und qualvoll waren die gut hundert Kilometer bis Hamburg. Zweimal wurde ich von einem Auto überholt, sonst war ich der einsamste Mensch auf der Welt.

Als ich die Lichter der Großstadt sah, war ich mit aller Kraft am Ende. Es war kurz vor drei.

Paulchen regte sich, weil das seine übliche Zeit war.

»Warte noch ein kleines bißchen, bitte, brüll jetzt nicht los!« flehte ich ihn an.

Doch Paul fand nicht, daß heute nacht andere Regeln gelten sollten als sonst. Gerade als ich über eine vierspurige menschenleere Stadtautobahn Richtung Innenstadt fuhr, begann er gnadenlos zu schreien.

»Hier kann ich doch nicht anhalten, Kerl!« rief ich beschwörend.

Paul fand das aber wohl. Er brüllte.

Nervös fingerte ich nach seinem Schnuller, aber ich konnte ihn nicht finden, ohne den Blick von der Straße zu wenden.

»Halt's Maul, Paul!« entfuhr es mir. Paul schrie beleidigt weiter.

Natürlich schoß wieder die Milch ein, wie die von Tante Lilli so gern erwähnte Natur das so bei gestreßten Muttertieren eingerichtet hat.

Meine Nerven waren zum Zerreißen gespannt, als ich schließlich bei einer Tankstelle vorfuhr, die die ganze Nacht geöffnet hatte.

Ein verschlafen blickender Mensch hing hinter seinem Nachtschalter und löste Kreuzworträtsel.

Ich befreite Paulchen aus seinem Sitz und bugsierte das schreiende Bündel aus dem Auto. Völlig kaputt und mit viereckigen Augen klopfte ich an das Fenster.

»Hallo! Aufmachen! Dies ist ein Notfall!«

Der Mann hinter seinen Stadtplänen und Schokoriegeln sah das nicht so. Das war doch ganz klar ein Überfall! Struppig aussehende Frau, mit einem schreienden Säugling getarnt, verlangt nachts um drei irren Blickes Einlaß in Tankstelle!

Er rief irgendwas Verneinendes, das ich wegen Paulchens Gebrüll nicht verstand, das aber etwa soviel heißen sollte wie: Stecken Sie Ihren Geldschein in den dafür vorgesehenen Schlitz, und suchen Sie ansonsten das Weite! Ich schrie, daß ich bei der Kälte nicht im Freien stillen könne, aber der Mann zuckte die Schultern und faßte sich fragend an die Ohren.

»Arschloch! Reinlassen!« schrie ich und zeigte auf meinen überlaufenden Busen. Argwöhnisch erhob sich der Mann, schlurfte zur Tür und öffnete sie einen Spaltbreit. Wer klopfet an? Oh, zwei gar arme Leut'! Maria und Joseph dürften sich ähnlich vorgekommen sein, auch wenn ihr Tankwart ein Schankwirt war.

Ich drängelte mich hinein, steuerte auf den warmgesessenen Stuhl des Tankwartes zu, riß mir den Pullover hoch und stopfte Paulchen, der inzwischen bläuliche Verfärbungen zeigte, den Mund.

Doch der Tankwart blickte stumm auf dem ganzen Tisch herum.

Wahrscheinlich überlegte er, ob er die Polizei rufen sollte, aber das wäre für Paulchen und mich ja nichts Neues mehr gewesen.

Wenige Tage später engagierte ich spontan eine Kinderfrau. Sie hieß Frau Schmalz-Stange, also sie war eine geborene Schmalz und eine verheiratete Stange. Klar, daß sie sich von keinem der beiden Namen hatte trennen können. Frau Schmalz-Stange machte einen sehr gediegenen Eindruck. Sie redete kein überflüssiges Wort und war bescheiden, sittsam und rein, nicht wie die stolze Diva, die stets bewundert will sein! Ihre einzige Bedingung für sofortiges, flexibles Babysitten war, daß sie ihren fünfjährigen Sohn mitbringen dürfe. Ich war mit allem einverstanden. Sie hätte meinetwegen ihre beiden Großmütter mitbringen können oder ihren Zwerghasen, Hauptsache, sie erklärte sich bereit, mein kleines Paulchen für eine Weile zu beobachten.

Wie gesagt, sie war ein sehr williges Wesen. Sie war nur leider ein bißchen unselbständig, will sagen, ihr fehlte eine gewisse Eigendynamik, die für Führungspositionen ja eigentlich eine Grundvoraussetzung ist! Und der Job einer Kinderfrau ist ja wohl eine Führungsposition, meine ich.

Ab sofort wollte ich also täglich drei Stunden üben, meine Korrespondenz erledigen und sogar noch Gymnastik für aus der Form geratene Mütter machen! Das ließ ich mich was kosten. Mein gesamtes Vlixta-Honorar wanderte in die Schmalz-Stangesche Haushaltskasse.

Frau Schmalz-Stange war mitsamt fünfjährigem Sohn fortan schweigend in meiner Nähe, trug mir das Paulchen nach und wischte dem fünfjährigen Sohn Sascha auch schon mal aus Verlegenheit mit dem Staubtuch die Nase. Anfänglich genierte ich mich vor ihr und ihrem fünfjährigen Sohn Sascha, aber dann gewöhnte ich mich an die beiden. Wahrscheinlich langweilten sie sich einfach ohne mich!

Jeden Morgen, wenn sie kamen, begann ich mit meinen Tonleitern und Stimmübungen, und jeden Morgen trug Frau Schmalz-Stange das Paulchen zwei Meter neben mir auf und ab. Wenn ich sie fragte, ob sie mein unschöner Gesang nicht störe, sagte sie schlicht, nein, die Türken in ihrem Haus machten auch immer viel Krach.

Sie hatte also durchaus einen gewissen Charme!

Der fünfjährige Sohn, der, um den Zischlauten in der Namensliste noch die Krone aufzusetzen, den Namen Sascha hatte, hörte mit seinem Walkman Benjamin Blümchen. Ich mochte ihn, weil er weder auf meinem Klavier rumhackte noch mit dem Fußball auf mein Paulchen schoß, und schenkte ihm, damit er so bliebe, wie er war, im Laufe der Zeit ziemlich viele Benjamin-Blümchen-Kassetten.

Nachmittags war ich mit Paulchen allein. Da ich meine Pflichten erledigt hatte, war ich wieder halbwegs ausgeglichen und zufrieden.

Klaus war darüber sehr erfreut.

»Na, du glückliche junge Mutter?« pflegte er mich zu begrüßen, wenn er aus der Klinik kam. »Wie viele Stunden hast du heute geübt?«

»Drei«, sagte ich dann stolz, und er drückte mich an seine breite Brust und sagte: »Aus dir wird noch mal was!«

Wir vertrugen uns ganz prima, Klaus und ich, aber wir waren eben erklärtermaßen nur eine Zweckgemeinschaft. Ich mochte ihn sehr gern, und wenn des Nachts tote Spinnen oder bartlose Polizisten meine Träume bereicherten, dann kroch ich schon mal zu ihm in seine Bärenhöhle, um seinen Beistand zu genießen, aber mehr als BeiSTAND war einfach nicht drin.

Er akzeptierte das, was mich überraschte, und auch für Paul brachte er zwar freundliches Interesse auf, aber er stellte keinerlei Besitzansprüche. Irgendwie hatte er sich um 180 Grad geändert. Wenn ich nur damals schon begriffen hätte, daß das alles Taktik war!

Doch blind und egozentrisch wie ich war, versteifte ich mich weiterhin darauf, entweder als verbissene Emanze in einem Altersheim für lebenslängliche Fräuleins zu sterben oder, und das gefälligst bald, meiner großen Liebe noch über den Weg zu laufen.

Ein Musiker sollte es sein, einer, der meine Seele verstand und mein Talent erkannte, einer, der nicht gediegen und besonnen durchs Leben ging wie Klaus, sondern originell und witzig einhererschien, kurzum, ich wollte endlich mal einen kurzweiligen Chaoten kennenlernen. Einen, der mich in künstlerischer Hinsicht bereicherte! Wie das Schicksal so spielt, begegnete ich, kaum daß Paulchen ein halbes Jahr alt war, meinem Traummann, und zwar in After bei Bonn.

Es war in einem Weihnachtskonzert, und er war der Bassist.

Schon bei der Probe war mir aufgefallen, wie locker und souverän er war. Mit einer Thermoskanne wanderte er durch die Kirche und sang mit unglaublich sonorer Stimme vor sich hin. Dabei rauchte er Pfeife und aß Gummibärchen. Er hatte eine Pudelmütze auf dem Kopf und ziemlich ausgebeulte Hosen an. Ein Original! Fasziniert beobachtete ich ihn, während ich vorn meine Arien sang. Er ließ sich auf einer Bank nieder, leerte den Inhalt seines Rucksackes aus, schraubte eine Fertigsuppendose auf und bereitete sich erst mal in aller Ruhe ein belebendes Heißgetränk.

In der ganzen Kirche roch es nach Maggi. Vielleicht war das das Geheimnis seiner wirklich wunderschönen Stimme! Toback mit Gummibärchen und Hühnerbrühe statt Einsingen. Ich sollte es wirklich mal damit probieren, denn die ewigen Tonleitern waren fad und zeitraubend. Außerdem langweilten sie inzwischen Frau Schmalz-Stange und Sascha, die von den Türken in ihrem Haus sicherlich mehr Abwechslung gewöhnt waren.

Weil Frau Schmalz-Stange mit Sascha und Paulchen in der ersten Bank saß, wobei Sascha trotz der lauten Musik wieder Benjamin Blümchen hörte und seine Mutter mich wie immer scharf beobachtete, konnte ich natürlich nicht die nähere Bekanntschaft dieses außergewöhnlichen Herrn machen.

Einen Tag später jedoch kam die Gelegenheit.

Während des Konzertes nämlich war es Säugling, Kind und Kinderfrau nicht gestattet, in der ersten Reihe zu sitzen, weil die Kirche schon seit langem ausverkauft war. Frau Schmalz-Stange hätte sich wahrscheinlich mitsamt Paul und dem Benjamin Blümchen hörenden Sascha neben mich auf das Podium gesetzt, wenn man sie gelassen hätte, aber nun zogen sie allesamt ab. Selbstverständlich steckte das Baby in einem warmen Anorak. Auf Frau Schmalz-Stange war in jeder Hinsicht Verlaß. Wenn sie nur nicht ganz so anhänglich gewesen wäre!

Sehr viel ruhiger und gefaßter als bei meinem ersten Konzert betrat ich diesmal das Podium. Erstens war ich wieder sehr gut bei Stimme, zweitens wußte ich Paul in bester Obhut, und drittens faszinierte mich dieser Bassist.

Er trug heute keine ausgebeulten Hosen, sondern einen tadellos sitzenden schwarzen Anzug mit schwarzem Rolli, dazu sauber geputzte Schuhe. Tante Lilli hätte gejubelt. Sein Haupthaar war zwar schon ziemlich schütter, das hatte man gestern wegen der Pudelmütze nicht so sehen können, aber er hatte etwas ausgesprochen Männliches an sich, und die grauen Fäden an den Schläfen gaben ihm noch etwas Intellektuelles. Ich fand ihn großartig.

Beim Eingangschor fingerte ich nach dem Programmzettel, der in meinen Noten lag. Mich interessierte einfach die Vita dieses Mannes!

Statt mich also wie üblich durch Mitbrummen noch etwas einzusingen, blätterte ich im Programmheft, bis ich sein Bild und seinen Lebenslauf fand. Dies Bildnis ist bezaubernd schön!

Er hatte zwar keine Pudelmütze auf, aber noch sehr volle Locken. Es handelte sich ohne Zweifel um eine etwas ältere Aufnahme. Er mußte ein ausgesprochen gutaussehender Mann gewesen sein.

Vorsichtig sah ich ihn von der Seite an. Sopranistin und Tenor saßen auf der anderen Seite des Dirigenten, weil sie zusammen duettieren mußten. Ich hatte den Baß für mich allein.

Er mochte sicherlich schon über vierzig sein. Und er war immer noch schön, irgendwie!

Verstohlener Blick auf seine Hände: kein Ring!

Jauchzet, frohlocket, auf, preiset die Tage!

Kind, hör sofort auf, den Bassisten anzuhimmeln, und konzentriere dich auf die Musik!

Der Name! Caro nome! Der Jahrgang! Von wannen bist du? Unauffällig hielt ich das Programmheft in die Noten, damit mein sonor brummender Nachbar nicht sehen konnte, was ich über ihn las.

Simon Reich hieß er. Simon Reich, Baß.

Welch klangvoller Name für einen Mann seines Schlags!

Völlig hingerissen von ihm und seinem Bild stand ich auf, um mein erstes Solo zu singen.

»Nun wird mein liebster Bräutigam!«

Es gelang mir wirklich gut, und ich sang so locker und fröhlich wie schon lange nicht mehr. Als ich mich wieder setzte, sagte dieser unkonventionelle Simon, ohne die Stimme zu senken: »Ah ja, sehr begabt. Sie sollten mal Unterricht nehmen!« Damit bückte er sich und zauberte seinen Thermoskannenbecher mit der Hühnerbrühe hervor. Den hielt er mir unter die Nase.

Leider verbot es mir Tante Lilli durch einen ihrer unnachahmlichen Lilli-Blicke, Kreuz und Becher anzunehmen und vor aller Augen während eines Weihnachtsoratoriums heiße Suppe zu schlürfen.

Ich lehnte also errötend ab und senkte den Blick, wie sich das gehört.

Kurz darauf war dieser Simon dran, und er brillierte mit einer Trompete um die Wette. Es war wunderschön, und eine frohe, weihnachtliche Festtagsstimmung machte sich in mir breit.

Es war so einer der Momente, wo ich meinen Beruf mit keinem anderen tauschen wollte. Da saß ich mitten in einem herrlich funktionierenden musikalischen Apparat, rings um mich ertönten die festlichsten Wohlklänge, und ich durfte mein Scherflein zum Gelingen des Konzertes beitragen, ich durfte singen, weil mir das Herz überlief, und die Leute hörten mir freiwillig zu. Ganz abgesehen von der nicht unwesentlichen Gage, die man für so was bekam. Dafür mußte Frau Schmalz-Stange einen ganzen Monat neben mir stehen!

Mir war unendlich froh und feierlich zumute, und ich wünschte, dieses Konzert würde nie zu Ende gehen.

Nach meiner zweiten Arie mit dem bezeichnenden Text »Schlafe mein Liebster, genieße der Ruh« hatte Simon Reich die Augen zu.

Ob er tatsächlich eingeschlafen war?

Doch er relaxte nur ein bißchen. Ein richtiger Lebenskünstler schien er zu sein. Wie selbstverständlich hatte er die Beine ausgestreckt und seine Noten auf meinen freien Stuhl gelegt.

Der schien überhaupt keinen konventionellen Benimmzwängen zu unterliegen! Anscheinend hatte selbst in frühester Jugend nie eine Tante Lilli seinen freien Entfaltungsdrang gebremst.

Noch während des Konzertes begannen wir eine angeregte Unterhaltung. Simon Reich fragte mich, wo ich studiert hätte und warum ich ihm noch nie in einem Konzert begegnet sei. Ich freute mich wahnsinnig über sein Interesse und bekam wieder meine hysterischen Flecken, von denen einer aussieht wie Afrika.

»Die Schamesröte steht Ihnen ganz besonders gut zu Gesicht, Teuerste«, sagte Simon Reich mit sonorer Stimme. Wahrscheinlich zitierte er aus irgendeiner Operette, ich kenne mich damit nicht so gut aus. Auf mein Honorar kann sich seine Anrede nämlich nicht bezogen haben.

Jedenfalls versäumte Simon Reich über der ganzen Turtelei seinen Einsatz, und auch ich war viel zu verwirrt, um ihn rechtzeitig darauf hinzuweisen. Statt aber, wie andere das gemacht hätten, schamrot im Boden zu versinken oder in Panik loszusingen, schraubte er erst seine Thermoskanne zu, die er die ganze Zeit auf dem Schoß gehalten hatte, räusperte sich dann gründlich, suchte die entsprechende Stelle in seinen Noten, die er als Untertasse benutzt hatte, trat endlich drei Schritte vor, um optimal vor dem Mikrophon zu stehen, und sang schließlich in den seit einer Minute gehaltenen einsamen Celloton hinein: »So recht, ihr Engel, jauchzt und singet...«

Ich hielt die Luft an. Was für ein Mann! Welch ein Selbstbewußtsein! Ich fand ihn großartig.

Nach dem Konzert fragte er mich, ob ich noch ein Glas Wein mit ihm trinken wolle. Wie gerne, wie gerne blieb ich hier!

Statt dessen mußte ich zum Stillen mit Paul, Frau Schmalz-Stange und Sascha in einem stillen Winkel verschwinden. Frau Schmalz-Stange hatte mit den Kindern während des ganzen Konzertes vor der Kirchentür gestanden. Nun konnte ich sie doch nicht einfach abschieben! Andererseits fand ich es unangebracht, Frau Schmalz-Stange zu dem Date mit dem Baß hinzu zu bitten, ich weiß auch nicht, warum. Irgendwie hatte ich wohl Angst davor, meinem neuen Schwarm gleich ein uneheliches Kind mitsamt peploser Kinderfrau und deren noch peploserem Sohn Sascha zu offerieren. So unkonventionell dieser Mensch auch sein mochte: auf einen Haufen peploser Frauen und Kinder hatte er mit Sicherheit keine Lust. Deshalb spielte ich lieber die Kühle und sagte verheißungsvoll lächelnd: »Ein andermal!«

Kind, das putzt ungemein!

Simon Reich schenkte mir einen tiefen Blick aus sehr blauen Augen und sagte sonor: »Wenn ich darum bitten dürfte!«

Zwei Tage später rief er bei mir an.

Mir klopfte das Herz bis zum Halse, lag ich doch gerade im Anita-Schwangeren-Ensemble auf meiner Wolldecke und trainierte durch emsiges Auf und Nieder meiner Beine die ausgeleierte Bauchmuskulatur!

Ich winkte Frau Schmalz-Stange, die am Fußende der Decke stand, sie möge mit Sascha, der Benjamin Blümchen hörend neben ihr stand, aus dem Zimmer gehen.

Paulchen schlief im Kinderwagen auf dem Balkon.

Sascha mochte aber nicht aus dem Zimmer gehen, so sehr Frau Schmalz-Stange ihn auch darum bat. Ich saß keuchend auf meiner Wolldecke und hielt die Hand auf die Sprechmuschel.

»Bitte, Sascha! Ich möchte mal telefonieren!«

Sascha schüttelte stumm den Kopf.

Benjamin Blümchen alberte deutlich hörbar unter seinen Kopfhörern herum.

»Du kannst deinen Walkman doch mitnehmen!« zischte ich ärgerlich.

Sascha wollte aber überhaupt keine Störung hinnehmen. Frau Schmalz-Stange stand stumm und starr. Eigentlich hätte ich ja jetzt mit Simon Reich telefonieren können, weil sicherlich keiner von beiden auch nur einen Laut von sich gegeben hätte. Aber es ging mir ums Prinzip. Ich kann einfach nicht ungestört flirten, wenn eine durch und durch gediegene Kinderfrau und deren stures Kind mit im Raum sind, ob sie nun Benjamin Blümchen hören oder nicht.

Strenggenommen wäre es ja an Frau Schmalz-Stange gewesen, ihren unerzogenen Burschen bei den Ohren zu packen und aus dem Zimmer zu zerren. Da sie aber nichts dergleichen unternahm, blieb ich ratlos auf meiner Wolldecke sitzen.

»Hallo?« sagte ich in den Hörer. »Ich kann gerade nicht ungestört sprechen. In welcher Angelegenheit rufen Sie denn an?« Denn ich wollte nicht, daß Frau Schmalz-Stange merkte, was für ein privater Anruf es war, den mir ihr Sohn soeben vermasselte.

Simon Reich lachte sonor.

»Ist der Klavierstimmer da?«

»Genau«, sagte ich. »Das Klavier ist zur Zeit sehr verstimmt.«

Welch ein intelligentes Wortspiel bahnte sich da an!

»Wie kann man denn die Stimmung retten?« fragte Simon Reich am anderen Ende der Leitung.

»Wann hätten Sie denn mal Zeit?« fragte ich direkt, aber unverfänglich.

Simon Reich sagte, daß er heute abend Zeit hätte und dann zwei Wochen lang nicht mehr.

Das war natürlich schiere Erpressung. Andererseits mußte ich ihm das glauben: Sänger seiner Güte haben zwei Wochen vor Weihnachten wirklich keine Zeit.

»Ja wenn das so ist…«, sagte ich und rappelte mich mühsam von meiner Decke hoch, um sehr laut und demonstrativ in meinem Terminkalender zu blättern, »ich hätte zwar heute abend eine Probe« – Seitenblick auf Frau Schmalz-Stange, aber die verzog keine Miene, ein echter Profi auf ihrem Gebiet! –, »aber die Probe ist sicherlich gegen neun beendet!«

Ich hätte zwar einen Säugling, aber der Säugling sei sicherlich gegen neun im Bett, konnte ich doch nicht sagen. Was hätte Simon Reich von mir gedacht?!

Wir verabredeten uns um Punkt neun am Dom. Und zwar unter dem heiligen Petrus.

Ich wußte zwar nicht, welche von den steinernen Figuren am Dom Petrus heißt, aber Simon wußte es auch nicht, und so würden wir uns schon nicht verfehlen.

»Also dann um neun«, sagte ich möglichst sachlich, damit Frau Schmalz-Stange weiterhin den Eindruck haben möge, es handele sich um ein rein berufliches Telefonat.

»Punkt neun am Petrus«, sagte Simon Reich, »und ich hoffe auf bessere Stimmung heute abend!«

»Bis dahin ist das Klavier gestimmt«, sagte ich und legte auf.

Der Hörer war noch warm, da erhob sich Sascha gnädigst

vom Sofa und verließ mitsamt keifendem Benjamin Blümchen den Raum.

Auf der Domplatte wehte wie immer ein starker Wind. Die Touristen, die Richtung Bahnhof gingen, mußten sich regelrecht nach vorn werfen, um von der Stelle zu kommen. Der Dom ragte majestätisch und grünlich beleuchtet in den milchigen Winterhimmel. Ich stieg aus der U-Bahn und fürchtete mich sehr.

Was, wenn ich Simon Reich heute abend nicht mehr gefiel?

Was, wenn er die Bübchen-Creme an meinen Fingern roch? Um möglichst ganz natürlich und unverkrampft zu erscheinen, hatte ich mir keinerlei Mühe mit Make-up und solchen Äußerlichkeiten gemacht. Simon Reich sollte mich gefälligst so akzeptieren, wie ich war!

Aber vielleicht stand er auf knallroten Minirock und hochhackige Pumps? War ich denn überhaupt attraktiv genug für einen solchen Mann von Welt? Der konnte doch jede haben, jede! Und ich hatte noch lange nicht wieder die Idealfigur erreicht, wenn ich da nur an meinen stillfreudigen Busen dachte...

Siehst du, Kind, das hat die Natur schon so eingerich...

Ruhig, Tante Lilli! zischte ich. Ich will dieses Gefasel jetzt nicht hören! Siehst du nicht, daß ich furchtbar nervös bin!

Vorsichtig sah ich mich um. Die Uhr am Verkehrsamt zeigte haargenau auf neun.

Sollte ich wirklich superpünktlich sein? Welchen Eindruck würde das machen? So als hätte ich den ganzen Tag auf nichts anderes gewartet?

Also unpünktlich sein. Klar. Frau von Welt kommt ja von einer Probe, und die hat eben etwas länger gedauert. Wenn der Herr Kammersänger bereits seit zwanzig Minuten mit weißen Rosen unter der Statue wartet, kann die Diva das nur milde lächelnd bedauern.

Allerdings ist sie es natürlich nicht anders gewöhnt, als daß man stundenlang im Kalten auf sie wartet. Allein schon die vielen Autogrammjäger, die ihr durch ganz Europa folgen...

Ich lugte unauffällig Richtung Domportal. Da standen allerhand Gestalten; einer spielte Ziehharmonika, ein anderer rief den vorbeieilenden Gegenwindbekämpfern zu, daß die Welt in wenigen Tagen untergehen werde und daß man noch umkehren könne, wenn man sich jetzt vom Wind in die andere Richtung blasen lasse. Ein Simon Reich war nicht zu sehen, weder im schwarzen Anzug noch in sonst einer Verkleidung.

Vielleicht war der heilige Petrus an der Seitenfront? Ich änderte die Richtung und kämpfte mich gegen den Wind voran.

Am Seitenportal trainierten einige Skateboard-Fahrer. Zwar hatten sie alle eine Pudelmütze auf, aber niemand war so schön und reif und männlich wie Simon Reich.

Um Irrtümern aller Art vorzubeugen, umwanderte ich noch die ganze Dombauhütte und suchte unter den kaputten, einarmigen oder völlig verstümmelten Figuren der Steinmetzwerkstatt, ob denn nicht eine darunter sei, die Petrus hätte sein können.

Doch nein. Weder Simon noch Petrus war irgendwo zu entdecken.

Inzwischen war es Viertel nach neun.

Sollte Simon schon wieder gegangen sein? Bestimmt ließ er nicht lange mit sich fackeln. Es war ganz klar kein Typ Mann, der Frauen wie mir nachläuft. Deshalb war er ja so aufregend!

Ich beschloß, ihm noch eine Chance zu geben, und flanierte noch einmal am Hauptportal vorbei. Da gewahrte ich eine windgeschützte Nische.

Simon Petrus stund und wärmete sich.

Er hatte einen olivgrünen Parka an, eine Pudelmütze auf und seinen bereits bekannten Rucksack bei sich. Ein süßlichmarkanter Duft nach Vanille entströmte der Pfeife, die er im Mundwinkel hatte, allerdings nur in Windrichtung, deshalb hatte ich ihn vorher nicht wahrgenommen.

»Hallo«, sagte ich mit gespielter Unverbindlichkeit, »warten Sie schon lange?«

»Da muß ich Sie leider enttäuschen«, sagte Simon Reich. »Als Sie das erste Mal um den Dom gingen, kam ich gerade aus der Bahnhofshalle.«

Da. Kalt erwischt. Den Mann konnte man nicht so leicht täuschen.

Wir gingen zu »Ernie's Nudelbrett«, weil wir ja beide als

beschäftigte Sänger heute den ganzen Tag noch nichts gegessen hatten, ist klar, versteht sich.

Hatte ich gedacht, durch meine lockere Aufmachung Lässigkeit demonstrieren zu können, so hatte ich die Rechnung ohne Herrn Reich gemacht. Gegen ihn war ich erbarmungslos durchgestylt.

Simon Reich hatte keinerlei Hemmungen, seinen Rucksack neben sich auf die Bank zu legen und die Beine so auszustrekken, daß er die Füße, die in schweren Stiefeln steckten, auf einen Stuhl der Nachbartischgruppe legen konnte.

Kind, der Mann ist aber reichlich dreist. Das hätte Klaus Klett nie gemacht! Hat der denn gar keine Kinderstube?

Simon Reich breitete erst mal die Pfeife, den Pfeifentabak, die Streichhölzer und allerhand andere Instrumente, die man zum Pfeiferauchen benötigt, auf dem Tisch aus. Dann entnahm er seinem Rucksack umständlich eine Glasdose mit Gummibärchen, eine weitere mit Suppenextrakt, einen Teelöffel, seine Thermoskanne und eine Papierserviette und stellte auch diese Dinge in sorgfältig gewählter Anordnung vor sich auf.

Kind, der Mann hat'n Knall. Noch kannst du unauffällig gehen!

»Was möchten die Herrschaften essen?« fragte das sehr beschäftigte Fräulein, und Simon Reich sagte zu ihr: »Darf ich Ihnen mal tief in die Augen schauen?«

Ich erstarrte. Das Fräulein erstarrte auch. Diesen Moment nutzte Simon Reich, um dem Fräulein tief in die Augen zu schauen.

»Dachte ich es mir doch«, sagte er. »Sie sind braun.«

»Na und?« fragte die Serviererin irritiert und guckte mit einem Seitenblick auf mich.

»Meine Großmutter hatte auch so braune Augen wie Sie«, sagte Simon Reich liebenswürdig.

Die Serviererin sagte, sie werde wieder vorbeikommen, wenn wir uns für ein Gericht entschieden hätten.

Ich war tief gekränkt.

Was erlaubte der sich?

War das das Imponiergehabe eines alternden Beaus? Oder hatte er Spaß daran, sich danebenzubenehmen?

Kind, ich sage es doch: Der Mann hat'n Knall!

»Meine Großmutter war Italienerin, müssen Sie wissen«, sagte Simon Reich zu mir. »Sie hatte die schönsten Augen im ganzen Dorf. Ganz braune Augen. Mein Großvater hat sie vom Fleck weg geheiratet.«

»Aha«, sagte ich, »sehr interessant.« In Wirklichkeit interessierte mich die Oma von Simon Reich nicht einen Pfifferling. Aber er interessierte mich! Er selbst! Obwohl eine warnende Stimme in mir sagte, ich solle die Finger von ihm lassen und lieber dem gediegenen Klaus meine Liebe schenken.

Ging aber nicht. Ich mußte mich ausgerechnet in diesen »Sonderlichen vor anderen« verknallen! In mir tobten die Gefühle, ich konnte meinen Blick nicht von ihm wenden, und jedes versuchte Wort blieb mir im Halse stecken. Als das Fräulein wiederkam, um die Bestellungen aufzunehmen, hatten wir beide die Speisekarte noch nicht einmal aufgeschlagen.

»Wir sind hier ein Restaurant«, sagte das Fräulein schnöde, »und kein Aufenthaltsraum! Wenn Sie sich also bitte entscheiden wollen!«

Simon Reich nahm mit unendlich langsamer Geste die Beine vom Stuhl und bequemte sich, die Speisekarte aufzuschlagen. Er studierte sie unter den genervten Blicken der Serviererin geschlagene drei Minuten lang, die mir noch viel länger vorkamen, und sagte dann mit profundem Baß, daß er gerne als Vorspeise Schinken und Melone haben würde.

»Und als Hauptgang?« fragte das Fräulein nervös.

»Das überlege ich mir dann«, sagte Simon Reich. Zu trinken bestellte er sich ein Glas Wein.

Ich sagte hastig, daß ich das gleiche wolle, damit sie wieder ging.

Ich habe keine Ahnung, wie die Melone und der Schinken geschmeckt haben und ob ich sie überhaupt gegessen habe oder ob das Fräulein sie überhaupt gebracht hat. Von diesem Abend weiß ich nur noch, daß ich Simon anstarren mußte und jedes Wort von ihm in mich aufsog, als wäre es die Anleitung zum »Singen für jedermann« oder »Wickeln ohne Angst«.

Er erzählte, daß er schon ein Medizin- und ein Jurastudium abgebrochen hatte, bevor er überhaupt seine erste Gesangstunde nahm. Zwischenzeitlich war er noch jahrelang als Journalist im Ausland. Ein vielseitig begabter Mensch also.

Seine unterschiedlichen Tätigkeiten erklärten auch, daß er sich so unkonventionell verhielt.

Er hatte zum Beispiel ein Jahr lang in Bangkok gelebt, wo er mit einer Thailänderin verheiratet gewesen war. Als er sie verließ, ließ sie sich die Haare scheren und ging in ein buddhistisches Kloster.

»War sie denn so gläubig?« fragte ich erstaunt.

Simon erklärte mir, daß verlassenen Frauen in Thailand eigentlich nichts anderes übrigbleibe, als ins Kloster zu gehen.

Ich schluckte.

Tante Lilli hob schon wieder den Zeigefinger, aber ich wischte ihn gleich vom Tisch. Ich würde niemals ins Kloster gehen, zischte ich sie an, und im übrigen seien wir hier in einem zivilisierten Land.

Der Mann ist aber nicht zivilisiert, sagte sie warnend.

Das macht ihn ja gerade so aufregend, triumphierte ich.

»Hat denn Ihre Frau keine Versorgungsansprüche geltend gemacht?« fragte ich neugierig.

»Nein«, sagte er und nahm sich ein Gummibärchen aus der Dose. »Das ist in Thailand nicht üblich.«

»Und warum haben Sie sie... verlassen?«

Kind, sei nicht immer gleich so plump vertraulich!

»Wir haben wahrscheinlich doch nicht zusammengepaßt.«

»Ach was«, sagte ich.

Ich versuchte dann, aus ihm rauszukriegen, zu wem er zwischenzeitlich noch nicht gepaßt hatte.

Er hüllte sich aber in geheimnisvolles Schweigen. Das machte ihn natürlich noch viel interessanter. Wenn ich da an Klaus dachte! Gleich am ersten Abend hatte er mir sein ganzes Leben erzählt, von seiner Kindheit im Hinterbayerischen bis hin zu seiner gescheiterten Ehe, von seiner Leidenschaft für das Tenorhornblasen bis hin zu seiner Abneigung, in einer geerbten Gemeinschaftspraxis ständig seine Frau umrunden zu müssen. Klaus war von Anfang an ein aufgeschlagenes Buch für mich gewesen, und das ist ja bekanntermaßen langweilig.

Simon Reich hingegen war das sprichwörtliche Buch mit

sieben Siegeln. Vom Kammersänger im Frack bis zum Clochard mit Rucksack beherrschte er alle Bühnenrollen, und seine Vergangenheit schien reich gespickt mit spannenden Absonderlichkeiten.

Außerdem fand ich ihn wahnsinnig erotisch. Auch wenn er fremden Servierfräuleins Komplimente bezüglich ihrer Augen machte. Oder gerade deshalb? Klaus wäre nie so ein Stilbruch passiert. Klaus wußte einfach, was sich gehörte, Klaus war aus gutem Hause, Klaus war gediegen und besonnen. Für Klaus hatten Servierfräuleins gar keine Augen, sondern nur volle Teller. Für Klaus hatte nur ich Augen. Und er hatte nur Augen für mich. Öde, was?

Simon Reich hingegen war wie ein Pokerspiel.

Kind, tu's nicht.

»Und was tun Sie, wenn Sie nicht singen?« fragte Simon Reich, während er sich die Pfeife stopfte.

Diese Frage hatte ich kommen sehen. Vendramin, was soll ich sagen?

Die Wahrheit, wenn du dich traust!

Natürlich traute ich mich nicht. Mein Schweinehund kläffte wütend, daß ich als Frau unter dreißig nicht gleich jedem unter die Nase reiben müsse, in was für ungeordneten Verhältnissen ich lebte.

Ich sollte auch mal wieder meinen Spaß haben dürfen, oder!?

Deshalb berichtete ich nur vage von meinen Konzerten und überlegte dabei, womit ich mich bei ihm denn interessant machen könnte.

Mir fiel nichts ein. Mein Privatleben war tabu; mit musikalischen Höhepunkten konnte ich auch nicht aufwarten, und meine absonderliche Breisucht würde er vermutlich auch nicht zum Verlieben finden. Obwohl... er hatte ja selbst einen merkwürdigen Bezug zu Genußmitteln!

»Warum eigentlich führen Sie immer Hühnerbrühe mit sich?«

Simon erzählte mir, daß er vor Jahren in Brasilien mal kurz vor dem Hinscheiden war und irgendwelche Missionare ihn durch das Einflößen sehr salzhaltiger Suppe wieder ins Leben zurückholen konnten. Seitdem muß er immer heiße salzige

Brühe bei sich haben, denn dieses Panikgefühl von damals läßt ihn nie wieder los.

Kind, der Mann hat'n Knall, sagte Tante Lilli nun schon zum dritten Mal und redete dieselbigen Worte: Nicht diesen, diesen nicht!

Doch der Funke war übergesprungen.

Simon und ich trafen uns nun fast täglich, machten lange Spaziergänge am Rhein oder hockten in einer gemütlichen Kneipe in der Altstadt.

Weil wir beide vielbeschäftigte Sänger waren oder den anderen dies zumindest glauben ließen, war es völlig natürlich, daß wir uns vormittags trafen. Das war praktisch, denn so konnte ich Frau Schmalz-Stange gegenüber so tun, als ginge ich zum Gesangsunterricht, und Klaus mußte ich überhaupt keine Erklärungen abgeben. Wenn die Zeit zum Stillen gekommen war, verabschiedete ich mich immer sehr plötzlich von Simon und fuhr mit der U-Bahn nach Hause.

Ich führte ein regelrechtes Doppelleben, und es machte ungemein Spaß! Die Liebe bewirkte so allerhand: Erstens war ich hervorragend bei Stimme, zweitens erreichte ich binnen kurzer Zeit mein Traumgewicht, und drittens war ich natürlich strahlender Laune. Nachmittags zog ich singend und Selbstgespräche haltend mit Paulchen um die Häuserblocks.

Mein Leben hatte wieder einen Sinn. Und was für einen!! Simon war eine Offenbarung. Jeden Tag erfuhr ich Neues von seinem spannungsreichen Tun und Denken, jeden Tag lernte ich wieder Anregendes über seine Lebensweise. Ich fühlte mich tatsächlich bereichert! Der langweilige Alltagstrott einer frustrierten Hausfrau lag weit hinter mir. Das schlechte Wetter und die frühe Dunkelheit machten mir nichts aus. In mir drin schien vierundzwanzig Stunden am Tag die Sonne. Klaus führte das darauf zurück, daß ich wieder sang.

Er freute sich über jedes Konzertangebot, das ich bekam.

Manchmal wollte er gerne mitkommen, um Tonaufnahmen für mich zu machen, aber ich lehnte immer dankend ab. Was, wenn Simon dabeisein würde? Ich hatte überhaupt nicht das Bedürfnis, die beiden miteinander bekannt zu machen. Einer wußte vom anderen nichts, und das war gut so.

Das einzige, was mir ein schlechtes Gewissen machte, war, daß der Knecht den Herrn verleugnet hatte: Ich hatte Paul noch mit keiner Silbe erwähnt. Er gehörte doch zu mir! Aber die Angst, Simon zu verlieren, war zu groß. Außerdem machte es ja gerade den Reiz unserer Beziehung aus, daß wir nicht alles voneinander wußten.

Mitten in dieser Hochphase bekam ich einen Einspringer für eine Tournee. Sie führte nach Frankreich, mit einem städtischen Chor und Orchester. Die Altistin, die ausgefallen war, war die berühmte Anna Blau. Ich war mehr als geschmeichelt, daß man gerade auf mich zurückgriff. Selbstverständlich sagte ich zu.

Ich sei allerdings gerade stillende Mutter, sagte ich der Dame von der Konzertagentur, also würde ich das Baby mitsamt Kinderfrau und deren Kind mitnehmen müssen. Ob das alles finanziell zu verantworten sei. Anscheinend war die Not so groß, daß man mich nach einer Stunde wieder anrief, ich solle ruhig meinen Hofstaat mitbringen, Hauptsache, ich spränge ein. Man werde uns ein Chalet zur Verfügung stellen, von dem aus alle Konzerte bequem zu erreichen seien. Anna Blau hätte auch das Chalet bekommen. Für alle Unkosten komme der Veranstalter auf.

Na großartig. Ich war in absoluter Hochstimmung. Liebe verleiht eben Flügel. Ich war felsenfest davon überzeugt, alle Bäume dieser Welt ausreißen zu können. Eine Auslandsreise mit Baby und sonstigem Anhang, was machte das schon? Eine Anhäufung von sechs Konzerten in sieben Tagen, das war doch ein Klacks! Ich war doch jung und dynamisch! Wie lächerlich mir jetzt mein verunglückter Ausflug nach Vlixta erschien!

Ich hatte ja Personal! Ich brauchte doch nur mit dem Finger zu schnippen, und schon lief alles wie geschmiert!

Der Abschied von Simon war das, was man leidenschaftlich nennt.

Als er erfuhr, daß wir uns zehn Tage nicht sehen würden, durchbohrte er mich mit seinen dunkelblauen Augen und sagte, daß er jetzt gerne mit mir allein sein würde.

Mir zitterten die Knie.

»Nimmst du mich mit zu dir?« fragte ich todesmutig.

»Nein, Kleines, das geht nicht«, sagte er. »Bei mir zu Hause ist nicht aufgeräumt.«

Wir blickten uns an und vergingen vor unerfüllter Leidenschaft. Zum Teufel! Warum konnten wir nicht zu einem von uns nach Hause gehen, wie andere Leute das auch tun, wenn sie Lust aufeinander haben!

»Bei mir zu Hause wären wir nicht allein«, sagte ich. »Die Putzfrau ist heute da!«

»Schmeiß sie raus«, sagte Simon und zog mich mit Blicken aus.

»Das geht nicht, Simon«, sagte ich mit brüchiger Stimme. »Warum gehen wir nicht zu dir?«

»Weil bei mir nicht aufgeräumt ist«, sagte er unwirsch.

Verdammte Tat! Ich will sie begehen, dachte ich, zum Teufel mit den üblichen Spielregeln! Entweder wir lieben uns zwischen herumfliegenden Socken bei ihm auf dem Fußboden, oder das Leben ist schon vorbei!

»Es macht mir nichts aus, wenn bei dir nicht aufgeräumt ist«, sagte ich, vor Sehnsucht brennend. »Ich mach' einfach die Augen zu!«

»Nein, es geht nicht«, sagte Simon ungeduldig. »Kann sein, daß bei mir zu Hause jemand ist.«

»Aha«, sagte ich, »deine Aufwartefrau vermutlich.«

»Wahrscheinlich liegen die Dinge bei mir so ähnlich wie bei dir«, sagte Simon. »Müssen wir uns den letzten Tag mit Geständnissen verderben?«

»Nein, natürlich nicht«, sagte ich erschrocken.

Was mochte dieser Simon von Zyrene für Geheimnisse haben? Womöglich lebten ein paar thailändische Klosterfrauen oder andere Melissengeister hinter seinem Gemäuer?

Das Auto war zum Bersten voll. Nicht eine Briefmarke hätte mehr hineingepaßt. Vorne neben mir hockte das dralle Paulchen in seinem Sitz und schlief. Fünf Monate Muttermilch rund um die Uhr hatten bewirkt, daß sich die Anschnallgurte kaum noch schließen ließen. Hinten hockten Frau Schmalz-Stange und Sascha, eingezwängt von Spielsachen, Fressalien und anderem Gepäck. Sascha klemmte in einem Kindersitz, der ziemlich sperrig war. Frau Schmalz-Stange hatte ihn extra mitgebracht. Im Kofferraum war das Gepäck für vier Personen und vier Jahreszeiten, konnte man doch nicht vorhersagen, wie das Wetter in Südfrankreich sein würde! Außer den üblichen Siebensachen hatte ich noch drei verschiedene Konzertkleider – für jede Temperatur nämlich eines! – mit und ohne Petticoat eingepackt, außerdem Noten, Schuhe, Kleid, Lutschpastillen, Krimis für die Proben, Stimmgabel, das Übliche. Auf dem Dach flatterte der Kinderwagen mit. Er war schon etwas marode, und das Futter winkte fröhlich allen Autofahrern hinterher. Klaus hatte mir noch in letzter Minute seine Tonbandausrüstung aufgedrängt. Ich solle unbedingt Aufnahmen machen lassen, wenn er selbst schon nicht mitfahren könne. Als unverheirateter Klinikarzt hatte er nämlich in der Weihnachtszeit pausenlos Nachtdienst. Mir war das mehr als recht.

Auch seine Fotoausrüstung und die Videokamera lagen also eingebettet zwischen Pampers und Paulchens Lammfell hinten auf der Ladefläche. Wir waren überladener als jeder Türkenopel auf der Fahrt zum Bosporus.

Als wir etwa achtzig Kilometer gefahren waren, hatte Sascha keine Lust mehr. Seine Benjamin-Blümchen-Kassetten langweilten ihn inzwischen.

Ich dachte mit Schrecken an die restlichen tausend Meilen, die der überfüllte Kasten noch würde zurücklegen müssen. Sascha fing an zu nörgeln, was ich zu überhören versuchte. Ich dachte mit selig verklärtem Blick an Simon Reich.

»Mama, ich hab' Dooorst!«

Sascha hatte beschlossen, ein bißchen renitent zu sein. Frau Schmalz-Stange kramte in ihrem Picknickkorb nach einem Getränk.

Sie fand Mineralwasser und öffnete zischend die Flasche.

Ich hörte das Wasser in einen Becher gluckern. Sascha wartete so lange, bis seine Mutter ihm den vollen Becher unter die Nase hielt, doch dann wollte er's nicht trinken.

»Nich das! Ich will Punica-Oase!«

Frau Schmalz-Stange hatte nun keine Hand mehr frei, um Sascha die Punica-Oase aus dem Korb zu kramen. Sie mußte erst das Wasser austrinken, die Flasche wieder verstauen und den Becher ebenfalls.

Ich hörte sie lange kramen.

»Mamaaa! Ich hab' Dooorst!«

Spätestens jetzt hätte ich dem renitenten Bengel eins auf die Rübe gehauen, aber Frau Schmalz-Stange entschuldigte sich, daß sie die Punica-Oase nicht finden könne.

Ich fragte, ob ich mal anhalten solle.

»Mamaaa! Ich will anhalten!« sagte Sascha in seinem Kindersitz.

»Wenn es möglich wäre«, sagte Frau Schmalz-Stange zu mir.

Ich versprach, auf den nächsten Rastplatz zu fahren. Wir waren immerhin schon bis Aachen gekommen. Wenn das kein Grund zum Saufen war!

»Mamaaa!« Sascha hatte ungeahnte Möglichkeiten, ins Fortissimo zu gehen. Das hätte ich dem stillen Benjamin-Blümchen-Bengel gar nicht zugetraut!

»Mamaaa, ich will SOFORT anhalten!«

»Ja, Sascha. Auf dem nächsten Rastplatz halten wir an.«

»Ich hab' Doooorst!!«

Frau Schmalz-Stange suchte nun in hektischer Betriebsamkeit die Punica-Oase. Schließlich fand sie die kleinen Trinkpäckchen irgendwo.

Na bitte, dachte ich, dann schaffen wir es ja noch bis zur Grenze.

Auf der Rückbank wurde heftig rumort.

»Mamaaa! Leg das woanders hin! Das ist mir zu eng!«

»Aber Sascha, ich muß doch nur kurz die Punica-Oase rausholen, dann räume ich die Malsachen gleich wieder weg!«

»NEEEIINN! Du sollst die Malsachen nicht wegräumen! Ich will malen! Ich will anhalten! Ich hab' DOOORRSST!«

»Mein Gott, Sascha«, sagte ich ungehalten. »Reiß dich doch mal ein bißchen zusammen! Wir halten ja gleich an, und dann kannst du malen und trinken, soviel du willst!«

Sascha ignorierte mich völlig. Mir fiel auf, daß er überhaupt noch nie mit mir gesprochen hatte, nicht nur auf dieser Fahrt nicht, sondern überhaupt noch nie! Selbst für die Benjamin-Blümchen-Kassetten hatte er sich noch nie bedankt. Genau. Das fiel mir jetzt auf. Keine Kinderstube, sagte Tante Lilli. Wo doch die Mutter Erzieherin ist!

»Mamaaa! Gib mir die Buntstifte!« Das kam in einem Ton-
fall, als hätte ihm jemand ans Bein gepinkelt. Um keine
Langeweile aufkommen zu lassen, fügte er in dem gleichen
Tonfall hinzu: »Ich hab Dooorrst!«

Ich hätte den Bengel schrecklich gern angebrüllt, aber
meine gute Erziehung verbot es mir, Kind, das ist nicht deine
Aufgabe, halt dich da raus.

Frau Schmalz-Stange hatte nun endlich alle Utensilien so
geräumt, daß sie Saschas Wünschen nachkommen konnte. Er
bekam Punica-Oase und Malstifte und Zeichenblock. Ich
spitzte die Ohren so lang, daß ich einen Knoten hätte reinma-
chen können, um zu hören, ob der Kerl wohl jetzt danke sagen würde. Doch nein: Das Kind befleißigte sich einer weiteren Kritik.

»Nicht den roten Strohhalm! Ich will den grünen!«

»Den grünen Strohhalm habe ich gerade wieder in den
Korb gepackt. Der liegt jetzt ganz unten drin«, sagte seine
Mutter geduldig.

»Ich will den GRÜNEN Strohhalm! Lohos!«

Und gaben ihm Backenstreiche!!

Mein geräumiger Familienwagen machte vor lauter
Schreck einen Schlenker auf die Standspur, als ich gewahr
wurde, daß Frau Schmalz-Stange tatsächlich nach dem grünen Strohhalm grub. Ob ich ihr vielleicht mal einen erzieherischen Rat geben sollte? Besorgt dachte ich daran, daß mein
Paulchen doch immerhin ihr Zögling war!

Kind, halt die Klappe. Das ist nicht dein Bier. Guck geradeaus und fahr vorsichtig.

Als Sascha endlich den grünen Strohhalm hatte, hörte ich
ihn genau drei Sekunden penetrant schlürfen, dann brach er in
panisches Gebrüll aus.

Eine Wespe, schoß es mir durch den Kopf, da muß eine
Wespe drin gewesen sein, in der Punica-Oase! Ich blickte erschrocken in den Rückspiegel und machte die Warnblinkan-
lage an.

»Mach das WEG!!« schrie Sascha, und meine Wespentheo-
rie erhärtete sich. Der arme Kerl hatte aber auch ein Pech!
Vorsichtig lenkte ich die bepackte Kutsche auf die Standspur
und sah mich um.

Sascha hatte ein paar Spritzer Saft auf dem Ärmel, das war alles.

»Mach das WEG!!« schrie er seine Mutter an, und die suchte in wilder Hast nach der Küchenrolle.

Und schlugen damit sein Haupt!!!

»Sascha, bist du noch ganz bei Trost?!« sagte ich, vor Schreck zitternd. »Wie kannst du uns alle so erschrecken?!«

»Mamaaaa! Mach das WEG!!!« brüllte Sascha, und die Mutter riß einen Fetzen von der Küchenrolle und putzte an seinem Ärmel rum.

Völlig verschreckt über soviel Geschrei wachte Paulchen aus tiefstem Schlaf auf und begann zu brüllen. Ich war genervt bis unters Kinn.

Dagegen war Vlixta ja noch die reinste Urlaubsreise gewesen!

Ich stauchte Sascha mit knappen Worten zusammen und sagte ihm, er solle seine arme Mutter nicht so schikanieren. Frau Schmalz-Stange entschuldigte sich, Sascha sei ein so besonders reinliches Kind, sei es schon immer gewesen, und er könne es einfach nicht ertragen, einen Saftspritzer auf dem Ärmel zu haben.

Ich schwieg.

Wir fuhren eine Weile durch die Gegend. Paulchen wollte sich nicht beruhigen.

An der Grenze lenkte ich den Wagen vor das Rasthaus.

Wir waren zwar erst eine Stunde unterwegs, aber ich war schweißgebadet.

»Pause«, sagte ich und krabbelte aus dem Auto.

Wer nicht ausstieg, war Sascha. Frau Schmalz-Stange stieg auch nicht aus, und Paulchen natürlich auch nicht. Ich reckte mich neben dem Auto und wartete. Schließlich sah ich durchs Fenster hinein:

»Ich denke, Sascha wollte aussteigen?«

»Sascha malt gerade so schön«, sagte seine Mutter, die, unter Saschas Spielutensilien begraben, nur noch mit der Nase herausschaute.

Paulchen brüllte.

Ich bugsierte ihn aus seinem Sitz und ging mit ihm in das Rasthaus.

Wenn wir schon angehalten hatten, konnte ich ihn auch gleich abfüllen. Ich bestellte mir einen Kaffee und legte Paulchen unauffällig an.

Nach genau einer halben Stunde, gerade als Paulchen zufrieden gerülpst hatte und wieder eingeschlafen war, erschien Frau Schmalz-Stange mit Sascha in der Tür.

»Wir fahren jetzt weiter!« sagte ich, um Mißverständnissen vorzubeugen.

»Mamaaa! Ich will einen Goofy-Teller!« sagte Sascha.

»Ja, Sascha!« sagte Frau Schmalz-Stange. Und zu mir: »Ich habe ihm einen Goofy-Teller versprochen, wenn er lieb ist.«

»Dann ist ja alles klar«, sagte ich. »Wir fahren also weiter.«

»Sascha war wirklich in der letzten halben Stunde im Auto sehr lieb«, sagte Frau Schmalz-Stange.

Mir fiel der Unterkiefer runter.

Kind, beschwöre keinen Ärger herauf, du brauchst die Frau noch.

Ich atmete ein paarmal tief durch, dann bestellte ich den verdammten Goofy-Teller und für mich einen Salat. Frau Schmalz-Stange wollte nichts essen. Paulchen auch nicht. Immerhin konnte Frau Schmalz-Stange dann ja Paulchen festhalten, während ich aß. Ich bildete mir ein, ich hätte sie irgendwann einmal als Kinderfrau eingestellt. Doch nein. Gerade als ich mir mit Lust eine halbe Gurke zum Munde führte, jammerte Sascha: »Mamaa! Schneid mir das DOOORCH!«

Frau Schmalz-Stange reichte mir Paulchen, um Sascha seine lappigen Frikadellen durchzuschneiden. Ich wartete geduldig, bis sie den ganzen Goofy-Teller in mikroskopisch kleine Einzelteile zerlegt hatte.

»Nich sooo!« befahl Sascha. »Größer sollst du sie schneiden!«

»Sascha!« sagte ich warnend. »Du fällst mir auf die Nerven!«

»Größer!« jammerte Sascha, ohne mich im geringsten zu beachten. »Du sollst mir die größer durchschneiden!«

Frau Schmalz-Stange bedauerte, daß sie nun leider an den Frikadellen-Schnipseln nichts mehr ändern könne, woraufhin Sascha sich weigerte, auch nur noch einen Krümel Goofy-Brei zu essen.

Während ich wutschnaubend meinen Salat weiteraß, befahl Sascha seiner Mutter, die Benjamin-Blümchen-Kassetten herzugeben. Mir hing vor Spannung das Blatt zum Munde raus, während ich beobachtete, wie Frau Schmalz-Stange in ihrem Utensilien-Korb kramte und ihrem Herrn Sohn fünf verschiedene Benjamin-Blümchen-Kassetten vor die Nase legte, damit er sich eine aussuchen könne.

Er wählte nach einigem Hin und Her eine Benjamin-Blümchen-Kassette, die noch im Auto war. Ich vergaß das Kauen.

Gerade als Frau Schmalz-Stange sich erheben wollte, um zum Auto zu gehen, befahl Sascha gnädig: »Bleib hier!« und legte bereitwillig eine von den vorrätigen Kassetten ein. Mit unbewegtem Gesicht saß er dann vor seinem Goofy-Teller, den er nicht angerührt hatte, und das übliche alberne Gekreisch des Benjamin-Blümchen quoll unter seinem Kopfhörer hervor.

»Ist Sascha immer so schwierig?« fragte ich seine Mutter besorgt.

»Er war ein Kaiserschnitt«, erklärte sie mir.

Ach so, dachte ich. Kaiserschnitte dürfen so was. Wie gut, daß Paulchen eine Sturzgeburt war!

»Meinen Sie nicht, daß Sie etwas zu nachsichtig sind?« fragte ich vorsichtig.

»Der Sascha ist sehr, sehr sensibel«, sagte Frau Schmalz-Stange. »Wenn mein Mann ihn mal etwas lauter anspricht, fängt er gleich an zu weinen. Der nimmt sich alles schrecklich zu Herzen.«

»Ach je, der Arme«, sagte ich und winkte dem Ober, um zu zahlen.

»Es tut mir ja auch leid, daß die Fahrt für ihn so langweilig ist«, sagte ich versöhnlich. »Konnten Sie Sascha denn nirgendwo anders unterbringen?«

»Doch, schon, aber er wollte unbedingt mit«, war die Antwort. »Wenn er sich mal was in den Kopf gesetzt hat, dann will er es auch unbedingt durchsetzen«, fügte Frau Schmalz-Stange stolz hinzu, »er hat eine ungeheure Willenskraft.«

Ich zahlte und nahm Paulchen auf den Arm.

»Also dann! Wir haben noch einiges vor!«

Am Ausgang bemerkte ich, daß mir niemand folgte. Erstaunt drehte ich mich um. Frau Schmalz-Stange versuchte gerade, ihrem Sohn eine Nachricht zukommen zu lassen, was nicht so einfach war, da er mit beiden Händen die Kopfhörer auf die Ohren drückte und dabei demonstrativ zum Fenster rausguckte. Sie bückte sich und redete auf den erreichbareren Kopfhörer ein, woraufhin sich Sascha zu ihr umdrehte und nach ihr schlug. Mir blieb die Spucke weg.

Ganz langsam regten sich in mir Zweifel daran, ob Frau Schmalz-Stange die geeignete Person war, um meinem Sohn eine angemessene Erziehung angedeihen zu lassen. Aber darüber hatte ich ja noch genügend Zeit nachzudenken. Schließlich waren wir gerade erst an der Grenze.

Die Kathedrale von Belves-en-Petitcoat war anheimelnd riesig, dunkel und feuchtkalt. Ich durchwanderte sie nervösen Schrittes und versuchte dabei, mich noch ein wenig einzusingen. In unserem Quartier oberhalb des Ortes war das leider wegen eines Schreikrampfes von Sascha nicht möglich gewesen.

Ein geschäftiges Treiben herrschte. Der Chor, der gerade mit zwei riesigen Reisebussen angekommen war, ergoß sich wie eine Lawine in den Altarraum.

Die Orchesterleute rückten Stühle, stimmten ihre Instrumente und räumten Geigenkästen, schwere Mäntel und Koffer aus dem Weg. Der Dirigent stand mit der Dolmetscherin im Gang und verhackstückte irgend etwas.

Ich war die Unbekannte, die Neue, die als einzige noch nicht geprobt hatte und die man noch nicht mal vom Sehen kannte.

Meine Singversuche hallten von den steinernen Wänden wider und mischten sich dann in den undefinierbaren Geräuschteppich. Nervös hielt ich mich an meiner Stimmgabel fest. Sie war wieder mal meine einzige Freundin, die mir in dieser schweren Stunde beistand.

Nach einer nicht enden wollenden Fahrt mit Dauer-Terror von Sascha und ausgiebigen Beschwichtigungs-Pausen war ich nervlich, körperlich und stimmlich nicht gerade in Hochform. Meine Hoffnung, Frau Schmalz-Stange würde einmal das Steuer übernehmen, hatte sich auch nicht erfüllt. Natürlich habe sie einen Führerschein, sagte sie, aber Sascha dulde nicht, daß ein Fremder neben ihm sitze, da nur sie genau wisse, in welchem Korb sich welche Bilderbücher und Kassetten und Punica-Oasen befänden. Das richte sich beileibe nicht gegen mich persönlich!

Um nichts auf ihren Sohn kommen zu lassen, fügte sie hinzu, daß sie sich auch gar nicht zutraue, ein so großes Auto zu fahren, und dann noch im Ausland! Auch als ich ihr versicherte, daß die Autobahn in Frankreich immer geradeaus ginge und daß die anderen Verkehrsteilnehmer das Rechtsfahren beherrschten, war sie nicht bereit, mich einmal am Steuer abzulösen. Das mußte ich akzeptieren. Schließlich war sie eine Erzieherin und keine Chauffeuse. Das war tarifvertraglich so festgelegt. Ganz klar.

Blöd nur, daß ich keine Sonderklausel für verzogene Einzelkinder miteingebaut hatte, zum Beispiel das Vorzugs- und Gewohnheitsrecht des Arbeitgebers, oben genannten Personen ab und zu mal eins auf die Rübe zu geben.

Nun aber zurück zur Kathedrale.

Obwohl alle Umstände gegen mich sprachen, fühlte ich mich seltsam befreit ohne meinen üblichen Anhang. Paulchen war satt und zufrieden, Sascha war doooorstig und unzufrieden, Frau Schmalz-Stange ging ihren erzieherischen Neigungen nach, und ich hatte meine Ruhe. Wenn man diesen Nervenkitzel hier so bezeichnen konnte. Ich sang mich ein und versuchte, mein Lampenfieber zu bekämpfen.

Das war nicht so einfach. Aus unerklärlichen Gründen war mein Nervenkostüm nicht so stabil wie sonst. Selbst die intensivsten Gedanken an Simon vermochten mich nur kurzzeitig abzulenken.

Auf der Suche nach einem abgeschiedenen Plätzchen, wo ich vielleicht mal drei Minuten unbeobachtet meine Tonleitern singen könnte, verzog ich mich einfach in einen Beichtstuhl, weil weit und breit kein anderes »Örtchen« der Einsamkeit zu finden war. Wahrscheinlich müssen Franzosen nie aufs Klo.

Ich hockte mich also auf das Armesünderbänkchen und dachte, wie praktisch es wäre, wenn da jetzt ein Loch drin wäre. Dabei überlegte ich, ob ich beim lieben Gott eine

Chance hätte, wenn ich ihn jetzt um Hilfe bäte – mein letztes Sündenbekenntnis lag etwa fünfzehn Jahre zurück.

Nein, Kind. Gerechtigkeit muß sein. Jetzt kannst du nicht erwarten, daß dein schmerzensreicher Rosenkranz irgendwas bewirken könnte. Da brauchst du gar nicht im Beichtstuhl zu hocken! Die Heuchler und Gelegenheitsbeter haben keinen Anspruch auf Hilfeleistung!

Das sah ich ein.

Betrübt fingerte ich im Dunkeln nach meiner Stimmgabel, die ich neben mich auf die Bank gelegt hatte, da stieß ich mit der Hand an einen feuchtwarmen, dunklen Klumpen. Hatte sich hier doch schon jemand mangels Loch im Sitz nicht nur seelisch, sondern auch körperlich entschlackt?

Doch der dunkle Klumpen erschrak genauso wie ich, begann zu flattern, breitete zwei riesige schwarze Flügel aus, hob sich in die Lüfte und umsauste in der engen Zelle meinen Kopf.

Es war der Teufel persönlich! Er hatte meine Seele schon gekauft! Ich stieß einen gellenden Schrei aus und stolperte in höchster Panik aus dem Beichtstuhl. Hinter mir flatterte dieses schwarze Etwas, ich schrie, was meine Lungen hergaben, und rannte in Panik zum nächstbesten Menschen, der gerade arglos seine Geige stimmte, um mich an ihm festzukrallen. Dabei zog ich den Kopf ein und verkroch mich an des fremden Geigers Brust.

Inzwischen nahm der Chor voll Freude an diesem kleinen Zwischenfall teil. Man johlte und lachte und feuerte die verschüchterte Fledermaus an, die in ebensolcher Panik wie ich einen stillen Winkel zum Verkriechen suchte.

Der Geiger tätschelte verlegen meinen Rücken.

»Ist ja gut, es war doch nur eine Fledermaus!«

»Ach so, dann ist's ja kein Grund zur Aufregung«, versuchte ich zu scherzen. »Haben Sie schon mal im Dunkeln in eine Fledermaus gefaßt?«

Der Geiger mußte zugeben, daß er das nicht habe, und ich schnaufte, daß er überhaupt keine Ahnung habe, wie ekelhaft sich eine schlafende Fledermaus anfühle.

»Vielleicht hat sie gar nicht geschlafen, sondern nur meditiert«, sagte der Geiger.

»Oder gebeichtet«, sagte ich.

Wir lachten herzlich. Dabei vergaß der Geiger ganz, mit dem Tätscheln aufzuhören.

Es war der Beginn einer wunderbaren Freundschaft.

Man sollte öfter mal schlafende Hunde wecken.

Obwohl wir so gut wie nicht geprobt hatten, und obwohl der Dirigent sich ja schon seelisch auf Frau Kammersängerin Anna Blau eingestellt hatte, konnte ich vor seinen Ohren bestehen. Dem südfranzösischen Publikum auf den kleinen, eng beieinander stehenden Strohstühlchen war es ohnehin egal, wes Rang und Namen die ausländischen Interpreten da vorne waren.

Der Tenor war der berühmte Baldur Aladin, ein kleiner, drahtiger Mann mit hellen Augen und einer wunderschönen Stimme, die scheinbar ohne jede Mühe die schroffen Klippen der Tenorpartie umschiffte. Johann Sebastian hat sich in einem offensichtlichen Anfall von Abneigung gegen Tenöre damals Übles einfallen lassen. Jedenfalls habe ich schon eine Menge Tenöre an der berüchtigten Klippenarie zerschellen sehen.

»Geht, die (Schaden-)Freude eilt so schön«, heißt es darin, und ich habe noch keine Aufführung erlebt, in der der Tenor nicht eines grausamen Todes durch den Strang gestorben wäre. Außer Baldur. Der sang das. Einfach so. Es gibt doch noch Profis unter den Sängern. Wer hätte das gedacht.

Der Baß war ein völlig aufgeblasener, eingebildeter Kerl, der beim Singen aussah wie ein ungezogener Frosch. Auch er war mit dem Privatwagen da, weil es für ihn eine Zumutung war, mit den Chorknüppeln in einem Bus sitzen zu müssen. Sein Wagen war irgendwas Schwarzes, Schnelles, Windschnittiges. Der Kerl brachte es fertig, mit seiner Kiste so dicht vor den Kircheneingang zu fahren, daß alle hundert Mitwirkenden den Bauch einziehen und ihre Instrumente über dem Kopf balancieren mußten, um überhaupt durch die Tür zu kommen. Während der Probe hatte er pausenlos den Autoschlüssel an einem albernen Maskottchen in der Hand und ließ ihn herumbaumeln. Jeder sollte sehen, daß er a) ein schnelles Auto besaß und b) nur mal eben auf einen Sprung vorbeigekommen war, um seine Töne abzulassen, wenn es denn schon nötig war. Ich nannte ihn Schweinebacke, weil er so feist war und sein Kinn bei den Koloraturen schlabberte. Welch ein himmelschreiender Kontrast zu meinem geliebten Simon! Ach, warum konnte der nicht hier sein und die Baßpartie singen! Dann wäre ich vor lauter Glück wahrscheinlich gestorben. Man soll es nicht übertreiben. Gib dich zufrieden und sei stille. Obwohl ich gerade dafür nicht bezahlt wurde.

Die Sopranistin hieß mit Nachnamen Zier. Das war sie auch, eine Zier. Eine absolut liebreizende Erscheinung, schlank, grazil und hübsch. Sie sang genauso, wie sie aussah. Wie man unter Sängern sagt: Leider gut.

Eine Theorie von mir, die übrigens auf fast alle Sänger zutrifft, ist, daß sie so singen wie sie aussehen.

Kind, was bist du arrogant.

Wieso, das gilt doch auch für mich!

Sag ich ja: Was bist du arrogant!

Bei meiner Violin-Solo-Arie nahm ich erfreut aus dem Augenwinkel zur Kenntnis, daß es sich bei dem Geiger um jenen Menschen handelte, der mich vor dem flatternden Luzifer gerettet hatte. Da wir uns von Anfang an mochten, verlief unser Zusammenspiel sehr stimmig.

Recht glücklich sank ich nach meinem letzten Rezitativ auf das Strohstühlchen zurück. Trotz aller Widrigkeiten war der liebe Gott auf meiner Seite gewesen und hatte mich noch einmal mit einem blauen Auge davonkommen lassen.

Seid froh dieweil! rief der Chor, und das war ich dann auch. Tiefbewegt und glücklich erschöpft jubilierte ich den Schlußchoral mit. Ach, ihr angefocht'nen französischen Seelen! Wenn ihr wüßtet, daß ich gar nicht Anna Blau bin, sondern Pauline Frohmuth! Was gehet uns das an, werdet ihr denken, natürlich auf französisch, und da habt ihr aber recht geredt'. Hauptsache, die Töne haben gestimmt.

Von der Nachfeier zog ich mich alsbald zurück, denn der Rotwein floß in Strömen, und ich wäre in Kürze beides gewesen, frohmuth UND blau, wenn ich mich nicht meiner Stillpflichten erinnert hätte und müde in unser Quartier gefahren wäre.

Dort harrte Frau Schmalz-Stange mein; ihr Sascha hatte für heute das Zepter aus der Hand gelegt und schlief in seiner Hälfte des französischen Bettes, als könnte er kein Wässerchen trüben.

Während ich das von Frau Schmalz-Stange liebevoll bereitete Stangenbrot mit Käse (nicht mit Schmalz!) heißhungrig verzehrte, lebte Paulchen eine Textstelle meiner Arie aus: »Labe die Brust, empfinde die Lust.« Er schmatzte so genußvoll, daß Tante Lilli ihn wahrscheinlich trotz seines jugendlichen Alters an die in unseren Kreisen herrschenden Tischmanieren erinnert hätte.

Ich blickte Frau Schmalz-Stange an und fand sie eigentlich furchtbar nett.

Am nächsten Tag waren die Teile 4–6 angesagt, das ist verdolmetscht: Die Altistin kann sich einen schönen Lenz machen. Ich schlief erst mal ausgiebig meinen Rausch aus, jedenfalls versuchte ich mein Bestes. Paulchen wollte ab und zu mal an meinem Busen nagen, was gestattet war, und Sascha wollte außerhalb des Schlafzimmers an meinen Nerven nagen, was nicht gestattet war!

Zweimal stand ich im Nachthemd auf und schlug Frau Schmalz-Stange vor, doch mal mit den Kindern ins Dorf zu gehen. Sie hatte aber die Einstellung: »Wußtest du nicht, daß ich bei dem sein muß, was meines Arbeitgebers ist?« und konnte gut noch ein paar Stunden mit mir wachen. Leider. Ein bißchen mehr Selbständigkeit wäre nicht schlecht gewesen. Wo sie doch so eine angenehme, gediegene Person war.

(Kind, die kann man gut um sich haben.)

Sie schon, allein, mich nervt der Sascha.

Sascha fuhr nämlich heute noch mal die gesamte Strecke der Hinreise nach, und zwar auf allen vieren direkt vor meiner Schlafzimmertür, und das Auto hatte wohl einen defekten Vergaser oder so was, jedenfalls machte es einen Höllenlärm. Außerdem fuhr es über eine kurvenreiche Strecke, denn zu dem Knattern kam alle fünf Sekunden ein ohrenbetäubendes Bremsenquietschen.

Was der Junge doch für eine schöpferische kreative Phantasie hatte! Die soll man auch nicht unterbinden, auch wenn sie vor der Kammertür einer gestreßten Kammersängerin ausgelebt wird. Kinder sind eben spontan.

Später am Nachmittag packte ich Paulchen in den Kinderwagen und machte einen ausführlichen Spaziergang durch das sonnenbeschienene Städtchen. Frau Schmalz-Stange hatte ich ausdrücklich gestattet, ihre Freizeit ohne mich zu verbringen.

In vorweihnachtlicher Betriebsamkeit zogen die Leute, französisch plaudernd, an den freundlich dekorierten Schaufenstern vorbei. Überall hingen Plakate, auf denen unser Weihnachtsoratorium angekündigt wurde.

»Lundi, 18. decembre, et mardi, 19. decembre, 21 h 30 précises. (Eglise chauffée.)

Histoire noël de Jésus Christe de J.-S. Bach.

Les choeurs de Cologne et un ensemble chambre-séparée-musique-orchestre.

90 exécutants!

Les solistes...

Direction...«

Und dann unsere Namen, außer meinem natürlich, weil ich ja für Anna Blau einsprang, deren Stimmbandentzündung ich als persönliches Geschenk des Himmels ansah.

Sehr glücklich und still vor mich hin verliebt in das Leben schob ich den Kinderwagen über das Kopfsteinpflaster des alten, gemütlichen Städtchens.

Wieder so ein Moment, in dem ich meinen Beruf über alles liebte!

Ich durfte reisen, ich durfte die Welt genießen, ich durfte auf der Sonnenseite des Lebens stehen!

Andere Frauen meines Alters und Intelligenzquotienten stehen vielleicht auf der Schattenseite des Bankschalters oder hocken acht Stunden lang vor dem wechselhaften Gewitter des Computers, um irgendwelche Listen einzutippen! Ihre einzigen Ausflüge führen ins Zimmer des Chefs, wo sie Kaffee servieren und Diktate aufnehmen müssen!

Wieder andere Frauen meines Schlages müssen sich mit anderer Leute unerzogener Brut herumschlagen und täglich sechs Stunden vor lärmenden Schulklassen um Gehör kämpfen! Das eine mußte ich ja zugeben: Ich mußte niemals vor lärmendem Publikum um Gehör kämpfen. Die Leute, die zu Kirchenkonzerten kamen, konnten sich alle irgendwie benehmen und taten zumindest höflichkeitshalber so, als ob sie mir zuhörten. Meistens jedenfalls. Natürlich, alle diese anderen Frauen erleben vermutlich nicht täglich den inneren Weltuntergang, wenn sie kurz vor einem Konzert kein Klo mehr finden oder das Kleid nicht zugeht oder die Töne im Halse stecken bleiben. Diese Frauen gehen natürlich abends nach getaner Arbeit nach Hause, legen die Beine hoch und eine Gurkenmaske auf das Gesicht und sehen sich anregende Fernsehserien an, um ihren Pulsschlag wenigstens dadurch noch ein bißchen zu erhöhen.

Ich selbst bin oft vor Konzerten so aufgeregt, daß ich nicht begreifen kann, wieso die Leute einfach so geradeaus gehen und Straßenbahn fahren oder im Supermarkt banale Dinge wie Brot und Käse kaufen.

Einmal hatte ich in Berlin ein Vorsingen im Theater des Westens. Es ging um ausgewählten Nachwuchs aus der ganzen Bundesrepublik, der sich nun vor sämtlichen Intendanten und deren Verwandten vorstellen sollte.

Ich empfand es als ungeheure Zumutung, über den brechend vollen Kurfürstendamm zum Theater des Westens gehen zu müssen. In meiner blinden Angst vor dem Vorsingen kam es mir absurd vor, daß die Menschenmassen auf dem Kudamm keine Gasse für mich bildeten, wo ich doch auf dem Weg zum Schafott war!

Selig sind, die Verfolgung leiden.

Gesegnet sei, der damit nichts zu schaffen hat!

Baldur Aladin zum Beispiel hatte nichts zu schaffen mit diesen Gefechten. Zudem war er nicht die Spur arrogant. Er behandelte mich von Anfang an als Kollegin, obwohl er im Leben noch nicht meinen Namen gehört oder meine Stimmbänder gegen das Licht gehalten hatte. Er hatte es nicht nötig, mir zu demonstrieren, daß er der weltberühmte Kammersänger und ich die kleine Vorstadt-Callas war.

Anders Schweinebacke. Er war auch ein verhältnismäßig kleines Licht am Sternenhimmel der tausend Stimmbandjongleure, und gerade deshalb wollte er sich ganz entschieden von mir abgrenzen. Damit das mal ganz klar war! Eine Pauline Frohmuth aus Köln war ihm, dem Bassisten Werner Wildebold aus Bad Rotzingen, noch nie begegnet!

Deshalb war es nicht an ihm, das Wort an mich zu richten! Wo kämen wir denn da hin, wenn Werner Wildebold mit jedem blassen Mädel aus dem Einspringermilieu reden wollte!

Die Sopranistin war auch nicht bekannt. Dafür aber sang sie zauberhaft und sah wie gesagt genauso aus! Ich war sicher, sämtliche 90 exécutants würden ihr rettungslos verfallen, inclusive Schweinebacke und dem Fledermausgeiger. Schade.

Kind, jetzt ist es aber genug! Kaum daß dein Simon Reich außer Reich-Weite ist, da denkst du schon wieder an irgendwelche Geiger!

Inzwischen war die südfranzösische Dezembersonne hinter den Giebeln der Altstadthäuser versunken. Die Laternen gingen an, und aus den Schaufenstern strahlte warmes, einladendes Licht.

Paulchen und ich, wir schlenderten in zufriedener Glückseligkeit durch die lauwarme Weihnachtsstimmung. Es duftete nach frischen Baguettes.

Ich überlegte, was ich Simon Reich zu Weihnachten schenken könnte. Und Klaus Klett natürlich. Meinem Kindsvater wollte ich auch eine Kleinigkeit zukommen lassen. Beiden kaufte ich schließlich eine überdimensionale Henkeltasse mit der Aufschrift »Petit déjeuner«. Eine von beiden Tassen würde ich wohl täglich in meiner Heimat wiedersehen, aber WELCHE? Und an welchem Frühstückstisch?

Et kütt wie et kütt, seufzte ich ergeben und schlenderte mit meinen beiden Henkelmännern weiter.

Wenn ich doch nur immer mein Paulchen bei mir haben könnte! Irgendwie ahnte ich, daß Frau Schmalz-Stange nicht mehr lange bleiben würde. Den Kampf gegen Sascha würde ich über kurz oder lang verlieren. Nicht zu fassen, dachte ich kopfschüttelnd, daß frau sich, um berufstätig sein zu können, dermaßen in die Abhängigkeit von Fremden stürzen muß. Männer müssen das nicht. Die sind berufstätig und haben auf jeden Fall eine Frau daheim, ob nun verwandt oder verschwägert. Und mit ihrer Brut haben sie nichts am Hut. Ungerecht ist das.

Heute abend hatte ich nicht viel zu tun.

Entspannt und fröhlich hockte ich auf meinem Strohstühlchen und beobachtete die anderen.

Wunderschön sang wieder mal diese bezaubernde Frau am Sopran. Sie hieß Antje, ich fand, der Name paßte gut zu ihr. Antje Zier. Ihre schlanke Gestalt steckte in einem nachtblauen Gewand, das mit irgendwelchem Glitzerzeug besetzt war. Immer wenn sie atmete oder sich bewegte, funkelte die ganze Antje. Sie war eine Zier.

Baldur Aladin war wieder bestens bei Stimme. Auch bei der Stelle »Da das der König Herodes hörte, erschrak er und mit ihm das ganze Jerusalem« passierte ihm kein Unglück.

Normalerweise hört sich die Stelle so an: »Da das der König Herodes hörte, er-kiekst er und mit ihm das ganze Jerusalem.«

Dann kichert die Altistin, und der Chor freuet sich.

Am nächsten Tag wurde es wieder ernst.

Der gesamte Chor, das Orchester und die Solisten wurden über achtzig Kilometer weit gefahren, um in der Kathedrale von Montcluton zu konzertieren. Da ich ja ein Baby und noch weiteren Anhang bei mir hatte, wurde mir nahegelegt, lieber meinen Privatwagen benutzen zu wollen.

Das wollte ich in der Tat, denn Sascha im Bus wäre das Ende meiner Konzertkarriere gewesen.

Ich verkündete also nach dem Frühstück meinen Leuten den Tagesplan:

Abfahrt gegen 16 Uhr, Ankunft in Montcluton wahrscheinlich gegen 17 Uhr 30, dann Stillen, Einsingen und das übliche Gedöns, Stellprobe, Stillen, Konzert, Stillen, Rückfahrt. Wenn das nicht ein ausgefüllter Tagesplan war!

Gegen Mitternacht würden wir wieder im Chalet sein. Sascha sollte schon mal vorschlafen und sich auch für das Auto eine warme Decke mitnehmen.

Frau Schmalz-Stange sollte bitte Spielsachen für Sascha einpacken, schlug ich vor, vielleicht auch die Benjamin-Blümchen-Kassetten und natürlich jede Menge Punica-Oasen.

Während ich das alles organisierte, wurde mir klar, daß

nicht sie für mein Kind, sondern ich für ihr Kind mitdachte. Ich ärgerte mich.

»Ansonsten wissen Sie ja Bescheid«, sagte ich. »Abfahrt bitte Punkt vier!«

Darauf zog ich mich zurück, um mich einzusingen. Heute gab es die Teile 1–3, 5 und 6. Das ist verdolmetscht: Die Altistin hat volles Programm.

Um halb vier machte ich Paulchen fertig. Zwar wäre das die Aufgabe von Frau Schmalz-Stange gewesen, aber ich wollte sie nicht stören. Sie war gerade mit Sascha in ihrem Zimmer. Also machte ich Paulchen schon mal den Popo sauber, zog ihn komplett um und legte seine warmen Sachen zurecht. Dabei versuchte ich, meine schwarze Seidenbluse nicht unnötig zu beschmutzen.

Um Viertel vor vier packte ich die Wickeltasche, kochte Tee ab, klappte den Kinderwagen zusammen, hob Paulchen in seinen Babysitz und schnallte ihn an.

Dann holte ich meinen Konzertkoffer und stieg ins Auto. Es war Punkt vier.

Von Familie Schmalz-Stange keine Spur.

Ob ich mich nicht deutlich genug ausgedrückt hatte? Es war doch von sechzehn Uhr die Rede gewesen! Frau Schmalz-Stange hatte doch den ganzen Tag Zeit für ihre Vorbereitungen gehabt! Ungeduldig und nervös zwang ich mich, genau fünf Minuten im Auto sitzen zu bleiben. Dann stieg ich aus und ging wieder ins Haus.

Nichts.

»Hallo?!? Frau Schmalz-Stange?!«

Die Schlafzimmertür ging auf, und Frau Schmalz-Stange erschien. Sie war noch nicht umgezogen, hatte Pantoffeln und einen Hausanzug an.

Mir blieb die Spucke weg. »Hatten wir nicht vier Uhr gesagt?«

»Ja, schon, aber...«

»Was, aber?« In mir machte sich Panik breit. Die Unternehmung, die wir noch vor uns hatten, war ja kein Klacks! Ich sollte in vier Stunden vor fünfhundert Leuten singen! Und diese Frau stand hier entgegen jeder Vereinbarung in Pantoffeln!

»Sascha mag nicht.«

»WAAAS?«

»Sascha hat keine Lust!«

Ich war völlig sprachlos. Sascha hatte keine Lust. Ich saß gestiefelt und gespornt und eingesungen und geschminkt im Auto, mitsamt Baby, das ich auch komplett angezogen hatte, und Sascha hatte keine Lust.

»Ich hab' auch schon versucht, mit ihm zu reden, aber er sagt, er hat Bauchweh!« sagte Frau Schmalz-Stange.

»So, hat er«, sagte ich und sank auf eine Kommode.

»Und was machen wir jetzt?« fragte ich. Blitzschnell gingen mir verschiedene Lösungsmöglichkeiten durch den Kopf:

Ins Schmalz-Stangesche Schlafzimmer einbrechen, Sascha vertrimmen, fesseln, knebeln und ins Auto schmeißen. Das hätte eventuell die Stimmung des weiteren Abends ein wenig getrübt.

Sascha hierlassen. Vielleicht gab es irgendwo eine französische Nachbarin, die gern mit verwöhnten kleinen Ausländerkindern spielte. Doch eine solche aufzutreiben und Sascha mitsamt Benjamin-Blümchen-Kassetten zu ihr hinüberzubringen, hätte vermutlich meinen Zeitplan unwesentlich durcheinandergebracht...

Herr, hilf, so laß mich Hülfe sehn!

»Ich glaube, wir müssen hierbleiben«, sagte Frau Schmalz-Stange kreativ.

»Wer, WIR?« fragte ich zurück. Wenn sie gesagt hätte: »Ich glaube, das Konzert muß ausfallen«, hätte mich das auch nicht mehr gewundert.

»Sascha und ich«, sagte sie.

»Und was ist mit Paulchen?« fragte ich entgeistert.

»Entweder Sie nehmen ihn mit, oder er bleibt hier«, schlug Frau Schmalz-Stange vor. Manchmal konnte sie richtig pfiffige Vorschläge machen. Wer kann das heute noch.

Ein Blick auf die Uhr: Es war zwanzig nach vier. Sofort stellte sich das Bedürfnis nach einer Klobrille ein. Ach, Herr, ich bin ein armer Wurm.

Ich rannte zum Auto, hob Paulchen raus und legte ihn Frau Schmalz-Stange in den Arm. Dann holte ich den Kinderwagen, die Wickeltasche, die Teeflasche und die warmen Sachen zum Anziehen. Das einzige, was ich Frau Schmalz-Stange nicht überreichen konnte, war mein Busen.

»Was werden Sie Paulchen zu essen geben?«

»Eine Banane oder so was«, sagte Frau Schmalz-Stange.

»Warum geben Sie ihm nicht gleich Salzstangen und Cola? Der Kerl hat noch nie was anderes zu sich genommen als Muttermilch! Darum habe ich ihn und Sie und Sascha doch schließlich mitgeschleppt!«

Frau Schmalz-Stange zuckte die Schultern. Hoffentlich würde sie nicht weinen.

Wie konnte ich aber auch so grob mit ihr umgehen, wo ihr Sohn doch ein Kaiserschnitt gewesen war!

Ich schaute erneut auf die Uhr. Fünf nach halb fünf. Im Ort gab es doch eine Apotheke! Die mußte noch geöffnet sein. Bei uns in Köln-Klettenberg waren die Apotheken um halb fünf noch geöffnet.

Ich flitzte zuerst aufs Klo und dann mit dem Auto in die Stadt. Was heißt »Milupa-Breichen« auf französisch?

»Bon soir. Avez-vous quelque chose pour manger pour un bébé?« Die freundliche Verkäuferin verstand mich. Die Gegenfrage, die sie an mich richtete, verstand ich hinwiederum nicht.

Vielleicht wollte sie wissen, ob das Baby schon Zähne habe, wie in einer ganz ähnlichen Filmszene?

Oder sie fragte nur, ob das Kind Schokolade- oder Sanddorn-Geschmack bevorzuge?

Eventuell fragte sie ja auch, welche Packungsgröße ich haben wolle...?

»Je suis Allemande«, begann ich zu stammeln, »je ne comprends pas très bien français.«

»O doch«, versicherte mir die freundliche Verkäuferin, und meine Aussprache erst, sie sei geradezu excellent, Madame! Dann wiederholte sie genau das, was sie vorher schon zum Thema Milupa-Breichen angemerkt hatte. Ich verstand sie nicht.

Leider reichten meine Französisch-Kenntnisse nicht dazu aus, ihr in Windeseile klarzumachen, daß ich soeben dazu verdonnert worden war, meinen Milchfluß zu drosseln, und daß mein argloses Kind heute zum ersten Mal in seinem Leben an etwas anderem nuckeln mußte als an mir. Außerdem, daß ich in größter Eile sei, da ich in nunmehr drei Stunden unwesentliche fünf Bach-Kantaten zu singen hätte, vor unwesentlichen fünfhundert Menschen, und daß ich nur noch unwesentliche 80 Kilometer auf unbekannter Strecke in der Dunkelheit fahren müsse, um in unwesentlichen 30 Minuten bei einer unwesentlichen Probe zu sein. Auch, daß ich für die völlig unwesentliche Anna Blau einspränge, konnte ich ihr in der erforderlichen Kürze und Prägnanz nicht klarmachen. Die Verkäuferin lächelte süß und verständnisvoll. Ja, ja, diese Ausländer! Nur Zeit, nur Zeit! Sie wird sich schon von den Lippen ringen, was sie will!

»Je suis en prison«, sagte ich und trippelte nervös von einem Bein aufs andere.

Die Verkäuferin legte den Kopf schief wie ein Hund, der darauf wartet, daß man ein Stöckchen wirft. »Bien sur?«

Hatte ich gesagt: »Ich bin im Gefängnis«, statt »Ich bin in Eile«?

»Je n'ai pas de temps!«

»Ich habe kein Wetter(?).«

Verzweifelt tippte ich auf meine Uhr. Dabei hätte ich mir schon wieder in die Hose machen können.

Die freundliche Verkäuferin wollte gerade »Hülfe« aus dem Hinterzimmer holen, da hörte ich ein mir vertrautes Schlüsselklirren und das bekannte Rotz-durch-die-Atemwege-Ziehen, verbunden mit dem derb-bayrisch hervorgebrachten Auswurf:

»Hom's Lokrritzn?«

Schweinebacke! Den schickte der liebe Himmel! Vielleicht konnte der Französisch!

Die Dame hinter der Theke war nun doch aufs höchste verwirrt und flüchtete ins Hinterzimmer.

»Aah die Frromuth Paalinne«, sagte der Kollege erfreut. Er KANNTE mich! Er wußte meinen Namen!! Wer hätte das gedacht! In der Wüste ist der Einäugige König.

Ich erklärte ihm in Windeseile mein Problem.

»Jo, und ii brraach Lokritzn, mey, mey Stimm ist heut völlick im Orsch«, antwortete er.

Ich fand ihn zum Kotzen egozentrisch.

Die Dame kam mit einer Schachtel Milchpulver und einem Herrn wieder. Der Herr hörte sich die bayerischen Urviech-Geräusche meines Landmannes an und zeigte ihm dann sein Lutschpastillen-Sortiment.

Die Dame sagte sehr wortreich etwas zum Thema: »In dieser Schachtel ist Milchpulver von der Marke Milupa, Sie müssen abgekochtes Wasser draufschütten und warten, bis es abgekühlt ist. Am besten, Sie halten die Flasche an die Backe oder tropfen sich was aufs Handgelenk.«

Ich war begeistert. »J'ai encore besoin d'une bouteille...« und spitzte die Lippen, um anschaulicher zu saugen.

Sie reichte mir eine aus dem Regal.

Dann wollte ich eigentlich gehen, da fiel mir siedend heiß ein, daß ich noch eine Milchpumpe brauchte!

Den Busen interessierten Saschas Launen nämlich wenig, und er würde spätestens beim »Labe die Brust, empfinde die Lust« zu tropfen anfangen.

»Woll'ns mitfohrn?« raunzte mich Schweinebacke an, der inzwischen irgendwelche grünlichen Drops in selbiger hin und her schob. Ich dankte dem gütigen Himmel für diese überirdische Erscheinung und sagte zu.

Werner Wildebold roch penetrant nach Eukalyptus und Zahnarzt, als ich neben ihm auf dem Beifahrersitz hockte.

Ich hatte noch in Windeseile die Sachen ins Chalet gebracht und meinen Koffer umgeladen.

Paulchen schrie wie am Spieß, als ich kurz dort war. Sofort schoß die Milch ein. Ich konnte mir und Paulchen nicht mehr helfen.

Nun rasten wir über dunkle, unübersichtliche Landstraßen durch den Nebel.

Ich verkrampfte meine Hände auf dem Schoß.

Das war ja wieder mal eine originelle Situation!!

Ich hatte das Bedürfnis, mit einem Menschen darüber zu reden, was in mir vorging. Klaus würde sagen, ich solle mich einfach mitteilen, einfach alles aus mir rauslassen. Und überhaupt, mit Klaus wäre das alles nicht passiert.

»Wegen eines fünfjährigen Tyrannen muß jetzt mein Baby verhungern«, begann ich einfach alles rauszulassen.

»Wos sogens?« Schweinebacke legte sich mit quietschen-
den Bremsen in die Kurve.

Ich erzählte ihm von Paulchen und Frau Schmalz-Stange
und Sascha. Dabei hielt ich mich krampfhaft an meiner soeben erworbenen Milchpumpe fest. Mein Leben hing an
einem seidenen Faden. Und Paulchen würde vielleicht heute
abend Hungers sterben. Oder zumindest Brechdurchfall
kriegen von diesem Milchpulverzeug. Mir ging es wirklich
schlecht. Ich war kurz vor dem Sterben.

Schweinebacke fuhr wie ein Henkersknecht.

»Ssie, wos mocht diese Sopranistin, Ssie?« war seine Antwort auf meine soeben geschilderte Not. »Wissens, wozu die
zwäi Stimmbänder im Hols hot? Zum Ssingen jedenfolls net,
Ssie! Die verkrrompft ja völlick! Ssie, wos sogen jetzt Ssie
dazua?«

»Ich finde, daß sie sehr schön singt«, sagte ich. »Da ich
nichts vom Singen verstehe, halte ich mich aus sängerischen
Beurteilungen meiner Kollegen stets raus.«

»Naa, grraaslich, Ssie! Die konn doch net ssingen!« fuhr er
mich an und legte den fünften Gang ein. »Und wie's aas-
schaat! Wie a Babagää! Ist dös Iana noch net aafgfolln, Ssie?!«

Ich wandte schüchtern ein, daß ich sie sehr hübsch fände.
Dabei unterdrückte ich ein Übelkeitsbäuerchen.

»Wiesso singt die bäi uns? Hot die än rrächen Monn, der'n
Dirrigentn bstochn hot?«

Ich fand ihn ungeheuer dreist.

Als wenn die Karriere einer Frau nur durch die Protektion
ihres Mannes zustande kommen könnte! Typische Einstellung für diesen aufgeblasenen bayerischen Bölker.

»Na und SSie! Äängschprung sind's! Für die Onna! Do
homs a grroße Schonx, Ssie! Vielläächt können's Karriere
mochn, wenn's Glück hom!«

»Zumal ich keinen reichen Mann habe und die Dirigenten
immer selbst bestechen muß!«

So, dachte ich. Dem habe ich's gegeben.

»Naa, ham's kann Monn nicht? Do hot SSie ääner ssitzn-
lossn, wos! Paalinne, Paalinne! Und jetzt müssens ssinga, um
dös Kind zu ernährn! Ssie, dös is aa net äänfach, dös sogi
Ianna!«

Wenn ich nur noch solchen groben Gernegroßen begegnen muß wie dir, geh' ich lieber Treppen putzen, dachte ich erbost. Klar, daß er felsenfest davon überzeugt war, MICH hätte einer »sitzenlassen«. Ich hatte aber nicht die geringste Lust, mit dem Typen über seine verkorkste Einstellung zur geschlechterspezifischen Rollenverteilung zu diskutieren. Mit dem nicht. Der würde es nie lernen. Da schonte ich lieber meine angefocht'nen Nerven.

Wieso mußte der Idiot so brettern?! Die neblig-beschienenen Bäume rasten an uns vorbei. Manchmal war ich sicher, daß der nächste mein Tod sein würde.

Armes Paulchen. Er hatte es nicht verdient.

Nächstens würde ich ihn zu Hause lassen. Nur, bei wem? Klaus Klett würde nicht seinen Beruf aufgeben, um Kindergärtner zu werden. Da war er leider eigen. Und mit Frau Schmalz-Stange konnte ich nicht mehr rechnen. Zumal sie mir schon angekündigt hatte, daß sie wegen Saschas sechstem Geburtstag demnächst eine Woche freinehmen müßte.

Falls ich jemals wieder zu einem Konzert fahren würde, müßte ich vorher eine völlig unabhängige Vierundzwanzig-Stunden-Frau gefunden haben. Am besten eine, die nicht mehr als fünfzig Pfennig pro Stunde kostete. Vielleicht sollte sie mal nachts um drei im Hauptbahnhof nach potentiellen Bewerberinnen Ausschau halten! Ich war schon wieder fix und fertig. So ein elender Beruf! Welche Strapazen, welche Umstände, welche Not, Gefahr und Ungemach!! Und das alles nur, um ein paar Töne abzuliefern, die genausogut irgendeine französische Land-Callas aus dem näheren Umkreis von Montcluton von sich geben konnte!

Ob ich nun in Montcluton singe oder in China fällt ein Sack Reis um, dachte ich, das ist völlig egal. Aber ob Paulchen in Gefahr ist und bei minderbemittelten Fremden verwahrlost, das ist nicht egal!!

Kind, wie konntest du auch wieder. Bleib nächstens mit dem Hintern zu Hause, wie es deine Mutterpflicht ist.

Als wir in Montcluton ankamen, war ich schweißgebadet und zitterte am ganzen Leibe. Schweinebacke nahm seinen Autoschlüssel, nachdem er den schwarzen Flitzer fast in einem Beichtstuhl eingeparkt hatte (und stand er immerhin in Greifweite vom Taufbecken), wedelte mit dem Schlüsselbund wie ein Schläger und schlenderte, Eukalyptus-Wolken verströmend, zur Stellprobe.

Ich wankte mit wackeligen Waden davon, auf der Suche nach einer Toilette. Erstens war mir schrecklich schlecht, und zweitens tropfte mein Busen vor lauter Streß und hormonellem Chaos.

Da hockte die Diva auf einem südfranzösischen Donnerbalken, pumpte ab und goß die kostbare Milch ins Klo. Ich haßte Sascha, ich haßte Schweinebacke, ich haßte meinen Schweinehund, der mich immer zur Karriere anstachelte. Warum konnte ich nicht, wie andere Mütter auch, auf dem städtischen Sandkastenrand sitzen und gedankenverloren sandige Förmchen ausklopfen?

Ach, ihr angefoch'ten Seelen von Montcluton! Wenn ihr es wüßtet, was die Solistin im Abendkleid mit der üppigen Oberweite unterm lila Dekolleté alles durchlitten hat!

»Was gehet uns das an«, werdet ihr denken, »da siehe du zu!« Hauptsache, die Töne haben gestimmt.

Am nächsten Morgen verkündete mir Frau Schmalz-Stange, daß Sascha entschieden habe, überhaupt nicht mehr zu irgendeinem Konzert mitzufahren. Er gedenke, bis zum Ende der Tournee in diesem Chalet sitzen zu bleiben und Benjamin-Blümchen-Kassetten zu hören. Ich holte tief Luft und schwieg still.

Im übrigen, sagte Frau Schmalz-Stange, habe es mit der Milupa-Milch hervorragend geklappt. Sie sagte zwar nicht: Also, was bilden Sie sich eigentlich ein, aber ihr Tonfall war genauso. Im Grunde hätten wir Sascha doch eine Menge zu verdanken. Zumal ich sicherlich viel entspannter wäre, wenn ich allein zu den Konzerten führe.

»Und meine Milch ins Klo schütte«, sagte ich düster.

Frau Schmalz-Stange hob die Schultern und sagte weise: »Tja…!« Warum stillst du auch, Frau. Karrierefrauen stillen nicht. Du kannst nicht alles haben!

Kind, du willst wieder alles hundertfünfzigprozentig machen, und so schaffst du wieder nichts Halbes und nichts Ganzes.

Sascha warf sich auf die Erde und machte sehr laut und sehr provokant: »Brrrm, brrrm, brrrmmm!!!«

»Nun denn«, sagte ich, »dann muß ich mich also drein-schicken.« Und ging hinaus und weinete bitterlich.

Nachmittags rief Schweinebacke an. Ob ich wieder mitfahren wolle. Er schien Gefallen an mir gefunden zu haben. Viel-leicht war er aber auch nur zu sozialen Handlungen aufgelegt. Sitzengelassene Kollegin mit unehelichem Kind im Auto mit-nehmen: Das gilt bei den Pfadfindern von Bad Rotzingen bestimmt als gute Tat. Da es diesmal über hundert Kilometer waren und ich keine Lust auf eine lange Fahrt allein hatte, stimmte ich zu.

Er sagte, daß es »broktischer« sei, dort zu übernachten, da die nächsten beiden Konzerte noch weiter südlich stattfinden würden. Wenn ich nicht neben Schweinebacke schlafen mußte, war mir alles recht. Ich packte also meinen Koffer und ließ mein Paulchen bei Familie Schmalz-Stange zurück.

Mit einem sehr dicken Kloß im Hals saß ich neben dem bayrischen Froschgesicht, das abermals Eukalyptus-Bon-bons wiederkäute. Der vertraute Kinderwagen im Rückfen-ster wurde kleiner und immer kleiner. Das letzte, was ich sah, war Sascha, der in fröhlichen Sprüngen vor der Auffahrt herumtollte. Er hatte den Kampf mit mir mit allen Mitteln durchgefochten. Und gewonnen. Da soll noch einer sagen, daß Kinder arme, kleine, machtlose Würmchen sind.

Nach dem Konzert konnte ich zum ersten Mal mit zur Nach-feier. Sie fand im historischen Rathaus statt. Mein alter Schweinehund kroch mit morschen Knochen aus seiner Hütte und rieb sich die Pfoten:

Auf, ins Gewühl! Und dem Rotwein gefrönt! Wenn du schon deines Kindes und auch sonst allen nervenaufreibenden Anhangs ledig bist, kannst du auch mal wieder so richtig auf den Putz hauen!!

Nur meines Busens war ich nicht ledig. Zuerst mußte ich mich mal irgendwohin verziehen. Da es mit den Sozialein-richtungen im alten Rathaus knapp bestellt war, konnte ich die wenigen natürlich nicht dauerbesetzen.

Also schlich ich in dem alten Gemäuer herum, nach einer stillen Ecke suchend, in der ich unbeobachtet pumpen konnte.

Da dergleichen nicht zu finden war, stahl ich mich einfach in das Empfangszimmer des Bürgermeisters, setzte mich hinter seinen Schreibtisch und machte mich ans Werk. Dabei hoffte ich inständig, daß niemand plötzlich hereinkommen und die Diva bei ihrem absonderlichen Tun ertappen würde!

Auf dem Schreibtisch stand eine angebrochene Flasche Champagner. Wahrscheinlich hatte der Bürgermeister sich vor dem Empfang bereits etwas Mut angetrunken, denn so eine Horde deutscher Musiker im vollendeten Stadium ihres Konzertschaffens – merke: Das Beste an einem Konzert ist immer das erste Glas danach! – sind ja keine Kleinigkeit!

Da Monsieur leider kein Glas für mich dort hatte stehen lassen, blieb mir nichts anderes übrig, als den guten, teuren Champagner aus der Flasche zu trinken!

Kind, was habe ich dir immer gepredigt! NICHT aus der Flasche trinken! Könnte 'ne Wespe drin sein!

Nun kam alles viel besser in Fluß. Verbunden mit dem starken Gefühl von Mutterfrust, Selbstmitleid und Trotz, lief alles wie von selbst!

Endlich durfte ich mal meine Muttermilch alkoholisieren, hurra!

Mein Schweinehund hatte nach kürzester Zeit einen herrlichen Schwips und torkelte vergnügt vor seiner Hütte auf und ab.

Heute abend reißt du den Geiger auf, hicks!

Nei-en! Ledig sei der Mensch, nüchtern und ernst!!

Und du reißt wohl den Geiger auf, das Leben ist kurz genug!

Aber Simon im fernen Morgenland! Was wird er sagen?

Besser ein Geiger in der Hand als ein Sänger auf dem Dach!

Als die Milchflasche voll und die Champagnerflasche leer war, suchte ich ziemlich intensiv nach einem Ausguß. Doch das einzige Gefäß außer der leeren Champagnerflasche war eine Bodenvase in der Ecke des Zimmers. Es steckten ein paar ältliche Astern darin.

Ich sah mir also dabei zu, wie ich meine gute, mit Champagner angereicherte Muttermilch in die Blumenvase kippte, und beobachtete dann mit halb zusammengekniffenen Augen die Astern. (Und der Kapaun ließ die Flügel hängen!) Ich stellte mich wie einst Scarlett O'Hara in Positur, hob meine Faust gen Decke und schwor dazu: Wenn ich jemals über die zweifelhafte Karriere einer Frau einen Roman schreibe, dann kommt diese Stelle darin vor.

Dann packte ich mein Zeug zusammen und torkelte vergnügt zum Sektempfang.

Prost, liebe Freunde und Förderer deutscher Sangeslust! Hier kommt die beschwipste Diva, zu allen Schandtaten bereit!

Ich muß ehrlich zugeben, daß ich den Abend genoß wie ein Häftling seinen Ausgang. Endlich war ich mal wieder ganz allein unterwegs, endlich mußte ich nicht auf die Uhr sehen, ob das Baby wohl Hunger haben könnte, endlich sah ich nicht an jedem Türrahmen Frau Schmalz-Stange lehnen, von dem renitenten Sascha ganz zu schweigen. Ich war frank und frei und angenehm beschwipst wie anno dazumal und von einer nicht zu bremsenden Unternehmungslust. Zuerst gestalteten der Geiger und ich den steifen Stehempfang zu einem echten Happening um, indem wir alle Anwesenden, inklusive Bürgermeister, Kultusminister und des Herrn Bischof mit lila Käppi, zum mehrstimmigen Gesang von altbekanntem deutsch-französischen Liedgut anstifteten.

Dann lieferten wir mit Hilfe einiger eingeschworener Impro-Freaks allerhand Jazziges aus dem Schatzkästlein der internationalen Ohrwürmer. Dabei floß der Rotwein in Strömen. Irgendwelche Förmlichkeiten wie Festreden, Händegeschüttel und steifkragiges Herumstehen wurden im Keim erstickt. Es war großartig.

Antje Zier, die nette Sopranistin, sang strahlend mit, auch Baldur Aladin lieferte brillante Gesangseinlagen und Anekdoten aus dem Milieu. Einzig Schweinebacke fand das alles unter seiner Würde und stand kopfschüttelnd in der Ecke. So was Profanes wie wir aber auch! Da gab man sich zwei Stunden lang Mühe, unantastbar und überirdisch einherzuerscheinen, und dann kam diese Pauline Frohmuth daher, verbündete sich mit einem Wald-und-Wiesen-Geiger, einem namenlosen Mitwirkenden aus der grauen Masse Orchester, und ließ den Honoratioren gegenüber schamlos durchblikken, daß wir alle nur Menschen seien! Ge-schmack-los!!! Jedenfalls verdrückte sich Werner Wildebold, der Kavalier, irgendwann unauffällig. Mitsamt meinem Übernachtungsgepäck im Kofferraum. Ein feiner Mann, ein wahrer Freund, ein hochsensibler Künstler durch und durch. Ich traf ihn später immer wieder gern.

Als der Morgen graute, war nur noch der harte Kern im Saal. Dazu gehörten der Geiger, die nette Antje Zier, ein schlaksiger Kontrabassist aus Wien, ein bärtiger Flötist und drei Chorsänger. Da wir fanden, daß jetzt ein bißchen frische Luft not täte, zogen wir Arm in Arm fröhlich singend durch die Stadt. Es war wie früher auf Klassenfahrt: Uns kann keiner, wir lieben uns alle, wir machen die Nacht zum Tage, und die Luft knistert vor Übermut.

O sel'ge Jugendtage, o du selige, fröhliche Zeit! Endlich übermannte uns die Müdigkeit. Man wankte fröhlich in die Privatquartiere. In dem Moment fiel mir ein, daß ich überhaupt kein Quartier hatte! Schweinebacke hatte sich ja längst verdrückt! Ein Mann wie er pflegt es sich nämlich nicht bieten zu lassen, daß Frauen, die er aus purer Freundlichkeit in seinem schwarzen Aufreißerschlitten mitnimmt, dann hinterher mit Tuttigeigern herumalbern. Wenn das jede machen wollte.

Los, Pauline, jetzt! Sag es dem Geiger ins Ohr! Das ist eine deiner letzten Chancen, bevor du endgültig im Hausfrauenmorast versunken bist!

Mein Schweinehund war plötzlich wieder hellwach. Er wollte unbedingt mit dem Schweinehund des Geigers zusammen in dessen Hütte krabbeln und dort Spaß haben.

Kind, der Mann ist ein anständiger Geiger. Bestimmt hat der gar keinen Schweinehund. Und wenn doch, dann sollst du keine schlafenden Schweinehunde wecken! Laß ihn gefälligst in Ruhe!

Paulinchen war allein zu Haus, die Kinderfrauen beide aus! Die Zündhölzlein lagen griffbereit, kein Moralapostel weit und breit! Los! Jetzt oder nie! In fünf Jahren guckt dich keiner mehr an! Kein Geiger und kein Sänger nicht!!

So ging das Gerangel um mein bißchen Moral noch eine Weile hin und her.

Plötzlich sagte Antje Zier: »Hast du eigentlich Quartier?«

»Nein«, sagte ich, »hab' ich ganz vergessen!«

»Dann komm doch mit zu mir!« sagte Antje.

»Oder zu mir!« sagte der Geiger.

Die anderen standen im Halbkreis um uns herum.

Geh mit der netten Sopranistin, sagte Tante Lilli.

Geh mit dem netten Geiger, sagte der Schweinehund.

Ich blickte von einem zum andern. Sündjen oder nischt sündjen, das ist hier die Frage.

Die anderen folgten interessiert meinen inneren Regungen.

Kind, du weißt ja, du hast zu Hause deine Verpflichtungen.

Plötzlich dachte ich an mein pausbackiges Paulchen. Das lag jetzt im fernen Chalet von Belves-en-Petitcoat, träumte einen Milupa-Traum und hatte Sehnsucht nach seiner Mama.

Ganz klar. Paulchen mußte ich treu sein. Der würde mir den Geiger nie verzeihen, nie. Das kapierte sogar der Schweinehund. Errötend zog er den Schwanz ein, zwinkerte dem Schweinehund des Geigers auf Verdacht noch einmal unauffällig zu und verschwand anstandslos in seiner Hütte. Und damit er im Laufe dieser Tournee nicht wieder rauskommen konnte, zog Tante Lilli eigenhändig den Schlüssel ab.

Antje und ich verplauderten den Rest der Nacht. Jede von uns bemühte sich mit Hilfe der gut trainierten Bauchmuskeln, nicht in die Mitte des Bettes zu rollen, wie das ja von den Franzosen für gängigere Benutzer-Konstellationen beabsichtigt ist.

Natürlich konnte ich überhaupt nicht an mich halten und erzählte ihr innerhalb von zwanzig Minuten mein ganzes Leben, insbesondere mein momentanes, außergewöhnliches, egoschweinmäßiges Dasein auf Kosten meines Kindes und meines Kindsvaters.

»Alles nur um der verdammten Karriere willen!« beendete ich meine Beichte.

Antje Zier wunderte sich: »Warum hast du denn so ein schlechtes Gewissen? Ich habe sogar zwei Kinder und mache trotzdem Karriere!«

»Und einen Kindsvater?« fragte ich staunend.

Antje lachte. »Das nennt man in unserer Gesellschaft Ehemann.«

»Im allgemeinen ja. Aber im besonderen eben nicht!« Ich starrte an die dunkle Decke des fremden französischen Schlafzimmers und seufzte. »Du hast es gut!«

»Wieso habe ich es gut? Um was beneidest du mich? Ich singe, du singst, ich habe eine Familie, du hast eine Familie, ich führe ein freies Leben, du führst ein freies Leben... Wo also liegt dein Problem?«

»Ich bin nicht verheiratet«, sagte ich trübe.

»Aber dein Klaus will dich doch heiraten! Oder habe ich das falsch verstanden?«

Ich räumte ein, daß die Sachlage genauso sei.

»Also, warum HEIRATEST du ihn nicht, diesen Ausbund an Güte und Toleranz, diesen gediegenen Kindsvater?!« Antje setzte sich angriffslustig im Bett auf. Ich stemmte mich gegen die entstandene Kuhle, um nicht doch in die Mitte zu rollen.

»Ich hab' mal irgendwo gelesen«, sagte ich, »daß es Menschen gibt, die sich aus Liebe heiraten und nicht aus Versorgungsängsten. Blöd, nicht?«

»Ja, blöd. Saublöd sogar. Total albern und naiv ist das. Da kannst du lange warten, bis du deine große Liebe findest. Und wenn du sie gefunden hast, ist sie entweder verheiratet oder vierzig Jahre älter oder in einem geistlichen Stande oder sonstwas Unpassendes.«

Wir kicherten begeistert. Ich robbte wieder in meine Betthälfte zurück.

»Mit anderen Worten, du liebst deinen Rolf auch nicht?«

»Genau«, sagte Antje und ließ ihre goldene Rolex leise klirrend auf den Nachttisch gleiten. »Ich liebe ihn nicht.«

»Du hast ihn NICHT aus Liebe geheiratet? Aus Berechnung etwa?«

»Nenne es Berechnung, ich nenne es Vernunft.«

»Eine VERNUNFTehe bist du eingegangen?« fragte ich staunend. Wer kann das heute noch!

Antje erzählte mir nun ihre Geschichte. Sie jobbte nach dem Abitur ein bißchen in einer ortsansässigen Schraubenfabrik herum, und ausgerechnet der Juniorchef mit Namen Rolf schwängerte sie, bevor sie überhaupt mit dem Dreimonatsjob fertig war. So ein Pech aber auch. Rolf heiratete sie daraufhin auf der Stelle. Klar, als Ehrenmann. Rolf war ein angesehener und gediegener Schraubenfabrikantensohn mit mehr als fünfhundert Angestellten. Da schwängerte man nicht ungestraft neunzehnjährige Dorfmaiden! Er wäre ja ganz übel ins Gerede gekommen in seiner Kleinstadt! Antje wurde also von Beruf Gattin, und das war für sie damals nicht das schlechteste Los. Mit einundzwanzig bekam sie ihr zweites Kind. Dann hatte sie ihre Pflicht getan. Nun war Selbstverwirklichung angesagt, was Rolf ihr ohne weiteres zubilligte. Er war ja gar nicht einer von diesen selbstgerechten Muftis, die ihren Frauen nichts gönnen, so war es ja nicht! Sie hielten aber einen Rat. Daraufhin begann sie in aller Ruhe mit einem Privatstudium in Sachen Jodeldiplom, nach dem Motto, dann habe ich etwas Eigenes.

»Und wer ist bei den Kindern geblieben?« fragte ich.

»Eine Kinderfrau natürlich«, sagte Antje, als wäre es das Einfachste von der Welt.

»Und... wie ist die so?« fragte ich, an meinem Daumennagel nagend.

»Prima«, sagte Antje. »Die macht keinen Ärger.«

»Erzähl mal«, sagte ich und knabberte am Nagelhäutchen vor Spannung.

»Also, sie kommt morgens um halb acht, wenn Rolf in die Firma geht. Das ist ganz praktisch, weil ich dann weiterschlafen kann.«

»Nee, ist klar«, sagte ich.

»Ja, dann macht sie Frühstück, wäscht und füttert die Kinder, räumt auf, wäscht, bügelt, kauft ein, geht mit den Kindern zum Arzt und so...«

Ich fraß fast meinen Daumen auf. »Und was machst DU?« unterbrach ich ihr gelangweiltes Geplauder.

»Was so anliegt«, sagte Antje. »Meistens schlafe ich aus.«

»Wie... lange denn?« fragte ich, vor Spannung zitternd.

»Och, halb zehn oder zehn Uhr reicht mir meistens«, räumte Antje ein. »Dann frühstücke ich in aller Ruhe, lese Zeitung, mach' mir die Nägel...«

Ich biß heimlich in das Kopfkissen, damit sie mein neidisches Zähneknirschen nicht hörte.

»Um elf fange ich meistens an zu üben«, fuhr Antje ungerührt mit ihrer Litanei fort. »So um eins rum, wenn die Kinder im Bett sind und die Kinderfrau die Bügelwäsche macht, kommt dann mein Begleiter.«

»Nein!« entfuhr es mir. »Einen Begleiter hast du auch?«

»Du etwa nicht?« fragte Antje erstaunt zurück. »Ich kann meine Sachen nicht alleine lernen, weißt du, da brauche ich einen Korrepetitor. Na ja, der bleibt jedenfalls bis drei, manchmal auch bis vier... Dann trinken wir schön zusammen Kaffee, unsere Britta kann auch sehr gut backen, weißt du, ja, dann kommt irgendwann Rolf, und dann haben wir Feierabend.«

»So«, sagte ich, »habt ihr.«

»Ja, dann unternehmen wir meistens was zusammen, fahren in den Zoo oder sonstwie ins Grüne... wir bringen die Zeit schon rum.«

»Nee, ist klar«, sagte ich. »Bei so vielen Angestellten!«

Ich wand mich vor Neid. Irgendwie war Frau Schmalz-Stange mit ihrem renitenten Sascha doch nicht das Gelbe vom Ei!

»Wohnt diese Britta bei euch?« fragte ich neugierig. Ich stellte mir so eine Kammerzofe vor, die mit gestärktem Häubchen und blütenweißer Rüschenschürze vierundzwanzig Stunden am Tag unauffällig staubwedelte.

»O nein«, sagte Antje. »Sie hat einen ganz normalen Acht-Stunden-Tag. Was Rolf ihr bezahlt, weiß ich gar nicht...«

»Hör auf!« stöhnte ich.

»Auch der Korrepetitor wird von Rolf bezahlt, er kriegt, glaube ich, monatlich...«

»Schweig!« schrie ich. Wenn ich daran dachte, wie ich mir oft in Windeseile irgendwelche neuen Sachen einpaukte, während ich mit der freien Hand den Laufstall schüttelte! Zugegeben: Meistens ging ich mit dem Walkman auf den Ohren hinter dem Kinderwagen her und zog mir meine Bruckner-Messen und Bach-Kantaten im Supermarkt an der Fleischtheke rein! Das sagte ich aber Antje nicht, weil das nämlich unprofessionell ist. Alle tun's, aber keiner gibt's zu. Das ist so

ähnlich wie in der Nase bohren. Alle tun's, aber keiner gibt's
zu.

Kind, mach du deine schlechten Erfahrungen ruhig alle
selbst. Wer nicht heiraten will, muß fühlen!

Nun wollte ich aber endlich mal eine Schwäche an meiner
Bettgenossin und Kollegin entdecken. Es konnte doch nicht
ALLES bei dieser Frau so makellos vonstatten gehen!

»Hast du denn gar kein schlechtes Gewissen, wenn du die
Kinder einfach jemand Fremdem überläßt?« fragte ich.

»Nein«, sagte Antje erstaunt. »Wie kommst du darauf?«

»Ich habe ein schrecklich schlechtes Gewissen...«

»Wem gegenüber?«

»Na, Paulchen zum Beispiel.«

»Paulchen geht es besser, wenn er eine ausgefüllte Mutter
hat. Glaub es mir.«

»Ich trau' mich nicht, eine ausgefüllte Mutter zu sein«, ge-
stand ich. »Ich glaube, daß ich vor Platzangst sterben würde!«

»Du traust dich ja auch nicht, deinen Klaus zu heiraten«,
sagte Antje. »Machst es dir immer unnötig schwer. Heirate
ihn doch einfach!«

»Nein.«

»Warum nicht?«

»Darum nicht. Ich liebe ihn nicht. Punktum.«

»Mein Gott, bist du altmodisch! So kannst du nie Karriere
machen, wenn du dir ganz bewußt Steine in den Weg legst!«

Um mir nicht weiter ihre unerträglichen Beschimpfungen
anzuhören, ließ ich die Bombe platzen: »Ich liebe einen anderen!«

»Aha«, sagte Antje ungerührt. »Ist der tauglicher für deine
Zwecke?«

»Ja«, sagte ich, »Simon ist Opernsänger.«

»Simon von Zyrene!« spöttelte sie. »Hilft der dir wenigstens dein Kreuz tragen?«

»Wie meinst'n das?«

»Na, Protektion und so!«

»Nicht, daß ich wüßte«, sagte ich verwundert.

»Ach, Pauline, wie biste naiv!«

Da gedachte ich der Worte Wildebolds, der von den Beste-
chungen ihres reichen Mannes gesprochen hatte. Ich wollt's

nicht fassen, nicht glauben. Sollte denn wirklich an dieser lächerlichen Männer-an-die-Macht-Theorie etwas dransein?

»Ist er Tenor oder Baß?« durchkreuzte Antje meine finstere Gesellschaftsanalyse.

»Baß natürlich. Tenöre sind im Bett immer so theatralisch!« Ich fand es an der Zeit, Antje gegenüber ein bißchen zu strunzen.

Antje kicherte aufgekratzt.

»Ihr liebt den Sex, ich lieb' ihn auch! Ist das nicht Sympathie?« zitierte sie aus »Die lustigen Weiber von Windsor«. Ich fühlte für Antje jene wunderbare Verbundenheit, die Männer nie füreinander empfinden können, weil sie verbal und emotional so verspannt sind.

»Gegen ein bis fünf Liebhaber ist doch gar nichts einzuwenden. Wichtig ist nur der passende Ehemann. Schon vom Prestige her«, sagte sie sachlich.

»Ja aber du liebst deinen Rolf nicht! Das ist nicht fein«, beckmesserte ich.

»Das halte ich für das kleinste Übel«, sagte Antje fröhlich. In ihrem cremefarbenen Seidenpyjama von Guckhin oder Laßcosten sah sie hinreißend aus. »Es ist ja nicht so, daß wir uns nicht leiden könnten! Er ist der Vater meiner Kinder, wir lassen uns alle Freiheiten, beruflich und privat, und das doppelt verdiente Geld ermöglicht uns unter anderem eben die Britta. Solltest du auch mal drüber nachdenken! Mit deiner Stimme könntest du doch ein Schweinegeld verdienen!«

»Och was«, wehrte ich bescheiden ab. »Solche Stimmen wie mich gibt es viele.«

»Was dir fehlt, ist die richtige protection«, sagte Antje. »Sonst nichts. Stimme haste, musikalisch biste, aussehen tuste...«

Ich staunte. »Bist du cool!«

»Ich bin nicht cooler als andere auch«, sagte Antje. »Ich bin nur ehrlich zu mir selbst. Was kann mir das Leben wirklich bringen? Das Geschwafel von der großen Liebe ist doch blanker Selbstbetrug!«

»Stimmt nicht!« geiferte ich erbost. »Große Liebe gibt es wohl!«

»Du meinst diesen unkonventionellen Chauvi, diesen Simon? Nie im Leben!« Sie lachte Hohn, daß das gemeinsame Bett wackelte. »Der ist was für gewisse Stunden, den würde ich mir als kurzweiliges Verhältnis nebenbei halten... aber für den Alltag ist der doch völlig untauglich!«

»Wie meinst du das?«

»Es gibt Alltagstaugliche und Alltagsuntaugliche. Mit den Alltagstauglichen kann man meistens leben, mit den Alltags-untauglichen macht es im allgemeinen im Bett mehr Spaß.«

Ich war erschlagen über soviel Abgebrühtheit.

»Du mußt das von der lockeren Seite sehen«, sagte Antje.

»Nee, ist klar«, sagte ich schnell. »Ich werde mich bemühen.«

Hör nicht auf sie, schrie Tante Lilli, die am Fußende des Bettes stand und wild mit den Armen fuchtelte. Ich versuchte, sie zu übersehen.

Von dieser Antje konnte ich ja noch eine ganze Menge lernen!

Antje begann nun, ein bißchen über unsere Rolle als Frau in der Gesellschaft rumzuphilosophieren.

»Männer sind doch irgendwie ganz arme Schweine«, sagte sie mitleidig. »Die Rolle, die sie spielen müssen, ist doch im Grunde genau wie bei den Tieren. Dieses ganze Werben um ein Weibchen, der Nestbautrieb, die Nahrungsbeschaffung für die Brut, der ständige Konkurrenzkampf mit den Artgenossen...«

»Genau«, sagte ich begeistert. »Echt stressig ist das!«

»Die Gesellschaft erwartet das alles von einem Mann! Wenn er die Erwartungen nicht erfüllt, ist er ein Softie.«

»Klar«, sagte ich, »Frauen haben es da viel leichter! Ein bißchen nett aussehen, ein bißchen genügsam sein, nicht gleich einen Beruf ausüben wollen, das Männchen umsorgen, damit es mit dem Balzverhalten nicht aufhört...«

»Ein geschicktes Weibchen schafft es mit etwas gutem Willen, das Männchen jahrelang an sich zu binden!«

»Natürlich, spielend! Hauptsache, es paßt sich in allem an. Das ist natürlich die Grundvoraussetzung.«

»Aber Verhältnisse dürfen nur Männer haben. Wer was auf sich hält, hat mindestens eins!« fing Antje wieder an zu stänkern.

401

»Genau«, hetzte ich aufgeladen, »das ist völlig normal! Bei uns Frauen ist das gleich der große Skandal! Wir haben gefälligst im Nest zu bleiben, unseren Kindern die Schnäbel zu stopfen und unseren Gatten die Socken!«

»Also«, sagte Antje. »Warum amüsierst du dich nicht etwas mehr?«

»Weisiaunich«, sagte ich.

»Aber du findest es edel von dir, deinen Kindsvater nicht zu heiraten! Mensch, du stellst dich ja gesellschaftlich ins Abseits! Paß bloß auf, daß dein Klaus nicht plötzlich eine andere heiratet, weil er keine Lust zum Balzen mehr hat und weil die andere besser Socken stopfen kann!«

(Wie recht sie behalten sollte, die Antje, WIE recht! »Wenn so blind dein Auge mir!«)

»Quatsch!« rief ich entrüstet. »Ich heirate Klaus nicht aus irgendwelchen Vernunftgründen gesellschaftlicher Art!«

»Denk mal an dein Paulchen!«

»Paulchen gehört allein mir!«

»Stell dir mal vor, Klaus heiratet und kriegt das Paulchen zugesprochen. Das Jugendamt legt Wert auf geordnete Verhältnisse.«

»Nimmer wird wie ich so treu ihn ein andrer lieben!« So versprochen und geschworen in einer Hälfte des Bettes in Montcluton, nachts um vier.

Wie anders doch noch alles kommen sollte!

»Mensch, du bringst dich um so viele Annehmlichkeiten! Überleg doch mal! Der Typ ist Arzt! Und hat Manieren! Mit dem kannst du dich überall sehen lassen!«

»Mein Gott, du faselst ja genauso daher wie Tante Lilli! Total ätzend ist das!«

»Deine Tante Lilli hat den Überblick! Was du in unserem Job brauchst, ist Sicherheit! Und nicht noch Streß nebenbei!«

Antje und ich mußten ein paarmal tief durchatmen. (Es bebet das Gesträu-che...)

»Nee, ist klar«, sagte ich ratlos.

»Na siehst du.« Antje zupfte sich die Diamantengehänge aus den Ohren. »Ich will dich ja nicht beeinflussen, aber denk mal über alles nach! Dein Klaus ist der richtige Mann für dich und nicht dieser Simon!«

»Ja aber Simon hat einen Draht zur Musik, und Klaus hat keine Ahnung, was ein Quintsextakkord ist!«

»Ein Grund mehr, ihn auf jeden Fall zu heiraten.« Antje wickelte sich genüßlich in die Decke. »Redet er dir wenigstens nicht drein.«

Von der Warte hatte ich das noch gar nicht gesehen.

»Ich muß mich noch ein bißchen ausruhen«, sagte Antje schläfrig. Ich starrte auf den zufrieden atmenden Deckenhügel neben mir. Sollte diese Frau etwa recht haben? Gab es denn keine andere Lösung, als eine Sicherheitsehe einzugehen, wenn frau Karriere machen UND Kinder haben wollte?

»Übrigens, wie sieht dieser Simon denn aus?« fragte der Deckenhügel nach einiger Zeit.

»Intellektuell«, sagte ich. »Finde ich jedenfalls.«

»Dann ist er es«, murmelte Antje müde.

»Was?«

»Was du gesagt hast. Intellektuell. Intellektuelle heiraten sowieso nicht. Schlaf gut.« Antje war nicht mehr zu sprechen.

Pauline aber gedachte aller dieser Worte und bewegte sie in ihrem Herzen.

Am Tag vor Heiligabend waren wir wieder in Köln. Ich lieferte Familie Schmalz-Stange vor ihrem Reihenhaus mit Südbalkon ab und wünschte ein frohes Fest.

»Wann sollen wir denn wieder arbeiten kommen?« fragte Frau Schmalz-Stange. Arbeiten! WIR!!

»Sie hören von mir«, sagte ich, und das war natürlich gelogen. Wenn ein Sänger nach einem Vorsingen gesagt gekommt: »Sie hören von mir« (Don't call us, we call you!), dann kann er seine Noten nehmen und einpacken. Dann wird er mit Sicherheit niemals etwas hören. Ich war eben durch und durch ein Profi, in meiner ganzen Wortwahl.

Das Thema Schmalz-Stange war jedenfalls endgültig erledigt. Meine Karriere vermutlich auch.

Ohne Kinderfrau keine Karriere. Und solche Brittas liefen auch nicht in Scharen herum.

Zu Hause ging ich als erstes in den Flur und hämmerte einen Nagel in die Wand. Ein rein symbolischer Akt. Da hing vorläufig meine Karricre dran.

403

Im Wohnzimmer stand ein Weihnachtsbaum mit echten Kerzen und ziemlich viel kitschigen Kugeln dran. Frau Pupke, die während unserer Abwesenheit unseren Haushalt und erst recht unseren armen vereinsamten Haushaltsvorstand ein wenig aufgepäppelt hatte, war offensichtlich auf einem Selbstverwirklichungstrip. Alles glänzte und roch nach Meister Proper, und im Backofen wälzte sich ein fettiger Vogel im eigenen Sud. Ich durchforstete heimlich den Kühlschrank in wilder Sucht nach Milchreis. Klaus hatte eigenhändig welchen besorgt. Er schien mich immer noch zu mögen, nach allem, was ich ihm angetan hatte. Wenn ich ihn doch nur umständehalber hätte lieben können! Es wäre so praktisch gewesen!

Es duftete nach Zimtsternen und Adventskranz. Wir saßen auf dem roten Sofa, unser Kind im Arm, blickten in den Flammenschein und knabberten an den rosafarbenen Pupke-Plätzchen. Mir wollten die Tränen kommen. Kinder, nein, wie IS-SES nur schön!

Aus dem Radio ertönte ein heiteres Potpourri zum Thema »O du ölige, o du mehlige, fade schmeckende Weihnachtsgans.« In F-Dur.

Ich selbst hatte vor einem Jahr an der Produktion teilhaben dürfen.

War das erst ein Jahr her?

Wo ich noch nichts von Paulchen wußte? Wo ich noch mir nichts, ihm nichts im Leben herumschlitterte, völlig vogelfrei und ohne Verantwortung für ein anderes Wesen? Wo ich noch Männer haben konnte, soviel ich wollte, ohne über das leidige Heiraten nachdenken zu müssen? Und Konzerte singen, wann und wo ich Lust dazu hatte? Und allein in meiner geliebten Bude hocken, sooft ich wollte? Und keine Kinderfrau haben mußte, um ein kleines bißchen Freiheit zu erkaufen?

Gerade als ich mich so richtig in eine Verherrlichung meiner Junggesellinnenzeit hineingesteigert hatte, sagte Klaus: »Weißt du noch, wie trostlos und einsam es letztes Jahr Weihnachten war? Jeder hockte allein in seiner Wohnung, und man wußte gar nicht, wofür man auf der Welt war!«

Ich löste mich aus seinem weihnachtlich-feierlichen Bärengriff.

»Und jetzt weißt du, wozu du auf der Welt bist?«

»Natürlich«, sagte Klaus und hob feierlich sein Glas. »Für dich und Paul.«

»Ja aber... Du tust ja gerade so, als wären wir liiert!«

»Sind wir das nicht?«

»Sind mitnichten!« rief ich aufgeregt. Der arme Klaus hatte ja noch keine Ahnung von Simon! Womöglich machte er sich schon wieder völlig falsche Hoffnungen!

Klaus sank in das rote Sofa zurück.

»Klaus«, sagte ich, genauso, wie das die Christa aus der Schwarzwaldklinik zu Professor Brinkmann auch immer sagt. Also freundlich, aber bestimmt.

»Klaus, wir haben vereinbart, daß wir wegen Paul zusammen wohnen. Gemeinsame Haushaltsführung, nennt man das beim Jugendamt. Unser Paul lebt in sogenannten geordneten Verhältnissen. Das ist alles. Was faselst du da jetzt wieder vom Sinn des Lebens und so! Verdirb uns nicht den Abend!«

Klaus sah sehr betroffen auf sein Glas.

»Und du empfindest nicht mehr für mich?«

»Doch, klar, ich mag dich unheimlich, aber...«

»Aber was? Hab' ich dich nicht total in Ruhe gelassen? Hast du nicht genug Zeit gehabt, um dich selbst zu verwirklichen? Fühlst du dich immer noch vereinnahmt? Ich tu' dir doch nichts!«

Mein Schweinehund fletschte die Zähne und knurrte angriffslustig.

»Du meinst, jetzt nach einem halben Jahr Selbstverwirklichung wäre es aber Zeit, mit dem Firlefanz aufzuhören und endlich wie eine vernünftige Hausfrau Hemden zu bügeln? Wie großzügig von dir, daß du mir überhaupt solange Zeit gegeben hast, meinem Furz im Gehirn zu frönen!«

Sehr gereizt und übellaunig zermalmte ich einen Keks mit Kokosglasur.

So hatte er sich das also gedacht! Am trauten Weihnachtsabend einen neuen Antrag in Richtung »Nun-sind-alle-eine-glückliche-Familie« stellen!

Nicht mit mir, mein Lieber, nicht mit mir!!

Ich bin eine unabhängige Frau mit Kind, jawoll!

Meine Liebhaber suche ich mir immer noch selbst aus,

klar?! Und so scheinemanzipiert wie Antje Zier bin ich nicht, daß das mal klar ist!

Ich fand, daß der Zeitpunkt sehr geeignet war, Klaus seine Illusionen mit der Brechstange zu zerschmettern. Rauh, aber herzlich. Was soll man auch sonst mit so einem langweiligen Heiligabend anfangen, wo noch nicht mal fernsehen gestattet ist und alle Kneipen geschlossen haben!

»Klaus«, begann ich, uns den Abend zu verderben, »du bist mein Kindsvater und mein Zweckwohngemeinschaftspartner. Wir verstehen uns doch großartig oder was!? Mit dir kann ich's echt aushalten, nee wirklich, ganz ehrlich, du. Aber mehr ist nicht drin, das weißt du doch. Ich bin halt nicht in heißer Lieb' entbrannt irgendwie…« DAS hätte Antje Zier hören müssen! Der hätten die goldenen Ohrringe gescheppert! Ich war eine Frau mit Zivilcourage!

Ich hatte plötzlich total den lässigen WG-Slang drauf irgendwie, und das mußte doch rüberkommen oder so! Der Typ mußte doch total schnallen, was da gebacken war oder was! Warum stellte der sich denn so dämlich? Total zu machte der, ja, was kann man denn da noch anstellen, damit der uncoole Macker endlich rafft, daß da horizontalmäßig voll nichts abgeht oder so!

Und nur weil heute Heiligabend oder was ist, kann man auch nicht dauernd drumrumreden und Händchen halten und so tun, als liefe da friede-freude-eierkuchenmäßig was ab, ey.

Genau! sagte mein Schweinehund, der gerade zur Feier des WG-Trips einen selbstgestrickten groben Pullover aus naturbelassenen Schweineborsten anhatte. Sag dem Typen endlich, was Sache ist!

Klaus sann lange über meine so sorgfältig gewählten Worte nach.

»Deine große Liebe bin ich also nicht?!«

»Genau, ey!« sagte ich total easy. Mein Gott, jetzt hat er's! »Das isses, Mann. You got it.« Puh, war das heavy!

Und dann, um den Abend restlos zu ruinieren, erzählte ich ihm von Simon.

»Ich hab' da wen kennengelernt«, begann ich meine Enthüllungen und bemühte mich um Spannungsreichtum.

»Jetzt, auf der Frankreichtournee?«
Ich holte aus zum Elfmeter. »Nö. Ist schon länger her.«
Kind wie gemein!
»Und das sagst du mir erst jetzt?« fragte Klaus gekränkt.
Da gedachte ich der Worte Frau Schmalz-Stanges, hob ge-
nau wie sie die Schultern und sagte: »Tja…«
Ich war mir der Wirkung dieses Wörtchens genau bewußt.
Das haut rein. Mehr Gleichgültigkeit und Häme kann man
mit drei Buchstaben nicht mehr demonstrieren.
O wie gemein! Was hat er denn Übels getan?
Du verstehst das nicht, Tante Lilli. Frauen von heute müs-
sen sich gegen Softies einfach zur Wehr setzen! Einer, der
immer zu lieb ist, ist erstens langweilig, und zweitens reizt er
meinen Schweinehund.
   »Erzähl mir von diesem anderen«, sagte Klaus.
   »Also er ist ein Künstler«, sagte ich, um schon mal von
vornherein klarzustellen, daß Klaus nicht an ihn heranreichen
konnte. »Er ist ein phantastischer Sänger und trotzdem sehr
intellektuell.«
   »Was ja höchst selten zusammentrifft.«
   »Ach, hör doch auf, meinen Berufsstand zu verunglimp-
fen! Du bist eben völlig unmusisch und hast mir auf dem Gebiet der Kunst nichts entgegenzusetzen!«
   Klaus schwieg betroffen. Er tat mir schon wieder leid. Mitleid ist schon oft mit Liebe verwechselt worden, das sollte mir
jetzt nicht passieren.
   Also steh jetzt die Wahrheit durch, sei ein Mannweib!
   »Simon ist durch und durch ein Lebenskünstler, er lebt nur
für den Moment, er hat schon unheimlich viele Berufe gehabt
und unheimlich viele Reisen gemacht und unheimlich tolle
Sachen erlebt und ist überhaupt unheimlich autark…«
   »Der ist mir unheimlich«, sagte Klaus in mein Gefasel hinein.
   »Ja, und er ist unheimlich unkonventionell!« triumphierte
ich. »Der trinkt mitten im Konzert Hühnersuppe, weil er in
Südamerika mal fast draufgegangen wäre, und der hat immer
einen Rucksack bei sich, weil er autark und unabhängig ist,
der kennt unheimlich viele Leute und lebt so in den Tag hinein…«

»Also eine Art Diogenes in der Tonne.«

»Ach Quatsch, laß doch deine gesunde Halbbildung jetzt nicht noch einfließen!«

»Weiß dieser Simon von…«

»Nein!«

»Warum nicht?« stichelte Klaus. »Meinst du, dann würde er dich sitzenlassen?«

Allein diese Ausdrucksweise! Sitzenlassen! Eine Frau von heute wird nicht mehr sitzengelassen, die LÄSST sitzen!!

»Quatsch«, schnaufte ich. »Wir haben eine Beziehung, das heißt noch lange nicht, daß wir uns gegenseitig allen Alltagskram unter die Nase reiben müssen!«

»Paulchen ist also Alltagskram«, sagte Klaus.

Ich schämte mich. »Quatsch!« sagte ich wieder, weil mir nichts anderes einfiel. »Paulchen ist mein kleines Geheimnis! Jede Frau hat ein kleines Geheimnis!«

Der Schweinehund rieb sich die Hände. Gut, Pauline! Immer das letzte Wort haben!

»Und was wird jetzt aus euch?« fragte Klaus. »Ziehst du zu ihm? Was wird aus Paulchen?«

Da ich keine Antwort wußte, bediente ich mich der miesen Gegenfragen-Taktik: »Was schlägst du denn vor?«

»Ich würde die volle Verantwortung für Paulchen übernehmen, damit du dich in aller Ruhe entscheiden kannst«, sagte Klaus.

Ich staunte ihn an. »WAS willst du?« Dieser Mann war eindeutig zu lieb für diese Welt. Und für mich schon erst recht. Und außerdem: Paulchen war MEIN Kind, und er als unehelicher Vater war zwar zahlungspflichtig, aber sonst nichts!

»Ich denke an folgendes«, sagte Klaus, und da war er wieder der stets besonnene, alles im Griff habende Denker und Handler, wie Tante Lilli ihn so schätzte. »Du bist völlig frei…«

»Das bin ich auch so!« hetzte ich dazwischen.

»Höre mit Sinn, was ich dir sage!« zitierte Klaus aus einer meiner Arien. Genau. Das war nämlich der Hauptgrund gegen Klaus. Der verstand nichts, aber auch nichts von der holden Kunst. Auch wenn er gerade mal ein Zitat landen konnte. Blindes Huhn findet ja auch mal ein Korn.

»Du sollst dich fühlen wie früher«, fuhr Klaus fort. »Keine Verpflichtungen, kein Kind, kein Mann, kein Alltag. Leb deine Bedürfnisse aus. Genieß dein Leben, du bist ein freier Mensch.«

»Und die Bedingung?« fragte ich argwöhnisch. »Glaub ja nicht, daß ich Paulchen zur Adoption freigebe oder so was! Das könnte dir so passen!«

»Keine Bedingungen«, sagte Klaus. »Du kannst hier ein- und ausgehen wie bisher. Was nützt es dem Paulchen, wenn du hier nur unfreiwillig bist.«

»Soviel Edelmut haut mich schier aus den Socken.«

»Es ist die einzige Lösung für uns alle«, sagte Klaus. »Ich kann nicht mit dem Gefühl leben, dich im goldenen Käfig einzusperren. Wenn du hier bist, sollst du es freiwillig sein. Wir kommen schon allein zurecht!«

Das klang zwar wieder etwas wehleidig, aber im Kern war die Idee nicht schlecht.

»Wer ist denn WIR?« fragte ich.

»Ich denke da an Frau Pupke«, sagte Klaus. »Die hat schon damals für uns den Haushalt geführt und gehörte quasi zur Familie. Sie würde gern für Paul sorgen, aber sie wollte sich nicht aufdrängen, weil du ja schon Frau Schmitz-Backes engagiert hattest.«

»Schmalz-Stange.«

»Wie auch immer, Kratzbürste. Leb dich mal aus. Du weißt ja, wo ich wohne.«

Ob er das alles ernst meinte? Kind, der Mann ist zu gut für dich. Du hast ihn nicht verdient.

Es lebe die Unabhängigkeit! Mein Ego-Schwein badete in Champagner.

Da saßen wir zusammen unter dem Weihnachtsbaum, in holdem, trauten Familienfrieden und hatten soeben beschlossen, uns in aller Freundschaft zu trennen.

Frei zu sein bedarf es wenig!

Siehst du, liebe Antje. SO und nicht anders löse ich meine Probleme. Da staunst du, was?

Wir packten das Paulchen in den Kinderwagen und machten noch einen langen, mitternächtlichen Spaziergang. Die Glocken läuteten weihnachtlich, und Klaus legte den Arm um mich. Unter seinem Edelmut wollte ich fast zusammenbrechen. Irgendwie mußte ich mich noch ein bißchen rechtfertigen.

»Du hast ja auch mal eine längere Aus-Zeit genommen«, sagte ich. »Als ich schwanger war.«

»Und nicht wußtest, von wem.«

»Na gut. Jetzt wissen wir's. Jetzt nehm' ich mal 'ne Aus-Zeit.«

»Steht dir dienstgradmäßig zu, ganz klar.«

»Nimm mich gefälligst ernst, du Halbintellektueller!«

»Fröhliche Weihnachten«, sagte er und lachte mich an. Er hatte Schnee im Bart.

»Fröhliche Weihnachten«, sagte ich, stellte mich auf die Zehen und küßte ihm die Kratzbacke.

»Eigentlich ist es ab und zu ganz nett mit dir!«

»Ich weiß«, sagte Klaus, und dann gingen wir weiter.

Das neue Jahr brachte einige Veränderungen. Frau Pupke zog bei uns ein, mit Sack und Pack und allerlei altjüngferlicher Habe. Hier und da lag nun ein selbstgehäkeltes Spitzendeckchen oder Sofakissen in ihrer Lieblingsfarbe Rosé und verlieh unserer Wohnung ein völlig neues Outfit, knapp an meinem Geschmack vorbei, leider. Auf dem Klo hatten die Ersatzrollen fliederfarbene Häubchen auf, und über der Tür hing ein gestickter Spruch: »Komm herein, bring Glück herein.« Ich mußte mich schütteln, sooft ich ihn sah, aber Frau Pupke hatte sich diesen Spruch zur Aufgabe gemacht: uns Glück zu bringen, und zwar mit aller Gewalt!

Sie habe nie eine Familie besessen, erzählte sie am ersten Abend, und nun habe sie auf einen Schlag zwei erwachsene Kinder UND einen Enkel! Wenn das kein Grund zur Begeisterung war!

Wir guckten uns bedeutungsvoll an, Klaus und ich. Frau Pupke wußte nichts von der Beschaffenheit unserer Beziehung. Frau Pupke nannte mich Frau Doktor! Antje Zier hätte gejubelt! Meinetwegen sollte Frau Pupke mich Frau Professor nennen oder Frau Kammersängerin oder Frau Kommerzienrat! Hauptsache, ich konnte nun endlich meiner nicht zu unterdrückenden Berufung nachgehen. Meiner Selbstverwirklichung stand nichts mehr im Wege! Meine unregelmäßigen Arbeitszeiten machten ihr anscheinend nichts aus, im Gegenteil. Hauptsache, sie konnte sich mitsamt ihrem Sorgetrieb bei uns hemmungslos entfalten. Endlich schien ich die Richtige gefunden zu haben.

Am ersten Abend unserer Dreisamkeit saßen wir alle in trauter Runde zusammen. Frau Pupke strickte an einem reizenden Ensemble »in blö«, trank ihren selbstgebrauten Beerenmost und sagte selig: »Sie passen viel besser zum Herrn Doktor als die Irene!« Ich nickte erfreut. So was hört man doch immer wieder gern. Ach Antje, wenn du das erleben könntest!

Klaus hustete verlegen und sagte, daß er jetzt gerne die Tagesschau sehen würde.

Also machten wir es uns zwischen den spitzenbesetzten Kissen bequem und guckten erwartungsvoll in die Röhre, Urahne, Großmutter, Mutter und Kind.

Frau Pupke, die sich aus verständlichen Gründen nicht für Politik und Wirtschaft interessierte, redete anfangs ein bißchen dazwischen. Seit sie bei uns wohnte, nämlich seit acht Stunden, redete sie überhaupt ein bißchen viel. Wie nicht zu überhören war, stammte sie aus dem Kohlenpott. Während Klaus mit größtem Interesse die Entwicklung der politischen Wende verfolgte, sagte sie in dem ihr eigenen kindlichen Tonfall:

»Die Irene war irgendwie nie lieb zu dem Klaus, ich weiß aunich, wie ich dat erklären soll, wissen Se, wie soll ich sagen, also ich meine, äm, so wie Mann und Frau normalerweise sind, so'n bißchen nett zueinander, dat war die nie, die Irene!«

Da ich schwieg und Klaus angestrengt versuchte, den Nachrichtensprecher zu verstehen, fühlte sie sich bemüßigt, ihre Aussage noch ein wenig zu verdeutlichen.

»Wissen Se, wie ich dat meine, Frau Doktor? Wissen Se!?«

»Jaja«, sagte ich, und dann machte ich schnell eine Bemerkung, die das Nachrichtenprogramm betraf. Klaus nickte und machte auch schnell eine Bemerkung, die das Nachrichtenprogramm betraf. Der Nachrichtensprecher hielt zu uns. Er machte auch eine Bemerkung, die das Nachrichtenprogramm betraf.

Frau Pupke jedoch war mit ihrer Abhandlung noch nicht

ganz fertig, erst recht nicht, da niemand ihre Aussage bestätigte.

»Wissen Se, man kann sich ja mal ein bißchen an den Mann anschmiegen, dat haben die geane! Woll, Klaus?! Woll?! Dat haben die geane, die Männa, wenn die Frauen en bißken, wie soll ich dat getz sagen, ich sage mal, äm, also en bißken anschmiechsam…« Sie lachte kindlich begeistert über ihre eigene Formulierungskunst… »Sarich dat getz richtich, Klaus? Ja? Klaus?«

»Jaja«, sagte Klaus und guckte in die Röhre.

Ich wollte ein bißchen höflich sein zu Frau Pupke und schmiegte mich anstandshalber ein bißchen an Klaus, auf daß sie gläubte.

Inzwischen wurde von einer dramatischen Terroraktion berichtet. Klaus starrte auf die Mattscheibe.

»Frau Doktor«, sagte Frau Pupke und nahm meine Hand. »Wenn Sie nich nett sind zum Klaus, dann kriegen Sie es mit mir zu tun, dat sarich Ihnen! Wiaklich! Woll?! Ich gehör' ja getz mit zur Familie! Woll!? Woll, Klaus?« Da Klaus nicht reagierte, wiederholte sie noch vier- oder fünfmal das schöne Wörtchen woll, zuerst mit Fragezeichen, dann mit Ausrufezeichen.

Ich nickte immer heftiger, aber sie wollte von Klaus eine Reaktion, WOLL!?!!

»Klaus«, sagte ich und stupste ihn an die Backe, »Frau Pupke hat ›woll‹ gefragt!«

»Ja, Frau Pupke«, sagte Klaus. »Sie haben recht.«

»Sarich doch!« freute sich Frau Pupke und griff wieder nach meiner Hand, die ich ihr unauffällig entzogen hatte. »Sarich doch immer!! Schon zu der Irene hab' ich immer gesagt, woll, Klaus, WAT HAB ICH IMMA GESACHT?!? Klaus?! Woll?! Ich habe immer zu der Irene gesacht, sie soll ein bißchen nett sein zu dem Hea Dokta. Hap ich immer gesagt! Woll, Klaus!! HAP ich das nich gesacht?!«

»Ja«, sagte Klaus, der inzwischen einen Flugzeugabsturz anschaute, »haben Sie immer gesagt.«

»Irene, hap ich gesacht, ich sach, Irene, sarich, gucken Se mal, so ein Mann braucht auch ma ein bißken Zäatlichkeit! Happich das nich immer zu der Irene gesagt? Woll?! Happich

412

doch gesagt!! Können Se den Klaus fragen! Fragen Se! Da sitzt er ja! Können Se fragen!! Woll, Klaus!«

»Ja«, sagte Klaus, ohne den Kopf zu wenden.

»Und?« fragte ich, um die verzweifelt um Anerkennung buhlende Frau Pupke nicht so in ihrem Frust braten zu lassen. »War sie denn nicht nett zu ihm?«

Das war mein Fehler!

Frau Pupke war absolut begeistert, daß ich Interesse an dem Thema zeigte. Innerhalb der nächsten vier Stunden erzählte sie uns, Klaus und mir, ausführlichst und mit höchst detaillierten Einzelbeispielen, in welchen Fällen und zu welchen Gelegenheiten Irene NICHT nett zu Klaus gewesen war. Ich war beeindruckt, was Klaus mir alles bisher verschwiegen hatte! So viele Unnettigkeiten hatte er mir einfach noch nicht erzählt! Ein echter Gentleman, der Klaus. Aber wie gut, daß wir Frau Pupke hatten. So konnte doch die ganze schmutzige Wäsche der vergangenen Ehe noch einmal gründlich vor unser aller Augen gewaschen werden, und zwar mit Vorwaschgang, Hauptwaschgang, Lenor-Windel-Weich-Waschgang und noch mit einer Extra-Portion Hand-Wasch-Gang der Marke Spei in die Tube.

Als sie fertig war, waren wir fix und fertig, hatte sie doch ungelogen etwa dreihundertmal »woll« gesagt! Sämtliche Nachrichtenmagazine waren ungesehen an Klaus vorbeigeflimmert. Ich bewunderte Frau Pupke, weil sie doch ein gewisses Durchsetzungsvermögen besaß. MIR war es nämlich noch nicht gelungen, Klaus durch irgendeine Bemerkung von seinem Nachrichtenwahn abzulenken. Damals, als ich beschlossen hatte, mich selbst zu verwirklichen, hatte Klaus gerade eine Sendung über Steuern und Finanzen gesehen. Ich hatte es trotz Türenknallens nicht geschafft, seine Aufmerksamkeit auf mich zu lenken. Vielleicht sollte ich öfter mal »woll« sagen!

Simon und ich gingen durch die Hohe Straße. Er schritt mit seinen derben Stiefeln so beherzt durch die Menge, als wäre er bei einem Militärmarsch. Ich hatte Mühe, mit ihm Schritt zu halten. Eigentlich wollte ich ihm heute sagen, daß ich nun für ihn frei war, aber solche Geständnisse rufe ich ungern in überfüllten Einkaufszonen hinter jemandem her.

Zuerst versuchte ich ihn etwas über seine letzten Wochen ohne mich auszufragen. Auch er hatte ein paar ausgesprochen nette Konzerte gehabt, wie er sagte, und war viel »aushäusig« gewesen. Ich fragte, welche Agentur denn eigentlich für ihn arbeiten würde. Dabei erwog ich heimlich, meine eigene Agentur über den Jordan zu jagen und mich unauffällig an Simon anzuhängen. Wo er doch in jeder Beziehung ein Mann von Welt war.

Simon war doch immer wieder für Überraschungen gut. Seine Konzerte hatte er nämlich völlig allein organisiert! Auf meine Frage nach dem Veranstalter sagte er fröhlich: »Ich bin mein eigener Veranstalter!«

Das glaubte ich ihm aufs Wort.

»Ich bin ganz autark, das ist mir am liebsten so«, sagte Simon und schritt freudestrahlend mit seinem Rucksack vor mir her.

»Das dachte ich mir«, sagte ich vorsichtig und blickte ihn verliebt von hinten an. »Du läßt dich einfach nicht von irgend jemandem organisieren.«

»Genau, Kleines«, sagte Simon beschwingt.

Mich störte zwar das »Kleines«, denn ich bin eigentlich gar nicht so klein. Aber wenn frau verliebt ist, realisiert frau nicht sofort, was sie stört.

»Also, wer arbeitet mit dir?« fragte ich in meiner penetranten Neugier.

Irgendwie platzte ich innerlich vor Eifersucht. Welcher Agent oder Manager hatte mit Simon regelmäßig zu tun? Womöglich noch eine Frau? WER??!

»Keiner«, sagte Simon und blieb vor einem Schaufenster stehen, um einige Taschenmesser und Schrotflinten anzusehen. Ein Jägerhut mit Gamsbart hatte es ihm angetan. »Ob der mir steht?«

Ich hielt das für einen seiner üblichen originellen Scherze und lachte.

Simon aber ging hinein und kaufte den Jägerhut. Ich fand das ein bißchen ärgerlich, besonders, weil er ihn gleich aufbehielt und sich seine Pudelmütze einpacken ließ.

Trotzdem versuchte ich, den Faden unseres Gespräches wieder aufzunehmen.

»Du sagtest eben«, begann ich und versuchte, mit ihm Schritt zu halten, »kein Mensch organisiert deine Termine?«

»Ich bin vollkommen autark«, sagte Simon und blieb wieder abrupt stehen, so abrupt, daß ich erst drei Schritte zurücklaufen mußte, um mit ihm wieder auf gleicher Höhe zu sein.

»Aber die Hotels, in denen du übernachten mußt«, sagte ich atemlos und guckte desinteressiert auf die Landschaft aus Legosteinen, vor der er stehengeblieben war. »Buchst du die alle selbst?«

»Ich übernachte nie in Hotels. Ich habe in jeder Stadt Bekannte, bei denen ich schlafen kann«, sagte Simon und ging in das Spielwarengeschäft.

Drinnen stand eine unförmige Frau mit dicken Waden auf einer Leiter und räumte Spielpackungen ins Regal. Ihre wollenen Strümpfe paßten modisch genau zu dem Haardutt, der blaue Faltenrock mit der übergroßen Sicherheitsnadel als keckes Accessoire rundete ihr apartes Erscheinungsbild ab. Ich war schon wieder eifersüchtig auf sie, nur weil Simon mit ihr sprechen würde.

»Sie wünschen!« sagte die Dame von ihrer Leiter herab, ohne sich umzudrehen.

»Sagen Sie, schöne Frau, haben Sie das Bauernhaus im Schaufenster selbst gebaut? Ich würde es gerne näher ansehen!«

Die schöne Frau mit den dicken Waden schenkte uns einen Blick aus schönen, dicken Brillengläsern. »Was wollen Sie daran ansehen?« fragte sie eiskalt.

»Meine Großmutter väterlicherseits wohnte in einem ganz ähnlichen Bauernhof, ich habe Fotos davon gesehen«, sagte Simon äußerst liebenswürdig zu der Verkäuferin, die inzwischen im Begriff war, von der Leiter herabzusteigen.

»Darf ich Sie um die Hüfte fassen?« fragte Simon und ging hinter den Ladentisch, wo er hilfreich die Hände nach ihr ausstreckte.

Ich fand das der Liebenswürdigkeit ein bißchen zu viel, zumal die dickwadige Dame in Strick weder schön noch freundlich war!

Sie wollte auch nicht um die Hüfte gefaßt werden, sondern war, wie sie ärgerlich demonstrierte, durchaus in der Lage, allein von der Leiter zu steigen. Sie ging mit uns nach draußen vor das Schaufenster und sagte: »Hier können Sie sich das Bauernhaus ansehen, solange Sie wollen. Wenn Sie an einem Kauf interessiert sind, kommen Sie wieder rein. Ich bin im Laden.« Damit ließ sie die Tür zufallen und verschwand.

»Simon«, sagte ich. »Interessierst du dich wirklich für das Bauernhaus?«

»Och ja, warum nicht!« sagte Simon und ging weiter. Ich hoppelte hinter ihm her.

»Sagtest du nicht eben, daß du überall Bekannte hast, bei denen du übernachten kannst?« versuchte ich, den Faden wieder aufzunehmen. Womöglich waren das alles solche Weibsbilder in Strick, denen er irgendwann mal um die Hüfte gefaßt hatte!

»Kleines, ich bin eben schon ein paar Jährchen älter als du«, erklärte Simon. »Da entsteht mit der Zeit eben ein gewisser Bekanntenkreis.«

Natürlich. Er war eben ein Mann von Welt. Man KANNTE ihn einfach.

»Aber die Leute wohnen doch nicht alle auch bei dir?« fragte ich ahnungsvoll.

»Gott bewahre!« sagte Simon. »Meine Bude ist viel zu klein. Darf niemand drin wohnen als Simon allein! Und ab und zu mal so ein Spätzchen wie du, Kleines!«

»Aha«, sagte ich irritiert. Diese Verniedlichungen! Spätzchen! Kleines! Und dann wildfremde dickwadige Verkäuferinnen um die Hüfte fassen wollen!

Im Grunde war ich schrecklich eifersüchtig auf die Kellnerin, die Verkäuferin und die unzähligen Bekannten.

Dieses Gefühl war mir neu.

Es mußte Liebe sein.

Nachdem wir uns nun drei Monate lang nacheinander verzehrten, war es endlich an der Zeit, daß ich seine Wohnung kennenlernte. Simon hatte es zwar immer wieder zu verhindern gewußt, aber darin stand ich ihm ja in nichts nach; hatte ich doch auch jede Menge vor ihm zu verbergen: ein Kind, einen Kindsvater UND, was das Allerverbergenswerteste war: Frau Pupke. Soviel konnte Simon vor mir gar nicht zu verbergen haben! Nach stundenlangen Diskussionen und Erwägungen, ob es denn nicht endlich mal an der Zeit wäre, ein wenig von der geheimnisvollen Anonymität aufzugeben, war er bereit, mich in seinen heiligen Hallen zu empfangen. Ich platzte vor Spannung. War seine Behausung genauso außergewöhnlich wie sein Benehmen?

Seine Wohnung stammte noch aus Zeiten des abgebrochenen Studiums. Sie war ziemlich klein und lag im Souterrain. »Ich habe tagelang aufgeräumt«, sagte Simon über die Schulter, als wir die Treppen zu der schweren grauen Eisentür hinabstiegen. Er war sehr stolz.

Ich war auch sehr stolz. Was er doch für einen Aufwand betrieb, nur um es mir gemütlich zu machen! Sehr gespannt harrte ich des Momentes, wo ich seine Wohnung betreten würde. Welch originelle Einrichtung würde ich schauen dürfen?

Vielleicht lagen ein paar tote Panther auf der Erde, oder es waren Jagdtrophäen anderer Art über dem Klavier angebracht? Vielleicht hingen Hunderte von Konzertplakaten aus aller Welt an den Wänden? Vielleicht schlief er in einem Allwetter-Schlafsack auf dem Fußboden? Zuzutrauen war ihm alles!

Doch die Wohnung erwies sich als typisch verwahrloste Junggesellenbude. Ich war ein bißchen enttäuscht. Zwar hingen wirklich Hunderte von Konzertplakaten an der Wohnzimmertür, aber leider alle übereinander. Es war also nur das oberste zu sehen. Und das war eine Spatzenmesse in Pützchen. Die Schlafstätte befand sich tatsächlich auf dem Fußboden, wo eine normale Matratze lag. Diese war frisch bezogen, was ich als eine Geste des Entgegenkommens wertete. Auf der Fensterbank standen viele verschiedene kleine Staubfänger wie Kaktustöpfchen, kaputte Krüglein und Näpfchen, einige Hirschhornknöpfe, Aschenbecher und Kronkorken, ein Elfenbein-Stoßzahn neben einer Reisezahnbürste, ein sehr verstaubtes Kofferradio auf einem Stapel alter Zeitungen. Der Schreibtisch, den ich erst nach mühsamem Suchen ausmachen konnte, war so überladen mit unnützen Dingen, daß kein einziger Zentimeter mehr von ihm zu sehen war. Ich hielt Ausschau nach einem Klavier. Da stand es, mit zugeklapptem Deckel, und auf dem Deckel lagen etwa zweihundert Telefonbücher. Auf dem obersten standen Scharen von kleinen blauen Schlümpfen herum. Keiner von ihnen sah so aus, als hätte er seinen Standort mal irgendwann verlassen, um Simon den Zugriff zu seinem Klavier zu erleichtern. Alle Gegenstände und Möbelstücke seiner Wohnung dienten anscheinend ausschließlich als Ablagefläche für Staubfänger.

Sehr originell soweit.

Ich ging neugierig in der Wohnung umher. In der Badewanne stand ein Kübel mit Schmutzwäsche, die gerade in einer schwärzlichen Brühe vor sich hin moderte. Autark, wie er war, hatte Simon natürlich keine Waschmaschine. Wo hätte er die auch hinstellen sollen. Die Toilette war der einzige Gegenstand, der nicht zweckentfremdet war. Der Deckel war nicht nur nicht zugestellt, sondern ständig geöffnet! Ganz offensichtlich war die Toilette häufig in Gebrauch.

In der Küche standen zwei Stühle vor einem wackeligen Tisch. Beide brachen fast unter der Last von Sachen zusammen, die ganz wahrscheinlich für eine Altkleidersammlung bestimmt waren. Vermutlich war Simon nicht dazu gekommen, sie noch in die dafür vorgesehenen Säcke zu räumen! Es stellte sich aber heraus, daß die beiden Küchenstühle seinen Kleiderschrank ersetzten, der sich wiederum wegen der vielen Gegenstände, die davor auf dem Boden lagen, nicht öffnen ließ.

Auf dem Tisch standen ebenfalls nur Utensilien, die erstens unnütz und zweitens augenscheinlich nicht im Gebrauch waren: ein vorsintflutlicher Toaster, der unter Zeitungen zusammenbrach, eine Espresso-Maschine, die als Sparschwein für Kupfermünzen diente, eine versiffte Plastikkanne mit Umweltschutzaufklebern, dann die mir bekannte Thermoskanne, aus der Hühnersuppendüfte strömten, die dazugehörige Suppenextraktdose von Maggi, sein ganzes Pfeifenzubehör, viele hundert Tabakkrümel, das Gummibärchenglas und eine einzige, ungespülte, henkellose Tasse. Meinen französischen Kaffeepott hatte er noch nicht ausgepackt. Er stand mit vielen anderen eingepackten Geschenken im Flur.

»Wozu dienet dieser Unrat?« fragte ich verständnislos.

»Alles hier hat seinen Erinnerungswert, jedes einzelne Ding ist mir lieb und teuer«, sagte Simon mit ernstem Blick.

»Entschuldigung. Ich wollte dir nicht zu nahe treten!«

»Oh, wie schade!« sagte Simon sonor. »Das hätte ich aber ausgesprochen nett gefunden!«

Dann gingen wir dazu über, uns zu nahe zu treten. Leider war auch eine solche Handlung bei Simon nicht besonders spontan. Zur Entspannung verschwand er zuerst einmal für eine gute halbe Stunde im Badezimmer. Damit es mir nicht zu langweilig würde, ließ er die Tür offen.

»Mach es dir bequem, Mäuschen!« rief Simon von der Klobrille herab.

Verlegen setzte ich mich auf die Matratze.

»Du, Simon?«

»Ja, Spätzchen?«

»Würdest du eigentlich gerne Kinder haben?« Herzklopfend wartete ich auf eine Antwort.

»Da hätte ich im Prinzip eigentlich nichts gegen«, kam es nach einer Weile von der Brille.

Na großartig! Vielleicht konnte ich es ihm jetzt sagen! Er auf dem Klo und ich auf der Matratze! Die richtige Voraussetzung für ein Geständnis dieses Schweregrades!

»Warum fragst du, Mäuschen? Möchtest du eins von mir?«

»Nein, nein!«

Der Bettbezug war braungraumeliert, aus pflegeleichtem Frotteestoff. Ich zupfte ein bißchen daran herum.

»Aber Kinder magst du grundsätzlich, ja?«

»Meistens finde ich sie ausgesprochen nett«, sagte Simon gepreßt.

»Würdest du gerne bald eines haben?«

Herzklopfen bis zum Halse.

Pause.

Simon mußte sich konzentrieren.

Auf meine Frage vermutlich weniger als auf das, was er gerade tat.

»Simon?«

»Ja?«

»Möchtest du eventuell schon bald ein Kind?«

Ich konnte die Spannung unserer Konversation nicht mehr ertragen.

»Nein«, sagte Simon und raschelte mit Papier.

»Warum nicht?« fragte ich und fand mich entsetzlich penetrant.

»Weil ich mich noch nicht reif für ein Kind fühle«, sagte Simon und erhob sich.

»Nicht... reif?«

»Genau«, sagte Simon. »Nicht reif. Also sei doch bitte so liebenswürdig und vergiß dies hier nicht.«

Damit erschien er im Matratzenzimmer. Was er mir unter die Nase hielt, war eine Packung Antibabypillen.

»Tut die Mama jetzt singen?«

Frau Pupke stand mit dem drallen Paulchen im Arm zwei Meter neben dem Klavier. Ich war gerade bei einer schwierigen Stelle aus der Alt-Rhapsodie und versuchte mich an Dezim-Sprüngen, was keine einfache Sache ist.

»Lalala! macht die Mama! Woll? Die Mama tut lala machen, Paulchen! Woll?!«

Ich hörte auf, lala zu machen, und wartete, daß Frau Pupke mit Paulchen spazierengehen würde, wie sie das wohl gerade im Begriff war zu tun. Draußen schien die Sonne. Alle Deckchen und Untersetzer strahlten im Meister-Proper-Schein des Frühjahrsputzes, den Frau Pupke seit Wochen zelebrierte.

Paulchen seiberte vergnügt auf Frau Pupkes selbstgehäkelten Pullover. Er war zum Fressen süß. Ich hätte ihn schrecklich gern selbst in den Kinderwagen gepackt, um spazierenzugehen, aber ich mußte üben. Wichtige Konzerte standen bevor.

»Tust du sabbern? Auf Tante Pupkes schönen Pullofer? Was? Du bist ein kleines Ferkel, woll? Sachma! Ein Ferkel bist du, woll? Wollnich? Tust du einfach auf Tante Pupkes Pullofer sabbern! Was? Woll!« jubelte Frau Pupke und entfernte sich, um ein Tuch zu holen.

Ich stellte mich wieder in Positur, atmete vorschriftsmäßig ins Zwerchfell und dramatisierte vor mich hin: »Die Öde verschlingt ihn...«

Das Gejuchze und Gejubel des Kontrastprogramms verebbte indes nicht. Im Gegenteil: In meinen todernsten Gesang mischte sich erneut das Flötengetön von Frau Pupke, die den unschuldigen Paul mit neuen Varianten zum Thema »Tust du sabbern« überschüttete.

Mein Gott, dachte ich, kann sie denn nicht mit ihm ins Kinderzimmer gehen und dort weitersabbern?

Frau Pupke kam jedoch wieder, stellte sich neben das Klavier und wartete, bis ich einmal Luft holen mußte. »Kucken Se mal, Frau Dokta, ich bin hier was am stricken«, sagte sie und hielt mir einen angefangenen Kinderpullover »in blö« unter die Nase.

»Schön«, sagte ich, »ist das für Paul?«

»Ich weiß nich, wat meinen Sie? Was? Sollich den für Paul machen?« Und ohne von mir eine Antwort abzuwarten, fragte sie Paulchen, der spuckefadenziehend in seine Rassel biß: »Was? Willze den Pullover haben? Was? Sollich den Pullover für dich stricken?? Ja? Die Tante tut den Pullover für dich stricken, woll? Das tut die Tante! Willze den Pullover denn haben, Paulchen? Sachma! Was? Woll! Sachma!«

Da ich ziemlich sicher war, daß sie von Paulchen keine eindeutige Antwort bekommen würde, sagte ich: »Paulchen will den Pullover bestimmt gerne haben! Wo er so viel mit Ihnen DRAUSSEN ist, Frau Pupke!«

»Was?« antwortete Frau Pupke. »Woll? Sind wir viel draußen, Paulchen? Was? Tut die Tante viel mit dir spazierengehen? Sachma! Was? Woll?«

Ich unterbrach sie. »NOCH ist es hell, Frau Pupke! Nutzen Sie doch die schöne Sonne!«

»Die Mama muß arbeiten, Paulchen«, sagte Frau Pupke mit unerwartet plötzlicher Feinfühligkeit. »Komm, wir tun die Mama nicht länger stören. Mama muß lala machen, woll?« Mit markerschütternd jungfräulicher Stimme sang sie Paulchen schauerliche Töne ins Gesicht. Damit schleppte sie das dick eingepackte Bündel von dannen.

Ich atmete tief ein und begann noch mal bei der Stelle mit der Öde. »Die Öde verschlingt ihn ...«

Da hörte ich bereits wieder die wackeren Beinchen von Frau Pupke nahen, die unter der Last meines Sohnes schier zusammenbrechen wollten.

Sorgenzerfurchten Gesichtes hielt sie mir zwei Wollknäuel unter die Nase. Das eine war dunkelblau, und das andere war dunkelblau.

»Kucken Se ma eben«, sagte sie, während mein schauerlicher Gesang noch im Wohnzimmer verhallte.

»Soll ich getz den Saum mit diser Wolle machen oder mit diser?«

»Mit diser!« sagte ich und zeigte auf eines der Knäuel.

»Is dat nich wat dunkel? Was? Is wat dunkel, woll?« fragte Frau Pupke zurück. Schnaufend vor Anstrengung setzte sie Paulchen auf den Boden.

Ich fühlte diesen unerträglichen Druck in mir, den man Streß nennt und wovon andere Leute Magengeschwüre und geschwollene Halsadern bekommen.

»Nein, das ist nicht zu dunkel«, sagte ich, nachdem ich vorschriftsmäßig tief eingeatmet hatte. »Aber draußen wird es bald dunkel!«

»Ich weiß nich…«, sagte Frau Pupke skeptisch und wiegte bedenklich das Haupt. »Für'n Jungen… was?… Is dat nich wat dunkel?« Sie hielt Paulchen die Wolle vors Gesicht. »Paulchen! Sachma! Is dat nich was dunkel für dich? Was? Hm? Sachma! Is was dunkel, woll? Hm? Im Winta? Sachma!«

Paulchen sagte nichts Eindeutiges.

»Dann nehmen Sie doch die andere Wolle!« schlug ich freundlich vor und blätterte demonstrativ in meinen Noten.

»Tja, weiß aunich«, sagte Frau Pupke. »Vonne andere Wolle is vielleich nich mehr genuch da! Was meinen Se? Reicht das?« Sie hielt mir das kleinere Wollknäuel hin. »Kukken Se ma. Reicht das? Für'n Bündchen? Was? Is wat knapp für'n Bündchen, woll? Was? Die Ärmel müssen ja aunoch 'n Bündchen haben, woll? Was? Paul hat ja kräftige Ärmchen, was, Paul? Sachma! Hm? Woll?«

Ich hatte keine Ahnung, was ein Bündchen ist und schon gar nicht, wie groß so ein Wollknäuel dafür sein muß. Ich hatte aber wohl Ahnung von der Schwierigkeit eines Dezimsprungs und dem damit verbundenen Dünnschiß.

»Es ist mir ziemlich egal, Frau Pupke«, sagte ich. Dabei erschrak ich über meine Unhöflichkeit.

Kind, reiß dich zusammen!

»Frau Pupke«, sagte ich. »Vielleicht können wir heute abend noch mal in Ruhe darüber nachdenken. Ich müßte jetzt dringend üben!«

»Ich waa auchma in 'nem Chor«, sagte Frau Pupke. »Das waa damals neunzehnhundat... ja wann war das getz genau, wattemaa, das muß gewesen sein... das war jedenfalls, als die Ursela dat Kleine noch nich hatte, da warn wa zusammen in dem Chor, wattemaa, wie alt ist getz der Ronald, Moment, ich muß ma eben rechnen, also der Große is getz inne Schule gekommen, dann is der Ronald, ja...« Sie rechnete mit größter Konzentration, »... der müßte vier sein! Woll? Der müßte getz auch schon widder vier sein! Sachma! Vier is der schon, der Ronald! 'n großer Junge is dat! Auch so'n großer Junge, wie der Paul! Ich sachte immer für die Ursela, Ursela, sarich, ich sach, Ursela, die Kinda von heute werd'n imma größa! Stimmtdoch, woll, Frau Dokta? Is doch was dran, was ich sach, woll? WOLL? Die Kinder von heute sind viel größa als die Kinder von früher! Dat licht an de Hormone, sarich imma. Ich sach für den Walta, Walta, sarich, ich sach, die Kinda von heute...«

»Frau PUPKE!« rief ich, nachdem ich all meinen Mut zusammengenommen hatte.

»Ich sach, Walta!« antwortete Frau Pupke und guckte mich fragend an. Jetzt hatte sie den Faden verloren!

»Es ist so schön draußen, wollen Sie nicht erst ein bißchen mit Paulchen an die frische Luft gehen?« fragte ich und hob Paulchen von der Erde auf. »Ich setze ihn Ihnen in den Wagen!«

»Nein, lassenSema, das brauchen Se nich!« rief Frau Pupke und zerrte an Paulchens Ärmel. »Setzen Se den Paul wieder hin! Ich mach dat schon! SIE müssen ja arbeiten! Wir können dat schon allein, woll, Paul! Was? Wir können das alleine, alleine können wir das, woll!!« Letzteres kam unter demonstrativem Ächzen. Sie hob Paulchen auf und ließ dabei die Wolle fallen. Ich hoffte, sie würde das nicht bemerken.

»Wo war ich stehengeblieben!« sagte Frau Pupke. »Was? Ach so, von wegen Walta, woll, Walta is mein Bekannta. Ich tu dem schomma die Hemde waschen, woll? Ich sach für den Walta, Walta, sarich, ich sach, Walta...«

Ihr Redeschwall war nicht zu bremsen. Ich lugte unauffällig auf die Uhr. In einer Stunde wollte ich im Konzertsaal sein! Vorher mußte ich mich noch umziehen und mindestens fünfmal aufs Klo, des war ich gewiß. Während Frau Pupke weiterredete, überlegte ich, welche Strecke ich fahren sollte und wo es die meisten Toilettenhäuschen am Wegesrand gab.

»Was sagen Sie denn dazu, daß die Kinder heutzutage viel größer sind als früher? Was? Is doch so, oder? Woll? Happich nich recht? Fragen Sema den HERR Dokta, Frau Dokta! Der weiß dat bestimmt! Woll? Ich hab doch recht, woll? Sind doch heute einfach größa, die Kinda, als früha, woll? Wollnich? WOLL? Sagen Se mal! Woll?«

Beim Thema »WOLL« dachte ich wieder an die Wolle, die ja der Ausgangspunkt unserer Unterhaltung gewesen war. Um sie bloß nicht wieder darauf zu bringen, sagte ich versöhnlich: »Wir unterhalten uns nachher weiter, ja?«

»Muß ma kucken, ob ich nachher Zeit für zum Unterhalten habe«, sagte Frau Pupke, »ich hab wiaklich noch viel, viel Aabeit!«

Ich entschuldigte mich, sie so lange aufgehalten zu haben, und versprach ihr, daß das nicht mehr vorkäme. Frau Pupke ging mit Paulchen weg. Ihre »Wolls« und »Sachmas« verebbten allmählich im Treppenhaus.

Ich holte tief Luft, schlug mir auf dem Klavier die Dezime an und sang in dreifachem Fortissimo: »Die Öde verschlingt sie.« Dann nahm ich das Wollknäuel, guckte es lange an und warf es im Zeitlupentempo hinter das Klavier.

Wie Singen doch seelisch entschlacken kann.

Das Konzert war ein voller Lacherfolg. Simon und ich waren die Solisten, und hinter uns stand ein riesiger Männerchor, alle im grünen Wams und mit schwarzen Fliegen. Bä-ren-stark. Es handelte sich um den Werks-Chor einer Kölner Metzgerinnung, und sehr viel altes deutsches Liedgut entströmte den sangesfrohen Schlachterkehlen. Der Programmgestalter hatte wohl gedacht, daß sich zwischen all den harmlosen Potpourris auch etwas Seriöses gut machen würde, zum Beispiel eine Ode an die Öde von Johannes Brahms.

Mein Auftritt kam also direkt nach »Schwesterlein, wann geh'n wir nach Haus«.

Die Alt-Rhapsodie.

Nach einem langen, schröcklichen Orchestervorspiel – es spielte die C-Besetzung des Pensionärorchesters oben genannter Innung – begann ich mein klagendes Geröhr: »Aber abseits, wer ist's... Ins Gebüsch verliert sich sein Pfad... hinter ihm... schlagen die Sträucher zusammen.«

Simon, der neben mir auf der Bühne saß und wieder ohne Hemmungen sein Hühnergebräu schlürfte, murmelte ziemlich laut: »Was der Kerl da wohl treibt!«

Ich fing völlig unprofessionell zu kichern an. Die Metzgersgattinnen im Publikum reckten die Hälse. Krampfhaft versuchte ich, der würdevollen Weihestunde den ihr zustehenden Ernst zu vermitteln.

Bei »Das Gras steht wieder auf« konnte ich mich halbwegs wieder beherrschen, obwohl Simon irgendeine lästerliche Bemerkung über die Männlichkeit machte, aber bei der berühmten Stelle mit der Öde mußte ich an Frau Pupke denken und wie heiter doch das Leben ist, wollnich? und ich sah Paulchen auf ihren Pullover seibern und sie selbst mit sorgenzerfurchtem Gesicht mit zwei völlig gleichen Wollknäueln vor mir stehen und über den Farbkontrast grübeln. Da begann ich erneut, hilflos zu kichern. Wie lächerlich doch alles war, wie belanglos und wie nichtig! Was wußten denn diese Metzgermeister von der Schwierigkeit einer Duodezime? Genauso viel oder wenig wie ich von dem Zerhacken eines Nackenkoteletts! Und was wußte Frau Pupke von meinen Auftrittsängsten? Genauso viel oder wenig wie ich von der Problematik, aus einem dunkelblauen Wollknäuel ein Bündchen zu stricken, wollnich? Und was wußte Simon Reich schon von meinen Schwierigkeiten, Kind, Kindsvater, Kinderfrau und Karriere mit ihm zu vereinbaren? Genauso viel oder wenig wie ich von seinen Schwierigkeiten, ohne Hühnersuppe durchs Leben zu gehen. Ach, wie einseitig und egozentrisch ist doch der Mensch!

»Erst verachtet, nun ein Verächter, zehrt er heimlich auf seinen eig'nen Wert in ung'nügender Selbstsucht.«

Hatte ich bisher immer nur auf die unzumutbar schwierigen Intervallsprünge geachtet, so begriff ich an diesem Abend erstmalig den Text. Das soll ja selten vorkommen, daß Sänger begreifen, was sie singen!

Die Metzgermeister und deren Gesellen im Publikum begriffen es übrigens nicht. Aber das hatte wohl auch niemand beabsichtigt.

In der ersten Reihe saß eine Frau, die hatte ganz offensichtlich einen kleinen Defekt. Sie schien jedenfalls keine Metzgermeistersgattin zu sein, so wie sie aussah! Breitbeinig, in Wollstrümpfen und Pantoffeln, die kurzen Ärmchen über ihrem dicken Bauch gerade noch mühsam verschränkt, neben sich einen Einkaufsbeutel, saß sie dort und guckte sich die Alt-Rhapsodie an. Wahrscheinlich kam in ihrem heimischen Fernsehgerät nichts Rechtes.

Wenn man auf der Bühne steht, hat man immer einen bestimmten Menschen im Publikum, auf dem das Auge ruht. Mir geht es jedenfalls so. Hier nun war es diese dralle Frau mit dem Einkaufsbüggel. Die Plätze rechts und links von ihr waren frei.

Ich hatte gerade wieder mühsam meine sittliche Reife errungen und mit dem Kichern aufgehört, da vernahm ich aus dem Einkaufsbüggel ein Ticken. Sollte dieses Mädchen oder Weibchen eine Bombe in den Saal geschmuggelt haben?

Bei der Modulation von c-Moll nach C-Dur kurz vor dem Männerchoreinsatz flüsterte ich Simon zu: »Die Dicke hat 'ne Bombe im Gepäck!«

Simon brummte zurück: »Das ist die Cilly aus dem Altersheim von Witterschlick. Die kommt in alle meine Konzerte. Damit sie den letzten Bus nicht verpaßt, hat sie immer einen Wecker dabei.«

Und richtig: Bei »Ein Ton seinem Ohre vernehmlich« schepperte das Ding in ihrem Einkaufsbüggel los. Sämtliche Gattinnen in den vorderen Reihen zuckten erschreckt zusammen, aber Cilly begann geschäftig mit dem Aufbruch, packte ihre Siebensachen zusammen, knöpfte sich den Mantel sorgfältig bis zum Hals zu, zog sich die Wollstrümpfe hoch, band sich dann, wegen des gemischten Wetters im Saal, eine Plastikhaube gegen den Regen um den Kopf, stellte den

Wecker ab, stopfte ihn in den Büggel zurück, winkte allen Mitwirkenden noch mal freundlich zu und bedachte Simon mit einer geräuschvollen Kußhand. Dann schlurfte sie durch den Mittelgang davon.

Die begeisterten Männerchorkehlen brüllten dazu passend »erquicke sein Herz«, und der Dirigent wischte sich den Angstschweiß von der Stirn.

Vom weiteren Verlauf des Konzertes habe ich überhaupt nichts mehr in Erinnerung, außer daß ich vor mehreren hundert Metzgern fast in die Hose gemacht hatte – diesmal vor Lachen und nicht vor Angst.

Ein völliger Rückfall in die Unprofessionalität.

Kind, aus dir wird nie eine Dame.

Und eine Kammersängerin schon gar nicht.

Tante Lilli hat recht behalten. Die Metzger haben mich nie wieder engagiert.

»Simon, entschuldige, daß ich wieder davon anfange, aber magst du Kinder?«

»Och, im Prinzip schon«, sagte Simon. »Da habe ich theoretisch nix gegen.« Wir stapften im üblichen Marschtempo durch den Kölner Straßenkarneval.

»Du jubelst ja nicht gerade!«

»Och«, sagte Simon, »et kütt wie et kütt!«

»Wie meinst du das? Könntest du dir vorstellen, ein Kind zu haben, ja oder nein?«

Simon blieb stehen. »Was willst du eigentlich sagen, Kleines? Möchtest du unbedingt ein Kind von mir? Ist es das, was dich zu solchen Fragen treibt?«

Typisch männliche Eitelkeit. Daß ich vielleicht schon von einem anderen Mann ein Kind haben könnte, kam ihm nicht in den hehren Sinn.

»Nein«, sagte ich. »Beruhige dich. Ich will im Moment kein Kind.« Fast hätte ich gesagt »kein Kind mehr«, aber womöglich wäre er hellhörig geworden und hätte nachgefragt! Obwohl ich mit mir selbst hätte wetten mögen, daß er nicht hellhörig geworden wäre!

»Na, dann sind wir uns ja einig. Da sind Kollegen aus der Oper.«

Damit war das ausgesprochen nette Thema wieder mal erledigt. Die Kollegen hatten noch ein paar andere Kollegen dabei, und so standen wir als fröhliche Sängerclique am Straßenrand und harrten des Festumzuges. Einer hatte ein Fäßchen Bier auf einem alten Kinderwagen dabei, so daß überhaupt keine Langeweile aufkommen konnte. Nachdem man eine ganze Weile über andere Sänger, Dirigenten, Intendanten und deren Verwandte gelästert hatte, fragte mich eine sehr angemalte Dame älteren Datums im nicht gerade schlank machenden Nerz: »MUSS ich Sie kennen?«

»Nein, aber du darfst«, sagte Simon.

»Habe ich Sie schon mal irgendwo gesehen?«

Hoffentlich nicht in der Still- und Krabbelgruppe oder am Sandkasten im Stadtwald, dachte ich so für mich hin. »Nein, ich singe zur Zeit nur Konzerte«, sagte ich bescheiden.

»Aber gar nicht so schlecht«, sagte Simon und stellte uns gegenseitig vor: »Pauline Frohmuth, vielversprechende Konzertsängerin, vor kurzem sensationelles Debüt mit der Alt-Rhapsodie, zur Zeit noch freischaffend, und Theresa Horn, hervorragender Mezzosopran an sämtlichen Opernhäusern Europas.«

»UND an der Met«, sagte Theresa Horn.

»Was hast du da noch mal abgelassen?« fragte Simon lässig. »Das Sandmännchen oder das Taumännchen oder das Glühwürmchen…?«

»Die dritte Dame«, sagte Theresa Horn. »In der Zauberflöte.«

»Boh«, sagte ich, vor Ehrfurcht zitternd.

Mochte Simon auch in seiner üblichen Weise übertrieben haben, so mußte diese Theresa jedenfalls sehr gut im Geschäft sein. Ich versuchte, mir meinen Respekt nicht anmerken zu lassen.

»Ach, dann bist du die Neue von Simon«, sagte Theresa.

»Nein, ich bin die Alte von Simon«, sagte ich lässig.

»Freut mich, deine Bekanntschaft zu machen.« Theresa reichte mir ihren Wildlederhandschuh, auf daß ich ihn beherzt griffe und schüttelte. (Und küssete ihn…?)

»Ganz meinerseits«, sagte ich und trank aus lauter Verlegenheit mein Glas leer.

»Und welche Agentur arbeitet für dich?« fragte Theresa im Nerz.

»Och, mal der, mal der«, sagte ich und nahm dabei schon Simons »Im Prinzip-nix-gegen«-Tonfall an. Hätte ich der weltberühmten Diva etwa meine lächerliche Agentur preisgeben sollen? Ich kam mir entsetzlich klein und provinziell vor. Um uns herum standen dickbäuchig und schalumschlungen die Baßkollegen und dröhnten mit ihren phänomenalen Röhren irgendwelche Anekdoten aus dem Opernmilieu in die Gegend. Simon aber stund auch bei ihnen. Wahrlich, du bist auch einer von denen, ging es mir durch den Kopf.

Theresa wollte mich einordnen und löcherte mich mit Fragen. Wer, wo, was, wie teuer, bei welchem Dirigenten, welche Festspiele, welche Partien.

Ich heuchelte ein bißchen rum und wand mich unter ihren bohrenden Augen. Ganz offensichtlich konnte sie mich noch nicht als Freund oder Feind einschätzen. Ich ließ sie zappeln. Wer nichts zu melden hat, hat auch nichts zu verbergen.

Eigentlich hätte ich schrecklich gern mit Simon den Tag verbracht. Und zwar außerhalb seiner staubigen Dunkelzelle.

Hatte es mich doch Mühe genug gekostet, mich von meinem kleinen Paul zu trennen! Klaus und Frau Pupke waren bei ihm. Ich wäre mir nur störend vorgekommen! Frau Pupke hatte meinem kleinen Fuzzi ein Clownskostüm genäht und mich tagelang damit genervt, welche Flicken sie auf welches Knie und welche Troddeln sie an welchen Ärmel nähen sollte. Heute hatte ich Pupke-frei.

Ein ganzer, langer Simon-Tag! Und nun das.

Zu blöd, daß diese arrogante Sängerclique aufgetaucht war! Jetzt hatte ich Simon gar nicht mehr für mich allein, und wie ich den in seiner Unverbindlichkeit kannte, würde er den Rest des Tages mit diesen Bornies verbringen und hinterher sagen, daß es ausgesprochen nett war!

Theresa redete auf mich ein. Der Herr Kammersänger Stemmbauch habe ihr unlängst mitten im Liebesduett in den Hintern gekniffen, und der Dirigent Stabwedel am Londoner Covent Garden habe sie für weitere drei Bornhilden engagieren wollen, obwohl ihre Honorarforderungen dreimal so hoch seien wie die der anderen Rheinfregatten, und bei der

Lufthansa sei sie schon bekannt wie ein singender Staubsauger und werde stets mit Frau Kammersängerin begrüßt...

»Der Hausmeister der Musikhochschule begrüßt mich auch immer mit Frau Kammersängerin«, sagte ich, um endlich auch einmal meinen Bekanntheitsgrad kundzutun. Sie lachte glockenschrill.

Die jovial bölkenden Baßkollegen hatten einen alternativen Männergesprächskreis aufgemacht. Mit Simon war wohl nicht mehr zu rechnen.

Weißt du eigentlich, wie viele Falten unter deiner Schminke sind, dachte ich, während Theresa gestenreich einen ihrer letzten Stürze in den Orchestergraben schilderte. Wenn die Sonne auf dein Gesicht scheint, sieht man die Falten noch viel deutlicher. Hat dir schon mal jemand gesagt, daß dieser dunkelblaue Lidschatten fürchterlich ordinär aussieht? Übrigens hast du Lippenstift auf den Zähnen.

Außerdem hast du viel zuviel süßliches Parfum über dich gegossen, meine liebe, hochverehrte Jammersängerin Theresa! Da soll dein Duettpartner wohl mies bei draufkommen! Und noch was, teuerbezahlte Prallgunde: WENN du dir schon soviel braune Paste ins Gesicht schmierst, dann mußt du das Doppelkinn auch beschmieren, hat dir das noch nie ein Maskenbildner gesagt?

Gerade als ich überlegte, ob ich wohl in fünfzehn oder zwanzig Jahren auch so aussehen, riechen und klingen würde wie die Fregatte Theresa und ob ich dann auch so ein armes, einsames, schrilles Monster sein würde, machte mein Herz einen ganz dumpfen Aussetzer. Auf der anderen Straßenseite, mitten im bunten, sonnenbeschienenen Gewühl, standen Papa, Paulchen und Pupke.

Ich starrte hinüber und schluckte ein paarmal.

Theresa, gerade in einen interessanten Abschnitt ihrer Künstlerlaufbahn verstrickt, zupfte mich am Ärmel, damit ich den Höhepunkt und die Pointe ihrer Schilderung nicht verpassen möge.

Klaus hier. Paulchen hier. Mein geliebtes, kleines, unschuldig in die Menschenmenge staunendes Paulchen!! Mit einem hastigen Seitenblick auf Simon überlegte ich, was ich tun sollte.

Hinrennen natürlich, dein Kind in die Arme nehmen, abküssen und Simon zeigen, daß du eine glückliche junge Mutter bist.

Simon aber stund und wärmete sich.

War er jetzt in der Stimmung, das uneheliche Kind seiner momentanen, ausgesprochen netten Beziehungskiste kennenlernen zu wollen?

Wegdrehen, verstecken, in der Menge verschwinden, sagte die feige und berechnende Hälfte in mir.

Der Schweinehund, der auch mitfeiern wollte, swingte mit einer Pappnase aus seiner Hütte und riet mir, mich doch jetzt ganz laut lachend Arm in Arm mit der Fregatte Theresa unter die Herrenriege zu mischen, auf daß Klaus endlich sehe, in welchen Künstlerkreisen ich verkehre! Dann könne er auch raten, welcher der schalbehangenen, bollerig röhrenden Herren der Auserwählte war, hurra! Dreimal Kölle alaaf!

Ich lugte herzklopfend über die Straße. Der Umzug hatte begonnen. Meine Familie wurde ab und zu von größeren Wagen verdeckt, aber tauchte immer wieder auf. Die Nachmittagssonne beschien die drei. Mein kleiner Paul sah zum Anbeißen aus in seinem bunten Clownskostüm. Klaus hatte ihn auf die Schultern gesetzt, damit er besser in die große, bunte Welt gucken konnte. Frau Pupke, exakt halb so groß wie der lange Turm neben ihr, redete pausenlos gegen den Lärm auf Klaus ein. Ich bemerkte, daß Klaus zwar artig den Kopf senkte, mit seinen Augen aber ganz woanders war. Der beherrschte die Technik, Frau Pupke auf höfliche Weise zu überhören. Mir gelang das nie. Entweder ich überhörte sie unhöflich, was sie mir übelnahm und mit sechsfach gesteigertem »Woll?« auszutreiben wußte, oder ich überhörte sie eben nicht und ärgerte mir Löcher in den Bauch. Klaus war eben Profi im freundlichen Weghören. Klar, als Arzt!

Theresa hatte allerdings im Moment auch keinen Zuhörer mehr. Ich starrte wie ein Honigkuchenpferd auf die andere Straßenseite, in mildes Entzücken versunken. Mein Paulchen! Wie groß es doch schon war und wie wach! Da! Jetzt kam die decke Tromm zu nah an ihm vorbei; er verzog weinerlich das Gesichtchen. Mensch, Pupke!! Hör auf zu quatschen und tröste das Paulchen! Wozu haben wir dich angestellt! Klaus!! Merkst du denn nicht, daß unser Sohn erschreckt zusammengezuckt ist? HALLOO! Wo bist du denn mit deinen Gedanken? Wahrscheinlich wieder bei irgendeinem Wirtschaftsmagazin! Nein, du kannst deine Pappnase NICHT von der Steuer absetzen! Paulchen weint!!

Ich konnte kaum noch an mich halten.

Die nächste Musikgruppe nahte, diesmal mit klirrenden Triangeln und anderen blechernen Trommelfellzerfetzern. Die Menge johlte und schrie. Man verstand sein eigenes Wort nicht mehr. Außer Theresa, die sich einer durchdringenden Vordersitz-Nasenklang-Technik befleißigte, und Frau Pupke, die noch nicht mal die Posaunen des Jüngsten Gerichts vorübergehend zum Schweigen gebracht hätten.

Mein Paulchen saß zusammengesunken auf Rabenvaters Schultern und heulte. Ich konnte seine Rotznase bis hierhin sehen. Stillet die Wipfel, es flennet mein Kind!

Keinerlei Berechnung oder Überlegung konnte mich mehr zurückhalten. Ich rannte einfach los, mitten durch den Zug, schlängelte mich zwischen Pferdehintern und bunten Kutschen hindurch, drängelte mich an entsetzlich lauten Pikkoloflöten vorbei und sprang todesmutig vor den Trichter einer Baßposaune, um endlich das rettende andere Ufer zu erreichen.

»Hier können Se ever nit stonblivve!« verteidigten sofort einige freundliche Kölner ihre zwei Quadratmeter, die sie seit vier Stunden anwärmten.

Wütend drängelte ich mich an ihnen vorbei. Da standen sie. Klaus mit dem heulenden Paulchen und die quatschende Pupke.

Ich rempelte Klaus einfach an und riß ihm mein Kind von den Schultern.

»Merkst du nicht, daß er heult, Mann?!«

Klaus war regelrecht aus tiefster Trance erwacht.

»Was? Wer heult? Doch, hab' ich gemerkt. Ich wollte ihn gerade trösten.«

»Da sieht man mal, wohin das Gequatsche von Frau Pupke führt«, giftete ich ihn wütend an. »Du stellst dich einfach taub. Merkst du nicht, daß der Lärm das Paulchen erschreckt?« Zitternd vor Wut fuhrwerkte ich mit einem Tempotuch in meines Kindes Gesicht herum. Die ganzen roten Herzchen verwischten.

»Was für ein Lärm?« fragte Klaus und streckte pflichtschuldigst die Hände nach Paul aus. »Gib ihn mir, du hast doch heute deinen freien Tag!«

»Ich pfeife auf meinen freien Tag, wenn du so schlampig mit meinem Sohn umgehst!« schrie ich gegen ein neues Musikkorps an. Um uns herum wurde in höchster Glückseligkeit mitgesungen und geschunkelt: »Mer losse der DOM in Kölle!«

»Nun laß aber mal die Kirche im Dorf!« sagte Klaus. »Ich hab' ihn nur auf die Schultern gesetzt, damit er was sehen kann.«

»Aber der Lärm, Mensch! Das kann so eine kleine Kinderseele noch gar nicht verkraften! Der Karneval ist überhaupt noch nichts für ihn!« brüllte ich und wickelte schützend die Jacke um mein Kind.

Frau Pupke hatte tatsächlich aufgehört zu reden und versuchte, in dem Krach den Inhalt unserer Auseinandersetzung mitzukriegen.

Ich drehte mich einfach um und verließ im Laufschritt mit Paulchen die Szene.

»Nach Hause geht die Mama mit dir, mein Süßer, und da machen wir deine Spieluhr an, ganz leise, damit sich deine Öhrchen wieder erholen«, sagte ich zu dem Inhalt meiner Jacke. »Die haben ja alle keine Ahnung, wie man mit Kleinkindern umgeht!«

Paulchen guckte mich gläubig aus der Jackenöffnung an. Das zahnlose Mündchen verzog sich zu einem Grinsen. Das war ein so erhebender, wunderschöner Moment! Die Löwenmutter hatte ihr Junges gerettet, vor Not, Gefahr und Ungemach, und nun trug sie es im Maul als Beute davon, in die Höhle zurück, wo es warm und trocken war und wo keine Trommel an das Trommelfell des Jungtieres drang. Diese Begebenheit werde ich dir erzählen, wenn du groß bist, sagte ich zu ihm, während ich unter seinem Gewicht zu schwitzen begann.

Da hörte ich eilige Schritte hinter mir. Typisch Klaus. Mußte er mir wieder mal nachlaufen. Wahrscheinlich rannte die Pupke auf ihren drallen Beinchen auch noch hinterher! Paulchen und seine Mutter wollen allein sein, habt ihr das nicht gemerkt, ihr lästigen Fremdlinge?

»Pauline, bleib sofort stehen!«

Ich denke nicht daran, mein Lieber. Wenn du nicht in der Lage bist, einen kindgerechten Freizeitausgleich für deinen Sohn zu inszenieren, dann mußt du eben tatenlos zusehen, wie man dir die Vormundschaft entzieht, Rabenvater!

»Pauline! Wo willst du mit dem Kind hin! Bleib stehen!«

Wo ich mit dem Kind hin will?! Nach Hause, wo es seine Ruhe hat, Unfähiger!

»Bleib stehen, verdammt noch mal!«

Das war gar nicht Klaus! Der sagte nie »verdammt noch mal«! Ich guckte mich im Laufen um. Es war wirklich nicht Klaus, der da durch die Menge hinter mir herrannte.

Es war Simon.

»Bist du wahnsinnig?« giftete er mich wütend an. Beim Laufen hatte er seinen Schal verloren. Sein kostbarer Kehlkopf lag frei. »Haut plötzlich ab, die Diva, nur weil der böse, unaufmerksame Simon mal ein paar Takte mit seinen Kollegen spricht. Mensch, warum mache ich das wohl alles? Meinst du, ich hätte Lust auf die Säcke?« schnauzte er mich an. Diese Tonart war mir noch ganz fremd an ihm. »Verdammt« und »Säcke«! Das waren aber keine ausgesprochen netten Wörter!

Eigensinnig drückte ich mein Löwenjunges fester an mich. Es war unter meiner Jacke überhaupt nicht mehr zu sehen.

»Da versuche ich, dich in meine Kreise einzuführen, und quatsche mit den übelsten Typen, damit sie dich kennenlernen, und du rennst einfach weg! Ich dachte, du wärst nicht so eine Zimperliese!« keuchte Simon und fingerte auf seinen Schultern nach dem vom Winde verwehten Schal. »Menschenskind, ich mach' dich mit der Theresa Horn bekannt, ich krieche diesem Nebelhorn in den Hintern! Von der könntest du Einspringer erben noch und nöcher, die weiß gar nicht wohin vor lauter Angeboten! Wenn du nur ein bißchen Geschick gehabt hättest, dann wäre dein Terminkalender heute abend voll! Aber nein, du mußt türmen wie eine beleidigte Leberwurst.«

Simon fand den Schal nicht, dafür aber sein verrutschtes Halstuch und schneuzte sich damit kräftig die Nase. Ich hielt schützend die Jacke über mein Paulchen, wegen der Tröpf-cheninfektion. Wann würde er endlich sagen »Der ist aber ausgesprochen nett!«?

Doch Simon war viel zu beschäftigt mit der Ausarbeitung der dramatischen Szene. Daß er nicht anfing, seinen Monolog zu musikalischen Ergüssen aufzubauschen, ist im nachhinein sehr verwunderlich.

In dem Moment nahte Klaus. Mit Speer und Schild, dem Feinde fest ins Auge blickend. Frau Pupke kämpfte sich mit-samt Kinderwagen und anderem Gepäck auf der anderen Straßenseite durch die Menge.

Klaus blieb neben mir stehen und sagte zu Simon: »Klett!« Es wäre ein leichtes für Simon gewesen, darauf mit einem hübschen Reim zu antworten, zum Beispiel: »Nett!« Doch Simon war nicht in Form.

Er guckte mich fragend an. »Na und?« schnaufte er. Nun war es an mir, schöpferisch und mit der berüchtigten weib-lichen Intuition zu reagieren. Wie sag ich's meinem Kindsva-ter?

»Herr Reich, Herr Klett«, sagte ich in meinem unendlichen Ideenreichtum und zeigte mit der kurzzeitig freien Rechten auf den jeweilig zuständigen Menschen.

Paulchen auf meinem Arm wurde zur süßen Last. Still und aufmerksam lugte er aus seiner Öffnung.

»Gib mir das Paulchen, dann kannst du mit Herrn Reich weiterfeiern«, sagte Klaus und streckte die Hand aus. Pfoten weg! Mein Kind! Pauline ist autark!

»Ich habe den anderen gesagt, du kämst sofort wieder«, sagte Simon beschwörend. »Die wollen jetzt ganz groß essen gehen, Mensch, das ist die Chance für dich! Der schwule Freund vom Chef ist auch dabei! Und die Horn findet dich nett! Andere Anfänger würden sich die Finger lecken nach so einer Gelegenheit!«

Klaus griff in meine Jackenöffnung. »Du kannst ihn mir ruhig geben, Pauline. Geh mit Herrn Reich! Das ist doch die Chance für dich!«

Simon guckte zum ersten, aber auch zum allerersten Mal

auf das kleine Paulchen, das aus meiner Jacke lugte. »Gib ihm schon das Kind und komm mit!« sagte er. »Ich hab' mir den Mund fusselig geredet, wie toll du bist!«

Ich stand starr und fassungslos und guckte von einem zum anderen. Das war doch wohl eine besonders mißglückte Szene in einem besonders minderwertigen Film! Hallo wach! Der Traum macht keinen Spaß!

Doch das Leben hatte wieder mal einen Spielverderber am Regiepult.

»Also, was ist?!« sagte Simon ziemlich humorlos.

»Pauline, das ist in Ordnung.« Klaus griff nach Paulchen.

Ganz langsam, im Zeitlupentempo, öffnete ich meine Jacke und hob vorsichtig das Paulchen heraus. Seine Händchen waren warm und weich, als er sich an mir festhielt.

Süßer, laß mich doch los, verdammt! Mama muß jetzt Karriere machen!

Kind, tu's nicht! Dein Platz ist bei Klaus und bei deinem Sohn!

Gerade als ich losheulen und mich an Klausens Brust schmeißen wollte, hatte uns Frau Pupke erreicht. »Sisste, ich sarret doch, dat war die Pauline! Happich es nich gesacht? Woll? Happich doch schon vor einer halben Stunde gesacht, da drüben steht die Pauline!« Sie zerrte aufgeregt an meinem Arm. »Können Se den Klaus fragen, dat happich gesacht! WOLL!? Ich hap Se gleich erkannt! Wat die Welt abba auch klein is, woll? WOLLNICH??« Jetzt wurde Klaus am Ärmel gezerrt. Hach, daß ihr aber auch wieder keiner Beifall klatschte! »So klein is die Welt, was, sachma Paulchen! Ich sach noch, kuckma, da vorne steht die Mama, abba keiner wolltet mir glauben! Dabei HAPPICH et gleich gesacht! Sachma! So wat! Paulchen!« Wenigstens das Baby sollte ihr Bestätigung vermitteln. »Geehße getz nach'n Papa hin?! Was? Woll?! Sachma! Geehße getz nach'n Papa hin? Sachma! Tante Pupke kommt auch mit!«

Simon wollte weitere Dakapos und Variationen des Pupke-Solos verhindern.

»Also was ist?!« Fordernd sah er mich an.

»Mama muß aabeiten!« erklärte Frau Pupke und nahm Klaus den Paul weg. Sie hatte mal wieder alles in der Hand.

Was machten wir nur ohne Frau Pupke! Richtig orientierungslos und armselig wären wir, dachte ich.

»Ja dann...« sagte Klaus.

»Also dann!« sagte Simon.

»Nun denn«, sagte ich.

»Tu schön winke, winke machen«, sagte Frau Pupke.

Das gab mir die Kraft zu gehen.

Ich würde Simon alles erklären. Ein Mißverständnis, eine Verwechslung. Mach dir nichts draus.

Ich würde Klaus alles erklären. Die Pupke ist schuld. Einzig und allein die Pupke! Nicht daß du meinst, ich liebe mein Kind nicht! Ich hätte auch schrecklich gern mit dir und Paulchen den weiteren Tag verbracht. Man hätte mal wieder so richtig ausgiebig spazierengehen können, im Stadtwald und ohne Pappnase.

Simon zog mich weg. Klaus stand neben Frau Pupke, die Paul umklammert hielt. Das Kerlchen sandte mir einen leeren, traurigen Blick nach. Wie unfair von ihm! Wo doch heute ganz klar mein freier Tag war!

»Es war doch ausgesprochen nett soweit! Warum bist du denn plötzlich weggelaufen?« schimpfte Simon, während wir uns durch die Menschenmassen zurückdrängelten. »Hoffentlich sind die jetzt nicht schon weg! Ich hab' mich extra für dich eingesetzt!«

Ich schwieg beleidigt, als ich hinter ihm hertrippelte. Sollte Simon überhaupt nicht nachfragen wollen? Wofür mochte er Paulchen und Klaus halten? Und Frau Pupke gar? Es schien ihn jedenfalls nicht im geringsten zu interessieren.

Ein großer Festwagen hinderte uns am Weitergehen.

»Paß mal auf!« sagte Simon und würdigte mich endlich wieder eines Blickes. »Die brauchen für die nächste Zauberflöte noch ein paar nette Mädels, die singen können und nicht ganz unförmig sind. Ich kann mich durchaus mal für dich stark machen, bei passender Gelegenheit. Weil ich dich im Prinzip ausgesprochen gern habe.«

»Danke, Simon!« hauchte ich. Ich Trampel aber auch. Einfach aus der Reihe zu tanzen, wo er mir den Weg zur Weltkarriere ebnen wollte! »Es tut mir schrecklich leid, ich konnte ja nicht ahnen...«

»Wenn du ein bißchen nachdenken würdest mit deinem hübschen Köpfchen, dann würdest du es aber wohl ahnen!!« sagte Simon und stupste mich versöhnlich an die Backe. »Und jetzt guck mal ein bißchen freundlicher. Der dicke Wotan fährt sogar voll auf dich ab.«

»Danke, Simon, ich weiß das alles wirklich zu schätzen«, sagte ich und wußte nicht, ob ich lachen, weinen, schreien oder vor einen Festwagen springen sollte. Was Simon weiter sagte, ging in dem Geschrei der Massen unter.

»Da seid ihr ja, wir wollten gerade gehen!« näselte Theresa mit Hilfe ihrer stimmbandschonenden Vordersitz-Technik, als wir so dicht vor ihr standen, daß ihre überschminkten Falten wieder sichtbar waren.

»Tut mir leid, ich hatte Bekannte getroffen«, sagte ich und kam mir entsetzlich mies vor. Bekannte! Mein Sohn und mein Kindsvater!

»Können wir jetzt endlich gehen?« fragte einer der dickbäuchigen, jovialen Selbstdarsteller. »Ich kann gegen diesen Lärm nicht mehr anschreien! Morgen abend hab' ich Vorstellung!«

»Nicht nur du, mein Lieber, nicht nur du!« höhnte Theresa mit gestütztem Obertonklang und schlang sich den Schal um den Hals.

Simon Reich aber folgete ihnen nach und ein anderer Jünger.

Kurz darauf saßen wir bei Salvatore. Die Sänger waren alle hungrig vom vielen Strunzen und waulten gierig die Pizza. Theresa wühlte in einer zähflüssigen Masse aus Nudeln und Sahnesauce. Dabei hatte sie erheblich mit den fadenziehenden Käsemassen zu kämpfen. Irgendwoher müssen die gestützten Töne ja kommen! Weil ich selber kein hohes C von mir zu geben vermag und auch sonst ein kleines, namenloses Mäuschen bin, knabberte ich nur in der mir anerzogenen Bescheidenheit an einem Salatblatt herum. Außerdem suchten die ja Sänger, die noch nicht aus der Form geraten waren. Simon, vollkommen autark, rauchte erst mal eine Pfeife mit Gummibärchengeschmack und ließ sich seine Thermoskanne mit Hühnersuppe auffüllen. Es herrschte gefräßige Stille. Niemand hatte im Moment das Bedürfnis, gut über sich und schlecht über andere zu sprechen, geschweige denn, mir die Rolle der formlosen dritten Dame anzubieten.

Wotan fuhr im Moment auch mehr auf seine Pizza al funghi ab denn auf meine Wenigkeit.

Ich tunkte versonnen ein Blatt in die Marinade.

Nun saß ich hier, mitten unter ihnen, den oft bewunderten und beneideten Stars von der Oper. Sie waren auch alle soweit ganz nett, besonders, wenn sie die Klappe hielten, weil sie den Mund voll hatten.

NA UND???

Mit Schaudern stellte ich fest, daß gar keine Glückseligkeit sich in mir ausbreiten wollte.

Mensch, Pauline! Wotan Weich und Theresa Horn! Du sitzt mit ihnen an einem Tisch! Gleich werden sie womöglich Notiz von dir nehmen! Wenn das nicht die Chance deines Lebens ist! Womöglich springt ein Vorsingen beim Intendanten raus oder ein Einspringer in Hagen-Knispel! So FREU dich doch endlich! Kannst du nicht etwas anzüglicher lächeln und Heuchelbereitschaft signalisieren?! Mein Schweinehund stand geifernd vor seiner Hütte, die Kette zum Zerreißen gespannt, und die Vorfreude tropfte ihm von den Lefzen.

Doch meine unberechenbaren, einfältigen und gefühlsduseligen Gedanken wanderten nach Klettenberg, in unsere Wohnung mit den Pupke-Kissen. Klaus saß bestimmt mit Frau Pupke am Küchentisch und mampfte ihr gutbürgerliches Klettenberger Einerlei, mit viel Senf und noch viel mehr »Wolls« und »Sachmas«. Mußte köstlich schmecken. Vielleicht erzählte sie ihm zur Abwechslung wieder mal von seiner gefühlsarmen Ehe, die er doch schon so erfolgreich verdrängt hatte. Besonders gern schilderte Frau Pupke beim Essen eine Begebenheit, die mit dem unausgefüllten Doktorsfrauchen und mit erbrochenem Rotwein im Ehebett zu tun hatte, und von einer bis heute noch nicht gereinigten samtenen Schlafanzughose, die seitdem in einer Regentonne neben der Garage in Dunkelhaft vor sich hin modert, von Magensäure und Ehefrust zerfressen. Ich hörte diese Geschichte immer wieder gern, und Frau Pupke wußte sie auch jedesmal nuancenreicher und farbiger zu gestalten. Das I-Tüpfelchen bildete die hübsche Pointe, daß Corinna, der anschmiegsame Schäferhund, dem erbrochenen Rotwein nicht widerstehen konnte und am Abend dieses kleinen Zwischenfalls einen richtigen Schwips hatte. WOLL!!! SACHMA!!!

Angewidert legte ich mein Salatblatt in die Tunke zurück.

»Du ißt ja gar nichts!« sagte Simon, der sich gerade genüßlich die Pfeife stopfte.

»Mußt du gerade sagen, du hast ja noch nicht mal die Speisekarte angeguckt!«

»Eile mit Weile«, sagte Simon mit einer Gelassenheit, die mir das Wutpipi in die Blase trieb. »Nur keine hektische Hast.«

Die anderen waren längst fertig mit Essen, rauchten ihre Verdauungs- und Stimmbandanreger und kippten sich die kleinen Schnäpschen über die Cassata con molte calorie, da entschied sich Simon mit lässiger Geste zum Vertilgen einer gemischten Fischplatte. Ich kannte das schon an ihm; er wartete immer mit dem Bestellen des Essens so lange, bis das Lokal sich anschickte zu schließen. Da ich, liebestrunken in seiner Anwesenheit, sowieso nichts essen konnte, war das bisher nicht weiter schlimm gewesen. Heute fand ich es milde ausgedrückt absonderlich.

Simon also zelebrierte mit großer Geste seine üblichen Essensvorbereitungen, als die Fischplatte dampfend und köstlich riechend vor ihm stand: Beseitigen jedweden Aschenbechers in seiner Reichweite, notfalls sogar auf dem Nachbartisch. Verrücken und Verschieben von Messer und Gabel, so lange, bis eine geeignete Position dafür gefunden wurde. Meistens übrigens genau da, wo sie vorher lagen. Hin- und Herrücken auf dem Stuhl durch Heben und Senken des Hinterteils. Kritisches Prüfen des Sauberkeitsgrades der Gabel durch angestrengtes Gegen-das-Licht-Halten. Daraufhin intensives Putzen und Wienern der Eßbestecke mit Hilfe der Serviette. Erneutes Falten der Serviette. Wegstellen des Glases und der Karaffe mitsamt den dazugehörigen Untersetzern. Glattstreichen der Tischdecke. Fortknipsen eventuell vorhandener Krümel und Fusseln. Suchen des Taschentuches in verschiedenen Gesäßtaschen, dazu jeweils halbseitiges Aufstehen vom Stuhl. Behauchen und Putzen der zuvor mit rechts abgenommenen Brille, mehrmaliges Wiederaufsetzen derselben. Durchblicktest ins Helle und ins Dunkle. Forträumen und Beseitigen der Hühnerbrühendose, des Gummibärchenglases und der Pfeifengerätschaften, notfalls Deponieren derselben auf dem Nachbartisch. Erneutes Verschieben und Verrücken des Glases, der Karaffe und des Bestecks.

Danach erstmaliges Berühren des inzwischen abgekühlten Tellers. Peinlichst genaues Prüfen, welcher Standort für den Teller der geeignetste sei.

Erneutes Nase-, Brillen- und Besteck-Putzen.

Griff zum Kulturwerkzeug!

In besonders günstigen Fällen nun erstmaliges Bissen-zum-Munde-Führen.

Ich starrte immer wieder fasziniert auf Simon, der in der Lage war, die Vorfreude auf alles, was mit Genuß zu tun hatte, in solch extensiver Weise zu steigern. Ich selbst pflegte mich nämlich gierig und unbeherrscht auf mein Essen und andere Genußmittel zu stürzen, sobald sie vor mir standen!

Ich dachte an Klaus. Der waulte auch mit Genuß augenblicklich auf, was man ihm vor die Nase setzte. In diesem Punkt waren wir uns ähnlich, Klaus und ich. »Ihr aber seid nicht geistlich, sondern fleischlich«, wie es bei Johann Sebastian so schön heißt. Klaus überhaupt. Warum liebte ich den eigentlich nicht? Wo er doch aus dem gleichen Holz war wie ich!

Plötzlich hatte ich viel Sehnsucht nach dem fleischlichen Klaus. Meine Gedanken kehrten zurück zum gutbürgerlichen Mittagstisch. Der gemeine Wald- und Wiesenbär hatte sicher jetzt drei Portionen Pupkes Allerlei verdrückt und trotzdem durch höfliches Weghören keinerlei Appetit eingebüßt.

Eines Tages hatte Frau Pupke, die immer um Kurzweil bemüht war, den originellen Einfall, uns beim Essen ihr neues Gebiß unter die Nase zu halten, damit wir es begutachteten. Als wir ihrem künstlichen Beißwerk nicht genügend Beachtung zu schenken gewillt waren, weil wir gerade auf einem Hackfleischbällchen herumkauten, ereiferte sie sich immer mehr, zeigte uns echauffiert die verbliebenen Zahnstummel in ihrem Mund und forderte uns auf, sie zu befühlen. Seitdem esse ich keine Hackfleischbällchen mehr.

Inzwischen hatte die satte Sängerriege zwar wieder zu reden begonnen, aber das Gespräch hatte an Pep eingebüßt. Man war träge und in Alkohol getaucht, man war reif für einen Mittagsschlaf. Eine kleine formlose Ansprache an eine kleine formlose Altistin war anscheinend nicht mehr vorgesehen.

Simon, der gerade einem Tintenfisch die Arme abknabberte, sagte lässig: »Meine kleine Freundin ist heute so schweigsam! Das merkt man erst, wenn ihr alle mal die Klappe haltet. Hast du eigentlich die dritte Dame drauf, Pauline? Oder wenigstens den dritten Knaben?«

»Nein«, sagte ich provokant. »Die Partien müßte ich mir erst draufschaffen.« Ich verdrängte Pupkes Unterkiefer aus meinen Gedanken.

»Na, bei deinen Formen wäre die dritte Dame angebrachter«, sagte Simon und zog sich eine Gräte aus dem Mund, die er auf dem Nachbartisch deponierte. »Oder hat jemand schon mal einen dritten Knaben mit so'm Busen gesehen?«

Die anderen fläzten sich faul und nicht bühnenreif herum, zahnstocherten und gähnten. Niemand gab ein Stichwort für mein sensationelles Engagement. Ich fühlte mich einfach elend.

Plötzlich wußte ich, daß meines Bleibens hier nicht länger war. Nicht eine Sekunde mehr wollte ich warten, ob vielleicht jemand das Wort an mich richten und sich für meine Belange interessieren könnte. Nach Hause, in unsere angewärmte Bärenhöhle wollte ich und dann mit Bärenmann und Bärenkind in die freie Wildbahn hinaus! Ich sehnte mich nach frischer, kalter Luft in der spärlichen Nachmittagssonne und einem kilometerlangen Marsch durch den Stadtwald. Mit Mann und Kind. Und meine Hand wollte ich in seine Pelzpranke stecken, nur so, weil sie so schön weich und warm war. Und ein bißchen reden wollte ich. Einfach so, ohne Gedanken an Karriere.

Kind, hast du dir das auch gut überlegt?

Nein. Habe ich nicht.

Mit einer fadenscheinigen Floskel stand ich auf, murmelte was von frischer Luft und komme gleich wieder, schlängelte mich an den anderen vorbei und rannte aus dem Lokal, als wäre ein vielarmiger Tintenfisch hinter mir her.

Draußen schlug mir die Kälte und die Helligkeit entgegen.

Ich hatte gar keine Geduld mehr, auf eine Straßenbahn zu warten. In wilder Entschlossenheit stürmte ich ein Taxi.

Zehn Minuten später keuchte ich durch das Treppenhaus, meiner kleinen Familie entgegen. Hallo, hier kommt eure Mama!! Ich will bei euch sein! Frau Pupke hat frahai! Mit zitternden Fingern schloß ich die Wohnungstür auf. Mittägliche Stille.

Sie schlafen alle noch, dachte ich gerührt, dann werde ich mal damit beginnen, einen Überraschungskaffee zu kochen! Klaus wird schon noch merken, daß ich auch hausfrauliche Qualitäten habe, wenn ich will!

Ich schlich an Paulchens Zimmer vorbei, da bemerkte ich, daß die Tür einen Spalt offenstand. Vorsichtig schob ich sie noch weiter auf. Einmal das kleine Köpfchen anschauen! Einmal über das Bäckchen streicheln! Doch Paulchens Bett war leer. Die Kuhle auf seinem Kopfkissen war noch warm.

»Klaus?!?«

Stille.

»Hallo? Frau Pupke?!«

STILLE!!

»Seid ihr da?!« SACHMA!

Ich stand im Flur und hörte meiner Stimme nach.

Keiner da!

Diese plötzliche Leere haute mich um.

Kein Klaus. Kein Kind und kein Kegel nicht.

Mensch, Pauline, ein geschenkter Nachmittag!

Endlich hast du die Wohnung ganz für dich allein!

Du kannst üben, bis du umfällst! Keiner stellt sich neben das Klavier und singt Ringel, Ringelreihen in deine Arien hinein!

Kein Woll und kein Sachma!

Ist das denn nicht toll, woll, sachma?!

Es war nicht toll. Ich verstand die Welt nicht mehr.

Was WILLST du denn nun?

Willst du nun Karriere machen oder eine zufriedene Mutter sein? Hm? Was? WOLL? SACHMA!

Ich stand in der leeren, sonnendurchfluteten Wohnung, lehnte meinen Kopf an die Fensterscheibe und starrte auf die Schlieren, die Paulchens kleine Patschhändchen auf ihr hinterlassen hatten.

Entweder du übst jetzt, oder du putzt dieses Fenster. Los, Kind. Was willst du denn jetzt!

Keine Ahnung, was ich wollte.

Heulen wollte ich. Und das tat ich dann auch.

Ich Versager! Ich Niemand! Ich elende, egozentrische Vorstadt-Callas! Ich Rabenmutter! Ich gefühlskaltes Weib! Nicht mal dritte Dame! Nicht mal Hausfrau! Guck mal, wie schlampig die Betten gemacht sind! In den Kopfkissen ist noch nicht mal ein Knick! Und das Brot im Kasten ist noch nicht mal handgeschrotet und selbstgebacken!

Wie lieblos die Mandarinen im Körbchen drapiert sind! Wie unordentlich die Alete-Gläschen im Schrank stehen! Wie elend dein unmündiger unehelicher Sohn verwahrlost! Wie einsam dein Kindsvater in seiner Betthälfte übernachten muß! Im ungebügelten Pyjama! Auf knicklosem Kopfkissen! Schlampe! Als was taugst du überhaupt irgend etwas?

Wie mies und nichtig deine lächerlichen Auftritte sind! Vor Metzgern und weckerklingenden Einkaufsbeuteln! Wie wenig stimmtechnischen Vordersitz du doch unterm Nasenbein erzeugen kannst! Ist doch klar, daß du es nicht halb so weit wie Theresa Horn bringen wirst; nicht mal die dritte Dame wirst du stimmlich und darstellerisch ausfüllen können. Für den dritten Knaben bist du zu dick! Dein schauspielerisches Talent ist gleich Null, wenn man an deinen bejammernswerten Auftritt beziehungsweise Abtritt in der Pizzeria denkt! ABSOLUT UNPROFESSIONELL!!

Du bist ein Nichts.

Nichts Halbes und nichts Ganzes vom Nichts.

Noch nicht mal dein heimliches Verhältnis zu einem ausgesprochen netten Kammersänger kannst du spannend genug gestalten!

Bahnlos und pfadlos!

Saftlos und ratlos!

Und wie du aussiehst, du Reizlose!

Wer BIST du denn?

Eine gute Sängerin bist du nicht, eine gute Mutter bist du nicht, eine gute Geliebte bist du nicht, eine gute Doktorsgattin bist du schon erst recht nicht…

Ach, könnt' ich doch, ach könnt' ich doch nur so ein Doktorsfrauchen sein!

Meine Jammer-Ode wollte ins Grenzenlose ausufern, und mein Schweinehund gurgelte schon in den Fluten der Zähren, da klingelte das Telefon.

Klaus, bitte, ja, wenn's denn recht sein dürfte!!

Simon, wenn's denn bitteschön sein müßte!

Die Opernintendanz, wenn's denn schon nötig wäre!

Theresa Horn und Wotan Weich, wenn's denn keine Umstände machen würde!

Mit unendlicher Gelassenheit zog ich den Schweinehund an den Ohren aus seinem Sumpf, klopfte ihm das tränennasse Fell aus und rückte ihm die Narrenkappe zurecht. Haltung bewahren, schlapper Junge!

Rückgrat durchstählen, räuspern, lächeln, STÜTZEN, vorderer Nasenmaskensitz und jetzt... Hörer ab!

»Hallo?«

»Hallo!« sagte der Hörer fröhlich.

»Ja bitte?«

Keiner der eben vermuteten Kandidaten war's, der da mein karnevalistisch-besinnliches Selbstbespiegelungs-Stündchen durchkreuzte!

»Ist das die Pauline?« fragte der Hörer.

»Ich fürchte, ja«, sagte ich. »Wer dort?«

»Robby.«

Ich staunte fragend in die Muschel. »Wer?«

»Robert Harkort«, sagte der Hörer.

»Ich kenne des Menschen nicht«, antwortete ich phantasielos.

Der Hörer lachte. »Immer noch die schlagfertige Pauline!«

Plötzlich wußte ich, wen ich da an mein Ohr drückte: den Geiger! Den aus der feuchtkalten Kathedrale mit der Fledermaus! Der mich vor dem flatternden Ungetüm gerettet hatte!

»Hallo!« sagte ich erfreut.

»Wie geht es dir, Pauline?«

»Blendend.«

»Was machst du gerade?«

»Ich heule.« (Ich heule, aber meine Hilfe ist fern. Felix Mendelmeier)

»Pauline?« fragte Robert bestürzt. »Weinst du etwa?«

»Ach was«, heulte ich, »ich halte mir den Bauch vor Lachen!«

»Du bist traurig, nicht wahr?«

»Gut, O. K., ich geb' es zu. Ich bin traurig.«

»Dann störe ich dich gerade beim Traurigsein? Ich kann auch später wieder anrufen!«

Ich überlegte, ob ich sein Angebot annehmen sollte.

»Nein«, sagte ich. »Wenn du jetzt auflegst, bin ich vermutlich noch trauriger als vorher.«

»Das kann ich nicht verantworten. Pauline Frohmuth traurig! Das können wir auf keinen Fall durchgehen lassen!«

»Nee, ne?« sagte ich mit schwankender Stimme. Den Geiger schickte mir der Himmel. Traurigsein macht mir nämlich immer nur sehr kurzzeitig Spaß.

»Am besten, ich komme jetzt vorbei«, sagte Robert. Ich hörte ihn im Stadtplan blättern. »Ist gar nicht weit von hier, wo du da wohnst.«

»Nee, ne?« sagte ich wieder, obwohl ich gar nicht wissen konnte, von wo er anrief. Im Hintergrund waren Paukenschläge und karnevalistische Gesänge zu hören.

»Hier ist irgendwie nichts los«, sagte der Geiger. »Ich komme zu dir. Schmeiß mal die Kaffeemaschine an!«

»Mach' ich doch, Alter!« schrie ich erfreut und knallte den Hörer auf die Gabel.

»Siehst du«, sagte ich zu meinem Schweinehund, der mir aus dem staubigen Flurspiegel tränenverquollen entgegenblinzelte, »das Leben hält doch ab und zu noch mal ein kleines Präsent für besonders engagierte Mitarbeiter bereit. Wasch dich, kämm dich, zieh dir was Anständiges an und deck adrett den Tisch.«

Der Mann ist ein anständiger Mann, und den läßt du in Ruhe, sagte Tante Lilli, während ich mir eine kalte Dusche verabreichte. Abhärtung muß sein. Das stählt.

Klar, laß ich den in Ruhe, sagte ich. Der ist gar nicht mein Typ.

Das heißt bei dir überhaupt nichts, sagte Tante Lilli. Du bist jetzt in einer labilen Phase. Hauptsache, die Diva tröstet einer! Da bist du nicht besonders wählerisch!

War ich doch noch nie, Tante Lilli, sagte ich versöhnlich.

Nein, Kind, wirklich nicht, sagte Tante Lilli kopfschüttelnd. Dein Geschmack bezüglich Männern ist zum Weinen.

Das haben wir doch gerade hinter uns, sagte ich. Jetzt fangen wir nicht wieder damit an!

Nein, Kind, aber faß dich kurz und sei nett und höflich zu dem Mann und mach ihm keine falschen Hoffnungen!

Denk bitte bei allem was du tust und sagst daran, daß du VERANTWORTUNG hast!

Wieso denn Hoffnungen, Tante Lilli, sagte ich spitzfindig. Der kommt doch nur mal auf einen Sprung vorbei, ein guter alter Kumpel!

Du weißt genau, daß er NICHT auf einen Sprung vorbeikommt. Der will was von dir, Kind, das hast du doch schon in Frankreich gemerkt!

Quatsch, Tante Lilli, sagte ich, während ich mir sehr sorgfältig die verheulten Augen schminkte.

Mein Schweinehund stand neben mir, auf einem Höckerchen vor dem Badezimmerspiegel, und hantierte etwas ungeschickt mit einem grellen Lippenstift herum.

Kind, MUSS das sein!

Wieso denn, Tante Lilli, ich mach mich nur ein bißchen nett. Hast du selbst angeordnet.

Nett ja, aber nicht aufreizend!

Ich kicherte.

Mein Schweinehund griff zum Lockenstab.

Diese wirre Löwenmähne von letztens mußte doch wieder hinzukriegen sein! Die Haare gerauft hatte ich mir lange genug!

Kind, übertreib es doch nicht gleich wieder! rief Tante Lilli noch, bevor sie sich in Luft auflöste, weil es an der Haustür schellte.

Robert der Geiger hatte drei fettige Reibekuchen dabei. Die hatte er am Bahnhofsvorplatz an einer Bude erstanden.

»Wie ich dich kenne, hast du noch nichts gegessen«, sagte Robert zur Begrüßung und reichte mir das ölige lauwarme Päckchen, dem ein appetitanregender Duft entströmte.

Ich umarmte den Geiger eine Spur zu herzlich, was zur

Folge hatte, daß unser beider Outfit durch nie mehr zu beseitigende Fettflecken verunziert war.

»Du siehst gut aus, Pauline«, sagte der Geiger.

Tja, nicht wahr? antwortete mein Schweinehund selbstgefällig, und Tante Lilli wendete sich ab, um sich für mich zu schämen.

»Du aber auch!« sagte ich zu dem Geiger, obwohl das eine eher subjektive Beurteilung war. »Komm doch rein und leg ab, und was willst du essen, trinken, rauchen, lesen, schlafen, fernsehen, telefonieren, Pipi machen…«

Ich nun wieder. Originell wie eh und je.

Robert sah sich neugierig in der Wohnung um.

»So wohnst du also… wer hätte das gedacht!«

»Tja, nicht wahr?« sagte ich beschämt. »Ich wohne hier leider nicht alleine.«

»Nein, da draußen am Türschild stehen allerhand Namen«, sagte Robby.

»Wir sind hier so eine Art… Zweckgemeinschaft«, sagte ich und friemelte verlegen die Reibekuchen aus dem Ölpapier.

»Alles Künstler?« fragte Robert der Geiger und deutete auf ein selbstgehäkeltes Sofakissen.

»Von der allerbegnadetsten Sorte«, sagte ich.

Dann aßen wir gemeinsam die lauwarmen Reibeklumpen auf. Zum Nachtisch gab es Kaffee aus Klausens bisher nie benutzter Frankreich-Tasse mit der Aufschrift »Petit déjeuner«. Unser Zusammengehörigkeitsgefühl steigerte sich ins Unermeßliche, als wir gemeinsam aus dieser Tasse tranken.

»Pauline«, sagte Robby der Geiger und sah mich sehr eindringlich an. »Daß ich dich wiedersehe. Wer hätte das gedacht.«

»Tja, wer wohl«, antwortete ich. Kind, laß sofort die Flirterei sein! Nimm dir gefälligst eine eigene Tasse aus dem Schrank! Eine gespülte! MIT Henkel!

Robby schwieg mich bedeutungsvoll an.

»Frankreich war doch irgendwie ganz toll«, sagte ich, um irgendwas zu sagen.

»Sagenhaft war das, ganz sagenhaft«, antwortete Robby.

Klar, Mann, weil du MICH kennengelernt hast, sagte mein

Schweinehund und schlug die mageren struppigen Beine lasziv übereinander.

Ich beschloß, mich ein wenig anhimmeln zu lassen.

Schließlich hatte ich bis eben stundenlang der Selbstgeißelung gefrönt und mich gehaßt. Jetzt waren ein paar Streicheleinheiten nicht unangebracht. Natürlich rein verbaler Art. Ich dachte da zum Beispiel an: Du bist die Rosie vom Wörthersee, oder: Du hast die betörendste Stimme seit der Erfindung der Schallplatte, oder: Du bist der Inhalt meiner schlaflosen Orchesterproben. Nur los, mein Freund, laß dir was Originelles einfallen! Ich strich mir mit einer weiblich-künstlerischen Geste durch die Haare und wippte mit dem hochhackigen Bein.

»Wo ist eigentlich dein Baby?« fragte Robby unvermittelt.

»Mein... was?« fragte ich heuchlerisch zurück. Wußte der Mensch etwa, daß ich in Schande lebte?

»Du hast doch so'n kleines Gerät, oder? Heißt doch Paulchen, der Knabe, und dürfte jetzt ein halbes Jahr alt sein?«

»Ja, genau«, antwortete ich verblüfft. »Paulchen. Sieben Monate. Er ist gerade mit seinem Vater und seiner Kinderfrau spazieren.«

Wie einfach es war, wie kinderleicht, diesen Satz von den Lippen zu lassen!

Na ja, Kind, es wurde ja auch mal Zeit, daß du dich zu deinem Sohn bekennst!

»Da habe ich aber Glück gehabt, dich anzutreffen«, sagte Robby fröhlich und guckte mich wieder so nervenzerfetzend offen an.

Was WOLLTE dieser Geiger denn von mir?! Wo er doch von meinem ganzen Anhang Kenntnis hatte?!

»Ich habe aber auch Glück gehabt, DICH anzutreffen«, sagte ich und guckte hilfesuchend in die dickbauchige Tasse. »Mir war nämlich eben so suizidal zumut'!«

Der Geiger nahm seine Brille ab und legte sie neben die Tasse. Dann nahm er meine Hand. Ich zuckte ein wenig zurück, aus Furcht, der Nagellack könne noch nicht ganz trokken sein. Nicht etwa, weil mir das Handgreifen unangenehm gewesen wäre, mitnichten.

»Kann ich dich irgendwie trösten?«

Au ja!

Laß dich zu, laß es raus, steh zu deinem Frust, selbstverwirkliche deinen Tränenfluß...

Schmeiß dich ruhig mal an eines Geigers Brust.

Robby jedoch sagte nichts weiter. Er guckte mich an, und ohne Brille gelang ihm das noch viel eindrucksvoller.

Obwohl ich mich so sorgfältig gestylt und geschminkt hatte, und obwohl mein Schweinehund schon wieder relativ gefestigt auf seinen blickdichten Lurexstrumpfbeinen stand, hatte ich plötzlich wieder Freude am Frust. Eingedenk der friedvollen Stimmung, die dieser Geigermensch mir schon in der Kathedrale von Montcluton hatte vermitteln können, lehnte ich mich mit fettverschmiertem Mund an sein weißes Geigerhemd und flennte die zweite Strophe meiner Herzeleidhymne.

Der Geiger übte sich im Tätscheln.

Ganz lieb und ganz vorsichtig und ganz unbeholfen.

»Nicht weinen, Paulinchen, nicht weinen«, sagte er.

»Doch weinen!« begehrte ich auf.

Schließlich lehrte mich Klaus seit Jahr und Tag, zu meinen miesen, unedlen Gefühlen zu stehen und sie hemmungslos rauszulassen!

Was im Endeffekt überhaupt keinen Spaß machte, weshalb ich es bei Klaus immer sein ließ. Total unromantisch war es, bei Klaus zu heulen. Zumal der immer gleich mitheulte.

Aber dieser Robby! Er flehte mich an, nicht zu weinen! Wie männlich! Wie hochpoetisch und zart!

Nachkriegssprüche aus Fünfzigerjahrefilmen! Dieter Porsche sagt auch zu Maria Schnell, daß sie nicht weinen soll, obwohl er es sich heimlich wünscht. Und richtig, sie tut ihm den Gefallen. Und dabei sieht sie unglaublich entzückend aus. DAS ist es, was die Weiblichkeit so reizvoll macht, dieses Hilflose, Rehleinhafte, Verwundbare. Und Dieter Porsche im weißen Hemd tätschelt ihr verlegen den Oberarm und findet sie zum Verlieben. Genau. Konnte er haben, die Nummer, der Geiger, wenn er wollte, konnte er haben.

»Ich arme Maid!« heulte ich in seinen Hemdsärmel hinein. »Mit einem unehelichen Kind lebt es sich eben sehr schwer in einer Welt, die nur von Ehrgeiz und Erfolgsstreben besessen ist! Erst heute habe ich die Chance meines Lebens vertan, weil ich da sein mußte, wo meines Kindes ist! Und dann war es noch nicht mal zu Hause!! Die Pupke hat es mir entrissen! Mehr und mehr entfremdet sie mir das Kind!«

Ich schluchzte, daß der Kaffee überschwappte.

Mag sein, daß Maria Schnell nicht ganz so verquollen aussieht, wenn sie heult. Mag auch sein, daß ihr der Maskenbildner wasserfeste Wimperntusche verpaßt hat. Mag auch sein, daß das Hemd von Dieter Porsche gegen Rotz und Tränen imprägniert ist. Außerdem haben die Herrschaften aus Film, Funk und Fernsehen vorher keine Reibekuchen gegessen.

Trotzdem.

Dafür, daß wir keine Proben gehabt und die Szene freiweg improvisiert hatten, war sie gut.

Find' ich.

Dieter Porsche alias Robby Harkort warf einen Blick ins Drehbuch und fragte dann: »Wer ist die Pupke?«

»Unsere Kinderfrau«, schluchzte ich.

»Und sie entreißt dir dein Kind?« fragte Robby bestürzt.

»Ja, tut sie«, heulte ich. »Sie strickt ihm ständig modische Ensembles ›in blö‹ und zerrt an ihm herum und betuddelt und betatscht ihn und redet auf ihn ein und kocht ihm jeden Tag Gemüse und läßt mich davon kosten und badet ihn jeden Morgen und zeigt mir beim Frühstück die Stäbchen mit dem Ohrenschmalz und fährt ständig mit ihm spazieren und breitet seine Rötzchen vor mir aus und will immerfort von mir gelobt werden.«

»Die ist wohl ziemlich gewissenhaft«, sagte Robby.

»Sie entfremdet mir das Kind!«

»Verstehe«, sagte Robby. »Du willst zwar eine Kinderfrau, aber die soll das Kind gefälligst in Ruhe lassen.«

»Genau«, sagte ich erfreut und zog die Nase hoch. »Und mich auch.«

»Hast du ihr das schon mal gesagt?« fragte Robby sachlich.

»Trau ich mich nicht«, sagte ich. »Klaus hat es mir strikt verboten!«

»Und da hältst du dich dran? Ich dachte, das ist heutzutage nicht mehr üblich.«

»Doch!« schluchzte ich auf. »Frauen sind IMMER von

Männern abhängig, wie sie sich auch drehen und wenden! Wenn Klaus die Pupke entläßt, ist meine Karriere im Eimer!«

»Und eine andere Kinderfrau…? Vielleicht findet sich noch die eine oder andere…«

»Nein. Klaus besteht auf Pupke. Die hat so das gewisse Etwas.«

»Aha. Und ihr lebt hier alle so zusammen? Mehr oder weniger spannungsreich?«

»Ja«, sagte ich einsilbig. Sollte ich ihm jetzt auch noch von Simon Reich erzählen, dem spannungsreichen Verhältnis, das ich nebenbei pflegte?

Nein, Kind, das geht zu weit. Du kennst diesen Robby doch gar nicht näher. Es imponiert ihm bestimmt nicht, wenn du dich noch weiter bei ihm ausheulst. Bestimmt will der Mann jetzt gehen, er hat sicher noch was anderes vor.

Außerdem wollte ich ihm ja gefallen, dem Geiger, und wenn ich weiter so herumschniefte, würde sich dieser Plan ins absolute Gegenteil verkehren.

Kind, nun sei höflich und frag auch mal nach ihm. Kein gebildeter Mensch redet nur immer über sich!!

Ich fragte also nach ihm.

Wie geht's denn so und was machen Sie beruflich und lebt Ihre Großmutter noch und haben Sie ein Gästezimmer und wo stammen Sie her und kennen Sie zufällig den und den, der dürfte in Ihrem Alter sein. Simon Reich würde das jetzt fragen. Und dabei die Beine hochlegen und in seinem Rucksack wühlen.

Robby erzählte tatsächlich etwas über sich.

Er war Geiger im Opernorchester, und er kannte tatsächlich den und den, das bleibt ja in der weitläufigen Musikszene nicht aus. Robby hatte nämlich einen sehr drahtigen Chefdirigenten namens Imposanti, unter dessen Leitung ich seinerzeit auch schon mal gesungen hatte, im Chor natürlich, in der zweiten Reihe. Das nur nebenbei. Auch sonst kannte er natürlich diesen und jenen Sänger, auch von Simon Reich hatte er schon viel gehört. Theresa Horn hatte er erst gestern wieder über seinem Kopf herumlaufen hören, als er im Orchestergraben Dienst gehabt hatte. Robby hatte jedenfalls genug Stil, um sich in keiner Weise negativ über irgend jemanden auszulassen. Das findet man unter Musikern auch relativ selten.

Kind, der Mann hat Charakter.

Robby sagte, daß er mich herzlich von Antje Zier grüßen solle. Sie sänge seit kurzem in der Zauberflöte die erste Dame.

Da! Die hat es geschafft!

Neid!

Die ist ja auch verheiratet und hat eine Britta.

Klar. Den Seinen gibt's der Herr im Schlaf.

Und ich hatte meinen banalen Alltagskram zu bewältigen, mit unbefriedigender Beziehungskiste, lächerlichen Kleckerkonzerten vor Schlachtergesellen und mit absolut unerträglichen Boulevard-Komödien innerhalb der häuslichen vier Wände.

»Und? Hat sie gut gesungen?«

»Leider ja.«

»Wieso leider?«

In diesem Moment drehte sich der Schlüssel im Schloß. »Sooo!« flötete eine altvertraute Stimme in kindlichem Singsang. »Jetzt macht dir die Tante Pupke ein lecker, lecker Happen-Pappen-Breichen! Woll? Sachma! Ein Breichen macht dir die Tante jetzt! Was? Hast du Hunger? Sachma? Was? Hast du Hunger? Hunger hast du jetzt, woll? So ein großer Junge bist du! Sachma! Soo groß, woll? Happen-Pappen-Breichen wollen wir jetzt essen, was, sachma!«

Paulchen wurde geräuschvoll aus seiner Kluft geschält und dann keuchend hereingeschleppt.

Frau Pupke sah derangiert aus. Wirre Haarsträhnen hingen ihr ins Gesicht. Sie versuchte sie wegzublasen, weil sie keine Hand frei hatte. Schweißperlen glitzerten ihr auf der Stirn.

Ich streckte die Hände nach Paulchen aus.

»Lassense ma, es geht schon. Woll, Paulchen, das schaffen wir zwei schon, du und ich, was, sachma. Pauline, er hat wieder den dicken grünen Eita inne Nase. Kuckense ma. Dicka grüna Eita. Sachma.« Sie zerrte ein zusammengeknülltes Tempotuch aus ihrer Manteltasche, frimelte es auseinander und hielt es mir vor die Nase. »Ein lecker Breichen tut die Tante Pupke dir jetzt machen, woll? Dicka Eita. Sachma!«

Ich stand da, angewidert mit ausgestreckten Händen, und

drehte den Kopf weg. Ich wollte mein Paulchen einmal halten. Aber sie ließ mich nicht.

»Paulchen, die Mama hat Besuch, da dürfen wir jetzt nicht stören, woll? Schön leise müssen wir sein, was, sachma, Paulchen. Die Mama hat einen Onkel zu Besuch, mit dem muß sie was besprechen, woll? Da müssen wir ganz artig sein und nicht stören! Komm, Paulchen, wir gehen ins Kinderzimmer!«

Indem sie weiter auf den unschuldigen Säugling einredete, verließ sie mit ihm die Küche.

Ihr Gerede verhallte im Flur.

Ich warf das Tempotuch in den Mülleimer.

»Wann geht die nach Hause?« fragte Robby leise.

»Gar nicht«, sagte ich. »Die wohnt hier.«

»Komm, wir gehen was trinken.«

Wahrscheinlich mochte Robby keine weiteren Exkremente mehr besichtigen.

»Warte«, sagte ich schnell. »Ich möchte Paulchen noch gute Nacht sagen.«

Die Sehnsucht nach meinem Kind war schrecklich groß. Schließlich hatte ich mich den ganzen Nachmittag nach ihm verzehrt. Und seinetwegen Simon versetzt und meine Weltkarriere in den Wind geblasen.

Ich klopfte an die Kinderzimmertür.

Drinnen sang Frau Pupke mit heller Stimme: »Die Mutter hütet Schäfchen, der Vater schüttelt's Bäumelein...«

Ich trat ein.

Der Gesang verebbte mitnichten. Dafür bot sich mir ein erstaunliches Bild: Mein sieben Monate altes Baby, das noch nicht mal sitzen konnte, hing windschief mit nacktem Popo auf dem Topf. Frau Pupke hielt es mit der einen Hand am Oberarm fest und sortierte mit der anderen Hand die Windeln in den Schrank. Mit dem Mund sang sie zusätzlich, wie gesagt. Eine ausgesprochen vielseitige Frau!

»Frau Pupke, was machen Sie denn da?« fragte ich entgeistert.

»Der macht nicht mehr in die Hose, woll, Paulchen, der is getz sauber!« triumphierte Frau Pupke und hielt mir eine Windel unter die Nase. »Hier! Riechen Se mal! Trocken!

Völlig trocken! Sachma! Paulchen! Woll!! Du machs nich mehr inne Hose! Biss ein großer Junge, wollnich!«

Paulchen grinste mich zahnlos an. Offensichtlich schien er sich noch an mich zu erinnern.

Ich beugte mich zu ihm erdenwärts und wollte ihm ein Küßchen auf das rosige Bäckchen geben.

»Lassense mal, dat stört den Kleinen jetzt beim Konzentrieren«, sagte Frau Pupke und stellte sich zwischen uns. »Woll, Paul. Du bist ein großer Junge, und du machs getz schön ins Töpfchen. Zeich mal der Tante Pupke, wie schön du ins Töpfchen machen kannz.«

Paulchen zeigte es der Tante Pupke, indem er ins Töpfchen pupste.

»Da! Sehense!« frohlockte Frau Pupke und fiel vor Paulchen auf die Knie. »Er tut es ganz vonne Instituzion her! Das is so bei kleinen Kindern! Wenn man se nur rechtzeitig zur Sauberkeit erzieht! Dann tun die dat auch! Werden Se sehen, Pauline. In drei Wochen is der Junge sauber, was, Paulchen. Und getz tu schön Pipi machen, biss ein großer Junge! WOLL!?«

Ich rappelte mich mühsam hoch und küßte meinen Sohn flüchtig auf die Glatze.

»Also denn, Paulchen. Schlaf schön.«

Weitere Zärtlichkeiten wollte ich lieber nicht riskieren. Jetzt, wo Frau Pupke die Erziehung von Mutter und Kind übernommen hatte.

Ich ging Arm in Arm mit Robby in eine urige Kölsch-Kneipe und beschloß, mich ganz fürchterlich zu besaufen.

Bei meinem vierten Bier fragte Robby teilnahmsvoll: »Habt ihr diese Frau Pups...«

»Pupke«, sagte ich gläsern und begann haltlos zu kichern.

»...habt ihr die schon lange?«

Ich erzählte ihm, daß sie sozusagen zum Inventar gehörte und nicht wegzudenken war. Besonders nicht von Klaus, den sie liebte wie eine Glucke ihr unter Schmerzen gelegtes Frühstücksei...

»Das wäre was für Herrn Professor Grzimek, das Phänomen: Ein gackerndes Huhn liebt einen gefräßigen Bären, und beide haben zusammen ein Kind«, lallte ich frustriert.

»Wird die eigentlich übertariflich bezahlt?«

»Keine Ahnung. Geschäfte sind Männersache.«

»Ach, das habt ihr ganz präzise so geregelt, du und dein Klaus?« Robby bezweifelte anscheinend meine lautstark propagierte Emanzipation.

»Er ist nicht mein Klaus«, sagte ich. »Er ist nur mein Kindsvater, weiter nichts.«

Kind, laß doch diese unreifen Sprüche.

»Kindsvater?«

»Erwiesenermaßen«, sagte ich selbstzufrieden. »Er zahlt selbstverständlich alle anfallenden Kosten.«

»Für eine ledige Mutter geht es dir dann ja sehr gut«, sagte Robby. »Du bist frei, du bist unabhängig…«

KIND! Sag ihm sofort, daß du NICHT frei und NICHT unabhängig bist!

»Wie meinst du das, frei und unabhängig?«

Los, Alter, sag mir, wie toll du mich findest!

Hast du im Garten auch eine Schweinehundehütte für meinen kleinen gehörnten Vierbeiner?

»Für deine Karriere natürlich«, sagte Robby. »Was ist denn zum Beispiel mit der Oper? Was Antje kann, kannst du doch auch!«

»Möcht schon sein«, sagte ich. »Aber gerade heute ist mir ein Riesenfisch durch die Lappen gegangen…«

Kind, das ist ja schon wieder maßlos übertrieben. Eine dritte Dame ist kein Riesenfisch. Gib doch nicht immer so an.

Ich überlegte, ob ich Robby nun von Simon Reich und seinen Kreisen erzählen sollte. Doch womöglich stürzte ich Robby dann nur in die Verlegenheit, sich über diese Brüder auslassen zu müssen. Er war keiner, von dem gesagt wurde, er habe übel geredet. Das mochte ich so an ihm. Außerdem ging meine Bekanntschaft zu Simon diesen Geiger gar nichts an.

»Ich würde ja schrecklich gerne was für dich tun, Pauline«, sagte Robby mit diesem intensiven Blick knapp über die Brille. »Aber ich bin im Orchestergraben nur ein kleines Licht. Zweitletztes Pult links, weißt du.«

Kind, der Mann ist kein Aufschneider.

Robby sagte: »Sänger werden wegen ihres Könnens engagiert und nicht durch Beziehungen.«

»Nee, ist klar«, sagte ich. »Was anderes hatte ich auch gar nicht gedacht.« Und versank hastig in meinem Glas. In diesem Moment hatte ich richtig warme Gefühle für die südfranzösische Fledermaus, die mich an dieses Geigers Brust getrieben hatte.

Die Tage gingen ins Land. Ich war so unzufrieden und schlecht gelaunt wie eine, die plötzlich zwanzig Kilo Übergewicht hat und nicht mehr in ihre gnädigste Gummizughose paßt.

Meine Sängerkarriere schleppte sich so dahin, meine Beziehung zu Simon schleppte sich so dahin, und mein Zuhause war alles andere als einladend: Ich schleppte mich ab und zu dahin, weil ich hoffte, die Pupke würde mich ab und zu mal an meinen Sohn heranlassen. Es hätte mich gar nicht gewundert, wenn ihr nächstes selbstgehäkeltes Sprüchlein über der Klotür ein Verbot diesbezüglich enthalten hätte, zum Beispiel: »Nich am Sohn packen!«

Die Glucke begann, sich weit über ihre arbeitsvertraglich geregelten Pflichten hinaus zu engagieren. Sie witterte mit dem ihr angeborenen feinen Scharfsinn durchaus eine gewisse Unüblichkeit in dem Verhältnis zwischen Klaus und mir. Zwar gingen wir immer sehr nett miteinander um – besonders Klaus mit mir –, aber ihr weiblicher Instinkt, der ja durch sieben Jahre Ehepanne mit Irene durchaus geschult war, sagte ihr, daß ihr Herr Doktor schon wieder nicht genügend Nestwärme vorfand. Obwohl sie mir doch Ärger angedroht hatte, wenn ich nicht meinen gottverdammten Ehepflichten nachgehen würde! Mußte sie denn alles selbst machen!

Mit gesträubten Federn begann sie also als Lektion zwei ihrer kleinen übertariflichen Sonderleistungen damit, den armen, gutmütigen und überarbeiteten Herrn Doktor ein bißchen unter ihre Fittiche zu nehmen. Ein bißchen provokanter und frauenrollenspezifischer, als das arbeitgeberrechtlich vorgesehen war.

Ich bin ja ein Mensch, der schrecklich schwer von Begriff ist, und außerdem friedfertig und gutmütig wie ein stoßzahnamputierter, halbblinder und überfressener Elefant. Aber eines Morgens wurde ich doch hellhörig.

Es war ein schöner Frühlingsmorgen kurz vor Ostern, und ich saß schon wieder nur auf einer halben Pobacke vor Aufregung, weil ich auf dem Sprung zu einem Konzert im Niederrheinischen war. Robby, mein Geiger, wollte mich abholen, zwecks gemeinsamer Passions-Mucke in Emmerich. Paulchen thronte auf dem wackeligen Hochstühlchen der Marke »Kinderglück / Eiche natur« und freute sich vergnügt krähend auf sein erstes Frühstücksei. Ich konnte meines sowieso nicht essen, weil Tante Pupke wieder so unappetitlich »Brumm-Brumm« machte, mit viel Krümeln im Mund, während sie die vorgekauten Bissen für Paulchen auf einem Trekker von Blechmobil über den Tisch schweben ließ. Abartig irgendwie.

Ich hoffte nur inständig, daß die Frühstücksrunde sich bald auflösen möge und man mich endlich auf der freien Wildbahn zwischen Klavier und Klo ungehindert hin und her rennen lassen würde.

Frau Pupke aber war zu einer Grundsatzdebatte bezüglich der Geschlechterrollen aufgelegt.

»Wat soll ich auf dein Brot schmieren, Klaus? Lebawuast oda Mammelade?«

Ich stutzte. Seit wann duzten die sich? Seit wann schmierte sie ihm die Brote?

»Leberwurst, bitte«, sagte Klaus und griff zu seiner Zeitung.

Das war mir neu, daß der Herr Doktor sich die Brote schmieren ließ. Als sie sich noch gesiezt hatten, hatte er sich die Brote meines Wissens selbst geschmiert. Ich rührte wütend in meinem Hirsebrei.

Klaus ahnte nichts von meinen erregten Wallungen, er las Zeitung.

Frau Pupke schob ihm mit ausladender Geste das Brot unter die Schlagzeilen. (»Kuckma, Klaus, so? Is dat getz dick genuch? Was? Sachma?«), füllte ihm dann Kaffee ein und goß Milch hinterher.

Verdammt, dachte ich, jetzt verzieht sie mir den auch noch!

Ganz langsam regte sich in mir der Verdacht, daß die gefühlsarme Irene sich vielleicht gar nicht von Klaus, sondern von Frau Pupke hatte scheiden lassen.

Wegen Zerrüttung der Dreierkiste.

Ich köpfte das Ei mit ziemlicher Schadenfreude.

»Na, is mir dat gelungen, dat Ei? Was? Sachma!« fragte Frau Pupke, aber weder Klaus noch ich hatten gerade Lust auf die Analyse des Eidotters unter Berücksichtigung von Zähflüssigkeitsgrad und Tropfintensität. Ich nahm mein Herzenskind auf den Schoß und fütterte es mit Eigelb. Frau Pupke bemerkte das mit Mißfallen.

»Klaus, is dat denn gut für'n Junge, so'n Ei?« fragte sie meinen zeitungslesenden Kindsvater.

»Klar, warum nicht«, sagte die Rückseite der Zeitung.

»Sachma.«

Schweigen.

»Du muss dat doch wissen, du biss doch en Doktor!« hakte Frau Pupke nach.

Gebannt starrte ich auf die Zeitung, gebannt starrte Paulchen auf den Eierlöffel.

»Nein, nein, das geht schon in Ordnung«, sagte Klaus. »Der kann jetzt alles essen, was er nicht kauen muß.«

»Woll!« sagte ich triumphierend und fütterte Paulchen weiter.

»Dat is aber ganz schädlich für so'n Junge«, beharrte Frau Pupke. »Dat hab ich getz noch gelesen. Da kriegen die Pickel von.«

Pause, Schweigen. Ich kratzte beharrlich das Ei aus, um ja nicht mit dem Füttern aufzuhören, gerade in diesem Moment. Paulchen schmatzte. Er hielt zu mir.

»Sachma. Klaus. Du biss doch en Doktor. Du muss dat doch wissen, woll? Sachma.«

»Jaja«, sagte Klaus, ohne die Zeitung zu senken. »Der kann alles essen, glaub mir, Agnes.«

AGNES!!!

»Sachma.«

Ratlose Pause.

Paulchen kaute noch am Ei, und ich kaute noch an der Agnes.

»Sachma, woll? Was, Klaus! WOLL!! Dat gibt Pickel für so'n Junge, wenn der inne Pupertät is! Sacht Walta auch. Achnes, sacht der Walta, Achnes, sachta, tu mir nich immer

459

ein Frühstücksei kochen, da krich ich Pickel von. Sachma. Klaus.«

»Walter ist doch Mitte Sechzig und nicht mehr in der Pubertät«, sagte Klaus hinter seiner Zeitung. »Bei dem ist das was anderes. Der soll keine Eier essen, weil sein Cholesterinspiegel zu hoch ist.«

»Nee«, beharrte Frau Pupke. »Der kricht da Pickel von, sachta. Ich sach noch, Walta, willzte ein Frühstücksei, getz vor Ostern, ganz frisch, woll, vier Minuten, mach ich immer ganz genau mitte Eieruhr, nein, sacht Walta, Achnes, sachta, ich krich da Pickel von. Sachma. Und sein Junge, der Kalleinz, der getz mit der Ursella verheiratet ist, woll, der wo getz die Kinda auch schon wieder so groß sind, woll… HAPPICH Ihnen dat nich erzählt, Pauline?! HAPPICH doch erzählt! Dat liecht anne Hormone. HAPPICH doch gesagt, woll? WOLL!? Klaus! HAPPICH doch gesagt! Jungens kriegen von Eier Pickel, und das liecht anne Hormone.«

»Können wir jetzt abräumen?« fragte ich, weil meine Hormone und mein Cholesterinspiegel sich langsam zu einer klumpigen Masse hilfloser Wut vereinigten, von der ich immer rote Flecken bekomme, besonders den einen auf der Stirn, der aussieht wie Afrika. Dazu brauche ich gar kein Ei zu essen.

»Ich hätt' gern noch 'n Kaffee«, sagte Klaus hinter seiner Zeitung.

Das war mein Untergang in diesem unseren Frauenüberschuß-Gemeinschaftshaushalt. Ohne es zu ahnen, hatte Klaus der kleinen unterirdischen Rangelei um Macht und Recht und Kind und Ei die entscheidende Wende gegeben. Jetzt durfte Achnes der Welt zeigen: Die rechte Braut ist noch daheim!

Wieselflink sprang sie auf, rannte zur Kaffeemaschine und holte die Kanne. Herr Lehrer, ich bin eine ganz Flinke. Bevor die faule Paula überhaupt ihren Hintern vom Stuhl gehoben hat, bin ich schon an der Kaffeemaschine angekommen! Gewonnen! Da guckt der Hase dumm aus der Wäsche, und der Igel freuet sich!

Klaus streckte ahnungslos die Tasse unter seiner Zeitung

hervor. Jacobs allerbeste Krönung mit dem feinen Röstaroma verbreitete einen heimeligen, festlichen Palmsonntagsduft. Welch ein Friede!

»Danke«, sagte Klaus und las weiter.

Frau Pupke und ich, wir guckten uns an.

»Können wir trotzdem schon mal abräumen«, sagte ich übellaunig, »ich will mich einsingen.«

»Moment noch«, sagte Klaus hinter seiner Zeitung. »Ich brauche Milch.«

Sein Arm erschien und schwebte suchend über dem Tisch. ZACK! Das war die neue Chance für Achnes! Sieh, ich bin die Magd des Herrn! Dir geschehe, wie du gesagt hast! Tarantelmäßig sprang sie auf, wieselte um den Tisch und reichte dem Herrn Doktor das Milschkännschen dar.

Gewonnen! Der Hase hatte schon wieder das Nachsehen, der Igel war schon da!!

Um Jacobs Krönung noch die Krone aufzusetzen, schenkte sie dem Herrn Doktor sogar noch ein und erhaschte durch mehrmaliges Fragen »Genuch? Iss genuch?« sogar einen Blick von ihm, unserem gemeinsamen Chef und Gatten! Völlig frustriert schlich ich, durch und durch Verliererin, mit dem Rest der Zeitung aufs Klo.

Dort heulte ich leise und zerknirscht vor mich hin, bar jedweden Trostes von seiten meines Kindsvaters, der nicht ahnte, wie aufgewühlt meine verletzliche Seele war.

Ich blieb so lange auf der barmherzigen Brille hocken, bis der Triumphgesang von Frau Pupke mit dem bezeichnenden Lied »Wie das Fähnchen auf dem Turme« unter Gekeuch und Geächz im Treppenhaus verhallt war.

Dann wankte ich ins Wohnzimmer und warf mich heulend gegen das Klavier. Ich war richtig gut in Stimmung für eine Passion.

»Schläfst du jetzt öfter hier?« Simon fiel in seinen einzig freigebliebenen Sessel und sah mir dabei zu, wie ich das Mattenlager auf dem Fußboden vergrößerte.

»Wenn es dir nichts ausmacht?« antwortete ich bescheiden, indem ich meine selbst mitgebrachte rote Wolldecke ausbreitete.

461

»Aber nein, Liebes, ich fände es sogar ausgesprochen nett«, sagte Simon gütig.

Dabei piekste er mich mit der großen Zehe seiner Wollsocke in den Hintern.

»Da bin ich aber froh«, sagte ich erleichtert. »Ich dachte schon, du fühltest dich belästigt.«

»Du kannst dich ja ab und zu ein bißchen im Haushalt nützlich machen.« Simon sog an seiner Pfeife. Ein süßliches Aroma schwebte in Wolken auf mich herab.

Ich krabbelte zum Fußende der Matratze, um einige vor sich hin gammelnde Schlafanzughosen aus der Ritze zu zerren. »So? Meinst du so?«

»Nein, laß die drin, die brauch' ich als Abdichtung«, sagte Simon und winkte die Schlafanzughosen mit dem Stiel seiner Pfeife wieder in ihre Ritze. »Alles hier in der Wohnung hat seinen Sinn. Alles«, sagte Simon. »Du magst das im einzelnen nicht immer erkennen, aber es ist so. Deswegen ist es auch jedesmal ein Drama, wenn dieser unsensible Putzdrachen zum Saubermachen kommt. Die ist in der Lage und schmeißt meine halbe Wohnung weg.«

»Nee, ist klar«, sagte ich betroffen. »Und wie soll ich mich, deiner Meinung nach, in deinem Haushalt nützlich machen?«

»War nur ein Scherz, Kleines. Hauptsache, du läßt alles an seinem Platz.«

»Ich hätte nur eine Riesenbitte. Könnte ich bei dir ab und zu etwas üben?« Vielleicht würde er mir erlauben, wenigstens das Klavier freizulegen.

Simons Socke wußte das zu verhindern. »Das Klavier bleibt zu. Du siehst ausgesprochen nett aus auf der Matratze«, sagte Simon. »Man könnte ja mal gemeinsam probeliegen!«

Gemächlich klopfte er seine Pfeife aus und nahm das Gummibärchen aus dem Mund, um es sorgfältig auf dem Rand seines übervollen Aschenbechers zu deponieren. Mir klopfte das Herz.

Simon! Jetzt! Wo ich doch gar nicht darauf vorbereitet war!

»Bleib so, Kleines. Genau so. Rühr dich nicht vom Fleck. Ich komme gleich. Nur keine hektische Hast.« Damit stand er umständlich auf und ging gemächlich ins Badezimmer. Die

Tür ließ er wie immer offen, und so konnte ich miterleben, wie er sich mit einem vorfreudevollen Tusch in D-Dur auf der Brille niederließ.

Später gingen wir einkaufen.

Simon hatte den Rucksack geschultert und marschierte in seinen Militärstiefeln zügig vor mir her.

Ich hatte Mühe, mit ihm Schritt zu halten.

»Simon, warte doch! Wieso läufst du überhaupt so weit, wo doch hier an jeder Ecke ein Supermarkt ist!«

Abrupt blieb Simon stehen und ließ mich wieder mal aufprallen.

»Kleines«, sagte er mild, »da kennst du mich aber schlecht.« Simon nahm seinen Militärmarsch wieder auf. »Im Supermarkt spielen sie Musik, das kann ich nicht ertragen. Außerdem brauche ich persönliche Bedienung. Ich habe meine ganz speziellen Läden. Wo man mich kennt und meinen Wünschen entgegenkommt.«

»Ach so«, sagte ich irritiert. Der autarke Simon ließ sich anscheinend durch nichts beirren, auch nicht durch die Sonderangebote beim Aldi um die Ecke.

Der erste Laden, den wir ansteuerten, war ein Tante-Emma-Laden aus den frühen Nachkriegsjahren. Unter lautem Gebimmel betraten wir die sechs Quadratmeter große Bude, in der die Tomaten neben den »Nur-Die-Da«-Strumpfhosen in einer Gemeinschaftskiste lagen.

»Hollarria, Meister, sind Sie zugegen?!« schmetterte Simon mit solcher Opernfülle, daß die Milchkannen auf dem Kühlschrank schepperten.

Ein uralter Zwerg im schmuddelig-angegrauten Kittel erschien durch einen Vorhang.

»Aah, der Herr Kammersänger«, krähte er vergnügt, kam in Filzpantoffeln vor den Tresen und reichte Simon und mir die eisesstarre Knochenhand.

»Das Fräulein kenne ich noch gar nicht!« stellte er erfreut fest, nachdem er mich von nahem betrachtet hatte.

»Frau Kammersängerin Frohmuth, freischaffende Lied- und Oratoriensängerin, zur Zeit bei mir zu Gast«, stellte Simon mich vor.

Das schwerhörige Männlein verstand Simons Spitzfindigkeiten sowieso nicht. Emsig schlurfte es hinter den Tresen.

»Wie immer, Herr Kammersänger, oder dürft's heute ein Achtel mehr sein?«

Schelmischer Seitenblick auf mich.

»Wie immer, Meister!« dröhnte Simon, und die Milchkannen erzitterten wieder. »Meine kleine Freundin ißt nur Milchreis, und den haben Sie sowieso nicht.«

Das Männlein stutzte. »Wir haben ALLES, Herr Kammersänger, ALLES, sage ich Ihnen. WAS will das Fräulein?«

»MILCHREIS!« röhrte Simon.

Das Männlein lachte triumphierend und kletterte eine wackelige Leiter rauf, um aus dem obersten Regal eine uralte verstaubte Packung Reis zu angeln.

Ihn wollte Simon übrigens nicht um die Hüfte fassen.

»ALLES haben wir, Herr Kammersänger!« jubelte der Ladenhüter entzückt. Ich schaute angewidert auf die mehligen zerfallenen Körner in der staubigen Packung. Da waren bestimmt Maden drin.

»So doch nicht!« Mein nörgeliger Unterton traf exakt den von Sascha.

»Wie denn?« fragte Simon erstaunt.

»Mühlmanns Mühle«, sagte ich trotzig.

»MÜHLMANNS MÜHLE!« brüllte Simon das Männlein an, aber das Männlein stellte sich taub.

Es hackte zwei Scheiben Käse und zwei Scheiben Wurst von einem Ballen ab, packte alles in Zeitungspapier und strahlte: »Und noch ein Ei? Oder zwei?« Wieder lugte es gönnerhaft in meine Richtung.

»Willst du ein Eichen, Liebes?«

»Nein«, sagte ich, »kriegt man Pickel von.«

»Anschreiben, wie immer?« freute sich das Männchen.

»Wie immer, Meister!«

Wir verabschiedeten uns mit Handschlag. Dann gingen wir weiter. Die verstimmte Türglocke hallte uns nach.

»Ein ausgesprochen netter Mann«, sagte Simon, während er sein Ei sorgsam im Rucksack verstaute. »Bei dem kaufe ich schon seit fünfundzwanzig Jahren. Sein Großneffe macht bei uns Statisterie.«

Der nächste Laden, gute zwei Kilometer entfernt vom ersten, war ein Reformhaus. Es gab dort jene hautfarbenen, wollenen langen Unterhosen, die ich an Simon schon oft hatte schauen dürfen, und schrumpelige ungespritzte Äpfel neben mühsam selbstgelegten Bio-Eiern, an denen als Beweis für ihre Naturbelassenheit und den intakten Seelenzustand ihrer Legehennen noch die Hühnerkacke klebte. Außerdem gab es dort Sojabällchen und Tofuburger im Kühlregal und sehr ballaststoffreiches verdauungsförderndes Brot nebst völlig fleischlosem graugrünblauem Brotaufstrich in Recycling-Dosen.

Simon erstand nach sehr langem, umständlichen Prüfen der Ware aber nur einen Riegel Sanddorn-Maracuja-Schnitten für zwei Mark vierzig, die er bar bezahlen mußte. Der bärtige Müsli-Freak, der die selbstgelegten Eier bewachte, sagte auch nicht Herr Kammersänger zu ihm und machte auch sonst kein Bohei.

Wir gingen weiter.

An einem ganz bestimmten Kiosk gab es dann die mir so vertrauten Gummibärchen, das Stück zwei Pfennig, aus dem Glas. Hier erwarb Simon auch seinen Pfeifentabak. Mit der dicken frierenden Frau, die einen Tropfen an der Nase hängen hatte, hielt er ein ausführliches sonores Schwätzchen. Wie es ihrem Gatten gehe und ob die Tochter immer noch interessiert daran sei, in der Oper als Klofrau zu debütieren. Es dämmerte bereits. Mir taten die Beine weh.

»Sind wir bald fertig?« nörgelte ich saschamäßig. »Ich hab' Dooorst!«

»Moment noch, Kleines«, sagte Simon und verstaute die Gummibärchen sorgsam in seinem Rucksack. »Das Schwerste steht uns noch bevor!«

»Und das wäre?« fragte ich bang. Mußte ich jetzt einen Sack Kartoffeln schleppen?

»Die Hühnerbrühe«, sagte Simon. »Die gibt es nämlich leider nur im Supermarkt.«

»Der Tante-Emma-Laden hat sie nicht?«

»Doch, hat er. Aber die schmeckt nach Fisch.«

Wir wanderten also noch zum Supermarkt.

Es war zwei Minuten vor Feierabend, als wir eintraten. Ein

wildgewordener Arbeitnehmer in Grau schob bereits in höchster Wut alle Einkaufswagen auf dem Parkplatz zusammen und rammte mit der Karawane ahnungslose Kunden, die auf dem Heimweg waren.

Ich sprang in Panik zur Seite.

Simon betrat forsch den Supermarkt, ging schnurstracks von hinten auf ein Kassenfräulein zu, vor deren Fließband sich eine Schlange von etwa zwanzig Leuten gebildet hatte, und flüsterte ihr etwas in die abenteuerlichen Ohrgehänge.

Das Fräulein schaute ihn glasig an, ließ ihre Kunden stehen und ging die Hühnerbrühe im Glas holen.

Simon bezahlte sehr sorgfältig mit Münzgeld, faltete auch gewissenhaft den Kassenbon in seine Brieftasche und wünschte noch allseits einen schönen Abend.

Draußen stopfte er seine Beute in den Rucksack.

»Wieso geht die für dich Suppe holen?« fragte ich beeindruckt.

»Weil ich die Musik im Supermarkt nicht ertrage«, sagte Simon.

»Und die MACHT das?« fragte ich entgeistert.

»Natürlich macht die das«, sagte Simon. »Dafür kriegt sie immer eine Freikarte fürs Ballett. Sie und ihre kleine Freundin sind nämlich im Rock'n'Roll-Club. Komm, setz dich hin, Spätzchen, wir essen ein Sanddorn-Schnittchen.«

Wir ließen uns auf der Parkplatz-Mauer nieder. Meine Füße brannten, und ich hatte schrecklichen Hunger. Immerhin waren wir seit zwei Stunden unterwegs.

Simon kramte lange und umständlich in seinem Rucksack. Dann entnahm er ihm die Thermoskanne, schraubte sie auf und mischte sich mit Hilfe eines Pfadfinderbesteckes im Handumdrehen ein belebendes Heißgetränk.

Es schmeckte köstlich und trieb einem das Kondenswasser in die Nase. Frau Pupke hätte gejubelt. Dazu gab es Sanddornschnittchen, für jeden eins.

Lange, nachdem die Putzfrauen den Laden verlassen und das schmiedeeiserne Gitter hinter sich abgeschlossen hatten, verließen wir den Parkplatz.

Es war fünf Minuten nach halb acht.

»Jetzt muß ich aber gehen, Kleines«, sagte Simon und

466

schraubte seine Thermoskanne zu. »Ich habe heute abend Vorstellung.«

»Darf ich hinter der Bühne sitzen?« bettelte ich und hüpfte wie ein Schulkind neben ihm her.

Erstens hatte ich keine Lust, alleine in der Kellerwohnung auf der Matratze zu hocken und zu grübeln, ob ich wohl das Klavier öffnen dürfte, und zweitens wollte ich mir Opernwind um die Nase wehen lassen. Wo ich doch selbst bald eine Opernsängerin sein würde! Es konnte sich nur noch um Jahre handeln!

»Da habe ich im Prinzip nix gegen«, sagte Simon und nahm mich an die Hand.

Das Schulkind schmiß die Beinchen, um Schritt halten zu können. O Freude über Freude! Endlich durfte ich die Bühnenwelt von nahem schauen!

Simon redete unterwegs nicht mehr soviel. Nur ab und zu rief er »JAA!« und »SOOO!« in den abgasverseuchten, kaltgrauen Feierabendverkehr. Das war seine Art, sich einzusingen. Mehr brauchte er für die Erwärmung seiner Stimmbänder nicht zu tun. Deswegen blieb bei ihm auch das Klavier geschlossen. Wie unkompliziert im Vergleich zu meinen stundenlangen quälenden Tonleitern!

Am Bühneneingang hieß er mich warten.

»Setzet Euch hier!« brummte der stets geistreiche Charmeur und verschwand in dem Gewirr von Gängen und Fluren, in denen hektisch einzelne verkleidete Gestalten herumhuschten.

Ich hockte ehrfürchtig auf der Holzbank am zugigen Pförtnerhäuschen und ließ alle musengeküßten Gestalten, die das unsagbare Glück hatten, bereits freien Eintritt in dieses Opernhaus errungen zu haben, an mir vorbeiflanieren. Von draußen kamen die sterblichen Gestalten in Mantel und Hut, von drinnen die Unsterblichen, mit Puderperücke und güldenem Gewand.

Ehrfurchtsvoll starrte ich sie an. Eines Tages würde auch ich in Kostüm und Maske hier vorbeischweben, um an der Pförtnerloge meine Fanpost abzuholen und kleinen verschüchterten Mäusen auf der hölzernen Wartebank keinerlei Beachtung zu schenken…

Von hinten nahte eine nerzumschlungene schwarze Wolke. Fregatte Theresa! Ich erkannte sie am Duft nach faulenden Orchideen.

Mit ihr wehte ein Schwall kalter Zugluft herein. Ohne mich zu beachten, warf sie ihre krokodillederne Tasche neben mich und rief dem Pförtner durch die Glaswand zu: »Wenn meine Garderobe heute wieder so überheizt ist, singe ich nicht! Ist dir das klar, Heinz?«

Heinz senkte seine Bildzeitung und rief etwas Unverständliches in seiner kölschen Muttersprache zurück. Fregatte Theresa intonierte noch ein paar Todesdrohungen gegen die Pförtnerloge, riß dann ihr Krokodil an sich und rauschte Richtung Garderoben davon.

Oh, wie beeindruckend! Welch ein Auftritt! Was für eine Persönlichkeit sie doch war!

Und ich kannte sie! Privat! Ich hatte sie schon beim Kampf gegen den fadenziehenden Käseauflauf beobachtet! Heute abend würde ich endlich ihre große, voluminöse Dramatik erleben dürfen. Wenn sie schon privat so eindrucksvoll auftrat, wie würde sie erst auf der Bühne sein?!

Die große Uhr über der Eingangstür tickte.

Es war zwei Minuten vor acht.

Der Pförtner las. Neben der Zeitung lagen eine Butterstulle und ein gekochtes Ei.

Is dat denn gut für so'n Pförtner? dachte ich hämisch. Da kricht der Pickel von!

Oh, wie gut, daß ich dieser spießigen Bürgerlichkeit entronnen war! Hier gehörte ich hin, in diese aufregende Umgebung von Bühnenstaub, zugigen Fluren und hallenden Geräuschen! Hier, wo jeden Moment Simon auftauchen und mich mit hinter die Bühne nehmen würde!

Durch den Lautsprecher ertönte der Gong.

Es ging los!

Simon! Warum er mich hier nicht abholte! Ich wollte doch die Ouvertüre hören! Na ja. Simon war nicht besonders flink veranlagt. Seine Maske brauchte sicher Zeit. Vielleicht saß er wieder auf der Brille und sang einen Tusch in D-Dur, zur Vorfreude und Entspannung.

Der Pförtner las ungerührt. Nichts von der Dramatik des

Augenblicks schien hinter seine Glaswand zu gelangen. Durch den Lautsprecher ertönte Beifall. Dann begann das Orchester mit dem Vorspiel. Wie aufregend! Wie prickelnd! Wie spannend! Ich rutschte nervös auf meiner Holzbank hin und her. Mir war, als müßte ich jeden Moment selbst zum Auftritt auf die Bühne. Wie üblich reagierten meine Innereien postwendend mit Panik. Unauffällig schaute ich mich nach einer Tür mit der Aufschrift »Damen« um.

Ob ich mal ganz schnell die Holzbank verlassen konnte? Ich sagte dem Pförtner durch Glaswand und Zeitung, daß ich in zwei Minuten wieder hier sein würde, falls Herr Reich mich suchen würde.

Der Pförtner reagierte nicht. Ich war ja auch nicht Theresa Horn. Ich war ein namenloses Mädchen auf der zugigen Wartebank.

Nur kein Neid! Eines Jahres!

Auf hölzern-harter Wartebank sitzt einsam die Neidlose. Aber warte nur, du pickliger Pförtnergeselle! Eines Jahres werde ich dich anfauchen, daß du meine Garderobe zu heizen hast, mein Lieber, unter Androhung von Schlimmstem werde ich dich dazu zwingen! Du wirst dich noch an mich erinnern!

Als ich zwei Minuten später wieder auf dem Holzbänkchen Platz nahm, war immer noch nichts von Simon zu sehen. Die Ouvertüre war vorbei, der Beifall verebbt. Die Lautsprecherstimme rief einige Herrschaften aus der Kantine: »Bitte bereithalten, noch fünf Minuten bis zum Auftritt!«

Oh, wie aufregend! Es raubte mir den letzten Nerv. Simon! Wo er nur steckte! Warum holte er mich nicht endlich von diesem Bänkchen ab!

Die Uhr zeigte halb neun. Der Pförtner las.

Mit einem kalten Luftschwall ergoß sich ein verkleideter gemischter Chor ins Innere. Unter sehr viel Lärm wanderte die Schar durch den langen Gang davon.

Selbst diese Gernegroße durften da rein! Und ich, die vielversprechende Solistin, hockte auf der zugigen Bank!

Ich nahm meinen ganzen Mut zusammen und klopfte an des Pförtners Scheibe. Die Zeitung sank. Der Mann hatte keine Pickel.

»Ja?«

469

»Ich warte auf Herrn Reich!« rief ich durch die Scheibe.

»Herr Räisch hat Vorstellung«, sagte der Pförtner. »Dat dauert noch!«

»Ich weiß, daß er Vorstellung hat«, rief ich genervt. »Er wollte mich ja mitnehmen hinter die Bühne!«

»Da wäis isch nix von!«

»Jetzt wissen Sie's!« rief ich. »Können Sie Herrn Reich nicht ausrufen lassen?«

»Nä«, gab der Pförtner freundlich Auskunft. »Der singt jerade.«

»Das kann nicht sein«, brüllte ich frustriert. Diese blöde Glasscheibe verhinderte jedwede gezügelte Kommunikation.

Der Pförtner erhob sich und öffnete mir seinen Verschlag. »Komma kucken, Frolleinsche!«

Auf einem kleinen Fernsehschirm tummelten sich die Bühnengestalten. Den Ton hatte der Pförtner abgedreht, damit er in Ruhe Zeitung lesen konnte.

»Na, isser dat?« fragte er und tippte mit dem Zeigefinger auf den Bildschirm.

Tatsächlich. Das war Simon. Er hatte eine Puderperücke auf und das Kostüm eines Haushofmeisters an. Mit einem geschnörkelten Stab wedelte er der verkleideten Fregatte Theresa unter der Nase herum. Eine Thermoskanne schien er nicht dabei zu haben.

Aber er war es eindeutig. Simon.

Und er hatte mich vergessen.

»Na, isset juht?« fragte der Pförtner und setzte sich wieder hinter seine Zeitung.

»Aber ich bin seine Freundin!« sagte ich, während ich seinen Glaskasten verließ.

»Dat saren se alle«, grinste der Pförtner und ließ die Tür hinter mir ins Schloß schnappen, »da hätt der 'ne janze Menge von!«

Ich sank auf die Holzbank zurück.

Simon.

Er hatte mich vergessen.

Er durfte da drinnen sein, in der Welt der Begnadeten, und sich auf der Bühne selbstverwirklichen, mit dem Stab wedeln und in der Pause mit den Chormädels flirten.

Und ich? Ich saß hier draußen auf der Holzbank. Einsam und lächerlich. Zum Gespött des gesamten Personals einschließlich Pförtner und gemischtem Chor!

Als die Stimme aus dem Lautsprecher das Ende der Pause verkündete, zeigte die Uhr über der Tür fast zehn. Ich erhob mich leise und heimlich von meinem Bänkchen und schlich in die kalte Nacht davon.

Aus der gegenüberliegenden Künstlerkneipe hörte ich Gelächter und Stimmengewirr. Jetzt bloß keinem Bekannten von Simon begegnen! Alle hatten mich gesehen, wie ich blaß und blöde von dem Bänkchen blickte!

Was vermeid' ich denn die Wege, wo die anderen Wandrer geh'n? Suche mir versteckte Stege durch verschneite Felsenhöh'n?

Weil ich weder Wotan Weich noch anderen Chargen um den König Herodes begegnen wollte, ging ich auf einem anderen Weg wieder in mein Land.

Ich weiß nicht, woran es lag, aber als Klaus mich bald darauf fragte, ob ich mit ihm am Wochenende zu einem Kongreß nach München fahren wolle, sagte ich spontan zu.

»Du müßtest dich allerdings etwas feiner anziehen«, sagte Klaus, indem er mein lässiges Outfit musterte.

»Aha«, sagte ich und schluckte.

Wie du kommst gegangen, so wirst du empfangen.

Ich trollte mich beschämt an meinen Kleiderschrank und durchforstete ihn. Paulchen hatte ich zur Beratung hinzugezogen: Er lag auf dem Bett, grunzte freudig und kaute auf seinem Beißring.

Ärztekongreß. Knigge würde seiner Gattin zu dem Kleinen Schwarzen raten.

Besaß ich aber nicht. Schon aus Prinzip. Auch das brustfreie Graumelierte hatte die schlampige Arztgattin sich immer noch nicht angeschafft, und das figurbetonte Zeitlose kannte er schon. Von meinem Auf- beziehungsweise Abtritt in der Singakademie. Damals. Als Paulchen sich anmeldete.

Versonnen durchwühlte ich meine Abendkleider.

Das bodenlange in Lila mit dem Samtkragen eignete sich wahrscheinlich ebensowenig für die Münchner Schickeria wie das weiße Liederabendkleid mit den Spaghettiträgern. Außerdem klebte eine geschmolzene Salmiak-Pastille am Hinterteil. Kind, wo hast du dich da in Panik wieder reingesetzt.

Während ich noch so stand und sann, näherte sich Achnes geräuschvoll meinem Privatgemache.

»Paulchen, bist du da? Paulchen! Tante Pupke will dich aufs Töpfchen setzen, woll! Nicht daß du wieder in die Hosen machst, was, sachma!«

Ich schluckte. Wenn sie uns doch EINMAL in Ruhe ließe, nur EINMAL!! Warum hatten wir das tarifvertraglich nicht geregelt?!

»Wat machste da, Pauline?«

Aus Paritätsgründen waren auch wir inzwischen per du. Sie als die Ältere hatte es mir angeboten – »Pauline, ich sach getz ma einfach du, woll!« –, und ich als die Jüngere hatte mich nicht getraut zu sagen, nein danke. Kind, sei immer höflich und bescheiden. Besonders, wenn Erwachsene mit dir reden. Außerdem hatte Klaus zu ihr gesagt, sie solle ein bißchen nett zu mir sein, ich stecke gerade in einer beruflichen und privaten Krise. Zu mir hatte er gesagt, ich solle ein bißchen nett zu ihr sein, sie sei so ein herzensguter Mensch.

»Happich mir doch gedacht, daß du getz überleechs, watte anziehen sollz. Happich mir schon gedacht. Ich denk, wat zieht die Pauline wohl an, wenn sie mit'n Klaus nach München fährt, denk ich. Ich denk, Achnes, denk ich, geh mal in dat Schlafzimmer und tu se beraten. Sachma.«

Ich guckte sie ratlos an. »Was SOLL ich denn anziehen?«

»Sachma.« Achnes begann in meinem Schrank zu wühlen. »Dat kleine Schwatte, sarich imma. Dat paßt für jede Gelegenheit, ob de zur Beerdigung geeß oder zum Schützenfest oder zum Poltaahmt. Paßt imma. Sarich. Woll, Paulchen? Mußt du mal Pipi? Was? Sachma!«

Paulchen knabberte an seinem Beißring und folgte der Beratung aus fachlich versiertem Munde mit großen Augen.

Ich hatte kein kleines Schwattes. Das liegt daran, daß ich so selten auf Polterabende und Beerdigungen und Schützenfeste gehe. Ich habe nur jede Menge große Schwatte, von wegen Requiem und so.

Frau Pupke zeigte sich wie immer von der praktischen und hausfraulichen Seite: »Ich tu dir ein Abendkleid küazen. Kuckma hier, dat lilane. Dat sieht todschick aus, wennde dat knielang trächst. Bei deine Beine. Sachma. Woll, Paulchen. Die Mama, die hat Beine, woll? Mußt du mal Pipi? Knielang, sarich, dat is getz schick. Bei deine Beine. Sachma.«

»Ja«, sagte ich.

»Sachma«, sagte Frau Pupke und holte ihren Nähkasten hervor.

»Ja«, sagte ich wieder. Was sollte ich denn sonst antworten auf die Aussage, ich hätte Beine. Die meisten Menschen haben Beine, in der Regel zwei Stück. Den Arztgattinnen in München wird es da nicht anders gehen.

»Beine hat die Mama«, sagte Frau Pupke und kniete sich vor mich hin, um den Abstand meiner Kniescheiben zum Fußboden abzuschätzen, »woll Paulchen? Sachma. Mußt du mal Pipi, was? Sachma.«

Ich stand da wie eine Salzsäule und blickte ratlos an mir herab.

»Tu ma die ollen Hosen ausziehen«, sagte Frau Pupke von unten. »Diese ollen, speckigen Nietenhosen. Wenn der Paul ma groß is, dann zieht der so was nich an. Vorher schmeiß ich die Nietenhosen in den Ofen.«

»Nietenhosen?« fragte ich ratlos. »In welchen Ofen?«

»Na, diese Dschiens oda wie ihr dat nennt«, sagte Frau Pupke und steckte sich einige Nadeln in den Mund.

Ich überlegte, während ich mich umzog, wie ich es verhindern könnte, daß Frau Pupke später mein armes Paulchen zum Gespött der Schule machen würde.

Wenn es nach ihr ginge, würde Paulchen im weißen Hemd mit Fliege und dunkelblauen Hosen mit Bügelfalten und Hosenträgern und in Lackschuhen zur Schule gehen. Und alle zwei Minuten Pipi machen, woll.

In dem Abendkleid sah ich wirklich allerliebst aus. Richtig entzückend. Diese Puffärmelchen und der liebreizende Halsausschnitt! Da mußte unbedingt eine zweireihige Perlenkette von Eduscho rein, in Blaßrosa. Ich fand es an der Zeit, dieses Kleid zu zerstückeln. So erlaubte ich Achnes, mit der großen, scharfen Schere eine Handbreit überm Knie ans Werk zu gehen. Sie tat es unter unendlich vielen Wolls und Sachmas, was nicht so einfach war, weil sie so viele Nadeln im Mund hatte.

»Sachma, wie sollich sagen«, begann sie ein sehr persönliches Interview, »du biss doch so ein hübsches Meedchen. Wie kannze denn imma in diesen Nietenhosen und schlabberigen Pullovern rumlaufen? Du muss dich doch ein bißchen hübsch machen für deinen Klaus. Sachma. Findet das der Klaus denn schick? Was? Sachma?...Also ich fänd das nicht schick. Woll, Paulchen. Mach getz nich Pipi, Tante Pupke tut getz nähen. Also ich find das nich schick. Sachma.«

Letzteres beruhigte mich. Was Achnes schick fand, waren selbstgestrickte Pullöverchen in Rosa und Blö, je nachdem, ob Männlein oder Weiblein darin steckte, und Faltenröcke von der wadenlangen Sorte. Dazu Mäntel in Grobgraugerastert mit einem peppigen Kopftuch in Flanell.

Echt schrill, die Achnes!

Das Kleiderkürzen dauerte fünfeinhalb Stunden, in denen ich vermutlich sämtliche Kaufhäuser Kölns nach runtergesetzten Reine-Schurwolle-Fummeln hätte durchforsten können und in denen Paulchen mindestens achtmal Pipi in die Hose machte, obwohl er zwischendurch schlief. Aber diesen groben Erziehungsfehler war es Achnes wert, daß ich ihr fünfeinhalb Stunden lang zuhören mußte. Ich kannte nun ihr ganzes Leben. Alle dreihundertfünfundsechzig Tage ihrer einundsechzig Jahre hatte sie mir erzählt. Und sie hatte keinen Tag ausgelassen. Nur ein paar Stunden vielleicht. Aber einzelne. Und die konnte sie ja bei passender Gelegenheit nachholen.

Woll!

Simon war nicht besonders enttäuscht, als ich ihm zur Auffrischung unserer unverbindlichen Matratzen-Beziehung unterbreitete, daß ich am Wochenende zu einem Ärztekongreß fahren würde. Mit einem Arzt, versteht sich.

»Wie schön für dich, Spätzchen. Viel Spaß!«

Ich wartete auf ein paar leidenschaftlich inszenierte Eifersuchtsszenen, aber die blieben aus. Das waren wir unserer unverbindlichen Beziehung schuldig, daß wir einander keine Szenen machten!

Simon genoß wieder mal die exotische Mischung aus Pfeifentabak und Gummibärchen und sah sich dabei einen Western an. Sein Schwarzweißfernseher hatte die Größe einer Postkarte und paßte deshalb auf die rechte hintere Tischkante.

In den Rocky Mountains schneite es heftig, und die ameisengroßen Pferde galoppierten durch das Schneegestöber.

Das Spätzchen flatterte in die Kochnische und holte sich ein paar Brosamen aus der Aldi-Kiste, wobei es sich bemühte, keinen Gegenstand von seinem angestaubten Platz zu entfernen, und trollte sich auf die ihm zugewiesenen zwei Quadratmeter auf der Matratze. Der Western interessierte es nicht, also grübelte es in seinem Spatzenhirn herum.

Irgendwie war das mit Simon möglicherweise doch nicht das große Liebesglück.

Die Unverbindlichkeit dieses Mannes war zwar einerseits recht amüsant, andererseits entdeckte ich zu meinem eigenen Erstaunen den Wunsch, einmal so richtig vereinnahmt zu werden.

Kind, was soll denn das nun wieder. Ich denke, wir sollen dich alle in Ruhe lassen!

Ja, aber jetzt nicht mehr, raunzte mein elender Schweinehund beleidigt. Jetzt sollt ihr euch alle um mich kümmern. Ich bin einsam!

Aber du WOLLTEST doch immer so gern einsam sein. Dich am liebsten nur mit Wärmflasche und deinem unvermeidlichen Quark aufs Sofa verkriechen und keinem die Tür aufmachen. Was ist denn jetzt schon wieder los, du launische Diva?

Jetzt will die Diva einen Mann, sagte ich trotzig. Einen, der mich eifersüchtig bewacht und mich mindestens zehnmal am Tag fragt, wie es mir geht.

Aber Kind! Solche hast du doch früher mit Leidenschaft gegen die Wand geschmissen!

Jaja, sagte ich gereizt. Ist ja auch noch kein Prinz vom Himmel gefallen!

Da muß man was für tun, Kind. Denk mal an Schneewittchen. Die hat gleich sieben Zwergen den Haushalt geführt, und du tust das noch nicht mal für einen! Apropos: Was ist mit deinem Kind? fragte Tante Lilli scharf. Das läßt du von einer bösen Stiefmutter großziehen. Ist das zu verantworten? Um einer fragwürdigen Karriere willen? Glaub mir, Simon Reich ist nicht der richtige Umgang für dich! Er beeinflußt dich ganz negativ. Du lebst so ziellos in den Tag hinein, genau wie er!

Mein liebes, armes, unschuldiges Paulchen! Ich wollte doch meine gesamte Freizeit mit ihm verbringen und mehr als das! Aber Tante Pupke ließ mich nicht. Die ich rief, die Geister, werd' ich nun nicht los! Die ganze Selbstverwirklichungsidee schrumpfte zu einem jämmerlichen Häufchen Selbstmitleid zusammen.

Betrübt schlich mein Schweinehund in seine Hütte zurück und zog die Tür hinter sich zu. Nur noch ein Stückchen von seinem ruppigen, borstigen Stummelschwanz guckte raus.

Sollte eine Änderung deines egoistischen Lebens angebracht sein?

Ach was, sagte ich ärgerlich. Ich bin eine Karrierefrau mit der nicht zu unterdrückenden Berufung, meine Stimmbänder im Winde der Öffentlichkeit flattern zu lassen, und wo gehobelt wird, fallen Späne. So.

Denk noch mal drüber nach, Pauline, beendete Tante Lilli unser Gespräch und knipste das Licht aus. Und damit ich nicht noch ungezogene Widerworte geben konnte, sagte sie freundlich, aber bestimmt: »Schlaf gut, Pauline. Wir haben dich alle lieb.«

Glaub' ich nicht, heulte mein Schweinehund in sein Kopfkissen hinein. Keiner hat mich richtig lieb. Keiner. Höchstens Paulchen.

Dann fing ich ausgiebig an zu heulen. Morgen würde ich meinen Sohn befreien und mit ihm ins Frauenhaus ziehen.

Gerade als ich in den ersten barmherzigen Dämmerschlaf gefallen war, hörte ich Simon umständlich aufstehen und das Schneegestöber abstellen.

Sollte er in der nächsten Dreiviertelstunde zu mir aufs Mattenlager herabsteigen wollen?

Nicht mit mir, mein Lieber, nicht mit mir! Mich erst in der Oper vergessen und dann auf der Matratze Spaß haben wollen! Die Diva hat Migräne!

Ich kniepte unauffällig ein Auge auf und lugte unter meiner Wolldecke hervor. Was machte er da? Seine Verrichtungen waren zwar genauso umständlich wie sonst, aber eindeutig nicht identisch mit der Ins-Bett-Geh-Zeremonie, die er sonst um diese Nachtzeit zelebrierte. Nach etwas mehr als zwanzig Minuten erkannte ich den Sinn und Zweck seines Tuns: Er packte Koffer!

Wie von der Tarantel gestochen setzte ich mich senkrecht auf: »Simon, was tust du?«

»Ach, Liebes, habe ich dich gestört? Das tut mir leid. Ich dachte, du schläfst fest.«

»Packst du etwa?«

»Ja, Kleines, es sieht ganz so aus.« Simon trug einen Tauchsieder und ein Zimmerthermometer auf den Haufen der Utensilien, die er einzupacken gedachte.

Sprachlos starrte ich ihn an. Er zog aus! Eindeutig! Er löste seinen Hausstand auf! Es folgten einige schwere Bildbände und mehrere Garnituren Geschirr, vier Paar Stiefel, sämtliche hautfarbenen Öko-Slips aus dem Reformhaus und drei Dosen Suppenextrakt. Dann montierte Simon das Radio aus seiner Halterung, bastelte den Ventilator auseinander und verstaute die Reserve-Thermoskanne zwischen dem Hakle-Feucht-Toilettenpapier und den grobgestrickten Naturfasersocken.

Das alles dauerte seine Zeit, und so hatte ich Gelegenheit, seinen Auszug gedanklich zu verdauen. Ich war ihm zu eng auf die Bude gerückt! Er flüchtete vor mir! Diogenes suchte sich eine andere Tonne! Sicher hatte ihn doch gekränkt, daß ich einfach aus dem Theater abgehauen war! Dabei hatten wir einander keine Vorwürfe gemacht! Schließlich waren wir doch reife Menschen, besonders er.

Dann aber transportierte Simon seine Blockflöte auf den Kofferberg. Die Blockflöte im Gepäck war ein markantes Erkennungszeichen für ein Konzert. Simon war nämlich der Bedienung einer Stimmgabel nicht mächtig, eine seiner vielen netten kleinen Eigenheiten, und er suchte sich die Töne während der Proben und Konzerte von der Blockflöte.

Ich wußte schon, daß Simon immer ziemlich viel Gepäck mit sich herumschleppte, damit er vollkommen autark war und sich niemals unnötigerweise in ein Gasthaus setzen oder in einen Supermarkt gehen mußte.

Aber daß er so viele Dinge zu einem Konzert mitnehmen mußte, war mir neu.

»Ziehst du aus oder hast du zu singen?« fragte ich schließlich.

»Letzteres, Schätzchen«, sagte Simon lässig und klaubte seine Pfeifen zusammen. »Wenn ich auszöge, würde ich mir ein halbes Jahr Urlaub nehmen, um den Umzug zu bewältigen. Nein, ich habe nur ein Konzert. Schlaf doch, Mäuschen.«

»Ist das weit von hier?«

»Im Süddeutschen.«

»Und wann?« Kind, sei doch nicht so neugierig!

»Och, so in den nächsten Tagen«, gab Simon detailliert Auskunft.

Aha. Deswegen kein Protest, als ich den Ärztekongreß erwähnte.

Er hatte eine andere. Ganz klar.

»Und du fährst jetzt schon los?« löcherte ich ihn mit einer mir uneigenen Penetranz.

»Nein, übermorgen«, sagte Simon. »Aber das Packen braucht seine Zeit. Ich mache so was immer mit viel Bedacht. Nur keine hektische Hast.«

Kind, der Mann hat'n Knall. Wann begreifst du das endlich!

Ich dachte daran, wie ich mich auf Konzerte vorzubereiten pflegte, bevor ich Paul und den restlichen Familienzuwachs am Hals hatte: Ich pfefferte Noten, Schuhe, Kleid, Lutschpastillen, Stadtplan und Krimi in eine Plastiktüte, setzte mich in meine rollende Übezelle, den rostigen Herbert, und brauste ab. Zeitaufwand: fünf Minuten.

»Du kannst übrigens gerne in der Zeit hier wohnen, Mäuschen«, sagte Simon liebevoll, »und meine Blumen gießen.«

Ich guckte auf den phallusförmigen Kaktus, der auf dem Zeitungsstapel auf dem Toaster stand und dessen Stacheln kaum noch unter der Staubschicht hervorkamen.

»Wird gemacht«, sagte ich cool.

»Aber sonst bitte nichts anrühren«, sagte Simon. »Alles hier hat seinen Sinn und Zweck.«

»Nee, ist klar.«

»Auch nicht das Klavier aufmachen!«

»Ich weiß.«

»Dann schlaf mal gut, Häschen«, sagte Simon, kniete sich zu mir herab und drückte mir einen gütigen Kuß zwischen die Löffel.

»Du auch«, sagte ich, während meine Schnurrbarthaare vor Erotik zitterten.

Robby der Geiger schrieb mir einige glühende Briefe. Was für eine Frau von Welt ich doch sei, und wie ich doch alles geregelt kriegte mit Kind und Karriere, und wie blind doch alle Männer meines Umkreises seien, so was Seltenes von Weib und Mensch wie mich noch frei rumlaufen zu lassen.

Ich klopfte mir mit seinen Briefen immer wieder auf die Schulter und fand mich bärenstark.

Leider kam Robby für mich als Mann nicht in Betracht. Er war zu gut für mich.

Und ein bißchen zu alt.

Fünfundzwanzig Jahre oder so.

Was mich noch mehr freute, war ein lieber Brief von Antje. Sie habe zur Zeit noch einige Konzerte, schrieb sie, aber sie freue sich sehr darauf, mich unmittelbar danach wiederzusehen. Die Oper brauche noch eine dritte Dame! Ich müsse unbedingt vorsingen!

Das fand ich auch. Nur war ich im Moment nicht besonders gut in Form. Das lag daran, daß ich so selten übte. Eigentlich nie. Wozu auch? Und wo?

Ich hatte richtig Sehnsucht nach Antje. Wie sicher sie doch im Leben stand, und wie unkompliziert sie sich verhielt! Von ihr konnte ich einiges lernen.

Den Gedanken an das Frauenhaus hatte ich bereits wieder verworfen, als ich am Wochenende mit Klaus im Flugzeug saß, dem Flair von Luxus und Intellektualität entgegenflog.

Ärztekongreß in München!

Ich nun wieder! So vielseitig und flexibel! Antje hätte ihre helle Freude an mir gehabt. Und Robby erst! Ob es nun eine ungeheizte Kirche im Sauerland war oder das pipiwarme Babyschwimmbecken im Hallenbad von Bickendorf oder das vollklimatisierte Hilton-Hotel in München-City: ich war überall zu Hause. So was schaffte außer Antje nur noch Patrizia von Tut-und-Taugt-Nix.

Es war Frühling, unter uns zog sich die blühende Pracht dahin, und in uns gluckerte zufrieden ein kleiner Pikkolo. Irgendwo da unten wanderte jetzt auf wackeren Beinchen Tante Pupke und schob Paulchen im Buggy spazieren. Ihre Wolls und Sachmas verhallten ungehört im Luftkorridor.

Klaus war locker und gelöst: Weder versteckte er sich hinter dem Fachblatt »Der unpraktische Arzthelfer«, auf dem immer so appetitliche Hautausschläge und Pilzerkrankungen in Großaufnahme prangten, noch unterlag er dem Zwang, mit seiner Videokamera jede meiner Hervorbringungen für die Nachwelt festzuhalten. Wir waren einfach wir selbst. Ohne Zwang und ohne Streß.

Laßt euch zu, seid wie ihr seid, jeder selbstverwirklicht jetzt den andern.

Ich sah Klaus von der Seite an.

Er sah wirklich gut aus: ein gelöster, entspannter Freizeitbär. In Jeans und Pulli. So wie die Jungs im Prospekt für Übergrößen immer aussehen. Irgendwie hatte meine unwesentliche Präsenz ihn doch schon beeinflußt. Früher, als ich ihn kennenlernte, war er mehr so ein zugeknöpfter Oberhemdentyp mit Krawatte gewesen. Und heute: bärenstark.

Vielleicht hatten wir uns nur zum völlig falschen Zeitpunkt kennengelernt? So was soll es ja geben, daß mann – Schrägstrich – frau einfach noch nicht reif für einen gewissen Partner ist.

Ich für meinen Teil war irgendwie nie reif für einen gediegenen Bären. Das sah man schon daran, daß ein uneheliches Kind mich nicht davon hatte abhalten können, weiterhin hemmungslos meinem ungezügelten Selbstverwirklichungsdrang zu frönen.

Er für seinen Teil hatte ja zum Zeitpunkt unseres Kennenlernens allerhand Frust mit Frau und Hund und Gemeinschaftspraxis und Villa; der gefühlsmäßige Ablösungsprozeß von solchen Dingen brauchte auch seine Zeit.

Diesen Zeitraum der allgemeinen Selbstfindung überbrückte ja nun auf ihre bekannt-selbstlose Art Tante Pupke, und ob das so richtig war, weiß ich bis heute nicht.

Vielleicht war es jetzt an der Zeit, sich von der lieben alten Tante Pupke zu trennen? Es MUSSTE da doch noch ein Mittelding an Kinderfrau geben – engagiert und flexibel, aber eben DOCH mit der Bereitschaft, ab und zu mal nach Hause zu gehen.

»Du, Klaus?«

»Ja?«

»Wieviel zahlen wir eigentlich der Frau Pupke so im Schnitt?«

»Wir?«

»Meinetwegen, du.«

»Nichts«, sagte Klaus und steckte sich einen von meinen kalt gewordenen Königsberger Klopsen in den Mund. Wie schon erwähnt, kann ich seit der Begegnung mit Frau Pupkes schlecht geschliffenen Zahnstummeln keine Königsberger Klopse mehr essen.

Klaus war da hartgesotten, als Arzt. Der las ja sonst auch immer zum Essen diese Fachblätter mit Großaufnahmen von versehentlich beim Heckeschneiden abgehackten Gliedmaßen und so.

»Nein, Klaus, ich meine, wieviel Frau Pupke bei uns monatlich verdient«, sagte ich, in der Hoffnung, daß es sich um ein Mißverständnis handeln könnte.

»Nichts«, sagte Klaus und tupfte sich die Stirn und den Bart mit der Lusthansa-Serviette. »Sie will nichts.«

»Sie WILL nichts?«

»Sie will jedenfalls kein Geld.«

»Was will sie denn?« (Was willa willa denn…)

»Sie macht das alles aus reiner Nächstenliebe.«

»Sie macht WAS?«

»Sie hat schon damals bei Irene und mir nichts gewollt als Familienanschluß. Dabei gab es bei uns überhaupt keinen Familienanschluß… außer Corinna natürlich, das liebebedürftige Tier. Bei uns hingegen fühlt sich Frau Pupke viel wohler. Sie liebt Paulchen, und dich hat sie auch ins Herz geschlossen.«

Klaus schloß zufrieden die Augen und richtete sich für ein Nickerchen unter der Frischluftdüse ein.

Ich starrte ihn an. Er ahnte NICHTS. Er fand das alles O. K. so. Papa, Mama, Omma und Kind. Kommt in den besten Familien vor.

Tante Pupke hatte sozusagen eingeheiratet! Wie das bei alleinstehenden Frauen ihrer Generation früher so üblich war. Frau machte sich nützlich und verschleuderte ihre ganze Nächstenliebe, und zur Belohnung bekam sie ein bißchen Familienanschluß.

Daß Tante Pupke mein Verhalten nicht gerade familienfördernd fand, war klar. Deshalb arbeitete sie so vehement an einem familiäreren Klima. Mir fielen ganze Jägerzäune von den Augen.

Frauen wie Tante Pupke hielten ja nichts von der Emanzipation, genausowenig wie von Nietenhosen und der frei improvisierten Kindererziehung. Letztens noch hatte sie mir streng verboten, des Nachts zu meinem Paulchen zu gehen, wenn es weinte. Das Kind hat seine Zeiten, und nachts muß es schlafen. Das ist so, das hat schon die Hebamme vonne Ursela imma gesacht. Und der Kalleinz hat se mit Gewalt im Bett festgehalten, wennse nachts zu ihrem weinenden Baby wollte. So hatte dat Baby vonne Ursela nach wenigen Wochen geschnallt, daß nächtliches Schreien nur zum Blauanlaufen führt, nicht aber zum Erscheinen eines tröstenden Elternteils.

Sisste! Sarich doch! Und dat Baby hat nie wieder nachts geschrien! Woll? Sachma!

Daraufhin hatte ich zornentbrannt geantwortet, daß ich aber wohl zu meinem Baby laufen würde, wenn es weinte. Tante Pupke hatte angemerkt, daß das aber sehr rücksichtslos gegenüber dem Doktor wäre, wenn ich dauernd das Bett verließe, woll, sachma, und daß sie dann um des Doktors Nachtruhe willen schon lieber selbst laufen würde.

So war es dazu gekommen, daß Tante Pupke und ich nächtens im Nachthemd auf dem Flur um die Wette rannten, um Paulchen aus dem Bett zu reißen und zu trösten. Weil Tante Pupkes Zimmer neben dem Kinderzimmer lag und das Elternschlafzimmer am Ende des Flurs, war Igel Pupke immer schon da, während Hase Pauline wieder mal das Nachsehen hatte.

Irgendwann hatte ich zähneknirschend die Rangelei um das

Baby aufgegeben und Frau Pupke des Nachts ihre Nächstenliebe verschleudern lassen. Wie im kaukasischen Kreidekreis.
Nur in echt.

Zumal Tante Pupke mir deutlich zu verstehen gegeben
hatte, daß ich meine Nächstenliebe gefälligst innerhalb des
Schlafzimmers verschleudern solle, wie das meiner Rolle als
Frau zukomme. Tante Lilli hätte es nicht deutlicher formulieren können. Nur vornehmer.

Klaus, der arglose Familien-Bär, wußte von dem allen
nichts. Er schlief des Nachts immer tief und fest in seiner Bärenhöhle. Irgendwelche Annäherungsversuche hatte er seit
meinem Simon-Geständnis nicht mehr unternommen. Ewig
untersagt ist Huldvereinung.

Wahrscheinlich war es ihm völlig egal, ob ich nun neben
ihm lag oder Tante Pupke. Er liebte mich eben nicht mehr, der
Klaus, und das war ihm auch nicht zu verübeln.

Deshalb war ich kurzerhand mit meiner Wolldecke zu Simon gezogen. Aber der liebte mich auch nur bei passender
Gelegenheit. Erwähntermaßen war ich auch bei Simon nicht
wunschlos glücklich. Zumal das Vorspiel immer so lange dauerte und außerdem ohne mich stattfand.

Kind, solange du dich nicht anpassen willst, kannst du auch
nicht glücklich werden.

Anpassen?

Ja! Anpassen! Das ist das ganze Geheimnis!

Nee, ist klar. Anpassen. Wenn's mehr nicht ist!

Frau zu sein bedarf es wenig, wer sich anpaßt, ist ein König.

Warum hatte ich nur solche Schwierigkeiten mit dem verdammten Anpassen? Wo doch schon Tausende von Frauen
vor mir durch Anpassungsfreude zum Ziel gekommen waren?

Was machte ich nur immer falsch?

»Hat die gnädige Frau noch einen Wunsch?«

Der Mensch, der uns die Koffer auf unsere bescheidene
Suite gebracht hatte, wartete ergebenst auf weitere Befehle.

»Bring er mir den Veranstaltungskalender«, sagte ich,
»hurtig, sput er sich!«

Klaus wollte ein Bier, aber ein großes.

Wir sanken auf das breite ovale Bett. Auf dem Kopfkissen lag für jeden von uns ein weißes Praliné.

»Was machen wir heute abend?« fragte Klaus, während er die beiden Pralinés in den Mund stopfte. In jede Backentasche eines.

»Wir könnten in die Oper gehen«, sagte ich begeistert. »Oder ins Konzert.«

»Oh«, sagte Klaus mit vollen Backen. »Jetzt habe ich dein Betthupferl aufgegessen. Entschuldige! Ich werde dir sofort ein neues bestellen!« Er griff zum Telefon.

»Danke«, sagte ich. »Du weißt doch, was mein Motto ist.«

»Nee, hast du ein Motto? Ist mir noch gar nicht aufgefallen!«

»Bachkantate Nummer 54.«

»Bachkantate Nummer 54? DAS ist dein Motto?«

Klaus war wirklich sehr naiv.

»Widerstehe doch der Sünde.«

»Ach so«, sagte Klaus. »Das ist allerdings dein Motto.«

»Nicht, was du meinst.«

»Ich bin ja auch im engsten Sinne keine Sünde.«

»Nee, aber vielleicht eine Sünde wert«, sagte ich leichtsinnig.

»Ja? Meinst du wirklich?« Klaus schmiß sich begeistert in meine Betthälfte. Er roch verführerisch nach einer süßlichen Mischung aus Vanille, Rum, Sahne und Rasierwasser.

»Nein, nein«, sagte ich erschrocken. »Laß doch den Quatsch! Halte dich bitte an unsere Abmachung!«

»Und die lautet?« fragte Klaus körperkontaktfreudig.

»Nich am Bär packen«, sagte ich und kicherte.

In dem Moment kam der Angestellte des Hotels mit dem Veranstaltungskalender und dem Bier.

»Hmmm!« sagte Klaus, als er aus dem Glas wieder auftauchte. »So was Köstliches gibt es nur in Bayern!«

Ich stöberte aufgekratzt in dem Kulturkalender herum. Heute abend gab es in der Oper: Frau ohne Schatten. Nein danke. Das hatten wir doch schon mal gesehen. Dunkel, wie dunkel, war das Bühnenbild, und düster, geradezu finster war die Erinnerung an diesen Silvesterabend. Vielen Dank. Wir haben einen Eindruck.

Am Musikantenstadl mit Fredl Fusl waren wir nicht so interessiert, Klaus und ich. Auch auf Godot mochten wir nicht warten. Das Leben ist kurz genug. Aber hier: In der Residenz gab es heute abend ein Sinfoniekonzert! Die Münchner Philharmoniker spielten Beethovens Neunte! Wenn das nicht ein musikalischer Glücksfall war!

»Klaus«, sagte ich entschieden, »da gehen wir hin!«

»Wenn es dir Freude bereitet«, sagte Klaus.

Ich sah ihn durchdringend an. Nach dem reichhaltigen Essen im Flugzeug und dem großen Bier im Hotelzimmer würde er bestimmt einschlafen, wie er das bei kulturellen Veranstaltungen immer zu tun pflegte.

Mir sollte es egal sein. Ich würde Beethoven hören! Freude schöner Götterfunke! Tochter im Delirium! Genau danach war mir zumut'. Klaus ohne Pupke: das schrie doch nach Triumphgesang!

Ich starrte eifrig auf das Kleingedruckte.

Die Solisten. Wer waren die Solisten?

Mir stockte das Herz. »Antje Zier, Sopran«, stand da. Mein Gott, wie steil war ihre Karriere!!

Mein Schweinehund torkelte vor seine Hütte und mußte sich aus Neid überantworten.

Tante Lilli schlug mit der Rute auf ihn ein: Willst du wohl gönnen können, du charakterloses Borstenvieh! Deine Freundin ist auf dem Weg nach oben! Stell auf den Tisch die duftenden Reseden! Winde ihr den Jungfernkranz!

Ist O. K., mach' ich, sagte ich zerknirscht. Klar freue ich mich für sie. Pock.

Anstandshalber guckte ich noch auf die anderen Solisten-Namen. Den Alt kannte ich nicht. Intellektua Kraft. Nie gehört. Der Tenor war mir irgendwie geläufig. Unter Baß stand »NN«

»Was heißt denn »NN«? fragte Klaus, der sich nähebedürftig zum Mitlesen an meine Schulter gelehnt hatte.

»Noch niemand«, sagte ich fachmännisch.

»Aber bis heute abend werden sie doch einen gefunden haben, oder muß das Konzert sonst ausfallen?«

»Mach dir keine Hoffnungen. Die finden einen. So eine Mucke läßt sich so schnell keiner entgehen.«

»Also gut«, sagte Klaus und raffte sich auf, um sein Outfit zu verändern. »Gehen wir hin. Aber nur, wenn wir nachher noch was Richtiges essen.«

Es war ein merkwürdiges Gefühl, einmal nicht mit Koffer und Noten durch den Lieferanteneingang zu kommen. Noch toller war es, daß ich zwar eine prickelnde Spannung fühlte, nicht aber diese Höllenpein, die sonst vor Konzerten von mir Besitz ergreift.

Mit leuchtenden Augen stand ich in meinem gekürzten Pupke-Kleid neben der Abendkasse und sah Klaus dabei zu, wie er zwei der teuersten Karten löste. Typisch Klaus. Mit einem Stehplatz oder einem in der zweiten Reihe hätte er sich nie abgefunden. Wir erstanden im hastigen Eintreten noch schnell ein Programm. Ich war viel zu hektisch, um darin zu blättern. Bemüht, nicht von meinen hohen Absätzen zu kippen, ließ ich mich von Klaus in unsere vorderste Reihe lotsen.

Das Orchester saß bereits. Ich reckte den Hals. Hach, wie war es alles aufregend! Geräusche von scharrenden Füßen, von verhaltenem Reden im Publikum, vom Stimmen der Instrumente und von letzten hereinhuschenden Zuhörern waren mir so vertraut, daß ich automatisch anfing, mich zu räuspern und meinen Stimmsitz zu prüfen.

»Soll ich dich anbinden? Nicht daß du gleich auf die Bühne rennst!«

»Nein, ich finde es großartig, daß ich hier sitzen darf und den ganzen Abend keinen Ton von mir geben muß.«

»Soll ich dir das glauben? Gib's doch zu, du würdest wahnsinnig gerne jetzt da vorne stehen!«

»Ich denke, Psycho-Freaks interpretieren nicht?!«

»Denk mal, du könntest jetzt da vorne stehen, und alle würden dir zuhören! Wäre das nicht schön für dich?«

»Denk mal, ich kann hier völlig entspannt im Sessel lümmeln und mir mit verschränkten Armen die lieben Kollegen betrachten! Und wenn sie anfangen zu singen, werde ich knallhart nachprüfen, ob ihre Noten zittern oder die Hosenbeine flattern!«

»Kriegst du aber kein Honorar für!«

»Das ist es mir wert! Ich werde mir in Ruhe ansehen, ob die

Sänger ihr Repertoire beherrschen oder ob sie ständig in die Noten starren! Vielleicht werde ich auch ein bißchen zuhören, mal sehen. Vielleicht verziehen sie bei hohen Tönen das Gesicht, oje, das werde ich aber auf falsche Technik zurückführen! Ich werde mir auffällig Notizen machen, auf den Rand des Programms, damit alle sehen, wie kompetent und kritisch ich bin. In der Pause werde ich dann mein Sektglas vor mir hertragen und sehr laut meine fachkundige Meinung über alles kundtun. Oh, wie ich mich selbst beneide! Ich kann...«

Weiter kam ich nicht mit meinem aufgekratzten Gefasel. Da erschienen sie. Die Solisten. Höflicher Beifall. Ich klatschte auch, aber nicht zu doll. Erst mal sehen, was ihr zu bieten habt, meine Lieben!

Vorneweg schritt Antje Zier, meine heißgeliebte Freundin. Sie hatte etwas Schneeweißes, Flatterndes mit einem raffiniert geschnittenen Cape an, das ihr um die bloßen Schultern wehte. Ich würde sagen: ein Kleid von Dior. Am Hals und in den Ohren: echte Hinkelsteine. Nicht runtergesetzt.

Nächster Blick: der Alt. Eine fette schwarze Eule mit grauen Haaren. Warum die wohl engagiert worden war. Wo es doch mich gab! In der Neunten von Beethoven hört man den Alt sowieso nicht, deswegen kann man auf jeden Fall ein bißchen an die Optik denken. Ich schluckte an einem Neidkloß.

Der Tenor. Ach, das war ja Kantaten-Ede aus Wien! Wie nett, ihn mal wiederzusehen. Ich hatte ihn mal auf einem Wettbewerb im Rauschmittelmuseum in der dritten Runde rausgeworfen. Klasse war das. Besonders angesichts der Tatsache, daß der Bursche inzwischen Karriere gemacht hatte und ich nicht. Keine Ahnung hatten diese Typen aus der Jury.

NN, der Baß. Schwarzer Rolli, schwarzer Anzug, schütteres Haar. Thermoskanne und Blockflöte.

Simon.

Reflexartig griff ich mit schweißnasser Hand nach Klausens Bärentatze. Er drückte erfreut zu. Vielleicht wähnte er, wir wären im Kino. Die Schuhe hatte er jedenfalls schon ausgezogen. Früher hätte er sich so was nie getraut. Das mußte mein Einfluß sein...

Simon!

Ich starrte ihn an. Der gehörte doch nicht in diesen Film! Der saß doch in seinem Kellerloch, sah sich einen verschneiten Western an und zelebrierte ein Fruchtschnittchen!

Der Dirigent sprang behend aus seinem Verschlag und schaffte den Sprung auf seinen Kasten beim ersten Versuch. Der Beifall schwoll an.

SIMON! Meine Hand krampfte sich fester in Klausens Pranke, die im Wegdämmern zuckte.

Der Dirigent zeigte uns sein Antlitz; er und drei von den vier Solisten verbeugten sich. Simon nicht. Der saß auf seinem Hintern und schraubte den Deckel von der Thermoskanne los. Dann verstaute er sein Gepäck unter dem Stuhl. Ich kannte jeden Handgriff auswendig. Gleich würde er sich umständlich die Brille putzen und dabei den Mund zu einer wirkungsvollen Grimasse verziehen. Er konnte Auftritte ohne szenische Einlagen nicht leiden. Nun straffte sich der Dirigent, drehte uns entschlossen den Rücken zu und riß den Taktstock in die Höhe. Die Streicher rissen ihre Geigen an die Backe, und los ging's.

Ich weiß nicht mehr, wie das Konzert war.

Meine Gedanken flogen schneller, als die Geigenbögen zucken konnten.

Simon. Warum hatte er mir dieses Konzert verschwiegen? O.K., wir waren uns keinerlei Rechenschaft schuldig. Ich hatte ihm ja auch die eine oder andere Kleinigkeit verschwiegen.

Trotzdem.

Das hier war keine Lappalie. Auch für den lässigen, autarken Simon nicht. Es wäre einer unverbindlichen Erwähnung wert gewesen.

Er mußte was mit einer anderen haben. Das war's! Die dicke Eule schied aus. Sie war nicht sein Geschmack, auch wenn er zu Absonderlichkeiten neigte. Antje schied auch aus.

ODER? Wieso eigentlich? Nur weil sie verheiratet war? Simon machte sich bestimmt nichts aus solchen Äußerlichkeiten. Antje auch nicht!

ANTJE!?! DU?!

Die Solisten saßen während der ersten drei Sätze untätig auf ihren Stühlen herum, und wir hatten Zeit, einander zu betrachten, die Sänger und das Publikum. Mustere ich sonst immer einzelne Gesichter aus dem Zuschauerraum und versuche, nicht darüber nachzudenken, wo die gerade herkommen und was die eben noch gegessen haben und wie lange sie vor dem Kleiderschrank gestanden haben, bis sie dann das angezogen, was sie jetzt anhaben, und wie lange sie gebraucht haben, bis sie endlich in die Parklücke gepaßt haben, so glotzte ich diesmal genauso dämlich auf die Solisten wie alle anderen im Publikum auch. Dabei versuchte ich mich im Schatten von Klaus zu verstecken. In meinem Kopf hämmerten die kleinen grauen Männchen.

Simon.

Antje.

Wie lange wohl schon?

Ganz klar. Er sagte auch Mäuschen und Kleines und Häschen zu ihr. Mindestens. Wenn nicht noch Kätzchen und Schätzchen und Spätzchen.

Ich fühlte mich elend und verraten.

Klaus! Die Diva fühlt sich kompromittiert! Wach sofort auf, wink das Orchester ab und mache die offizielle Ansage, daß du eine Erklärung von Simon für diese Demütigung deiner Kindsmutter erwartest, andernfalls du Satisfaktion durch den Paukenschlag verlangst!

Kannst du nicht eine Stunde mit mir wachen, du promovierter Entspannungskünstler?

Moment, sagte Tante Lilli. Sie hatte wider Erwarten auch noch eine Eintrittskarte zu diesem Konzert ergattert und hockte nun auf meiner Stuhllehne, um mir von hinten einige Erziehungsmaßnahmen ins Ohr zu zischen. Wie KANNST du den gediegenen Mann dafür verantwortlich machen, daß deine Privatangelegenheiten inzwischen so verwickelt sind!

Mich verwirren will das Irren! stammelte ich und zog den Kopf ein.

Laß das jetzt! würgte Tante Lilli mich ab. Du hast dir das alles selbst eingebrockt, da siehe du zu! Dieser Simon ist nicht gediegen, das habe ich dir schon immer gesagt!

Meinst du, er HAT was mit Antje? fragte ich fassungslos.

Natürlich, Kind, nein, was bist du naiv. Außerdem ist diese Antje ein Flittchen. Hab' ich dir gleich gesagt.

Ich sah Simon an. Wie er dasaß und an seiner Thermoskanne schraubte und zu Antje rüberschaute und sich mit ihr unterhielt, mitten in der Neunten von Beethoven über die Köpfe von zwei Kollegen hinweg.

Und Antje. Wie sie so liebreizend und unschuldig aussah und geschmeichelt errötete unter den Blicken von Simon und weiteren tausend Zuschauern.

Klar ist das spannend, auf offener Bühne zu flirten! Weiß ich, weiß ich. Tut man aber nicht!!!

Die dicke Eule am Alt saß regungslos auf ihrer Stange und starrte toten Blickes ins Leere. Ein totaler Profi war die, das hatte ich sofort gesehen. Jetzt aber, da Simon ihr den dampfenden Becher anreichte, damit sie ihn weitergeben möge, schnellte ihr Kopf plötzlich nach rechts und dann nach links, genau wie bei einer richtigen Eule, und dann starrte sie wieder geradeaus.

Kantaten-Ede, der Tenor, blätterte hastig in seinem Klavierauszug. Aus dem Getöse des Orchesters wurde er anscheinend nicht schlau. Jedenfalls bemerkte er nicht, was sich um ihn herum abspielte.

Aber ich bemerkte es! Er baggerte sie an! Auf offener Bühne! Ge-schmack-los.

Ich weiß wirklich nicht mehr, wie dieses Konzert ablief. Irgendwann müssen sie alle aufgestanden sein und gesungen haben, ich habe keine Ahnung.

Wie im wachen Traume schwebt sein Bild mir vor. Taucht aus tiefem, tiefem Dunkel heller, heller nur empor. Sollte ich mich so in Simon geirrt haben? Gut, er war ein außergewöhnlicher Mensch. Euer Merkwürden, sozusagen. Damit hatte ich mich ja längst abgefunden. Aber im allgemeinen war Simon doch völlig einfach strukturiert! Leicht durchschaubar, absolut monoton! Wußte man einen seiner Tricks, so konnte man sich die anderen zusammenreimen. Auch seine Unverbindlichkeit war mir schon bekannt. Simon hielt nichts von festen Bindungen. O. K. Damit konnte ich leben. Ich hielt schließlich auch nichts davon. Aber so ein handfester, vorsätzlicher Betrug?!

Das war aber gar nicht ausgesprochen nett von ihm!

Zu meiner Überraschung bemerkte ich, daß es mir noch viel weher tat, über Antje nachzudenken. Wir hatten in einem Bettchen geschlafen! Wir hatten von einem Tellerchen gefrühstückt! Wir hatten zusammen gelacht und gelästert und einander von unseren sieben Zwergen erzählt. So was prägt!

Sie wußte von mir und Simon.

Kein Zweifel. Antje wußte, daß sie mich betrog.

Und sie tat es einfach so.

»Wie sieht er aus?« hatte sie gefragt, damals, im französischen Bett von Montcluton.

»Intellektuell«, hatte ich geantwortet.

»Dann ist er es«, hatte sie gesagt und war fröhlich eingeschlafen.

Antje. Meine Freundin Antje.

Sie liebte Simon nicht. Sie liebte überhaupt niemanden außer sich selbst.

Sie tat es einfach so, aus Spaß. Um uns damit zu zeigen, daß sein erbarmungsvoller Wille...

Männer waren doch alle gleich.

Mehr oder weniger autarke Waschlappen.

Man konnte sie alle durch die Pfeife rauchen.

Simon und Antje waren von der Bühne gegangen, ohne mich zu bemerken.

Zu sehr waren sie mit einem kleinen neckischen Wortgeplänkel beschäftigt gewesen. Allerdings: ich hatte auch nicht geklatscht oder »Zugabe!« gebrüllt, sondern mich unauffällig im Hintergrund gehalten.

Später saßen der ausgeschlafene Herr Doktor und die geknickte Diva im Hotel-Restaurant.

Es war wie damals: Klaus speiste mit großem Appetit ein frisch erlegtes Wildschwein, und die Diva blickte stumm auf dem ganzen Tisch herum. Sosehr der devote Kellner mit den öligen Haaren auch versuchte, ihr die Speisekarte schmackhaft zu machen.

Mir war nach einem lauwarmen Haferschleim. Recht fadenziehend sollte er sein und nach Pappe schmecken.

»Meine Frau hat einen empfindlichen Magen«, sagte der Herr Doktor zum Kellner. »Haben Sie nicht etwas Leichtes, vielleicht eine Portion Milchreis oder... Brei?«

Wütend stieß ich ihn unter dem Tisch ans Schienbein. Erstens war ich nicht seine Frau, und zweitens gingen den Kellner meine Eßstörungen nichts an.

Der Kellner verzog keine Miene. »Wir hätten da ein Mus vom Lachs«, sagte er aalglatt. »Ganz leicht bekömmlich und auch sehr kalorienarm!« Er freute sich über seine Kombinationsgabe. Klar. Die Kleine mit den Puffärmeln wollte nicht so dick werden wie ihr Mann.

»Gegen Fisch ist sie allergisch«, sagte Klaus freundlich und führte sich das Weizenbierglas zum Munde.

»Ein Schneckensüppchen...?« versuchte es der Kellner.

Ich wand mich vor Verlegenheit.

Kind, der Mann meint es doch nur gut. Nun sei bescheiden und höflich und bestell dir das Schneckensüppchen und mach dich nicht so wichtig.

Klaus tauchte soeben wieder aus seinem Glas auf, wischte sich mit Hilfe der damastenen Serviette den Schaum aus dem Gesicht und sagte: »Sie ist beim Essen etwas eigen. Haben Sie nicht irgend etwas ohne Fleisch?«

»Unser Vollkornbratling wird immer gern genommen«, sagte der Kellner und strich sich die öligen Haare glatt. »Der ist in reinem Sonnenblumenkernöl zubereitet.«

»Nein danke«, sagte ich, seine Frisur betrachtend.

»Haben Sie Quark?« fragte Klaus. »Meine Frau ißt gerne Sachen, die man nicht kauen muß! Zur Zeit steht sie auch unheimlich auf Grießbrei.«

Die Diva stampft und hacket, mit ihren Stiefelein.

»Zähne hat sie aber«, bemerkte der Kellner höflich.

»Die benutzt sie nur zum Fletschen«, sagte Klaus und tauchte erneut in seinem Glas unter.

»Ich werde sehen, was ich machen kann«, sagte der Kellner und machte eine Kehrtwende. Klaus streckte ihm noch sein leeres Glas in den Weg, damit er bloß nicht ohne frisches Bier wiederkäme.

»Na, wenigstens du bist heute abend gut drauf«, sagte ich.

»Klar«, sagte Klaus. »Ich bin mit dir zusammen. Da bin ich

immer gut drauf!« Fröhlich schaute er mich über eine Gabel Rotkohl hinweg an.

Wieso war dieser Mann so unkompliziert?

Und warum war es mit ihm einfach nicht romantisch?

Romantische Liebhaber essen eben keinen Rotkohl und trinken kein Bier und schlafen nicht in Konzerten und lesen keine Zeitung mit ekelhaften Geschwüren vorne drauf. Ganz klar. Klaus fehlte einfach das gewisse Etwas.

»Aber dir geht es wieder mal nicht toll«, analysierte der feinfühlige Herr Doktor.

»Woran merkst du das?«

»Du bist ungewöhnlich schweigsam. Was ist los, hat dich die Altistin geschafft? Du mußt nicht glauben, daß sie besser war als du. Nur lauter. Und dicker. Mach dir nichts draus.«

Der Kellner kam und brachte ein großes Bier. An Süßspeisen könne er Mousse à l'orange empfehlen, sagte er, mit frischen Mangospalten und in Sherry flambiert. Auch gebe es eine hervorragende Crème de chocolat auf frischer Sahne und mit Mokkatrüffeln beraspelt.

»Hm«, sagte Klaus. »Das nehme ich beides.«

»Ich dachte im Moment mehr an die junge Dame«, sagte der Kellner und grinste anzüglich. Schließlich hatte ich immer noch nichts zu essen, während Klaus schon an den Gebeinen des abgenagten Wildschweines knabberte.

»Meine Frau ißt so was nicht«, sagte Klaus selbstbewußt. »Wenn Sie keinen Grießbrei haben oder Milchreis im Pappbecher, werden Sie bei ihr kein Glück haben.«

Der Kellner drehte ab. Klar, dachte er bestimmt, Ärztekongreß. Dieser Doktor hat seinen schlimmsten Fall gleich mitgebracht.

»Also, warum bist du wieder breisüchtig?« fragte Klaus, während er die Knochen auf einen Extra-Teller legte. »Zwischendurch hast du doch schon wieder mit Messer und Gabel gegessen! Will es mit der Karriere nicht klappen?«

»Das auch«, sagte ich düster.

»Und mit diesem Opernfuzzi auch nicht?«

Klaus nun wieder. Messerscharfer Diagnostiker. Früher hätte er sich dieser lockeren Wortwahl übrigens niemals befleißigt.

»Er betrügt mich«, sagte ich und hatte Mühe, nicht loszuheulen. »Ich weiß es seit heute abend.«

»Das ist doch in deinem Milieu so üblich«, sagte Klaus ungerührt und rettete den letzten Knödel vor dem Abfalleimer. »Das weiß ich doch aus eigener Erfahrung.«

Ich steckte diesen Seitenhieb hastig weg.

Klaus hatte Simon jedenfalls nicht wiedererkannt. Wie sollte er auch, im Tiefschlaf.

»Quatsch«, sagte ich, zum Angriff übergehend. (Angriff ist die beste Verteidigung.) »Du hast ja überhaupt keine Ahnung! Simon ist ein Mann von Welt, er ist vollkommen autark, er ist ein Künstler durch und durch...«

»Genau«, sagte Klaus ungerührt. »Diese Sorte kenne ich. Das sind die Schlimmsten.«

»Wie kannst du sie alle über einen Kamm scheren!« schnauzte ich. »Du als Intellektueller solltest wissen...«

»Dein Brei kommt«, sagte Klaus erfreut.

Tatsächlich. Der ölige Kellner brachte eine große Schüssel mit Grießbrei und eine silberne Karaffe Himbeersaft.

»In diesem Hause ist nichts unmöglich«, näselte er stolz, als ich ihn sprachlos anstarrte. »Guten Appetit, gnädige Frau!«

Die gnädige Frau errötete bis zum lieblichen Rundausschnitt. Wie peinlich! Ich konnte doch unmöglich jetzt vor all den Leuten den Grießbrei in mich hineinschaufeln! Im Abendkleid mit Puffärmeln!

»Ober!« rief Klaus und winkte mit einem Fünfzigmarkschein. »Meine Frau ist allergisch gegen Silberbesteck. Bitte bringen Sie ihr einen Plastiklöffel.«

Der Ober lächelte säuerlich. Unter seiner öligen Frisur begann er zu schwitzen. Trotzdem gelang es ihm, Haltung zu bewahren. Mit seiner üblichen Zackigkeit drehte er ab.

»Ober!« rief Klaus ungerührt hinter ihm her. Der Ober zuckte. »Wenn es möglich ist, bitte einen roten!«

»Na, geht es dir jetzt besser?« Klaus stand vor dem Zimmerspiegel und riß sich die Krawatte vom Halse.

»Ja«, sagte ich zufrieden und ließ mich auf das ovale Bett fallen. »Du hast dich ja ganz schön für meine Belange eingesetzt. Echt partnerschaftlich! Wer kann das heute noch!«

Mit einem Seufzer des Wohlbehagens zog ich mir die hochhackigen Pumps von den geschwollenen Füßen und warf sie
unter die Heizung.

Klaus befreite sich von seinem Jackett und schmiß es auf
einen Sessel. »Klar«, sagte er, während er in der hoteleigenen
Fernsehzeitung blätterte. »Ich liebe dich doch schließlich.«

Schweigend guckte ich ihm auf die Rückfront.

Er liebte mich noch? Nach allem, was ich ihm angetan beziehungsweise eben nicht angetan hatte?

»In Bayern drei gibt es noch einen Tatort«, sagte Klaus.
»Sollen wir uns den noch reinziehen?« Diese Wortwahl! Früher hätte er allerhöchstens »anschauen« gesagt!

»Ja«, sagte ich automatisch. Klaus war eben kein bißchen
romantisch. Dafür alltagstauglich. Wenn ich jetzt allein gewesen wäre, hätte ich mir den verdammten Tatort schließlich
auch noch reingezogen.

Klaus öffnete die Minibar. »Magst du noch was trinken?«
Geschäftig klapperte er mit den Flaschen.

»Wenn, dann Alkohol«, antwortete ich lakonisch. Wegen
der ganzen Panne mit Simon hatte ich Angst, ohne Schlaftrunk in unnötiges Grübeln zu geraten.

Klaus schmiß sich quer über das Bett und tippte auf dem
Haustelefon herum.

»Champagner!« rief er dem Bedienten.

Dann knöpfte er sein Hemd auf und warf es in die Ecke.
Die Hose flog hinterher.

»Frau Pupke! Abräumen!« Klaus beliebte zu scherzen!
Wer hätte das gedacht!

»Ach ja, die ist ja nicht dabei. Ungewohnt, woll?«

Ich befreite mich erleichtert von meinem Puffärmelkleid
und schlüpfte unter die Decke. Das Bettzeug war ausgesprochen frisch gestärkt und knisternd appetitlich. Es hatte keine
Knöpfe. Ein ausgesprochen nettes Hotel war das.

Die Qualität eines Hotels erkenne ich immer daran, ob es
Knöpfe hat oder nicht. Wenn ja, ist es eine Absteige. Wenn
nein, hat es Niveau und ist meistens zu teuer.

Außer, wenn der Doktor zahlt.

Aber das wollen wir ja nicht einreißen lassen.

»Ohne die liebe Achnes ist es auch mal ganz schön«, sagte

Klaus und verschwand im Badezimmer. Sofort ging ein unverbindlich lüftender Ventilator an. Das wäre was für Simon gewesen. Obwohl der ja immer die Tür offenließ! Da reagiert so ein Ventilator nicht.

»Und?« schrie ich begeistert gegen die Tür. »Wolle mer se entlasse? Sachma!«

»Ich versteh' nichts!« brüllte Klaus zurück. »Mach schon mal den Fernseher an!«

Der Mensch mit dem Champagner erschien. Auf einem silbernen Handkarren fuhr er die klappernden Gläser und den Eisbottich herein.

»Danke«, sagte die spärlich bekleidete Diva unter den damastenen Laken. »Stellen Sie's hierher!« Ich winkte ihn lasziv heran.

»Kann ich sonst noch was für Sie tun?« fragte der Page.

»Ja, Sie stehen gerade«, sagte ich. »Können Sie mal eben Bayern drei anmachen?«

Der Page fummelte am Fernseher herum und trollte sich frustriert. Die Diva hatte gerade keine Dollarnote griffbereit gehabt...

Klaus kam im hoteleigenen Bademantel aus der Dusche zurück. Als er die Tür schloß, ließ auch das heftige Gebläse nach.

»Worum geht's?« fragte er, während er sich auf die Bettkante schmiß und auf die Mattscheibe sah.

»Weiß nicht«, sagte ich. »Hat gerade erst angefangen.«

Dann sahen wir fern, einträchtig Schulter an Schulter, und leerten dabei die ganze Flasche Champagner.

»Gemütlich mit dir«, sagte Klaus.

»Mit dir auch«, sagte ich. »Redet gar keiner dazwischen, woll?«

Achnes hätte jetzt schon zwanzigmal gesagt, daß sie von Anfang an gewußt habe, wer der Mörder sei. Sachma. Um dann am Schluß fünfzigmal zu sagen: HAPPICH es nich gesacht? Ich HAPPES doch gesacht! Sachma! Kannste fragen, ich HAPPES gesacht, woll?

»Kannst du mich mal unter dem linken Schulterblatt kratzen?« fragte Klaus.

»Klar«, sagte ich.

Dann kratzte ich meinem Kindsvater den Rücken, und Kommissar Haferflock löste derweil einen undurchsichtigen Fall.

»Sollten wir öfter mal machen«, sagte Klaus. »Ich hatte ganz vergessen, wie schön es mit dir ist.« Dabei knabberte er an meinem Unterarm.

Ich fand es auch schön mit ihm. Besonders ohne Frau Pupke. Eigentlich fand ich es sogar wunderbar mit ihm.

»Das nächste Mal nehmen wir Paulchen mit.«

»Klar, machen wir«, sagte Klaus. »Spätestens, wenn er nicht mehr in die Gegend kackt!« Wir kicherten erfreut.

»Und Frau Pupke lassen wir zu Hause«, triumphierte ich.

»Wie du meinst.« Der Herr Doktor lächelte zärtlich zu mir herab. Was sollte das nun wieder bedeuten, daß sich in der Kniekehle plötzlich alles so zusammenzog?

Die Bärentatzen wanderten auf der Diva herum. Es war der Diva gar nicht so unangenehm.

Jetzt war es aber an der Zeit, das Pupke-Problem anzuschneiden! Erst die Arbeit, dann das Vergnügen!

»Wobei du dir die Brote dann vorübergehend selbst schmieren müßtest«, stichelte ich, um die Stimmung ein bißchen anzuheizen.

»Und du die Creme auf Paulchens Hintern.«

»Und du dein Hemd hilfsweise selbst in den Schrank hängen müßtest.« Noch schafften wir es, jedwede Erotik im Keim zu ersticken.

»Und du deine Abendkleider selbst kürzen und das Paulchen selbst auf den Topf setzen und das Vier-Minuten-Ei selbst kochen müßtest«, vervollständigte Klaus die Liste der Schwarzmalerei.

»Kricht man Pickel von«, sagte ich.

Vorübergehend war die Erotik tatsächlich in sich zusammengesunken. Buchstäblich. Trotzdem wußte ich keinen Mann der Welt, der mir vertrauter war.

»Eigentlich bist du ja nur eifersüchtig auf Frau Pupke.«

»Ja, Herr Doktor. Sie können mir Ihre Diagnose in Rechnung stellen.«

»Dabei meint sie es ehrlich nur gut.«

»Das ist das Fatalste daran.«

»Sie ist eben eine einfache, schlichte Frau.«

»Meinst du? Wo sie doch soviel gelesen hat! Und die Kinder vonne Ursella! So was bildet! Sachma!«

»Pauline, jetzt bist du ungerecht.«

»Tschuldigung. Eine meiner weniger nobelpreisverdächtigen Eigenschaften.«

»Wir müssen morgen mal in aller Ruhe darüber reden«, schlug der Herr Doktor vor. »Heute habe ich dazu keine Lust mehr.« Dabei nahmen die Bärentatzen ihre Wanderung wieder auf.

Ich lag da neben Klaus und fühlte mich unendlich geborgen. Plötzlich war mir so klar wie nie zuvor, daß er und kein anderer es war, den ich in zwanzig oder fünfzig Jahren immer noch in meinem Alltag zu Hause wissen wollte.

Kind, PASS auf, rief Tante Lilli, die urplötzlich am Fußende des Bettes aufgetaucht war. Du weißt ja, was jetzt passieren kann!

Au ja, sagte ich automatisch und rappelte mich hastig auf, um in meiner Handtasche zu wühlen. Fast hätte ich sie mit Absicht vergessen, die kleinen Hormon-Liebesperlen.

Ich kramte unwillig nach der weißen Packung, die ich normalerweise immer bei mir trug. Eigentlich sind das ja Hormone, dachte ich, kricht man Pickel von.

»Was machst du da?« fragte Klaus und streckte die Hand aus. »Komm doch her zu mir!«

»Bleib so, unbedingt!« rief ich, »ich komme sofort!«

Pflichtschuldigst ging ich ins Badezimmer, um dort nach dem Päckchen zu kramen. Eigentlich wollte ich auch mal testen, wie laszive Langsamkeit lähmen kann.

Das Päckchen war nicht in meinem Necessaire.

Das Päckchen war im Hause Simonis des Aussätzigen!

Ich hatte es dort im Badezimmer liegenlassen. Nicht ganz aus Versehen, wenn ich ehrlich war. Eigentlich aus nackter Berechnung.

Wenn Klaus mich noch lieben würde, dann wollte ich mit ihm eintauchen in das tiefe, trübe Wasser des Vertrauens. Und zwar ohne Schwimmflügel.

Und das hatte mit Simon und Antje und anderen Äußerlichkeiten nicht das geringste zu tun.

Plötzlich hatte ich keine Lust mehr, Klaus warten zu lassen. Plötzlich hatte ich Lust auf Bärentatze pur.

Ohne weitere Umstands-Verhinderungs-Krämerei kroch ich in die vorgewärmte Lasterhöhle.

Und tat das, was alle mir schon immer vorgeschlagen hatten: Ich kam endlich meinen verdammten Pflichten nach.

Und dachte dabei weder an Tante Lilli noch an Frau Pupke.

Auch nicht an Simon und auch nicht an Antje.

Ich dachte dabei nur an Klaus und mich.

Und ein kleines bißchen an Paulchen.

Und war sehr, sehr glücklich dabei.

Wer kann das heute noch.

München im Frühling! Kinder, nein, wie isses nur schön! Nach einem ausgedehnten Spätstück – Klaus hatte die Kellner nur unter Androhung von Handgreiflichkeiten daran hindern können, das Frühstücksbüfett abzuräumen, weil sie für das Mittagessen eindecken wollten – wanderte ich durch den Englischen Garten, derweil der Herr Doktor wenigstens anstandshalber mal im Kongreßsaal vorbeischaute. Schließlich waren wir nicht zum Vergnügen hier! Um dreizehn Uhr sollte ich mich aber bitte wieder zum Essen einfinden, hatte der gemeine bayerische Bergwaul mir noch eingeschärft. Die Herren Kollegen brächten auch ihre Gattinnen mit. Obwohl ich nicht die geringste Lust hatte, meine Breisucht im Plenum zu diskutieren, hatte ich versprochen, pünktlich zu sein. Die eine Stunde wollte ich nutzen, um mir den Frühlingswind und meine Maiglöckchengefühle um die Nase wehen zu lassen.

Tante Lilli, wie fandest du es?

Kind, der Mann ist gediegen. In jeder Lebenslage.

Ich stutzte. Wie meinst 'n das?

Grund genug, dich nicht auf ihn einzulassen, kläffte mein Schweinehund. Gediegen! Wie spießig! Du bist auf dem besten Wege, eine biedere blöde Bondes-Börgerin zu werden!

Gediegen ist aber wieder in, sagte Tante Lilli altklug. Wahrscheinlich hatte sie gerade eine repräsentative Umfrage gelesen. Der deutsche Mann ist wieder monogam! Treue ist im Trend! In der Familie liegt die Zukunft!

Bäh, bäh, bäh! giftete der Schweinehund. Hoffentlich Firlefanz-versichert! Wir machen aus der Zukunft eine Sause! krächzte er aufgebracht.

Na und? Besser ein Besonnener im Bett als ein Versponnener auf dem Dach!

Ich weiß nicht… wagte ich einzuwerfen.

Du hältst dich da raus! giftete der Schweinehund.

An die Leine, bissiges Biest, zeterte Tante Lilli und warf einen Stock nach der Bestie.

Die beiden stritten noch eine ganze Weile miteinander, während ich auf den geharkten Pfaden der städtischen Grünanlage einherwanderte. Links und rechts lagen die knackbusigen Bayernmädels im Heu und übten sich im provokant-unkonventionellen Sonnenbaden. Hach, seufzte ich so vor mich hin, diese sorglosen jungen Dinger!

Pauline, mach Karriere! Laß dich bloß nicht von einem gediegenen Doktor daran hindern! Und vergiß nie wieder mit Absicht die Pille! Dummes Mädel aber auch! Wenn das mal gut geht!

Pauline, denk an deinen Sohn! So einen Mann für die Mutter deines Sohnes findest du nie wieder! Und so einen Vater für den Bruder deines Sohnes auch nicht!

Klar findest du Männer, der Bühnenhimmel und der Orchestergraben sind voll davon! Das Abenteuer ruft!

Du bist zu alt für Abenteuer. Du gehst auf die dreißig zu! Willst du eine alte Jungfer werden?

Mit dreiunddreißig Jahren, da fängt das Leben an, bölkte der Schweinehund heiser. Reife Frauen wissen das erst richtig zu schätzen! Im verkorksten Mann liegt der Reiz des Exzentrischen!

Und Simon?

Klar! Der auch! Der Kerl hat Klasse! Und ein herrlich dominantes Egoschwein! Mit dem werde ich mich auf der Lasterwiese tummeln!

Welchen von diesen zweien…?

Wir konnten einfach nicht zu einer Einigung kommen. Dafür war eine Stunde zu knapp.

Müde und geschafft und völlig uneins mit mir und meinem Innenleben erreichte ich wieder das Hotel.

Drunten in dem Saale saß man schon beim Mahle.

Sämtliche Mediziner plus Anhang hockten artig auf ihren samtenen Stühlen und starrten stumm auf das Stilleben vor ihrer Nase: Suppentasse, Serviette, Silberbesteck.

Nein, meine Suppe eß ich nicht, rief der Schweinehund und wandte sich widerborstig ab.

Es wird gegessen, was auf den Tisch kommt, rief Tante Lilli und zog das Tier an den Ohren.

Wasch dich, kämm dich, mach dich nett, zier dich nicht und sei ganz natürlich und bescheiden und rede nur, wenn du gefragt wirst, und schmatz nicht beim Essen und lach nicht mit vollem Mund und sei nicht immer gleich so plump vertraulich!

Nee, ist klar. Tapfer erhobenen Hauptes schritt ich auf meinen Stöckelschuhen quer durch den Saal.

Der ölige Kellner stand bereits mit der Kelle am Tisch. Tu mir nichts, ich tu dir auch nichts, sagte ich mit Blicken zu ihm.

Da bemerkte mich Klaus, der bereits hungrig ein paar Brote mit Kräuterbutter zur Strecke gebracht hatte, wie die tausend Krümel rund um seinen Eßplatz indiskret verrieten.

Erfreut stand er auf und kam mir entgegen. Das Bier in seinem Glas schwappte unwillig.

»Gut siehst du aus, Pauline«, strahlte er mich an. »Ich bin stolz auf dich!«

»Nur keine Vorschußlorbeeren«, raunte ich ihm zu. »Ich tue, was ich kann!«

Klaus stellte mich den Herrschaften an seinem Tisch vor. »Frau Frohmuth, meine Frau!«

Das war ja nun wirklich übertrieben!
Lässig klopfte ich mit den Fingerknöcheln ein paarmal auf das Tischtuch. »Tach zusammen!«

Die Herren, die schon, ihre Jacketts zuknöpfend, aufgesprungen waren, um mir untertänigst die Hand zu küssen, ließen sich wieder auf ihre samtenen Sessel fallen.

Der ölige Kellner griff erneut zur Kelle.

Klaus schob mir den Stuhl zurecht und lachte fröhlich in die Runde.

»Dann können wir ja anfangen! Was gibt es denn Schönes?«

»Schneckensüppchen«, sagte der Kellner emotionslos. Die anderen Damen falteten elegant ihre Servietten auseinander und deponierten sie mit spitzen Fingern auf ihrem Schoß.

»Na?« fragte ich erstaunt. »Worauf warten wir?«

»Möchte die gnädige Frau heute wieder etwas Bestimmtes?« fragte der Kellner den Herrn Doktor.

»Nein«, sagte ich großzügig. »Heute probiere ich mal Ihr Schneckengebräu!« Friedfertig grinste ich den Kellner an.

Schließlich war ich eine Frau von Welt! Jeder Situation gewachsen! Patrizia von Tut-und Taugt-Nix konnte schließlich auch nicht ihren heimlichen Süchten frönen!

»Schütten Sie ruhig ein!« munterte ich den Ober auf. »So ein Schneckensüppchen ist genau das, was mich jetzt aus der Krise reißt!«

Die anderen Herrschaften warteten.

Der Ober verdrehte die Augen gen Himmel. Er mußte mich für eine besonders renitente Patientin halten.

»Also, worauf warten Sie noch?«

Der Kellner hatte anscheinend Angst vor mir. Ohne mich mit seiner Schneckensuppe zu beglücken, wanderte er die anderen Damen ab und spendierte jeder von ihnen einen bemessenen Schneckenschluck.

Dann kamen die Herren dran.

Mich überging er glatt, der Prolet!

»Klaus, sollen wir uns das bieten lassen?« fragte ich empört. Jetzt hatte ich mich schon dazu durchgerungen, eine Dame zu sein, dann will ich auch wie eine behandelt werden!

»Nein, natürlich nicht«, sagte Klaus, der bereits mit dem Einverleiben der Suppe fertig war.

»HERR Ober! Meine Frau möchte Suppe!«

Gespannt lugten die anderen über den Rand ihres Silberbestecks.

Ohne eine Miene zu verziehen, kam der Ober mit seinem Bottich zurück, stellte sich vorschriftsmäßig links hinter mich und kippte mir eine Portion Suppe über die gestärkte Serviette, die immer noch kunstvoll gefaltet in meinem Teller lag. Sofort saugte sich die Serviette voll. Nur eine einsame Schnecke klebte noch oben drauf.

»Guten Appetit«, sagte der Kellner höflich und ging davon.

»Guten Appetit«, sagten auch die anderen und führten sich die Suppe schräg zum Munde.

Keiner lachte.

Kind, aus dir wird nie eine Dame, sagte Tante Lilli und wendete sich weinend ab.

Da gedachte ich der Thermoskanne von Simon und der ungeahnten Vorteile, vollkommen autark zu sein, und beschloß, hier und jetzt noch keine endgültige Entscheidung zu treffen.

Eigentlich hätte nun mein Alltagsleben mit Pupke, Paul und Klaus seinen Lauf nehmen können. Ich kehrte jedenfalls mit bestem Willen in unsere kleine Wohn- und Zweckgemeinschaft zurück.

In München hatten wir ganz klar besprochen, Frau Pupke um etwas weniger Engagement zu ersuchen. Auch wollten wir sie in einem günstigen Moment darum bitten, eine regelmäßige Freizeit und ein angemessenes Gehalt in Anspruch zu nehmen. Wir wußten, daß es ein schwieriges Gespräch werden würde, und wir warteten einen geeigneten Zeitpunkt dafür ab.

Eines schönen Sommerabends war es dann soweit.

Bei selbstgebrautem Pupke-Saft und Kartoffelsalat mit Achnes-Burgern saßen wir auf dem Balkon und genossen die laue Stadtluft in der späten Dämmerung. Aus den umliegenden Wohnzimmerfenstern tönten die Stimmen bekannter Synchronsprecher einer amerikanischen Plastikserie. Ich schaufelte zufrieden meinen Roggen-Vielkorn-Verdauungs-Brei. Seit ich nicht mehr so viele Konzerte hatte, mußte ich zu solchen Mitteln greifen.

Paulchen schlief nebenan bei geöffnetem Fenster. Es herrschte ein tiefer Friede, und die Stricknadeln von Frau Pupke klapperten im Takt zu ihrem schaurigschönen Moritatengesang. »Wo wir uns fihinden wohl unter Lihinden zur A-bend-zait...«

»Sing doch mit, Pauline, biss doch ne Sängerin! Sachma!«

»Ich kann nicht«, sagte ich zwischen den Zähnen, »mit vollem Munde singt man nicht. Woll?«

»Klaus, dann sing du doch mit! Kennze doch, dat schöne alte Volkslied, woll? Kain schöna Land in diesa Zait...«

Hastig biß Klaus in eine neue Frikadelle. »Geht nicht«, bedauerte er heuchlerisch, »Mund voll!«

»Biß ga nich mehr so viel wech, Pauline«, sagte Achnes. »Sachma. Biß gar nich mehr so viel wech! Wie kommt dat? Sachma. Was?«

Klaus und ich guckten uns an. Jetzt! Jetzt konnten wir es ihr sagen, daß wir beschlossen hatten, uns aneinander zu gewöhnen, Paulchen, Klaus und ich.

»Früher waahßte viel öfter wech, woll? Sachma. Woran liecht dat? Tun se dich nich mehr so häufig engagieren? Was? Sachma!«

»Doch, doch«, sagte Klaus und schluckte an der Frikadelle. »Im Sommer ist bloß Saure-Gurken-Zeit. Da sind nicht so viele Konzerte. Pauline möchte deshalb…«

»Sachma«, unterbrach ihn Frau Pupke. »Früher waaße viel öfter wech. Woll? Sarich dat richtig? Was? Klaus? Getz isse viel öfters zu Hause, woll? Sachma!«

»Pauline möchte…«

»Woll?« sagte Frau Pupke und hielt ein Wollknäuel gegen das Licht. »Sollich getz dise Wolle nehmen oder dise?«

Wir betrachteten eingehend die Wolle.

»Wat? Für 'n Junge?« wägte Achnes ab.

»Die hellblaue ist doch sehr hübsch«, sagte Klaus.

»Finde ich auch«, sagte ich. »Die hellblaue. Jetzt, wo Sommer ist.«

»Mainze?« fragte Frau Pupke und starrte auf das Knäuel.

»Achnes«, sagte Klaus. »Wir wollten etwas mit dir besprechen. Pauline und ich möchten dich bitten…«

»Sachma«, sagte Achnes und hielt das Knäuel prüfend auf ihren halbfertigen Topflappen.

Ich nahm all meinen Mut zusammen und sagte plump: »Ich würde gern meinen Sohn selbst erziehen.«

In Erwartung eines fürchterlichen Donnerwetters inklusive Stricknadelattacke und Tränenausbruch saß ich herzklopfend da. Ich hatte es gewagt! Kind, was BIST du auch wieder vorlaut!

Klaus drückte mir unterstützend die Hand. Wir verstanden uns großartig, wir zwei, und wir würden es schaffen. Auf die ganz diplomatische, taktvolle Art. Wie abgemacht.

»Ich hap getz die richtige Brille nich auf«, sagte Achnes. »Kuckma, Klaus, is dat getz gerade?«

Wir guckten auf das Knäuel und den Topflappen und überschlugen uns darin, ihr zu bestätigen, daß es gerade sei.

»Dann tu ich dat ers reihen«, sagte Achnes.

Wir warteten, bis sie sich und ihr Nadel-und-Faden-Sortiment gesammelt hatte.

Klaus biß zur Auflockerung der Spannung in eine saure Gurke. Ich kratzte verlegen in meinem Hafernapf herum.

»Wir wollten mit dir auch mal grundsätzlich die Gehaltsfrage besprechen…« begann Klaus.

»Is der Katoffelsalat aunich zu sauer?« fragte Achnes. »Ich happ die Guakn ja extra separat geleecht.«

»Nein, er schmeckt ganz köstlich«, rief ich, ohne ihn je probiert zu haben. Ich wollte nun endlich zur Sache kommen!

»Die Guakn waren schon wat matschich«, sagte Achnes. »Die hatten zulange inne Sonne gelegen. Sahen schon ganz unappetitlich aus. Deswegen happich se mit Semf beschmiat. Tu ma apkratzen, den Semf, dann siehßet.«

»Wir würden mit dir gern mal ein paar Termine absprechen«, sagte Klaus. »Zum Beispiel, wann du mal ein paar Tage freinehmen möchtest. Was hast du denn zum Beispiel in den Sommerferien vor?«

Das war ein gewagter Vorstoß. Gespannt biß ich auf meinem Plastiklöffel herum.

»Ich weiß wat Schönet für den Klain«, sagte Achnes. »Da tut ihr beide euch auch gut erholen. Anne Noadsee. Ich hap da ne Bekannte wohnen. Wolltich imma ma wieda hin.«

Ich holte tief Luft und sagte: »Wir würden aber gerne mal alleine fahren…« Weiter kam ich nicht. Das Telefon klingelte.

»Ich geh schon dran«, sagte Achnes, »muß sowieso die andere Brille holen!« Damit wieselte sie hinein.

»Pauline«, sagte Klaus tadelnd. »Nicht mit dem Holzhammer!«

»Sonst kommen wir nie von ihr los!«

»Wir wollen ja auch nicht von ihr loskommen. Wir wollen uns nur ein bißchen distanzieren«, sagte Klaus. »Das ist ein Unterschied!«

»Aber in den Urlaub willst du sie doch wohl nicht mitnehmen!«

»Warum eigentlich nicht? Dann hätten wir beide endlich mal Zeit für uns. Stell dir mal vor, morgens gemütlich ausschlafen...«

»Du willst dich also auf keinen Fall von ihr trennen?« fragte ich mit plötzlicher Aggression. »Noch nicht mal im Urlaub?!«

»Dazu besteht doch überhaupt kein Grund«, sagte Klaus.

»Dann haben wir zwei uns wohl gründlich mißverstanden«, zischte ich wütend. »Ich dachte, wir hätten in München besprochen...«

»Daß du wieder bei uns einziehst, ja. Aber nicht, daß Frau Pupke dafür auszieht!«

»Dann nimm sie doch gleich mit ins Bett!« giftete ich ihn an.

Kind, nun wirst du aber geschmacklos!

Klaus blieb vor Staunen der Mund offenstehen.

»Du bist doch nicht etwa eifersüchtig! Doch nicht auf Frau Pupke! Frau Pupke ist einundsechzig!«

Ich kam mir zwar entsetzlich blöd vor, aber es gab kein Zurück.

»Entweder sie oder ich!« schrie ich theatralisch und sprang auf.

Jetzt hatten die Fernsehgucker auf den Nachbarbalkons ein echtes Kontrastprogramm! Dallas live! JR will sich nicht von Miss Ellie trennen, und Sue Ellen kriegt einen Rückfall in die Breisucht!

»Pauline«, sagte Klaus und zog mich am Arm. »Wir sind doch auf sie angewiesen! Beim nächsten Konzert weißt du wieder nicht, wohin mit Paul! Sei doch vernünftig! Wir reden gleich in Ruhe mit ihr!«

Ich war aber zu keinerlei Sachlichkeit mehr bereit. Irgendwie war ich sowieso ziemlich überempfindlich in letzter Zeit. Besonders, wenn es darum ging, Klaus mit einer Frau Pupke teilen zu müssen.

»Wenn ich hier noch mal ausziehe«, schnaufte ich in höchster Erregung, »dann nehme ich Paulchen mit!«

Blind vor Tränen riß ich mich los. »Heirate doch Frau

Pupke, vielleicht kriegt ihr auch noch ein Kind!« Mit diesen großartigen Worten wählte ich den linken Bühnenabgang und stolperte ins Wohnzimmer. Ich schämte mich ganz fürchterlich. Und schlecht war mir. Das auch. Frau Pupke stand am Telefon und plauderte kokett mit dem Hörer.

Tränenblind wollte ich an ihr vorbeistürmen, um mich wie üblich zum Heulen auf die Toilette zurückzuziehen.

»Da kommt se grade«, sagte Frau Pupke fröhlich. »Ich tu dann mal übergeben!«

Eigentlich hatte ich genau das gerade vorgehabt, aber ich nahm den Hörer und wartete, bis ich meine Fassung wiedergewonnen hatte. Frau Pupke ging arglos wieder auf den Balkon hinaus.

»Is einer vonne Oper«, hörte ich sie ehrfürchtig flüstern.

Ich schluckte an meinem dicken Kloß im Hals, räusperte mich dann energisch und drückte erwartungsvoll den Hörer ans Ohr.

»Ja?« sagte ich mit wackliger Stimme.

»Ich schau dir in die Ohren, Kleines«, sagte der Hörer. Es war Simon.

»Was kann ich für dich tun?« fragte ich kühl.

»War das eben deine Frau Mutter?«

»Nein. Das war Frau Pupke, meine Angestellte.«

»Die ist aber ausgesprochen nett.«

»Was willst du?« Ich war nicht zu alberner Konversation bereit.

»Och«, sagte Simon betont lässig. »Ich habe im Prinzip nix dagegen, dich mal wiederzusehen. Du hast lange nichts von dir hören lassen.«

»Ist dir das auch schon aufgefallen!« gab ich schnippisch zurück.

»Ja, es ist mir vor einiger Zeit aufgefallen«, sagte Simon freundlich. »Hier liegt immer noch eine rote Wolldecke von dir. Und eine Packung Anti-Baby-Pillen. Vermißt du die gar nicht?«

Die sollte er doch durch die Pfeife rauchen!

»Die Wolldecke vermisse ich nicht, weil Sommer ist«, sagte ich schmallippig. »Und das andere Zeug kann man überall kaufen.« Simon brauchte nicht zu wissen, daß ich beschlossen hatte, diese gefährlichen kleinen Hormonbomben, von denen man Pickel und sonst nichts bekommt, ab sofort nicht mehr zu benutzen.

»Dann hast du ja im Prinzip nix dagegen, daß ich die Schachtel bei passender Gelegenheit weiterverschenke«, sagte Simon. Provokativ lutschte er auf seinen Gummibärchen herum.

Ich wäre ihm gern mit nacktem Hintern ins Gesicht gesprungen, aber das war telefonisch nicht machbar.

»Wie geht's dir denn so?« fragte Simon unverbindlich. »Was macht die steile Karriere?«

»Und selbst?« sagte ich einsilbig.

»Soweit, so gut«, sagte Simon in seiner unverwechselbaren konkreten Art. »Ich wollte dich fragen. ob du Lust auf eine Zauberflöte hast.«

»Wenn du damit deine eigene meinst, dann nein.«

»Wer wird sich denn gleich so ereifern. Ich rede von Wolfgang Amadeus Mozart! Immer diese Zweideutigkeiten!«

»O. K., O. K.«, lenkte ich ein. »Was für eine Zauberflöte also?«

»Wir suchen immer noch eine dritte Dame«, sagte Simon. »Wir hatten zwischenzeitlich eine, aber die war zu dick. Sie paßte rein optisch nicht in die Gruppe. Also, wie sieht's mit dir aus? In der spielfreien Zeit geht das Ensemble auf Tournee.«

»Japan und Südamerika und so?« fragte ich herzklopfend. Karriere! Weltweit! Zugreifen! hechelte der Schweinehund.

»Nee, mehr so die nähere Umgebung«, sagte Simon und kaute dabei genießerisch auf seiner Pfeife. Ich roch förmlich den süßlichen Vanille-Duft. »Lauter nette westfälische Kleinstädte. Ich werde wohl den Papageno singen.«

»Sing doch den Papagallo, das liegt dir!«

»Da hätte ich im Prinzip auch nix gegen! Spaß beiseite, Süßes: Der ursprünglich vorgesehene Papageno hat schulpflichtige Kinder und muß mit denen zum Camping in die Eifel.«

»Wie spießig. Camping in der Eifel.«

»Ooch, das kann auch ausgesprochen nett sein. Je nachdem, ob da ein paar nette Eifelhäschen campieren…«

»Komm doch bitte zur Sache.«

Simon freute sich, daß ich mich ärgerte. »Eile mit Weile«, sagte er, »nur keine hektische Hast.«

Schließlich erschien Achnes auf ihren wackeren Beinchen und stellte mir meinen abgegessenen Vielkornbrei neben das Telefon.

»Tu man aufessen«, raunte sie, »dann kann ich schomma spülen!«

Der Haferbrei hatte schon Kalk angesetzt und war genauso zäh wie mein Gespräch mit Simon.

»Störe ich dich beim Essen?« fragte er, nur um wieder vom Thema abzukommen. »Spachtelst du wieder einen deiner Frust-Bomber?«

»Schnauze«, sagte ich.

»Du bist wirklich süß, wenn du wütend bist, Mäuschen.«

»Also ich habe keine Lust, mir weiter deine Verniedlichungen anzuhören«, bellte ich barsch.

Kind, faß dich kurz und sei höflich und weise den Mann in seine Schranken. Freundlich, aber bestimmt.

»Ich dachte mir dich als dritte Dame. Das wäre eigentlich nett.«

»Zur ersten Dame habe ich es bei dir wohl nie gebracht!«

Kind, so was SAGT man nicht zu einem Mann!

Simon wollte mich sowieso nicht verstehen. »Die erste Dame ist eine Sopran-Partie, soweit ich unterrichtet bin. Das macht übrigens eine Bekannte von dir, die nette kleine Antje Zier! Hahaha, das reimt sich!« freute er sich.

Würd' ich mein Herz der Liebe weih'n, so müßt's nicht dieser Dümmling sein, dachte ich erschüttert.

Ich hatte eigentlich schon zusagen wollen, nur um meinen häuslichen Problemen aus dem Wege zu gehen, aber zwei sehr unterschiedliche Gesichtspunkte hielten mich zurück. Zwei Weibsbilder nämlich, die es auf meine zwei Männer abgesehen hatten. Die Pupke und Antje. Beide auf ihre Art höchst gefährlich.

Ich sollte fort? Sie wäre gern mit ihm allein, nein, nein, das kann nicht sein! Was würd' die Pupke darum geben, könnt' sie mit diesem Doktor leben!

»Tut mir leid. Ich habe keine Lust, die dritte Dame zu sein.

Ich geb' mich nie mit zweit- und drittklassigen Besetzungen ab. Meine Tante Lilli ist übrigens der Meinung, daß aus mir sowieso keine Dame wird. Wenn euch die fette schwarze Eule aus München nicht gut genug war – tja, Pech für die Oper!« Dann legte ich auf.

Damit hatte ich mich verraten. Ganz klar. Selbst der unkonventionelle Simon mußte nun darauf kommen, warum ich unsere lockere, ausgesprochen nette Beziehung, gegen die er im Prinzip nix gehabt hatte, von heute auf morgen abgebrochen hatte.

Postwendend rief er wieder an.

»Du warst also in der Neunten in München.«

»War ich«, äffte ich gereizt.

»Es war ein ausgesprochen netter Einspringer für mich.«

»Weil das ausgesprochen nette Häschen Antje Zier dort einhersprang, was!« höhnte ich haßerfüllt.

»Warst du nicht mit einem Arzt dort zum Kongreß?«

»Ja. Aber das tut nichts zur Sache.«

»Und was sagt der zum Thema Eifersucht?«

»Nichts«, antwortete ich übellaunig. »Der schlief.«

»Pauline!« rief Klaus von draußen. »Kommst du?«

»Gleich!« schrie ich zurück. Ich wußte nicht, für wen ich größeren Haß hegen sollte, für meinen Friede-Freude-Eierkuchen-Kindsvater oder meinen Beste-Freundin-Verführer und Ex-Matratzen-Liebhaber Simon.

»Da ruft dich wer«, bemerkte Simon mit zäher Penetranz.

»Genau. Ich bin nämlich nicht allein!«

»Nein, nein, deine Frau Mutter ist da, und ihr eßt Kartoffelsalat und saure Gurken«, sagte Simon. »Weiß ich alles schon.«

Ich kriegte plötzlich sehr viel Lust auf saure Gurken. »Tschüß«, sagte ich. »War 'ne schöne Zeit mit dir.«

Dann legte ich auf.

Als ich vom Heulen auf dem Klo zurückkam, waren Klaus und Achnes mit ihrer Haushaltsdebatte schon sehr viel weiter gekommen.

Die Urlaubspläne, die die beiden inzwischen geschmiedet hatten, waren dermaßen abschreckend, daß ich bereit gewesen wäre, sogar die achte oder zwölfte Dame in Hinterzarten zu singen. Oder als stumme Statistin Theresa Horn die Krokotasche hinterherzutragen.

Der Bekannte von Achnes, besagter Walta, hatte nämlich eine weitläufige Cousine auf einer ostfriesischen Insel, die eine sogenannte Fremdenpension bewirtschaftete. Da auf jener ostfriesischen Strafkolonie weder kulturell noch wirtschaftlich der Stand des zwanzigsten Jahrhunderts erreicht war, fuhren dort auch keine Autos. Achnes schwärmte davon, mit Sack und Pack per Fährschiff anzureisen und dann viele windige Urlaubstage auf den rauhen Dünengräsern zu verbringen. Da gebe es auch ein Wellenbad, in dem sich bei schlechtem Wetter, also meistens, die gesamte Urlauberschar versammelte. Es bestehe aber Badehaubenpflicht wegen de Hügieene, woll? Ich stellte mir Achnes und Klaus mit Badehaube im pipiwarmen Salzwasser vor und wußte, daß ich den Freizeitwert dieses Urlaubs durch meine pure Anwesenheit nur schmälern konnte.

Macht eure Hochzeitsreise ohne mich!

Für Paulchen war der Ostfriesentrip sicherlich eine Alternative zum städtischen Sandkasten. Schon wegen der Luftveränderung.

Später würde ich ihm erklären müssen, warum er als Einjähriger bereits ohne seine Mutter in Urlaub fahren mußte. Wegen Zerwürfnis des Elternhauses mit dem Personal.

Klaus schmiß mir Blicke zu, die mich anflehten, ihn doch nicht mit Achnes allein auf die unzivilisierte Insel des Grauens zu schicken.

Ich übersah sie geflissentlich.

Zertrümm're, zerschelle! Den kalten Verräter mit plötzlicher Wut! Ich erhob mich ohne hektische Hast und schritt erhobenen Hauptes zum Telefon.

Die Würfel waren gefallen.

Ich würde auf dem Festland bleiben und Karriere machen. Wenigstens vorübergehend. Solange es noch ging.

Mit eisiger Stimme rief ich Simon an und teilte ihm in knappen Worten mit, daß ich aus rein finanziellen Gründen die dritte Dame singen würde. Simon fand das ausgesprochen nett.

Achnes freute sich wie ein Kind, als ich ankündigte, daß ich den geplanten Familienurlaub aus beruflichen Gründen leider würde boykottieren müssen. »HAPPICH es nich grade gesagt, daß du in letzter Zeit nich viel wech warst? HAPPICH es nich gesagt? Sachma! Und da ruft ein Opernsänga an, un schonn bisse wieda wech! Woll! Sachma! Wenn das nich ein Zufall is! Was? Klaus! Sachma! Getz isse wieda wech! Getz hat se wieda wat zu singen! Kaum sarich es, da krichtse wieda ein Auftritt! Sachma. Wenn dat nich ein Zufall is. Sachma. Woll?«

Klaus sagte weder woll noch sachma. Schweigend erhob er sich und ging hinein und satzte sich an seinen Computer, wo er sich immer verschanzt hatte, wenn ich zu keiner Huldvereinung bereit gewesen war. Zwischen uns herrschte augenblicklich wieder die altgewohnte Zweckgemeinschaft.

Wahrscheinlich glaubte Klaus, daß Simon der Grund für meine Absage war.

Dabei war es Achnes mitsamt ihrer ostfriesischen Cousine, die mich in die Arme des anderen getrieben hatte!

Daß Männer so blind sein können!

Nachdem wir Frauen unserer Haushaltsrolle gemäß in der Küche Ordnung gemacht hatten, wobei Achnes mit nicht zu bremsender Begeisterung von Waltas Cousine Alma, deren Mann Hugo und dessen Erlebnissen im Fischereigewerbe auf dem ihm eigenen Hochseekutter erzählt hatte, schlich ich mich zu Klaus ins Arbeitszimmer.

»Es tut mir leid, daß ich nicht mitfahre«, begann ich. »Aber ich kann einfach nicht.«

»Natürlich«, sagte Klaus, indem er auf seinen Bildschirm starrte. »Tu, wozu du dich berufen fühlst. Es ist doch völlig klar, daß du ein Engagement annehmen mußt, wenn du endlich mal eines kriegst. Dein Beruf ist dir sehr wichtig, und das akzeptieren wir selbstverständlich.«

Mit großer Konzentration fummelte er an seinem Schiebeschalter herum, den er »Maus« nannte und dem er irgendwelche Befehle zu geben die Macht hatte.

Das akzeptieren WIR! Achnes und er, eine untrennbare Einheit!

»Das finde ich nett von euch«, sagte ich ironisch.

»Ist doch klar«, antwortete Klaus und tippte weitere chaotische Zeichen in den Apparat.

Reine Übersprungshandlung natürlich.

Ich stand abwartend mit dem Rücken zur Tür und starrte auf die beleidigte Hinterfront meines Kindsvaters.

Tu doch was, du dickfelliger Eisbär, steh auf und zieh mich leidenschaftlich auf deinen Chefsessel und drück mir meinetwegen einen feuchtwarmen Kuß ins Gesicht, wie du das früher immer getan hast!

Beschwöre mich, daß ich mitfahre auf die ostfriesische Insel, weil du ohne mich nicht wellenbaden magst! Beteuere, daß du viel lieber mit mir unter einer Badehaube steckst als mit Frau Pupke! Sofort lasse ich das blöde Engagement sausen!

Nur ein Wink von deinen Händen stürzt ohnmächt'ger Menschen Macht!

Doch nein.

Klaus wollte leiden.

»Keiner hat dich richtig lieb, woll!« sagte ich streitlustig. »Nur Tante Pupke!«

»Quatsch«, sagte Klaus, ohne sich umzudrehen.

»Sachma!« sagte ich provokant.

Klaus fuhr wütend auf seinem Drehstuhl herum: »Deine Eifersucht auf Frau Pupke ist lächerlich!«

»Ist sie nicht! Frau Pupke zerstört meine Gefühle für dich im Keim!«

»Frau Pupke wäre froh, wenn du Gefühle für mich hättest!«

»Meine Gefühle für dich gehen Frau Pupke einen Scheiß an!«

Ich wurde rot. Das hatte ich so direkt eigentlich gar nicht formulieren wollen. Ärgerlich wendete ich mich ab.

»Gehen sie nicht, weil Frau Pupke mit zur Familie gehört! Ohne sie wären wir aufgeschmissen!«

»Wären wir nicht! Mit etwas gutem Willen hätten wir morgen schon eine andere Haushälterin! Eine, die NICHT zur Familie gehört!«

»Und an Paulchen denkst du nicht?!«

»Doch«, brüllte ich, »gerade an Paulchen!«

»Deine Erfahrungen mit Kinderfrauen waren doch allesamt bejammernswert«, schnauzte Klaus, »ich habe dir lange genug freie Hand gelassen!«

»Du hast mir überhaupt keine freie Hand zu lassen«, pöbelte ich im Emanzenton. »Ich BIN frei! So! Damit du es weißt!«

»Bist du auch!« schrie Klaus und donnerte die Maus auf den Schreibtisch. »Geh deiner Wege! Das habe ich dir schon Weihnachten angeraten!«

»Aber meinen Sohn nehme ich mit!« schnaufte ich in höchster Wut.

»Und wohin, wenn ich fragen darf?«

»Was gehet dich das an!«

»Es geht mich eine ganze Menge an, was mit meinem Sohn geschieht!«

»DEIN Sohn?! Frau Pupkes Sohn, willst du sagen!«

»Jedenfalls nicht der Sohn von diesem exzentrischen Spinner, der sich pausenlos auf Kosten anderer selbstverwirklicht! Zu dem kannst du gerne gehen, du paßt ja zu ihm! Aber Paulchen läßt du hier!«

Ich überlegte kurz. Zu Simon konnte ich Paulchen wirklich nicht bringen. Außerdem wollte ich sowieso nicht mehr zu ihm zurück. Keinen Schritt.

Robby. Der Geiger. Er war ein Freund.

Aber Paulchen dorthin schleppen?

Nein. Ausgeschlossen.

Frauenhaus? Sozialamt? Jugendfürsorge?

Nein, Pauline. Nicht im Ernst. Hier ist Paulchen zu Hause, hier geht es ihm gut.

»Wie undankbar du bist«, sagte Klaus und streckte die Hand nach mir aus. »Frau Pupke hat dir noch nie was Böses getan.«

»Sie hat uns allen wohlgetan«, sagte ich bissig. »Viel zu wohl. Wieviel Kilo hast du eigentlich schon zugenommen?«

Das war gemein und ging unter die Gürtellinie, und Klaus antwortete nicht auf ein Wort.

»Frau Pupke mag es manchmal an Feingefühl mangeln«, sagte er schließlich, »wie dir übrigens auch.«

Ich schluckte. Kind, wie recht er hat.

»Sie ist aber kein Gerät, das man nach Gebrauch in die Ecke legen kann. Sie ist ein Mensch, und sie verdient, wie ein Mensch behandelt zu werden!«

»Honig und Milch kleben unter deiner Zunge!« höhnte ich. »Heul doch und schmeiß dich an Frau Pupkes Brust!«

Das war wieder mal sehr unsachlich, Kind. Klaus ist viel gelassener als du!

»Ich verstehe deinen Haß auf Frau Pupke nicht! Sie will doch nur dein Bestes!«

»Genau!« giftete ich. »Mein Bestes ist Paulchen! Das will sie, aber das kriegt sie nicht!!«

»Wie können Frauen nur so feindselig sein?« sinnierte Klaus. »Du wolltest eine liebevolle, flexible Kinderfrau, die sogar noch den Haushalt macht. Jetzt hast du sie! Sei doch zufrieden! Wie viele Mädels würden dich um Frau Pupke beneiden!«

»Wie viele Jungens würden DICH erst um Frau Pupke beneiden!« höhnte ich. »Sie wäscht deine Unterhosen und bügelt deine Hemden und kocht dir jeden Tag Leberknödel mit Sauerkohl! Und schmiert dir die Schnittchen und gießt dir Kaffee ein! Und kostet dich keinen Pfennig! Andere müssen für so eine Dienstleistung extra heiraten!«

»Würdest DU mir denn die Hemden bügeln und die Socken waschen? Das glaubst du doch selber nicht!«

»Wie KÄME ich denn dazu!« schrie ich. »Deine Einstellung zu Frauen schreit zum Himmel! Da lobe ich mir aber Simon! Der ist vollkommen autark!«

»Der paßt anscheinend wirklich besser zu dir als ich«, sagte Klaus mit markerschütternder Traurigkeit. »Geh ruhig wieder zu ihm, wenn es dich glücklich macht. Ich habe dir versprochen, daß du ein freier Mensch bist. Ohne Bedingungen.«

»Du STELLST aber Bedingungen!« schrie ich unter Tränen. »Die Bedingungen sind unzumutbar! Ich soll meinen Sohn einer fremden Frau überlassen, die ihn verzieht! Ich darf ihn ja noch nicht mal mehr allein ins Bett bringen!«

Jetzt heulte ich Rotz und Wasser.

»Pauline, du willst es nicht anders«, sagte Klaus. »Du hast deine Freiheit gewollt, jetzt hast du sie. Du wolltest eine Kinderfrau, jetzt hast du sie. Nun mach mir das nicht zum Vorwurf. Schließlich wolltest du um jeden Preis berufstätig sein.«

»Wieso, du willst doch auch um jeden Preis berufstätig sein«, schnauzte ich kalt. »Oder würdest du MIR die Unterhosen waschen und die Socken bügeln? Na? Was ist? Dazu fällt dir wohl nichts mehr ein!«

»Pauline, wenn du jetzt Äpfel mit Birnen vergleichst…«

»Wieso vergleiche ich Äpfel mit Birnen?! Was bildest du dir eigentlich ein? Bist du eine Art höheres Wesen, nur weil du ein Mann bist?«

»Du bist unsachlich, Pauline. Ich bin berufstätig, du bist berufstätig, wir haben einen gemeinsamen Sohn, und dafür haben wir eine gemeinsame Kinderfrau. Wer ist da also benachteiligt?«

»Ich als Mutter«, sagte ich. »Sie nimmt mir mein Kind weg!«

»Das bildest du dir ein, Pauline! Sie liebt es eben!«

»Sie ZERliebt es mir!«

»Pauline, das Kind ist noch nicht mal ein Jahr! Glaub mir, man kann es in dem Alter noch gar nicht mit Liebe verwöhnen! So ein Menschlein braucht unendlich viel Zuwendung und Zuspruch…«

»Und wenn er größer ist, will sie ihm die Nietenhosen wegnehmen und in den Ofen schmeißen«, heulte ich.

»…und Liebe und Wärme und Geborgenheit und eine regelmäßige Bezugsperson…«

»Wie ein kleines Entlein…« höhnte ich sarkastisch. »Herr Doktor, wo haben Sie das nur gelesen! Das mag ja theoretisch alles stimmen, nur auf unseren praktischen Fall bezogen…«

»Unser praktischer Fall ist der, daß die Mutter sich mit aller Macht selbstverwirklichen will«, sagte Klaus scharf. »Dazu kommt, daß die Mutter sich überhaupt nicht auf den Vater festlegen mag. Und solange die Mutter sich ausgesprochen pubertär benimmt und nur sehr unregelmäßig zu Hause erscheint, ist Frau Pupke hier nicht wegzudenken. So. Und das bestimme ich im Interesse meines Sohnes. Weil ich ihn nämlich auch liebe, den Paul!«

Spätestens jetzt heulten wir beide. Klaus wie immer aus Selbstmitleid und ich wie immer aus Wut.

»Armer, schwarzer Kater!« schnaubte ich. »Geh ma nach Tante Pupke hin, die wischt dir bestimmt die Tränen ab und putzt dir die Nase. WOLL!«

Damit ergriff ich endgültig die Flucht. Ich knallte die Tür, daß sein Computer Rauchwölkchen entwickelte, und polterte ins Schlafzimmer, um meinen Koffer zu packen. Draußen auf dem Flur stand klein und schrumpelig Frau Pupke. So sah also die Frau aus, die mich im Kampf um den Vater meines Kindes besiegt hatte. Wer hätte das gedacht.

»Hapta Streit?« fragte sie, als ich tränenblind an ihr vorbeistob. »Sollt doch nett zueinander sein, happich doch gesacht!«

Ich packte in grenzenloser Verzweiflung meine Habseligkeiten. Hier gehörte ich nicht mehr hin. Hier wurde ich übervorteilt und meiner Grundrechte beraubt. Man nahm mir mein Kind und man nahm mir die Luft zum Atmen.

Frau Pupke war ins Aabeitszimma gegangen und tröstete Klaus, der gramgebeugt über seinem kaputten Computer saß.

»Ich zieh dir dat Kind groß«, hörte ich sie sagen.

»Happich dir damals schon bei Irene gesacht. Aba die wollt ja kains. Ich tu es dir großziehen. Kannzte zukucken. Wenn du Nachtdienst hast, bringe ich es dir jeden Tag in die Klinik!«

Fassungslos stand ich da und lauschte.

»Es ist Paulines Kind«, sagte Klaus.

»Die will dat doch nich«, sagte Achnes. »Die hat doch nur ihre Karriere im Kopf!«

Der Lauscher an der Wand...

Wie betäubt lief ich ins Kinderzimmer, um von Paulchen Abschied zu nehmen.

Und ob ich dich will, mein Kerlchen!

Es lag da mit seinem lächerlichen selbstgestrickten hellblauen Hasen im Arm und atmete fast lautlos, in Tiefschlaf versunken.

Tschüs, mein Kleiner. Fahr schön an die See und erkälte dich nicht. Ich hole dich hier raus!! Deinen Papa würde ich auch gerne hier rausholen. Weil ich ihn eigentlich fürchterlich liebe. Aber solange er es vorzieht, eine Frau als Versorgungsinstitut zu betrachten, soll er verdammt noch mal bei seinem

Nächstenliebespeienden Drachen bleiben. Ich werde dich von dem Ungetüm befreien, das schwöre ich!! Wenn wir uns wiedersehen, kannst du bestimmt schon laufen. Schade, daß ich deine ersten Schritte nicht erlebe...

Dabei verlor ich endgültig die Fassung. Tränenblind stolperte ich mit meinen Koffern in die warme Sommernacht hinaus.

Von der nächsten Telefonzelle rief ich Robby den Geiger an. Ohne große Erklärungen fragte ich: »Kann ich fürs erste bei dir wohnen?«

Der Geiger fand die Idee großartig. Er sei zwar gerade auf dem Sprung in den Orchestergraben, aber er lege mir den Schlüssel unter die Fußmatte.

Eine Stunde später saß ich auf seiner Küchenbank.

Wer hätte das gedacht.

Robby war nun bereits der dritte Mann, bei dem ich innerhalb von einem Jahr einzog. Komisch. Als ich noch ledig und kinderlos war, war mir das nie passiert. Da war ich immer vollkommen autark irgendwie!

Immerhin: Hier gab es weder eine unerträgliche Nebenbuhlerin mit überdurchschnittlichen hausfraulichen Qualitäten, noch mußte ich mich mit zwei Quadratmetern auf einer Schmuddelmatratze begnügen.

Robby war schier aus dem Häuschen vor Gastfreundschaft. Er überschlug sich ohn Unterlaß, um mir alles recht zu machen.

»Pauline! Daß du da bist! Wer hätte das gedacht! Was möchtest du essen, trinken, schlafen, rauchen, telefonieren, lesen... Was kann ich für dich tun?!«

»Mir zuhören und mich in Ruhe lassen«, sagte ich und schnaubte mir die Nase.

»Wenn's mehr nicht ist«, sagte Robby und setzte sich zu mir an den Tisch.

»Leg mal los, Pauline. Gibt's Ärger mit dem Kindsvater?«

»Ja, und mit Frau Pupke!« schniefte ich.

Dann erzählte ich ihm, von hemmungslosem Geschluchz geschüttelt, mein bejammernswertes Schicksal.

Es dauerte Stunden.

Robby, der Fünfziger-Jahre-Held, übte sich im Trösten und Tätscheln.

Ich fühlte mich sehr wohl bei ihm. Andeutungsweise zu Hause.

»Jetzt bleibst du erst mal bei mir«, sagte Robby.

Ich sah ihn staunend an.

»Für eine Weile«, ergänzte er schnell.

»Ohne Bedingungen?« fragte ich tränenverquollen. Oh, wie leid ich mir doch tat!

»Ohne Bedingungen«, sagte Robby. »Sag mir, wie ich mich verhalten soll, damit du dich wohl bei mir fühlst.«

Er war ein Freund. Ein wahrer Freund.

Deshalb legte ich ihm gleich am ersten Abend all meine kleinen liebenswürdigen Eigenheiten dar.

Die Diva ißt grundsätzlich nur Brei mit dem Plastiklöffel. Im Moment steht sie auf Dr.-Flusa-Vollweizen-Gel. Gibt es in jedem Reformhaus. Ansonsten mag sie Milchreis von Mühlmanns ohne Rosinen. Zu trinken wünscht die Diva entweder herben Weißwein mit viel Wasser verdünnt oder alkoholfreies Bier mit Cola light gemischt. Zu schlafen beliebt die Diva von Mitternacht bis gegen zehn, und wenn sie erwacht, möchte sie nicht angesprochen werden. Den Kaffee trinkt sie stets mit Honig, und im Badezimmer braucht sie zweimal zehn Minuten.

Im Bett kann sie keine Knöpfe ertragen, dagegen ist eine Wärmflasche sehr erwünscht. Zur Verdauung absolviert sie mindestens einmal täglich einen Marsch von einer Stunde zur Bekämpfung des inneren Schweinehundes, und zur Erhaltung der sogenannten Figur schwimmt sie mehrmals pro Woche zweitausend Meter am Stück. Das sogenannte Einsingen findet unmittelbar nach dem Frühstück statt, dauert zwei Stunden und fördert auf jeden Fall die Verdauung. Telefonate also bitte erst nach dem Einsingen.

Wenn am Abend ein Auftritt ansteht, ist es besser, die Diva vierundzwanzig Stunden vorher nicht mehr mit überflüssigen Lappalien zu belästigen. Mit anderen Worten, man richtet besser überhaupt nicht mehr das Wort an sie. Zur Zeit stehen aber keinerlei Konzerte an. Außer der dritten Dame natürlich.

Ansonsten gibt es kaum Verhaltensmaßregeln für Menschen, die mit ihr zusammenleben wollen.

Wenn das nicht einfach war! Jetzt fiel mir erst mal auf, wie unkompliziert ich war! Wenn ich da an die Marotten von Simon Reich dachte!

Robby fand mich auch unkompliziert. Noch am selben Abend improvisierte er ein breiiges Abendessen auf Haferflockenbasis und kredenzte eine alte verstaubte Flasche Wein mit Leitungswasser. Dann nahm er seine feinste Bettwäschegarnitur, hielt sie aus dem Fenster und schnitt alle Knöpfe ab. Er bestand darauf, daß ich in seinem Bett schlief, während er selbst im Wohnzimmer nächtigte.

»Du mußt nicht zufällig jetzt auf dem Fußboden schlafen?« fragte ich, als er sich Dieter-Porsche-mäßig mit einem Kuß auf die Stirn verabschiedete.

»Darüber reden wir ein andermal«, sagte Robby und zog sich diskret zurück. Hach aber auch!

Die Diva kuschelte sich im doppelten Sinne weinselig in die Biber-Bettwäsche mit den appen Knöpfen. Mein Paulchen! In den Händen von Barbaren! Die Mutter obdachlos und auf Almosen angewiesen! Eine wahre Geschichte zum Weinen und Schluchzen, und ich steckte mittendrin!

Die Story mußte ich unbedingt aufarbeiten, für »Das tote Blatt«.

Robby der Geiger tröstete mich übrigens NICHT. Tante Lilli hatte recht. Dieser Mann hatte überhaupt keinen Schweinehund.

In den nächsten Tagen schaffte ich mir mit Hilfe einer alten ausgeleierten Schallplatte aus dem Geigerschen Archiv die dritte Dame drauf. Meine Übungsstunden wurden meistens von plötzlich auftretenden Heulanfällen unterbrochen, wenn ich an mein Paulchen dachte. Die Sehnsucht nach ihm war grenzenlos.

Doch ich hatte keine Wahl. Ohne Geld und Sicherheiten konnte ich nicht existieren, es sei denn, ich hätte mich selbst zur Sozialhilfeempfängerin degradiert, was Tante Lilli nie geduldet hätte. Mein Vertrag bei der Plattenfirma, wo ich immer backgroundmäßig »schubi duba« gesungen hatte, war nach

Paulchens Geburt nicht verlängert worden, so daß ich auf meine mehr oder weniger sensationellen Solo-Engagements im klassischen Showgeschäft angewiesen war.

Ich erzählte Robby mein Dilemma.

»Warum heiratest du diesen Doktor denn um Himmels willen nicht?« fragte er aufgebracht. »Denk doch mal an Antje Zier. Die hat das doch so praktisch gelöst!«

»Wahrlich, du bist auch einer von denen, denn deine Sprache verrät dich«, sagte ich ärgerlich.

Robby sah mich fragend an. »Von denen?«

»Von diesen Grufties aus der verkalkten Generation.«

Mühsam erklärte ich ihm, daß ich nicht aus Sicherheitsgründen geheiratet werden wollte und daß ich außerdem immer noch zäh an die Mär von der großen Liebe glaubte. Da hätten wir etwas gemeinsam, sagte Robby. Er glaubte auch immer noch an die große Liebe. Und guckte mich wieder so markerschütternd offen an.

»Wieso liebt der dich denn nicht, der Trottel?« empörte er sich. Es war seine rührende Art, mir klarzumachen, daß er, Robby, mich wohl lieben würde, wenn ich ihn ließe. Dieter Porsche eben. Direkt, aber indirekt. Das hat was.

Ich verzichtete darauf, Robby zu erklären, daß ich es war, die Klaus nicht zu lieben gewillt war, wenigstens nicht öffentlich und schon gar nicht nach dem jetzigen Stand der Entwicklungen. Wäre Robby eine Frau gewesen, hätte ich ihm wahrscheinlich mehr erzählt. Aber ich wollte ihm nicht weh tun.

So schob ich die ganze Schuld auf Frau Pupke.

»Warum entlaßt ihr sie nicht?« fragte Robby. »Ich habe auch mal eine Putzfrau entlassen, weil sie immer meine neuen Socken für ihren Mann geklaut hat.«

»Frau Pupke ist aber keine Putzfrau, darauf legt sie größten Wert! Sie nimmt kein Geld für ihre Arbeit. Sie klaut aber auch keine Socken, leider«, sagte ich. »Im Gegenteil: Sie strickt immer neue! Das ist ja das Schlimme. Außerdem kann man niemanden entlassen, der gar keinen Arbeitsvertrag hat.«

Ich erzählte Robby unter Schaudern, daß Agnes Pupke bei uns Wohnrecht auf Lebenszeit besaß und daß sie sich strikt weigerte, auch nur einen Pfennig Geld anzunehmen.

»Wohnrecht auf Lebenszeit? Habt ihr das etwa notariell festgelegt?«

»Klaus hat sich moralisch festgelegt. Das ist schlimmer.«

»Also dein Doktor muß sich entscheiden«, sagte Robby, indem er intensiv über seine Brillengläser lugte. »Entweder er heiratet dich und verläßt die Pupke, oder… er braucht dich ja eigentlich nicht gleich zu heiraten«, sinnierte er. Wahnsinnig lernfähig, der Robby. »Es würde doch reichen, wenn ihr zusammenleben würdet. In…« er suchte nach einem passenden Ausdruck »…wilder Ehe sozusagen…?«

»Er lebt mit der Pupke in wilder Ehe«, grollte ich, »mit MEINEM Kind! Das ist ganz ungeheuerlich!«

»Pauline, du mußt dringend mit ihm reden!«

»Habe ich doch schon, weiß Gott!«

»Und? Er will sich nicht entscheiden?«

»Nein. Er will uns beide, und das geht nicht.«

Mit Schaudern dachte ich daran, daß in früheren Zeiten grundsätzlich die Schwiegermutter mitgeheiratet wurde. Aber Frau Pupke war noch nicht mal meine Schwiegermutter! Sie war eine einfache alleinstehende Frau aus Wanne-Eickel. Sachma. Weder verwandt noch verschwägert!

»Ich wüßte schon, für wen ich mich entscheiden würde«, sagte Robby und versenkte seinen brillenlosen Randblick tief in meine Pupillen.

Ich übersah das geflissentlich.

Robby war ein Freund.

Weniger nicht.

Und den wollte ich, verdammt noch mal, nicht auch noch verlieren.

Robby mochte gut fünfundzwanzig Jahre älter sein als ich, dazu ein ausgemacht schweinehundloser Zeitgenosse. Dieter Porsche eben. Schade, daß mir die Rolle der Maria Schnell nicht lag. Ich selbst identifizierte mich eben in keiner Weise mit der guten, alten deutschen Ehefrau. Erstens natürlich aus Trotz. Schon allein, um den Männern zu zeigen, daß man(n) Frauen nicht einfach vereinnahmen kann. Zweitens aus Wut. Ich hatte doch nicht zehn Jahre lang meinen Kehlkopf geknechtet und mir sämtliche Partien, die für meine minderbemittelten Stimmbänder in Frage kamen, in den Schädel gehämmert, nur um jetzt meinem Gatten die Blümchentapeten wohnlicher zu gestalten. Als warmherziger Vordergrund. Drittens konnte ich nicht stricken, war des Reinigens einer Klobrillenunterseite nicht kundig und hatte irgendwie überhaupt keinen Sinn für das tägliche Entfernen von Krümeln unter dem Frühstückstisch. Auch mochte ich das Hemdenbügeln nicht in mein Repertoire aufnehmen. Selbst das Zerlegen eines zähen Hühnerbollens zwecks Bereitens einer kräftigenden Brühe für den abgearbeiteten Herrn Gemahl fiel mir schwer. Das lag alles daran, daß mein widerborstiger Schweinehund einfach nicht artig in seiner Hütte sitzen wollte. Noch nicht mal an der langen Leine. Der wollte ganz ohne Leine durchs Leben gehen. Eine üble Nebenerscheinung des neuen Zeitgeistes, mein Schweinehund.

Zumal das ganze Selbstverwirklichungsgefasel mit einem Kind einfach nicht vereinbar ist, sagte Tante Lilli streng. Du siehst ja, wohin das führt. Du tingelst als Freiwild von einem Mann zum anderen und bist abhängiger als je zuvor!

Nachmittags schlich ich mich oft zu den üblichen Pupkeschen Anlaufstellen im Stadtwald. Der Ententeich, das Wildgehege, der Kinderspielplatz und der Bäckerladen waren Orte, an denen ich mein Paulchen zu sehen hoffte. Manchmal überlegte ich, ob es Sinn habe, Paulchen einfach zu entführen. Aber abgesehen von dem Ärger mit der Polizei und dem Jugendamt würde ich dann auch wieder mein ganz altes Problem haben: Wohin mit Paulchen? Wo doch die Karriere gerade begann!

Robby konnte und wollte ich nicht als Babysitter mißbrauchen. Zumal er mich dann anstandshalber vorher geheiratet hätte.

Kind, wenn du überhaupt einen heiratest, dann Klaus. Daß das mal klar ist.

Nicht, solange Frau Pupke ihm wichtiger ist als ich. Außerdem ist Heiraten völlig out! Wer will denn Liebe vertraglich absichern? Frau Pupke hat das voll erkannt! Die hat auch keinen Vertrag!

Tante Lilli wollte nicht mit mir über diesen Punkt diskutieren. Das hatten wir schon zu oft getan.

Jedenfalls reiß dich jetzt zusammen und straff die Schultern, rief sie streng. Wo ist dein sagenumwobener Optimismus?

Sobald ich wieder eigenes Geld verdienen würde, wollte ich Paulchen zu mir holen. Ganz einfach. Ich brauchte nur erst die passende Wohnung – eine Kleinigkeit, als singende Vorstadt-Callas mit unehelichem Kleinkind eine preiswerte Dreizimmerwohnung in einer verkehrsberuhigten Straße nahe des Stadtwaldes zu finden! – und dann, endlich, die passende Kinderfrau. Auch die würde leicht zu finden sein! »Suche hochdeutsch sprechende Kinderfrau, die Tag und Nacht zur Verfügung steht«, würde ich inserieren. »Ausgefülltes Privatleben erwünscht! Übernahme von Hausarbeit und Kochen kein Hindernis!« und schon würden mir die Bewerberinnen in Scharen die Tür einrennen!

Ich räusperte mich mit Entschiedenheit und begann wieder mit meinen Tonleitern. Vor lauter innerem Streß wurde mir dabei richtig flau. Ich zerrte an meinem Nietenhosenbund. Zuviel Frustbrei in letzter Zeit!

Auf, Pauline! Der Bühnenhimmel wartet auf dich! Und außerdem: Alle berühmten Sänger sind dick.

»Bitte Ruheee auf der Probeeebühneee!« Der Herr Einpauker, genannt Schikaneder, fuchtelte mit seinem Klavierauszug herum und scheuchte ein paar langmähnige Gestalten aus dem Raum. »Werkstattprojekt hat jetzt Pauseee! Bitte meine Herren! Wir möchten jetzt arbeiten! Hier ist nur noch Zauberflöteee! Erste Szeneee, bitte meine Damen!«

Alle Gestalten schlenderten betont gemächlich von dannen. Außer uns drei Mädeln, genannt Damen, und einer Ausnahmeee: Simon Reich. Der war gerade damit beschäftigt, seine Fingernägel zu pflegen. Wobei er nicht gestört werden wollte! (Der Handpfleger hatte aber eine Gewohnheit.) Der Herr Schikaneder ließ ihn gewähren, weil er sich nicht mit einem Sonderlichen vor andern anlegen wollte. Außerdem hatte Simon Reich eine Hauptrolle. Mit solchen Leuten spaßt man nicht.

Ich war ziemlich aufgeregt. Das lag zum einen daran, daß ich mich kreislaufmäßig in letzter Zeit recht angeschlagen fühlte, und zum anderen, daß die beiden anderen Damen mir nicht nur bekannt, sondern mit mir auch verfeindet waren. Die erste war erwähntermaßen Antje Zier, die mich damals in München mit Simon betrogen hatte. Ihretwegen saß Simon jetzt auch hier rum und manikürte sich die Fingernägel! Weil er ihr künstlerischer Berater und Beischläfer war! Es war eine Provokation erster Güte. Die zweite Dame war zu meinem großen Entsetzen Walpurgis, meine ganz spezielle Lieblings-Feindin. Wegen grob unkollegialen Verhaltens mochte ich sie erst recht nicht. Walpurgis hatte einmal in einer geplatzten Uraufführung alles auf einmal abgestaubt, mein Kamm-Solo und meinen damaligen Begleiter, Herrn Lalinde, seines Zeichens Kulturkritiker.

Ausgerechnet diese Zimtzicke mußte nun neben mir stehen! Mit ihr würde ich mir schon gar nichts zu sagen haben. Über ausrangierte Männer spricht man nicht!

Die Probe begann. Wir drei Damen, eine immer dämlicher als die andere, sangen mit aller Kraft, die unsere mittelbegabten Stimmbänder hergaben, gegeneinander an und versuchten, die Gunst des Herrn Einpaukers durch treue Augenaufschläge und arbeitsintensives Nicken bei jedweder Anmerkung zu gewinnen.

»Stirb, Ungeheur!« röhrte ich Walpurgis an. Ich dachte, mit der szenischen Ausarbeitung könnte gar nicht früh genug begonnen werden.

»Triumph, Triumph, sie ist vollbracht, die Heldentat«, kreischte Walpurgis mir ins Ohr. Elende Schnepfe! »Er ist befreit durch unseres Armes Tapferkeit«, bestätigte sie meine den Kulturkritiker betreffende Vermutung. Ich haßte sie mit meiner ganzen gebeutelten Seele.

»Bitteee, meine Damen! Dies ist eine rein musikalische Probeee«, sagte Herr Schikaneder tadelnd. »Die dramatische Gestaltung überlassen Sie bitte dem Regisseur!«

Wir mußten uns dann laut Klavierauszug um einen schönen Mann streiten. Antje hatte mir Simon weggenommen, Walpurgis Herrn Lalinde. Eigentlich wäre die dritte Dame Frau Pupkes Rolle gewesen, denn die hatte mir Klaus weggenommen. Oh, wie brünstig konnte ich meine Partie interpretieren! Sie war mir in die Kehle komponiert! Danke, Amadeus!!

Herr Schikaneder war nicht ganz einverstanden mit meinem künstlerischen Beitrag.

»Drittee Damee bitte etwas weniger forciert. Es klingt zu breiig«, sagte er.

Ich schluckte.

Walpurgis konnte sich eines üblen, unkollegialen Kommentars nicht enthalten:

»Das ist bei ihr eine Ernährungsfrage«, erläuterte sie.

»Bitte noch mal etwas schlanker!« sagte Herr Schikaneder, der Walpurgis' hämisches Petzen überhört hatte.

»Spätzchen, etwas weniger con breio!« sagte Simon sonor aus seiner Ecke heraus.

Antje und Walpurgis kicherten.

Ich wurde rot vor Ärger.

Wir begannen noch einmal von vorn. Ich versuchte, meinen Sound zu verändern. Kind, du solltest mal wieder eine Gesangstunde nehmen. Allein – von welchem Gelde? Herr Schikaneder bemerkte mit einem besorgten Seitenblick mein fleckentstelltes, dunkelrotes Antlitz. Wahrscheinlich war er es gewohnt, daß immer mal wieder eine gekränkte Diva in Tränen ausbrach. Deshalb machte er von dem pädagogisch so wertvollen Auf-Tadel-folgt-Lob-Trick Gebrauch:

»Musikalisch ist das schon sehr schön, was Sie da machen. Dagegen bei den anderen beiden Damen hapert es noch mit der Intonation ...«

Der Mann hatte echte Führungsqualitäten! Das Prinzip der Gleichbehandlung dreier gleichbesoldeter Ensemblemitglieder war ihm absolut geläufig!

Jetzt war es an mir, einen kollegialen spitzzüngigen Kommentar abzugeben.

»Genau«, sagte ich befriedigt. »Auf meiner Schallplatte zu Hause klingt das nicht nur sauber, sondern rein!«

Keiner lachte.

Ich Trampel aber auch. So ein Eigentor!

Kein Sänger, der was auf sich hält, gibt öffentlich zu, daß er zu Hause eine Schallplatte hat!

Alle Hervorbringungen eines musisch begnadeten Sängers kommen aus seinem beseelten Selbst!

Der Einpauker überhörte es jedenfalls ebenfalls.

»Die anderen bitte noch mal zu Hause zurechtlegen«, kommentierte er seine Arbeit.

In der nächsten Szene war Simon alias Papageno mit im Spiel. Aha, dachte ich. Deswegen hat er im Raum bleiben dürfen. Ordnung muß ja sein. Der Herr Einpauker ist eine Autorität, seine Entscheidungen haben Hand und Fuß.

Simons Mitwirkung an der frostig-frustigen Probe brachte ein wenig Auflockerung in die Atmosphäre aus Haß, Verleumdung und schwarzer Galle.

»So, ihr schönen Frauenzimmer, darf ich, so empfehl' ich mich«, intonierte er gestenreich.

Mensch, zieh Leine, dachte ich. Auf mich hat dein theatralisches Getue sowieso keine Wirkung mehr.

Die Probe nahm ihren Lauf. Ich hatte Angst vor ihrem Ende. Man würde das eine oder andere private Wort wechseln müssen.

Walpurgis? Man zischelt viel sich in die Ohren. Allein, die Augen sprühen Gift.

Antje? Eigentlich mochte ich sie immer noch. Wie sie so schön und liebreizend und fröhlich einhererschien! Man konnte ihr gar nicht richtig böse sein.

In ihr wohnte eben auch ein recht lebensfroher Schweinehund. Deswegen fühlten wir uns ja auch so verbunden.

»Gehen wir noch irgendwohin?« fragte Antje, als uns der Herr Einpauker in Gnaden entlassen hatte. »Ich habe dir viel zu erzählen!«

»Ja, plaudre, lüge nur nicht wieder«, sagte ich, frei nach Emanuel Schikaneder, also dem wahren Schikaneder. Der Einpauker hieß mit Vornamen Hubert. Und mit Nachnamen Dörrsupp. Konnte er auch nichts für.

Wir gingen in die Künstlerkneipe, die vis-à-vis zum Bühnenausgang lag und die ich letztens noch so vehement gemieden hatte. Diesmal gehörte ich dazu! Mein erster Auftritt in diesen Kreisen! Mit sehr erhobenem Haupt betrat ich das Etablissement. Um diese nachmittägliche Zeit war es noch ziemlich leer. Wir setzten uns an einen wackligen Tisch an der hinteren Wand. Erstens waren wir hier ungestört, und zweitens hingen dort so interessante Künstlerporträts.

»Kennst du den?« fragte Antje und zeigte auf einen runden, vor Gesundheit strotzenden Typ mit Bart.

»Nein«, sagte ich.

»Der macht inzwischen die fünfte Drogentherapie«, sagte Antje cool.

Ich schluckte. Wie schnell man doch aus dem Licht der Öffentlichkeit verschwinden konnte!

»Oder die hier! Die war lange Zeit hier die Lustige Witwe«, sagte Antje. »Jetzt spielt ihr Mann die Rolle des lustigen Witwers.«

Zack, abserviert. Der Nächste bitte. Nur nicht drängeln.

»Zu komisch«, sagte ich. »Hängen hier die Lebenden und die Toten alle durcheinander?«

»Ja. Ein paar von denen leben noch. Der hier zum Beispiel.«

Sie stupste liebevoll auf ein kleines Bildchen, das rechts unten in der Ecke hing: Simon Reich, als er noch ein Waldbauernbub war. Da hatte er noch Haare.

Jedenfalls waren wir jetzt beim Thema.

»Ach, der«, sagte ich.

»Unser Papageno«, sagte Antje. »Ist er nicht süß?«

»Es geht«, sagte ich säuerlich.

»Was trinkt ihr, Mädels?« rief der Typ hinter dem Tresen, der über und über mit ausrangierten Programmheften beklebt war. Also der Tresen, nicht der Typ. Obwohl in diesen Kreisen alles möglich war. Bei jedem Windstoß blätterten die Programmhefte sich auf und gaben dem Besucher in Windeseile einen Einblick in den Spielplan der letzten dreißig Jahre. Wirklich originell.

»Schampus«, sagte Antje.

»Ihr liebt den Sekt, ich lieb' ihn auch«, zitierte ich.

»Ist das nicht Sympathie?« grunzten wir einstimmig.

»Die lustigen Weiber von Windsor«, sagte der Typ ungefragt. »Hatten wir 1958 und 1964…« Er ging um den Tresen herum, um die jeweiligen Programmhefte aufzublättern. Das von 1958 hatte das Haltbarkeitsdatum überschritten und hing deshalb nicht mehr dort. »1973 hatten wir dann eine Neuinszenierung…« Heftiges Rascheln und Blättern bei gebückter Haltung und unter Zuwendung seines ausgebeulten Hinterteils aus Cord, »...und letztes Jahr wurde die Premiere abgesagt, weil der Falstaff betrunken war.«

»Wenn das kein Stichwort ist«, sagte ich.

»Wir hätten gern etwas zu trinken«, rief Antje. »Wir wollten nicht nur Bilder gucken!«

Der Typ trollte sich und rollte davon.

Ich kicherte. Antje war leider süß. Sosehr ich auch beschlossen hatte, ihr zu widersagen.

»Ist was?« fragte Antje, als ich sie so von der Seite ansah.

»Ich grolle nicht, und wenn das Herz auch bricht«, faselte ich.

O holde Kunst, in wieviel grauen Stunden!

»Meinst du wegen Simon?« Antje war ehrlich erstaunt.

»Seit wann läuft denn das schon mit euch?« Mein nachsichtig-rügender Tonfall traf exakt den von Tante Lilli: Seit wann stehst du denn schon vier in Mathe?

»Seit der Neunten in München. Wir haben uns mitten im Konzert kennengelernt. Unsere Affäre begann vor ausverkauften Reihen.«

»So was hat seinen Reiz.«

»Ich wußte ja zuerst gar nicht seinen Namen. Er war ganz kurzfristig eingesprungen und stand nicht auf dem Plakat.«

»Stimmt. Da stand nur NN.«

»No name«, kicherte Antje. »Er ist ein No-name-Produkt!«

»Jedenfalls benimmt er sich so.«

Ich sah sie mit zusammengekniffenen Augen an. Sollte ihr überhaupt nicht bewußt sein, daß sie mir meinen Macker ausgespannt hatte?

Der dicke Typ mit der ausgebeulten Cordhose brachte den Sekt.

Wir prosteten uns zu.

»Schön, daß du hier bist. Mit Simon und mit dir zusammen auf der Bühne! Jetzt ist mein Glück perfekt!«

Antje strahlte mich an.

Sie wußte wirklich nichts. So gut konnte es um ihre Schauspielkunst nicht bestellt sein.

»Habt ihr... habt Simon und du...« Ich wand mich vor Verlegenheit. »Habt ihr niemals über mich gesprochen?«

»Doch«, sagte Antje. »Erst letztens noch. Simon sagte, er wisse eine ausgesprochen nette Besetzung für die dritte Dame. Pauline Frohmuth. Da hab ich gesagt, daß ich dich kenne. Ich habe ihm erzählt, daß du einen kleinen Sohn hast und in Köln-Klettenberg wohnst. Und daß dein Mann Arzt ist.«

»Warum hast du ihm nicht gleich gesagt, daß mein Mann wegen seiner Wirbelsäulenprobleme die Missionarsstellung ablehnt?!?«

»Ach, durfte ich ihm das nicht erzählen?« Antje war ehrlich erstaunt. »Daß ihr nicht verheiratet seid, habe ich nicht gesagt, weil ich dachte, daß ihn deine verworrenen Privatangelegenheiten nichts angehen.«

»Gehen sie auch nicht«, sagte ich müde.

»Er hat dich noch in meinem Beisein angerufen. Wir sind sogar zusammen zur Telefonzelle gegangen, weil er zu Hause kein Telefon hat.«

»Nee, ist klar. Wo sollte er das auch hinstellen.«

»Zwischendurch war das Gespräch unterbrochen, und er kam raus, um sich von mir neue Groschen zu holen.«

»Da war mir der Hörer aus der Hand gefallen.«

»Kennst du seine Wohnung? Chaotisch, nicht?«

»Och was. Jungens räumen eben nicht auf. Da kriegen die Pickel von.«

»Ich muß dir was gestehen. Durch seine Unbürgerlichkeit weiß ich erst, wie spießig es mit Rolf war!«

»Wieso war? Habt ihr euch getrennt?«

»Vorübergehend, erst mal.«

»Was du nicht sagst!«

»Ich muß zwar bei Simon auf dem Fußboden schlafen, aber Simon ist ein Weg zurück zum Wesentlichen. Er ist so anders, so spontan, er braucht keinen Luxus, wie soll ich sagen, er ist einfach…«

»Vollkommen autark.«

»Genau.«

»Und das magst du so an ihm.«

»Ja. Bei uns zu Hause war alles immer so geregelt! Bei uns kochte die Britta Diät – Rolf muß dauernd abnehmen, weißt du –, und die Britta räumte auf und versorgte die Kinder, und abends hatten wir Gäste, und in den Ferien fuhren wir nach

Garmisch. Das ging mir mit der Zeit immer mehr auf die Nerven! Rolf ist so gar nicht künstlerisch…«

»…du meinst, wenn man ihn fragt, was länger brennt, eine Geige oder ein Klavier, dann WEISS er es nicht?«

»Doch. Klavier brennt länger. Das sagt ihm sein praktischer Verstand. Er ist so phantasielos!«

»Sagtest du nicht, er sei Hersteller von irgend etwas Nützlichem?« Ich wußte nur, daß er beruflich im erdnäheren und lukrativeren Bereich angesiedelt war als unsereins.

»Er ist Chef einer Schraubenfabrik«, sagte Antje bekümmert.

»Das ist allerdings ein trister Job«, gab ich zu.

»Natürlich hatten wir immer Geld, aber ich habe festgestellt: Geld ist nicht alles!«

»NEIN?!?«

Welch bombastische Entwicklung hatte Antje durchgemacht! Und alles wegen Simon…

»Also seit der Neunten in München, sagst du…« nahm ich den Faden wieder auf.

»Seit dem dritten Satz, um genau zu sein. Da hat er mir doch mitten auf der Bühne…«

»Ich weiß«, sagte ich. »Hühnerbrühe. Im Thermosbecher. Das hat was.«

Antje stutzte. »Woher weißt du das alles?«

»Ich saß in der ersten Reihe«, sagte ich. »Hast du mich nicht gesehen?«

Antje kniff die Augen zusammen. »In der ersten Reihe saß ein großer Dicker und schlief. Daran kann ich mich genau erinnern. Er hatte auch ein Mädel dabei, aber das warst nicht du!«

»Doch. Leider.«

»Nein. Das war eine Bayernmaid. Im Dirndlkleid mit Puffärmeln.«

»Puffärmel stimmt.«

»Das warst DU!?!« Antje starrte mich an.

»Worüber wunderst du dich? Über die Puffärmel? Ich muß zugeben, nicht gerade mein übliches Outfit…«

»Aber warum bist du denn nachher nicht hinter die Bühne gekommen? Ich hätte mich wahnsinnig gefreut!«

»Erstens habe ich mich meiner Puffärmel geschämt, und zweitens wollte ich nicht stören.«

»Aber du hättest doch nicht gestö...« Antje unterbrach sich. Heftig stellte sie ihr Glas ab. Dann schlug sie sich mit der flachen Hand vor die Stirn.

»Simon und du! Das darf nicht wahr sein! DU warst das, derentwegen ich wochenlang nicht in seine Wohnung durfte!«

»Das glaube ich nicht. Da ist er unkompliziert. Wahrscheinlich war es nur nicht so aufgeräumt wie sonst. Mir ging es damals genauso.«

»Er sagte immer, bei ihm wohne zur Zeit noch jemand! Er wisse nicht, ob und wie lange dieser Jemand noch weiter dort wohnen werde!... Dir gehört also die rote Wolldecke!«

»Geschenkt«, sagte ich.

Antje schluckte. »Und die Packung Anti-Baby-Pillen...«

»Geschenkt«, sagte ich großzügig. »Ist es wenigstens deine Marke?«

»Nein.«

»Na, dann verschenkt Simon sie weiter, bei passender Gelegenheit.«

»Also wirklich!«

»War nur einer meiner weniger gelungenen Scherze.«

Da saßen wir, Busen an Busen, und guckten uns an.

»Prost denn.«

»Bist du mir auch nicht böse?«

»Ach was. Du mir auch nicht?«

»Kein bißchen.«

Wir tranken den Sekt aus.

Plötzlich fiel bei ihr der nächste Groschen.

»DER war es, von dem du mir in Frankreich erzählt hast!« schrie sie und wurde des Schlagens vor ihre Stirn nicht müde. »Der Intellektuelle!«

»Du sagest's!«

»Der Autarke, der Außergewöhnliche!«

»Genau«, sagte ich. »Simonis der Aussätzige.«

»Der Alltagsuntaugliche!«

»Das hast du gesagt. Mit Alltagsuntauglichen macht es im allgemeinen mehr Spaß.«

»Macht es auch!« schrie Antje begeistert.

»Darauf einen Dujardin.«

Wir bestellten neuen Sekt. Der bauchige Kellner brachte eine bauchige Flasche.

Ich mußte an Klaus denken. Obwohl: so bauchig wie der Kellner war der nicht. Nur knuffig irgendwie. Griffig. In jeder Hinsicht. UND alltagstauglich. Das kam noch dazu. Unser einziges kleines Problem war Frau Pupke. Klein, aber sehr zäh.

Antje riß mich aus meiner grüblerischen Lethargie.

»Und seit wann seid ihr nicht mehr zusammen, Simon und du?«

»Seit der Neunten in München. Seit dem dritten Satz.«

»Dann bin ICH schuld«, sagte Antje und holte schon wieder zum Stirnschlagen aus.

»Ist ja schon gut«, rief ich und hielt ihre Hand fest. »So was soll ja vorkommen unter Mitmenschen!«

Wir tranken.

»Und du bist mir nicht mehr böse?«

»Nein.«

»Kein bißchen?«

»Nein.«

»Dann liebst du ihn auch nicht mehr?«

»Nein.«

»Kein bißchen?«

»Nein.«

»Darauf einen Dujardin«, sagte Antje.

Wir tranken. Antje sah heute noch viel entzückender aus als sonst. Ich wahrscheinlich nicht. Bei mir kamen immer die unkleidsamen roten Flecken. Frau Pupke hätte gejubelt!

Iss Alkohol denn gut für so'n Mädchen? Kricht die Flecken von. Sachma.

Wir bestellten noch eine Flasche Fleckenwasser.

Mir wurde immer warmherziger zumut'. Nein, daß ich wenigstens meine gute alte Freundin wiederhatte!

Der Schmerz um Antje hatte mich einige Tränen mehr gekostet als der Schmerz um Simon. Das mochte ich ihr aber nicht sagen.

Sollte sie ruhig auf meiner ehemaligen Wolldecke glücklich werden.

Antje und ich verbrachten den ganzen Abend in dieser Kneipe. Wir hatten uns unendlich viel zu erzählen! Nachdem erst mal die Besitzansprüche Simon Reich betreffend geklärt waren, kamen wir viel offener ins Gespräch. Von Frau zu Frau sozusagen. Wir bestellten uns zwischendurch etwas zu essen, weil wir uns gegenseitig schon doppelt sahen.

»Was macht dein Alltagstauglicher?« fragte Antje über einem Teller hausgemachter Bratkartoffeln mit Speck.

»Weiß ich nicht«, sagte ich. »Er ist zur Zeit mit Paulchen in Urlaub. Auf irgendeiner gottverlassenen Insel.«

Lustlos stocherte ich in meinem Salat herum. Bei dem Thema konnte einem aber auch der Appetit vergehen.

»Karibik?«

Klar. Sie hatte die Fernziele der Traumreisenliste alle schon abgehakt. Mit Rolf. Deswegen fand sie den Fußboden von Simon im Souterrain auch so schick. Zurück zum Wesentlichen.

»Nee«, sagte ich und streifte die Tomate wieder von der Gabel, woraufhin sie zurück in ihre Tunke sank. »Eine ostfriesische Insel ist das, glaub' ich, mit dem Namen Langeweil oder Spießertum oder Wangerotz oder Bohrturm. Eigentümliche Namen haben die da oben.«

»Was will er denn da?« fragte Antje angewidert. »Da ist doch der Hund begraben.«

»Der Schweinehund!« sagte ich schadenfroh.

Dann erzählte ich ihr von Frau Pupke.

Es dauerte eine geschlagene Stunde, bis ich alles Nennenswerte über Frau Pupke hervorgebracht hatte. Ich sparte dabei nicht an wörtlicher Rede im Originalton. Das Einbauen der Worte »woll« und »sachma« ging mir in Fleisch und Blut über.

Antje fraß ihre Bratkartoffeln mit wachsender Wut. »Schmeiß sie raus!« war die einzige Bemerkung, die ihr hin und wieder über die fettglänzenden Lippen kam.

»Geht doch nicht«, stammelte ich ein übers andere Mal. »Ich habe dir doch gerade erklärt, warum!«

Wir mußten unbedingt noch eine Flasche Sekt bestellen. Der Bauchige rollte an.

»Mädels«, sagte er, »ihr habt morgen um zehn Uhr Probe!«

»Mann«, lallte ich lustvoll, »du hälzichdaraus! Sachma!«

»Besoffen sein is schön, woll?« sagte Antje, als er wieder weg war. »Da traut man sich zu sagen, was man denkt. Sachma.«

»Wollnech«, gab ich zu.

»Dann mußu dir einen antrinken und zu dieser Frau Pupshicks-ke gehen und ihr gehörig die Meinung sagn«, schlug Antje vor.

Ich hielt diesen Ansatz für überdenkenswert.

»Aber deinen Klaus, den kannzu durch die Pfeife rauchen, woll?« faselte Antje betrunken.

»Meinzu wirklich? Sachma.«

»Ein Mann von Entschlüssn isser jeenfalls nich.«

»Wieso! Er hattsichdochntschlossn, Frau Pupke nich anne Luff... hicks... zusetzn – wenn das kein Nschlußiss! Klausis ein Ehrenmann! Der Rächer der Enterptn, der Retter der Genervtn, der Vater der Unehelichn!« faselte ich. »Dein Simon übrigens auch nich.«

»Was aunich?«

»Mann von Nschlüssn!«

Wir tranken auf unsere beiden ideenlosen Softies. Und darauf, daß wir sie doch irgendwie liebhatten.

»Apopo: Mussu nich ssuSimon aufe Madradse?«

Antje schwankte, als sie aufstand und ihren Handtascheninhalt in echtem Leder und Gold zusammenklaubte.

Damit auch Antje merkete, daß ich ihn aus Neid überantwortet hatte, faselte ich noch ein bißchen weiter: »Da is Simon ganz spontan. Wenn grade nix im Fernsehn kommt... manchmal isser unheimlich fleks – hicks – fleggsibl. Bei passender Gelegnheit finn ers sogar aussesprochn nett, da hat er imprinzipnixgegn!«

»Aber EilemitWeile«, sagte Antje, »nur keine hektische Hast!«

»Musser bei dir au immer ers aufe Brille?«

»Jedenfalls musser es nich dreimal am Tag haben, sachma«, sagte Antje, »wie Rolf, woll. Rolf issein Spießa.«

»Rolf isss eben nich autark«, sagte ich gläsernen Blickes und hielt mich schwankend am Tischrand fest.

»Wie meinst'n das?« fragte Antje. Der Einfachheit halber knallte sie einen Hundertmarkschein auf den Tisch.

»Weisiaunich«, sagte ich und legte zwei Mark fünfzig dazu.
»Tringell!« rief ich dem Bedienten.

Dann verließen wir Arm in Arm die Szene.

Es war ein großartiger Abgang, alles in allem sehr professionell.

Antje und ich, wir liebten uns wieder.

Wer kann das heute noch.

Die Probe am nächsten Morgen um zehn habe ich recht verschwommen in Erinnerung. Die erste und die dritte Dame betraten bleich und übelriechend mit zwanzig Minuten Verspätung die Bühne und konnten nur krächzende Geräusche von sich geben, während Walpurgis, die zweite Dame, geradezu abstoßend gut in Form war. Wie immer waren Frisur und Stimmbänder sorgfältig gestylt. Außerdem hatte sie ihre Intonationsprobleme mit Hilfe ihrer Schallplatte über Nacht vollständig in den Griff bekommen. Trotzdem mußte die Probe nach kurzer Zeit wegen Indisposition der Zwei-Drittel-Mehrheit der Beteiligten abgebrochen werden. Herr Schikaneder sah das mit Mißfallen. »Bittee noch mal zu Hause zurechtlegen«, sagte er tadelnd.

Ich taumelte fort, um mich noch mal zu Hause zurechtzulegen. Ich schlief den ganzen Tag bis zum späten Abend. Ein zaghaftes Klopfen an die Geigersche Schlafzimmertür weckte mich.

»Pauline? Telefon!«

Robby stand im schwarzen Anzug mit seinem Geigenkasten im Flur.

»Geeße aabeiten?« fragte ich, als ich den Hörer übernahm.

»Heute Fliegender Holländer«, sagte Robby. »Kann später werden. Abendessen steht auf dem Tisch. Aspirin auch. Tschüs, Pauline!«

Ich drückte ihm ein Küßchen auf die Backe und wartete, bis er die Wohnungstür ins Schloß gezogen hatte. Mir war fürchterlich schlecht. Nie wieder Alkohol, schwor ich mit gegen die Flurdecke erhobener Faust.

»Wer da?« fragte ich heiser in die Muschel.

Klaus war es, mein entschlußunfreudiger Kindsvater. Der Kühle aus dem Hohen Norden.

Mein Herz klopfte plötzlich ganz unrhythmisch und aufdringlich. Still, Organ! Halt die Herzklappe!

Klaus wolle sich nur mal melden mit der Nachricht, daß sie gut angekommen seien. Das Wetter sei sehr gemischt. Die Stimmung auch.

»Na bitte«, sagte ich schadenfroh. »wie geht es meinem Paulchen?«

»Er sitzt unter seinem Regendach und vermißt dich.«

Ich fing an zu heulen.

»Und sein Vater sitzt auch unter dem Regendach und vermißt dich.«

Ich hörte auf zu heulen. »Das geschieht dir recht. Mensch, Alter, sitz nicht rum, sondern beweg dich! Schön wacker wandern in der rauhen Luft! Macht schlank und entschlackt die verklebten Sinne! Wo wir gerade beim Thema sind: Was macht Frau Pupke? Sachma!«

»Frau Pupke vermißt dich glaubich am wenigsten. Sie hat hier sehr viel zu tun.«

»Ich vermisse sie auch kaum und habe hier auch viel zu tun.«

»Frau Pupke versorgt hier die Pensionsgäste, besonders einen gewissen Walter.«

»Was du nicht sagst. Ist das der mit dem Cholesterinspiegel?«

»Genau. Und die übrige Rentnerbänd will auch umhegt und unterhalten werden.«

Nanu. Schaffte sich die Gute etwa einen neuen Wirkungskreis? Waren da Entwicklungen im Gange? Sachma!

»Halt um Himmels willen Paulchen fern! Das ist kein Umgang für ihn!«

»Darauf kannst du dich verlassen. Paulchen und ich hängen sehr aneinander. Besonders er an mir! Ich schnalle ihn mir auf den Rücken und ziehe stundenlang mit ihm durch die Gegend.«

»So richtig, wie die Eingeborenen das auch machen?«

»Bleibt mir ja nichts anderes übrig. Den Buggy kann man bei den Bodenverhältnissen nicht gebrauchen.«

»Tu ihn schön warm einpacken«, sagte ich im Originalton Pupke. »Höörße! Woll? Sachma! Schön waam einpacken!

Und setzen alle zehn Minuten aufs Töpfchen! Höörße! Sonz machta inne Hose, und dann krisse nasse Schultan. Höörße? Sachma! Schön Pipi machen lassen! Woll? Sachma!«

»Frau Pupke kann einem schon auf die Nerven gehen«, sagte Klaus am anderen Ende der Leitung.

»Nun sei aber nicht ungerecht! Frau Pupke will doch nur dein Bestes!« Ich krächzte vor Wollust.

»Wenn man Tag und Nacht mit ihr zusammen ist, kann sie doch dann und wann anstrengend sein.«

»Das bildest du dir ein!«

»Nein, wirklich! Die letzten Nächte haben wir gemeinsam an Paulchens Bett verbracht, weil er so geweint hat. Sie hat mir ihre ganze Lebensgeschichte mindestens fünfmal erzählt! Wenn nicht sechs!«

»Auch die Geschichte mit der Moorleiche, die sie gefunden hat?«

»Ja, die auch.«

»Und die Geschichte mit dem Strangulationsversuch durch einen abgewehrten Liebhaber?«

»Ja. Mit ihrer Strumpfhose hat er sie gewürgt.«

»Nein, mit ihrem BH!«

»Strumpfhose! Weißich ganz genau! Sachma!«

»BH!«

»Strumpfhose!«

»Und die Geschichte mit dem Vulkanausbruch in Spanien, wo sie gerade noch mit ihrem Fiat als letzte Lebende davongekommen ist?«

»Lawine in Tirol war das! Und VW Käfer!«

»Das mit der Lawine war in Oberammergau. Motorroller. Weißich ganz genau! HAT sie mir doch erzählt!«

»Vulkanausbruch! Wiaklich!!«

»Lawine!«

»Und die Geschichte mit der Niederkunft ihrer Nachbarin im Schrebergarten? Wo sie die Nabelschnur mit einer Rosenschere…«

»Heckenschere!«

»Zwillinge hat die gekriegt! Einen Jungen und ein Mädchen!«

»Zwei Mädchen! HAT sie doch gesagt!«

»Stimmt nicht! Nur ein Mädchen!«

»Zwei!«

»Eins!!«

»Warum weint er denn, der Paul?« Ich schluckte und schluckte.

»Er kriegt Zähne, sagt Achnes. Aber ich glaube, er hat Sehnsucht nach seiner Mama.«

»Ach, hör doch auf mit der Gefühlsduselei!« schnauzte ich, während der Kloß im Hals dicker wurde. »Warum hockst du überhaupt an Paulchens Bett, wenn doch Achnes schon da hockt?«

»Weil es mir ein tiefes, inneres Bedürfnis ist!«

»Achnes' Gruselgeschichten zu hören?«

»Bei Paulchen zu sein. Ich habe mich so schrecklich an den kleinen Kerl gewöhnt!«

»Ich mich auch!«

»Komm doch her! Paulchen braucht dich so!«

»Weißt du was?« Ich schneuzte mich heftig in eines von Robbys frischgebügelten Taschentüchern, die er in der Oper immer an die Backe drückte. »Nimm Paulchen einfach mit in dein Bett. Aber tu ihn mir nicht erdrücken, hööörße! Nicht so wild schlafen wie sonz imma!«

»Was heißt hier sonst IMMER! Schön wär's!«

»Fasel nicht! München war die berühmte Ausnahme, die die Regel bestätigt!«

Assoziativ dachte ich daran, daß die Regel mir allerdings noch nichts bestätigt hatte, München betreffend.

»Wann sehen wir dich?«

»Keine Zeit. Nächste Woche ist Premiere.«

Ich wunderte mich über meine Schauspielkunst. Da inszenierte ich die coole Karrierefrau, obwohl ich mich mit jeder hektisch klopfenden Herzklappe nach meinen beiden Menschen sehnte. Klaus und Paulchen. Warum schaffte ich es nicht, das zuzugeben?!?

»Paulchen hat bald Geburtstag!« sagte Klaus.

»Weiß ich. Ich war letztes Jahr dabei.«

»Ich auch!«

»Achnes nicht.«

»Das waren noch Zeiten.«

»Ja. Das waren noch Zeiten. Nur wir drei. Ohne Achnes.«

»Und ohne Karriere.«

»Trenn dich von Achnes, und wir fangen neu an.«

»Wie stellst du dir das vor? Du willst Erfolg haben und reisen und singen und üben! Unser Paulchen steht dir dabei im Weg! Achnes ist für uns alle die beste Lösung! Bitte, versuch doch, dich an sie zu gewöhnen! Mir zuliebe! Diese Spannungen sind nicht länger zu ertragen!«

»Sind sie auch nicht.«

Ich legte auf.

Klaus Klett hatte nichts kapiert, nichts.

Und so was wollte medizinischer Berater sein.

Mir war ja so fürchterlich schlecht!

Mein verheultes Antlitz lugte mir aus dem Flurspiegel entgegen. »Frau Kammersängerin, Ihr seid die Schönste hier, aber Frau Pupke, hinter den sieben Dünen, bei dem lieben Hünen, ist noch tausendmal schöner als Ihr!« Ich rannte ins Badezimmer und mußte mich übergeben. Obwohl das nicht im Drehbuch stand.

Zwei Tage vor der Premiere war die öffentliche Generalprobe. Da das Opernhaus geschlossen war, fuhren wir ins benachbarte Zwergheim, wie sich das für westfälische Festspielzwerge gehörte. Dort gab es angeblich eine Stadthalle. Robby nahm mich in seinem Auto mit.

»Geht's dir besser? Du sahst in letzter Zeit ziemlich blaß aus.«

»Danke, blendend«, log ich. Warum sollte ich ihm auch auf die Nase binden, daß ich am Vormittag beim Arzt gewesen war? Ein Mann wie Robby würde es nicht verstehen, was ich mir da eingebrockt hatte. In meiner jetzigen Situation! Ganz unmöglich! Blauäugig! Naiv! Oder berechnend?

Ich hatte mir ein zweites Paulchen eingebrockt. Und zwar im Vollbesitz meiner weiblichen Waffen. In München, ohne Netz und doppelten Boden.

Von Klaus, dem Vorjahressieger. Weil er der Mann war, mit dem ich noch ein Kind haben wollte. Wenn nicht noch mehr.

Und zwar ohne Frau Pupke.

Robby würde das nicht verstehen.

Er würde auf der Stelle seinen Wagen wenden und mich veranlassen, das Aufgebot für mich und meinen Kindervater zu bestellen. Oder, falls der nicht wollte, hilfsweise für ihn selbst.

Und das konnte ich beim besten Willen nicht verantworten. So, wie der Auto fuhr.

Schon wieder so ein Schleicher, der des Wagenlenkens auf öffentlichen Straßen nicht mächtig war. Die Gemütvollen konnten alle nicht Auto fahren.

»Bist du gut bei Stimme?« fragte Robby mit einem besorgten Seitenblick. Ich lutschte ununterbrochen Fischers-Fritze-Fetzer, extra scharf. Beim Auswickeln der Stimmbandentferner zitterten mir die Finger.

»War schon mal besser drauf«, sagte ich. »Könntest du bitte etwas geradeaußer fahren?«

»Aber ich fahre doch geradeaus!«

»Nein, du fährst Schlangenlinien.«

»Bist du nervös?«

Nein. Schwanger. Das verstehst du nicht.

»Quatsch. Ist doch nur die dritte Dame!«

»Aber dein erster szenischer Auftritt!«

»Ach was«, sagte ich. »Wenn du wüßtest, wie viele szenische Auftritte ich schon in meine konzertanten Darbietungen eingeflochten habe!«

Wir schwiegen ein bißchen. Meine Nerven flatterten im Sommerwind hinter mir her. Hach, daß ich aber auch wieder so unpäßlich sein mußte!

Mein Magen hüpfte unwillig auf und nieder. In jeder Kurve der gewundenen Landstraße wollte er mir schier aus dem Mund fallen. Robby fuhr wie auf faulen Eiern. Und genauso fühlte ich mich auch.

Zwei Stunden später standen wir auf der Bühne, Antje, Walpurgis und ich. Wir steckten in schwärzlichen Gewändern, die den staubigen Boden wischten. In der Hand hatten wir alle einen Besenstiel, der mit Stanniolpapier umwickelt war. Wie praktisch, dachte ich. Walpurgis kann nach der Vorstellung gleich damit wegreiten.

Der Vorhang war noch geschlossen. Unter uns im Orchestergraben schrubbten sie die Ouvertüre.

Der Tamino erschien in seinem prächtigen japonesischen Jagdkleide am rechten Bühneneingang. Hilflos hantierte er mit seinem Pfeil und Bogen herum. Die Bühnenarbeiter drapierten den Dinosaurier aus Pappmaché um seine Füße. Tamino fühlte sich augenscheinlich belästigt und trat nach den Bühnenarbeitern. Niederes Volk! Hinweg!

»Mir ist so schlecht«, flüsterte ich.

»Mir auch!« raunte Antje.

Walpurgis schüttelte rügend das Haupt.

»Mein Paulchen hat morgen Geburtstag«, flüsterte ich Mitleid heischend, »ich glaube, ich kriege gleich keinen Ton raus!«

»Sing doch: Happy birthday, liebes Paulchen!«

»Außerdem war ich heute morgen beim Arzt und habe erfahren, daß ich wieder schwanger bin!«

»Mir geht's auch nicht besser«, trumpfte Antje auf. »Ich war heute morgen beim Anwalt und habe die Scheidung eingereicht!«

»Die Schei…! Etwa wegen Simon?« rief ich halblaut.

»Ruhe!« rief Walpurgis dreiviertellaut. Der pure Neid. Sie hatte eben nichts annähernd Skandalöses beizutragen.

Tamino, der sich in den Fängen des Dinosauriers verheddert hatte, guckte irritiert zu uns rüber.

»Ja, wegen Simon«, sagte Antje provokativ. Scheiß-Walpurgis!

»Simon ist nicht alltagstauglich! Hast du dir das auch gut überlegt?« rief ich gegen das Crescendo im Orchester an.

»Ja, habe ich!« schrie Antje zurück. »Ich bin zur Zeit auch nicht alltagstauglich! Das ist vielleicht ein tolles Gefühl!«

Das Orchester ging zum Adagio über. Die Bläser blusen: Tadaa! Tadaa! Tadaa! Dann kam eine Generalpause.

»Haltet doch mal die Schnauze!« rief Walpurgis in die Stille hinein.

Atemberaubende zehn Sekunden Totenstille.

Irritiert fingen die Geiger wieder an zu zirpen.

Walpurgis lief so rot an, daß sie auf der dunklen Bühne einhererschien wie ein Glühwürmchen.

Antje und ich mußten uns aneinander festhalten, um nicht vor Schadenfreude in unsere Gewänder zu pinkeln.

Der Inspizient kam angerannt.

»Ist alles in Ordnung? Ihr seid gleich dran!«

»Klar, Mann«, sagte ich lässig. Und Antje dehnte noch hinzu: »WIR sind Profis!«

Tamino hatte sich inzwischen von den Bühnenarbeitern seinen Flitzebogen erklären lassen und kletterte damit hinter die Kulisse. Hastig nahm er noch seinen Kaugummi aus dem Mund und klebte ihn mitten auf einen grauen Plastikfelsen. Fiel gar nicht weiter auf, der Kaugummi auf dem Felsen!

Da gibt es doch so ein Lied von Schönberg, das heißt so ähnlich, dachte ich, aber in meiner Nervosität kam ich nicht auf den Titel. Walpurgis hätte ihn bestimmt gewußt, aber die wollte ich in dieser Angelegenheit im Moment nicht stören.

Die Ouvertüre verklang. Es-Dur. Ohne Gnade.

Der Vorhang ging auf. Wir standen hinter unserer Tempelwand, Schneewitzchen, Rosenrot und Dornrötzchen, und unsere Knie zitterten dreimal so schnell wie die Geigenbögen der Streicher unter uns.

»Zu Hülfe!« begann der Tamino. »Zu Hülfe, sonst bin ich verloren!«

Der fühlte sich also auch nicht besser. Obwohl er mit nichts anderem zu kämpfen hatte als mit einem Drachen aus Pappe. Na ja, zugegeben: Die Arien, die er noch abliefern mußte, waren nicht von Pappe.

Laut Inszenierung fiel er schon nach wenigen Takten in Ohnmacht, ein Regiegag, um den ich ihn beneidete, der aber als szenische Einlage in meinem Repertoire schon recht abgegriffen war. Der Inspizient gab uns ein Zeichen, hinter der wackligen Pappwand hervorzukommen. Wir droschen mit unseren Besenstielen auf den Dinosaurier ein und spielten uns damit frei. »Triumph!« intonierten wir sehr professionell während des Dreschens, »Triumph!« Dann war zum Abladen von Aggressionen keine Zeit mehr, denn jetzt kam ein zusammenhängender Satz: »Sie ist vollbracht, die Heldentat!«

Der Angstschweiß stand mir auf der Stirn.

»Er ist befreit durch unseres Armes Tapferkeit!«

Ich dachte an Klaus.

Oh, wie passend war doch diese Szene!

»Ein holder Jüngling, sanft und schön!«

Paulchen, mein geliebtes Paulchen! Morgen wurde er ein Jahr alt, und ich war nicht dabei, um ihm beim Ausblasen der einen Kerze behilflich zu sein! Statt dessen stand ich auf einer staubigen Kleinstadtbühne in einer lächerlichen Mehrzweckhalle und haute mit einem lächerlichen stanniolumwickelten Besenstiel auf einen lächerlichen stanniolumwickelten Pappdrachen ein!

Statt das alles im wirklichen Leben zu tun!

War diese Bühne hier der Altar, auf dem ich mein Paulchen opferte?! Und Klaus?!?

»Nein, nein, das kann nicht sein, ich schütze ihn allein!«

Nun endlich stellte es sich ein, das sagenumwobene Gefühl, seinen darstellerischen Neigungen in aller Öffentlichkeit nachgehen zu dürfen. Großartig, ganz großartig!!

»Was wollte ich nicht darum geben, könnt’ ich mit diesem Jüngling leben! Hätt’ ich ihn doch so ganz allein! Doch keine geht, es kann nicht sein!«

Die alte breiige Inbrunst ergriff wieder von meinen Stimmbändern Besitz.

Das war hier kein Spiel!

Leute, das ist echt! Die Diva steht da mit dem Besen und erschlägt den Drachen! Sie erkämpft sich das alleinige Sorgerecht für ihren Sohn! Ich fühlte mich großartig. Wie doch kreatives Spiel befreien kann!

»Du Jüngling, schön und liebevoll, du trauter Jüngling, lebe wohl! Bis ich dich wiederseh’, bis ich dich wiederseh’...«

Morgen würde ich ihn wiedersehen.

Morgen, an Paulchens Geburtstag. Ich würde zu ihm gelangen, und wenn ich durch die Nordsee schwimmen müßte. Oder auf meinem stanniolumwickelten Besenstiel durch die Lüfte fliegen. Was Walpurgis konnte, konnte ich auch. Und so wanderten wir singend hinter unsere Pappwand zurück, Antje, Walpurgis und ich.

Für mich war es ein großartiges Erlebnis.

Mein erster geglückter szenischer Auftritt.

WAHN-SINN.

Am nächsten Tag saß ich im Flugzeug.

Robby hatte mich bis auf das Rollfeld gefahren.

»Pauline, hast du dir das auch gut überlegt? Morgen abend ist Premiere!«

»Klar. Noch dreißig Stunden. Es muß also gehen.« Ich war so cool wie noch nie. Irgendwie wußte ich: Es ging um mein Leben. Und nicht nur um meins.

»Soll ich dich nicht lieber fahren?«

»Nein. Diesen schweren Weg muß ich allein fliegen. Das verstehst du nicht!« Ich drückte ihn so fest, als wäre es ein Abschied für immer.

Es war so ein mörderischer Zweisitzer mit Propeller, aber er flog mich zu meinem Sohn. Und zu Klaus.

Antje hatte mir in der Garderobe den Tip gegeben.

»Charter dir doch ’n Flieger«, hatte sie lässig gesagt, während sie sich den Busenansatz puderte.

»Klar, mach’ ich«, hatte ich noch lässiger gesagt. »Daß ich da aber auch nicht eher drauf gekommen bin! Was mag denn so ein hüpfendes Taxi kosten?«

»Einen Limburger.«

»Wie meinen? Einen Hamburger oder einen Limburger Käse oder was?«

Vielleicht ließen sich die ostfriesischen Piloten immer noch mit Naturalien bezahlen.

»Der Limburger Dom ist auf dem Tausendmarkschein drauf.«

»Ach so. Das Kleingeld, das bei mir zu Hause rumfliegt, guck’ ich nie so genau an, weißt du.«

Walpurgis hatte vor Neid ihre Wimperntusche verschmiert.

»Also mir wäre das Wiedersehen mit meinem Sohn mehr wert als ein Zehntel der Gage«, hatte Antje mit einem hinterlistigen Seitenblick auf Walpurgis angemerkt.

Walpurgis war daraufhin wütend auf ihrem Besenstiel aus der Garderobe geritten. Sie fiel eben auf alles rein, die Walpurgis.

Jedenfalls hockte ich nun angeschnallt und mit einem Fallschirm auf dem Rücken neben dem Piloten und kämpfte gegen die Übelkeit.

Gestern, im Auto von Robby, war mir ja schon übel gewesen, und nachher, auf der Bühne, noch mehr, aber hier oben in den Lüften, hoch über Kotznabrück, war mir regelrecht zum Speien. Krampfhaft umklammerte ich die praktisch zu öffnende Einweg-Tüte der Firma »Brechnapf und Speibeck«, die der freundliche Pilot mir mit einer gütigen Geste überreicht hatte.

Ich hätte mich ja gerne mit ihm unterhalten, so wie Simon das immer tat; ganz unverbindlich und ausgesprochen nett. Es hätte mich wahrscheinlich sehr erleichtert, dem unschuldigen Piloten meine ganze bescheuerte Lebensgeschichte zu erzählen, aber ich fürchtete, wenn ich nur den Mund aufmachen würde, müßte ich die Tüte entweihen. Außerdem interessierten den Piloten doch nicht die lächerlichen Probleme einer ständig schwangeren eheunwilligen Dorfprimadonna mit Rosinen im Kopf und Furz im Gehirn und einer zweiundsechzigjährigen Nebenbuhlerin am häuslichen Herd.

So schwiegen wir vor uns hin, der Pilot und ich. Ich hing meinen wirren Gedanken nach, die wie die Wolkenfetzen draußen vor dem Bullauge an mir vorbeiflitzten. An was der Pilot dachte, weiß ich nicht. Vielleicht konzentrierte er sich auf den Verkehr.

Klaus. Auf ihn freute ich mich ganz fürchterlich. Besonders auf seine überraschten Augen. Was sollte ich sagen?

»Ich habe mir übrigens was Raffiniertes einfallen lassen, um Frau Pupke loszuwerden. Dreimal darfst du raten.«

»Du hast einen Kochkurs gemacht.«

»Falsch.«

»Du hast die Oper an den Nagel gehängt.«

»Falsch.«

»Du kriegst schon wieder ein Kind.«

»Richtig! Wie bist du darauf gekommen?«

»Ich war dabei!«

Quatsch. Das war zu harmlos.

Jetzt mal bitte etwas ernster. Kind, du bist jetzt eine DAME. Wenn auch nur die dritte. Aber immerhin.

Paulchen. Wie ich mich auf ihn freute! Mein kleiner Geburtstags-Bär! Ich hatte nicht gewußt, daß ich fähig war, mich nach einem kleinen Menschlein so zu verzehren. Wie wunderbar, daß frau ihr Kind so unerträglich schmerzhaft lieben kann. Das hat die Natur so eingerichtet, dachte ich altklug Lilli-mäßig, während ich unauffällig vor mich hin rülpste.

Und Achnes, die bestimmt schon am Prickeln im Urin gespürt hatte, daß ich kommen würde: »HAPPICH es nicht gesacht, sachma? Ich HAPP es doch gesacht, woll! Heute kommt bestimmt die Mama! Bestimmt! Sachma! Ich HAPPES gesacht!!«

Und Antje, die sich scheiden lassen wollte. Sie hatte Rolf nie geliebt.

»Aber das ist doch kein Scheidungsgrund!«

»Seit ich Simon kenne, doch.«

»Aber die Schraubenfabrik!«

»Ich pfeife auf die Schraubenfabrik! Simon ist vollkommen autark!«

»Mag sein, aber er fühlt sich noch nicht reif für die Ehe! Hat er selbst gesagt!«

»Das ist ja das Schöne! Ich mich nämlich auch nicht!«

»Aber die Kinder!«

»Die kommen nach den Ferien ins Internat.«

»Du verstößt die Kinder? Du verleugnest sie? Wegen Simon??«

»Genau das hast du doch auch getan!«

»Ja, ja! Reib mir meine Unzulänglichkeiten nur immer wieder unter die Nase!«

»In meinem Fall liegen die Dinge anders. Die Kinder sind groß. Sie gehen sowieso bald ihrer Wege. Jetzt muß ich endlich mal an MICH denken!«

Zuerst habe sie sich in ihrem goldenen Käfig sehr wohl gefühlt, erklärte Antje abschließend, denn Rolf, ihr schraubendrehender Gatte, habe alle ihre musischen Selbstverwirklichungsgelüste stets begeistert finanziert. Doch nun sei das Leben mit ihm nur noch leer und öde. Das einzige, was sie noch verbinde, sei der leidige Sex, den er mindestens dreimal täglich auszuüben die Pflicht verspüre. Das wiederum sei ein lästiges Anhängsel seiner Erziehung zum Macho. Sie hatte sowieso vorgehabt, sich von ihm zu trennen, wenn die Kinder aus dem Haus gingen. Und das war ja jetzt der Fall. Das einzige, worum es ihr wirklich leid täte, sei die Britta.

»Welche Britta?« hatte ich verwirrt gefragt und automatisch an den Schäferhund Corinna gedacht, der auch als einzig Leidtragender aus der gescheiterten Ehe von Klaus und Irene hervorgegangen war.

»Die Kinderfrau«, hatte Antje geantwortet.

Britta! Die Einmalige! Die autarke Perle mit dem Sinn fürs Wesentliche und dem erfreulich ausgefüllten Privatleben!!

Mein Herz hatte plötzlich höher geschlagen.

»Gibst du mir ihre Nummer?«

»Klar. Ihr zwei hättet einander verdient!«

Wie Antje das nun interpretiert wissen wollte, hatte ich nicht mehr in Erfahrung bringen können.

Jedenfalls würde ich diese Britta postwendend engagieren. Koste es, was es wolle.

Der Pilot setzte zur Landung an.

»Hallo, Taxi!«

Völlig lädiert und schwankend vor Übelkeit taumelte ich aus dem lächerlichen Flughafengebäude, das noch nicht mal über ein marmornes Speibecken verfügte.

Vor mir sah ich nichts als Dünengras.

»Ist hier jemand?!?«

Nein. Niemand. Wozu auch.

Große Abendwolken ziehn am Firmament...

SEEEEhnsuchtsvoll, nach dir, mein Lieb, das Herze brennt!!

Das einzige, was ich am Horizont zwischen grauschwarzen Wolken und grauschwarzem Meer ausmachen konnte, war eine Telefonzelle. Sie war gelb. Und schwankte irgendwie auch.

Ich stapfte in die Richtung, um mir ein Taxi zu bestellen.

Bei näherem Hinsehen handelte es sich aber um einen großgewachsenen Mann in der hier üblichen Tracht: einer gelben Ölhaut. Er stand unbeweglich da und starrte aufs Meer. Wahrscheinlich ein Fischer, der auf die Rückkehr seiner Beute wartete. Garnelen in Öl oder so.

Entschlossen ging ich weiter.

Dieser Einheimische würde mir immerhin die Richtung zu den Behausungen der Eingeborenen weisen können. Vielleicht würde er meine Sprache nicht verstehen. Aber mit dem Finger in eine Richtung zeigen, das traute ich ihm schon zu. Diese blöden Vorurteile, die ostfriesischen Menschen betreffend, teilte ich sowieso nicht.

Ich näherte mich tapfer.

Der Mensch stand und starrte.

Er hatte irgendwas auf dem Rücken. Einen Sack Miesmuscheln wahrscheinlich oder einen Zentner Salz.

Vielleicht war er eine Statue? So eine Art Denkmal? Einer, der zur Salzsäule erstarrt war, weil er sich noch einmal nach der Zivilisation umgedreht hatte?

Er war mir ziemlich unheimlich.

Mühsam kämpfte ich mich durch die unwirtliche Bodenstruktur. Es windete heftig. Die Statue begann im Zwielicht vor meinen Augen zu flimmern.

Sie hatte irgendwie Ähnlichkeit mit Klaus.

Meine armen, vom Weinen schon ganz trüben Augen spielten mir einen Streich. Sollte Klaus so verwachsen sein? Ich hatte ihn gar nicht so bucklig in Erinnerung!

Es war Klaus.

Der Buckel auf seinem Rücken war kein Sack Muscheln und kein Sack Salz.

Der Buckel auf seinem Rücken war Paulchen.

Und Paulchen schlief.

»Hallo«, sagte Klaus im windschnittigen Friesennerz.

»Woher weißt du...?«

»Robert Harkort. Echt pfiffige Leute sitzen da bei euch im Orchestergraben. Man sollte öfter in die Oper gehen.«

Ich rannte um Klaus herum und küßte das kalte, rote Bäckchen, das da aus der Buckeltrage lugte.

Schlafend hatte ich ihn zuletzt gesehen, und schlafend sah ich ihn auch wieder. Jetzt einfach wachküssen, und die hundert Jahre Trennung waren wie weggeblasen!

»Er schläft«, sagte Klaus.

Vor lauter Verlegenheit fiel ihm nichts Schlaueres ein.

»Ach was«, sagte ich.

Ich küßte und herzte das frische Friesenkind, und aus Versehen bekam der bärtige, kalte Friesenvater auch ein paar Küsse ab.

»Daß ihr mich abholt!«

»Klarer Fall! Tante Pupke läßt sich entschuldigen, sie mußte bei den Geburtstagsgästen bleiben.«

»Ist nicht so schlimm«, sagte ich.

»Warum heulst du dann?«

»Weil ich mein Paulchen wiederhab'!«

Klaus nahm meine Tasche, und ich nahm das Händchen von Paul.

So stapften wir los.

Diese herrliche, salzige, frische Luft! Diese romantischen schwarzen Wolken, wie sie jagten! Alle Übelkeit und Trauer der letzten Wochen rissen sie mit sich fort. Und alle wackligen Bühnenbretter, die angeblich die Welt bedeuten.

Dieses HÄNDCHEN!

Und Klaus, dieser gelbe, gestählte Allwetterwaul! Echt stark, der Typ! Er hätte gut Werbung machen können für Fischers-Fritze-Stimmband-Fetzer. Fröhlich blickte er auf mich graue Stadtmaus herab und sagte:

»Ich hab' eine Überraschung für dich!«

Ich auch für dich, Mann. Du kippst aus den Gummistiefeln.

»Was Schönes?«

»Ja. Was ganz Tolles!«

»Was denn?« Erwartungsvoll hüpfte ich neben ihm her.

»Hier gibt es in jedem Restaurant Milchreis. Riesige Mengen!«

Ich war enttäuscht. Irgendwie hatte ich in meiner Naivität gehofft, er würde mir einen Heiratsantrag machen. Obwohl ich den natürlich abgelehnt hätte!

»Gehen wir essen?«

Klar, daß Klaus wieder mal nichts anderes im Kopf hatte. Mir war alles gleich. Hauptsache, ich mußte dieses Händchen nicht wieder loslassen.

Kurz darauf saßen wir in einer warmen, urigen Kneipe. Obwohl es Anfang August war, bollerte ein gemütliches Öfchen.

Wir wärmten uns an einem Tee mit Rum.

Paulchen hatten wir vorsichtig aus der Trage genommen. Er schlief auf meinem Schoß.

»Wovon ist denn der Kerl so kaputt?«

»Die Frischluftzufuhr schafft ihn. Soviel Sauerstoff ist der einfach nicht gewöhnt.«

»Gib's zu: Die Pupke schafft ihn.«

»Ja. Heute besonders: Sie hat sage und schreibe SIEBEN Kuchen gebacken!«

»Hat er die alle essen müssen?« Besorgt blickte ich auf meinen schlummernden Sprößling.

»Nein, nein! Es waren ja über dreißig Gäste da! Paulchen war wirklich ganz fertig am Schluß.«

»Und die kamen alle zu seinem Geburtstag?«

»Ja.«

»Und alle haben ihm aufblasbare Kaulquappen und so was geschenkt? Mein armer, kleiner Liebling!«

»Er hat ziemlich viel nutzloses Zeug bekommen, das stimmt.«

»Wahrscheinlich hat Tante Pupke allen anwesenden Urlaubern auf der ganzen Insel erzählt, daß das arme verwaiste Kerlchen eine karrieresüchtige Rabenmutter hat, und aus lauter Mitleid und Empörung haben sie es mit Geschenken und Süßigkeiten überhäuft.«

»Die Süßigkeiten habe ich schon aus dem Verkehr gezogen«, sagte Klaus.

Der Milchreis kam. Ein Riesenbottich stand da vor mir, dampfte verlockend und roch nach Zimt.

Normalerweise hätte ich vor Wonne gejubelt!

Aber merkwürdig: Ich hatte viel mehr Lust auf den matschigen Matjeshering von Klaus.

»Du? Wollen wir tauschen?«

Klaus guckte mich besorgt an. »Ist was mit dir? Fühlst du dich nicht wohl?«

»Doch, mir geht es hervorragend! Aber ich hätte Lust auf Fisch!«

Schweigend schob Klaus mir seinen Teller rüber.

Schweigend verschlang ich die Nordseequalle.

»Hm, köstlich!«

»Hör mal, Pauline...« begann Klaus besorgt.

»Meinst du, wir könnten noch eine Portion bestellen?« unterbrach ich ihn.

»Solltest du nicht erst den Milchreis...?«

»Nein. Ich will Meeresgetier!«

»Ober!?«

Klaus bestellte eine große gemischte Fischplatte. Und als Vorspeise Nordseescholle im eigenen Sud.

»Den Milchreis können Sie wieder mitnehmen.«

Glücklich wiegte ich mein Kind im Arm. Trotz der beißenden Gerüche von Fisch mit Zimt wachte es nicht auf.

»Was starrst du mich so an?«

»Ich mache mir so meine Gedanken«, sagte Klaus.

»Wird auch Zeit. Hättest du dir eher machen können.«

»Nein, ich meine was ganz Bestimmtes.«

»Hab' ich Gräten im Haar?« Nervös zupfte ich an mir herum. Betont blöde blickte ich ihn an. Tja, Alter, streng mal deine kleinen grauen Zellen an! Biss doch en Doktor!

»Seit wann magst du keine Milchprodukte mehr?«

»Och, seit ein paar Wochen. Ich war in letzter Zeit ziemlich appetitlos. Das liegt am Streß. Morgen ist Premiere!«

»Mußt du zurück?«

»Ja. Morgen mittag geht der Hüpfer.«

Kinder, nein, wie WAR ich nur cool!

»Guck mich mal an.« Klaus nahm mein Kinn und starrte mir in die Augen.

»Koß dat getz wat?« fragte ich. Ja, Doktorchen! Gleich hast du's! Wärmer, noch wärmer, heiß...

»Fühlst du dich in letzter Zeit öfter unwohl?«

»Wahnsinnig unwohl. Die Künstlerkarriere zerrt an meinen Nerven. Die dritte Dame liegt mir stimmlich und darstellerisch einfach nicht. Und meine private Situation... die zweite Dame liegt mir persönlich irgendwie auch nicht. Und die erste Dame kriege ich einfach nicht angeboten. Na ja. Wem sage ich das.«

»Wie lange ist München her?«

»Du meinst, mein letzter Flug? Ja, komisch. Da war mir überhaupt nicht schlecht.«

»Wie lange ist das her?« Kommissar Haferflock gab nicht nach.

»Tja, laß mich mal rechnen. Das war doch um Pfingsten rum?«

»Acht Wochen? Neun Wochen?«

»Neuneinhalb Wochen«, sagte ich. »So um den Drehtag rum.« So, Doktorchen. Jetzt hast du's. Heiß, heiß…!!

»Mensch, Mädchen! Wirst du eigentlich nicht aus Erfahrung klug?«

»Nein«, sagte ich. »Nie.«

Klaus nahm meine Hand. »Das macht dich ja irgendwie liebenswert.«

»Find' ich auch.«

»Gehe ich recht in der Annahme, daß du schwanger bist?«

»Klar«, sagte ich. »Welches Schweinderl hättens denn gern?«

Endlich! Er war von selbst drauf gekommen!

»Jetzt fällt es dir wie Schuppen aus den Flossen, was?«

»Ein blaues«, sagte Klaus.

Der Fisch kam.

Wir beachteten ihn nicht.

»Freust du dich…?« fragte ich nach einer Weile.

Klaus sah mich durchdringend an. »Das hast du ja ganz schön raffiniert eingefädelt!«

»Wieso ich?«

Klaus grinste.

»Und deine Karriere? Frau Kammersängerin, morgen ist Premiere!«

»Morgen sieht man es vielleicht noch nicht«, überlegte ich.

»Du weißt genau, was ich meine!«

Klaus nahm meine Hand und hielt sie einfach fest.

Wir schwiegen. Der Fisch dampfte vor sich hin.

»Wie stellst du dir das denn vor?« fragte Klaus.

»Es muß also gehen!«

»Wie bitte? Wie stellst du dir dein Leben vor?!«

»UNSER Leben stelle ich mir so vor: Wir müssen es von Grund auf neu strukturieren. Zum Beispiel nehmen wir eine Besetzungsänderung vor. Tante Pupke geht, Karlchen Frohmuth kommt. Wie findest du das?«

Klaus hielt den Zeitpunkt für geeignet, nun mit seiner Überraschung rauszurücken.

»Sie wäre sowieso ausgezogen. Stell dir vor.«

»Ich versuche es gerade. Tante Pupke zieht aus…? Nein.

Das kann ich mir nicht vorstellen. Ganz ausgeschlossen. Ich träume das bloß alles.«

Gleich wache ich auf und liege einsam in des Geigers biberbettwäschebezogenem Bett und denke dem Traume nach. Träne auf Träne dann stürzet hernieder...

»Doch. Du hättest gar nicht schwanger werden müssen. Das war ganz unnötige Mühe.«

»Och«, sagte ich, »nicht der Rede wert! Hat aber Spaß gemacht. Sie zieht AUS?!?«

»Ja. Ich habe es ihr nahegelegt. Und stell dir vor: Sie hatte es ohnehin schon vorgehabt! Sie wollte uns bloß nicht im Stich lassen!«

Ich starrte ihn an. Tante Pupke wollte uns nicht im Stich lassen. WAR sie nicht rührend!! IMMER dachte sie zuletzt an sich!

»Was hat sie denn vor? Heiratet sie etwa diesen Cholesterin-Walter?«

»Erraten. Welches Schweinderl hättest DU denn gern?«

»Auch ein blaues«, sagte ich.

Wir guckten uns an. Ziemlich lange und ziemlich intensiv. Verdammt. Zu ihm gehörte ich? Wie hatte ich je daran zweifeln können?

Klaus war ja ein Mann der Tat! Er hatte es getan! Ganz von selbst. Ohne embryonalen Druck von innen.

Ich fühlte auf meinem Bauch herum. Ganz klar. Da regte sich Leben. Oder war das nur der Fisch, der dort hin und her schwamm?

»Und du hast es ihr NAHEgelegt? Auf deine unnachahmlich diplomatische, sachliche und liebenswürdige Art?«

»Ja. Ich wußte plötzlich, daß ich dich um nichts in der Welt verlieren wollte. Schon gar nicht wegen Frau Pupke.«

»Und da hast du sie einfach rausgeschmissen? Einfach so?!? Erzähl ma! Was hast du wörtlich gesagt?« geiferte ich begeistert.

»Na ja, ich wollte ihr eine Abfindung zahlen, wie das im allgemeinen so üblich ist, aber...«

»Sie hat sie nicht genommen«, unterbrach ich ihn.

»Sie hat mich gar nicht ausreden lassen. Übrigens eine eurer wenigen Gemeinsamkeiten. Gerade als ich ihr alles erklären wollte, platzte sie damit heraus, daß sie den Cholesterin-Walter heiratet. Warum, weiß ich auch nicht. Steuerliche Gründe waren es nicht.«

»Hast du dich gleich erkundigt, ob man hilflose, cholesterinverseuchte Alt-Gesellen von der Steuer absetzen kann?« fragte ich hämisch.

Klaus lachte. »Deinen Sinn für Humor hast du jedenfalls nicht verloren. Jetzt aber zu dir! Wie stellst du dir den Alltag vor, mit zwei kleinen Kindern, die noch nicht mal laufen können?«

»Es gibt da von der Firma Klapperstorch ein ganz irres Kinderwagenmodell«, sagte ich eifrig. »Hinten kann der Säugling liegen, und vorne hockt das Kleinkind. Die Türkenfrauen haben alle so was!«

»Aber deine Karriere?!« fragte Klaus verstört.

»Eile mit Weile«, sagte ich. »Nur keine hektische Hast.«

Dann begann ich mit Wonne, den Fisch zu verzehren. Klaus konnte ganz gegen jede Gewohnheit keinen Bissen runterkriegen. Ganz klar. Er wurde Vater.

Tags drauf mußte die heilige Familie schon wieder Abschied nehmen. Wir wanderten Hand in Hand zur Buckelpiste, Klaus, Paulchen mit Windmühle im Tragesack und ich.

»Die Pflicht ruft«, sagte ich betont lässig, um jedwede Gefühlswallung im Tränensack zu lassen. »Frauen wie ich müssen nun mal an ihr Fortkommen denken. Karrierefrauen kommen nur auf Stippvisite zu Mann und Kind und lassen die Familie nach wenigen Stunden frustriert zurück, um wieder ein bißchen am beruflichen Fortkommen zu basteln. Immerhin können wir von unserem verdienten Geld unseren Männern einen Pelzmantel oder eine goldene Uhr schenken, damit sie vor ihren Freunden damit angeben können.«

»Quatsch du nur«, sagte Klaus, »wenn es dich befreit.«

Er hatte mir eine Tablette gegeben, die er mir bei passender Gelegenheit in Rechnung stellen wollte. Bei Schwangerschaft und Reisekrankheit, hatte auf dem Beipackzettel gestanden. Und das traf ja nun auf jeden Fall beides zu.

Der gemeine Inselwaul begleitete mich in die Abflughalle. Ich nahm Paulchen auf den Arm.

»Du sollst nicht mehr so schwer tragen!«

»Schnauze, Doc!«

»Soll ich denn wirklich nicht mitfliegen?«

»Nein. Erstens kriegen wir bei deinem Übergewicht keine Starterlaubnis, und zweitens bestehe ich darauf, daß du bei Paulchen bleibst.«

Klaus lehnte sich überraschenderweise nicht gegen meine Anordnung auf. Er lernte eben dazu. Es gibt ja noch flexible Exemplare der Spezies Mann. Selten, aber es gibt sie.

»Grüße bitte auf jeden Fall Tante Pupke von mir. Ich wünsche ihr viel Glück mit dem waghalsigen Walter. Wenn ich in Form bin, kann ich ja auf ihrer Hochzeit singen. Rentner hören so was immer wieder gern!«

In diesen heil'gen Abflughallen kennt man die Rache nicht.

»Wo kann ich dich telefonisch erreichen? Bei Robby?«

»Nein. Ich ziehe wieder in unsere Wohnung. Zum dritten Mal übrigens, aber den Embryo könnte die Geige stören.«

»Grüß ihn trotzdem, den Geiger. Er ist ein wahrer Freund.«

»Wieso? Deiner auch?«

»Stell dir vor! Er hat mich nicht nur regelmäßig angerufen und mir akribisch mitgeteilt, wie viele seiner frischgebügelten Taschentücher du vollgeheult hast, sondern wir waren auch zweimal nachts zusammen in der Opernkneipe. Schnuckelige Pinte übrigens. Da hängen Hunderte von Programmheften am Tresen. Bald hängst du da auch! Und Bratkartoffeln haben die! Wir sollten da öfter mal hingehen!«

»Ihr habt euch in MEINER Kneipe getroffen? Und was habt ihr zu besprechen gehabt? Ich hatte gedacht, das Mauscheln und Tuscheln hinter jemandes Rücken sei ausschließlich den Weibsleuten vorbehalten!«

»Betriebsgeheimnis! Jedenfalls ist der gute Robby schwer in Ordnung. Der muß unbedingt demnächst Pate werden.«

»Und auf der Taufe geigen!«

»Obwohl er ja mehrmals hat durchblicken lassen, daß er auch gerne auf unserer Hochzeit geigen würde.«

»Typisch Robby, findest du nicht? Total antiquiert ist der. Als wenn zwei Kinder ein Grund zum Heiraten wären!«

»Ja, der ist eben von überholten Klischees geprägt…«

»Der altmodische Gruftie! Aber daß er von sich aus Kontakt zu dir aufgenommen hat! Um dir meinen Standpunkt nahezubringen...«

Dieter Porsche hatte eben pfiffige Ideen edelsten Ursprungs. Wer hat die heute noch.

»Na ja, er hat mir ganz klar angedroht, dich zu heiraten, wenn ich nicht endlich klare Verhältnisse schaffe. Da war ich wohl im Zugzwang!«

Der Pilot erschien. Er hatte die Starterlaubnis bekommen und kramte in seiner Hosentasche nach dem Zündschlüssel.

»Paß auf dich auf, Pauline! Eigentlich solltest du in deinem Zustand gar nicht fliegen!«

»Karrierefrauen wie mir bleibt da leider nichts anderes übrig. Mein Publikum will mich, ob ich nun schwanger bin oder nicht! Woll, Paulchen!« Lasziv strich ich mir die vom Winde verwehten Haare zurück.

Kind, das glaubst du ja selbst nicht.

Laß mich doch, Tante Lilli! Nur noch EINMAL!

»Apropos woll: Was machen wir denn, wenn deine Zauberflöte vorbei ist und unser Urlaub zu Ende?«

»Dann schnapp' ich mir meinen Sohn und putz' ihm die Nase selbst. Und zieh' ihm Nietenhosen an und lasse ihn mit Wonne in die Windeln pinkeln. Du glaubst gar nicht, wie ich mich darauf freue!«

»Du willst bei Paulchen bleiben?!«

»Klar. Und bei Karlchen auch! Fürs erste.«

»Kann ich das schriftlich haben?«

»Natürlich nicht. Du hältst doch nichts von Verträgen im Dienstleistungsbereich! Klaus, ich werde nie ein Hausfrauchen sein, und wenn ich fünf Kinder kriege!«

Klaus versuchte nicht mehr, mich zu überreden. Anscheinend hatte ihm der Urlaub im Dünengras Zeit zum Nachdenken gegeben.

»Wir brauchen eine neue Kinderfrau«, sagte er. »Und zwar schnell!«

DU SAGEST'S!!

»Das dürfte kein Problem sein«, frohlockte ich. »Ich weiß schon eine ganz tolle!«

»Kann die kochen?!«

»O ja, mein Lieber! Und zwar Diät!! UND sie geht nach getaner Arbeit nach Hause! JEDEN Abend!!«

Der Pilot hatte seinen Zündschlüssel gefunden. »Können wir?«

»Ja. Wir können.«

Ich überreichte Klaus seinen Ältesten.

»Paß mir gut auf ihn auf! Er soll nicht soviel Sand essen!«

»Und du mir auf den da! Er soll nicht soviel Fisch essen!«

Dann wandte er sich an den Piloten:

»Hallo, Sie! Können Sie meiner Frau die Tasche abnehmen, sie ist in Umständen!«

»Wenn es Ihnen keine Umstände macht«, sagte ich verbindlich. Kind, sei immer höflich und bescheiden.

Der Pilot nahm verdutzt die Tasche. »Aber Sie haben doch bis eben das Kind geschleppt!«

»Das ist was anderes. Außerdem: Was gehet Sie das an?«

Der Pilot ging mit der Tasche zum Rollfeld. Ich küßte mein Paulchen auf die Bäckchen und auf die Windmühle.

Draußen regnete es. Der Propeller begann sich zu drehen. Es windete heftig. Wie in dem Film mit Ingrid Bergman!

Klaus sagte nicht: »Ich schau dir in die Augen, Kleines.«

Solche Hervorbringungen lagen ihm nicht.

Er sagte trotzdem etwas sehr Originelles. Jedenfalls ist so ein Spruch für einen Mann geradezu außergewöhnlich.

»Ich möchte mich noch bei dir entschuldigen. Hab' 'ne Menge falschgemacht.«

»Danke gleichfalls«, antwortete ich.

Klaus sagte dann etwas ziemlich Profanes, was ebenso abgedroschen wie einfallslos war und wieder mal überhaupt keinen Pep hatte:

»Ich denke, wir sollten jetzt aber wirklich heiraten!«

Au nein, Mann! Kriegst du denn nie einen bühnenreifen Abgang hin? Wenn das Humphrey Bogart hört!

»Wirst du eigentlich gar nicht aus Erfahrung klug?« sagte ich. »Das macht dich ja irgendwie liebenswert.«

Ich kramte meine Zauberflöten-Noten aus der Tasche und hielt sie mir gegen den Regen über den Kopf.

Dann rannte ich zu dem Zweisitzer.

ENDE

Personen und Handlung dieses Romans sind wieder mal an den Haaren herbeigezogen. Ähnlichkeiten mit tatsächlich existierenden Personen wären mir ausgesprochen peinlich. Ehrlich.

Inhalt